Kohlhammer | *Krankenhaus*

Werner Graml
Rechtsanwalt
Waffnergasse 8, Tel.: 59 22 90
93047 REGENSBURG

Die Autoren

Ministerialrat Karl Heinz Tuschen
Referatsleiter im Bundesministerium
für Gesundheit und Soziale Sicherung

Rechtsanwalt Dr. Ulrich Trefz
Tätigkeitsschwerpunkte Öffentliches Gesundheitsrecht und Krankenhausrecht

Karl Heinz Tuschen
Ulrich Trefz

Krankenhausentgeltgesetz

Kommentar
mit einer umfassenden Einführung
in die Vergütung stationärer Krankenhausleistungen

Verlag W. Kohlhammer

Dieses Werk einschließlich aller seiner Teile ist urheberrechtlich geschützt. Jede Verwendung außerhalb der engen Grenzen des Urheberrechts ist ohne Zustimmung des Verlags unzulässig und strafbar. Das gilt insbesondere für Vervielfältigungen, Übersetzungen, Mikroverfilmungen und für die Einspeicherung und Verarbeitung in elektronischen Systemen.

Die Wiedergabe von Warenbezeichnungen, Handelsnamen und sonstigen Kennzeichen in diesem Buch berechtigt nicht zu der Annahme, dass diese von jedermann frei benutzt werden dürfen. Vielmehr kann es sich auch dann um eingetragene Warenzeichen oder sonstige gesetzlich geschützte Kennzeichen handeln, wenn sie nicht eigens als solche gekennzeichnet sind.

1. Auflage 2004
Alle Rechte vorbehalten
© 2004 W. Kohlhammer GmbH Stuttgart
Umschlag: Gestaltungskonzept Peter Horlacher
Gesamtherstellung:
W. Kohlhammer Druckerei GmbH + Co. Stuttgart
Printed in Germany

ISBN 3-17-018090-8

VORWORT

Durch das Krankenhausfinanzierungsrecht werden die rechtlichen Grundlagen für die wirtschaftlichen Rahmenbedingungen der Krankenhäuser geschaffen. Das Gesundheitsstrukturgesetz vom 21. Dezember 1992, das 2. GKV-Neuordnungsgesetz vom 23. Juni 1997 und das GKV-Gesundheitsreformgesetz 2000 vom 22. Dezember 1999 in Verbindung mit dem Fallpauschalengesetz vom 23. April 2002 haben zu grundlegenden Veränderung dieser Rahmenbedingungen geführt. Die gesetzlichen Vorgaben werden mit dem Krankenhausentgeltgesetz für den Bereich des DRG-Fallpauschalensystems und mit der Bundespflegesatzverordnung für psychiatrische Einrichtungen und Einrichtungen der Psychosomatik und Psychotherapeutischen Medizin in Detailregelungen umgesetzt. Insbesondere das neue DRG-Vergütungssystem wird zu einer grundlegenden Umorientierung der am Krankenhauswesen Beteiligten sowie zu einer Veränderung der Leistungsstrukturen des einzelnen Krankenhauses und in der Versorgungsregion führen.

Die derzeit geltenden Vorschriften und die gesetzgeberischen Entscheidungen können besser beurteilt werden, wenn die historische Entwicklung des Krankenhausfinanzierungsrechts mit den bei der jeweiligen Gesetzgebung notwendigen Kompromissen insbesondere zwischen Bund und Ländern berücksichtigt werden kann. Das vorliegende Buch stellt deshalb in der Einführung die Entwicklung des Rechts dar, deren Meilensteine die Einführung der dualistischen Krankenhausfinanzierung im Jahr 1972, die Einführung des strikten prospektiven Verhandlungsprinzips, der flexiblen Budgetierung und krankenhausindividueller Sonderentgelte im Jahr 1985, die Aufhebung des Selbstkostendeckungsprinzips und die Einführung pauschaler Budgetbegrenzungen im Jahr 1993, die Einführung von bundesweit gültigen Fallpauschalen und Sonderentgelten im Jahr 1995, die Übertragung der Fallpauschalen- und Sonderentgeltkataloge in die Verantwortung der Selbstverwaltung im Jahr 1998 sowie im Jahr 1999 die Entscheidung zur Einführung eines vollständigen, DRG-orientierten Fallpauschalen-Systems zum 1. Januar 2003 bzw. 2004. Die umfangreiche Einführung stellt die Entwicklung des Finanzierungsrechts einschließlich der darauf beruhenden Verordnungen dar. Es wird ein Überblick über die pflegesatzrelevanten Regelungen des Krankenhausfinanzierungsgesetzes sowie der Bundespflegesatzverordnung, Abgrenzungsverordnung, Krankenhaus-Buchführungsverordnung, Krankenhausstatistik-Verordnung, Psychiatrie-Personalverordnung und der Pflege-Personalregelung gegeben. Dabei wird insbesondere auf die ökonomisch bedeutsamen Vorschriften eingegangen.

Im Mittelpunkt steht jedoch das Krankenhausentgeltgesetz und die damit in Verbindung stehenden Vorschriften für das neue DRG-Vergütungssystem (**D**iagnosis **R**elated **G**roups). Es werden insbesondere die budgetneutrale Einführung des Systems in den Jahren 2003 und 2004, die stufenweise Angleichung der Krankenhausbudgets an ein landeseinheitliches Preisniveau vom 1.1.2005 bis zum 1.1.2007 (Konvergenzphase), die Vorgaben zur Ermittlung der Krankenhausbudgets und deren Begrenzung durch den Grundsatz der Beitragssatzstabilität sowie die Vorgaben für die Verhandlungen auf Bundes- und Landesebene und für die Budgetverhandlungen des einzelnen Krankenhauses eingehend erläutert. Einen weiteren Schwerpunkt bilden die Erläuterungen zu den gesondert berechenbaren ärztlichen Leistungen und zur gesonderten Berechnung der Wahlleistungen „Ein- oder Zweibettzimmer".

Teil I enthält den zusammenhängenden Text des Krankenhausentgeltgesetzes einschließlich der Änderungen durch das Fallpauschalenänderungsgesetz (FPÄndG) vom 17. Juli 2003.

Vorwort

Teil II enthält die einzelnen Vorschriften des Krankenhausentgeltgesetzes, die dazugehörige amtliche Begründung sowie umfangreiche ergänzende Erläuterungen der Verfasser.

Im Anhang des Buches werden die wesentlichen Gesetzes- und Verordnungstexte des Krankenhausfinanzierungsrechts abgedruckt, die für den Bereich der DRG-Krankenhäuser von Bedeutung sind. Ausgenommen ist der Text der Bundespflegesatzverordnung und der Krankenhaus-Buchführungsverordnung.

Erläuterungen zur Bundespflegesatzverordnung (BPflV), die weiterhin für psychiatrische Einrichtungen sowie Einrichtungen der Psychosomatik und Psychotherapeutischen Medizin gilt, gibt der Kommentar Tuschen/Quaas „Bundespflegesatzverordnung", 5. Auflage, a.a.O. Die für die Budgetverhandlungen nach der BPflV vorzulegende Verhandlungsunterlage LKA wird in der Broschüre „Leistungs- und Kalkulationsaufstellung im Entgeltsystem der Krankenhäuser" von den Autoren K.H. Tuschen und Dr. M. Philippi erläutert, die auch Rechenbeispiele gibt und auf die Voraussetzungen im Rechnungswesen der Krankenhäuser eingeht.

Bonn/Stuttgart, im November 2003   Die Verfasser

INHALTSVERZEICHNIS

	Seite
Vorwort	V
Abkürzungsverzeichnis	XI
Abbildungsverzeichnis	XV
Verzeichnis der Übersichten	XV

Einführung in das Recht der Krankenhausfinanzierung 1

1 Kurzdarstellung des Krankenhausbereiches 1
    1.1 Begriffe und Abgrenzungen 1
    1.2 Statistische Daten 2
    1.3 Vergütung der Krankenhausbehandlung 4
    1.4 Duale Finanzierung der stationären Leistungen nach dem KHG ... 6
    1.5 Grundsatz der Beitragssatzstabilität 11

2 Die Entwicklung des Krankenhausfinanzierungs-Rechts bis 1991 .. 14
    2.1 Freie Krankenhausfinanzierung bis 1936 14
    2.2 Monistische Krankenhausfinanzierung von 1936 bis 1972 16
    2.3 Dualistische Krankenhausfinanzierung ab 1972 18
        2.3.1 Förderung von Investitionen 19
        2.3.2 Finanzierung über Pflegesätze 19
    2.4 Versuche zur Kostendämpfung von 1977–1982 21
    2.5 Krankenhaus-Neuordnungsgesetz 1985 24

3 Strukturgesetze 1993–2000 27
    3.1 Gesundheitsstrukturgesetz 1993 27
    3.2 Gesetz zur Stabilisierung der Krankenhausausgaben 1996 36
    3.3 Entwurf eines Krankenhaus-Neuordnungsgesetzes 1997 38
    3.4 Beitragsentlastungsgesetz 40
    3.5 Zweites GKV-Neuordnungsgesetz 40
    3.6 GKV-Solidaritätsstärkungsgesetz 1999 42
    3.7 GKV-Gesundheitsreformgesetz 2000 44

4 Verordnungen auf der Grundlage des KHG 47
    4.1 Abgrenzungsverordnung (AbgrV) 47
        4.1.1 Abgrenzungsverordnung 1978 48
        4.1.2 Abgrenzungsverordnung 1986, 1997 49
        4.1.3 Instandhaltungspauschale ab 1997 53

Inhaltsverzeichnis

4.2	Krankenhaus-Buchführungsverordnung (KHBV)	55
	4.2.1 Jahresabschluss und Buchführung	56
	4.2.2 Kosten- und Leistungsrechnung	59
4.3	Krankenhausstatistik-Verordnung 1990 (KHStatV)	62
4.4	Psychiatrie-Personalverordnung 1991 (Psych-PV)	65
4.5	Pflege-Personalregelung 1993 bis 1996 (Pflege-PR)	69

5 Bundespflegesatzverordnung (BPflV) — 74

5.1	Bundespflegesatzverordnung 1986	74
	5.1.1 Neue wirtschaftliche Anreize	74
	5.1.2 Flexible Budgetierung 1986 bis 1992	75
	5.1.3 Sonderentgelte	79
	5.1.4 Kosten- und Leistungsnachweis (KLN)	80
5.2	Bundespflegesatzverordnung 1995 bis 2003	81
	5.2.1 Zielsetzungen und Elemente des Entgeltsystems	82
	5.2.2 Fallpauschalen und pauschalierte Sonderentgelte	84
	5.2.3 Flexibles Budget ab 1997/2000	87
	5.2.4 Abteilungspflegesätze und Basispflegesatz	90
	5.2.5 Zuordnung der Kosten zu den Entgeltformen	91
	5.2.6 Grundlagen der Entgeltbemessung	93
	5.2.7 Verhandlungen	97
5.3	BPflV für Nicht-DRG-Krankenhäuser ab 1.1.2004	99

6 Fallpauschalengesetz 2002 — 103

6.1	Diskussion um den künftigen ordnungspolitischen Rahmen	103
6.2	Regelungsumfang und Zielsetzungen	104
6.3	Aufgabenverteilung und grundlegende Entscheidungen	106
6.4	Vereinbarung von Erlösbudgets, Mehr- oder Mindererlösausgleiche	109
6.5	Einführung des DRG-Fallpauschalensystems	110
	6.5.1 Überleitungsschema	110
	6.5.2 Budgetneutrale Einführung 2003 und 2004	112
	6.5.3 Konvergenzphase 2005 und 2006	114
6.6	Ergänzende Entgelte	117
6.7	Grundsatz der Beitragssatzstabilität, Basisfallwerte	118
6.8	Verbesserte Prüfrechte der Krankenkassen	119
6.9	Qualitätssicherung	120
6.10	Finanzierung von Ausbildungsstätten und -vergütungen	122
6.11	Folgegesetz zur endgültigen Regelung des ordnungspolitischen Rahmens	123

7 Kurzdarstellung des DRG-Vergütungssystems — 125

7.1	Entwicklung und Einsatz von DRG-Systemen	125
7.2	Systematik der australischen DRG-Klassifikation (AR-DRG)	127

Inhaltsverzeichnis

7.3	Entwicklung einer deutschen DRG-Klassifikation (G-DRG)	131
7.4	Abrechnungsbestimmungen	135

TEIL I: Krankenhausentgeltgesetz – Text 143

Anlage 1: Aufstellung der Entgelte und Budgetermittlung (AEB) 165

    E1 Aufstellung der Fallpauschalen 166

    E2 Aufstellung der Zusatzentgelte 167

    E3 Aufstellung der nach § 6 KHEntgG krankenhausindividuell verhandelten Entgelte 168

    B1 Gesamtbetrag und Basisfallwert nach § 3 KHEntgG für das Kalenderjahr 2003 oder 2004 169

    B2 Erlösbudget und Basisfallwert nach § 4 KHEntgG für das Kalenderjahr 2005 oder 2006 170

TEIL II: Krankenhausentgeltgesetz – Erläuterungen 171

Vorbemerkung 171

ERSTER ABSCHNITT: Allgemeine Vorschriften 171
§ 1 Anwendungsbereich 171
§ 2 Krankenhausleistungen 176

ZWEITER ABSCHNITT: Vergütung der Krankenhausleistungen 185
§ 3 Vereinbarung eines Gesamtbetrags für die Jahre 2003 und 2004 ... 185
§ 4 Vereinbarung eines Erlösbudgets für die Jahre 2005 und 2006 222
§ 5 Vereinbarung von Zu- und Abschlägen 250
§ 6 Vereinbarung sonstiger Entgelte 256

DRITTER ABSCHNITT: Entgeltarten und Abrechnung 266
§ 7 Entgelte für allgemeine Krankenhausleistungen 266
§ 8 Berechnung der Entgelte 268

VIERTER ABSCHNITT: Vereinbarungsverfahren 278
§ 9 Vereinbarung auf Bundesebene 278
§ 10 Vereinbarung auf Landesebene 281
§ 11 Vereinbarung für das einzelne Krankenhaus 295
§ 12 Vorläufige Vereinbarung 302
§ 13 Schiedsstelle 305
§ 14 Genehmigung 309
§ 15 Laufzeit 317

FÜNFTER ABSCHNITT: Gesondert berechenbare ärztliche und andere Leistungen 322
§ 16 Gesondert berechenbare ärztliche und andere Leistungen 322
§ 17 Wahlleistungen 323
§ 18 Belegärzte 335
§ 19 Kostenerstattung der Ärzte 337

Inhaltsverzeichnis

SECHSTER ABSCHNITT: Sonstige Vorschriften	341
§ 20 Zuständigkeit der Krankenkassen auf Landesebene	341
§ 21 Übermittlung und Nutzung von DRG-Daten	341

TEIL III: Anhang 351

1. Krankenhausfinanzierungsgesetz (KHG) 351

2. Bundespflegesatzverordnung (BPflV) – Auszug: § 6 BPflV 371

3. Fallpauschalenverordnung 2004 – KFPV 2004 (Abrechnungsbestimmungen 2004) 373

4. Abgrenzungsverordnung (AbgrV) 391

5. Krankenhausstatistik-Verordnung (KHStatV) 395

6. Bundesweiter DRG-Fallpauschalenkatalog 399

   6.1   Erläuterungen 399

   6.2   Auszug aus dem Entgeltkatalog 402

Literaturverzeichnis 405

Internet-Adressen 409

Stichwortverzeichnis 413

ABKÜRZUNGSVERZEICHNIS

a. A.	= anderer Ansicht
a. a. O.	= am angegebenen Ort
Abb.	= Abbildung
AbgrV	= Verordnung über die Abgrenzung der im Pflegesatz nicht zu berücksichtigenden Investitionskosten von den pflegesatzfähigen Kosten der Krankenhäuser (Abgrenzungsverordnung)
Abs.	= Absatz
ADRG	= Basis-DRG; Adjacent Diagnosis Related Group
a. F.	= alte Fassung
Amtl. Begr.	= amtliche Begründung
ÄndV	= Änderungsverordnung
Anm.	= Anmerkung
AO	= Abgabenordnung
AR-DRG	= Australian Refined Diagnosis Related Group
Art.	= Artikel
Aufl.	= Auflage
AVB	= Allgemeine Vertragsbedingungen
BAG	= Bundesarbeitsgericht
BGBl.	= Bundesgesetzblatt
BGH	= Bundesgerichtshof
BMA	= Bundesministerium für Arbeit und Sozialordnung
BMÄ	= Bewertungsmaßstab für kassenärztliche Leistungen
BMG	= Bundesministerium für Gesundheit (bis 9/2002)
BMGS	= Bundesministerium für Gesundheit und Soziale Sicherung (ab 10/2002)
BPflV	= Verordnung zur Regelung der Krankenhauspflegesätze (Bundespflegesatzverordnung)
BR-Drucks.	= Bundesrats-Drucksache
BSG	= Bundessozialgericht
BT	= Berechnungstage
BT-Drucks.	= Bundestags-Drucksache
BVerwG	= Bundesverwaltungsgericht
bzw.	= beziehungsweise
CC	= Komplikation oder Komorbidität; Complication or Comorbidity
CCL	= Schweregrad einer Komplikation oder Komorbidität; Complication or comorbidity level
d. h.	= das heißt
DIMDI	= Deutsches Institut für medizinische Dokumentation und Information
DKG	= Deutsche Krankenhausgesellschaft
DKG-NT	= Tarif der Deutschen Krankenhausgesellschaft
DKR	= Deutsche Kodierrichtlinien
DRG	= Diagnosebezogene Fallgruppe; Diagnosis Related Group
EStG	= Einkommensteuergesetz
evtl.	= eventuell
f.	= folgende
ff.	= und folgende
f&w	= Führen und Wirtschaften im Krankenhaus, Fachzeitschrift

Abkürzungsverzeichnis

G-DRG	= German Diagnosis Related Group
ggf.	= gegebenenfalls
GKV	= Gesetzliche Krankenversicherung
GKV-NOG	= Zweites Gesetz zur Neuordnung von Selbstverwaltung und Eigenverantwortung in der gesetzlichen Krankenversicherung (2. GKV-Neuordnungsgesetz – 2. GKV-NOG) vom 23. Juni 1997 (BGBl. I S. 1520)
GKV-SolG	= Gesetz zur Stärkung der Solidarität in der gesetzlichen Krankenversicherung (GKV-Solidaritätsstärkungsgesetz – GKV-SolG) vom 19. Dezember 1998 (BGBl. I S. 3853)
GMG	= Gesetz zur Modernisierung der Gesetzlichen Krankenversicherung (GKV-Modernisierungsgesetz)
GOÄ	= Gebührenordnung für Ärzte
GRG	= Gesundheits-Reformgesetz
GSG	= Gesundheitsstrukturgesetz
HD	= Hauptdiagnose
HS	= Halbsatz
ICD-10-AM	= International Statistical Classification of Diseases and Related Health Problems, 10th Revision – Australian Modifikation
ICD-10-SGB V	= Internationale statistische Klassifikation der Krankheiten und verwandter Gesundheitsprobleme, 10. Revision, Ausgabe für die Zwecke des SGB V
InEK	= Institut für das Entgeltsystem im Krankenhaus gGmbH
i.V.	= in Verbindung
ICPM	= Internationale Klassifikation der Prozeduren in der Medizin
KHBV	= Verordnung über die Rechnungslegungs- und Buchführungspflichten von Krankenhäusern (Krankenhaus-Buchführungsverordnung)
KHEntgG	= Krankenhausentgeltgesetz
KHG	= Gesetz zur wirtschaftlichen Sicherung der Krankenhäuser und zur Regelung der Krankenhauspflegesätze (Krankenhausfinanzierungsgesetz)
KHG NW	= Krankenhausfinanzierungsgesetz Nordrhein-Westfalen
KKG	= Kuratorium für die Klassifikation im Gesundheitswesen
KLN	= Kosten- und Leistungsnachweis nach der BPflV 1986
KRS	= Krankenhausrechtsprechung, Hrsg. Behrends/Gerdelmann, Erich Schmidt Verlag
KU	= Krankenhausumschau, Fachzeitschrift
lfd. Nr.	= laufende Nummer
lit.	= littera
LKA	= Leistungs- und Kalkulationsaufstellung nach der BPflV 1995
MDC	= Hauptdiagnosegruppe, Major Diagnostic Category
Mio.	= Millionen
ND	= Nutzungsdauer
n. F.	= neue Fassung
n. rkr.	= nicht rechtskräftig
Nr.	= Nummer
NtV	= Nebentätigkeitsverordnung
NJW	= Neue Juristische Wochenschrift
NZA	= Neue Zeitschrift für Arbeitsrecht
NZS	= Neue Zeitschrift für Sozialrecht

Abkürzungsverzeichnis

o.	= oben
OLG	= Oberlandesgericht
OP	= Operationssaal
OPS-301	= Operationenschlüssel nach § 301 SGB V – Internationale Klassifikation der Prozeduren in der Medizin
OVG	= Oberverwaltungsgericht
p. a.	= pro anno
PCCL	= Patientenbezogener Gesamtschweregrad einer DRG; Patient Clinical Complexity Level
Pre-MDC	= Den MDC (Hauptdiagnosegruppen der DRG) vorgeschaltete Hauptdiagnosegruppen
rd.	= rund
rkr.	= rechtskräftig
RVO	= Reichsversicherungsordnung
SachBezV	= Verordnung über den Wert der Sachbezüge in der Sozialversicherung (Sachbezugsverordnung)
S.	= Seite
SGB	= Sozialgesetzbuch
SKBL	= Selbstkostenblatt nach der BPflV 1973
sog.	= so genannte
Sp.	= Spalte
str.	= streitig
StGB	= Strafgesetzbuch
u. a.	= und andere
u. Ä.	= und Ähnliche
Urt.	= Urteil
usw.	= und so weiter
VG	= Verwaltungsgericht
VGH	= Verwaltungsgerichtshof
vgl.	= vergleiche
v. H.	= vom Hundert
VO	= Verordnung
VwGO	= Verwaltungsgerichtsordnung
VwVfG	= Verwaltungsverfahrensgesetz (des Bundes)
w.	= weitere
z. B.	= zum Beispiel
ZfS	= Zentralblatt für Sozialversicherung, Sozialhilfe und Versorgung, Zeitschrift für das Recht der sozialen Sicherheit
zutr.	= zutreffend

ABBILDUNGSVERZEICHNIS

		Seite
Abbildung 1:	Vergütung der Krankenhausbehandlung	5
Abbildung 2:	Abgrenzung der Wirtschaftsgüter	7
Abbildung 3:	Investiver „Nachholbedarf" bei der KHG-Finanzierung	8
Abbildung 4:	KHG-Fördermittel im Jahr 2002 pro Planbett/Platz im Ländervergleich	9
Abbildung 5:	Entwicklung der GKV-Einnahmen je Mitglied sowie der GKV-Ausgaben für Krankenhausversorgung	13
Abbildung 6:	Festes Budget 1993 bis 1994/95	34
Abbildung 7:	Entgeltsystem für stationäre Leistungen ab 1986	76
Abbildung 8:	Flexibles Budget 1986 bis 1992	77
Abbildung 9:	Entgeltsystem für stationäre Leistungen ab 1996	83
Abbildung 10:	Flexibles Budget ab 1997/2000	88
Abbildung 11:	Kostendeckungsgrad bei Belegungsabweichungen im Budgetbereich ab 1997/2000	89
Abbildung 12:	Entgeltsystem für stationäre Leistungen nach der BPflV-2004	102
Abbildung 13:	Angleichung der Krankenhausbudgets von 2003 bis 2007	111
Abbildung 14:	DRG-Einführungsphase 2003 und 2004	114
Abbildung 15:	DRG-Konvergenzphase 2005 und 2006	115
Abbildung 16:	Systematik der DRG-Klassifikation	128
Abbildung 17:	DRG-Schweregrad-Systematik	130
Abbildung 18:	Abrechnung von DRG	136
Abbildung 19:	Fallzusammenführung bei Wiederaufnahmen	139
Abbildung 20:	Zusammenhang von Gesamtbetrag und Blatt E1 der AEB	194
Abbildung 21:	Erlösausgleiche nach dem KHEntgG	211

VERZEICHNIS DER ÜBERSICHTEN

Übersicht 1:	Statistische Daten über Krankenhäuser 2001	3
Übersicht 2:	Bedeutung der Fördermittel im Rahmen der dualen Finanzierung	7
Übersicht 3:	Verteilung der KHG-Mittel des Jahres 2002 nach Pauschal- und Einzelförderung im Ländervergleich	10
Übersicht 4:	Fallpauschalen und Sonderentgelte nach der BPflV-1995	85
Übersicht 5:	Zuordnung der Kosten zu den Entgeltformen	92

Verzeichnis der Übersichten

Übersicht 6:	Grundlagen der Entgeltbemessung nach der BPflV	93
Übersicht 7:	Ermittlung des Budgets nach § 12 BPflV-1995	99
Übersicht 8:	Meilensteine der DRG-Einführung	108
Übersicht 9:	Systematik der DRG-Nummern	129
Übersicht 10:	Ermittlung der Zahl der Tage mit DRG-Zuschlägen oder -Abschlägen	138
Übersicht 11:	Einhaltung der gesetzlichen Obergrenze für den Gesamtbetrag nach § 3 KHEntgG i. V. mit § 6 Abs. 1 BPflV	197
Übersicht 12:	Ermittlung von Erlösbudget und Basisfallwert nach § 4 KHEntgG	235
Übersicht 13:	Komfortzuschläge bei Wahlleistung „Ein- oder Zweibettzimmer"	329

Einführung in das Recht der Krankenhausfinanzierung

1 Kurzdarstellung des Krankenhausbereiches

1.1 Begriffe und Abgrenzungen

Krankenhäuser im Sinne des § 107 SGB V sind Einrichtungen, die der Krankenhausbehandlung oder Geburtshilfe dienen, fachlich-medizinisch unter ständiger ärztlicher Leitung stehen ... und nach wissenschaftlich anerkannten Methoden arbeiten, ... darauf eingerichtet sind, vorwiegend durch ärztliche und pflegerische Hilfeleistung Krankheiten der Patienten zu erkennen, zu heilen, ihre Verschlimmerung zu verhüten, Krankheitsbeschwerden zu lindern oder Geburtshilfe zu leisten und in denen die Patienten untergebracht und verpflegt werden können.

Die Krankenhäuser unterliegen in der Regel der staatlichen **Krankenhausplanung** der Länder (vgl. §§ 6 bis 11 KHG) und einer entsprechenden staatlichen Förderung der Investitionskosten. Von den 1995 Allgemeinen Krankenhäusern werden 1571 Krankenhäuser voll gefördert, 176 Krankenhäuser teilweise gefördert und nur 248 nicht gefördert. Nicht geförderte Krankenhäuser sind in der Regel auf Grund eines Versorgungsvertrages mit den gesetzlichen Krankenkassen zur Behandlung der Patienten zugelassen (§ 109 SGB V).

Von den Krankenhäusern sind die **Vorsorge- und Rehabilitationseinrichtungen** nach § 107 Abs. 2 SGB V zu unterscheiden. Dies sind Einrichtungen, die der stationären Behandlung der Patienten dienen, um eine Schwächung der Gesundheit, die in absehbarer Zeit voraussichtlich zu einer Krankheit führen würde, zu beseitigen oder einer Gefährdung der gesundheitlichen Entwicklung eines Kindes entgegenzuwirken (Vorsorge) oder die dazu dienen, eine Krankheit zu heilen, ihre Verschlimmerung zu verhüten oder Krankheitsbeschwerden zu lindern oder im Anschluss an Krankenhausbehandlung den dabei erzielten Behandlungserfolg zu sichern oder zu festigen, auch mit dem Ziel, einer drohenden Behinderung oder Pflegebedürftigkeit vorzubeugen, sie nach Eintritt zu beseitigen, zu bessern oder eine Verschlimmerung zu verhüten (Rehabilitation) .... Die Einrichtungen stehen fachlich-medizinisch unter ständiger ärztlicher Verantwortung und sind ... darauf eingerichtet, den Gesundheitszustand der Patienten nach einem ärztlichen Behandlungsplan vorwiegend durch Anwendung von Heilmitteln einschließlich Krankengymnastik, Bewegungstherapie, Sprachtherapie oder Arbeits- und Beschäftigungstherapie, ferner durch andere geeignete Hilfen, auch durch geistige und seelische Einwirkungen, zu verbessern und den Patienten bei der Entwicklung eigener Abwehr- und Heilungskräfte zu helfen. Die Patienten müssen in den Einrichtungen auch untergebracht und verpflegt werden können. Im Jahr 2001 wurden in 1388 Vorsorge- und Rehabilitationseinrichtungen in rd. 189000 Betten von 119709 Beschäftigten rd. 2,1 Mio. Patienten bei einer durchschnittlichen Verweildauer von 25,5 Tagen behandelt. Für den Bereich der Vorsorge- und Rehabilitationseinrichtungen gibt es keine staatliche Bedarfsplanung. Viele Einrichtungen sind in Trägerschaft der Renten- oder Unfallversicherung. Die Kliniken schließen mit den gesetzlichen Krankenkassen **Versorgungsverträge** (§ 111 SGB V). Dabei ist mit der für die Krankenhausplanung zuständigen Landesbehörde „Einvernehmen" anzustreben. Die Vergütungen für die Leistungen werden zwischen den Krankenkassen und den Trägern der Einrichtungen vereinbart.

Der staatlich nicht geregelte Bereich der Vorsorge- und Rehabilitationskliniken hat stark expandiert, während im Krankenhausbereich Betten abgebaut wurden. Mit dem Ziel, die Versorgung der Patienten über die Grenzen der Versorgungssektoren „ambulanten Versorgung durch niedergelassene Vertragsärzte", „stationäre Krankenhausbehandlung" und „Rehabilitationseinrichtungen" hinweg zu verbessern, wurde mit dem GKV-Gesundheitsreformgesetz 2000 rechtlich die Möglichkeit einer **„integrierten Versorgung"** eingeführt (§§ 140 ff. SGB V). Zum Beispiel können sich die Träger von Krankenhäusern und Rehabilitationseinrichtungen zusammenschließen, Konzepte (Behandlungsleitfäden) für eine sektorenübergreifende Behandlung der Patienten entwickeln und über eine solche integrierte Versorgung einen Vertrag mit den Krankenkassen schließen. Entsprechende Verträge Versorgung sind auch unter Einbeziehung der ambulant tätigen, niedergelassenen Vertragsärzte möglich. Ziel ist es, einerseits die Behandlung der Patienten über die Sektorengrenzen hinweg zu verbessern und die Behandlungszeiten zu verkürzen sowie andererseits die Gesamtbehandlung für die Krankenkassen kostengünstiger zu gestalten.

Das nachfolgend beschriebene **Krankenhausfinanzierungsrecht** regelt nur den Bereich der Krankenhäuser (§ 107 Abs. 1 SGB V, § 2 Nr. 1 KHG).

1.2 Statistische Daten

Rund ein Drittel der Ausgaben der gesetzlichen Krankenversicherung (GKV) entfällt auf die Krankenhausbehandlung. Dies waren im Jahr 2001 etwa 45 Mrd. Euro. Für privat Versicherte, Beamte und sonstige Patienten werden von den Privaten Krankenversicherungen (PKV, Bahn und Post) und den öffentlichen Haushalten (insbesondere Beihilfe und Zahlungen durch die Sozialhilfestellen) für die Krankenhausbehandlung einschl. der Zahlungen für die Wahlleistung „Unterkunft in Ein- und Zweibettzimmer" und die Wahlleistung „Arzt" (sog. Chefarztbehandlung) schätzungsweise weitere 8 Mrd. Euro ausgegeben. Der Jahresumsatz der **Krankenhäuser** einschließlich der Investitionen dürfte über 56 Mrd. Euro betragen. In 2240 Krankenhäusern mit rd. 553 000 Betten werden von 1 109 420 Beschäftigten (832 530 Vollkräften) 16,6 Millionen Patienten behandelt. Die Krankenhäuser stellen somit einen bedeutenden Wirtschafts- und Beschäftigungsfaktor innerhalb der Bundesrepublik Deutschland dar. Ihr Umsatz ist größer als in der Textil- und Bekleidungsindustrie sowie Stahlindustrie zusammen. Je 10 000 Einwohner werden 67,0 Betten vorgehalten.

Seit Einführung der Krankenhausstatistik-Verordnung im Jahr 1990 (vgl. Kapitel 4.3) stehen bundesweit einheitliche statistische **Daten über den Krankenhausbereich** zur Verfügung. Ausgewiesen werden Strukturdaten (Krankenhäuser, Betten, Auslastungsgrade, Personal, Großgeräte, Dialysegeräte, Ausbildungsstätten u.a.), Bewegungsdaten (Fallzahlen, Verweildauern, Diagnosen,

Übersicht 1: Statistische Daten über Krankenhäuser 2001

Krankenhaus-Statistik 2001 (Deutschland) – Vergleich 1992/2001 –			
	1992	2001	Veränd. in %
Krankenhäuser insgesamt			
Anzahl	2 381	2 240	−5,92 %
Betten insgesamt	646 995	552 680	−14,58 %
Betten je 10.000 Einwohner	80,3	67,0	−16,56 %
Ausbildungsstätten	1 131	996	−11,94 %
Ausbildungsplätze	107 261	93 966	−12,39 %
Allgemeine Krankenhäuser			
Anzahl	2 145	1 995	−6,99 %
Betten insgesamt:	591 830	516 242	−12,77 %
davon: – öffentliche Träger	361 312	276 754	−23,40 %
– freigemeinnützige Träger	211 137	198 205	−6,12 %
– private Träger	25 381	41 283	62,65 %
Nutzungsgrad der Betten in %	83,7	80,1	−4,30 %
Intensivbetten	20 051	23 190	15,66 %
Behandlungsfälle/Fallzahlen	13 984 758	16 173 468	15,65 %
Pflegetage	180 749 439	150 976 069	−16,47 %
Verweildauer	12,9	9,3	−27,91 %
Personal (Vollkräfte im Jahresdurchschnitt)	827 012	785 484	−5,02 %
davon: – Ärztlicher Dienst	93 921	105 747	12,59 %
– Pflegedienst	303 990	307 309	1,09 %
– Medizin.-techn. Dienst	118 698	118 794	0,08 %
– Funktionsdienst	75 943	80 899	6,53 %
– Klinisches Hauspersonal	37 469	20 013	−46,59 %
– Wirtschafts-/Versorg. Dienst	88 960	62 676	−29,55 %
– Techn. Dienst	21 884	19 137	−12,55 %
– Verwaltungsdienst	57 502	54 597	−5,05 %
– Sonderdienste	9 553	4 154	−56,52 %
– sonstiges Personal	19 092	12 159	−36,31 %
Personalkosten insgesamt in 1.000 €	28 268 828	33 835 489	19,69 %
Krankenhäuser mit: – mind. einem med.-techn. Großgerät	538	919	70,82 %
– Dialyseeinrichtungen	270	261	−3,33 %
– eigener Apotheke	623	513	−17,66 %
Medizin.-technische Großgeräte	1 426	2 611	83,10 %
Dialyseplätze	3 219	2 958	−8,11 %
Ausbildungsstätten	1 056	932	−11,74 %
Ausbildungsplätze	100 468	89 234	−11,18 %

Geburten, Einzugsbereich, Kosten u. a.) sowie Kostendaten. Die Daten werden vom Statistischen Bundesamt (www.destatis.de) in der Fachserie 12 „Gesundheitswesen" veröffentlicht und über die SFG-Servicecenter Fachverlage GmbH, Reutlingen vertrieben. **Übersicht 1** gibt wesentliche Daten wieder.

1.3 Vergütung der Krankenhausbehandlung

In der Bundesrepublik Deutschland sind die Versorgungssektoren stark voneinander abgeschottet. So findet die Krankenhausbehandlung grundsätzlich voll- oder teilstationär statt, d. h. der gesetzlich krankenversicherte Patient muss zur Behandlung grundsätzlich von einem niedergelassenen, ambulant tätigen Arzt oder einem Notarzt in das Krankenhaus eingewiesen werden. Kennzeichnend für die stationäre Krankenhausbehandlung ist in der Regel die Übernachtung des Patienten; vgl. die Erläuterungen zu § 1 Abs. 1 KHEntgG in Teil II. Lediglich in besonderen Fällen der teilstationären Versorgung kann auf eine Übernachtung verzichtet werden, z. B. bei einer Dialyse oder bei sog. Tageskliniken in der Geriatrie und in der Psychiatrie. Das Krankenhaus ist nach § 39 SGB V verpflichtet, trotz vorliegender Einweisung selbst noch einmal zu prüfen, ob der Patient wirklich stationär behandelt werden muss. Hält das Krankenhaus eine **ambulante Behandlung** für möglich, darf es diese in der Regel nicht selbst durchführen, sondern muss den Patienten abweisen bzw. zurück zu einem niedergelassenen Arzt schicken; ausgenommen sind Notfälle. Möglichkeiten des Krankenhauses, Leistungen ambulant zu erbringen ergeben sich jedoch in begrenztem Umfang auf Grund von besonderen Vorschriften, z. B.

- die Zulassung des Krankenhauses zum ambulanten Operieren nach § 115 b SGB V,
- die ambulante Behandlung durch Krankenhausärzte, die zur Teilnahme an der vertragsärztlichen (ambulanten) Versorgung ermächtigt sind (§ 116 SGB V),
- bei Hochschulambulanzen, soweit dies für Forschung und Lehre erforderlich ist (§ 117 SGB V),
- bei psychiatrischen Institutsambulanzen, soweit diese dazu ermächtigt sind (§ 118 SGB V),
- ggf. im Rahmen einer integrierten Versorgung nach § 140 a SGB V ff.

Grundsätzlich gilt seit vielen Jahren die politische Forderung „ambulant vor stationär". Ebenso lange wird über eine stärkere Verzahnung des ambulanten Bereiches der niedergelassenen Ärzte und des Krankenhausbereiches diskutiert, ohne dass größere Fortschritte erreicht worden wären. Insbesondere die niedergelassenen Ärzte wehren sich gegen eine auch nur begrenzte Zulassung der Krankenhäuser zur ambulanten Behandlung. Eine erneute Diskussion wird es anlässlich des Gesetzgebungsverfahrens zum GKV-Modernisierungsgesetz – GMG – geben, dass im Jahr 2003 durchgeführt wird.

Abbildung 1 zeigt die verschiedenen Vergütungsbereiche für Krankenhäuser auf.

Im Rahmen der Einführung des DRG-Fallpauschalsystems und der damit voraussichtlich einhergehenden Verkürzungen der Verweildauern der Patienten im Krankenhaus wird die Diskussion um erweiterte ambulante Versorgungs-

Vergütung der Krankenhausbehandlung

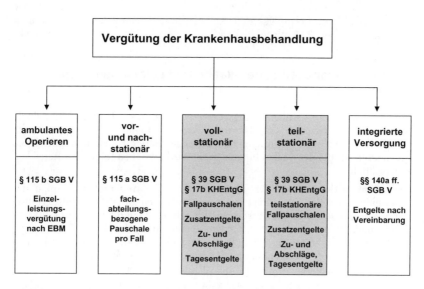

Abbildung 1: Vergütung der Krankenhausbehandlung

möglichkeiten der Krankenhäuser erneut geführt werden müssen. Dies dürfte insbesondere für spezialisierte Behandlungen gelten. Bereits jetzt wird von Seiten der niedergelassenen Ärzte gefordert, dass wegen zu erwartender Verlagerungseffekte aus dem stationären in den ambulanten Versorgungsbereich eine Umschichtung finanzieller Mittel in die sektoralen Budgets für den ambulanten Bereich vorgenommen werden müsse. Besser als eine solche lediglich reaktive Veränderung der Geldströme wäre eine erneute Diskussion darüber, inwieweit es Sinn macht, Kapazitäten im Krankenhausbereich abzubauen, um sie im vertragsärztlichen ambulanten Bereich ggf. unter schlechterer Auslastung teurer medizin-technischer Geräte wieder aufzubauen. Sinnvoller wäre es in vielen Fällen – und aus Gründen einer qualitativ hohen Leistungserbringung auch oftmals im Interesse der Patienten – den Krankenhäusern erweiterte ambulante Behandlungsmöglichkeiten für besondere Versorgungssituationen einzuräumen.

Das neue DRG-Fallpauschalensystem gilt ab dem Jahr 2004 verbindlich für etwa 90 % der Krankenhäuser. Dieser Entgeltbereich unterliegt den Vorgaben des Krankenhausentgeltgesetzes (KHEntgG), dessen Vorschriften in diesem Kommentar dargestellt und erläutert werden.

Für die zunächst aus dem Fallpauschalensystem ausgenommenen Einrichtungen für Psychiatrie, Psychosomatik und Psychotherapeutische Medizin gilt weiterhin die Bundespflegesatzverordnung (BPflV). Die Vergütung nach der Bundespflegesatzverordnung wird in Kapitel 5 dieser Einführung ausführlich erläutert. Eine Kommentierung der Vorschriften gibt das Buch „Tuschen/Quaas, Bundespflegesatzverordnung, 5. Auflage", a. a. O., Erläuterungen zu den umfangreichen Verhandlungsunterlagen einschließlich einer Beispielrechnung gibt das Buch

„Tuschen/Philippi, Leistungs- und Kalkulationsaufstellung im Entgeltsystem der Krankenhäuser, 2. Auflage", a. a. O.

1.4 Duale Finanzierung der stationären Leistungen nach dem KHG

Mit dem Krankenhausfinanzierungsgesetz vom 29. Juni 1972 wurde die duale Krankenhausfinanzierung eingeführt; vgl. Kapitel 2.3 Die Vorhaltung von Krankenhäusern wurde als öffentliche Aufgabe angesehen, die aus Steuermitteln zu finanzieren ist. Bei der dualen Finanzierung wird zwischen folgenden Bereichen unterschieden:

- Die **Investitionskosten** der Krankenhäuser, die im Krankenhausplan des jeweiligen Landes aufgeführt sind, werden durch öffentliche Fördermittel finanziert. Diese werden teilweise als Einzelförderung für bestimmte Investitionsmaßnahmen vergeben und teilweise jährlich regelmäßig als Pauschalförderung in Abhängigkeit von z. B. Bettenzahl, Abteilungen oder Fallzahlen gezahlt. Nähere Angaben können den Krankenhausplänen oder den Investitionsprogrammen der einzelnen Bundesländer entnommen werden.
- Die laufenden **Betriebskosten** der Krankenhäuser werden von den Krankenkassen bzw. von den selbstzahlenden Patienten mit Pflegesätzen finanziert. „Pflegesatz" ist der Oberbegriff für die verschiedenen Entgeltformen im Rahmen der Krankenhausfinanzierung. Zu ihnen gehören insbesondere tagesgleiche Pflegesätze (Abteilungspflegesatz, Basispflegesatz), Fallpauschalen, Sonderentgelte oder Zusatzentgelte sowie Zuschläge und Abschläge.

Die Einführung der dualen Krankenhausfinanzierung machte 1972 nähere Regelungen darüber erforderlich, welche Kosten über die Fördermittel der Länder und welche über die Pflegesätze zu finanzieren sind. Die erforderliche Abgrenzung wurde mit der **Abgrenzungsverordnung** (AbgrV) vorgenommen; vgl. Kapitel 4.1. In § 2 AbgrV werden auch die Wirtschaftsgüter des Krankenhauses den beiden Finanzierungsbereichen zugeordnet; vgl. **Abbildung 2**.

Die Bundesländer nahmen ein Urteil des Bundesverwaltungsgerichts vom 21. Januar 1993 zum Anlass, die bisher von ihnen durchgeführte Einzelförderung **großer Instandhaltungsmaßnahmen** einseitig einzustellen. Große Instandhaltungsmaßnahmen werden deshalb seit 1997 nicht mehr einzeln durch die Länder gefördert, sondern mit einer Instandhaltungspauschale in Höhe von 1,1 Prozent des Budgets bzw. der Pflegesätze von den Krankenkassen finanziert; vgl. Kapitel 4.1.3.

Die im Jahr 1972 noch hohe Bedeutung der Investitionsförderung der Länder ist seitdem kontinuierlich zurückgegangen, wie die **Übersicht 2** zeigt.

Die Verschiebungen zwischen den beiden Finanzierungsbereichen haben sich einerseits auf Grund der medizinischen und medizinisch-technischen Entwicklung in den letzten fast 30 Jahren ergeben, die zu einer starken Erhöhung der Behandlungskosten (Pflegesätze) geführt haben. Die Investitionsmittel sind durch die Länder nicht entsprechend erhöht worden.

Lt. Bruckenberger (vgl. Investitionsoffensive für Krankenhäuser?, a. a. O., S. 18 f. sowie www.bruckenberger.de) ist „die Investitionsquote als prozentualer Anteil

Duale Finanzierung der stationären Leistungen nach dem KHG

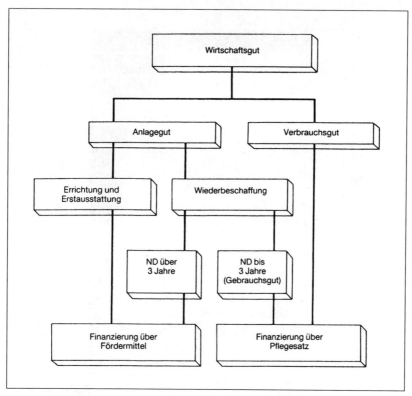

Abbildung 2: Abgrenzung der Wirtschaftsgüter (aus: Tuschen, f&w Sonderheft, 7/90)

der Investitionen am Gesamtbetrag der Benutzer- und Investitionskosten aller zugelassenen Krankenhäuser (Hochschulkliniken, Plankrankenhäuser, Vertragskrankenhäuser) ... im Zeitraum von 1973 bis 2001 im Bundesdurchschnitt von 17 % auf 9 % gesunken. ... Dies ist ein objektiver Beweis für die zu geringe **Investitionsförderung** im Krankenhaussektor und ein Beweis dafür, dass die Länder ihren Rechtsverpflichtungen aus dem KHG auf eine zeitnahe Vollfinanzierung nicht nachkommen. ... Um eine modernen Betrieben vergleichbare Investitionsquote von 20 Prozent zu erreichen, müssten die derzeitigen insgesamt aufgewendeten jährlichen Investitionsmittel von rd. 5 Mrd. Euro auf rd.

Übersicht 2: Bedeutung der Fördermittel im Rahmen der dualen Finanzierung

Jahr	Fördermittel der Länder	GKV-Ausgaben für Krankenhäuser	Anteil
1973	1,6 Mrd. Euro	6,0 Mrd. Euro	27 %
2002	3,2 Mrd. Euro	46 Mrd. Euro	7 %

Kurzdarstellung des Krankenhausbereiches

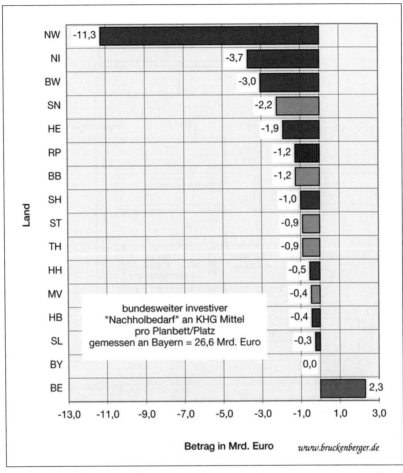

Abbildung 3: Investiver „Nachholbedarf" gemessen an der KHG-Finanzierung Bayerns pro Planbett seit 1973 (Bruckenberger, Investitionsoffensive für Krankenhäuser?, a. a. O., S. 35)

12 Mrd. Euro aufgestockt werden. Dabei ist die Beseitigung des Investitionsstaues noch nicht berücksichtigt." Diese seit vielen Jahren zu niedrigen Investitionen (**Investitionsstau**) beeinträchtigen die Wirtschaftlichkeit der Krankenhäuser stark. Bruckenberger hat die höheren Fördermitteln des Landes Bayern pro Krankenhausbett mit den Fördermitteln verglichen, die andere Bundesländer in dem Zeitraum seit 1973 bereitgestellt haben. Er kommt durch diese Differenzrechnung auf einen rechnerischen „Nachholbedarf" an KHG-Mitteln je Bett in Höhe von 26,6 Mrd. Euro (vgl. **Abbildung 3**) und verweist auf eine Studie der Oppenheim Research vom November 2001, in der der Investitionsstau mit rd. 60 Mrd. DM veranschlagt wird (vgl. Bruckenberger, a. a. O., S. 34 f.).

Duale Finanzierung der stationären Leistungen nach dem KHG

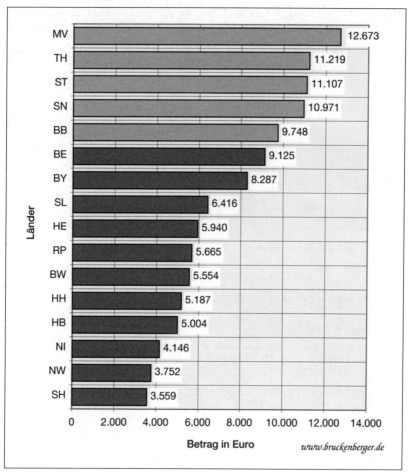

Abbildung 4: KHG-Fördermittel im Jahr 2002 pro Planbett/Platz im Ländervergleich in Euro (Bruckenberger, Investitionsoffensive für Krankenhäuser?, a. a. O., S. 7)

Der Veröffentlichung von Bruckenberger sind auch die **Abbildung 4** zur unterschiedlichen Höhe der KHG-Fördermittel pro Planbett/Platz und die **Übersicht 3** zur Verteilung der KHG-Mittel nach Pauschal- und Einzelförderung entnommen.

Kurzdarstellung des Krankenhausbereiches

Übersicht 3: Verteilung der KHG-Mittel des Jahres 2002 nach Pauschal- und Einzelförderung im Ländervergleich (Bruckenberger, Investitionsoffensive für Krankenhäuser?, a. a. O., S. 9)

Land	KHG-geförderte Betten/Plätze 2002	KHG-Mittel insgesamt in Mio. Euro	davon Pauschal-förderung in Mio. Euro	davon Einzel-förderung in Mio. Euro	Relation
Baden-Württemberg	56 306	312,7	157,3	155,4	50,3 : 49,7
Bayern	74 041	613,6	180,0	433,6	29,3 : 70,7
Berlin	19 396	177,0	35,9	141,1	20,3 : 79,7
Brandenburg	16 584	161,7	23,6	138,1	14,6 : 85,4
Bremen	6 593	33,0	17,1	15,9	51,7 : 48,3
Hamburg	11 903	61,7	29,1	32,6	47,2 : 52,8
Hessen	34 219	203,3	95,0	108,3	46,7 : 53,3
Mecklenburg-Vorpommern	9 366	118,7	14,0	104,7	11,8 : 88,2
Niedersachsen	45 342	188,0	95,7	92,3	50,9 : 49,1
Nordrhein-Westfalen	129 010	484,1	305,2	178,9	63,0 : 37,0
Rheinland-Pfalz	24 503	138,8	51,1	87,7	36,8 : 63,2
Saarland	6 375	40,9	16,5	24,4	40,3 : 59,7
Sachsen	27 226	298,7	39,9	258,8	13,4 : 86,6
Sachsen-Anhalt	15 694	174,3	17,4	156,9	10,0 : 90,0
Schleswig-Holstein	13 626	48,5	38,5	10,0	79,4 : 20,6
Thüringen	14 937	167,6	20,2	147,3	12,1 : 87,9
Deutschland	505 121	3 222,5	1 136,5	2 086,0	35,3 : 64,7

Eigene Berechnung und Darstellung auf der Grundlage von Daten der Haushaltsansätze der Länder

Im Gesetzgebungsverfahren zum GKV-Gesundheitsreformgesetz 2000 (vgl. Kapitel 3.7) wurde von Seiten der Regierungsfraktionen und einiger SPD-geführter Länder (A-Länder) versucht, die **monistische Finanzierung** einzuführen. Dies wurde von der Deutschen Krankenhausgesellschaft und anderen Ländern grundsätzlich abgelehnt. Die meisten Länder wollten keine Einschränkung ihrer Planungshoheit hinnehmen und den Krankenkassen keine stärkeren Mitwirkungsrechte bei der Gestaltung der Leistungsstrukturen zugestehen. Weil man sich auf eine vollständige Gegenfinanzierung der zusätzlichen Belastung der gesetzlichen Krankenversicherung nicht einigen konnte, sollten die Krankenhäuser letztlich auf einen relativ großen Teil der Ländermittel verzichten und diesen

Wegfall durch eine Erhöhung ihrer Wirtschaftlichkeit selbst finanzieren. Dieser Vorschlag konnte nicht durchgesetzt werden, weil das Gesetz insgesamt nicht die Zustimmung des Bundesrates erhielt und in ein zustimmungsfreies Gesetz umgeformt werden musste. Dabei musste auf die Einführung der monistischen Finanzierung verzichtet werden.

Vor dem Hintergrund der sehr angespannten Finanzierungssituation der gesetzlichen Krankenversicherung, die keine Übernahme zusätzlicher Finanzierungsverpflichtungen zulässt (Entlastung der Länder), des Bestehens der Länder auf einer uneingeschränkten Planungskompetenz und der Ablehnung einer monistischen Finanzierung durch die Deutsche Krankenhausgesellschaft sowie des insgesamt stark zurückgegangenen Anteils der staatlichen Fördermittel an der Gesamtfinanzierung ist in absehbarer Zeit wohl nicht mehr mit einer monistischen Finanzierung zu rechnen. Nach Aufhebung des Selbstkostendeckungsprinzips und unter den ökonomischen Zwängen des neuen Fallpauschalensystems ist vielmehr davon auszugehen, dass die Krankenhäuser nicht jahrelang auf Fördermittel für Rationalisierungsmaßnahmen warten können, sondern aus eigenen Mitteln investieren müssen (verdeckte monistische Finanzierung). Die Bundesländer sollten deshalb wenigstens insoweit eine Chancengleichheit herstellen, als sie insbesondere die Krankenhäuser fördern, die bisher bei der Zuteilung öffentlicher Fördermittel benachteiligt wurden (Fördermittel-Warteschlange).

1.5 Grundsatz der Beitragssatzstabilität

Das Krankenhausfinanzierungsgesetz (KHG) wurde 1972 erlassen, um die damals sanierungsbedürftigen Krankenhäuser wirtschaftlich zu sichern. Man war der Auffassung, dass die gesetzliche Krankenversicherung die notwendigen Investitionskosten nicht zusätzlich tragen könnte und entschloss sich deshalb zur Einführung der dualen Finanzierung. Die Finanzierung der Investitionskosten wurde als öffentliche Aufgabe angesehen, die über staatliche Fördermittel zu Gewähr leisten ist (vgl. Kapitel 1.4). Die Krankenkassen wurden verpflichtet, mit den Pflegesätzen die Selbstkosten (laufenden Betriebskosten) eines sparsam wirtschaftenden und leistungsfähigen Krankenhauses zu decken. Entstehende Verluste und Gewinne wurden weitgehend ausgeglichen (sog. Selbstkostendeckungsprinzip).

Im Jahr 1985 wurde diese z.T. auch nachträgliche Selbstkostenfinanzierung (Selbstkostenerstattung) auf ein prospektives Verhandlungssystem umgestellt. Das Krankenhaus hatte den Anspruch auf Finanzierung seiner Selbstkosten bei wirtschaftlicher Betriebsführung nur noch zum Zeitpunkt der prospektiven Budgetverhandlung für das nächste Kalenderjahr. Es musste dann während dieses Jahres versuchen, möglichst gut zu wirtschaften. Die entstehenden Gewinne oder Verluste wurden nicht mehr ausgeglichen, sondern verblieben dem Krankenhaus. Hierdurch wurden die Anreize zu einem aktiveren Wirtschaften des Krankenhauses wesentlich verbessert.

Nach Erlass des KHG im Jahr 1972 nahm infolge der Krankenhausplanung der Bundesländer die Zahl der Krankenhausbetten zu. Infolge des Selbstkostendeckungsprinzip verbesserte sich auch die wirtschaftliche Lage der Krankenhäuser. Parallel dazu nahmen aber Klagen über eine zunehmende Unwirtschaftlichkeit

Kurzdarstellung des Krankenhausbereiches

der Leistungserbringung zu. Krankenhäuser vernachlässigten insbesondere wegen des Selbstkostendeckungsprinzips mögliche Maßnahmen zur Kostensenkung und waren insbesondere wegen der Vergütung mit tagesgleichen Pflegesätzen häufig nicht an durchaus möglichen Verkürzungen der Verweildauer interessiert.

Andererseits nahmen bei knapper werdenden Ressourcen die Finanzierungsprobleme in der gesetzlichen Krankenversicherung zu. Dies führte zu einer politisch veränderten Gewichtung der in § 1 KHG enthaltenen doppelten Zielsetzung. Seit dem Jahr 1993 trat der Aspekt der wirtschaftlichen Sicherung der Krankenhäuser mehr in den Hintergrund und der Aspekt der Absicherung der gesetzlichen Krankenversicherung („sozial tragbare Pflegesätze") stärker in den Vordergrund. Auch im Krankenhausbereich wurde deshalb der in § 71 SGB V verankerte **Grundsatz der Beitragssatzstabilität** eingeführt. Da es im Krankenhausbereich keine Zahlungsvereinbarungen auf Landesebene (Landesbudgets) gibt, konnte dieser Grundsatz – abweichend von anderen Leistungssektoren in der GKV – nicht auf Landesebene umgesetzt werden, sondern musste bei den Budgets der einzelnen Krankenhäuser ansetzen. Diese werden seit dem Jahr 1993 mit verschiedenen Regelungsvarianten durch die Veränderungsrate nach § 71 SGB V in ihrem Wachstum begrenzt. Dies bedeutet, dass die Entwicklung der einzelnen Krankenhausbudgets grundsätzlich an die Einnahmenentwicklung in der GKV angekoppelt wurde. Allerdings galten in den meisten Jahren bestimmte Ausnahmeregelungen z.B. für Leistungsentwicklungen (Leistungsstruktur und Fallzahlen) oder für Veränderungen infolge der Krankenhausplanung (z.B. neue Abteilungen, zusätzlicher OP).

Mit dem GKV-Gesundheitsreformgesetz 2000 wurden dann die Budgetbegrenzungen nochmals verschärft und detailliert in § 6 Abs. 1 BPflV vorgegeben. Seitdem entscheidet die Schiedsstelle auf Landesebene im Streitfall nicht mehr über Leistungsveränderungen. Ohne diesen Schutz der Schiedsstelle können viele Krankenhäuser Budgeterhöhungen infolge von Leistungsveränderungen nicht mehr durchsetzen. Auch wenn Krankenkassen nicht willkürlich entscheiden dürfen, so lassen sich offensichtlich doch in erheblichem Umfang berechtigte Ansprüche der Krankenhäuser nicht mehr durchsetzen, weil ein Klageweg zu lange dauern und u.a. die Liquidität des Krankenhauses gefährden würde. Infolge des jahrzehntelang geltenden Selbstkostendeckungsprinzips und der nachfolgenden gesetzlichen Budgetbegrenzungen (sog. Deckelungen) sind wohl auch heute noch die Krankenhausbudgets – gemessen an der tatsächlichen Leistungserbringung – unterschiedlich hoch. Der seit 1993 geltende Grundsatz der Beitragssatzstabilität trifft deshalb insbesondere die bereits vorher wirtschaftlichen Krankenhäuser und die Krankenhäuser mit zunehmenden Patientenzahlen. Hierzu trägt auch die nur in relativ wenigen Ausnahmefällen mögliche, teilweise Berücksichtigung von BAT-Tariferhöhungen für Gehälter bei; vgl. § 6 Abs. 3 BPflV.

Die Begrenzung der einzelnen Krankenhausbudgets ist grundsätzlich kontraproduktiv. Sie verhindert eine leistungsgerechte Vergütung und behindert bei Nichtberücksichtigung von Leistungsstrukturveränderungen und Fallzahlerhöhungen auch notwendige Strukturveränderungen in einer Versorgungsregion. Mit Einführung der leistungsorientierten Vergütung nach dem neuen **DRG-Vergütungssystem** wird der Grundsatz der Beitragssatzstabilität ab dem Jahr

Grundsatz der Beitragssatzstabilität

2005 deshalb nicht mehr auf der Ebene des einzelnen Krankenhauses umgesetzt. Die einzelnen Krankenhausbudgets werden im Zeitraum vom 1.1.2005 bis zum 1.1.2007 stufenweise an eine leistungsorientierte Höhe mit grundsätzlich landesweit einheitlichem Preisniveau angepasst, also verändert; vgl. **Abbildung 13**. Dafür wird ab dem Jahr 2005 der Grundsatz der Beitragssatzstabilität bei der Vereinbarung des Basisfallwerts auf der **Landesebene** angewendet; zu den entsprechenden Vorgaben vgl. die Erläuterungen zu § 10 KHEntgG.

Die Ausnahmen nach § 6 Abs. 1 und 3 BPflV haben – trotz ihrer gravierenden Auswirkungen auf das einzelne Krankenhaus und seine Weiterentwicklung – dazu geführt, dass die Ausgaben der GKV für den Krankenhausbereich in den vergangenen Jahren insgesamt deutlich stärker gestiegen sind als die maßgebliche Veränderungsrate nach § 71 SGB V als Indikator für die Einnahmenentwicklung der GKV; vgl. **Abbildung 5**. Vom Krankenhausbereich insgesamt ist also eine beitragssatzsteigernde Wirkung ausgegangen. Die Frage, wie viel Geld für eine steigende Nachfrage nach Gesundheitsleistungen künftig zur Verfügung gestellt werden muss und wie die finanziellen Ressourcen besser genutzt werden können, wird deshalb auch in den nächsten Jahren im Mittelpunkt gesundheitspolitischer Diskussionen und Reformbestrebungen stehen.

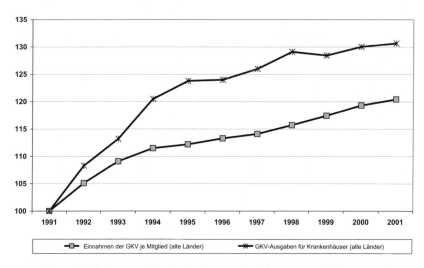

Abbildung 5: Entwicklung der GKV-Einnahmen je Mitglied sowie der GKV-Ausgaben für Krankenhausversorgung

2 Die Entwicklung des Krankenhausfinanzierungs-Rechts bis 1991

Im Rahmen dieser Einführung wird ein Überblick über die Entwicklung des Rechts der Krankenhausfinanzierung gegeben. Dabei wird insbesondere auf die wirtschaftlichen Aspekte eingegangen. Differenziertere Informationen zum jeweiligen Gesetzgebungs- und Verordnungsverfahren bis 1986 geben aus der Sicht des zuständigen Ministeriums insbesondere die Einführungen zu den Textausgaben von Karl Jung zum Krankenhausfinanzierungsgesetz und zur Bundespflegesatzverordnung 1986. Die Sicht der betroffenen Krankenhäuser wird in der Broschüre der Fachvereinigung der Verwaltungsleiter deutscher Krankenanstalten e.V. vom März 1988 zu den Betriebswirtschaftlichen Aspekten in der Krankenhausfinanzierung dargestellt.

2.1 Freie Krankenhausfinanzierung bis 1936

Die ersten Hospitäler in Deutschland sind Gründungen von Klöstern oder von Bischöfen, die z.B. aus dem Jahre 1220 überliefert sind. Ihnen folgten nicht viel später die Gründungen von städtischen Bürgerspitälern. Diese Einrichtungen dienten der Aufnahme von Armen, Siechen und Bresthaften, soweit sie nicht Hilfe und Pflege in der Familie fanden. Die Krankenfürsorge erstreckte sich vornehmlich auf die geistliche Betreuung; die Krankenpflege wurde nur als nachrangige Aufgabe gesehen. Bei den geringen medizinischen Kenntnissen und Möglichkeiten konnte von einer organisierten ärztlichen Therapie kaum die Rede sein. Die Hospitäler wurden getragen von der Idee der christlichen Barmherzigkeit, zu deren sieben Werken auch die Pflege der Kranken um Gotteslohn zählte. Die Kranken waren in der Regel mittellos. Vermögende Patienten vermieden es, das Hospital aufsuchen zu müssen. Nur durch die aufopferungsvolle Pflege der Kranken als eine Form des Dienstes an Christus und auf Grund von Zuwendungen der Klöster und Bischöfe aus ihrem Vermögen und der Gemeinden aus Steuermitteln sowie durch private Stiftungen konnten die Hospitäler bestehen.

Darüber hinaus wurden insbesondere von den Städten drei besondere Typen von Krankenanstalten errichtet und finanziert:

– die Leprosorien, in denen außerhalb der Stadtmauern Lepra-Kranke bis an ihr Lebensende untergebracht wurden, und

– die Pesthäuser, in denen vor den Toren der Städte die Kranken isoliert und ärztlich behandelt wurden, und

– die Anstalten für Geisteskranke, die gewöhnlich mit Arbeitsscheuen und Kriminellen zusammengesperrt wurden. Von einer ärztlichen Betreuung und humaner Behandlung konnte in diesen Anstalten bis ins Zeitalter der Aufklärung keine Rede sein.

Nachdem durch die Säkularisation von 1803 den Klöstern und kirchlichen Stiftungen die Tätigkeit in der Krankenpflege untersagt wurde, fiel die Verantwortung für die Spitäler immer mehr den Gemeinden zu. Als Ausfluss absolutistischer Machtentfaltung wurden die ersten staatlichen Universitätskliniken gegründet, z.B. 1710 die der Charité in Berlin, 1784 des Allgemeinen Krankenhauses in Wien, 1799 in Leipzig und 1806 in Halle (vgl. Betriebswirtsch. Aspekte, Fachvereinigung, S. 51). In der zweiten Hälfte des 19. Jahrhunderts kam der große Aufschwung im Krankenhauswesen. Die Medizin schuf durch die Einführung der Narkose um 1847, der Antisepsis im Jahre 1867 und der Asepsis im Jahre 1886 die Voraussetzungen, dass die Angst der Bürger vor dem Krankenhaus wich. Durch die Einführung der Endoskopie und der Elektrokardiographie sowie die Entdeckung der Röntgenstrahlen konnte sich das Krankenhaus zum Schwerpunkt der ärztlichen Diagnostik und Therapie entwickeln.

Außerdem erkannte der Staat die Bedeutung des Krankenhauses für die Gesundheit seiner Bürger, Soldaten und Arbeiter. Preußen nahm 1794 mit der Einführung des Allgemeinen Landrechts die Krankenhäuser unter seinen Schutz und seine Aufsicht. Der entscheidende Impuls wurde unter Kaiser Wilhelm I. durch das Gesetz betreffend die Krankenversicherung der Arbeiter vom 15. Juni 1883, in Kraft getreten am 1.12.1884, gegeben. An Stelle der ärztlichen Behandlung und des Krankengeldes konnte die Krankenversicherung dem Versicherten freie Kur und Verpflegung in einem Krankenhaus gewähren; es handelte sich um eine Ersatzleistung, die in das pflichtgemäße Ermessen der Krankenkassen gestellt war. Da die Krankenunterstützung spätestens mit dem Ablauf der 13. Woche nach Beginn der Krankheit auslief, endete damit auch die Krankenhauspflege. Die gesetzliche Krankenkasse konnte jedoch als freiwillige Leistung die Dauer bis zu einem Jahr ausdehnen.

Diese grundlegende Änderung der Finanzierungsbedingungen ermöglichte eine rasche Weiterentwicklung der Krankenhäuser. Sie waren nun weitgehend nicht mehr auf die Zuschüsse von Gemeinden oder Stiftungen angewiesen. Aus den Pflegestätten von armen und kranken Menschen konnten sich Krankenhäuser entwickeln, deren Aufsuchen keine soziale Deklassierung mehr bedeutete (Betriebswirtsch. Aspekte, Fachvereinigung, S. 52). Der Aufbau der übrigen Zweige der Sozialversicherung und der Ausbau der Krankenversicherung durch nachfolgende Gesetze, der auch mit einer zeitlichen Ausdehnung des Anspruchs auf Krankenhausbehandlung einherging, wirkten sich weiterhin günstig auf die Entwicklung des Krankenhauswesens aus. Das Krankenversicherungssystem führte zu umfassenden Rechtsbeziehungen zwischen den Krankenkassen und den Krankenhäusern. Auf der Grundlage des Sachleistungsprinzips waren die Krankenkassen darauf angewiesen, die Gewährung von Krankenhauspflege für ihre Versicherten sicherzustellen. Zwischen Krankenkassen und Krankenhäusern wurden Verträge über Pflegesätze geschlossen. Mit diesen wurden die Investitionskosten, Betriebskosten und eine Verzinsung des betriebsnotwendigen Kapitals vergütet. Dabei waren die Vertragsparteien frei von staatlichen Eingriffen oder Reglementierungen.

Gleichwohl wurde schon damals ein zweckmäßiges Verfahren der Selbstkostenermittlung und des Betriebsvergleichs für erforderlich gehalten. Ein Gutachterausschuss von Krankenhausfachleuten legte im Jahr 1926 ein Rechnungsergebnisblatt zu einer vergleichenden Jahresübersicht der Wirtschaftsergebnisse von Krankenhäusern vor (vgl. Zeitschrift für das gesamte Krankenhauswesen, 1926, S. 301). Ziel war es, die Ergebnisse der Krankenhäuser vergleichbar zu machen und die Grundlage für eine einheitliche Ermittlung der Selbstkosten zur Erstattung durch die Kostenträger zu schaffen.

Die bis dahin im freien Ermessen der Krankenkassen liegende **Auswahl der Krankenhäuser** wurde durch Gesetz vom 14.8.1933 durch eine Änderung des § 301 Abs. 2 RVO eingeschränkt. Bestehende Vertragsverbindungen konnten nur noch gekündigt werden, wenn

- das Krankenhaus nicht die Gewähr für eine ausreichende, zweckmäßige und wirtschaftliche Krankenhauspflege bot oder
- die Bedingungen der Krankenhauspflege nicht angemessen waren.

Krankenhäuser, bei denen diese Voraussetzungen nicht vorlagen, konnten nur aus wichtigem Grund mit Zustimmung des Oberversicherungsamtes von der Erbringung der Krankenhauspflege zu Lasten der Kassen ausgeschlossen werden.

2.2 Monistische Krankenhausfinanzierung von 1936 bis 1972

Mit der für Güter und Leistungen jeder Art geltenden Verordnung über das Verbot von Preiserhöhungen vom 26.11.1936 (GBl. I S. 955) – **Preisstoppverordnung** – griff der Staat auch erstmals in die Preisgestaltung der Krankenhäuser ein. Ausnahmen vom Preisstopp waren nur unter sehr engen Härtefallregelungen zulässig. Durch den Ausschluss von Preiserhöhungen wurde ein weiterer Ausbau der bestehenden Krankenhäuser und ein Aufbau weiterer Krankenhäuser faktisch ausgeschlossen.

Nachdem die Krankenhäuser durch die sog. Preisfreigabeverordnung vom 25.6.1948 (WiGbl. S. 61) für sechs Monate aus der Preisbindung entlassen worden waren, wurden sie auf Grund des Widerspruchs der Sozialversicherungsträger, deren Beiträge weiterhin den Preisvorschriften unterlagen, durch die Anordnung PR 140/48 über Pflegesätze der Kranken- und Heilanstalten und sonstigen pflegerischen Anstalten aller Art vom 18.12.1948 wieder dem Preisstopp unterworfen. Der am selben Tag herausgegebene Runderlass 30/48 des Direktors der Verwaltung für Wirtschaft enthielt erstmals **Kalkulationsregeln**, die festlegten, welche Kostenarten in welcher Höhe den Krankenhäusern zu erstatten waren. In diesen Richtlinien findet sich auch erstmals der Grundgedanke von der Sozialgebundenheit der Krankenhausleistungen und der Aufteilung der Kostenlast auf mehrere Finanzierungsträger, ohne allerdings eine Antwort zu geben, wer dafür einzustehen hatte, wenn wegen des Ausschlusses der Erstattungsfähigkeit bestimmter Kostenarten Finanzierungslücken bei den Krankenhäusern entstanden. Die ursprünglich rein wirtschaftspolitischen Zielvorstellungen der Preisrechtsvorschriften wurden erstmals durch sozial- und gesundheitspolitische Erwägungen ergänzt. Auch den Gedanken der „Berücksichtigung der wirtschaftlichen Leistungsfähigkeit" der Krankenkassen und der „Vermeidung von Beitragserhöhungen in der Krankenversicherung" wurde erstmals Ausdruck verliehen (Jung, BPflV '86, 39).

Die Anordnung PR Nr. 140/48 wurde zum 10.9.1954 durch die **Verordnung** PR Nr. 7/54 über Pflegesätze von Krankenanstalten (B. Anz. Nr. 173 vom 9.9.1954) abgelöst. Sie sollte die Situation der Krankenhäuser dadurch verbessern, dass nun Abschreibungen auf Anlagegüter und Rückstellungen zur Anpassung an die diagnostisch-therapeutische Entwicklung in den Pflegesätzen be-

Monistische Krankenhausfinanzierung von 1936 bis 1972

rücksichtigt werden konnten. Allerdings wurde gleichzeitig vorgeschrieben, dass herkömmlich geleistete Betriebskostenzuschüsse von den Selbstkosten abzuziehen sind; die Zuschüsse insbesondere der Gemeinden führten somit zu einer Verminderung der Pflegesätze. Außerdem durften mehrere Kostenarten nicht in den Pflegesätzen berücksichtigt werden, z. B. Zinsen für Fremdkapital zur Beseitigung von Kriegsschäden und zur Deckung des Nachholbedarfs, Tilgungsbeträge für Fremdkapital und Zinsen für Eigenkapital. Darüber hinaus waren die Nutzungsdauer der langfristigen Anlagegüter zu hoch und die Wiederbeschaffungswerte aller Anlagegüter zu niedrig veranschlagt. Konnten sich Krankenkassen und Krankenhäuser nicht auf einen Pflegesatz einigen, war nach § 2 Abs. 4 von der Preisbildungsstelle die wirtschaftliche Leistungsfähigkeit der beteiligten sozialen Versicherungsträger bei der Festsetzung des Pflegesatzes zu berücksichtigen.

Diese Einschränkungen hatten zur Folge, dass sich die Lage der Krankenhäuser verschlechterte. Die Selbstkosten der Krankenhäuser wurden in steigendem Maße nicht mehr gedeckt. Die Defizite stiegen von 280 Mio. DM im Jahre 1957 und 785 Mio. DM im Jahre 1964 auf 840 Mio. DM im Jahr 1966. Mehrere Versuche, die Verordnung PR Nr. 7/54 zu ändern, blieben ohne Erfolg (vgl. Jung, BPflV '86, S. 39 ff.). U. a. scheiterte 1964 ein Versuch des Bundeswirtschaftsministeriums und 1965 ein Versuch des Bundesgesundheitsministeriums, die beide bisher nicht berücksichtigungsfähige Kosten in die Selbstkostenrechnung der Krankenhäuser einbeziehen wollten, am Widerstand der Sozialversicherungsträger. Diese protestierten am 21.1.1966 mit einer Großveranstaltung gegen die beabsichtigte Einführung von vollkostendeckenden Pflegesätzen. Sie lehnten eine Lösung allein zu Lasten der Krankenkassen ab, da sie eine Mehrbelastung in Höhe von 1,85 Milliarden DM befürchteten.

Bereits seit Jahren wurde über Lösungsalternativen diskutiert. Dabei setzte sich zunehmend die Auffassung durch, dass die Bereitstellung von Krankenhäusern eine öffentliche Aufgabe sei. Auf Grund eines Beschlusses des Bundestages vom 1.7.1966 legte die Bundesregierung unter dem Datum vom 19.5.1969 einen Bericht über die finanzielle Lage der Krankenanstalten vor, die sog. **Krankenhaus-Enquête** (BT-Drucksache V/4230). Für 1970 rechnete die Bundesregierung mit einem Defizit von 980 Mio. DM und für die Folgejahre mit einem weiteren Anstieg. In der Enquête bekannte auch sie sich zu der Auffassung, dass die Versorgung der Bevölkerung mit Krankenhausleistungen eine öffentliche Aufgabe sei, und zwar eine öffentliche Aufgabe der Daseinsvorsorge. Im Interesse einer langfristigen und dauerhaften Neuordnung sei anzustreben, dass öffentliche Finanzierungshilfen für den Bau von Krankenhäusern auch hinsichtlich der Höhe verbindlich festgelegt werden (Jung, BPflV '86, S. 41). In der amtlichen Begründung zum KHG 1972 beschrieb die Bundesregierung die Situation später wie folgt: Die ständigen Defizite haben bereits heute zu einer erheblichen Überalterung der Krankenhäuser in der Bundesrepublik Deutschland geführt. Mehr als ein Drittel aller Krankenhäuser sind älter als 50 Jahre und entsprechen damit nicht mehr den Anforderungen, die an eine ausreichende Versorgung der Bevölkerung mit Krankenhäusern jetzt und in Zukunft gestellt werden müssen. Bei Fortdauer dieser Entwicklung ist ein weiterer erheblicher Leistungsabfall und die Gefahr einer Schließung von Krankenhäusern unvermeidbar. Seit Jahren wird deshalb von allen Beteiligten eine Neuordnung der Krankenhäuser gefordert. (vgl. die amtl. Begründung zum KHG 1972).

Die Entwicklung des Krankenhausfinanzierungs-Rechts bis 1991

Da die Zuständigkeit für die Krankenhausversorgung bis dahin ausschließlich bei den Ländern lag, konnte eine grundlegende Neuordnung der Krankenhausfinanzierung durch ein Bundesgesetz erst nach einer **Änderung des Grundgesetzes** erfolgen. Nach anfänglichen Widerständen des Bundesrates wurde die von der Bundesregierung angestrebte Gesetzgebungskompetenz durch das 22. Gesetz zur Änderung des Grundgesetzes vom 12. Mai 1969 (BGBl. I S. 362) geschaffen. Dem Bund wurde in Artikel 74 Nr. 19a GG die konkurrierende Gesetzgebungszuständigkeit für die wirtschaftliche Sicherung der Krankenhäuser und zur Regelung der Krankenhauspflegesätze zugestanden. Mit dem 21. Gesetz zur Änderung des Grundgesetzes vom 21. Mai 1969 (BGBl. I S. 359) wurde dem Bund gleichzeitig die Möglichkeit eröffnet, sich an der Finanzierung von Investitionen im Krankenhausbereich zu beteiligen. Damit waren die Voraussetzungen für das Krankenhausfinanzierungsgesetz 1972 geschaffen.

2.3 Dualistische Krankenhausfinanzierung ab 1972

Mit dem Krankenhausfinanzierungsgesetz (KHG) vom 29. Juni 1972 (BGBl. I S. 1009) wurde die Diskussion um die Art der Krankenhausfinanzierung zunächst beendet. Nach seinem § 1 verfolgt das Gesetz den Zweck, die Krankenhäuser wirtschaftlich zu sichern, um eine bedarfsgerechte Versorgung der Bevölkerung mit leistungsfähigen Krankenhäusern zu Gewähr leisten und so zu sozial tragbaren Pflegesätzen beizutragen. Die Vorhaltung der Krankenhäuser wird als eine öffentliche Aufgabe angesehen. Dem entsprechend werden die Investitionskosten von der öffentlichen Hand übernommen. Die laufenden Betriebs- und Behandlungskosten werden über Pflegesätze finanziert, die die Patienten oder ihre Krankenkasse zahlen. Diese **duale Finanzierung** soll den Krankenhäusern einerseits die notwendigen Investitionsmittel zur Verfügung stellen und andererseits die Pflegesätze auf einer sozial tragbaren Höhe halten.

Der Bundesrat hatte sich noch 1969 gegen eine solche Finanzierung gewehrt, stimmte aber in seiner Stellungnahme zum Regierungsentwurf des KHG vom 17.12.1970 einer Finanzierung der Vorhaltung von Krankenhäusern durch die öffentliche Hand zu. Zuletzt wehrten sich lediglich die Krankenhausträger gegen eine dualistische Förderung. Sie forderten, dass die von den Benutzern bzw. den Sozialleistungsträgern zu zahlenden Pflegesätze alle Kosten umfassen müssten, die einem leistungsfähigen Krankenhaus bei sparsamer Wirtschaftsführung entstünden.

Grundlage für die wirtschaftliche Sicherung der Krankenhäuser ist § 4 Abs. 1 KHG. Danach müssen die Förderung nach diesem Gesetz und die Erlöse aus den Pflegesätzen zusammen die Selbstkosten eines sparsam wirtschaftenden und leistungsfähigen Krankenhauses decken, soweit die nachstehenden Bestimmungen dieses Gesetzes nichts anderes vorsehen (**Selbstkostendeckungsprinzip**). Zur späteren Modifizierungen dieses Prinzip vgl. Kapitel 2.5 in Verbindung mit Kapitel 5.1.1 und zu dessen Aufhebung Kapitel 3.1.2.

Nachfolgend wird die grundsätzliche Aufteilung der Finanzierung beschrieben. Die nähere Abgrenzung der Kosten, die über die Fördermittel einerseits und die Pflegesätze andererseits zu finanzieren sind, regelt die **Abgrenzungsverordnung**. Diese wird unter Kapitel 4.1 erläutert.

Dualistische Krankenhausfinanzierung ab 1972

2.3.1 Förderung von Investitionen

An der Finanzierung der Investitionskosten sollten sich Bund und Länder im Verhältnis von einem Drittel zu zwei Dritteln beteiligen (**Mischfinanzierung**). Allerdings hat das Gesetz diese politische Geschäftsgrundlage nicht in vollem Umfang übernommen. Von insgesamt 46 Mrd. DM Investitionsförderung seit 1972 hat der Bund 10,5 Mrd. DM, das sind 23,12 %, getragen. Dabei hat der Bund stets die Zahlungen geleistet, zu denen er nach der jeweiligen Fassung des Gesetzes verpflichtet war (vgl. Jung, BPflV '86, S. 43).

Die Durchführung des Gesetzes liegt bei den Ländern. Diese stellen Krankenhausbedarfspläne sowie auf der Grundlage dieser Pläne Programme zur Durchführung des Krankenhausbaus und deren Finanzierung auf. Bei der Aufstellung der Krankenhausbedarfspläne und der Programme zur Durchführung des Krankenhausbaus sind die Krankenhausgesellschaft sowie die Spitzenverbände der gesetzlichen Krankenkassen und der sonstigen Beteiligten im Lande anzuhören (§ 6).

Die Aufnahme eines Krankenhauses in den Krankenhausbedarfsplan eines Landes ist Voraussetzung für seine öffentliche Förderung. Für die Vergabe von Investitionsmitteln ist darüber hinaus die Aufnahme in das Jahreskrankenhausbauprogramm erforderlich (§ 8). Auf Antrag werden Einzelmaßnahmen zur Errichtung (Neubau, Umbau, Erweiterungsbau) von Krankenhäusern einschließlich der Anschaffung der zum Krankenhaus gehörenden Wirtschaftsgüter (ausgenommen Verbrauchsgüter) sowie die Wiederbeschaffung von Anlagegütern mit einer Nutzungsdauer von mehr als 15 und bis zu 30 Jahren (mittelfristige Anlagegüter) finanziert (§ 9). Für die Wiederbeschaffung sog. kurzfristiger Anlagegüter mit einer Nutzungsdauer bis zu 15 Jahren werden auf Antrag Fördermittel als pauschale jährliche Abgeltung (Förderpauschale) je Krankenhausplanbett bewilligt (§ 10). Diese Pauschalen werden in ihrer Höhe abgestuft nach dem Jahr der Inbetriebnahme des Krankenhauses und der Anforderungsstufe nach dem Krankenhausbedarfsplan.

In den Jahren 1972 bis 1984 erhielten die Krankenhäuser etwa 46 Mrd. DM Fördermittel; davon hat der Bund den Ländern im Rahmen der Mischfinanzierung rd. 10,5 Mrd. DM zur Verfügung gestellt. Seit Aufhebung der Mischfinanzierung im Jahr 1985 zahlt der Bund an Stelle der Krankenhausfinanzierung weiterhin rd. 1 Mrd. DM jährlich im Rahmen anderer Leistungsgesetze.

2.3.2 Finanzierung über Pflegesätze

Im Rahmen der dualen Finanzierung werden die laufenden Betriebs- und Behandlungskosten des Krankenhauses über die Pflegesätze finanziert. Die Vorschriften über die Krankenhauspflegesätze sind im KHG 1972 und in der Bundespflegesatzverordnung vom 25.4.1973 (BGBl. I S. 333) enthalten. Auch im Pflegesatzbereich führen die Länder das Gesetz aus. Sie setzen die Pflegesätze fest, nachdem Krankenkassen und Krankenhaus zuvor sog. Einigungsverhandlungen geführt haben.

Nach § 17 Abs. 2 bis 4 KHG 1972 sollen bestimmte Kosten nicht über den Pflegesatz finanziert werden:

- gesondert berechnete Arzt- und Nebenkosten,

- Kosten für wissenschaftliche Forschung und Lehre, die über den normalen Krankenhausbetrieb hinausgehen,
- Kosten für Leistungen, die weder unmittelbar noch mittelbar der stationären Krankenhausversorgung dienen,
- Investitionskosten der öffentlich geförderten Krankenhäuser mit Ausnahme der Wiederbeschaffung von Wirtschaftsgütern mit einer durchschnittlichen Nutzungsdauer bis zu 3 Jahren (Gebrauchsgüter),
- Kosten der Grundstücke,
- Anlauf- und Umstellungskosten,
- Kosten nicht stationärer Einrichtungen,
- Kosten, für die eine sonstige öffentliche Förderung gewährt wird.

„Die Pflegesätze sind für alle Benutzer nach einheitlichen Grundsätzen zu bemessen. Sie müssen auf der Grundlage der Selbstkosten eines sparsam wirtschaftenden, leistungsfähigen Krankenhauses und einer Kosten- und Leistungsrechnung eine wirtschaftliche Betriebsführung ermöglichen und die medizinisch und wirtschaftlich rationelle Versorgung durch die Krankenhäuser sichern" (§ 17 Abs. 1 KHG). Eine bestimmte Pflegesatzform wird nicht vorgeschrieben. In der amtl. Begründung werden als mögliche Formen angesprochen: eine Unterteilung in Regelleistungen und Mehrleistungen sowie die Teilung der Regelleistung in einen Satz für Unterkunft und Verpflegung und in einen weiteren Anteil, der nach Einzelleistungen abgerechnet werden müsste; ebenso wird der degressive Pflegesatz erwähnt als weiterhin zu prüfende Alternative (vgl. Harsdorf/Friedrich, KHG, S. 92). Die BPflV 1973 geht jedoch von einem vollpauschalierten Pflegesatz aus, durch den alle unter Berücksichtigung der Leistungsfähigkeit des Krankenhauses medizinisch zweckmäßigen und ausreichenden Krankenhausleistungen abgegolten werden (§ 3 Abs. 1 BPflV). Obwohl auch nach dieser Formulierung noch degressive Pflegesätze möglich gewesen wären, deren Höhe mit zunehmender Verweildauer sinkt und die deshalb einen Anreiz zur Verweildauerverkürzung geben, setzte sich in der Praxis der sog. tagesgleiche, vollpauschalierte Pflegesatz als allein übliche Pflegesatzform durch.

Die BPflV 1973 brachte gegenüber der Verordnung PR 7/54 eine wesentliche Erweiterung. Bis dahin konnten bei der Pflegesatzermittlung außer den Zahlen des letzten Jahres nur die bis zur Ausfüllung des Selbstkostenblattes eingetretenen Kostenänderungen berücksichtigt werden. § 18 Abs. 3 BPflV 1973 schrieb nun vor, dass auch die zu erwartenden Kostenentwicklungen und damit Zukunftsaspekte zu berücksichtigen sind.

Der Bundesrat fügte den § 17 Abs. 1 in die BPflV 1973 ein. Dieser schrieb für Krankenhäuser mit kaufmännischer Buchführung und Betriebsabrechnung oder mit einem Rechnungswesen, das die Nachprüfung der sparsamen Wirtschaftsführung in gleicher Weise ermöglicht, für den Zeitraum seit der letzten Pflegesatzfestsetzung einen Ausgleich vor, wenn die Einnahmen die Ausgaben für die pflegesatzfähigen Kosten oder trotz sparsamer Wirtschaftsführung diese Ausgaben die Einnahmen überschreiten. Dieser sog. **Gewinn- oder Verlustausgleich**, der kameralistisch formuliert war, bestrafte wirtschaftliches Denken und Verhalten der Krankenhäuser. Einerseits wurden Krankenhäusern erzielte Überschüsse nachträglich weggenommen, andererseits Unterdeckungen ausgeglichen. Im Ergebnis standen sich – bei Anwendung des Gewinn- und Verlustausgleiches – alle Krankenhäuser gleich gut oder gleich schlecht. Allerdings wurde der Ausgleich nicht in allen Ländern angewendet.

In § 19 BPflV 1973 wurden besondere Vorschriften für die Ermittlung der Selbstkosten der **nicht geförderten Krankenhäuser** aufgenommen. Im Sinne einer monistischen Finanzierung sind als Selbstkosten pflegesatzfähig:

- Abschreibungen auf Anlagegüter nach denselben Grundsätzen, wie sie für dieselben Anlagegüter nach steuerrechtlichen Vorschriften zulässig sind,

- Rückstellungen zur Anpassung an die diagnostisch-therapeutische Entwicklung in Höhe eines Hundertsatzes der Absetzung für Abnutzung,

- Zinsen für Fremdkapital,

- Zinsen für Eigenkapital bis zur Höhe von 1 % über dem Sparzins.

An Stelle der Einzelabschreibung konnten auch angemessene pauschale Beträge angesetzt werden. Zum heutigen Stand siehe § 8 BPflV.

2.4 Versuche zur Kostendämpfung von 1977–1982

Nach Inkrafttreten des KHG und der BPflV wurden der Nachholbedarf in der Finanzierung und die Kosten der stationären Versorgung sichtbar. Die öffentlichen Investitionsmittel der Länder stiegen von 3,2 Mrd. DM im Jahre 1973 auf 4,5 Mrd. DM im Jahre 1984. Bei den Ausgaben der gesetzlichen Krankenversicherung für Krankenhauspflege setzte eine geradezu stürmische Entwicklung ein. Sie stiegen von 6 Mrd. DM im Jahre 1970 auf 17,5 Mrd. DM im Jahre 1975. In den Jahren 1973 und 1974 stiegen die Kassenausgaben für Krankenhauspflege jährlich um über 25 %; mit Inkrafttreten der BPflV im Jahre 1974 um 30 %. Dieser Ausgabenanstieg fiel zusammen mit einem überproportionalen Anstieg der Ausgaben auch in den übrigen Leistungsbereichen. Diese finanziellen Belastungen konnte die gesetzliche Krankenversicherung nur durch die Erhöhung der Beitragsbemessungsgrenze sowie der Beitragssätze von 8,2 auf 10,47 % ausgleichen (vgl. Jung, BPflV '86, S. 46).

Das Ausmaß der Ausgabensteigerungen veranlasste den damaligen Sozialminister von Rheinland-Pfalz, Dr. Heiner Geißler, im Jahre 1975 zur Vorlage eines Krankenversicherungsbudgets '80 mit einer Vorausschätzung der Krankenkassenausgaben im Jahre 1980 in Höhe von 108 Mrd. DM und eines durchschnittlichen Beitragssatzes von 14,5 %. Diese Vorausschätzungen führten zu einer gesundheitspolitischen Diskussion über die **Kostenexplosion** im Gesundheitswesen und zum Beginn einer **Kostendämpfungspolitik**, die bis heute anhält. Ziel dieser Politik musste es sein, die Ausgaben und deren Steigerungen in Einklang zu bringen mit der Entwicklung der Einnahmen der gesetzlichen Krankenversicherung, d.h. der Entwicklung der sog. Grundlohnsumme. Dabei konnte der Krankenhausbereich nicht ausgeklammert werden, zumal sein Anteil an den Gesamtleistungsausgaben der Krankenkassen stieg: von 17,5 % im Jahre 1960 über 30,1 % im Jahre 1974 auf 32,1 % im Jahre 1984. Eine Einbeziehung war und ist auch aus politischen Gründen erforderlich, solange den übrigen Leistungserbringern, insbesondere den niedergelassenen Ärzten, nicht die medizinische Notwendigkeit überproportionaler Steigerungen im Krankenhausbereich dargelegt und damit ein Verzicht zu Gunsten der Krankenhäuser abverlangt werden kann.

Die Kostendämpfungspolitik musste bereits wenige Jahre nach Erlass des als „Jahrhundertgesetz" bezeichneten KHG 1972 zu Vorschlägen führen, die eine teilweise Änderung dieses Gesetzes zum Ziel hatten. Dies ergibt sich schon daraus, dass das KHG 1972 als ein Leistungsgesetz zu Gunsten der Krankenhäuser und zu ihrer wirtschaftlichen Sicherung erlassen wurde. Die Kostendämpfung konnte dagegen tendenziell nur zu einer Einschränkung dieser Regelungen führen.

Hinzu kam, dass die Handhabung des KHG 1972 und der BPflV 1973 in der Praxis nicht optimal war. Der Bund selbst nutzte das Haushaltsstrukturgesetz 1975 (HStruktG), um für die Folgejahre seine Finanzhilfen für die Investitionsförderung der Länder zu verringern. Der Bundesanteil an der Förderung sank von rd. 30 % auf etwa 20 % im Jahr 1979; hierdurch sahen die Länder die politische Grundlage des KHG 1972 verletzt, die von einer Beteiligung des Bundes mit einem Drittel ausging. Da einerseits die Länder ihre Zahlungen nicht entsprechend erhöhten oder erhöhen konnten, andererseits eine Einschränkung des Investitionsbedarfs über einen Bettenabbau mit Hilfe der Krankenhausbedarfsplanung nicht in entsprechendem Umfang erfolgte, kam es in den Folgejahren zu einem **Antragsstau** bei den **Investitionsmitteln** mit der Folge, dass zum Teil nicht genügend oder nicht rechtzeitig investiert wurde und dadurch höhere Betriebskosten entstanden. Die Länder selbst gingen bei der Bedarfsplanung und bei der Art und Höhe der Finanzierung unterschiedlich vor, so dass nicht von einer einheitlichen Krankenhausfinanzierung in der Bundesrepublik gesprochen werden kann. Auch bei der Verhandlung und der Festsetzung der Pflegesätze bildete sich eine unterschiedliche Handhabung heraus. Die Pflegesätze wurden überwiegend retrospektiv verhandelt und festgesetzt. Dies lag auch an der ablehnenden Haltung vieler Krankenkassen gegenüber der in der BPflV vorgesehenen Berücksichtigung künftiger Kostenentwicklungen.

Der bis zum Jahr 1991 im Bundesministerium für Arbeit und Sozialordnung für den Krankenhausbereich zuständige Abteilungsleiter Karl Jung beurteilte im Jahre 1985 das KHG 1972 wie folgt: Bei aller berechtigten Kritik am KHG-1972 und an der BPflV darf auf der Positivseite der Bilanz nicht übersehen werden, dass mit dem neuen Gesetz auch eine sichtbare Qualitätsverbesserung im Krankenhaus erreicht worden ist. Von der Investitionsseite her haben natürlich die von der öffentlichen Hand seit 1972 gewährten Finanzhilfen ihre Spuren in der Bausubstanz und in der technischen Ausstattung der Krankenhäuser hinterlassen. Die seit 1974 steil angestiegenen Pflegesätze haben selbstverständlich zu einer Verbesserung der personellen Ausstattung in den Krankenhäusern geführt. Im Übrigen ist das duale Finanzierungssystem so schlecht nicht, wie es von seinen Kritikern allgemein dargestellt wird. Bei näherer Betrachtung hat nicht das System als solches versagt, obwohl die duale Finanzierung selbstverständlich gewisse nicht zu übersehende systemimmanente Mängel hat, über die man diskutieren kann. Im Wesentlichen versagt hat vielmehr die Handhabung des Gesetzes, und zwar bei der Krankenhausbedarfsplanung, bei der unzureichend gebliebenen Investitionsförderung und schließlich bei der Pflegesatzgestaltung, bei der man über die bequeme Form des vollpauschalierten, tagesgleichen Pflegesatzes nicht hinausgekommen ist und Anreize für eine wirtschaftliche Be-

Versuche zur Kostendämpfung von 1977–1982

triebsführung nicht geschaffen hat (Jung, BPflV '86, S. 45 f.). In dieser Beurteilung spiegelt sich auch die langjährige Kenntnis der politischen Entscheidungsprozesse und des jeweiligen Verhaltens der am Krankenhausbereich Beteiligten sowie eine realistische Einschätzung der Schwierigkeit wieder, Veränderungen des Krankenhausfinanzierungsrechts mit Zustimmung des Bundesrates zu erreichen.

Der Bund war bereits mit zwei Anläufen zur Änderung des KHG 1972 am Bundesrat gescheitert. Im Rahmen des **Krankenversicherungs-Kostendämpfungsgesetzes** vom 27. Juni 1977 (KVKG) war versucht worden, die Landesverbände der Krankenhausträger und Krankenkassen stärker an der Krankenhausbedarfsplanung der Länder zu beteiligen; die Pläne sollten im Benehmen mit den Verbänden aufgestellt werden. Außerdem sollten die Pflegesätze nicht mehr durch das Land festgesetzt, sondern zwischen Krankenhaus und Krankenkassen ohne Mitwirkung des Landes vereinbart werden. Um eine stärkere Mitverantwortung der Krankenhausträger bei der Investitionsfinanzierung zu erreichen, sollten sich die Krankenhausträger mit 10 % an Neubau-Investitionen und mit 5 % an den Kosten der Wiederbeschaffung von Wirtschaftsgütern beteiligen. Diese beiden Kernpunkte führten zu einer Ablehnung der entsprechenden Regelungen im Bundesrat.

Einen zweiten Anlauf unternahm der Bund am 16. Mai 1978 mit der Vorlage eines eigenständigen **Gesetzentwurfs zur Novellierung des KHG**. Vorgesehen waren insbesondere

- eine stärkere Beteiligung der Krankenhausträger und Krankenkassen an der Bedarfsplanung; an Stelle der bisherigen Anhörung bei der Aufstellung der Pläne sollte eine enge Zusammenarbeit mit den Ländern treten und damit eine Pflicht zur frühzeitigen Information und zur Erörterung der Pläne,

- einige bundeseinheitliche Vorgaben für die Krankenhausbedarfspläne, u. a. um bundesweit vergleichbare Daten zu erhalten,

- die Vereinbarung der Pflegesätze zwischen Krankenhaus und Krankenkassen mit einer Genehmigung durch die Länder; im Falle der Nichteinigung der Vertragsparteien sollte weiterhin das Land die Pflegsätze festsetzen.

Der Deutsche Bundestag hat nach eineinhalbjähriger Beratung den Gesetzentwurf der Bundesregierung weitgehend bestätigt. Eine Zustimmung des Bundesrates konnte trotz Anrufung des Vermittlungsausschusses nicht erreicht werden, so dass der Gesetzentwurf und somit der zweite Versuch einer Novellierung des KHG am 4. Juli 1980 im Bundesrat scheiterte.

In einem dritten Anlauf wurden mit dem **Krankenhaus-Kostendämpfungsgesetz** vom 22. Dezember 1981 (KHKG) erstmals einige Änderungen erzielt. Um das Eigeninteresse der Krankenkassen und Krankenhäuser an der Kostendämpfung zu fördern, sollten sie stärker beteiligt und in die Mitverantwortung einbezogen werden. Als Kernpunkte konnten von der Bundesregierung insbesondere durchgesetzt werden:

- eine stärkere Beteiligung der Krankenkassen und Krankenhäuser an der Bedarfsplanung des Landes in Form einer engen Zusammenarbeit,

- Änderungen in der Investitionsförderung: Einteilung der Krankenhäuser nach ihrer Versorgungsfunktion in vier Versorgungsstufen und Vergabe der pauschalen Fördermittel nach diesen Stufen anstatt nach den bisherigen, an der Größe des Krankenhauses (Bettenzahl) orientierten Anforderungsstufen; Zulassung einer Festbetragsförderung bei Baumaßnahmen, Einbeziehung des sog. kleinen Baubedarfs und des kleinen Ersatzbedarfs für mittel- und langfristige Anlagegüter in die Pauschalförderung bis zu einer Höhe von 50 000 DM ohne Umsatzsteuer,

- eine Einbeziehung der Krankenhäuser in die Konzertierte Aktion im Gesundheitswesen und

- die Veränderung des Pflegesatzverfahrens: Einführung des Verhandlungsgrundsatzes an Stelle der Festsetzung durch das Land, Genehmigung der vereinbarten Pflegesätze durch das Land; es sollen Anreize für eine wirtschaftliche Betriebsführung geschaffen werden (z. B. durch Änderung des sog. Gewinn- und Verlustausgleichs und die Belassung von Überschüssen); Rückwirkungsverbot für Pflegesätze, d. h., die Pflegesätze sollen nur für künftige Zeiträume vereinbart oder festgesetzt werden.

Die Umsetzung dieser gesetzlichen Vorgaben ist für den Pflegesatzbereich nicht mehr gelungen. Die Arbeiten an einer neuen Bundespflegesatzverordnung wurden 1982 eingestellt, nachdem eine erneute Grundsatzdiskussion über die Krankenhausfinanzierung begonnen hatte.

2.5 Krankenhaus-Neuordnungsgesetz 1985

Nach dem Regierungswechsel im Herbst 1982 entwickelte sich eine grundlegende Diskussion über eine Reform der Krankenhausfinanzierung. Bereits die Koalitionsvereinbarung vom 28. September 1982 enthielt folgende Aussage: Im Rahmen der Gespräche über den Abbau der Mischfinanzierung soll mit den Ländern über eine Übertragung der Zuständigkeit für Krankenhausfinanzierung und -gesetzgebung verhandelt werden. Als zweite Zielvorgabe wurde die Kostendämpfung im Krankenhausbereich genannt. Diese für die Krankenversicherung bedeutsame Zielsetzung trat jedoch rasch in den Hintergrund, da die Reformdiskussion von den Forderungen der Länder nach Auflösung der Mischfinanzierung, einem weit gehenden Rückzug des Bundes aus dem Krankenhausbereich und einer Stärkung der Eigenständigkeit bei der Krankenhausplanung und der Investitionsförderung beherrscht wurde. Es ging somit weniger um die Lösung der Finanzprobleme der Krankenhäuser als um die **föderative Ordnung** der Bundesrepublik Deutschland und das Verhältnis von Bund und Ländern zueinander.

Möglichkeiten einer grundlegenden Neuorientierung des Krankenhausbereiches wurden von Sachverständigengruppen und Verbänden diskutiert, was zu einer Fülle von Vorschlägen führte. Der zuständige Bundesminister für Arbeit und Sozialordnung berief im April 1983 eine Beratergruppe zur Neuordnung der Krankenhausfinanzierung. Diese nach ihrem Vorsitzenden benannte Wannagat-Kommission schlug Ende 1983 in ihrem Gutachten verschiedene Alternativen für eine grundlegende Umgestaltung des Systems vor. Z. B. sollte die Krankenhausplanung weit gehend auf die Selbstverwaltung übergehen (Körperschaftslösung), die Finanzierung einzelner Investitionsmaßnahmen sollte z. B. ersetzt werden durch Entgelte für die Erfüllung von Versorgungsverträgen. Noch weiter gingen die Vorschläge der Robert-Bosch-Kommission, die die Verantwortung für die Krankenhausversorgung ganz auf die Selbstverwaltung der Krankenkassen und Krankenhäuser in den Regionen übertragen wollte (Körperschaftslösung mit Zwangsmitgliedschaft); vgl. hierzu u. a. Jung, KHG, 1985, S. 36, und Fachvereinigung ..., Betriebswirtschaftl. Aspekte ... S. 144 ff.

Die Bundesregierung hatte sich trotz des umfangreichen Gutachter-Auftrags an die Beratergruppe in ihren Zielen darauf beschränkt, offensichtliche Mängel des Krankenhausfinanzierungsrechts zu beseitigen. Eine plötzliche, grundlegende Veränderung der Finanzierungsstrukturen sollte vermieden werden. Darüber hinaus bestand auf Grund der finanziellen Lage der Krankenversicherung politisch keine Chance, eine **monistische Finanzierung** einzuführen; dies hätte zu einer Mehrbelastung der Krankenkassen in Höhe von 7 bis 8 Mrd. DM und einer Beitragssatzsteigerung von mehr als einem Prozentpunkt geführt. Für die Bundesregierung standen lt. der amtlichen Begründung drei Ziele im Vordergrund:

– die für die Versorgung der Bevölkerung erforderlichen Krankenhäuser auf eine bessere finanzielle Grundlage zu stellen,

– die Ausgaben der gesetzlichen Krankenversicherung für Krankenhauspflege mit den anderen Bereichen des Gesundheitswesens gleichgewichtig in die Kostendämpfung einzubinden, d.h. auch die Aufwendungen für den Krankenhausbereich im Rahmen der Grundlohnentwicklung zu halten und

– die Finanzhilfen des Bundes unter Beibehaltung des dualen Finanzierungssystems abzulösen.

Streitig zwischen Bund und Ländern waren insbesondere die Einbeziehung der Krankenhäuser in die Politik der Kostendämpfung, die Beibehaltung des Selbstkostendeckungsprinzips, die stärkere Beteiligung der Krankenkassen an der Krankenhausplanung und der Umfang der bundesrechtlichen Vorgaben für die Investitionsförderung und das Pflegesatzrecht. Da man sich nicht auf einen gemeinsamen Gesetzentwurf einigen konnte, musste über zwei verschiedene Gesetzentwürfe beraten werden. Die Verabschiedung des Krankenhaus-Neuordnungsgesetzes war erst auf der Grundlage eines politischen Kompromisses zwischen Bundesarbeitsminister Dr. Blüm und dem bayerischen Ministerpräsidenten möglich.

Das Krankenhaus-Neuordnungsgesetz vom 20.12.1984 brachte folgende **Änderungen**:

1. Die Mischfinanzierung wurde kostenneutral aufgelöst. Die Länder sind nun allein für die Investitionsfinanzierung zuständig. Als Ausgleich für den Wegfall seiner Finanzhilfen an die Länder übernahm der Bund einen höheren Bundesanteil bei Geldleistungsgesetzen (Wohnungsbau-Prämiengesetz, Wohngeldgesetz, Gesetz über die Sozialversicherung Behinderter) in Höhe von jährlich rd. 972 Mio. DM. Dabei ging der Bund davon aus, dass die Länder diese Mittel auch weiterhin für nach dem KHG förderungsfähige Krankenhaus-Investitionen einsetzen.

2. Grundsätzliche Beibehaltung des dualen Finanzierungssystems, jedoch Lockerung insoweit, als Krankenkassen und Krankenhäuser nach § 18 b KHG

Die Entwicklung des Krankenhausfinanzierungs-Rechts bis 1991

Investitionsverträge schließen können, um insbesondere Rationalisierungsinvestitionen über den Pflegesatz finanzieren zu können.

3. Mehr Gestaltungsfreiheit für die Länder bei der Krankenhausförderung durch eine Einschränkung der Vorgaben des KHG; Verzicht auf die bisherige bundesweite Festlegung der Fördermittelpauschalen im KHG; andererseits die Einführung eines Rechtsanspruchs der Krankenhäuser auf Förderung in § 8 Abs. 1 KHG.

4. Betonung des Grundsatzes der Trägervielfalt: bei der Durchführung des Gesetzes ist nach Maßgabe des Landesrechts insbesondere die wirtschaftliche Sicherung freigemeinnütziger und privater Krankenhäuser zu Gewähr leisten (§ 1 Abs. 2 KHG).

5. Stärkung der Selbstverwaltung

   - durch Mitwirkung bei Krankenhausplanung und Investitionsprogramm; es sind einvernehmliche Regelungen mit den unmittelbar Beteiligten anzustreben (§ 7 Abs. 1 KHG);
   - Möglichkeit des Abschlusses von Investitionsverträgen nach § 18 b KHG;
   - Einführung des Vereinbarungsprinzips im Rahmen des Pflegesatzverfahrens: Die Pflegesätze werden von den Krankenkassen und dem jeweiligen Krankenhaus vereinbart, im Falle der Nichteinigung entscheidet eine paritätisch besetzte Schiedsstelle (§ 18 a KHG). Die bisherige staatliche Festsetzung der Pflegesätze wird ersetzt durch eine Genehmigung der Pflegesatzvereinbarung oder der Schiedsstellenfestsetzung. Bei der Genehmigung ist die staatliche Prüfungsbefugnis auf eine Rechtmäßigkeitskontrolle beschränkt.

6. **Modifizierung des Selbstkostendeckungsprinzips**: Die öffentlichen Fördermittel und die Erlöse aus den Pflegesätzen müssen nicht mehr die Selbstkosten schlechthin, sondern nur noch die vorauskalkulierten Selbstkosten eines sparsam wirtschaftenden und leistungsfähigen Krankenhauses decken (§ 4 Satz 2 KHG). Eine nachträgliche Kostenerstattung ist nicht mehr zulässig. Der sog. Gewinn- und Verlustausgleich, der allerdings nicht überall praktiziert wurde, wird abgeschafft und durch die Zulassung von Gewinnchancen und Verlustrisiken ersetzt.

7. Öffnung für **neue Entgeltformen**: auf Grund der weit gehenden Kritik am bisherigen Vergütungssystem wird in § 17 Abs. 2 KHG die Möglichkeit eröffnet, im Rahmen der Bundespflegesatzverordnung neue Entgeltformen einzuführen. Dabei werden u. a. Fallpauschalen, Einzelleistungsvergütungen und eine Budgetierung sowie Kombinationen dieser Formen genannt.

Die das Pflegesatzrecht betreffenden Änderungen wurden mit einer Neufassung der Bundespflegesatzverordnung (BPflV) umgesetzt. Diese BPflV-1986 wird unter Kapitel 5.1 erläutert.

3 Strukturgesetze 1993–2000

Auf Grund der sich verschlechternden finanziellen Situation der gesetzlichen Krankenversicherung (GKV) und steigender Beitragssätze wurden unter Bundesminister Horst Seehofer und ab 1999 unter Bundesministerin Andrea Fischer mit mehreren Gesetzen tief greifende Veränderungen beschlossen. Zielsetzung war es, Strukturen und wirtschaftliche Rahmenbedingungen für die GKV und die sog. Leistungserbringer so zu verändern, dass die Wirtschaftlichkeit der Leistungserbringung erhöht, die Beitragssatzstabilität der GKV gesichert und die Notwendigkeit ständiger gesetzlicher Eingriffe vermieden wird. Dabei wurde durchaus nicht geradlinig vorgegangen. Insbesondere nach dem Regierungswechsel im Herbst 1998 veränderten sich grundlegende Ansätze.

3.1 Gesundheitsstrukturgesetz 1993

Am 1. Januar 1993 ist das Gesetz zur Sicherung und Strukturverbesserung der gesetzlichen Krankenversicherung (Gesundheitsstrukturgesetz – GSG –) in Kraft getreten. Es ist das Ergebnis einer ungewöhnlichen Zusammenarbeit der Fraktionen von CDU/CSU, SPD und F.D.P. des Deutschen Bundestages.

Überblick

Zunächst hatte eine Koalitionsarbeitsgruppe von CDU/CSU und F.D.P. unter Leitung von Bundesminister Seehofer vom 24. bis 31.5.1992 in Nürburg ein gemeinsames Reformpaket für das Gesundheitswesen erarbeitet. Das Bundeskabinett beschloss am 12.8.1992 die Entwürfe eines Gesundheits-Strukturgesetzes 1993 und eines Dritten Änderungsgesetzes zum SGB V (BT-Drucksachen 12/3209 und 12/3210). Der erstgenannte Entwurf bedurfte der Zustimmung des Bundesrates, während der zweitgenannte nicht zustimmungsbedürftig war. Die SPD-Fraktion brachte am 8.9.1992 einen eigenen Antrag zur Reform des Gesundheitswesens im Bundestag ein (BT-Drucksache 12/3226). Der Bundesrat lehnte am 25.9.1992 beide Regierungsentwürfe ab. Nachdem deutlich wurde, dass es der Regierungskoalition nicht gelingen würde, ihr Konzept ohne Mitwirkung der SPD und der in ihrer Mehrzahl SPD-regierten Länder durchzusetzen, bot Bundesminister Seehofer der SPD Konsensgespräche für eine gemeinsame Gesundheitsstrukturreform an, die dieses Angebot am 11.9.1992 annahm.

Nachdem die Koalitionsarbeitsgruppe von CDU/CSU und F.D.P. in einer Klausurtagung in Lahnstein vom 27. bis 30.9.1992 ihre Positionen gegenüber der SPD abgesteckt hatte, schloss sich ebenfalls dort eine gemeinsame Klausurtagung mit der SPD vom 1. bis 4.10.1992 an, bei der eine Einigung auf ein gemeinsames Konzept erzielt wurde. Die Fraktionen von CDU/CSU, SPD und F.D.P. brachten den neuen Gesetzentwurf am 5.11.1992 im Bundestag ein. Nach Anhörungen sowie Beratungen im Gesundheitsausschuss und den anderen Ausschüssen des Bundestages (Beschlussempfehlung des Gesundheitsausschusses vom 7.12.1992, BT-Drucks. 12/3930 und Ausschussbericht vom 8.12.1992, BT-Drucks. 12/3937) fand am 9.12.1992 die zweite und dritte Lesung des GSG im Bundestag statt. Dabei wurde eine Entschließung gefasst, nach der die monistische Finanzierung im Krankenhausbereich angestrebt werden soll (BT-Drucks.

12/3930). Der Bundesrat stimmte dem GSG am 18.12.1992 zu (BR-Drucks. 856/ 92). Das Gesundheitsstrukturgesetz wurde mit Datum vom 21.12.1992 im Bundesgesetzblatt (Teil I Nr. 59 S. 2266) verkündet. Es trat zum 1.1.1993 in Kraft.

Anlass für das Gesundheitsstrukturgesetz war die finanzielle Lage der gesetzlichen Krankenversicherung (GKV). Diese befand sich in der schwersten Finanzkrise seit ihrem Bestehen. Für 1992 wurde mit fast 10 Mrd. DM das bisher höchste Defizit erwartet. In den alten Bundesländern stieg der durchschnittliche Beitragssatz der gesetzlichen Krankenversicherung auf 13,4 % Ende 1992. In den neuen Bundesländern entstand schon im ersten Halbjahr 1992 erstmals ein Defizit von 230 Mio. DM. Der Ausweg konnte auch nicht länger in einer Erhöhung der Beitragssätze gesucht werden. Diese hätte die Volkswirtschaft zusätzlich belastet in einer Zeit, in der alle Kräfte für den Aufbau in den neuen Bundesländern und die europäische Integration eingesetzt werden müssen. Beitragssatzerhöhungen sind außerdem eine unsoziale Form der Problemlösung, da sie einerseits über die Beitragssätze und andererseits über die in den Preisen weitergegebenen Arbeitgeberanteile die Arbeitnehmer und Rentner belasten. Hinzu kam, dass die derzeitigen, zweistelligen Steigerungsraten der Krankenkassenausgaben nicht durch die Überalterung der Bevölkerung und die Entwicklung der Medizintechnik zu erklären sind. Diese Herausforderung steht dem System der gesetzlichen Krankenversicherung erst noch bevor.

Die Finanzlage der gesetzlichen Krankenversicherung machte eine **Sofortbremsung** bei den Ausgaben nötig. Das GSG sieht deshalb ihre Begrenzung in den wichtigsten Leistungsbereichen vor. Die Ausgaben für die Bereiche ärztliche und zahnärztliche Behandlung, Arznei-, Verband- und Heilmittel und stationäre Kuren dürfen nur noch entsprechend den beitragspflichtigen Einnahmen der Krankenkassenmitglieder steigen. Da im Krankenhausbereich die Einführung eines Budgets für den Gesamtbereich nicht möglich war, werden die bisher schon vereinbarten Budgets der einzelnen Krankenhäuser begrenzt (vgl. Kapitel 2.1.3). Ausgangsbasis für die Budgetierung sind grundsätzlich die Ausgaben des Jahres 1991, die um die Veränderung der beitragspflichtigen Einnahmen im Jahre 1992 erhöht werden. Hiervon abweichend wird im Krankenhausbereich von den im Herbst 1991 vereinbarten Budgets für das Jahr 1992 ausgegangen. Mit dieser Sofortbremsung soll die gesetzliche Krankenversicherung allein im Jahre 1993 um rd. 10 Mrd. DM entlastet werden.

Die sofortige, zeitlich begrenzte Budgetierung soll die Ausgaben der GKV bremsen, bis die mit dem GSG eingeführten strukturellen Veränderungen umgesetzt sind und ihre Wirkung entfalten. Für den Krankenhausbereich werden folgende Beschlüsse gefasst:

– **Aufhebung des Selbstkostendeckungsprinzips** (vgl. Kapitel 3.1.2);

– weit reichende **Veränderung des Entgeltsystems**: Einführung von Sonderentgelten und Fallpauschalen mit landesweiten „Preisen" ab 1995/96; für das Restbudget sind Abteilungspflegesätze für „medizinische" Kosten und ein Basispflegesatz für „nicht-medizinische" Kosten krankenhausindividuell zu vereinbaren;

– Verbesserung der Voraussetzungen für den Einsatz privater Investitionsmittel; Kapitalkosten dürfen begrenzt im Pflegesatz berücksichtigt werden (§ 17 Abs. 5 KHG);

Gesundheitsstrukturgesetz 1993

- Finanzierung von pflegesatzentlastenden Rationalisierungsinvestitionen über den Pflegesatz (§ 18 b KHG);

- bessere Verzahnung von ambulanter und stationärer Versorgung durch gesetzliche Rahmenbedingungen für vor- und nachstationäre Behandlung (§ 115 a SGB V), Zulassung der Krankenhäuser zum ambulanten Operieren auf der Grundlage eines gemeinsamen Kataloges mit den niedergelassenen Ärzten (§ 115 b SGB V) sowie durch die gemeinsame Großgeräteplanung und die Mitbenutzung der Geräte durch andere Ärzte (§ 122 SGB V); erstmals wurde damit ein entscheidender Schritt getan, um den tiefen Graben zwischen ambulanter und stationärer Versorgung in der Bundesrepublik zu überbrücken;

- Krankenkassen und Krankenhäuser können von der im Krankenhausplan vorgegebenen Bettenzahl nach unten abweichen und erhalten einen größeren Gestaltungsspielraum innerhalb der Krankenhausplanung (§ 109 Abs. 1 SGB V);

- bei der Zulassung von neuen Vorsorge- und Rehabilitationskliniken, die zum Teil Leistungen im Grenzbereich zur Krankenhausversorgung erbringen, sollen die Landesverbände der Krankenkassen künftig das Einvernehmen mit den für die Krankenhausplanung zuständigen Landesbehörden anstreben (§ 111 SGB V);

- für die Ausweitung von Personalstellen werden finanzielle Mittel bereitgestellt für die weitere Umsetzung der Psychiatrie-Personalverordnung, die neue Pflege-Personalregelung (Artikel 13 GSG) und die Empfehlung nach § 19 KHG für Hebammen und Geburtshelfer (§ 17 Abs. 1 a KHG);

- die Kostenerstattung der Chefärzte für die Behandlung von Wahlarztpatienten wird zu Gunsten des Budgets/der Pflegesätze erhöht (§ 13 Nr. 6 und 6 a BPflV); dabei brauchen Altverträge nicht verändert werden;

- für die Krankenhäuser in den **neuen Bundesländern** wird ein Gemeinschaftsprogramm zur Finanzierung der Krankenhausinvestitionen eingerichtet, zu dem Bund, Länder und Krankenkassen beitragen. Der Bund wird in den Jahren 1995 bis 2004 eine jährliche Finanzbeihilfe von 700 Mio. DM gewähren. Die neuen Bundesländer sollen mindestens den gleichen Betrag beisteuern. Die Krankenkassen sollen von 1995 bis 2014 rd. 350 Mio. DM jährlich in Form eines Investitionszuschlags in Höhe von 8 DM für jeden Berechnungstag aufbringen. Dieser Betrag kann entweder für unmittelbare Investitionen oder zur Finanzierung von Zinskosten für Darlehen verwendet werden (Artikel 14).

Von Kennern der GKV wurde die Meinung vertreten, dass das Gesundheitsstrukturgesetz 1993 die grundlegendste Änderung des Krankenversicherungssystems in den letzten 50 Jahren sei. Gleichwohl war man sich bewusst, dass auf Grund der Altersstruktur der Bevölkerung und der medizinisch-technischen Entwicklung weitere Veränderungen erforderlich sind. Bundesminister Seehofer kündigte deshalb eine weitere Reformstufe an, mit der das Verhältnis von Solidarität und Eigenverantwortung neu festgelegt werden soll.

Strukturgesetze 1993–2000

Aufhebung des Selbstkostendeckungsprinzips

Eine entscheidende Weichenstellung wurde bei den Grundsätzen zur Krankenhausfinanzierung vorgenommen. Nach dem Wortlaut des bisherigen § 4 des Krankenhausfinanzierungsgesetzes (KHG) mussten „die öffentlichen Fördermittel und die Erlöse aus den Pflegesätzen ... **zusammen** die vorauskalkulierten Selbstkosten eines sparsam wirtschaftenden und leistungsfähigen Krankenhauses decken".

Durch die Neufassung der §§ 4 und 17 Abs. 1 KHG ist dieses **Selbstkostendeckungsprinzip** zum 1.1.1993 **aufgehoben** worden. Die Investitionsfinanzierung über Fördermittel und die Betriebskostenfinanzierung über Pflegesätze sind entkoppelt worden. Dabei ist der Anspruch der Krankenhäuser auf Fördermittel der Bundesländer unverändert geblieben. Der Anspruch auf Deckung der vorauskalkulierten Selbstkosten ist ersetzt worden durch den Anspruch auf „medizinisch leistungsgerechte" Pflegesätze (§ 17 Abs. 1 KHG). Diese Pflegesätze müssen einem Krankenhaus bei wirtschaftlicher Betriebsführung ermöglichen, den Versorgungsvertrag zu erfüllen.

Zum 1.1.1995 werden neue pauschalierte Entgelte eingeführt, deren Entgelthöhe auf der Landesebene – nicht krankenhausindividuell – festgelegt werden (§ 18 Abs. 3 Satz 3 KHG). In den politischen Gesprächen zum GSG wurden als Zielgrößen die Einführung von mindestens 40 Fallpauschalen und rd. 160 pauschalierten Sonderentgelten genannt. Für die Leistungen des Krankenhauses, die nicht mit diesen pauschalierten Entgelten vergütet werden, ist ein Restbudget zu vereinbaren, das weiterhin krankenhausindividuell verhandelt wird, ohne dass ein Selbstkostendeckungsanspruch des Krankenhauses besteht.

Nach Aufhebung des Selbstkostendeckungsprinzips sollen bei Budget-/Pflegesatzverhandlungen die **Leistungen** des Krankenhauses im Vordergrund stehen. Dabei wird auch über den Umfang des Versorgungsauftrags gesprochen werden. Bei der Ermittlung der Pflegesätze haben die Krankenkassen den **Grundsatz der Beitragssatzstabilität** nach § 141 Abs. 2 SGB V zu beachten. Dieser Grundsatz stellt jedoch keine starre Begrenzung dar; höhere Abschlüsse sind möglich, wenn nur so die notwendige medizinische Versorgung Gewähr leistet werden kann. Das Krankenhaus muss sich auch an den Leistungen und Pflegesätzen vergleichbarer Krankenhäuser messen lassen. Höhere eigene Kosten werden beispielsweise nur durchsetzbar sein, wenn das Krankenhaus auf Besonderheiten seines Leistungsangebots verweisen kann oder soweit dies zur Sicherstellung der Patientenversorgung in einer Region erforderlich ist. Diese bereits zum 1.1.1993 in Kraft getretene Änderung des KHG wirkt sich allerdings bei den meisten Krankenhäusern erst nach Ablauf der in den Jahren 1993 bis 1994/95 geltenden Übergangsregelung aus (vgl. Kapitel 2.1.3). Die neuen Vorgaben des KHG wurden mit der „Verordnung zur Neuordnung des Pflegesatzrechts" vom 26. September 1994 umgesetzt (vgl. Kapitel 5.).

Budgetbegrenzung 1993 bis 1995

Für den Zeitraum von 1993 bis einschließlich 1995 wurde eine „**Sofortbremsung**" durchgeführt, um die Ausgabenentwicklung und damit die Beitragssätze der gesetzlichen Krankenversicherung zu stabilisieren. Wie in den anderen Leistungsbereichen des Gesundheitswesens wurden auch im Krankenhausbereich die Zuwachsraten begrenzt. Die Budgets der Krankenhäuser dürfen in diesem Dreijahreszeitraum grundsätzlich nicht stärker steigen als die beitragspflichtigen Einnahmen der Krankenkassenmitglieder. Sie werden somit an die Einnahmenentwicklung bei den Krankenkassen angekoppelt. Für Krankenhäuser, die bereits zum 1.1.1995 die neuen Fallpauschalen und pauschalierten Sonderentgelte (vgl. unten) einführen, gilt diese Budgetbegrenzung (sog. **Deckelung**) nur für die Jahre 1993 und 1994.

Während in anderen Leistungsbereichen der Zuwachs für den jeweiligen Bereich insgesamt budgetiert wurde, bezieht sich die „Deckelung" im Krankenhausbereich auf das einzelne Krankenhausbudget. Dies kann bei besonderen Entwicklungen in einzelnen Krankenhäusern zu Härten führen, da eine Abfederung über ein „Bereichsbudget" nicht möglich ist. Eine Alternative für eine andere Regelung bestand jedoch nicht, da es im Krankenhausbereich keinen geeigneten Verrechnungsmechanismus gibt und die Krankenkassen mit einer unterschiedlichen Zuteilung der Zuwachsraten auf die einzelnen Krankenhäuser überfordert worden wären.

Für die Berechnung der Budgets und die Ermittlung der Pflegesätze hat das Bundesministerium für Gesundheit mit Datum vom 15.2.1993 ein Berechnungsschema empfohlen (siehe Tuschen/Quaas, 1993, Kapitel 2.3.6 oder Tuschen/Bechtoldt, f&w, 2/93, S. 86 ff.).

Schwerpunkte der Regelungen:

Budgetfortschreibung:

– Ausgehend von dem Budget 1992, das zwischen Krankenhaus und Krankenkassen auf Grund der individuellen Lage des Krankenhauses vereinbart wurde, sollen die Budgets der Folgejahre grundsätzlich ohne Berücksichtigung der individuellen Lage fortgeschrieben werden (Budgetfortschreibung). Dazu wird das Ausgangsbudget 1992 rechnerisch um die Veränderungsrate der Krankenkasseneinnahmen erhöht (vgl. § 4 Abs. 3 Nr. 1 BPflV-1993). Veränderungen in der Kosten- und Leistungsstruktur des Krankenhauses werden grundsätzlich nicht berücksichtigt. Mit dieser Regelung hat der Gesetzgeber zwei Zielsetzungen verfolgt: Einerseits sollte sichergestellt werden, dass die Budgeterhöhungen im Rahmen der durchschnittlichen Einnahmensteigerungen der Krankenkassen bleiben und somit Beitragssatzsteigerungen vermieden werden. Andererseits wurde den Krankenhäusern auf Grund der neu eingeführten „festen Budgets" (vgl. unten) ein zusätzlicher Anreiz gegeben, sich wirtschaftlich zu verhalten. Ist es ihnen möglich, mit ihren Kosten das Budget zu unterschreiten, verbleiben ihnen die Überschüsse. Die Krankenkassen dürfen nur in eng begrenzten Ausnahmefällen für das Folgejahr geringere Budgetsteigerungen vereinbaren, soweit mit einer wesentlichen Verringerung der Krankenhausleistungen zu rechnen ist (§ 4 Abs. 4 Satz 4 BPflV-1993).

– Auf Grund der generellen Fortschreibung des Ausgangsbudgets 1992 mit der Steigerungsrate der Krankenkasseneinnahmen wird der Verhandlungsspielraum für die Vertragsparteien stark eingeschränkt. Er ist begrenzt auf den Rahmen, der durch die detaillierten Vorschriften des § 4 BPflV-1993 abgesteckt ist.

Finanzierung zusätzlicher Personalkosten

- Trotz der grundsätzlichen Begrenzung der Budgetzuwächse auf die Steigerungsrate der beitragspflichtigen Einnahmen der Krankenkassenmitglieder (Grundlohnentwicklung) werden in erheblichem Umfang Personalkosten zusätzlich berücksichtigt. Sie dienen zur Finanzierung zusätzlicher Personalstellen nach der neuen Pflege-Personalregelung, zur weiteren Umsetzung der Psychiatrie-Personalverordnung und zur Umsetzung einer Empfehlung der Spitzenverbände zum Bedarf an Hebammen und Entbindungspflegern. Damit wird deutlich, dass trotz der bedenklichen Lage der gesetzlichen Krankenversicherung die Personalausstattung insbesondere im Pflegedienst verbessert und so die Leistungsfähigkeit der Krankenhäuser gesichert werden soll (§ 4 Abs. 3 Nr. 2 BPflV-1993).

- Darüber hinaus wurde ein Ausgleich beschlossen für den Fall, dass im Gesamtzeitraum der Budgetbegrenzung von 1993 bis 1994/95 die durchschnittliche Erhöhung der Vergütung nach dem Bundes-Angestelltentarifvertrag (BAT) größer ist als die durchschnittliche Erhöhung der Krankenkasseneinnahmen, die der Budgetfortschreibung zu Grunde liegt (§ 4a BPflV-1993). Bei diesem Ausgleich werden sowohl lineare als auch strukturelle BAT-Veränderungen berücksichtigt.

Weitere Ausnahmen

- Die erhöhten Kostenerstattungen für **wahlärztliche Leistungen** werden von dem fortgeschriebenen Budget abgezogen (§ 4 Abs. 3 Nr. 2a BPflV-1993).
- Mehrkosten auf Grund von **„krankenhausspezifischen"** Rechtsvorschriften werden zusätzlich berücksichtigt (§ 4 Abs. 3 Nr. 2c BPflV-1993).
Hierunter sind nach Auffassung des Bundesministeriums für Gesundheit Rechtsvorschriften zu verstehen, die speziell für den Krankenhausbereich erlassen wurden. Nicht darunter fallen allgemeine Rechtsvorschriften, die sich auch auf den Krankenhausbereich auswirken, wie z.B. die Mehrwertsteuererhöhung zum 1.1.1993.
- Bei der Budgetfortschreibung werden **Veränderungen des Leistungsangebots** des Krankenhauses nur einbezogen, wenn diese Veränderungen nach Maßgabe der Krankenhausplanung des Landes erfolgen und für das Krankenhaus rechtsverbindlich festgelegt sind. Veränderungen auf Grund von Absprachen mit den Krankenkassen werden nicht berücksichtigt (§ 4 Abs. 3 Nr. 2f BPflV-1993).

Neue Bundesländer

- Mit einigen Vorschriften wird die Umbruchsituation in den neuen Bundesländern berücksichtigt. Nach § 4 Abs. 2 Nr. 4 BPflV-1993 wird auf Antrag einer Vertragspartei das Ausgangsbudget 1992 neu vereinbart, soweit die der Kalkulation zu Grunde gelegten Annahmen offensichtlich unrichtig sind. Eine nicht zutreffende Ausgangsbasis für die nachfolgende Budgetfortschreibung kann somit korrigiert werden.
- Bei der Budgetfortschreibung selbst wird eine gesonderte Veränderungsrate für die neuen Bundesländer zu Grunde gelegt (§ 4 Abs. 3 Nr. 1 BPflV-1993).

Die Änderungsrate ist deutlich höher als in den alten Bundesländern, weil insbesondere die Einkommensanpassungen an das Westniveau zu entsprechenden Mehreinnahmen der Krankenkassen führen werden.
- Die Instandhaltungskosten nach § 4 der Abgrenzungsverordnung werden zum 1.1.1994 in die Budgets übernommen. Damit wird in den neuen Bundesländern von einer pauschalen Finanzierung mit einem Fördermittelbetrag je Planbett umgestellt auf die in den alten Bundesländern vorgeschriebene krankenhausindividuelle Finanzierung der Instandhaltung, die mit den Krankenkassen zu verhandeln ist.

Festes Budget

- Für den Zeitraum der Budgetbegrenzung von 1993 bis 1994/95 wird das bisherige „flexible Budget" durch ein **„festes Budget"** ersetzt. Dieses Budget wird – im Gegensatz zum flexiblen Budget – nicht an Belegungsschwankungen angepasst. Es bleibt unverändert, auch wenn die Leistungen des Krankenhauses zu- oder abnehmen (vgl. **Abbildung 6**).
- Dies kann für Krankenhäuser, die stärker als bisher in Anspruch genommen werden, zu Härten führen. Eine Alternative zur Durchsetzung der Budgetbegrenzung bestand jedoch nicht. Andererseits übt ein festes Budget starke Anreize aus, wirtschaftlicher zu arbeiten. Kann das Krankenhaus seine Leistungen mit weniger Aufwand als bisher erbringen, verbleiben ihm evtl. entstehende Überschüsse.
- Im Zusammenhang mit der prozentualen Fortschreibung des Budgets nach § 4 Abs. 4 Satz 4 BPflV-1993 erhält das Krankenhaus die Sicherheit, dass ihm die Wirtschaftlichkeitserfolge in den Jahren 1993 bis 1994/95 selbst zugute kommen. Der bisherige **„Kellertreppeneffekt"**, bei dem sinkende Selbstkosten zu niedrigeren Folgebudgets führen, entsteht in diesem Zeitraum nicht.
- Das Budget darf bei Verweildauerverkürzungen nicht gekürzt werden (§ 4 Abs. 4 Satz 4 BPflV-1993). Dies gilt ebenso für die politisch gewollten Veränderungen in der Art der Leistungserbringung, d.h. für das Ersetzen der vollstationären Behandlung durch eine vor- und nachstationäre Behandlung, teilstationäre Leistungen und ambulante Operationen des Krankenhauses nach 115b SGB V. Diese Leistungen werden in den Jahren 1993 bis 1994/95 ebenfalls über das Budget vergütet (vgl. § 5 Abs. 1 und § 4 Abs. 5 Satz 2 BPflV). Wird das Budget durch diese neuen Leistungsarten entlastet, verbleiben dem Krankenhaus die daraus entstehenden Vorteile.
- Die Höhe des Budgets kann erst nach Ablauf des Pflegesatzzeitraums (Kalenderjahr) endgültig festgelegt werden. Das zwischen Krankenhaus und Krankenkassen prospektiv vereinbarte Budget wird zunächst auf der Grundlage einer geschätzten Veränderungsrate der Krankenkasseneinnahmen berechnet. Die maßgebende, tatsächlich eingetretene Veränderungsrate wird erst zum 1. Juli des Folgejahres vom Bundesminister für Gesundheit festgestellt. Die Auswirkungen von Abweichungen zwischen der geschätzten und der festgestellten Rate sind nach § 4 Abs. 7 BPflV-1993 über das Budget eines Folgejahres zu verrechnen. Entsprechendes gilt nach Absatz 8 für die Kostenerstattung für wahlärztliche Leistungen. Langfristig wirkte sich die Festsetzung der Veränderungsrate zum 1. Juli jeden Jahres negativ aus. Die bis dahin weitgehend

Strukturgesetze 1993–2000

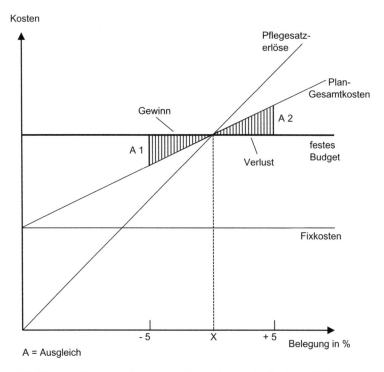

Abbildung 6: Festes Budget 1993 bis 1994/95 (vgl.: Tuschen, KU 5/1984)

prospektiv im Herbst eines jeden Jahres geführten Budgetverhandlungen verzögerten sich bis spät in das Frühjahr hinein, so dass von prospektiven Verhandlungen kaum noch gesprochen werden kann.
- Das feste Budget ist die entscheidende Vergütungsform für die allgemeinen Krankenhausleistungen. Die Pflegesätze haben lediglich die Funktion von Abschlagszahlungen auf das Budget. Wie aus Abbildung 6 ersichtlich ist, decken die proportional zur Belegung (Berechnungstage) verlaufenden Pflegesatzeinnahmen das Budget nur bei der vorauskalkulierten Belegung X. Die bei einem anderen Belegungsgrad entstehenden Über- oder Unterdeckungen des festen Budgets müssen zu 100 Prozent ausgeglichen werden (vgl. die Klammern A1 und A2 in Abb. 4). Das Krankenhaus muss somit Mehrerlöse vollständig zurückzahlen oder die Krankenkassen müssen Mindererlöse in voller Höhe nachzahlen. Diese Ausgleichszahlungen werden nach § 4 Abs. 5 BPflV-1993 über ein nachfolgendes Budget verrechnet. Die schraffierten Flächen in Abb. 4 zeigen die grundsätzliche Wirkung des festen Budgets im Hinblick auf Gewinnchancen oder Verlustrisiken. Vorteile entstehen bei einer rückläufigen Belegung, z. B. auf Grund von Verweildauerverkürzungen.

Die mit dem festen Budget verbundenen Anreize haben in den Jahren 1993 bis 1995 sehr gut gewirkt. Unter dem Druck der begrenzten Budgetfortschreibung sowie der verbindlichen Zusage, dass das Budget auch bei zurückgehender Belegung in voller Höhe gezahlt wird, verkürzten die Akutkrankenhäuser die durchschnittliche Verweildauer ihrer Patienten um etwa 6,5 % und damit um rd. 1 Tag. Als Folge der damit erreichten geringeren Auslastung der Krankenhäuser entstand eine Diskussion über den Abbau von Betten. Für Nordrhein-Westfalen wurde von dem zuständigen Ministerium die Größenordnung von 8000 Betten genannt, die abgebaut werden könnten.

Sonderentgelte und Fallpauschalen

- Während der Budgetbegrenzung von 1993 bis 1994/95 wird die Höhe der bereits nach dem bisherigen Recht vereinbarten Sonderentgelte und Fallpauschalen begrenzt; sie darf nicht stärker steigen als die Krankenkasseneinnahmen (§§ 6 Abs. 3 und 21 Abs. 2 BPflV-1993). Die Leistungsmenge je Sonderentgelt und Fallpauschale wird jedoch nicht festgeschrieben, um die bestehenden Finanzierungsbedingungen nicht grundsätzlich zu verändern (vgl. amtl. Begründung).

- Neue Sonderentgelte und Fallpauschalen können während der Budgetbegrenzung nur innerhalb des Budgets vereinbart werden (§§ 4 Abs. 1 und 6 Abs. 4 BPflV-1993). Für die neuen Bundesländer bedeutet diese Regelung insoweit eine Einengung, als sie Sonderentgelte, die in den alten Bundesländern bereits außerhalb des Budgets vereinbart sind, nur noch innerhalb des Budgets einführen können. Dies erschwert die Einführung oder die Ausweitung der entsprechenden Leistungen.

Vergütung nichtstationärer Behandlung

- Die neuen §§ 115a und b SGB V ermöglichen den Krankenhäusern, Patienten **vor- und nachstationär** zu behandeln und im Krankenhaus ambulant zu operieren. Die Vergütung für diese Leistungen wird ebenfalls in diesen Paragraphen geregelt, also außerhalb des Krankenhausfinanzierungsrechts. Damit besteht auch in diesem Bereich kein Anspruch auf individuelle Kostendeckung.

- Die Vergütung für die vor- und nachstationäre Behandlung wird auf der Landesebene vereinbart mit Wirkung für die Vertragsparteien der Pflegesatzvereinbarung.

- Die Vergütung für das **ambulante Operieren** wird von den Spitzenverbänden auf der Bundesebene vereinbart. Sie soll für Krankenhäuser und niedergelassene Vertragsärzte einheitlich sein. Bis zu einer entsprechenden Regelung, jedoch längstens bis zum 31.12.1994, sind die Krankenhäuser zur Durchführung ambulanter Operationen auf der Grundlage des einheitlichen Bewertungsmaßstabs für die Leistungen der niedergelassenen Ärzte (EBM) nach § 87 SGB V berechtigt.

- Während der Budgetbegrenzung von 1993 bis 1994/95 erbringen die Krankenhäuser die vor- und nachstationäre Behandlung und das ambulante Operieren im Rahmen des festen Budgets. Die Erlöse nach den §§ 115a und b SGB V werden auf das Budget angerechnet, weil davon ausgegangen wurde, dass die entsprechenden Patienten bisher vollstationär im Krankenhaus behandelt wurden und somit das Krankenhaus durch diese neuen Behandlungsformen seine Kosten senken kann (vgl. § 4 Abs. 5 BPflV und amtl. Begründung). Die neuen Entgelte sind also vorerst nur Abschlagszahlungen auf das Budget. Weitere Regelungen sind bei der Änderung der BPflV zum 1.1.1995 zu treffen.

3.2 Gesetz zur Stabilisierung der Krankenhausausgaben 1996

Auch unter den Bedingungen der begrenzten Budgetfortschreibung sind die Ausgaben der Krankenkassen für die stationäre Versorgung in den Jahren 1992 bis 1995 mehr als doppelt so stark gestiegen wie die beitragspflichtigen Einnahmen der Krankenkassenmitglieder (sog. Grundlohnsumme). Die Ausgabensteigerungen betrugen etwa 16,4 % in den alten und 43,2 % in den neuen Bundesländern. Demgegenüber stiegen die beitragspflichtigen Einnahmen nur um 7,4 % in den alten und 28,9 % in den neuen Bundesländern. Dies lag an den gesetzlich vorgegebenen Ausnahmeregelungen (§ 17 Abs. 1 a KHG-1993), insbesondere der Finanzierung zusätzlicher Stellen im Pflegedienst und der Berücksichtigung von Veränderungen des Leistungsangebots der Krankenhäuser nach der Krankenhausplanung (vgl. Kapitel 3.1.3). Die in der BPflV-1993 vorgegebenen Ausgleichsmechanismen für Fehlschätzungen der Grundlohnrate führten jedoch dazu, dass in den Jahren 1996 und 1997 noch Ausgleichsansprüche der Krankenkassen für den Zeitraum 1994/1995 von den Krankenhausbudgets abgezogen wurden. Insoweit verbesserte sich die Bilanz des Krankenhausbereichs noch etwas.

Leider zeichneten sich für das Jahr 1996 außergewöhnliche Erhöhungen der Krankenhausbudgets ab, die die gesetzliche Krankenversicherung mit bis zu 2,7 Mrd. DM zusätzlich hätten belasten und zu Beitragssatzsteigerungen führen können. Ursache dieser absehbaren Belastungen waren insbesondere mit 500 Mio. DM die zusätzlichen Stellen im Pflegedienst auf Grund der letzten Umsetzungsstufe der Pflege-Personalregelung (vgl. Kapitel 4.5), mit 700 Mio. DM die nach § 12 Abs. 2 Satz 1 BPflV-1995 vorgesehene 5 %-ige Interessenquote aus den neuen Fallpauschalen und Sonderentgelten (nur 95 % Erlösabzug) sowie die nach wie vor zwischen Bund und Ländern strittige Finanzierung größerer Instandhaltungsmaßnahmen, die auf Grund eines Urteils des Bundesverwaltungsgerichts vom 21.1.1993 bei den meisten Krankenhäusern im Jahre 1996 zusätzlich die Budgets/Pflegesätze erhöht hätte (vgl. Kapitel 4.1.3). Bei der zusätzlichen Finanzierung der Instandhaltungsmaßnahmen wären nicht nur die bisher von den Ländern gezahlten rd. 550 Mio. DM angefallen. Weil die Krankenkassen im Unterschied zu den Ländern keinen Haushaltsvorbehalt geltend machen können, in den vergangen Jahren ein Rückstau der Förderanträge eingetreten war und weil über die Pflegesätze auch die Instandhaltungskosten der Universitätskliniken zu finanzieren gewesen wären, hätten für die Instandhaltung bis zu 1, 5 Mrd. DM zusätzlich anfallen können.

Vorstöße der Bundesregierung, diese Belastungen durch Änderungen des KHG, der BPflV und der Pflege-Personalregelung zu verhindern, wurden vom Bundesrat blockiert. Nachdem dann noch entsprechende Forderungen von Krankenhäusern bestimmter Regionen in Höhe von über 25 % Budgetsteigerung bekannt geworden waren, leiteten die Koalitionsfraktionen eine „**Sofortbremsung**" für das Jahr 1996 ein. Sie brachten kurzfristig den Entwurf eines

Gesetz zur Stabilisierung der Krankenhausausgaben 1996

Gesetzes zur Stabilisierung der Krankenhausausgaben 1996 ein (BT-Drucks. 13/3061 vom 22.11.95). Dieses Gesetz bedurfte nicht der Zustimmung des Bundesrates. Obwohl die SPD bereits frühzeitig eine solche Budgetbegrenzung für das Jahr 1996 gefordert hatte, wurde dieses Gesetz von ihr im Bundestag abgelehnt und im Bundesrat verzögert. Damit waren alle Pflegesatzverhandlungen für das Jahr 1996 mit entsprechenden Folgen für die Krankenhäuser zunächst blockiert. Erst am 6. März 1996 wurde im Vermittlungsausschuss vereinbart, dass der Bundesrat das vom Bundestag bereits beschlossene Gesetz ohne Änderungsanträge akzeptiert. Damit war der Weg für die Pflegesatzverhandlungen 1996 frei. Das Gesetz wurde mit Datum vom 29. April 1996 verkündet (BGBl. I S. 654). Es trat rückwirkend zum 1. Januar 1996 in Kraft.

Das Stabilisierungsgesetz schreibt vor, dass die Erlöse der Krankenhäuser für ein weiteres Jahr in ihrem Zuwachs begrenzt werden. Die Gesamterlöse des einzelnen Krankenhauses aus der stationären Versorgung, der vor- und nachstationären Behandlung und dem ambulantem Operieren (sog. Gesamtbetrag) dürfen für das Jahr 1996 nicht höher sein, als der vergleichbare Erlösbetrag für das Jahr 1995, erhöht um die Erhöhung der Gehälter im öffentlichen Dienst im Jahr 1996. Maßgebend ist der von den Tarifvertragsparteien vereinbarte Vomhundertsatz der **linearen Erhöhung des BAT**; strukturelle BAT-Veränderungen werden nicht berücksichtigt. Für die neuen Bundesländer wird ein gesonderter Vomhundertsatz ermittelt.

Im Gegensatz zur Budgetbegrenzung in den Jahren 1993 bis 1995 werden die einzelnen Krankenhausbudgets jedoch nicht schematisch mit einem vorgegebenen Erhöhungsbetrag fortgeschrieben. Vielmehr wird eine **Obergrenze** vorgegeben, die nicht überschritten werden darf. Unterhalb dieser Obergrenze gilt die neue BPflV mit ihrer Vorgabe, dass „medizinisch leistungsgerechte" Budgets/Pflegesätze zu verhandeln sind. Krankenhäuser, deren Budgets überhöht sind oder deren Leistungen in den letzten Jahren zurückgegangen sind, haben keinen Anspruch auf die Ausschöpfung dieser Obergrenze. Der Vorwurf, durch die Budgetbegrenzung werde Minderleistung belohnt, ist somit unbegründet. Dies setzt allerdings voraus, dass die Krankenkassen tatsächlich nach den Vorgaben der BPflV-1995 leistungsorientiert verhandeln und in solchen Fällen niedrigere Budgets oder Steigerungsraten durchsetzen.

Da insbesondere die gesetzlichen **Ausnahmeregelungen** für die Budgetbegrenzung in den Jahren 1993 bis 1995 dazu geführt haben, dass die Ausgabenentwicklung für den Krankenhausbereich erheblich höher war als die Einnahmeentwicklung der Krankenkassen, ist für 1996 eine strenge Budgetbegrenzung vorgegeben worden. Ausnahmen sind lediglich vorgesehen für

- Folgekosten „zusätzlicher Kapazitäten für medizinische Leistungen", soweit diese auf Grund des Krankenhausplans und der Investitionsförderung des Landes (Krankenhausplanung) erstmals für das Jahr 1996 wirksam und nicht durch einen gleichzeitigen Kapazitätsabbau ausgeglichen werden, sowie

- folgende, im Budget 1995 vereinbarte, jedoch noch nicht ganzjährig finanzierte Tatbestände: Veränderungen des Leistungsangebots nach Maßgabe der Landesplanung (§ 4 Abs. 3 Nr. 2 Buchstabe f BPflV-1993) sowie Personalstellen nach der Pflege-PR.

Mit dem Stabilisierungsgesetz wird den Krankenhäusern für das Jahr 1996 auch die zusätzliche Finanzierung von **Instandhaltungsmaßnahmen** verwehrt, die bisher von den Ländern finanziert wurden. Das Urteil des Bundesverwaltungsgerichts vom 21. Januar 1993 (3 C 66.90, NJW 1993, 2391 ff.) kann nur innerhalb der gesetzlich definierten Obergrenze für die Erlöse des Krankenhauses realisiert werden. Dies dürfte nur in Ausnahmefällen möglich sein.

Nachdem der Bundesrat das Stabilisierungsgesetz akzeptiert hatte, hat er auch den bis dahin verzögerten Änderungsverordnungen zur Pflege-PR und zur BPflV zugestimmt. Mit der Änderung der **Pflege-Personalregelung** wird die letzte Einführungsstufe der Verordnung für das Jahr 1996 ausgesetzt und damit auf das Jahr 1997 verschoben. Mit der **4. Änderungsverordnung** zur BPflV werden die zusätzlichen Finanzmittel in Höhe von 5% der Erlöse aus Fallpauschalen und Sonderentgelten gestrichen, die nach § 12 Abs. 2 Satz 1 BPflV-1995 für die Jahre 1996 und 1997 vorgesehen waren. Außerdem wird die ausgleichsfreie Bandbreite in § 11 Abs. 8 gestrichen. Beide Verordnungen wurden mit Datum vom 17.4.1996 im Bundesgesetzblatt verkündet (BGBl. I S. 619 und 620). Sie treten rückwirkend zum 1. Januar 1996 in Kraft.

3.3 Entwurf eines Krankenhaus-Neuordnungsgesetzes 1997

Ein von den Fraktionen der CDU/CSU und der F.D.P. vorgelegter Gesetzentwurf eines KHNG 1997 (BT-Drucks. 13/3062) sah ab dem Jahre 1997 weit reichende Änderungen für den Krankenhausbereich vor. Kernpunkt der Neuordnung war die stärkere und verbindliche Einbindung der Krankenhäuser in die Beitragssatzstabilität der GKV. Nachdem mehrere Versuche, mit sog. Kostendämpfungsgesetzen die Ausgabenentwicklung der GKV für den Krankenhausbereich einzudämmen, nur zeitlich begrenzt gewirkt haben, sollte künftig auf solche gesetzgeberischen Detailregelungen verzichtet und zu einer Globalsteuerung übergegangen werden.

Der Gesetzentwurf schlug eine „**landesweite Gesamtvergütung**" vor, die eine Obergrenze für die Summe der Erlöse aller Krankenhäuser im jeweiligen Bundesland sein sollte. Im Rahmen dieser Gesamtvergütung sollten sich die einzelnen Krankenhäuser nach den Regeln der neuen BPflV-1995 frei entwickeln können. Leistungsveränderungen des einzelnen Krankenhauses und Strukturveränderungen in der Versorgungsregion sollten möglich sein. Die Verkürzung der Verweildauer, die höhere Auslastung oder die Begrenzung von Kapazitäten, z.B. durch eine bessere Abstimmung des Leistungsangebots oder durch Kooperation mit anderen Krankenhäusern, sowie die Verbesserung der Wirtschaftlichkeit sollten sich für das einzelne Krankenhaus lohnen. Diese Veränderungen sollten jedoch unterhalb der Obergrenze „landesweite Gesamtvergütung" durchgeführt werden und die Beitragssatzstabilität in der GKV nicht gefährden.

Die landesweite Gesamtvergütung sollte jeweils von der Landeskrankenhausgesellschaft und den Landesverbänden der Krankenkassen vereinbart werden. Dabei sollte nicht nur die Einnahmenentwicklung aller Krankenkassen, sondern auch die medizinische Entwicklung, die Leistungsentwicklung im Krankenhausbereich und in anderen Versorgungsgebieten sowie die Entwicklung von Zahl und Struktur der Krankenversicherten berücksichtigt werden.

Entwurf eines Krankenhaus-Neuordnungsgesetzes 1997

Für den Fall, dass die Gesamterlöse aller Krankenhäuser im Lande aus der stationären Versorgung, der vor- und nachstationären Behandlung und dem ambulanten Operieren die landesweite Gesamtvergütung überschreiten, sollte eine **zweistufige Kürzung** der krankenhausindividuellen Pflegesatzvereinbarungen durchgeführt werden. In einer ersten, prospektiven Stufe sollten bei allen Krankenhäusern die prospektiven Vereinbarungsergebnisse (Budget und Pflegesätze) für das laufende Kalenderjahr um einen einheitlichen Prozentsatz gekürzt werden, der sich aus dem Überschreitungsbetrag errechnen sollte. Entsprechend sollten alle Krankenhäuser des Landes verpflichtet werden, zum 1. März ihre Rechnungen für Krankenhausleistungen einschließlich der Fallpauschalen und Sonderentgelte um diesen Prozentsatz zu kürzen. Für den Fall, dass die Gesamterlöse der Krankenhäuser trotz der prospektiven Kürzung zu Beginn des Jahres die landesweite Gesamtvergütung überschreiten, z. B. auf Grund von Mengensteigerungen, sollte eine weitere, retrospektive Kürzung nach Ablauf des Jahres vorgenommen werden. In dieser zweiten Stufe sollten nur die Krankenhäuser zur Rückzahlung verpflichtet werden, deren Gesamterlöse den mit den Krankenkassen vereinbarten oder in der ersten Stufe gekürzten Betrag überschritten haben. Die Kürzung sollte anteilig linear, d. h. bei allen Krankenhäusern in der gleichen prozentualen Höhe erfolgen.

In der **Anhörung** des Gesundheitsausschusses des Deutschen Bundestags am 28. Februar 1996 haben alle Krankenhausverbände die Einführung einer landesweiten Gesamtvergütung abgelehnt. Dagegen bewerten alle Krankenkassenverbände die Einführung einer landesweiten Gesamtvergütung positiv, weil unter der Obergrenze Verschiebungen zwischen Krankenhäusern möglich seien und auf Veränderungen der Leistungsstruktur oder der Inanspruchnahme durch Patienten reagiert werden könne. Gegen die landesweite Gesamtvergütung wird eingewandt, die drohenden und in ihrer Höhe nicht abschätzbaren Kürzungen im Frühjahr nach Abschluss der Pflegesatzverhandlungen würden auch die bisher zurückhaltenden Krankenhäuser zwingen, höhere Budgetforderungen als bisher zu stellen. Die Gesamtvergütung verleite die verhandelnden Krankenkassen „vor Ort" zu einer großzügigen Verhandlungsweise, da dies für sie bequemer und unter Marketinggesichtspunkten in der Versorgungsregion (Wettbewerb um Mitglieder) risikoloser sei.

Mit dem Gesetzentwurf wurde auch vorgeschlagen, die **Entgeltkataloge** für Fallpauschalen und Sonderentgelte aus der BPflV auszugliedern und die Weiterentwicklung der Entgelte der **Selbstverwaltung** von Krankenhäusern und Krankenkassen auf der Bundesebene zu übertragen. Zielsetzung war es, staatliche Vorgaben zurückzunehmen und der Selbstverwaltung einen weiteren, für die Struktur und die Ausgabenentwicklung in der stationären Versorgung sehr bedeutsamen Aufgabenbereich zur eigenverantwortlichen Gestaltung zu übertragen (vgl. amtl. Begründung). Auf Grund des Gesetzentwurfs der Regierungskoalition hat das Bundesministerium für Gesundheit bereits beschlossen, keine neuen Fallpauschalen und Sonderentgelte mehr zu entwickeln.

Außerdem wurde vorgeschlagen, auch eine neue Form von **Praxiskliniken** einzuführen. Vertragsärzte im ambulanten Versorgungsbereich sollten die Möglichkeit erhalten, in begrenztem Umfang Betten für Kurzzeitversorgung vorzuhalten.

Dagegen hat die **SPD-Fraktion** des Deutschen Bundestages in einem eigenständigen **Entwurf eines GSG II** überraschend vorgeschlagen, die Fallpauschalen und Sonderentgelte zum 1. Januar 2000 abzuschaffen und das Entgeltsystem der BPflV 1995 durch eine „einheitliche durchgängige Preissystematik" mit „abteilungsbezogenen Entgelten auf Bundesebene, die auf der Grundlage von Krankenhausbetriebsvergleichen ermittelt werden", zu ersetzen. Für die Entgelte sollen bundeseinheitliche Bewertungsrelationen" (Punktzahlen) vorgegeben werden.

Auf Grund der höchst unterschiedlichen Vorschläge der Regierungskoalition einerseits und der SPD-Fraktion andererseits konnte nur versucht werden, eine Kompromisslösung im Vermittlungsausschuss von Bundesrat und Bundestag zu finden. Dies ist nicht gelungen und somit ist das Gesetzgebungsverfahren zum **KHNG-1997 gescheitert.**

3.4 Beitragsentlastungsgesetz

Bei der Einführung der Pflegeversicherung war vorgesehen, dass ein Teil der zur Finanzierung benötigten Mittel durch den Abbau von Fehlbelegungen in Krankenhäusern aufgebracht werden sollte. Mit einem neuen § 17a KHG wurden die Parteien der Pflegesatzvereinbarung u.a. dazu verpflichtet, durch eine entsprechende (niedrigere) Bemessung der Budgets sicherzustellen, dass die Fehlbelegungen tatsächlich abgebaut und entsprechende Finanzmittel frei werden, d.h. die Krankenversicherung entlastet wird.

Da die Umsetzung dieser Vorgaben im Rahmen der Pflegesatzverhandlungen u.a. wegen unterschiedlicher Auffassungen über die Prüfrechte des Medizinischen Dienstes der Krankenkassen nur zögernd anlief, beschloss der Gesetzgeber mit Artikel 3 des Beitragsentlastungsgesetzes vom 1. November 1996 (BGBl. I S. 1631) eine Änderung des § 17 Abs. 3 KHG. Die Vertragsparteien wurden verpflichtet, zum Abbau von Fehlbelegungen die Krankenhausbudgets für die Jahre 1997 bis 1999 um mindestens 1 Prozent pauschal zu senken, unabhängig davon, ob bei einem bestimmten Krankenhaus Fehlbelegungen vorliegen oder nachgewiesen werden können. Soweit beim einzelnen Krankenhaus eine höhere Fehlbelegung vorliegt, ist ein entsprechend höherer Abzug zu vereinbaren.

In der Praxis war streitig, ob der 1%-ige Abzug in den drei Jahren gleich bleibend oder kumulativ (im 3. Jahr also 3%) abgezogen werden sollte, und ob der pauschale Abzug auf die drei Jahre begrenzt oder unbegrenzt wirken sollte. Schließlich wurde in § 28 Abs. 3 Satz 3 BPflV in der Fassung der 5. Änderungsverordnung zur BPflV vom 9. Dezember 1997 klargestellt, dass „die pauschale Kürzung nach § 17 Abs. 3 Satz 1 zweiter Halbsatz des Krankenhausfinanzierungsgesetzes für die Jahre 1997 bis 1999 gleich bleibend in Höhe von 1 vom Hundert durchzuführen" ist; vgl. auch die amtl. Begründung.

3.5 Zweites GKV-Neuordnungsgesetz

Nachdem der Entwurf eines Krankenhaus-Neuordnungsgesetzes 1997 gescheitert war, hat die Regierungskoalition aus CDU, CSU und F.D.P. nach Möglichkeiten gesucht, Teile ihres Vorschlagspakets auch ohne den Bundesrat durchset-

Zweites GKV-Neuordnungsgesetz

zen zu können. Dies ist jedoch nur mit sog. zustimmungsfreien Regelungen möglich. Diese wurden im 2. GKV-Neuordnungsgesetz umgesetzt, das am 23. Juni 1997 verkündet wurde und rückwirkend zum 1. Januar 1997 in Kraft getreten ist.

Eine der Zielsetzung des 2. GKV-NOG ist es, staatliche Regelungen zurückzunehmen und der **Selbstverwaltung mehr Gestaltungsspielräume** zu geben, aber auch mehr Verantwortung zu übertragen. Für den Krankenhausbereich bedeutet dies:

- Die Verordnung „**Pflege-Personalregelung**" wird aufgehoben. An Stelle gesetzlicher Vorgaben für die Personalbesetzung im Pflegedienst sollen wieder Verhandlungslösungen treten. Dabei können Krankenhäuser und Krankenkassen durchaus vereinbaren, die Kriterien der Pflege-Personalregelung für eine leistungsbezogene Personalbemessung weiterhin heranzuziehen.

- Die **Großgeräteplanung** wird aufgehoben. Es wird Aufgabe der Selbstverwaltungspartner, den wirtschaftlichen Einsatz von medizinisch-technischen Großgeräten insbesondere über Vergütungsregelungen sicherzustellen.

- Die **Entgeltkataloge** der Bundespflegesatzverordnung (BPflV) zu den neuen **Fallpauschalen und Sonderentgelten** werden aus der Verordnung herausgenommen und an die Selbstverwaltung übertragen; vgl. hierzu die Erläuterungen unten.

Bei der Vergütung der voll- und teilstationären Krankenhausleistungen wird grundsätzlich zu einer **leistungsorientierten Vergütung** zurückgekehrt. Die in den Jahren 1993 bis 1996 ohne Leistungsbezug „gedeckelten" Krankenhausbudgets werden wieder für *zusätzliche* Leistungen geöffnet, die auf Grund

- von Veränderungen der *medizinischen* Leistungsstruktur oder der Fallzahlen oder

- zusätzlicher Kapazitäten für *medizinische* Leistungen auf Grund der Krankenhausplanung oder des Investitionsprogramms des Landes

erbracht werden. Darüber hinaus werden Rationalisierungsinvestitionen nach § 18b KHG wieder finanziert. Die Neufassung des § 6 BPflV lässt unter diesen Voraussetzungen für das einzelne Krankenhaus höhere Budgetsteigerungen zu, als es nach dem „Grundsatz der Beitragssatzstabilität" möglich wäre. Die Krankenhäuser können bei den Pflegesatzverhandlungen ihr geplantes Leistungsvolumen in die Pflegesatzverhandlungen einbringen. „Rückkehr zur leistungsorientierten Vergütung" bedeutet jedoch auch, dass für Krankenhäuser, die weniger Leistungen erbracht haben oder deren Budgets im Vergleich zu den Leistungen anderer Krankenhäuser zu hoch sind, entsprechend niedrigere Budgets zu vereinbaren sind.

Auf Grund der schlechten finanziellen Lage der Krankenkassen konnte der Gesetzgeber trotz der grundsätzlichen Rückkehr zur leistungsbezogenen Vergütung nicht auf Absicherungen verzichten. Zur Umsetzung des **Grundsatzes der Beitragssatzstabilität** (§ 17 Abs. 1 KHG i. V. mit § 6 BPflV) wurden deshalb folgende neue Vorgaben beschlossen:

- Vereinbarung einer bundesweit gültigen Veränderungsrate (**Grundlohnrate**), die der voraussichtlichen Einnahmensteigerung bei den Krankenkassen entspricht,

- Begrenzung der Erhöhung der Fallpauschalen und Sonderentgelte auf höchstens diese Steigerungsrate (Obergrenze; § 6 Abs. 2 BPflV),
- Begrenzung der Budgeterhöhungen der Krankenhäuser auf höchstens diese Steigerungsrate (Obergrenze), soweit die Budgeterhöhungen mit „allgemeinen Kostensteigerungen" begründet werden (§ 6 Abs. 3 BPflV), und
- erhöhte Rückzahlungsquoten für nicht-planmäßige Mehrerlöse gegenüber der Pflegesatzvereinbarung (§ 11 Abs. 8 und § 12 Abs. 4 BPflV).

Dies bedeutet für die Krankenhäuser, dass **Kostensteigerungen**, die nicht auf zusätzlichen medizinischen Leistungen beruhen, künftig nur noch in begrenztem Umfang über die Pflegesätze finanziert werden. Die für diese Begrenzung maßgebliche **Veränderungsrate** (Obergrenze) wird von der Deutschen Krankenhausgesellschaft und den Krankenkassen auf der Bundesebene vereinbart. Steigen die Personal- und Sachkosten des Krankenhauses stärker als diese Veränderungsrate, so dürfen **„allgemeine Kostenentwicklungen"** (vgl. amtl. Begründung), die nicht durch zusätzliche „medizinische" Leistungen begründet sind, nur bis zu der vereinbarten Veränderungsrate in den Budgets finanziert oder in den Punktwert-Vereinbarungen für die Fallpauschalen und Sonderentgelte berücksichtigt werden. Für höhere Lohn- und Gehaltssteigerungen sieht § 6 Abs. 3 BPflV eine Ausnahme vor, die eine teilweise Berücksichtigung dieser höheren Kosten zulässt.

Grundsätzlich können alle Leistungsveränderungen prospektiv in die Verhandlungen eingebracht werden. Spätere Abweichungen vom Verhandlungsergebnis (Leistungs-/Erlösvolumen) sollen jedoch nur noch in geringerem Umfang vergütet werden als früher. Deshalb wurden mit Artikel 7 Nr. 3 und 4 des 2. GKV-NOG die sog. **Mehr- oder Mindererlösausgleiche** zu Ungunsten der Krankenhäuser verändert; vgl. § 11 Abs. 8 und § 12 Abs. 4 BPflV.

Mit dem 2. NOG wurde auch beschlossen, dass „große" Instandhaltungsmaßnahmen an Gebäuden oder Außenanlagen (§ 4 Nr. 2 AbgrV) künftig über die Budgets und Pflegesätze finanziert werden. Die Krankenhäuser erhalten eine **Instandhaltungspauschale** in Höhe von 1,1 % ihres Umsatzes (Budget nach § 12, Fallpauschalen und Sonderentgelte). Erläuterungen dazu werden unter Kapitel 3.1.3 gegeben.

3.6 GKV-Solidaritätsstärkungsgesetz 1999

Nach den Bundestagswahlen am 27. September 1998 kam es zu einem Regierungswechsel. In der neuen, von einer Koalition aus SPD und BÜNDNIS 90/DIE GRÜNEN getragenen Regierung übernahm Andrea Fischer das Amt der Bundesministerin für Gesundheit. Die Regierung strebte zusammen mit den SPD-geführten Bundesländern, die eine Mehrheit im Bundesrat besaßen, eine grundlegende Gesundheitsreform an. Um für die Vorbereitung dieser Reform Zeit zu gewinnen und Beitragssatzsteigerungen zu unterbinden, wurde kurzfristig zum 1. Januar 1999 das GKV-Solidaritätsstärkungsgesetz (GKV-SolG) als sog. Vorschaltgesetz erlassen.

Mit Artikel 7 wurde eine gesetzliche Begrenzung der Erlöse für stationäre Krankenhausleistungen im Jahr 1999 vorgeschrieben. Abweichend von KHG und

BPflV wurde bestimmt, dass ein **Gesamtbetrag** für die Pflegesatzerlöse des einzelnen Krankenhauses zu vereinbaren ist. In diesen Gesamtbetrag wurden neben den tagesgleichen Pflegesätzen (Budget nach § 12) auch die Fallpauschalen und Sonderentgelte einbezogen. Auch Krankenhäuser, die nur Fallpauschalen abrechnen und deshalb in den Jahren zuvor keine Pflegesatzverhandlungen mit den Krankenkassen führen mussten, wurden verpflichtet, einen Gesamtbetrag zu vereinbaren; sie unterlagen damit erstmals auch wieder den Mehrerlös-Ausgleichen nach § 11 Abs. 8 und § 12 Abs. 4 BPflV.

Der Gesamtbetrag durfte für das Jahr 1999 grundsätzlich nicht höher vereinbart werden als ein entsprechend ermittelter Gesamtbetrag für das Jahr 1998, der um eine vom Bundesministerium für Gesundheit bekannt gemachte **Veränderungsrate** der Krankenkasseneinnahmen (sog. Grundlohnrate) erhöht wurde. Außerdem konnten in begrenztem Umfang Ausnahmetatbestände berücksichtigt werden, insbesondere Folgekosten zusätzlicher Kapazitäten für medizinische Leistungen, soweit diese auf Grund des Krankenhausplans oder des Investitionsprogramms des Landes geschaffen wurden, und die übliche anteilige Berichtigung des Budgets bei BAT-Tarifsteigerungen oberhalb der Veränderungsrate.

Abweichend von den gesetzlich vorgegebenen Begrenzungen der Krankenhausbudgets in den Jahren 1993 bis 1996 wurde als Basis für die Budgetbegrenzung nicht die im Jahr 1998 tatsächlich erzielte und um die Mehr- und Mindererlös-Ausgleiche berichtigte Erlössumme des Krankenhauses bestimmt, sondern die prospektiv vereinbarte Erlössumme für das Jahr 1998 (Pflegesatzvereinbarung). Dies bedeutete, dass sowohl Mehrleistungen des Krankenhauses im Jahr 1998 als auch im Jahr 1999 zusätzlich zu erbringende Leistungen prospektiv nicht berücksichtigt werden durften. Eine Finanzierung dieser zusätzlichen Leistungen und damit die Liquidität des Krankenhauses im Jahr 1999 war dadurch gesichert, dass diese Mehrleistungen wie üblich in voller Höhe gegenüber den Krankenkassen in Rechnung gestellt werden konnten, somit zunächst voll finanziert wurden. Die dadurch entstehenden Mehrerlöse gegenüber der prospektiven Vereinbarung des Gesamtbetrags musste das Krankenhaus im Folgejahr 2000 allerdings nach den üblichen Regeln des § 11 Abs. 8 und § 12 Abs. 4 BPflV anteilig zurückzahlen; dies bedeutete Rückzahlungen in Höhe von 85 bis 90 % bei Erlösen aus tagesgleichen Pflegesätzen und in Höhe von 50 bis 75 % bei Fallpauschalen und Sonderentgelten. Damit erhielten die Krankenhäuser für zusätzliche Leistungen der Jahre 1998 und 1999 zwar eine anteilige zusätzliche Finanzierung, diese war jedoch deutlich geringer als bei einer prospektiven Berücksichtigung im Rahmen des vereinbarten Gesamtbetrags.

Zielsetzung dieser Regelungen war es, die Ausgaben für den Krankenhausbereich möglichst strikt zu begrenzen und Beitragssatzerhöhungen in der gesetzlichen Krankenversicherung (GKV) zu vermeiden. Die Krankenhäuser sollten veranlasst werden, die Notwendigkeit von Krankenhausaufnahmen verstärkt zu prüfen, die Verweildauern zu verkürzen und sog. Wirtschaftlichkeitsreserven auszuschöpfen.

Darüber hinaus wurde bestimmt, dass das Krankenhaus das Wahlrecht zur Kostenausgliederung von Fallpauschalen und Sonderentgelten nach § 12 Abs. 2 Satz 3 BPflV für das Jahr 1999 nicht erstmalig wahrnehmen kann. Somit bestand für besonders wirtschaftliche Krankenhäuser nicht mehr die Möglichkeit, zusätzliche Erlöse und somit Gewinnchancen zu erhalten.

Mit Artikel 6 GKV-SolG wurde der bei Erlass der BPflV-1995 bis Ende 1997 befristete Übergangszeitraum, in dem die Fallpauschalen und Sonderentgelte in der Regel im Rahmen eines Gesamt-Budgets verhandelt und mit dem **Erlösabzugsverfahren** vom Budget abgezogen werden, auf Wunsch der DKG und der Spitzenverbände der Krankenkassen nochmals verlängert bis Ende 2001.

3.7 GKV-Gesundheitsreformgesetz 2000

Mit dem Gesetzentwurf zu einer Gesundheitsreform 2000 wurden zunächst sehr weit gehende Zielsetzungen verfolgt. So sollten den einzelnen Krankenkassen sog. **Globalbudgets** vorgegeben und damit die bisherigen Budgets für einzelne Leistungssektoren (z. B. ambulante Behandlung, Arzneimittel, Krankenhausversorgung, Rehabilitation) aufgehoben werden. Entsprechend der Zielsetzung „Geld folgt Leistung" sollten Leistungsverschiebungen zwischen den Sektoren zu entsprechenden Veränderungen der Finanzströme führen. Die Krankenkassen sollten diese Veränderungen steuern, wobei sie selbst strikt an den Grundsatz der Beitragssatzstabilität gebunden sind; bei Überschreitung ihres Globalbudgets drohten Sanktionen, insbesondere Eingriffe der Landesverbände.

Für den Krankenhausbereich war die Einführung eines strikt begrenzten „**landesweiten Gesamtbetrags**" (Landesbudgets) vorgesehen, in den die Budgets der einzelnen Krankenhäuser eingebunden werden sollten. Insbesondere wurde eine Neustrukturierung des Leistungsangebots auf der Grundlage von Leistungsdaten angestrebt mit dem Ziel einer Optimierung der Strukturen und des Abbaus von Überkapazitäten. Um dies zu erreichen, sollten die Länder in Abstimmung mit den Krankenkassen auf Landesebene **Rahmenvorgaben** für die Krankenhausversorgung erlassen. Auf dieser Grundlage sollten die Krankenkassen im Jahr 2003 mit allen Krankenhäusern Verhandlungen zur **Veränderung der Versorgungsaufträge** aufnehmen. Um die Transparenz des Leistungsgeschehens zu erhöhen und starke Anreize zur Verbesserung der Wirtschaftlichkeit zu geben, sollte kurzfristig ein vollständiges Fallpauschalensystem eingeführt werden. In diesem Zusammenhang sollte auch die bisherige Finanzierung der Investitionskosten der Krankenhäuser durch öffentliche Fördermittel der Länder (duale Finanzierung) stufenweise abgebaut werden. Es war geplant, die Investitionskosten künftig in die neuen Fallpauschalen einzukalkulieren und auf diesem Wege von den Krankenkassen finanzieren zu lassen (**monistische Finanzierung**). In Verbindung mit der Einführung von evidenz-basierten Leitlinien für die Behandlung, umfangreicher Qualitätssicherungsmaßnahmen und einer neuen integrierten Versorgung (Zusammenarbeit der Sektoren) sowie der Stärkung der Patientenrechte sollte ein bedarfsorientiertes und qualitätsgesichertes Versorgungsangebot sichergestellt werden.

Während des Gesetzgebungsverfahrens verloren die SPD-geführten Bundesländer auf Grund von Landtagswahlen die Mehrheit im Bundesrat. Somit konnte die neue Bundesregierung den im Deutschen Bundestag beschlossenen Gesetzentwurf nicht mehr im Bundesrat durchsetzen. Im Vermittlungsausschuss wurde deshalb kurzfristig ein inhaltlich reduzierter Entwurf vorgelegt, der nicht mehr der Zustimmung des Bundesrates bedurfte. Das „GKV-Gesundheitsreformgesetz 2000" ist mit Datum vom 22. Dezember 1999 erlassen worden; es ist zum 1. Januar 2000 in Kraft getreten (BGBl. I S. 2626).

Beitragssatzstabilität in der gesetzlichen Krankenversicherung (GKV) ist nur erreichbar, wenn es gelingt, den Krankenhausbereich entsprechend einzubinden. Dies wurde bereits seit 1992 in den verschiedenen Gesetzen zur Begrenzung der Ausgaben angestrebt. Auf Grund der Besonderheiten des Krankenhausbereiches – insbesondere ein fehlendes landesweites Gesamtbudget, Budgetvereinbarungen mit jedem einzelnen Krankenhaus und starke Auswirkungen der BAT-Tarifverhandlungen im öffentlichen Dienst – galten jedoch für den Krankenhausbereich neben der grundsätzlichen Begrenzung der Budgetzuwächse durch die Veränderungsrate (Grundlohnrate) immer **Ausnahmeregelungen** für bestimmte Tatbestände (Leistungsstruktur, Fallzahlen, zusätzliche Kapazitäten lt. Krankenhausplan, teilweise die BAT-Tarifergebnisse). Abbildung 5 zeigt die Entwicklung der GKV-Krankenhausausgaben seit dem Jahr 1991 und damit insbesondere während des Zeitraums der gesetzlichen Begrenzung der Budgetzuwächse (sog. Deckelung) von 1993 bis 1996 im Vergleich zu den Einnahmen der Krankenkassen. Die sich öffnende Schere zeigt das volkswirtschaftliche und politische Problem auf, das es zu lösen gilt.

Für den Krankenhausbereich wurden mit dem zustimmungsfreien Gesetz folgende Veränderungen beschlossen:

Wichtigste Änderungen des Krankenhausfinanzierungsgesetzes (KHG):

- Die pauschale Finanzierung großer Instandhaltungsmaßnahmen nach § 17 Abs. 4b KHG über die Pflegesätze bleibt bestehen. Die zeitliche Befristung der **Instandhaltungspauschale** in Höhe von 1,1 % des Budgets (Gesamtbetrags) wird aufgehoben.

- Die Spitzenverbände der Krankenkassen, der Verband der privaten Krankenversicherung und die Deutsche Krankenhausgesellschaft werden beauftragt, ein neues, umfassendes und pauschalierendes Vergütungssystem (**DRG-orientiertes Fallpauschalensystem**) zu entwickeln und zum 1. Januar 2003 einzuführen. Falls eine Einigung über die Grundstrukturen nicht bis zum 30. Juni 2000 zu Stande kommt, bestimmt die Bundesregierung diese Grundstrukturen unverzüglich durch Rechtsverordnung.

- Der **Katalog der ambulanten Operationen** nach § 115b SGB V wird um „sonstige stationsersetzende Eingriffe" (z. B. in der Kardiologie) erweitert. Bis Ende 2000 sind die Eingriffe „gesondert zu benennen, die in der Regel ambulant durchgeführt werden können, und allgemeine Tatbestände zu bestimmen, bei deren Vorliegen eine stationäre Durchführung erforderlich sein kann".

- Psychiatrische Einrichtungen an Allgemeinen Krankenhäusern werden zur ambulanten Versorgung bestimmter Patientengruppen ermächtigt (§ 118 Abs. 2 SGB V).

- Die Krankenhäuser werden zur internen **Qualitätssicherung** und zur Teilnahme an einrichtungsübergreifenden Maßnahmen der Qualitätssicherung verpflichtet (§ 135a SGB V). Kommt das Krankenhaus seinen Verpflichtungen nicht nach, droht ein Vergütungsabschlag von den Pflegesätzen.

- Als zusätzliche Form der Regelversorgung soll die neue „**integrierte Versorgung**" nach den §§ 140a bis h SGB V eine qualitativ bessere und/oder preiswertere Behandlung der Patienten, insbesondere über verschiedene Leistungssektoren (ambulante Versorgung, Krankenhaus, Rehabilitation) hinweg, fördern. Die starre Abgrenzung der Leistungsbereiche kann durchbrochen werden. Die Krankenkassen können mit Anbietern entsprechender Leistungen gesonderte Verträge abschließen. Krankenhäuser, die sich dieser neuen Versorgungsform anschließen, erbringen diese Leistungen nach den Regeln der integrierten Versorgung; die Leistungen werden außerhalb des Krankenhausfinanzierungsrechts (KHG, BPflV) und der dort geltenden Begrenzungen erbracht. Mit der integrierten Versorgung eröffnen sich Möglichkeiten zur Überwindung der tiefen Gräben zwischen der ambulanten und stationären Versorgung in der Bundesrepublik Deutschland.

Wichtigste Änderungen der Bundespflegesatzverordnung (BPflV):

Neuformulierung des **Grundsatzes der Beitragssatzstabilität** im Krankenhausbereich durch Neufassung des § 6 BPflV:

- Einführung eines „Gesamtbetrags" als Summe der Erlöse aus Fallpauschalen, Sonderentgelten und Budget nach § 12. Auch Krankenhäuser, die nur Fallpauschalen und Sonderentgelte abrechnen, werden in die Regelung einbezogen.

- Begrenzung des Zuwachses dieses Gesamtbetrags durch die Veränderungsrate nach § 71 SGB V (sog. Grundlohnrate); damit grundsätzliche Anbindung der einzelnen Krankenhausbudgets an die Entwicklung der Einnahmen der Krankenkassen.

- Durchbrechung dieser Veränderungsrate auf Grund von **Ausnahmetatbeständen** nach § 6 Abs. 1 weiterhin möglich. Durch die Ausnahmeregelungen wird eine gesetzliche **Obergrenze** für Budgetzuwächse definiert (Veränderungsrate plus Ausnahmen); gegenüber bisherigen Regelungen werden folgende Eingrenzungen vorgegeben:

  - Eine Überschreitung auf Grund von Veränderungen der medizinischen Leistungsstruktur und der Fallzahlen ist nur möglich, soweit diese mit den Krankenkassen vereinbart wird. Bei Nichteinigung ist keine Schiedsstellenentscheidung möglich, nur der Klageweg ist beschreitbar.

  - Eine Überschreitung auf Grund von BAT-Tariferhöhungen (lineare Erhöhung und Einmalzahlungen) oberhalb der Grundlohnrate ist weiterhin nur für den Budgetbereich nach § 12 in Höhe von 50 % (Budgetanpassung um ein Drittel) möglich, allerdings nur noch, „soweit dies erforderlich ist, um den Versorgungsvertrag zu erfüllen". Damit wird der bisher allen Krankenhäusern zustehende gesetzliche Anspruch abgelöst durch eine bedarfsorientierte, krankenhausindividuelle Regelung, die in der Praxis nur noch bei relativ wenigen Krankenhäusern umgesetzt wird.

- Ausgangsbasis für die Pflegesatzverhandlung für das Jahr 2000 ist grundsätzlich der für das Jahr 1999 vereinbarte „Gesamtbetrag" nach dem GKV-SolG. Diesem liegt das für das Jahr 1998 vereinbarte Leistungsspektrum zu Grunde. Der Gesamtbetrag enthält bereits die Instandhaltungspauschale nach § 17 Abs. 4b KHG. Das zeitliche Auslaufen des Fehlbelegungsabschlags nach § 17a Abs. 3 KHG führt nicht zu einer Erhöhung des Gesamtbetrags (§ 6 Abs 4 BPflV).

- Die Quote für die Mindererlös-Ausgleiche nach § 11 Abs. 8 und § 12 Abs. 4 BPflV wird von 50 auf 40 % gesenkt.

4 Verordnungen auf der Grundlage des KHG

Nach § 16 KHG ist die Bundesregierung ermächtigt, für verschiedene Bereiche, die mit der Regelung der Pflegesätze in Zusammenhang stehen, Vorschriften zu erlassen. Die Vorschriften bedürfen der Zustimmung des Bundesrates. Die Bundesregierung hat auf dieser Rechtsgrundlage folgende Verordnungen erlassen:

- die Bundespflegesatzverordnung (BPflV),
- die Abgrenzungsverordnung (AbgrV) und
- die Krankenhaus-Buchführungsverordnung (KHBV).

§ 28 Abs. 2 KHG ermächtigt die Bundesregierung, für Zwecke des KHG jährliche Erhebungen über Krankenhäuser einschließlich der in den §§ 3 und 5 genannten Krankenhäuser und Einrichtungen als Bundesstatistik anzuordnen. Die Zustimmung des Bundesrates ist erforderlich. Auf dieser Rechtsgrundlage wurde erlassen:

- die Krankenhausstatistik-Verordnung.

Nach § 19 Abs. 2 KHG, der inzwischen aufgehoben wurde, konnte die Bundesregierung die Maßstäbe und Grundsätze für die Wirtschaftlichkeit und Leistungsfähigkeit der Krankenhäuser bestimmen, wenn eine entsprechende gemeinsame Empfehlung der Deutschen Krankenhausgesellschaft und der Spitzenverbände der Krankenkassen nicht zu Stande kam. Auf dieser Rechtsgrundlage hat die Bundesregierung mit Zustimmung des Bundesrates erlassen:

- die Psychiatrie-Personalverordnung (Psych-PV) und
- die Pflege-Personalregelung (Pflege-PR). Diese wurde inzwischen wieder aufgehoben. Sie wird als internes Führungsinstrument jedoch in vielen Krankenhäusern freiwillig weiter angewendet.

4.1 Abgrenzungsverordnung (AbgrV)

Die Einführung der **dualen Krankenhausfinanzierung** durch das KHG-1972 (vgl. Kapitel 2.3) machte nähere Regelungen darüber erforderlich, welche Kosten

- über die Fördermittel der Länder und welche
- über die Pflegesätze

zu finanzieren sind. Diese Zuordnung von Kosten zu den genannten Finanzierungsquellen wird im Rahmen der Vorgaben des § 2 Nr. 2, 3 und 5, des § 9 und des § 17 Abs. 3 und 4 KHG durch die Abgrenzungsverordnung vorgenommen. Dabei wird grundsätzlich unterschieden zwischen

- der Finanzierung von Anlagegütern und
- der Finanzierung großer Instandhaltungsmaßnahmen im Bereich der Gebäude und Außenanlagen.

Die sonstigen Instandhaltungskosten des Krankenhauses werden normal über die Pflegesätze, d. h. die tagesbezogenen Entgelte und die Fallpauschalen, vergütet.

Umfangreiche Erläuterungen zur Abgrenzungsverordnung geben auch Dietz/ Bofinger, Krankenhausfinanzierungsgesetz ..., a. a. O.

4.1.1 Abgrenzungsverordnung 1978

Die erste AbgrV wurde auf der Rechtsgrundlage des § 27 KHG-1972 erlassen. Sie wurde mit Datum vom 5.12.1977 bekannt gemacht (BGBl. I S. 2355).

Abgrenzung der Wirtschaftsgüter

Die AbgrV 1978 untergliederte die Wirtschaftsgüter des Krankenhauses in Verbrauchsgüter, Gebrauchsgüter mit einer Nutzungsdauer bis zu drei Jahren und Anlagegüter mit einer Nutzungsdauer über drei Jahren. Schon bei dieser Aufteilung wird deutlich, dass man von den üblichen kaufmännischen und steuerrechtlichen Begriffen abwich und Sonderdefinitionen für die Finanzierungszwecke des KHG schuf. Während die Verbrauchsgüter und die Wiederbeschaffung der Gebrauchsgüter (§ 17 Abs. 4 Nr. 1 KHG) in den Pflegesatz eingingen, wurden die Erstanschaffung der Gebrauchsgüter und die Anlagegüter mit staatlichen Fördermitteln finanziert. Die AbgrV 1978 unterschied bei den Anlagegütern anhand von beispielhaften Verzeichnissen zwischen

- kurzfristigen Anlagegütern mit einer durchschnittlichen Nutzungsdauer von mehr als drei bis zu fünfzehn Jahren: Einrichtungs- und Ausstattungsgegenstände sowie Güter des allgemeinen und betriebstechnischen Ausbaues, wie z. B. Anstrich, Rollläden, Tapezierarbeiten,

- mittelfristigen Anlagegütern mit einer durchschnittlichen Nutzungsdauer von mehr als fünfzehn bis zu dreißig Jahren: Güter des allgemeinen Ausbaues (wie z. B. Bodenbelag, Innentischler- und Einbaumöbelarbeiten, Öfen und Herde, Schalldämmung und Verglasung) sowie Güter des betriebstechnischen Ausbaues (wie Be- und Entlüftungsanlagen, Fernsprechvermittlungsstellen, Heizungsanlagen und sanitäre Installationen);

- langfristigen Anlagegütern mit einer durchschnittlichen Nutzungsdauer von mehr als dreißig Jahren: Außenanlagen, Gebäude einschl. Erd-, Grundbau- und Rohbauarbeiten);

Die kurzfristigen Anlagegüter wurden über **pauschale Fördermittel** je Planbett finanziert, über die das Krankenhaus frei verfügen konnte (§ 10 KHG-1972). Die Fördermittel für die mittel- und langfristigen Anlagegüter mussten einzeln beim Land beantragt werden (§ 9 KHG-1972). Die Einzelanträge wurden positiv beschieden, wenn und soweit das Land die Maßnahme in das Jahreskrankenhausbauprogramm aufnahm.

Der Text der AbgrV 1978 ist nur dann begreiflich, wenn man sich klar macht, dass er nur den Zweck hatte, die Kosten der Wirtschaftsgüter des Krankenhauses den zwei Finanzierungsquellen der dualen Finanzierung zuzuordnen: der staatlichen Förderung und den Pflegesätzen. Die weit gehende Abkehr von kaufmännischen und steuerrechtlichen Grundsätzen wird auch daran deutlich, dass für die Zwecke der Krankenhausfinanzierung ein eigener Begriff des „Wirtschaftsgutes" galt. Nach § 3 Abs. 5 AbgrV 1978 waren nicht selbstständig nutzungsfähige **Ersatzteile**, die im übrigen Wirtschaftsleben als Aufwand verbucht werden, wie selbstständige Güter zu behandeln und der jeweiligen Finanzierungsquelle zuzuordnen. Darüber hinaus gab es eine eigene Abgrenzung des Instandhaltungsbegriffes. Um eine zu starke Belastung der Pflegesätze zu vermeiden, wurde für die Beurteilung, ob **Instandhaltung** vorlag, bei Gebäuden z. B. auf die Verlängerung der Nutzungsdauer einer ersetzten Güterart oder auf das weit überwiegende Ersetzen einer Güterart in baulichen Einheiten (Geschoss, Fassade u. a.) abgestellt. **Anlagegüter von geringem Wert** wurden abweichend von den steuerrechtlichen Vorgaben nicht den Verbrauchsgütern, sondern den Gebrauchsgütern zugeordnet, was zu einem hohen Aufwand für Inventarisierung und laufende Bestandskontrollen in der Anlagenverwaltung der Krankenhäuser führte (vgl. Grünenwald/Kehr/Tuschen, S. 74f.).

Abgrenzung der Instandhaltungskosten

§ 5 AbgrV-1978 zur „Instandhaltung und Instandsetzung" enthielt mehrere von den nach § 4 Abs. 3 KHBV maßgebenden Bilanzierungsgrundsätzen abweichende Sonderregelungen. Diese wurden wegen der **Pauschalierung** der pflegesatzfähigen Instandhaltungskosten durch den § 18 Abs. 4 BPflV 1973 für erforderlich angesehen. So gehörten zum Beispiel

- Überwachungsmaßnahmen auf Grund gesetzlicher Vorschriften,
- Maßnahmen des laufenden Betriebes (z. B. Ölen oder Reinigen von Maschinen),
- das Ersetzen von Teilen, die während der vorgeschriebenen Nutzungsdauer des Wirtschaftsgutes üblicherweise ersetzt werden,

nicht zur Instandhaltung und Instandsetzung. Nach dem Wegfall der Pauschalierung verloren diese Sonderregelungen ihre Begründung; sie sind deshalb nicht mehr in die AbgrV-1986 aufgenommen worden.

Engte bereits die duale Finanzierung die freie Entscheidung der Krankenhäuser in der Frage der Wiederbeschaffung oder der nochmaligen Instandsetzung eines Anlagegutes ein, so mussten diese Finanzierungszuordnungen nach der AbgrV-1978 verstärkt dazu führen, dass Entscheidungen nicht von betriebswirtschaftlichen Notwendigkeiten, sondern von den Spielräumen der jeweiligen Finanzierungstöpfe beeinflusst wurden.

4.1.2 Abgrenzungsverordnung 1986, 1997

Durch das Krankenhaus-Neuordnungsgesetz (KHNG) vom 20. Dezember 1984 wurde die **Mischfinanzierung** der Investitionskosten durch Bund und Länder **aufgegeben**. Für die Investitionsfinanzierung über öffentliche Fördermittel sind nur noch die Länder zuständig. Damit entfiel die Grundlage für bundesweite Vorgaben zur Gliederung der Anlagegüter in kurz-, mittel- und langfristige Anlagegüter. Durch die AbgrV als eine Bundesverordnung ist deshalb nur noch zu entscheiden zwischen einer Finanzierung über Fördermittel und über Pflegesätze.

Die neue „Verordnung über die Abgrenzung der im Pflegesatz nicht zu berücksichtigenden Investitionskosten von den pflegesatzfähigen Kosten der Krankenhäuser" (Abgrenzungsverordnung – AbgrV) vom 12. Dezember 1985 (BGBl. I S. 2255) trat gleichzeitig mit der neuen Bundespflegesatzverordnung zum 1. Januar 1986 in Kraft.

Verordnungen auf der Grundlage des KHG

Zielsetzungen

Die Verordnung gibt im Rahmen des dualen Finanzierungssystems die Zuordnung der Wirtschaftsgüter und der Instandhaltungskosten zu den Finanzierungsquellen nach dem Krankenhausfinanzierungsgesetz (KHG), d. h. den Fördermitteln der Länder und den Pflegesätzen, vor.

Die Verordnung regelt die Abgrenzung

- der nach § 17 Abs. 4 Nr. 1 KHG im Pflegesatz nicht zu berücksichtigenden Investitionskosten von den pflegesatzfähigen Kosten der Krankenhäuser. Dabei werden insbesondere die Investitionskosten der **Anlagegüter** mit einer durchschnittlichen Nutzungsdauer bis zu drei Jahren (Gebrauchsgüter) von denen mit einer Nutzungsdauer über drei Jahren abgegrenzt. Während erstere im Pflegesatz berücksichtigt werden, sind die Anlagegüter mit einer durchschnittlichen Nutzungsdauer über drei Jahre durch Fördermittel der Länder zu finanzieren;

- der pflegesatzfähigen **Instandhaltungskosten** der Anlagegüter von den nicht pflegesatzfähigen Instandhaltungskosten der Anlagegüter, die bis Ende 1996 über Fördermittel der Länder finanziert werden wurden und ab dem 1.1.1997 mit einer Instandhaltungspauschale finanziert werden (§ 4 Nr. 2 AbgrV); vgl. hierzu Kapitel 4.1.3.

Gegenüber der Abgrenzungsverordnung 1978 wurden Veränderungen in der Abgrenzung der Wirtschaftsgüter sowie der Instandhaltung vorgenommen mit dem Ziel

- einer Angleichung an die grundsätzlich auch für Krankenhäuser geltenden handels- und steuerrechtlichen Bilanzierungsgrundsätze,

- einer Entlastung der Anlagenbuchhaltung und -verwaltung der Krankenhäuser von einer großen Anzahl von Anlagegütern mit einem Wert bis zu 100 Deutsche Mark ohne Umsatzsteuer,

- der Beseitigung von Sonderregelungen zur Instandhaltung und

- einer klareren und knapperen Fassung der Verordnung (vgl. amtl. Begründung, S. 11 f.).

Abgrenzung der Wirtschaftsgüter

In § 2 AbgrV werden die Wirtschaftsgüter des Krankenhauses nach den Begriffen Anlagegüter, Gebrauchsgüter und Verbrauchsgüter gegliedert und gegeneinander abgegrenzt. Zu dieser Abgrenzung und der Finanzierung siehe **Abbildung 2**.

In der AbgrV wird der Begriff „**Wirtschaftsgut**" im Sinne des Handels- und Steuerbilanzrechts verstanden (vgl. amtl. Begründung, S. 13). Dabei ist jedoch darauf hinzuweisen, dass die nach dem Gesetzentwurf vorgesehene Vereinheitlichung des Begriffs des „Wirtschaftsgutes" im Bilanzrichtlinien-Gesetz vom 19. Dezember 1985 nicht verwirklicht wurde, so dass für die Handelsbilanz weiterhin von dem Begriff des „Vermögensgegenstandes" auszugehen ist, der in Ausnahmefällen von dem steuerrechtlichen Begriff des Wirtschaftsgutes abweichen kann. Der Begriff „Wirtschaftsgut" der AbgrV bezeichnet ein Gut, das nach der Verkehrsauffassung und nach den Grundsätzen ordnungsgemäßer

Abgrenzungsverordnung (AbgrV)

Buchführung selbstständig bewertungs- und bilanzierungsfähig ist. Es stellt in der Regel eine besondere Funktionseinheit dar. Ihm sind alle Teile zuzuordnen, die in einem wirtschaftlich einheitlichen Nutzungs- und Funktionszusammenhang stehen (Bundesfinanzhof, Urteile vom 9.8.1973 und 20.2.1975, Bundessteuerblatt 1973 II S. 834 und 1975 II S. 570 mit Nachweisen).

Dem entsprechend ist eine zur Erhaltung oder Wiederherstellung eines Anlageguts vorgenommene **Erneuerung von Teilen** dieses Anlagegute nach den Grundsätzen des Handels- und Steuerrechts stets als Erhaltungsmaßnahme anzusehen, wenn die Erneuerung von Teilen nicht ausnahmsweise zu einer Verbesserung dieses Anlageguts im Sinne von § 4 Nr. 1 AbgrV führt.

Anlagegüter sind nach der AbgrV alle Wirtschaftsgüter des zum Krankenhaus gehörenden Anlagevermögens. Das Anlagevermögen umfasst die Gegenstände, die bestimmt sind, dauernd dem Geschäftsbetrieb zu dienen (§ 247 Abs. 2 HGB). Somit sind – abweichend von der AbgrV 1978 – auch die Gebrauchsgüter in den Begriff der Anlagegüter eingezogen. Als Gebrauchsgüter werden die Anlagegüter mit einer durchschnittlichen Nutzungsdauer bis zu drei Jahren bezeichnet. Die abnutzbaren Anlagegüter können grob untergliedert werden in Gebäude, technische Anlagen, Einrichtungs- und Ausstattungsgegenstände, Außenanlagen.

Anlagegüter von geringem Wert (bis zu 51 Euro ohne Umsatzsteuer) sind entsprechend § 6 Abs. 2 EStG unabhängig von ihrer Nutzungsdauer den Verbrauchsgütern zuzuordnen (§ 2 Nr. 3 AbgrV). Die Voraussetzung des § 6 Abs. 2 EStG, dass es sich um abnutzbare bewegliche und selbstständige nutzungsfähige Anlagegüter handeln muss, dürfte regelmäßig erfüllt sein.

Die frühere Sonderregelung für den Krankenhausbereich, nach der wieder beschaffte **Gebrauchsgüter** unabhängig von ihrem Wert unmittelbar als Aufwand zu behandeln waren (§ 5 Abs. 3 Satz 2 KHBV 1978), wurde aufgehoben. § 3 Abs. 1 Nr. 1 AbgrV gleicht die Finanzierungsregeln an die allgemeinen Grundsätze des Handels- und Steuerbilanzrechts an. Gebrauchsgüter bis zu 410 Euro sind vereinfacht zu aktivieren und können im Jahr des Zugangs voll abgeschrieben werden. Gebrauchsgüter über 410 Euro sind über mehrere Jahre abzuschreiben und entsprechend anteilig pflegesatzfähig.

Für die Zuordnung der Wirtschaftsgüter zu den Finanzierungsquellen Fördermittel oder Pflegesatz gelten die **Zuordnungsgrundsätze** des § 3 AbgrV. Es ist grundsätzlich darauf abzustellen, ob die Wirtschaftsgüter eine durchschnittliche Nutzungsdauer bis zu drei Jahren oder von mehr als drei Jahren haben. Einen Überblick gibt **Abbildung 2**.

Dabei wird nicht auf die individuelle Nutzungsdauer eines Anlagegutes unter den Bedingungen eines bestimmten Krankenhausbetriebes abgestellt, sondern auf eine verallgemeinerte „**durchschnittliche Nutzungsdauer**". In den Verzeichnissen I und II der Anlage der Verordnung werden Beispiele für die Zuordnung von Anlagegütern verbindlich vorgegeben. „Die Verzeichnisse beschränken sich auf Beispiele, deren Nutzungsdauer im Hinblick auf die maßgebliche 3-Jahres-Grenze zweifelhaft sein könnte. Die Beispiele sollen Streitfragen, die sich in der Praxis ergeben können, im Voraus entscheiden" (vgl. amtl. Begründung, S. 18). Bei Anlagegütern, die nicht anhand der Verzeichnisse zugeordnet werden können, ist nach § 3 Abs. 3 die durchschnittliche Nutzungsdauer **bei ein-**

schichtigem Betrieb zu ermitteln. Eine intensivere Nutzung des Anlagegutes in einem mehrschichtigen Betrieb führt daher nicht zur Annahme einer kürzeren durchschnittlichen Nutzungsdauer und damit nicht ggf. zu einem Wechsel der Finanzierungsquelle (vgl. amtl. Begründung zu § 3 Abs. 2 AbgrV 1978).

Abgrenzung der Instandhaltungskosten

Mit der AbgrV-1986 wurde der Instandhaltungsbegriff im Krankenhausbereich vereinfacht. Es wurde angestrebt, den **Begriff der Instandhaltung** an die Regelungen des Handels- und Steuerbilanzrechts und damit mehr an allgemeine kaufmännische Gepflogenheiten anzugleichen. Es wird nur noch der Begriff „Instandhaltung" verwendet. Dieser umfasst als Oberbegriff neben der Instandhaltung (Erhaltung) auch die Instandsetzung, d.h. die Wiederherstellung von Anlagegütern. Ebenso sind verwendete Gegenstände und Materialien umfasst (§ 4; vgl. amtl. Begründung, S. 16). Eine zur Erhaltung oder Wiederherstellung eines Anlageguts vorgenommene **Erneuerung von Teilen** dieses Anlagegute ist nach den Grundsätzen des Handels- und Steuerrechts stets als Erhaltungsmaßnahme anzusehen, wenn die Erneuerung von Teilen nicht ausnahmsweise zu einer Verbesserung dieses Anlageguts im Sinne von § 4 Nr. 1 AbgrV führt.

Kernpunkt der AbgrV-1986 ist eine veränderte Bezugsgröße für die Beurteilung, ob Instandhaltungskosten gegeben sind. Die AbgrV-1978 knüpfte mit ihren Kriterien an die ersetzte Güterart an (§ 5 Abs. 3 Nr. 2 AbgrV-1978). Bezugsgröße für die allgemeine Abgrenzung nach der AbgrV-1986 ist dagegen das selbstständig nutzungsfähige **Anlagegut** im Sinne des Handels- und Steuerbilanzrechts. Der Verordnungsgeber hat deshalb die **Abgrenzungsvorschrift des § 4 Nr. 1 AbgrV** an die allgemeinen Abgrenzungsmerkmale zwischen Erhaltungsaufwand und aktivierungspflichtigem Herstellungsaufwand nach den Bilanzierungsgrundsätzen des Handels- und Steuerbilanzrechts angelehnt. Die Frage, ob pflegesatzfähige Instandhaltungskosten gegeben sind, ist zunächst anhand dieser **allgemeinen Abgrenzung** zu prüfen. Danach sind

> „Instandhaltungskosten ... die Kosten der Erhaltung oder Wiederherstellung von Anlagegütern des Krankenhauses, wenn dadurch
>
> 1. das Anlagegut in seiner Substanz nicht wesentlich vermehrt, in seinem Wesen nicht erheblich verändert, seine Nutzungsdauer nicht wesentlich verlängert oder über seinen bisherigen Zustand hinaus nicht deutlich verbessert wird.
>
> 2. ..."

Zur Abgrenzung dieses allgemeinen Instandhaltungsbegriffes kann auf eine umfangreiche Rechtsprechung des Bundesfinanzhofes zurückgegriffen werden.

Bei seinen Bemühungen um eine Harmonisierung der Instandhaltungsbegriffe waren dem Verordnungsgeber jedoch Grenzen gesetzt durch das Erfordernis, auf die Beitragssatzstabilität der gesetzlichen Krankenversicherung achten zu müssen. Die allgemeine Abgrenzung der Instandhaltung nach § 4 Nr. 1 AbgrV-1986 hätte insbesondere bei **Gebäuden** zu nicht vertretbaren Kostenverlagerungen in den Pflegesatzbereich geführt. Sanierungen von Krankenhäusern hätten weitgehend über die Pflegesätze finanziert werden können. Der Verordnungsgeber hat daher für diese Bereiche an einer **Sonderregelung** zur Begrenzung der Höhe der pflegesatzfähigen Instandhaltung festgehalten. Auch nach der AbgrV-1986 waren daher nicht alle Instandhaltungskosten im Sinne des Bilanzrechts pflegesatzfähig. Nach der **Abgrenzungsvorschrift des § 4 Abs. 2 AbgrV** wurden bestimmte Instandhaltungskosten im Bereich der Gebäude und Außenanlagen weiterhin über Fördermittel der Länder finanziert Erst mit der Einführung der **Instandhaltungspauschale** zum 1. Januar 1997 wurden auch diese Instandhaltungskosten dem Grunde nach pflegesatzfähig. Sie können jedoch nur in dem durch die Instandhaltungspauschale begrenzten Umfang über die Krankenhausbudgets und Pflegesätze finanziert werden. (vgl. Kapitel 4.1.3). Die besondere Abgrenzung nach § 4 Nr. 2 AbgrV ist zusätzlich zu der allgemeinen Abgrenzung nach Nummer 1 zu prüfen.

4.1.3 Instandhaltungspauschale ab 1997

Die Aufteilung der Instandhaltungsfinanzierung nach § 4 Abs. 2 im Bereich der Gebäude und Außenanlagen, die in ihren Grundzügen mit Zustimmung des Bundesrates bereits mit der AbgrV-1978 eingeführt und mit Zustimmung des Bundesrates in der AbgrV-1986 nur leicht verändert wurde, wurde jedoch durch eine Entscheidung des **Bundesverwaltungsgerichts** (BVerwG) vom 21. Januar 1993 (3 C 66.90, NJW 1993, 2391 ff.) verworfen. Das Gericht verwies auf das Fehlen einer entsprechenden gesetzlichen Grundlage für die Regelung und wies deshalb auch diese „großen" Instandhaltungsmaßnahmen dem pflegesatzfähigen Kostenbereich zu. Die Länder (Ausnahme Bayern) haben diese Entscheidung zum Anlass genommen, die Förderung entsprechender Instandhaltungsmaßnahmen kurzfristig einzustellen und so ihren Haushalt zu entlasten. Versuche der Bundesregierung, durch eine Änderung des KHG die gesetzliche Grundlage für eine Beibehaltung der bisherigen Finanzierung zu schaffen, scheiterte an der Haltung der Bundesländer. Vgl. hierzu den Entwurf des GKV-Anpassungsgesetzes vom 20. Mai 1994 (BR-Drucks. 466/94, Artikel 7) und den Entwurf eines Gesetzes zur Änderung des Krankenhausfinanzierungsgesetzes vom 24. Oktober 1995 (BT-Drucks. 13/2745). Als Folge des Urteils mussten die Krankenhäuser vier Jahre auf eine Finanzierung dieser „großen" Instandhaltungsmaßnahmen verzichten, bevor mit dem 2. GKV-NOG eine Neuregelung beschlossen wurde.

Mit dem 2. GKV-NOG wurde beschlossen, dass **„große" Instandhaltungsmaßnahmen** an Gebäuden oder Außenanlagen (§ 4 Nr. 2 AbgrV-1997) künftig über die Budgets und Pflegesätze finanziert werden. Die „großen" Instandhaltungsmaßnahmen werden – ohne zeitliche Begrenzung – als **pflegesatzfähig** anerkannt. Zunächst für die Jahre 1997 bis 1999 erhalten die Krankenhäuser jährlich 1 Mrd. DM zusätzlich. Das ist wesentlich mehr, als die Länder vorher gezahlt haben (rd. 550 Mio. DM in 1992). Mangels anderer geeigneter Bezugsgrößen (z.B. Alter der Gebäude; Abschreibungswerte) können die Mittel in diesem Zeitraum nur pauschal zugeteilt werden. Die Krankenhäuser erhalten deshalb eine **Instandhaltungspauschale** in Höhe von 1,1 % auf die Budgets sowie auf Fallpauschalen und Sonderentgelte. Die Instandhaltungspauschale entfällt nach § 17 Abs. 4b Satz 4 KHG, wenn ein Land die Finanzierung dieser Maßnahmen mit öffentlichen Fördermitteln fortführt oder wieder aufnimmt (siehe Bayern in den Jahren 1997 bis 2003). Mit dem GKV-Gesundheitsreformgesetz 2000 wurde die zunächst vorgenommene Befristung der Instandhaltungspauschale aufgehoben.

Die **Abgrenzung** dieser „großen" Instandhaltungsmaßnahmen an Gebäuden und Außenanlagen wird durch § 4 Abs. 2 bestimmt. Aus der **Instandhaltungs-**

pauschale sind danach Instandhaltungskosten für Anlagegüter zu finanzieren, wenn einzelne, im Verzeichnis III der Anlage aufgeführte Gebäudeteile, betriebstechnische Anlagen und Einbauten oder Außenanlagen vollständig oder überwiegend ersetzt werden. Dabei ist zu beachten, dass das überwiegende Ersetzen nicht bezogen auf das gesamte Gebäude zu messen ist, sondern bezogen auf „**bauliche Einheiten**", d. h. auf das Dach, die Fassade, ein Geschoss oder ein Treppenhaus (vgl. Verzeichnis III). Durch diese künstliche Untergliederung des Anlageguts „Gebäude" wird die Bezugsgröße für das überwiegende Ersetzen kleiner gehalten und damit früher der Tatbestand des überwiegenden Ersetzens erreicht, als dies bei dem Gesamtgebäude der Fall wäre.

Ein **überwiegendes Ersetzen** liegt vor, wenn die genannten Teile von Gebäuden oder Außenanlagen mehr als zur Hälfte ersetzt werden. Die Beurteilung des überwiegenden Ersetzens sollte grundsätzlich anhand einer Kostenschätzung durchgeführt werden, soweit eine mengenmäßige Beurteilung nicht zu gleichen Ergebnissen führt (z.B. beim Ersetzen von 40 m einer 100 m langen Einfriedung). Für die Beurteilung des überwiegenden Ersetzens wird ein Bezugszeitraum genannt. Maßnahmen, die im Rahmen eines „**einheitlichen Vorhabens**" in einem Zeitraum bis zu drei Jahren durchgeführt werden, sind zusammenzurechnen. Diese Vorschrift soll sicherstellen, dass Kosten von Maßnahmen auch dann aus der Instandhaltungspauschale zu finanzieren sind, wenn sie über mehrere Jahre verteilt werden. Die amtl. Begründung zur AbgrV-1986, Seite 17, sagt hierzu: „Zusammenzurechnen sind Maßnahmen jedoch nur, soweit sie im Rahmen eines einheitlichen Vorhabens durchgeführt werden. Maßnahmen, die für das Krankenhaus unvorhersehbar waren, bleiben deshalb bei der Zusammenrechnung unberücksichtigt".

Zur Frage, wann **Instandhaltungskosten** vorliegen, wird in der amtl. Begründung zum 2. GKV-NOG zu Artikel 5 Nr. 4 Buchstabe c ausgeführt: „Dieser Betrag erscheint auch ausreichend vor dem Hintergrund der Rechtsprechung des Bundesfinanzhofs zur Abgrenzung zwischen Erhaltungs- und Herstellungsaufwand bei grundlegender Instandsetzung und Modernisierung von Gebäuden (s. BFH-Urteile vom 9. und 10.5.1995, Der Betrieb 1995, 1841 ff., 1888 ff.). Greifen Erweiterungen mit Modernisierungs- und Instandhaltungsmaßnahmen bautechnisch ineinander, so sind die Aufwendungen nicht in Herstellungs- und Erhaltungsaufwand aufzuteilen, sondern einheitlich als Herstellungskosten zu beurteilen. Dementsprechend ist ein Großteil des Erhaltungsaufwandes in Krankenhäusern bei der gebotenen Gesamtwürdigung als Herstellungsaufwand einzustufen mit der Folge der Förderfähigkeit insgesamt".

Die Instandhaltungs-**Pauschale** wird „unabhängig davon bereitgestellt ..., ob und in welcher Höhe in dem Zeitraum von 1997 bis 1999 entsprechende Instandhaltungskosten angefallen sind" (amtl. Begründung zu Artikel 3 der 5. ÄndV). „Krankenhäuser, die in der jeweiligen Periode keine Instandhaltungsaufwendungen haben, sparen den Pauschalbetrag an" (amtl. Begründung zu Artikel 5 Nr. 4 Buchstabe c des 2. GKV-NOG).

Ein vom Bundesministerium für Gesundheit in Auftrag gegebenes **Forschungsvorhaben** kam zu dem Ergebnis, dass die gebäudebezogenen Instandhaltungskosten im Wesentlichen von der Nutzfläche, die Instandhaltungskosten der Medizintechnik vom Anschaffungswert der in Betrieb befindlichen Geräte und Anlagen abhängig sind. Für beide Bereiche lassen sich unabhängig von Krankenhausgruppen (Ausnahme: Universitätskliniken) Zuschläge in Form von prozentualen Anteilen am Budget ermitteln, die im Falle einer Finanzierung der Instandhaltungs- und der Investitionskosten über den Pflegesatzbereich für eine entsprechende Budgetbemessung geeignet sind. Dies gilt ohne Einschränkung auch für die Übertragung der pauschalen Fördermittel. Für die Einzelförderung sind die unterschiedliche Ausgangsbasis (Investitionszyklen) sowie die länderspezifischen Besonderheiten zu berücksichtigen (vgl. Untersuchung des IFH im Auftrag des Bundesministeriums für Gesundheit: Finanzierung der Investitionen ..., a. a. O.). Durch die Ergebnisse wird die bereits 1997 durch den Gesetzgeber eingeführte budgetbezogene Finanzierung der großen Instandhaltungskosten bestätigt. Das Forschungsvorhaben bestätigt ferner, dass alternativ auch eine pauschale Finanzierung auf Basis durchschnittlicher Fallkosten möglich ist. Dieses Ergebnis ist auch grundlegend für das DRG-Fallpauschalensystem nach § 17b KHG.

Die besondere Abgrenzung der Instandhaltungskosten insbesondere im Bereich der Gebäude ist höchst unbefriedigend. Sie führt bei gleichen Sachverhalten, z. B. Ersetzen eines Teppichbodens, zu unterschiedlichen Ergebnissen je nach Größe und Bauart des Krankenhauses (unterschiedliche „bauliche Einheiten"). Es ist zu hoffen, dass bei einem späteren Übergang zu einer monistischen Finanzierung bessere Abgrenzungen gefunden werden oder auf eine Abgrenzung verzichtet werden kann. Die **Bedeutung der Abgrenzung** zwischen „normalen" Instandhaltungskosten, die wie bisher mit den Krankenkassen individuell innerhalb des Budgets vereinbart werden können, und den Instandhaltungskosten, die aus der Pauschale zu finanzieren sind, nimmt in dem Maße ab, wie Kostenerhöhungen der Krankenhäuser auf Grund gesetzlicher Begrenzungen der Krankenhausbudgets nach § 6 BPflV nicht mehr zu entsprechenden Budgeterhöhungen führen, in diesem Zusammenhang also auch pauschaliert werden.

Im Rahmen des **DRG-Fallpauschalensystems** macht die willkürliche Abgrenzung der großen Instandhaltungsmaßnahmen ohnehin keinen Sinn mehr. Über Kosten wird nicht mehr verhandelt. Die Erlöse ergeben sich auf der Grundlage von landeseinheitlichen DRG-Fallpauschalen und ergänzenden Entgelten. Das Krankenhausbudget kann durch die Höhe der Instandhaltungsaufwendungen nicht mehr beeinflusst werden. Die Instandhaltungspauschale wird wie andere Kosten des Krankenhauses in die Fallpauschalen einkalkuliert. Konsequenterweise hat der Gesetzgeber deshalb auch eine zunächst vorgegebene **Zweckbindung** der Mittel aus der Instandhaltungspauschale und die Buchung noch nicht verwendeter Mittel auf einem gesonderten Konto bis zum 31. Dezember 2002 befristet (Artikel 4 Nr. 1 Buchstabe d Doppelbuchstabe bb des GKV-Gesundheitsreformgesetzes 2000). Es liegt somit in der Eigenverantwortung des Krankenhauses, wie die Erlöse aus Pflegesätzen (Tagessätze, Fallpauschalen, Zusatzentgelte u. a.) verwendet werden.

4.2 Krankenhaus-Buchführungsverordnung (KHBV)

Auf der Rechtsgrundlage des § 16 KHG konnte die Bundesregierung mit Zustimmung des Bundesrates Vorschriften über die Rechnungs- und Buchführungspflichten der Krankenhäuser erlassen. Dies geschah mit der Krankenhaus-Buchführungsverordnung vom 10.4.1978 (BGBl. I S. 473). Das damals in den kommunalen Krankenhäusern noch weit verbreitete kameralistische Rechnungswesen, das auf die Kontrolle der Einhaltung von Voranschlägen der öffentlichen Haushalte ausgerichtet ist, wurde abgelöst durch eine kaufmännische doppelte Buchführung, deren wesentliches Ziel die Erfolgsermittlung ist. Die kaufmännische Buchführung wurde bereits weitgehend in Krankenhäusern freigemeinnütziger und privater Träger angewandt.

4.2.1 Jahresabschluss und Buchführung

Buchführungsverordnung 1978

Mit der Krankenhaus-Buchführungsverordnung 1978 wurden in erster Linie externe Ziele verfolgt, wie

- der Nachweis der zweckentsprechenden Verwendung der staatlichen Fördermittel,
- die Übernahme der Daten des Selbstkostenblattes – der damaligen Verhandlungsunterlage für die Pflegesatzverhandlungen – aus der Buchhaltung (damals galt das sog. Selbstkostendeckungsprinzip) und
- die bessere Transparenz von Kosten- und Leistungen, um damit zu einer größeren Wirtschaftlichkeit im Krankenhaus beizutragen.

Entsprechend wurden besondere Vorschriften für die Verbuchung der Fördermittel und des Anlagevermögens erlassen. Der für die Buchführung vorgegebene Kontenrahmen berücksichtigt neben anderen krankenhausspezifischen Besonderheiten ebenfalls diese Zielsetzungen. Für den Jahresabschluss werden eine Bilanz, eine Gewinn- und Verlustrechnung, ein Anlagennachweis und ein Nachweis der Fördermittel verlangt.

Die Krankenhäuser wurden verpflichtet, die doppelte Buchführung zum 1. Januar 1979 einzuführen.

Novellierung 1986

Durch das Krankenhaus-Neuordnungsgesetz vom 20.12.1984, die neue Bundespflegesatzverordnung vom 21.8.1985 und die neue Abgrenzungsverordnung vom 12.12.1985 wurden zahlreiche Vorschriften des Krankenhausfinanzierungsrechts geändert. Dadurch erforderlich gewordene Folgeänderungen in der KHBV hat die Bundesregierung durch die erste Verordnung zur Änderung der Krankenhaus-Buchführungsverordnung (1. ÄndV KHBV) vom 12.12.1985 (BGBl. I S. 2258) vorgenommen, die zum 1.1.1986 in Kraft trat.

Die Vorschriften zur Buchführung (§§ 1 bis 7) wurden wie folgt geändert:

- Die Regelung des bisherigen § 3 Abs. 2 KHBV-1978, nach der eine **gemeinsame Buchführung** für Krankenhäuser zugelassen werden konnte, die innerhalb eines Versorgungsgebietes einem Leistungsverbund mit gemeinsamer Wirtschaftsführung angehören, wurde gestrichen. Es handelte sich um eine Folgeänderung auf Grund der BPflV-1986, die einen **einheitlichen Pflegesatz** für solche Krankenhäuser nicht mehr zuließ (vgl. amtl. Begründung, S. 19). Somit ist für jedes Krankenhaus eine eigenständige Buchführung vorgeschrieben.

- Die bisherigen, besonderen Abschreibungsregelungen des § 5 Abs. 2 und 3 KHBV 1978 wurden gestrichen. Nach § 4 Abs. 3 KHBV-1986 sind die **Abschreibungen** nach den Vorschriften des Aktiengesetzes zu bemessen. Auch die Gebrauchsgüter sind nun entsprechend den handels- und steuerrechtlichen Vorschriften abzuschreiben (vgl. amtl. Begründung, S. 19); dies gilt sowohl für die Erstausstattung als auch für die Wiederbeschaffung.

- Auf Grund des Wegfalls bundesrechtlicher Regelungen zur Förderung der Investitionskosten wurde der Fördermittelnachweis der bisherigen Anlage 5 der Verordnung gestrichen.

- Beim Anlagennachweis wurde die bisherige Gliederung in drei Gruppen (Krankenhaus; besondere, nicht geförderte Einrichtungen; Wohnbauten) ersetzt durch eine Gliederung der Anlagegruppen entsprechend der Bilanz.

Novellierung 1987

Anlass für die zweite Verordnung zur Änderung der Krankenhaus-Buchführungsverordnung (2. ÄndV KHBV) vom 16.12.1986 (BGBl. I S. 2511), die zum 1.1.1987 in Kraft trat, waren das EG-Recht und eine grundlegende Änderung der deutschen **Rechnungslegungsvorschriften**. Auf europäischer Ebene waren die Rechnungslegungsvorschriften für Kapitalgesellschaften vereinheitlicht worden. Die Bundesregierung kam ihrer Verpflichtung zur Umsetzung insbesondere der 4. EG-Richtlinie mit dem Bilanzrichtlinien-Gesetz vom 19.12.1985 nach. Sie hat die erforderliche Anpassung zum Anlass genommen, die deutschen Rechnungslegungsvorschriften grundlegend neu zu ordnen. Die Vorschriften über die Rechnungslegung sowie deren Prüfung und Offenlegung sind – bis auf einige rechtsformspezifische Regelungen – nahezu vollständig und abschließend in einem neu eingefügten dritten Buch des Handelsgesetzbuchs (HGB) zusammengefasst worden.

Da die KHBV bisher auf das Aktiengesetz verwiesen hatte, mussten auch die Vorschriften für die Rechnungslegung der Krankenhäuser geändert werden. Krankenhäuser in der Rechtsform einer Kapitalgesellschaft hatten die neuen Vorschriften schon für das Geschäftsjahr 1987 anzuwenden. Krankenhäusern, die nicht Kapitalgesellschaften sind – und damit den meisten Krankenhäusern –, wurde eine Übergangsfrist von zwei Jahren eingeräumt (§ 11 Abs. 1 KHBV).

Die **Buchführungspflichten** für Krankenhäuser ergeben sich aus zwei Rechtsquellen, aus den allgemeinen Rechnungslegungsvorschriften des HGB und aus den branchenspezifischen Regelungen der KHBV. Den Vorschriften des HGB unterliegen alle Krankenhäuser, deren Träger Kaufleute sind (Einzelkaufleute, Personengesellschaften, Kapitalgesellschaften). Krankenhäuser, deren Träger keine Kaufleute sind (z.B. öffentliche Krankenhäuser), werden erst durch die KHBV zur Führung einer kaufmännischen doppelten Buchführung und zur Erstellung eines Jahresabschlusses verpflichtet (vgl. § 1 Abs. 1 KHBV). Dabei verweist die KHBV grundsätzlich auf Vorschriften des HGB.

Darüber hinaus schreibt die KHBV für alle Krankenhäuser einheitliche branchenspezifische Rechnungs- und Buchführungspflichten vor. Durch sie soll für Zwecke des Krankenhausfinanzierungsrechts die Aussagefähigkeit und Vergleichbarkeit der Rechnungslegung gewahrt werden. Die KHBV lässt die Rechnungslegungspflichten nach anderen Vorschriften unberührt. Krankenhäuser in der Rechtsform einer GmbH müssen daher den neuen, weit reichenden Vorschriften des HGB zu Jahresabschluss und Offenlegung nachkommen. Um ihnen den Aufwand eines doppelten Jahresabschlusses – nach dem HGB und nach der KHBV – zu ersparen, eröffnet der neue § 1 Abs. 3 KHBV diesen Krankenhäusern ein Wahlrecht. Sie können die KHBV-Formblätter für die Bilanz, die Gewinn- und Verlustrechnung und den Anlagennachweis auch für die Zwecke des Handelsrechts, zum Beispiel die Offenlegung, verwenden.

Das HGB unterscheidet für den **Jahresabschluss** nach allgemeinen Rechnungslegungsvorschriften für alle Kaufleute und weiter gehenden, nach Größenklassen differenzierten Pflichten für Kapitalgesellschaften. Deshalb verweist die KHBV nicht generell auf das HGB, sondern es werden einzeln Vorschriften des HGB konkret genannt. Da bereits bisher die KHBV auf die hohen Anforderungen für Aktiengesellschaften abstellte, wurde nun ebenfalls auf bestimmte Vorschriften für Kapitalgesellschaften verwiesen. Dies gilt insbesondere auch für die Gliederung der Bilanz und der Gewinn- und Verlustrechnung. Es wurde jedoch nicht generell auf die Vorschriften für große Kapitalgesellschaften verwiesen, wie dies unter anderem von einem Land und von Seiten der Wirtschaftsprüfer gefordert wurde. Der Verordnungsgeber hat insbesondere die neuen Vorschriften des HGB zur Aufstellung eines sehr umfangreichen Anhangs und eines Lageberichts sowie die Prüfungs- und Offenlegungspflichten nicht in die KHBV übernommen. Der Jahresabschluss nach der KHBV besteht aus der Bilanz, der Gewinn- und Verlustrechnung und dem Anhang einschließlich des Anlagennachweises (vgl. § 4 Abs. 1 KHBV).

Schwerpunkte der KHBV-Änderungen waren:
- Die Anpassung der Gliederungsschemata für die Bilanz und die Gewinn- und Verlustrechnung an die neuen Schemata des Handelsrechts.
- Aus der Bilanz ist nun auch die kurzfristige Liquiditätslage des Krankenhauses erkennbar; Forderungen mit einer Restlaufzeit von mehr als einem Jahr sowie Verbindlichkeiten mit einer Restlaufzeit bis zu einem Jahr sind für jeden entsprechenden Ausweisposten darzustellen.
- Das Eigenkapital wird in einer neuen Gliederung ausgewiesen. Für Krankenhäuser in einer anderen Rechtsform als der Kapitalgesellschaft oder ohne eigene Rechtspersönlichkeit bestimmt § 5 Abs. 6 KHBV, was unter den einzelnen Positionen des Eigenkapitals auszuweisen ist. Kapitalgesellschaften haben auch die Beziehungen zu verbundenen Unternehmen auszuweisen.
- Der Jahresabschluss ist um einen Anhang erweitert worden (§ 4 Abs. 1), der jedoch gegenüber dem nach dem HGB geforderten Anhang wesentlich verkürzt wurde. Es wird lediglich die Angabe der angewandten Bilanzierungs- und Bewertungsmethoden verlangt.

Die in § 4 Abs. 3 KHBV genannten **Einzelregelungen** des HGB beziehen sich teilweise auf Definitionen von Ausweispositionen. Hinsichtlich inhaltlicher Änderungen ist insbesondere auf folgende Vorschriften hinzuweisen:
- die Generalnorm des § 264 Abs. 2 HGB, nach der der Jahresabschluss ein den tatsächlichen Verhältnissen entsprechendes Bild der Vermögens-, Finanz- und Ertragslage vermitteln muss; diese Norm ist im Rahmen der KHBV eng auszulegen (vgl. amtl. Begründung);

Krankenhaus-Buchführungsverordnung (KHBV)

- den § 279 HGB, der die Möglichkeit niedriger Wertansätze und somit die Bildung stiller Reserven begrenzt;
- die Ausweispflicht für nach dem 1.1.1987 gegebene Pensionszusagen (vgl. Art. 28 EinfG zum HGB).

Auf Grund der geänderten Ausweise in der Bilanz und der Gewinn- und Verlustrechnung waren auch umfangreiche Änderungen des **Kontenrahmens** erforderlich. Durch Klammerhinweise ist die Zuordnung der Konten zu den Ausweispositionen des Jahresabschlusses in der Verordnung vorgegeben.

Auf Grund der umfangreichen Änderungen hat der BMA mit Datum vom 24.3.1987 eine **Neufassung der KHBV** bekannt gemacht (BGBl. I S. 1046).

Novellierungen 1995 und 1997

Zusammen mit dem Erlass der neuen BPflV-1995 wurde auch einige Positionen der Bilanz und der Gewinn- und Verlustrechnung verändert. Der **Kontenrahmen** wurde an das neue Recht angepasst; dabei wurden der Kontengruppe 65 „Lebensmittel" nun auch die für die Küche bezogenen Sach- und Dienstleistungen zugeordnet. Um eine bessere Zuordnung der Kosten zu den neuen Abteilungspflegesätzen und zu dem Basispflegesatz zu erreichen, wurden auch die Zuordnungsvorschriften für das Personal in Anlage 4 der KHBV geändert. Dabei wurden die „Ärzte im Praktikum" dem „Ärztlichen Dienst", die „Pflegedienstleitung" und die „Stationssekretärinnen" dem „Pflegedienst" sowie die „Sozialarbeiter" dem „Medizinisch-technischen Dienst" zugeordnet. Demgegenüber wurden die in den bettenführenden Abteilungen tätigen Schreibkräfte nicht in der Buchführung neu zugeordnet; bei ihnen bestimmt Fußnote 18 zur Verhandlungsunterlage für die Pflegesatzverhandlungen (Leistungs- und Kalkulationsaufstellung nach Anlage 3 zur BPflV – LKA), dass die entsprechenden Kosten im Rahmen der innerbetrieblichen Leistungsverrechnung den Abteilungen zuzurechnen sind. Mit der 5. ÄndV zur BPflV vom 9. Dezember 1997 wurde ein gesondertes Konto für die neue Instandhaltungspauschale eingefügt (Kto. 7200).

4.2.2 Kosten- und Leistungsrechnung

Krankenhaus-Buchführungsverordnung 1978

Die Krankenhäuser wurden verpflichtet, spätestens zum 1. Januar 1980 eine **Kosten- und Leistungsrechnung nach § 8 KHBV** einzuführen, die eine Beurteilung der Wirtschaftsführung unter Berücksichtigung der Leistungsfähigkeit des Krankenhauses erlaubt. Es wurden lediglich Mindestanforderungen aufgestellt, wie die Einführung einer Kostenstellenrechnung, die verursachungsgerechte Zuordnung von Kosten und Leistungen zu den Kostenstellen und die Bereitstellung von Zahlen für die Erstellung des Selbstkostenblattes. Aus der oben zitierten Formulierung wird die primär nach außen gerichtete Zielsetzung deutlich. Im Rahmen von Wirtschaftlichkeitsprüfungen sollte die Kosten- und Leistungsrechnung einen Vergleich mit anderen Krankenhäusern ermöglichen. Auch die Krankenkassen forderten deshalb zum Teil die Vorlage dieser Daten. Nach **§ 9 KHBV** konnte die zuständige Landesbehörde auf Antrag Krankenhäuser mit bis zu 250 Betten von der Verpflichtung befreien, eine Kosten- und Leistungsrechnung zu führen. Aber auch diese Krankenhäuser mussten ihrer Aufgabe und Struktur entsprechend die Leistungen erfassen, die erforderlich sind, um das Betriebsgeschehen zu beobachten und die Wirtschaftsführung zu beurteilen.

Bei der Formulierung der externen Zielsetzungen wurde jedoch übersehen, dass die Kosten- und Leistungsrechnung (Betriebsabrechnung) in erster Stelle ein innerbetriebliches Instrument ist, das der Kostenplanung, der Kostenkontrolle und der Schwachstellenanalyse dient. Eine Nutzung dieses Instruments für externe Zwecke musste es für die interne Betriebsführung entwerten. Deshalb und weil das Preissystem mit dem tagesgleichen, durchschnittlichen Pflegesatz keine höheren Anforderungen stellte, wurde die Kosten- und Leistungsrechnung von den meisten Krankenhäusern nur sehr zögernd eingeführt und nicht weit genug ausgebaut. Hinzu kam, dass der Verordnungsgeber damals von dem System der Vollkostenrechnung ausging, ohne dass dies zwingend notwendig war. Viele Krankenhäuser sprachen sich dagegen für eine Teilkostenrechnung aus, wenn auch zum Teil in der unbegründeten Hoffnung, hierdurch geringere Kosten für ambulante Leistungen ausgliedern zu müssen.

Novellierung 1986

Erst mit der Ersten Verordnung zur Änderung der Krankenhaus-Buchführungsverordnung (1. ÄndV KHBV) vom 12. Dezember 1985 (BGBl. I S. 2258) hat der Verordnungsgeber diese Linie verlassen und veränderte Zielsetzungen vorgegeben (vgl. unten). § 8 KHBV wurde wie folgt überarbeitet:

- Satz 1 wurde neugefasst. Die bisherige Betonung externer Zielsetzungen (Beurteilung der Wirtschaftsführung) wurde zurückgenommen. Es wurde klargestellt, dass die Kosten und Leistungsrechnung **in erster Linie ein innerbetriebliches Führungsinstrument** sein soll. Darüber hinaus soll sie auch weiterhin eine Beurteilung der Wirtschaftlichkeit und Leistungsfähigkeit des Krankenhauses (Anmerkung: durch unabhängige Prüfer) ermöglichen (vgl. amtl. Begründung, 20).

- Durch die Neufassung des Satzes 2 Nr. 3 sowie die Streichung der bisherigen Nr. 4 wurde klargestellt, dass die Krankenhäuser auch eine **Teilkostenrechnung** führen können (vgl. amtl. Begründung, 21). Durch die Wahl bestimmter Verfahren oder Ausgestaltungen der Kosten- und Leistungsrechnung dürfen jedoch die Zielsetzungen der betriebsinternen Steuerung, der Beurteilung der Wirtschaftlichkeit und Leistungsfähigkeit, der Ermittlung der Selbstkosten und der Erstellung des Kosten- und Leistungsnachweises nach § 16 Abs. 4 BPflV nicht beeinträchtigt werden.

- In diesem Zusammenhang wurde in der amtl. Begründung klargestellt, dass bei Führung einer Teilkostenrechnung die **Kostenabzüge** nach § 13 Abs. 3 BPflV „nach einer sachgerechten Vollkostenmethode zu kalkulieren sind, das heißt zum Beispiel unter Berücksichtigung von Gemeinkosten, nicht jedoch solcher Gemein- und Einzelkosten, die offensichtlich den auszugliedernden Tatbestand nicht betreffen. Bezogen auf die Personalkosten für den Nachtdienst bedeutet dies beispielsweise, dass der im Wesentlichen durch die stationäre Versorgung beanspruchte Nachtdienst lediglich insoweit der Ambulanz zuzurechnen ist, als er mit Ambulanzleistungen in Anspruch genommen wird" (vgl. amtl. Begründung, 21).

- Weiterhin vorgeschrieben ist eine **innerbetriebliche Leistungsverrechnung** für angeforderte Leistungen, etwa für Labor-, Röntgen- oder Werkstättenleistungen (Nr. 3). Eine **Umlagenverrechnung**, z.B. für Heizungs-, Reinigungs- oder Verwaltungskosten, die nach vereinfachten Verteilungsschlüsseln (z.B. qm Raumfläche, Anzahl des Personals oder der Pflegetage) verrechnet werden, ist nicht mehr vorgeschrieben.

- Die Vorschrift des § 9 KHBV, nach der Krankenhäuser mit bis zu 250 Betten von der Verpflichtung zur Kosten- und Leistungsrechnung befreit werden können, wurde neu gefasst. Der Beschluss der Bundesregierung, die Befreiungsgrenze auf 200 Betten herabzusetzen und die Entscheidung über die Befreiung von der Landesregierung auf den Landespflegesatzausschuss zu übertragen, scheiterte im Bundesrat. Letztlich akzeptierte die Bundesregierung den vom Bundesrat beschlossenen Kompromiss. Die Landesregierung hat bei der Entscheidung über eine Befreiung eine einvernehmliche Regelung mit dem Landespflegesatzausschuss anzustreben. Für die Befreiung werden in § 9 KHBV erstmals inhaltliche Vorgaben gemacht.

Novellierungen 1995 und 1997

Zusammen mit dem Erlass der neuen BPflV-1995 wurde auch die Krankenhaus-Buchführungsverordnung (KHBV) geändert. Dabei wurde § 8 Satz 1 KHBV redaktionell angepasst. In § 9 KHBV wurde die sog. Betten-Grenze für die Befreiung von der Kosten- und Leistungsrechnung nach § 8 KHBV von 250 Betten auf 100 Betten herabgesetzt. Dies gilt nicht für Krankenhäuser mit nur einer Fachabteilung. Die Herabsetzung ist die Konsequenz daraus, dass auf Grund des angestrebten neuen Entgeltsystems ein differenzierteres Rechnungswesen ohnehin benötigt wird.

Bedeutung der Kosten- und Leistungsrechnung

Die **Kosten- und Leistungsrechnung nach § 8 KHBV** war als eines der zentralen Elemente für eine Verbesserung der Wirtschaftlichkeit der Krankenhäuser angelegt. Leider wurde die Umsetzung in den Krankenhäusern durch folgende Umstände jahrzehntelang verzögert:

- die Haltung des Bundesrates, der die Kosten- und Leistungsrechnung für kleinere Krankenhäuser als Bürokratismus ablehnte und eine notwendige Absenkung der Bettengrenze für die Befreiung nach § 9 KHBV verhinderte, diese sicherlich auch auf Grund entsprechenden Einwirkens der Krankenhausverbände;

- das undifferenzierte Entgeltsystem mit einem einheitlichen durchschnittlichen Tages-Pflegesatz,

- das mangelnde Eigeninteresse und unzureichende Kenntnisse bei Krankenhausträgern und Krankenhausverwaltungen,

- das Verhalten der Krankenkassen, die bei Pflegesatzverhandlungen entsprechende Personalstellen verweigerten.

Nach Aufhebung des Selbstkostendeckungsprinzips zum 1. Januar 1993 und der Begrenzung der Krankenhausbudgets durch § 6 BPflV (sog. Deckelung) hat das Eigeninteresse der Krankenhäuser zugenommen. Spätestens mit der generellen

Einführung des DRG-Fallpauschalensystems zum 1. Januar 2004 ist vielen Krankenhäusern klar geworden, dass ein innerbetriebliches Rechnungswesen in Form der Kosten- und Leistungsrechnung in Verbindung mit einem Medizincontrolling eine grundlegende Voraussetzung für das wirtschaftliche Überleben des Krankenhauses ist. Die Mindestvorgaben des § 8 KHBV lassen den Krankenhäusern große Freiheiten für die konkrete Ausgestaltung entsprechend ihren jeweiligen Bedürfnissen.

4.3 Krankenhausstatistik-Verordnung 1990 (KHStatV)

Entstehungsgeschichte

Rund ein Drittel der Ausgaben der gesetzlichen Krankenversicherung (GKV) entfallen auf den Krankenhausbereich. Über diesen bedeutenden Sektor des Gesundheitswesens standen bis zum Jahre 1990 nur sehr unzureichende statistische Daten zur Verfügung. Der Sachverständigenrat für die Konzertierte Aktion im Gesundheitswesen hatte bereits darauf hingewiesen, dass die Bundesrepublik Deutschland im internationalen Vergleich bei statistischen Erhebungen über das Gesundheitswesen und bei ihrer politischen Verarbeitung einen erheblichen Rückstand aufweise.

Seit den 30er-Jahren gab es eine Krankenhausstatistik als koordinierte Länderstatistik, die auf inzwischen zweifelhaften Rechtsgrundlagen beruhte und die den Anforderungen an eine moderne Statistik in keiner Weise genügte. Die Daten wurden nach unterschiedlichen Definitionen erhoben und waren von Bundesland zu Bundesland nicht vergleichbar. Das uneinheitliche Erhebungsverfahren in den (alten) Bundesländern führte zu sehr aufwändigen, teilweise manuellen Aufbereitungs- und Prüfverfahren mit entsprechend hoher Fehleranfälligkeit sowie zu einer verspäteten Veröffentlichung der Daten. Außerdem vermischte die bisherige Datenlieferung – über die Gesundheitsbehörden an die statistischen Landesämter – Statistik und Verwaltung in einer Weise, die nach dem Urteil des Bundesverfassungsgerichts zum Volkszählungsgesetz und dem darauf aufbauenden Bundesstatistik-Gesetz datenschutzrechtlich unzulässig ist. Angesichts solch schwer wiegender Mängel war eine bundeseinheitliche Regelung als Bundesstatistik überfällig.

Der Weg zu einer neuen Krankenhausstatistik war lang und schwierig. Den Wunsch nach einer einheitlichen Statistik über Krankenhauspatienten und Diagnosen hatten die Referenten des Gesundheitswesens bereits 1961 geäußert. Zehn Jahre später sprach sich der Bundesgesundheitsrat für die Einführung einer Diagnosenstatistik im Krankenhaus aus. In den 70er-Jahren waren die zuständigen Ressorts des Bundes und der Länder übereingekommen, eine einheitliche Krankenhausstatistik zu schaffen. Schon 1978 hatten Arbeitsgruppen des Statistischen Bundesamtes und eine nach § 7 KHG gebildete Bund-Länder-Arbeitsgruppe umfassende Empfehlungen für eine künftige Bundesstatistik erarbeitet. Als die Rechtsgrundlage für eine solche Statistik im Dezember 1981 im Rahmen des Kostendämpfungsgesetzes geschaffen war, hatte sich das politische Umfeld geändert. Ein Anlauf der Bundesregierung zur Wiederbelebung der Bund-Länder-Arbeitsgruppe scheiterte 1982 angesichts der laufenden Diskussion über die Auflösung der Mischfinanzierung.

Krankenhausstatistik-Verordnung 1990 (KHStatV)

Als sich die unzureichende Datenlage in der gesundheitspolitischen Auseinandersetzung, etwa in der Konzertierten Aktion im Gesundheitswesen, wiederholt schmerzlich bemerkbar machte, kam es im Frühjahr 1986 zu der Ankündigung des Bundesministers für Arbeit und Sozialordnung (BMA), auf der Basis des § 28 KHG noch im gleichen Jahr eine Rechtsverordnung für eine Bundesstatistik zu erlassen. Nach schwierigen Gesprächen mit den Ländern über Rechtsgrundlagen und Zuständigkeiten einigte man sich Anfang 1987 auf ein pragmatisches Vorgehen, bei dem zunächst nur über die Inhalte der Verordnung gesprochen wurde. Nachdem es einer vom BMA geleiteten Arbeitsgruppe aus Vertretern der Länder, einiger Verbände und des Statistischen Bundesamtes bis zum Juli gelungen war, sich auf Erhebungsmerkmale zu verständigen, musste der BMA das von ihm durch die Vorlage eines Referentenentwurfs eingeleitete Verordnungsverfahren bereits zwei Monate später aussetzen. Im Rahmen des Gesundheits-Reformgesetzes musste die Rechtsgrundlage für die Verordnung (§ 28 KHG) mit dem Ziel neu gefasst werden, den Datenumfang schärfer als bisher abzugrenzen, die Datenlieferung an die Länder für Zwecke der Krankenhausplanung und -finanzierung zu regeln und den Ländern die Möglichkeit zu eröffnen, ergänzende Länderstatistiken zu schaffen (vgl. Luithlen, Schattat-Fischer, Tuschen, f&w 3/90).

Der Bundesrat stimmte am 22.9.1989 mit der Maßgabe von elf Änderungsvorschlägen zu. Die Bundesregierung war bereit, zehn Änderungsvorschläge zu übernehmen, konnte jedoch aus datenschutzrechtlichen Gründen dem Votum der Länder zur Weitergabe der Daten an die Planungsbehörden der Länder nicht folgen. Die Krankenhausstatistik-Verordnung (KHStatV) war somit gescheitert. Nachdem die Bundesregierung dem Bundesrat am 7.12.1989 eine neue Verordnung mit einer datenschutzrechtlich gangbaren Lösung vorgelegt hatte, stimmte der Bundesrat am 16.3.1990 zu.

Die Krankenhausstatistik-Verordnung vom 10. April 1990 (BGBl. I S. 730) trat grundsätzlich am 1.1.1990 in Kraft. Für einige Erhebungsmerkmale wurde in § 9 ein späteres Inkrafttreten festgelegt: die Erhebungen zur Personalausstattung der Krankenhäuser begannen erst zum 1.1.1991 und die zur Diagnosestatistik zum 1.1.1993.

Inhalte

Die KHStatV enthält Vorschriften über den Umfang der Erhebungen (§ 1), die betroffenen **Erhebungseinheiten** (Krankenhäuser einschl. Ausbildungsstätten sowie Vorsorge- oder Rehabilitationseinrichtungen; § 2), die zu erhebenden Merkmale (§ 3), den Berichtszeitraum und die Meldetermine (§ 5) sowie zur Übermittlung von Daten an oberste Bundes- und Landesbehörden. Für die Erhebungen besteht Auskunftspflicht. Träger von Vorsorge- und Rehabilitationseinrichtungen brauchen nur einen reduzierten Datenumfang melden (§ 6). Die für die Umsetzung der Bundesstatistik erforderlichen Erhebungsbögen einschl. deren Erläuterung, Vereinbarungen über die Datenverarbeitung, Auswertungsprogramme und Veröffentlichung der Daten werden unter Einbeziehung der zuständigen Bundes- und Landesbehörden von dem Statistischen Bundesamt und den Statistischen Landesämtern außerhalb der KHStatV festgelegt.

Eine **Bundesstatistik** des Krankenhauswesens muss nach § 1 Bundesstatistik-Gesetz den unterschiedlichen Informationsbedürfnissen im Bereich der Gesundheitspolitik, der Krankenhausplanung, der Pflegesatzverhandlungen und der Wissenschaft gerecht werden. Zählte die alte Krankenhausstatistik die Betten, die Patienten, die Kopfzahl der Beschäftigten und die Behandlungstage, so weist die neue Statistik auch aussagekräftigere Daten aus: Strukturmerkmale, verbesserte Personaldaten, Angaben zu den Krankenhauskosten und eine Diagnosestatistik. Einen Auszug wesentlicher statistischer Daten stellt **Übersicht 1** dar.

Strukturmerkmale:

- Die KHStatV unterteilt die Krankenhäuser und Einrichtungen in „Krankenhäuser (ohne Hochschulkliniken)", „Hochschulkliniken" und „Vorsorge- und Rehabilitationseinrichtungen". Der psychiatrische Bereich wird gesondert ausgewiesen;

- Zulassung des Krankenhauses zur Versorgung auf Grund staatlicher Planungsentscheidung oder Versorgungsvertrag mit den Krankenkassen;

- Ausweis der Betten, die öffentlich gefördert werden;

- abteilungsbezogener Ausweis der Krankenhausbetten;

- Angaben zu Sondereinrichtungen wie Apotheken, Einrichtungen der Intensivmedizin, zur Behandlung von Querschnittgelähmten und Schwerbrandverletzten, Dialyseplätzen und medizinisch-technischen Großgeräten;

Beschäftigte:

- Teilzeitbeschäftigte werden gesondert ermittelt und in Vollzeitbeschäftigte umgerechnet.

- Die Ärzte werden nach Fachgebieten entsprechend der Weiterbildungsordnung erfasst; gesondert gezählt werden Belegärzte und von diesen angestellte Ärzte.

- Das nichtärztliche Personal wird nach den Personalgruppen der BPflV und der KHBV gruppiert. Zusätzlich wird nach Berufsbezeichnungen bzw. der ausgeübten Tätigkeit in Funktionsbereichen (z.B. Operationssaal) gegliedert.

Diagnosestatistik:

- Anzugeben sind die Hauptdiagnose für den gesamten Krankenhausaufenthalt, die Angabe, ob im Zusammenhang mit der Hauptdiagnose operiert wurde, sowie z.B. Angaben zur Verweildauer und zum Wohnort.

- Ab dem Jahr 2003 Erhebung entsprechender Daten auch von Vorsorge- und Rehabilitationseinrichtungen mit mehr als 100 Betten.

- Je Patient ist ein anonymisierter Datensatz mit diesen Angaben an das statistische Landesamt zu liefern. Im Regelfall sollen die Daten auf Datenträgern, z.B. Magnetbändern oder Disketten, geliefert werden.

Art der Leistungserbringung:

- Anzugeben sind die vorstationär, nachstationär und teilstationär behandelten Patienten sowie die Zahl ambulanter Operationen.

Einzugsgebietsstatistik:

- Die Verbindung von Diagnoseangaben mit Angaben zum Wohnort der Patienten führt zu einer Einzugsgebietsstatistik, die für die Krankenhausplanung der Bundesländer unabdingbar ist.
- Darüber hinaus lassen sich - begrenzt auf Krankenhauspatienten - epidemiologische Untersuchungen, Kombinationen mit Umweltbelastungsdaten und breitere Gesundheitsstudien durchführen.

Patientenbewegungen:

- Die Patientenbewegungen und Pflegetage werden nach Fachabteilungen erfasst.
- Weitere Erhebungsmerkmale sind: Pflegetage der Intensivbehandlung oder -überwachung, Verlegungen innerhalb des Krankenhauses und sog. Stundenfälle innerhalb eines Tages.

Kostenstatistik:

- Abgefragt werden die Aufwendungen nach Kostenartengruppen der Krankenhaus-Buchführungsverordnung.
- Vorsorge- und Rehabilitationseinrichtungen sind ausgenommen (§ 6 Abs. 2).

Zusätzliche Lieferung der Daten an die Bundesländer

Nach § 28 Abs. 2 KHG haben die Krankenhäuser neben der Meldung an das statistische Landesamt zusätzlich und gleichzeitig die von der Verordnung umfassten Sachverhalte an die für die Krankenhausplanung und -finanzierung zuständigen **Landesbehörden** weiterzugeben. Diese doppelte Verpflichtung zur Datenlieferung ist aus Gründen des Datenschutzes und als Folge des Volkszählungsurteils des Bundesverfassungsgerichts erforderlich. Danach dürfen die für statistische Zwecke gemeldeten Daten nicht für Verwaltungszwecke bereitgestellt werden, insbesondere dann nicht, wenn negative Entscheidungen gegenüber dem Auskunftspflichtigen - hier dem Krankenhaus - daraus folgen könnten. Um Doppelerfassungen und -auswertungen möglichst zu vermeiden, können mit Zustimmung des einzelnen Krankenhauses Diagnose- und Einzugsgebietsstatistiken einzelner Krankenhäuser an die für die Krankenhausplanung zuständige Landesbehörde weitergegeben werden. Aus Gründen des Datenschutzes für die Patienten dürfen in diesen Fällen nur bestimmte Erhebungsmerkmale miteinander verbunden werden (§ 7 Abs. 3 KHStatV). Die Weitergabe von Statistiken, in denen die Daten mehrerer Krankenhäuser zusammengefasst sind, von den statistischen Landesämtern an die Landesbehörden ist dagegen unproblematisch (§ 7 Abs. 1 KHStatV).

4.4 Psychiatrie-Personalverordnung 1991 (Psych-PV)

Entstehungsgeschichte

Bis zum Jahre 1990 orientierten sich die Pflegesatzparteien bei der Personalbemessung für die Krankenhäuser an den von der Deutschen Krankenhausgesellschaft (DKG) seinerzeit einseitig empfohlenen „Anhaltszahlen 1969", bei denen sich die Zahl der Personalstellen nach der Zahl der durchschnittlich belegten Betten richtete. Nur bei Ärzten wurde nach Behandlungsbereichen unterschieden. Diese Anhaltszahlen 1969 wurden bei den Pflegesatzverhandlungen für das einzelne Krankenhaus um die seither eingetretenen gesetzlichen oder tarifvertraglichen Änderungen korrigiert, allerdings je nach Verhalten der Krankenkassen örtlich in unterschiedlichem Umfang. Die von der Psychiatrie-Enquête von 1975 ausgelöste Reform der psychiatrischen Versorgung und die dazu erforderliche Personalausstattung spiegelte sich in der Personalbemessung jedoch nur unzureichend wieder. Eine Personalbemessung nach den globalen und nicht aufgabenbezogenen Anhaltszahlen war auch ein Hemmnis für eine die Patienten aktivierende und rehabilitierende Behandlung mit dem Ziel ihrer Enthospitalisierung.

Es gab viele Anläufe, zu verbesserten Anhaltszahlen zu kommen, zunächst 1974 durch einen einseitigen Vorschlag der DKG. Seit 1981 haben die DKG und die Spitzenverbände der Krankenkassen nach § 19 Abs. 1 KHG den Auftrag, gemeinsam Empfehlungen über Maßstäbe und Grundsätze für die Wirtschaftlichkeit und Leistungsfähigkeit der Krankenhäuser, insbesondere für den Personalbedarf und die Sachkosten, zu erarbeiten. Die Verhandlungen darüber scheiterten jedoch zum Teil bereits im Stadium der Vorüberlegungen. Die Selbstverwaltung forderte daraufhin in einem gemeinsamen Schreiben vom November 1986 den Bundesminister für Arbeit und Sozialordnung (BMA) auf, nun eine Rechtsverordnung nach § 19 Abs. 2 KHG zu erlassen (Ersatzvornahme). Wegen des gesetzlichen Vorranges der Selbstverwaltung vor dem Verordnungsgeber nahmen die Spitzenverbände nach Aufforderung durch den BMA 1987 ihre Verhandlungen wieder auf. Die Konzepte beider Seiten waren jedoch schon vom Ansatz her so gegensätzlich, dass eine gemeinsame Empfehlung am Ende der gesetzlich vorgesehenen Jahresfrist Mitte Juli 1988 nicht zu Stande gekommen war. Nun war der BMA am Zuge, die Personalbemessung durch eine Rechtsverordnung nach § 19 Abs. 2 KHG zu regeln.

Er berief dazu einen Beirat aus Fachleuten ein, der ihn in der gesamten Problematik des § 19 KHG beraten sollte. Daneben setzte der BMA eine Expertengruppe aus klinischen Psychiatern, Pflegedienstleitern und Verwaltungsdirektoren psychiatrischer Krankenhäuser ein, die ehrenamtlich sehr schnell ein fachliches Konzept für einen solche Verordnung erarbeiteten. Bei der Konzipierung spielte das von der DKG vorgeschlagene Konzept „Verfahren und Anhaltswerte für die Personalbedarfsermittlung in psychiatrischen Krankenhäusern und psychiatrischen Fachabteilungen an allgemeinen Krankenhäusern" vom Dezember 1985 eine wichtige Rolle. Es wurde jedoch im Rahmen der weiteren Arbeiten wesentlich verändert. Zusätzlich bildete sich auf eigene Initiative eine weitere Arbeitsgruppe, die parallel ein Konzept für die Kinder- und Jugendpsychiatrie erarbeitete, das sich eng an das Konzept für die Erwachsenenpsychiatrie anlehnt. Die beiden Expertengruppen entwickelten in über 30 Sitzungen unter der Leitung des BMA die fachliche Grundlage für die Verordnung (vgl. Luithlen/Schattat-Fischer/Tuschen, das Krankenhaus 12/1990).

Der von der Bundesregierung am 25.9.1990 erlassenen Psychiatrie-Personalverordnung (Psych-PV) hat der Bundesrat am 9.11.1990 zugestimmt. Sie wurde von den Krankenhäusern und den Ländern als ein wesentlicher Fortschritt für die Psychiatrie angesehen. Die Spitzenverbände der Krankenkassen lehnten das neue leistungsorientierte Verfahren, bei dem die Krankenhausärzte die Patienten sog. Behandlungsbereichen zuordnen, wegen der damit verbundenen „Selbstaufschreibung" und der befürchteten Kostenwirkungen ab. Das BMA schätzte damals, dass durch die Psych-PV vom 18.12.1990 (BGBl. 1986 I S. 33) in der stationären Psychiatrie 6500 neue Stellen, davon 1500 im Gebiet der neuen Bundesländer (ehemalige DDR) geschaffen werden. Diese sollten in einem Übergangszeitraum von 1991 bis 1995 schrittweise eingeführt werden (§ 10 Abs. 3).

Inhalte

Der **Anwendungsbereich** der Psych-PV erstreckt sich auf stationäre und teilstationäre Einrichtungen der Erwachsenen- sowie der Kinder- und Jugendpsychiatrie (§ 1). Nicht geregelt wird die forensische Psychiatrie, die nicht der BPflV unterliegt. Von der Verordnung nicht erfasst werden auch die sog. Pflegefälle, die einer Krankenhausbehandlung im Sinne des § 39 SGB V nicht bedürfen (§ 1 Abs. 1 BPflV).

Die Verfahren zur Personalbemessung gelten ausschließlich für das diagnostische, therapeutische und pflegerische **Fachpersonal**: Ärzte, Krankenpflegepersonal, Diplom-Psychologen, Ergotherapeuten, Bewegungstherapeuten, Krankengymnasten, Physiotherapeuten, Sozialarbeiter und Sozialpädagogen. Die sich nach der Verordnung ergebenden Personalstellen einer Berufsgruppe können mit anderen, in der Verordnung genannten Berufsgruppen oder mit Fachkräften weiterer, nicht genannter anderer Berufe besetzt werden, solange dadurch das der Verordnung zu Grunde liegende therapeutische Konzept nicht gefährdet wird. Damit lässt das Konzept den Krankenhausträgern Gestaltungsfreiräume und ist offen für künftige Entwicklungen (§ 6 Abs. 2).

Die Vorgaben zur Personalbemessung beschränken sich auf den **Regeldienst** von täglich 14 Stunden (§ 3). Die personelle Besetzung von Nachtdienst, Bereitschaftsdienst außerhalb des Regeldienstes, ärztlicher Rufbereitschaft, ärztlichem Konsiliardienst sowie von Tätigkeiten in Nachtkliniken ist im Rahmen der Pflegesatzverhandlungen zusätzlich zu vereinbaren.

Der Verordnung liegen folgende **Leitlinien** und Regelungen zu Grunde:

– Wichtigstes Ziel ist es, die Personalausstattung so zu verbessern, dass eine sowohl medizinisch-therapeutischen Anforderungen als auch wirtschaftlichen Maßstäben gerecht werdende Behandlung psychisch Kranker ermöglicht wird. Damit soll auch ein „qualifiziertes Enthospitalisierungsprogramm" in Gang gesetzt werden.

– Die enge Zusammenarbeit der verschiedenen am „Behandlungsteam" beteiligten Berufsgruppen wird gefördert.

– Die **Minutenwerte**, anhand derer die Stellenzahl für jede Berufsgruppe ermittelt wird, wurden für solche Einrichtungen entwickelt, die eine „**Versorgungsverpflichtung**" übernommen haben und die deshalb bestimmte, meist schwierigere Patienten nicht abweisen können. Einrichtungen ohne solche Verpflichtungen müssen in der Regel in den Budgetverhandlungen Abschläge hinnehmen (§ 3 Abs. 1 Nr. 2). Damit soll ein Anreiz zur Übernahme einer Versorgungsverpflichtung gegeben werden. Den Minutenwerten liegt die Annahme zu Grunde, dass die Versorgungseinrichtungen des Krankenhauses zentralisiert sind (vgl. amtl. Begründung). Bei nicht **zentralisierten Versor-**

gungseinrichtungen verhandeln die Vertragsparteien der Pflegesatzverhandlungen über zusätzliche Personalstellen. Die Minutenwerte ermöglichen grundsätzlich auch das Prinzip der **Gruppenpflege** im Pflegedienst.

- Das Personal wird **leistungsorientiert** bemessen. Grundlage der Bemessung ist die durchschnittliche Zahl der Patienten, die nach ihrem Behandlungs- und Betreuungsbedarf bestimmten Behandlungsbereichen zugeordnet werden (§ 4 und Anlagen). Der Begriff „**Behandlungsbereich**" entspricht dem des „Stationstyps" in früheren Konzepten, ohne dass damit organisatorische Vorgaben gemacht werden; so können Einrichtungen auch nach dem Prinzip der „Durchmischung" arbeiten und Patienten verschiedener Behandlungsbereiche in einer Station betreuen. Die Zahl der Patienten in den Behandlungsbereichen wird durch vier **Stichtagserhebungen** ermittelt (§ 4 Abs. 2 und 3). Jeder Berufsgruppe wird für jeden Behandlungsbereich ein normativer Minutenwert pro Patient und pro Woche vorgegeben, wie er sich aus den neu entwickelten Tätigkeitsprofilen ergibt. Den Zeitwerten liegt erstmals ein geschlossenes Konzept der Leistungsseite in der stationären Psychiatrie zu Grunde.

- Die Verordnung lässt den Vertragsparteien der Pflegesatzverhandlungen einen begrenzten Verhandlungsspielraum und greift nicht in die Organisationsfreiheit des Krankenhauses ein (u. a. § 6 Abs. 2).

- Es wird ein Anreiz gegeben, die teilweise noch zu großen Stationen zu verkleinern, indem der Personalbemessung für das Krankenpflegepersonal je Station und Woche zusätzlich ein Wert von 5000 Minuten zugrundegelegt wird (§ 5 Abs. 2).

- Die Zuordnung der Patienten zu den Behandlungsbereichen wird durch die psychiatrischen Einrichtungen selbst, d.h. durch die leitenden Ärzte, vorgenommen. Den Krankenkassen wird über die **Prüfmöglichkeiten** nach der BPflV hinaus die Möglichkeit gegeben, diese Zuordnung mit Hilfe des Medizinischen Dienstes der Krankenversicherung zu prüfen (§ 4 Abs. 4). Die Krankenkassen sollen ferner im Nachhinein feststellen können, ob die mittels der Verordnung verbesserte Personalausstattung auch in ein entsprechendes Behandlungsangebot umgesetzt wurde.

- Vorschriften des KHG und der BPflV über die Vereinbarung des Budgets und der Pflegesätze werden durch die Verordnung nicht ersetzt, sondern konkretisiert (§ 2 Abs. 2).

Die der Personalbemessung zu Grunde liegenden Minutenwerte wurden von den durch den BMA berufenen Expertengruppen nach ausführlicher Diskussion einvernehmlich festgelegt. Die als Materialien zur Verordnung veröffentlichten „Regelaufgaben" (Tätigkeitsprofile) geben darüber näheren Aufschluss. Sie wurden durch den BMA veröffentlicht und später, nach dem Übergang der Zuständigkeit auf den Bundesminister für Gesundheit, von diesem als Broschüre nachgedruckt.

Detaillierte Informationen enthält die Broschüre Kunze/Kaltenbach (Hrsg.), Psychiatrie-Personalverordnung, a.a.O., insbesondere den Verordnungstext, Materialien und Erläuterungen für die Praxis.

Anwendung

Im Rahmen der verschiedenen Gesetze zur Sicherung der **Beitragssatzstabilität** in der gesetzlichen Krankenversicherung (GKV) und dementsprechend auch zur Begrenzung der Budgeterhöhungen der Krankenhäuser behielt die Psych-PV – im Gegensatz zur Pflege-Personalregelung für den Pflegedienst in Allgemeinkrankenhäusern – ihre Gültigkeit. Lediglich im Jahr 1999 konnte Personalmehrbedarf auf Grund der Psych-PV bei den Budgetverhandlungen nicht geltend gemacht werden. Mit dem **GKV-Gesundheitsreformgesetz 2000** wurde in § 6 Abs. 1 Satz 4 Nr. 4 BPflV wieder eine entsprechende Ausnahme von der Budgetbegrenzung zugelassen. Dabei wurde im Gesetzestext klargestellt, dass die Psych-PV nur den Anspruch auf **Personalstellen** regelt; es ist darüber hinaus sicherzustellen, dass das Personal nach der Psych-PV nicht anderweitig (z.B. im somatischen Bereich von Krankenhäusern) eingesetzt wird.

Die **Vergütung** der Personalstellen im Rahmen des Krankenhausbudgets (Gesamtbetrag nach § 6 BPflV) wird nicht durch die Psych-PV, sondern durch die BPflV bestimmt. Dies bedeutet im Einzelnen:

- Hat das Krankenhaus nach der Psych-PV einen Anspruch auf zusätzliche Stellen, so sind diese Stellen in Höhe der voraussichtlich entstehenden (tatsächlichen) zusätzlichen Personalkosten einschließlich der Personalnebenkosten anzusetzen (§ 6 Abs. 1 Satz 4 Nr. 4 BPflV).

- Bereits bisher im Budget berücksichtigte Stellen (Zahl der Stellen) lösen keinen Anspruch nach der Psych-PV aus. Die Finanzierung dieser Stellen unterliegt somit ggf. einer Budgetbegrenzung nach § 6 BPflV, bei der BAT-Tariferhöhungen nicht voll gegenfinanziert werden.

4.5 Pflege-Personalregelung 1993 bis 1996 (Pflege-PR)

Im Rahmen des Gesundheitsstrukturgesetzes vom 29.12.1992 wurde auch die Pflege-Personalregelung beschlossen (Pflege-PR; Artikel 13 GSG). Sie ist nach der Psychiatrie-Personalverordnung (vgl. Kapitel 3.4) die zweite Regelung, mit der die Bundesregierung nach § 19 Abs. 2 KHG eine Bestimmung des Personalbedarfs der Krankenhäuser vornehmen musste, weil die Deutsche Krankenhausgesellschaft (DKG) und die Spitzenverbände der Krankenkassen sich nicht auf gemeinsame Empfehlungen einigen konnten. Die Pflege-Personalregelung galt als verbindliche Vorgabe für die Personalbemessung in Akutkrankenhäusern allerdings nur vier Jahre von 1993 bis 1996. Sie wird seit 1997 von den Krankenhäusern auf freiwilliger Basis für interne Zwecke des Personalmanagements eingesetzt.

Entstehungsgeschichte

Die Vertragsparteien der Pflegesatzvereinbarung hatten sich früher noch weitgehend an den „Anhaltszahlen von 1969" orientiert. Diese wurden von der DKG einseitig empfohlen und wurden seitdem ohne förmliche Anerkennung durch die Krankenkassen angewendet. Die Anhaltszahlen von 1969 bezogen sich allein auf die Zahl der durchschnittlich belegten Betten, waren somit nicht leistungsbezogen. Sie wurden in den Pflegesatzverhandlungen regelmäßig um die seit 1969 eingetretenen Arbeitszeitverkürzungen sowie um die Auswirkungen gesetzlicher und tarifvertraglicher Regelungen korrigiert. Darüber hinaus hat es auch Stellenplanerweiterungen gegeben, die die Arbeitsverdichtung im Pflegedienst berücksichtigt haben. Die DKG hat im Jahre 1974 wiederum einseitig neue Anhaltszahlen für den gesamten stationären Bereich veröffentlicht, die von den Krankenkassen jedoch nicht anerkannt wurden.

Nachdem der Gesetzgeber im Jahre 1981 im Zuge des Krankenhaus-Kostendämpfungsgesetzes in § 19 Abs. 1 KHG der Selbstverwaltung auf Bundesebene den Auftrag erteilt hatte, gemeinsame Empfehlungen zu erarbeiten, forderte die DKG im September 1982 schriftlich zur Aufnahme von Verhandlungen über den Personalbedarf für den Pflegedienst an allgemeinen Krankenhäusern auf. Nachdem die Verhandlungen bereits Anfang 1984 ergebnislos abgebrochen wurden, forderte das damals zuständige Bundesministerium für Arbeit und Sozialordnung (BMA) die Vertragspartner auf, weiter nach einer Lösung zu suchen. Die DKG legte im März 1989 ein überarbeitetes analytisches, leistungsorientiertes Konzept vor. Die Spitzenverbände der Krankenkassen verfolgten dagegen einen anderen Ansatz, der die damalige durchschnittliche Personalbesetzung nach Krankenhausgruppen statistisch feststellte und als Richtschnur vorgab, ohne sich auf die im Krankenhaus erbrachten pflegerischen Leistungen zu beziehen. Die Verhandlungen scheiterten endgültig im Juli 1989.

Die Bundesregierung hat nach Ablauf der Einjahresfrist nach § 19 Abs. 2 KHG im Sommer 1990 unverzüglich mit der Vorbereitung eines Verordnungsentwurfs begonnen. Auf Grund der positiven Erfahrungen bei der Vorbereitung der Psychiatrie-Personalverordnung hat sie im Oktober 1990 eine Expertengruppe aus Pflegefachleuten, die aus der Pflegedienstleitung oder der Pflegeforschung kamen, verbandsunabhängigen Ärzten und Verwaltungsdirektoren mit dem Auftrag gebildet, die Grundlagen zu erarbeiten. Parallel nahm eine zweite Expertengruppe für die Kinderkrankenpflege ihr Arbeit auf.

In der Krankenpflege für Erwachsene wurden die entwickelten Konzepte und Einzelregelungen in 66 Krankenhäusern der alten Bundesländer und in 18 Krankenhäusern der neuen Bundesländer zum Teil in mehreren Testläufen erprobt. Insgesamt wurden rund 500 000 Zuordnungen von Patienten zu den verschiedenen Pflegestufen und Patientengruppen vorgenommen. Entsprechende Erhebungen fanden in der Kinderkrankenpflege statt.

Inhalte

Der **Anwendungsbereich** der Pflege-PR erstreckt sich auf den voll- und teilstationären Leistungsbereich der Krankenhäuser, also nicht auf ambulante Einrichtungen des Krankenhauses und nicht auf Pflegeeinrichtungen (Pflegeheime). Sie regelt die Maßstäbe und Grundsätze zur Ermittlung des Bedarfs an Fachpersonal für den **Pflegedienst** mit Ausnahme der Pflege in Intensiveinheiten, in Dialyseeinheiten und in der Psychiatrie. Die Personalbesetzung im Funktionsdienst (z.B. OP, Anästhesie, Endoskopie), in dem oftmals entsprechend weitergebildete Krankenschwestern und -pfleger eingesetzt werden und der anderen Leistungsanforderungen unterliegt, wird nicht erfasst. Soweit Krankenhäuser ihre Leistungen über **Fallpauschalen** abrechnen, gelten die Vorschriften der Pflege-PR nicht (§ 1 Abs. 2).

Die Vorgaben zur Personalbemessung beschränken sich auf den „Regeldienst" von täglich 14 Stunden (§ 3). Die personelle Besetzung von Nachtdienst, Bereitschaftsdienst sowie in seltenen Fällen Rufbereitschaftsdienst des Pflegepersonals muss für jedes Krankenhaus gesondert geregelt werden und bleibt deshalb den Verhandlungen der Vertragsparteien der Pflegesatzverhandlung vorbehalten.

Der Regelung liegen folgende **Leitlinien** und Regelungen zu Grunde:

- Ziel ist es, die Voraussetzungen zu verbessern, unter denen Krankenpflege stattfindet. Um den Veränderungen des Alters- und Krankheitsspektrums der Krankenhauspatienten einerseits und der Leistungsintensivierung durch den medizinisch-technischen Fortschritt andererseits in Bezug auf die pflegerische Betreuung gerecht zu werden, wird eine **leistungsorientierte Personalbedarfsermittlung** vorgesehen. Der gewählte Lösungsansatz orientiert sich an den pflegerischen Leistungen. Unterschiedlicher Pflegeaufwand auf Grund unterschiedlicher Patientenstrukturen und Leistungsangebote der Krankenhäuser schlagen sich im Stellenplan nieder.

- Im Rahmen der normativ vorgegebenen Arbeitszeiten in Minuten (Minutenwerte) können **ganzheitliche Pflegekonzepte** verwirklicht werden. Außerdem ist es möglich, Fachpersonal kostenneutral durch Stationsassistentinnen und -assistenten sowie durch anderes Hilfspersonal zu ersetzen, wenn die pflegerische Qualität darunter nicht leidet.

- Der für einen Patienten erforderliche Pflegeaufwand ergibt sich im Wesentlichen aus seinen Grundbedürfnissen, die er ganz oder teilweise nicht mehr selbstständig erfüllen kann, sowie aus pflegerischen Leistungen, die im Zusammenhang mit Diagnostik und Therapie notwendig sind. Entsprechend sieht das Konzept eine Aufteilung des Leistungsspektrums in die Bereiche „**Allgemeine Pflege**" und „**Spezielle Pflege**" vor.

- Grundlage der Personalbemessung ist nicht mehr das belegte Bett, sondern die durchschnittliche Zahl der Patienten, die den verschiedenen **Pflegestufen** zugeordnet werden. Die Einstufung der Patienten in die verschiedenen Pflegestufen (A 1 bis A 3 und S 1 bis S 3) wird täglich vorgenommen.

- Die Zahl der Personalstellen wird auf der Grundlage von **Minutenwerten** ermittelt. Den Minutenwerten liegt die Annahme zu Grunde, dass die **Versorgungseinrichtungen** des Krankenhauses **zentralisiert** sind. Hat ein Krankenhaus Dienste, die nicht vollzentralisiert sind, so vereinbart es mit den Krankenkassen Zuschläge auf den Stellenplan (vgl. amtl. Begründung).

- Neben den Minutenwerten für die Pflegestufen A und S werden **weitere Minutenwerte** berücksichtigt (§ 6):

    - ein Pflegegrundwert von 30 Minuten je Patient und Tag für Tätigkeiten, die nicht in einem direktem Zusammenhang mit der unmittelbaren Patientenbetreuung am Krankenbett stehen (z.B. administrative Tätigkeiten);

    - ein Fallwert von 70 Minuten je Krankenhausaufnahme für Tätigkeiten, die bei jedem Patienten nur einmal während des Krankenhausaufenthalts anfallen, insbesondere im Zusammenhang mit Aufnahme und Entlassung;

    - ein Wert von 110 Minuten je Tag für die Versorgung gesunder Neugeborener während des Krankenhausaufenthalts der Mutter.

- Für die **Kinderkrankenpflege** wurden Minutenwerte nach einem entsprechenden Grundschema gebildet, jedoch differenzierter ausgestaltet.
- Unabhängig von der Personalstelle für die Leitung des Pflegedienstes wird für jeweils 80 Beschäftigte im Pflegedienst einschließlich Nachtdienst zusätzlich eine volle Stelle für eine **leitende Krankenpflegeperson** oberhalb der Stationsebene, z.B. für die Abteilungen (§ 8), ermittelt.
- Die Zuordnung der Patienten zu den Pflegestufen wird durch den Pflegedienst selbst vorgenommen. Die Zuordnung ist auf **Patienten-Erhebungsbögen** zu dokumentieren.

Die der Personalbemessung zu Grunde liegenden Minutenwerte wurden von der Expertengruppe, die seit Anfang 1991 unter dem Vorsitz des nun zuständigen Bundesministeriums für Gesundheit (BMG) tagte, nach ausführlichen Diskussionen auf der Grundlage der Berufserfahrung der Beteiligten einvernehmlich festgelegt. Dabei wurden die Minutenwerte mit Hilfe von neu entwickelten **Tätigkeitsprofilen** ermittelt. Durch diese Beschreibung der pflegerischen Tätigkeiten wurden erstmals amtlich die umfangreichen Aufgaben des Pflegepersonals dargestellt. Mit dieser Art der Personalbemessung wird eine wirksame Qualitätskontrolle möglich.

Eine ausführliche Darstellung der Pflege-Personalregelung gibt der Kommentar Schöning/Luithlen/Scheinert, a.a.O.

Kurze Geltungsdauer der Pflege-PR

Die Pflege-PR wurde im Rahmen des **Gesundheitsstrukturgesetzes** beschlossen, obwohl bei den beratenden Politikern Bedenken bestanden. Es wurde ein Widerspruch gesehen zwischen der Neuausrichtung des Entgeltsystems, die durch die Aufhebung des Selbstkostendeckungsprinzips und die Einführung landesweiter pauschalierter Entgelte gekennzeichnet ist, und einer neuen Personalverordnung, mit der den Krankenhäusern ein Anspruch auf eine bestimmte Stellenzahl und damit auch auf eine entsprechende Finanzierung gegeben wurde. Aus diesem Grunde wurde beschlossen, dass die Pflege-PR nicht für den Bereich der Fallpauschalen gilt (§ 1 Abs. 2) und damit bei einem weiteren Ausbau des neuen Entgeltsystems automatisch an Bedeutung verliert.

Die verbesserte Personalbesetzung sollte in einem Übergangszeitraum von 1993 bis 1996 stufenweise eingeführt werden. Allerdings hatte sich in den Jahren 1993 bis 1995 trotz einer dreijähriger Budgetbegrenzung in fast allen Leistungsbereichen (sog. Deckelung) die Situation der gesetzlichen Krankenversicherung nicht wesentlich verbessert. Zusätzliche Ausgabenbelastungen waren nicht zu erwarten. Deshalb leiteten die Koalitionsfraktionen des Deutschen Bundestags eine „Sofortbremsung" ein. Die Krankenhausbudgets wurden für das Jahr 1996 erneut in ihrem Zuwachs streng begrenzt und die letzte Einführungsstufe der Pflege-PR für das Jahr 1996 ausgesetzt (vgl. Kapitel 2.2). Mit dem 2. GKV-NOG (vgl. Kapitel 2.4) wurden dann für das Jahr 1997 neue Rahmenbedingungen für die Krankenhausfinanzierung vorgegeben und die **Pflege-Personalregelung aufgehoben**. Dafür wurden in der amtl. Begründung zu Artikel 9 folgende Gründe angeführt:

- „Der Gesetzgeber ist davon ausgegangen, dass im Pflegedienst der Krankenhäuser auf Grund der Pflege-Personalregelung in dem vierjährigen Über-

Pflege-Personalregelung 1993 bis 1996 (Pflege-PR)

gangszeitraum von 1993 bis 1996 rd. 13 000 zusätzliche Personalstellen entstehen. Tatsächlich sind in nur drei Jahren, nämlich von 1993 bis 1995, fast 21 000 neue Stellen geschaffen worden; damit wurde das Soll um deutlich mehr als 50 % überschritten.

- Das für den stationären Bereich weiterentwickelte Vergütungssystem enthält verstärkt wettbewerbliche Elemente, mit denen die Pflege-Personalregelung nur bedingt kompatibel ist, da ihre Konzeption in einer Zeit erarbeitet wurde, als der Krankenhausvergütung noch das Selbstkostendeckungsprinzip zu Grunde lag.
- Die Zweifel, ob die Festschreibung einheitlicher Kriterien zur Personalbemessung über eine bundesweit gültige Verordnung die Situation des einzelnen Krankenhauses sachgerecht abbilden kann, haben sich verstärkt.

Mit der Aufhebung der Pflege-Personalregelung wird – auch im Sinne der Deregulierung – die Verantwortung wieder in die Hände der Selbstverwaltungspartner von Krankenhäusern und Krankenkassen gelegt. Die weitere Anwendung der Maßstäbe der Pflege-Personalregelung im Rahmen von vertraglichen Vereinbarungen ist der Selbstverwaltung in Zukunft grundsätzlich möglich."

Die Kriterien der Pflege-PR als Grundlage für die Personalbemessung im Pflegedienst haben breite Zustimmung gefunden. Sie werden deshalb **auf freiwilliger Basis** in vielen Krankenhäusern weiter **angewendet**, um den Pflegeaufwand in den Stationen zu erfassen und damit Informationen für die interne Personaleinsatzplanung zu bekommen.

5 Bundespflegesatzverordnung (BPflV)

5.1 Bundespflegesatzverordnung 1986

Die Vorgaben des Krankenhaus-Neuordnungsgesetzes erforderten eine weit gehende Änderung der Bundespflegesatzverordnung (BPflV-1973). Es wurde deshalb eine vollständige Neufassung vorgelegt (BPflV vom 21.8.1985; BGBl. I S. 1666).

5.1.1 Neue wirtschaftliche Anreize

Kern der BPflV-1986 waren die Vorschriften zur Vergütung der Krankenhausleistungen. Besonderer Wert wurde darauf gelegt, bisherige fehlsteuernde Regelungen zu beseitigen und mehr Anreize zu einer wirtschaftlicheren Betriebsführung zu schaffen. Der im bisherigen Preisrecht begründete Konflikt zwischen einzel- und volkswirtschaftlichen Zielen, der zu Verweildauerverlängerungen führte, sollte abgebaut werden. Der bisher wegen des nachträglichen Kostenausgleichs zu oft in die Vergangenheit gerichtete Blick der Vertragsparteien sollte in die Zukunft gelenkt werden. Verhandlungsgegenstand sollte die Kosten- und Leistungsentwicklung der zukünftigen Wirtschaftsperiode sein.

Insbesondere folgende Regelungen sollten dazu beitragen, die Bedingungen für wirtschaftliches Verhalten im Krankenhausbereich zu verbessern:

– die Regelungen zur Verhandlung der Pflegesätze (Pflegesatzverfahren) werden angepasst an das durch das neue KHG eingeführte Verhandlungsprinzip, das die Verantwortung für die Pflegesatzvereinbarung von der Landesregierung auf die Selbstverwaltung überträgt (§ 18 Abs. 1 KHG);

– die vorgeschriebene Vorauskalkulation der Selbstkosten für einen zukünftigen Zeitraum (§ 17 Abs. 1 KHG, § 4 Abs. 1 Satz 1 BPflV-1986). Das Krankenhaus soll bereits vor Beginn einer Wirtschaftsperiode die Rahmenbedingungen kennen, unter denen es wirtschaften muss. Nur so können rechtzeitig die notwendigen Entscheidungen getroffen werden;

– das **modifizierte Selbstkostendeckungsprinzip**. Die Pflegesätze sind auf der Grundlage der vorauskalkulierten Selbstkosten zu bemessen. Die Vertragsparteien können somit Veränderungen in der Kosten- und Leistungsstruktur vereinbaren, auf die das Krankenhaus noch in der Wirtschaftsperiode reagieren und somit Verluste vermeiden kann. Bei der Pflegesatzvereinbarung sind die Kosten und Leistungen vergleichbarer Krankenhäuser sowie die Empfehlungen nach § 19 KHG angemessen zu berücksichtigen (§ 17 Abs. 1 KHG);

– die Einführung der **Budgetierung** (§ 4 BPflV-1986). Die allgemeinen Krankenhausleistungen werden durch ein Budget vergütet, das in Abhängigkeit von der Belegung des Krankenhauses verändert wird. Die Pflegesätze haben seitdem nur noch die Bedeutung einer Abschlagszahlung auf das Budget.

– die Differenzierung der Pflegesätze. Im Rahmen der Budgetierung können an Stelle des allgemeinen Pflegesatzes besondere Pflegesätze für Abteilungen oder besondere Einrichtungen vereinbart werden (§ 5 Abs. 2 BPflV). Außerhalb des Budgets können Sonderentgelte nach § 6 BPflV für in der Regel besonders teuere Leistungen vereinbart werden, die zusätzlich zu den tagesgleichen Pflegesätzen zu zahlen sind. Mit dieser Differenzierung wird eine leistungsgerechtere Belastung der Patienten und ihren Krankenkassen angestrebt. Zugleich werden die allgemeinen Pflegesätze für die übrigen Krankenhausleistungen besser vergleichbar. Einen Überblick über das Entgeltsystem gibt **Abbildung 7**;

- die Zulassung von Gewinnen und Verlusten (§ 17 Abs. 1 Satz 4 KHG und § 4 Abs. 4 BPflV). Mit der Budgetierung und den Sonderentgelten gibt die BPflV-1986 ein erlösorientiertes Vergütungssystem vor. Kostenabweichungen gegenüber den vorauskalkulierten (und verhandelten) Selbstkosten führen grundsätzlich zu Gewinnen oder Verlusten; Ausnahmen regelte § 4 Abs. 2 und 3 BPflV-1986);

- die Möglichkeit, Überschüsse aus einer erhöhten Wirtschaftlichkeit des Krankenhauses auch in den folgenden Jahren erneut in den Pflegesätzen zu berücksichtigen (§ 4 Abs. 5 BPflV-1986). **Rationalisierungsgewinne** sollen nicht sofort von den Krankenkassen abgeschöpft werden, sondern dem Krankenhaus noch einige Zeit verbleiben. Mit dieser Regelung werden erstmals Pflegesätze oberhalb der Selbstkosten des Krankenhauses zugelassen;

- die Verpflichtung der Vertragsparteien, wesentliche Fragen der Kosten- und **Leistungsstruktur** des Krankenhauses in Vorgesprächen so **frühzeitig vorzuklären,** dass die Pflegesatzverhandlungen zügig durchgeführt werden können und die prospektive Vereinbarung des Budgets sichergestellt ist. Ebenso dürfen die Ergebnisse aus vereinbarten Wirtschaftlichkeitsprüfungen des Krankenhauses nur mit Wirkung für die Zukunft umgesetzt werden (§ 16 Abs. 6 BPflV-1986).

Ziel dieser Neuregelungen war es, bessere Voraussetzungen und Anreize für wirtschaftliches Handeln im Krankenhausbereich zu schaffen. Das Krankenhaus soll sich an einem im Voraus festgelegten finanziellen Rahmen orientieren und versuchen, mit den ihm zur Verfügung stehenden Ressourcen eine möglichst gute Versorgung seiner Patienten zu erreichen (vgl. Tuschen, Wirtschaftliche Aspekte, das Krankenhaus 10/1985, S. 383 ff.).

5.1.2 Flexible Budgetierung 1986 bis 1992

Entscheidend für die Gesamtvergütung der Krankenhausleistungen ist in der BPflV-1986 das Budget in Form des flexiblen Budgets, das im Bundesministerium für Arbeit und Sozialordnung entwickelt worden ist (vgl. Tuschen, Budgetierung der Benutzerkosten, KU 1984, S. 373).

Mit der Einführung der flexiblen Budgetierung verlor der tagesgleiche Pflegesatz seine Funktion als allein entscheidende Erlösgröße. Dieser Tagessatz hatte bisher die Erlöse des Krankenhauses proportional zu den erbrachten Tagen steigen oder sinken lassen (vgl. Abb. 8). Insbesondere bei dem geltenden Selbstkostendeckungsprinzip war es für die Krankenhäuser deshalb betriebswirtschaftlich wichtiger, die Betten möglichst gut zu belegen (auszulasten), als auf möglichst geringe Kosten zu achten. Hinzu kam, dass der tagesgleiche Pflegesatz keinerlei Bezug zu der für den Patienten erbrachten Leistung hat. Diese Art der Vergütung führte dazu, dass die Krankenhäuser versuchten, möglichst viele „Tage" abzurechnen. Ein Anreiz, die Verweildauer der Patienten im Krankenhaus zu ver-

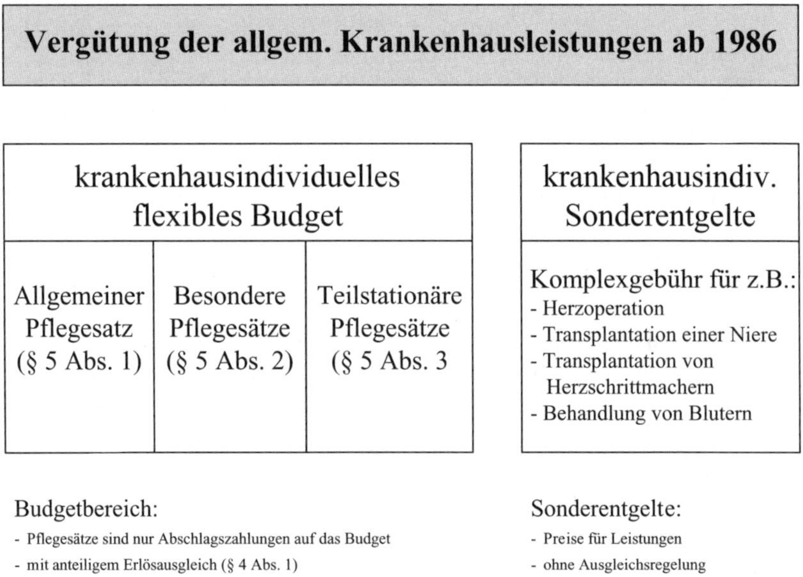

Bundespflegesatzverordnung (BPflV)

Vergütung der allgem. Krankenhausleistungen ab 1986				
krankenhausindividuelles flexibles Budget			krankenhausindiv. Sonderentgelte	
Allgemeiner Pflegesatz (§ 5 Abs. 1)	Besondere Pflegesätze (§ 5 Abs. 2)	Teilstationäre Pflegesätze (§ 5 Abs. 3	Komplexgebühr für z.B.: - Herzoperation - Transplantation einer Niere - Transplantation von Herzschrittmachern - Behandlung von Blutern	

Budgetbereich:
- Pflegesätze sind nur Abschlagszahlungen auf das Budget
- mit anteiligem Erlösausgleich (§ 4 Abs. 1)

Sonderentgelte:
- Preise für Leistungen
- ohne Ausgleichsregelung

Abbildung 7: Entgeltsystem für stationäre Leistungen ab 1986 (aus: Grünenwald/Kehr/Tuschen, Kommentar Kosten- und Leistungsnachweis der Krankenhäuser, Bad Homburg 1987, S. 41)

kürzen, bestand nicht. Mit der Einführung der Budgetierung wurde deshalb das Ziel verfolgt, die übergroße Bedeutung des „Tages" für die Erlössituation des Krankenhauses zu mindern. Die tagesgleichen Pflegesätze mussten zwar aus abrechnungstechnischen Gründen beibehalten werden (vgl. unten). Sie wurden jedoch zurückgestuft auf die **Funktion einer Abschlagszahlung** auf das Budget. Entscheidende Größe für die Vergütung der Leistungen des Krankenhauses wurde das flexible Budget.

Das Budget soll dem Krankenhaus die bei dem gegebenen oder einem vereinbarten Leistungsniveau erforderliche Vorhaltung der Krankenhausleistungen ermöglichen. Es soll für den Pflegesatzzeitraum grundsätzlich die Deckung der kurzfristig nicht veränderbaren Kosten (**Fixkosten**) und damit die laufenden Betriebskosten sichern. Schwankungen in der Belegung des Krankenhauses mit Patienten während des vereinbarten Pflegesatzzeitraums sollen grundsätzlich nicht zu Gewinnen oder Verlusten führen, die auf eine Über- oder Unterdeckung der Fixkosten zurückzuführen ist.

Das Budget wird für einen zukünftigen Zeitraum (Pflegesatzzeitraum) vereinbart. Dabei ist der Kalkulation die voraussichtliche Belegung des Krankenhauses im Pflegesatzzeitraum zu Grunde zu legen. Das Budget bleibt nur dann in der vereinbarten Höhe bestehen, wenn die der Budgetvereinbarung zu Grunde liegende Belegung auch tatsächlich eintritt. Weicht die tatsächlich eintretende Bele-

Bundespflegesatzverordnung 1986

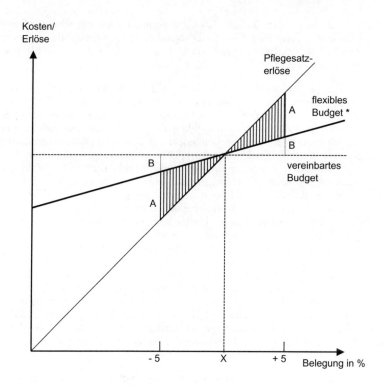

B = Budgetanpassung (flexibles Budget; 25 %)
A = Ausgleichszahlung § 4 Abs. 1 BPflV-1986 (Erlösausgleich; 75 %)
X = vorauskalkulierte Belegung
* = Kurve deckungsgleich mit Plan-Gesamtkosten bei 75 % Fixkostenanteil

Abbildung 8: Flexibles Budget 1986 bis 1992 (vgl. Tuschen, Budgetierung der Benutzerkosten, KU 1984, S. 373)

gung von der vorauskalkulierten Belegung ab, wird das flexible Budget angepasst; das heißt, das Budget wird in Abhängigkeit von der Belegung verändert. Dabei werden zwei Anpassungsmechanismen gleichzeitig ausgelöst:
– eine Budgetanpassung und
– ein Erlösausgleich.

Abbildung 8 Buchstabe B zeigt, dass das flexible Budget bei rückläufiger Belegung herabgesetzt und bei steigender Belegung angehoben wird. Diese **Budgetanpassung** ist erforderlich, weil das Krankenhaus – entsprechend dem Anteil der kurzfristig veränderbaren Kosten (**variablen Kosten**) – bei einer gegenüber

Bundespflegesatzverordnung (BPflV)

der Vorauskalkulation rückläufigen Belegung geringere und bei erhöhter Belegung zusätzliche Kosten hat. Für die Budgetanpassung werden die variablen Kosten mit 25 Prozent angenommen, ohne dass dies in § 4 Abs. 1 BPflV ausdrücklich erwähnt wird.

Von dieser Anpassung des flexiblen Budgets an die veränderte Belegung ist der **Zahlungsvorgang** zu unterscheiden, über den das Krankenhaus den Budgetbetrag erhält. Auf Grund des gegliederten Krankenversicherungssystems und der selbstzahlenden Patienten ist es nicht möglich, den vereinbarten Budgetbetrag in einer Summe bereitzustellen. Er muss über die Pflegesätze als Abschlagszahlungen aufgebracht werden. Werden weniger oder mehr Berechnungstage abgerechnet als vorauskalkuliert worden sind, so erhält das Krankenhaus über die Pflegesätze Abschlagszahlungen, die niedriger oder höher als das angepasste Budget sind. Da dem Krankenhaus jedoch der angepasste Budgetbetrag (vgl. vorher) zusteht, müssen die Unter- oder Überdeckungen ausgeglichen werden (vgl. Abb. 8 Buchstabe A). Die auszugleichenden Unter- oder Überdeckungen entsprechen den in den Pflegesätzen enthaltenen Fixkostenanteilen (Fixkosten-Deckungsbeiträge), die zu wenig oder zu viel gezahlt wurden. In § 4 Abs. 1 BPflV-1986 wurden Fixkosten in Höhe von 75 Prozent angenommen. Die Ausgleichszahlungen – der so genannte **Erlösausgleich** – sind deshalb ebenfalls in Höhe von 75 Prozent der Erlösabweichung vorzunehmen. Die Ausgleichsregelung des § 4 Abs. 1 Satz 2 BPflV-1986 stellt verkürzend allein auf diesen Erlösausgleich ab, da er die Folge beider Anpassungsmechanismen ist und von den Vertragsparteien in der nächsten Pflegesatzverhandlung umgesetzt werden muss. Der „**Begriff der flexiblen Budgetierung**" ist aus der Anpassung des Budgets in Abhängigkeit von der Belegung (25 Prozent) abgeleitet.

Der vorgegebene Satz für den Erlösausgleich von 75 Prozent ist die Regelvorgabe für normale Belegungsschwankungen. **Außergewöhnliche Belegungsänderungen** auf Grund besonderer Vorkommnisse können in ihren Auswirkungen auf das Krankenhaus nicht mehr von dem vorgegebenen Budgetmechanismus aufgefangen werden. § 4 Abs. 3 BPflV-1986 sieht deshalb die Möglichkeit einer Neuvereinbarung des Budgets vor (§ 4 Abs. 3 BPflV-1986; vgl. unten).

Die Vertragsparteien können im Voraus **andere Prozentsätze vereinbaren**, wenn dies der Fixkosten-Struktur oder der angenommenen Entwicklung von Kosten oder Leistungen des Krankenhauses besser entspricht (§ 4 Abs. 1 Satz 3 BPflV-1986).

Ist das Budget vereinbart, dann ist die Budgetierung eine reine **Erlösrechnung**. Ein Erlösausgleich ist nur aus verrechnungstechnischen Gründen erforderlich, weil bei Belegungsänderungen das Budget durch die Pflegesätze über- oder unterdeckt wird. Die Kosten des Krankenhauses spielen bei diesem Budget-Mechanismus keine Rolle.

Die Vertragsparteien sind grundsätzlich an das flexible Budget gebunden. Gleichwohl können nicht vorhersehbare und in der Kalkulation des Budgets nicht berücksichtigte **Kostenänderungen** eintreten. Die wesentlichen Risiken sollten deshalb auch bei Vorgabe eines erlösorientierten Entgeltsystems aufgefangen werden. Die BPflV-1986 sah deshalb in § 4 Abs. 2 und 3 Ausnahmen von der Bindung an das Budget vor:

- eine zwingende Budgetberichtigung für Kostenänderungen im Personalbereich, die durch nicht zutreffend vorausgeschätzte Ergebnisse von Tarifvereinbarungen oder auf Grund von Rechtsvorschriften entstehen,
- eine in das Ermessen der Vertragsparteien gestellte Möglichkeit, Budgetberichtigungen für nicht vorauskalkulierte Preisänderungen im Sachkostenbereich (z. B. Energiekosten) im Voraus zu vereinbaren,
- die Möglichkeit, „bei wesentlichen Änderungen der der Kalkulation des Budgets zu Grunde gelegten Annahmen" eine Neuverhandlung des Budgets zu verlangen; die Öffnungsklausel war für Fälle gedacht, in denen für eine Vertragspartei ein Festhalten an dem Budget nicht mehr zumutbar ist (i. S. von **„Wegfall der Geschäftsgrundlage"**).

Die Einführung der flexiblen Budgetierung hat dazu geführt, dass die Krankenhäuser neue, teurere Leistungsangebote grundsätzlich vorher mit den Krankenkassen abstimmen. Nicht prospektiv in der Budgetvereinbarung berücksichtigte Leistungsveränderungen können nur schwer finanziert werden, da den Krankenhäusern für mehr erbrachte und abgerechnete „Tage" nur 25 % der zusätzlich erzielten Erlöse verbleiben. Auf der anderen Seite können Krankenhäuser während des Jahres die Verweildauer verkürzen und müssen bei normalen Belegungsschwankungen nicht versuchen, mit einer Verlängerung der Verweildauer gegenzusteuern, weil im Rahmen der Budgetierung 75 % der Mindererlöse ausgeglichen werden.

Kritiker der flexiblen Budgetierung werfen ihr vor, bei rückläufiger Belegung würde „Nichtleistung" bezahlt. Dabei wird übersehen, dass der „Tag" als Abrechnungseinheit keinerlei Bezug zur Leistung für den Patienten hat. Ein Krankenhaus, dass die Verweildauer verkürzt und damit weniger Tage abrechnen und weniger Erlöse erzielen kann, muss grundsätzlich die gleiche Behandlungsleistung für die Patienten erbringen wie vorher. Der auch zu hörende Vorwurf, ein Krankenhaus, dem die Patienten wegliefen, erhalte noch Ausgleichszahlungen, zielt zu kurz. Bei dieser Argumentation wird das Prinzip der jährlichen Pflegesatz-/Budgetverhandlung übersehen. Beide Vertragsparteien sind für ein Jahr an das vereinbarte Budget gebunden. Die während dieses Jahres eintretenden Veränderungen sind bei der Vereinbarung für das nächste Jahr zu berücksichtigen, wenn damit zu rechnen ist, dass diese Situation auch im nächsten Jahr vorliegen wird.

Die Einführung der flexiblen Budgetierung im Jahre 1986 und die damit verbundene Minderung der Bedeutung des tagesbezogenen Pflegesatzes haben sich bewährt.

5.1.3 Sonderentgelte

Wie bereits oben dargestellt, hatten einige Wissenschaftler und Politiker in der Vorbereitungsphase des neuen Krankenhausfinanzierungsrechts die Einführung leistungsbezogener, differenzierter Entgelte insbesondere in Form von diagnosebezogenen Fallpauschalen gefordert, so wie sie in den USA gerade eingeführt worden waren. Auf Grund des schlechten Standes des Rechnungswesens in den deutschen Krankenhäusern, die bis dahin lediglich einen einheitlichen Pflegesatz als Durchschnittspreis je Tag abrechneten, konnte eine solche Forderung nicht kurzfristig umgesetzt werden. Jedoch wurde in der BPflV-1986 ein erster Schritt in Richtung auf solche Entgeltformen getan.

Mit § 6 BPflV-1986 wurde den Vertragsparteien der Pflegesatzvereinbarung die Möglichkeit eröffnet, Sonderentgelte für besonders teuere Leistungen außerhalb des Budgets zu vereinbaren. Für diese gelten die Ausgleichsregelungen des Budgets nicht. Sonderentgelte nach der BPflV-1986 waren somit auf Selbstkostenbasis vereinbarte Entgelte für Leistungen (besser: Leistungskomplexe) des Krankenhauses, z. B. Herzoperationen, Transplantationen, Implantation von Gelenkendoprothesen, Behandlung von Gefäßverengungen oder -verschlüssen mittels Urokinase oder Streptokinase.

Durch die Sonderentgelte sollten grundsätzlich Risiken aufgefangen werden, die innerhalb des Budgets nicht getragen werden können. Bereits z. B. ein Bluter mehr oder weniger oder sonstige unvorhersehbare Veränderungen der Leistungsmengen gegenüber der Vorauskalkulation können die Kosten des Krankenhauses so stark verändern, dass damit die Budgetbindung für die Vertragsparteien nicht mehr tragbar ist.

Der im Entwurf der Bundesregierung in § 6 Abs. 1 BPflV-1986 vorgesehene abschließende Leistungskatalog enthielt nur therapeutische Leistungen, um der Gefahr einer aus medizinischen Gründen nicht notwendigen Mengenausweitung zu begegnen. Der Katalog wurde durch den Bundesrat durch das Einfügen des Wortes „insbesondere" geöffnet, so dass auch Sonderentgelte für diagnostische Leistungen vereinbart werden können. Ebenso wurden die für die Bundesebene vorgesehenen Empfehlungen über Art und Höhe der Vergütung auf Grund eines Beschlusses des Bundesrates auf die Landesebene verlagert und dem Landespflegesatzausschuss übertragen. Die Vertragsparteien der Pflegesatzverhandlungen „vor Ort" haben diese Empfehlungen zwar angemessen zu berücksichtigen; sie sind jedoch allein zuständig für entsprechende Entscheidungen bei der Vereinbarung der Sonderentgelte.

Um den Kalkulationsaufwand der Krankenhäuser zu begrenzen und die Kalkulation der Sonderentgelte für die Krankenkassen nachvollziehbar zu gestalten, wurden nur fünf Kostenarten in die Ermittlung der Sonderentgelte einbezogen: Ärztlicher Dienst, Pflegedienst, Medizinisch-technischer Dienst, Funktionsdienst und Medizinischer Bedarf (K 6.1 des Kosten- und Leistungsnachweises). Die den Sonderentgelten zuzurechnenden Selbstkosten sind bei der Ermittlung des Budgets abzuziehen, sog. **Kostenausgliederung** (§ 13 Abs. 4). Bei besonders wirtschaftlicher Leistungserbringung soll das Krankenhaus Überschüsse erzielen können, bei Unwirtschaftlichkeit ggf. Unterdeckungen selbst tragen.

In den folgenden Jahren wurden die in § 6 Abs. 1 BPflV genannten Sonderentgelte weitgehend vereinbart, auf Grund der genannten Leistungsarten allerdings hauptsächlich in den Krankenhäusern höherer Versorgungsstufen. Vereinbarungen über Sonderentgelte für weitere Leistungsarten wurden nur in relativ geringem Umfang abgeschlossen. Insgesamt wurden etwa 4 % der Kosten des Krankenhausbereiches über Sonderentgelte abgerechnet.

5.1.4 Kosten- und Leistungsnachweis (KLN)

Mit der Einführung der Budgetierung, der Differenzierung der Pflegesätze in einen allgemeinen und in besondere Pflegesätze sowie auf Grund der Einführung von Sonderentgelten wurden weit gehende Änderungen des Kostennachweises erforderlich. Die Bundesregierung hat deshalb eine völlige Neufassung des „Kosten- und Leistungsnachweises" vorgelegt.

Das seit 1972 zum Kostennachweis und zur Kalkulation der Pflegesätze verwendete **„Selbstkostenblatt"** wurde abgelöst. Nach dessen Vorgaben wurden beispielsweise die Kosten des Jahres, für das der Pflegesatz gelten sollte, ermittelt, indem die Kostensumme der ersten vier Monate mit drei multipliziert wurde.

Mit dem neuen „Kosten- und Leistungsnachweis" (LKA) wurde entsprechend den Vorgaben des KHG eine echte Vorauskalkulation für jede Kostenart eingeführt. Die **Krankenkassen** haben darüber hinaus die begrenzte Möglichkeit, die von den Krankenhäusern vorgelegte Kostenentwicklung anhand der angenommenen Entwicklung von Belegungsdaten, z.B. Pflegetagen, Verweildauer, Auslastung und Fallzahlen, zu prüfen. Deshalb wird das Recht zugestanden, zusätzliche Unterlagen und Auskünfte von dem Krankenhaus zu verlangen, soweit dies zur Beurteilung der Wirtschaftlichkeit und Leistungsfähigkeit des Krankenhauses im Einzelfall erforderlich ist.

Dem **Kalkulationsverfahren** liegt grundsätzlich folgendes krankenhausinternes Vorgehen zu Grunde. Bei der Ableitung der vorauskalkulierten Selbstkosten aus den Selbstkosten der Vergangenheit sind diese zunächst um Besonderheiten zu bereinigen, die die Kosten und Leistungen in der Vergangenheit beeinflusst haben. Zusätzlich sind absehbare Veränderungen in der Kosten- und Leistungsstruktur zu berücksichtigen (z.B. die Schließung oder Öffnung von Abteilungen, die Veränderungen des Leistungsangebots auf Grund eines Chefarztwechsels). Die so bereinigten Selbstkosten sind um die absehbare Kostenentwicklung, z.B. die Erhöhung der Tarifgehälter und Preisänderungen bei den Sachkosten fortzuschreiben.

Erstmals müssen die Krankenhäuser sog. **Leistungsnachweise** vorlegen, die über die üblichen statistischen Belegungsdaten hinausgehen. Nach § 16 Abs. 4 sind eine Diagnosenstatistik und eine Leistungsstatistik zu erstellen. Mit der **Diagnosenstatistik** soll die eigentliche Leistung des Krankenhauses, das ist die Behandlung der Patienten und ihrer Erkrankungen beschrieben werden. Sie ist damit eine wesentliche Voraussetzung für den Vergleich von Krankenhäusern und die Beurteilung ihrer Wirtschaftlichkeit. Nur die Krankenhäuser können verglichen werden, die ein ähnliches Krankheitsspektrum behandeln. Für die Diagnosenerfassung wird eine Verschlüsselung nach der „Internationalen Klassifikation der Krankheiten" (ICD) der Weltgesundheitsorganisation vorgeschrieben, der in der Renten- und Krankenversicherung benutzt und auch im Krankenhausbereich teilweise angewandt wurde. Es ist jeweils die Entlassungsdiagnose des Patienten bezogen auf eine Abteilung des Krankenhauses zu erfassen. Bei Multimorbidität ist nur die Hauptdiagnose auszuweisen.

5.2 Bundespflegesatzverordnung 1995 bis 2003

Mit der Bundespflegesatzverordnung (BPflV) vom 26.9.1994 (BGBl. I S. 2750 wurden die detaillierten Vorgaben des Gesundheitsstrukturgesetzes (GSG) vom 21. Dezember 1992 (BGBl. I S. 2266) umgesetzt. Über das GSG informiert Kapitel 3.1. Die Verordnung konkretisiert die neuen wirtschaftlichen Rahmenbedingungen für die Krankenhäuser. Sie ist zum 1. Januar 1995 in Kraft getreten. Zum

Bundespflegesatzverordnung (BPflV)

1. Januar 1995 sind 73 Krankenhäuser freiwillig in das neue System eingestiegen; sie wurden vorzeitig aus der noch geltenden Budgetbegrenzung (sog. Deckelung) entlassen. Für alle anderen Krankenhäuser wurden die neuen Regelungen zum 1. Januar 1996 verbindlich.

Schwerpunkte der Veränderungen sind die bereits zum 1. Januar 1993 in Kraft getretene **Aufhebung des Selbstkostendeckungsprinzips** (vgl. Kapitel 3.1.2), eine weit gehende Umstellung des Entgeltsystems der Krankenhäuser sowie neue Verhandlungsgrundlagen und -ziele. Mit der Vereinbarung „medizinisch leistungsgerechter" Entgelte sollen Gewinnchancen eröffnet, aber auch Verlustrisiken zugelassen werden. Diese Veränderungen sind im Zusammenhang zu sehen mit den bereits zum 1. Januar 1993 eingeführten Entgelten nach § 115 a und b des SGB V für die vor- und nachstationäre Behandlung und das ambulante Operieren im Krankenhaus (vgl. Kapitel 2.1.1). Somit wird die Krankenhausbehandlung über verschiedene Vergütungsformen abgerechnet, die in **Abbildung 1** dargestellt werden.

Mit dem 2. GKV-Neuordnungsgesetz wurden zum 1. Januar 1997 und mit dem GKV-Gesundheitsreformgesetz 2000 zum 1. Januar 2000 wesentliche Vorgaben der BPflV geändert (z. B. zur Einhaltung des Grundsatzes der Beitragssatzstabilität nach § 6). Die Entgeltkataloge für Fallpauschalen und Sonderentgelte wurden zum 1. Januar 1998 an die Selbstverwaltung übertragen (vgl. Kapitel 3.5).

5.2.1 Zielsetzungen und Elemente des Entgeltsystems

Nach § 17 Abs. 2 a KHG sind Fallpauschalen und pauschalierte Sonderentgelte zu bestimmen, deren Höhe letztlich auf der Landesebene vereinbart wird. Die Entgeltkataloge sollen schrittweise entwickelt und eingeführt werden. Zur Vergütung der Leistungen des Krankenhauses, die nicht durch Fallpauschalen und Sonderentgelte vergütet werden, ist ein krankenhausindividuelles Budget zu vereinbaren. Dieses Budget ist den Patienten oder ihrer Krankenversicherung mit Abteilungspflegesätzen und einem für das Krankenhaus einheitlichen Basispflegesatz in Rechnung zu stellen (vgl. **Abbildung 9** und § 10 BPflV). Das neue Entgeltsystem ist somit ein **Mischsystem** mit unterschiedlichen Entgeltformen und Verhandlungsebenen.

Zielsetzung des Gesetzgebers bei Erlass des Gesundheitsstrukturgesetzes 1993 und der BPflV-1995 war es, die neuen pauschalierten Entgelte möglichst rasch aus dem Budgetbereich auszugliedern und als eigenständigen, nicht budgetierten Entgeltbereich zu führen. Die Fallpauschalen und Sonderentgelte sollten als freies Preissystem ohne Budgetbegrenzung und ohne Mehr- oder Mindererlösausgleiche abgerechnet werden können. Die Entgelte sollten nicht mehr mit den Krankenkassen verhandelt werden (§ 12 Abs. 3 BPflV-1995). Das Krankenhaus sollte sich innerhalb seines Versorgungsauftrags frei entwickeln können. Mengenbegrenzungen und Erlösausgleiche waren für diese Entgelte nicht mehr vorgesehen.

Diese gewünschte Trennung der Entgeltbereiche setzt eine entsprechende Trennung der Gesamtkosten des Krankenhauses voraus. Als alternative Verfahren wurden in § 12 BPflV-1995 für einen Übergangszeitraum von 1995 bis 1997 der „Erlösabzug" und die „Kostenausgliederung" vorgegeben.

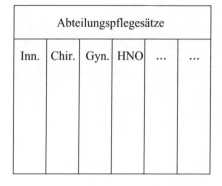

Abbildung 9: Entgeltsystem für stationäre Leistungen ab 1996

- Beim **Erlösabzug** werden die Entgelte mit der Menge der Leistungen multipliziert (Menge × Preis). Die sich ergebende Erlössumme ist von den bisherigen Gesamtkosten abzuziehen. Die verbleibenden Restkosten bilden die Grundlage für die Verhandlung des Budgets und der tagesgleichen Pflegesätze. Der Erlösabzug ist einfach zu handhaben, hat jedoch den Nachteil, dass die abgezogene Summe fast nie den tatsächlichen Kosten entspricht, das verbleibende Restbudget somit verfälscht wird. Er mildert andererseits die finanziellen Auswirkungen der Umstellung ab, erleichtert somit die Umstellung in Problemfällen.

- Das Krankenhaus kann einseitig verlangen, dass an Stelle des Erlösabzugs die tatsächlichen Kosten ausgegliedert werden (**Kostenausgliederung**). Die Kostenausgliederung erfordert eine krankenhausindividuelle Kalkulation für jede Fallpauschale und jedes Sonderentgelt. Dabei sind die Kalkulationsschemata anzuwenden, die Grundlage der Kalkulation für die Bewertungsrelationen nach Anlage 1 und 2 der Verordnung waren. Die Kalkulationsergebnisse sind nach einem stark vereinfachten Verfahren den Krankenkassen vorzulegen; vgl. Abschnitt K8 der LKA in Anlage 1 der BPflV 1995.

In der zunächst vom Gesetzgeber vorgesehenen **Übergangszeit** von 1995 bis 1997, in der noch Erfahrungen mit der Vorausschätzung der voraussichtlichen Menge der Fallpauschalen und Sonderentgelte gesammelt werden müssen, werden die Risiken und Chancen durch einen **Erlösausgleich** für diese Entgelte begrenzt (§ 11 Abs. 8 BPflV). Mehrerlöse gegenüber der vorauskalkulierten und

Bundespflegesatzverordnung (BPflV)

aus dem Budget ausgegliederten (abgezogenen) Summe sind zu 75% vom Krankenhaus zurückzuzahlen; die Vertragsparteien nach § 6 können unter bestimmten Voraussetzungen einen niedrigeren Ausgleich vereinbaren, mindestens jedoch 50%. Mindererlöse sind zu 50% auszugleichen, d.h. von den Krankenkassen nachzuzahlen. Der Ausgleich bezieht sich nicht auf das einzelne Entgelt, sondern auf die Entgeltsumme insgesamt.

Die Zielsetzung des Gesetzgebers, die Fallpauschalen und Sonderentgelte zum 1. Januar 1998 mit Hilfe der Kostenausgliederung vom Budgetbereich nach § 12 BPflV vollständig und endgültig abzutrennen und damit in ein neues pauschaliertes Entgeltsystems (Fallpauschalen-System) überzugehen, geriet in den nächsten Jahren in Zeitverzug. Der Zeitpunkt der endgültigen Kostenausgliederung nach § 12 Abs. 3 BPflV wurde – auch auf Wunsch der DKG und der Spitzenverbände der Krankenkassen – mehrfach verschoben. Gründe waren die infolge der verschiedenen Gesetze zur Budgetbegrenzung noch nicht ausreichende Vorbereitung der meisten Krankenhäuser sowie Forderungen der Krankenkassen, weiterhin gesetzlich vorgegebene Mengenbegrenzungen beizubehalten, z.B. in Form von prospektiven Verhandlungen über die Leistungen in Verbindung mit Mehrerlösausgleichen. Mit dem **GKV-Gesundheitsreformgesetz 2000** sowie dem DRG-Systemzuschlags-Gesetz vom 27. April 2001 wurde die weitere Kostenausgliederung und damit die **Trennung der Entgeltbereiche** im Hinblick auf die beschlossene Einführung eines vollständigen DRG-Fallpauschalensystems zum 1. Januar 2003 auch vom Gesetzgeber **endgültig aufgegeben**.

Lediglich etwa 100 Krankenhäuser haben eine Kostenausgliederung nach § 12 Abs. 2 BPflV durchgeführt und damit den Bereich der neuen pauschalierten Fallpauschalen und Sonderentgelte von dem Bereich der flexiblen Budgetierung mit den tagesgleichen Pflegesätzen getrennt. Für die übrigen Krankenhäuser blieb es somit bei der Einbindung der Fallpauschalen und Sonderentgelte in das Krankenhausbudgets, d.h. sie erhielten nicht die Funktion von Preisen, sondern blieben reduziert auf die Funktion von rechentechnischen Abschlagszahlungen auf das vereinbarte Krankenhausbudget. Die Entwicklung war eine Enttäuschung für wirtschaftlich und flexibel arbeitende Krankenhäuser, die sich mit entsprechendem Aufwand vorbereitet und ihr Personal motiviert hatten.

5.2.2 Fallpauschalen und pauschalierte Sonderentgelte

Mit der BPflV-1995 und den ersten bis dritten Änderungsverordnungen wurden bis zum 1. Januar 1996 in einem ersten Schritt 73 Fallpauschalen und 147 Sonderentgelte vorgegeben. Bei der Bewertung dieser Zahlen muss berücksichtigt werden, dass es in der Regel zu jeder Fallpauschale ein entsprechendes Sonderentgelt gibt, so dass die Gesamtzahl der durch die neuen Entgelte erfassten Leistungen entsprechend geringer ist. Beispielsweise werden von diesen Entgelten im Bereich Augen durchschnittlich rd. 70% (Katarakt), in der Chirurgie etwa 30 bis 50% sowie in der Herzchirurgie erhebliche Teile erfasst. In der Geburtshilfe werden die meisten Geburten mit Fallpauschalen abgerechnet. Bezogen auf das gesamte Krankenhaus werden ab dem 1. Januar 1996 etwa 25 bis 30% des Erlösvolumens über die neuen Entgelte abgerechnet. Die nachfolgende **Übersicht 4** stellt die Anzahl der Entgelte nach **Entgeltgruppen** dar. Mit dem

2. GKV-NOG wurde die Weiterentwicklung der bundesweit gültigen Entgeltkataloge zum 1. Januar 1998 in die Verantwortung der Selbstverwaltung auf der Bundesebene übertragen (vgl. § 17 Abs. 2a KHG und § 15 BPflV).

Übersicht 4: Fallpauschalen und Sonderentgelte nach der BPflV-1995

Gruppen-Nr.	Gruppen-Bezeichnung	Anzahl der Entgelte	
		Fallpauschalen	Sonderentgelte
I	**Operationen**		
1	OP am Nervensystem		1
2	OP an den endokrinen Drüsen	2	4
3	OP an den Augen	2	2
4	OP an den Ohren		2
5	OP an Nase u. Nasennebenhöhlen	1	1
6	OP in der Mundhöhle		1
7	OP an Gaumen, Pharynx, Larynx u. Trachea	1	1
8	OP an Lunge und Bronchien		16
9	OP am Herzen	15	27
10	OP an den Blutgefäßen	1	17
11	OP am hämat. u. Lymphgefäßsystem	6	1
12	OP am Verdauungstrakt	11	24
13	OP an den Harnorganen	1	9
14	OP an den männl. Geschlechtsorganen	3	6
15	OP an den weibl. Geschlechtsorganen	2	5
16	Geburten und geburtshilfl. Operationen	11	3
17	OP an den Bewegungsorganen	14	19
18	OP an der Mamma	3	4
19	OP an Haut und Subcutis		
II	**Sonstige therapeutische Maßnahmen**		
20	Maßnahmen für den Blutkreislauf		2
III	**Diagnostische Maßnahmen**		
21	Untersuchungen der Körpersysteme		2
Insgesamt:		**73**	**147**

Bundespflegesatzverordnung (BPflV)

Abgrenzung der Entgelte

Die **Sonderentgelte** enthalten die im Operationssaal entstehenden Kosten einschließlich der Kosten von Implantaten und Transplantaten sowie die Labor- und Medikamentenkosten, soweit diese für die jeweilige Leistung typisch sind. Die übrigen Behandlungskosten für den Patienten werden über die tagesgleichen Pflegesätze entgolten, die wie bisher neben den Sonderentgelten zu zahlen sind. Um eine Doppelberechnung von Operationskosten, die auch in den Abteilungspflegesätzen enthalten sind, zu vermeiden, wird bei Berechnung eines Sonderentgelts der Abteilungspflegesatz pauschal um 20 Prozent ermäßigt (§ 14 Abs. 2).

Die **Fallpauschalen** umfassen dagegen sämtliche pflegesatzfähigen Kostenarten einschließlich Unterkunft und Verpflegung. Mit den Fallpauschalen werden grundsätzlich die gesamten Leistungen des Krankenhauses für die Behandlung eines Patienten vergütet, grundsätzlich unabhängig von der Behandlungsdauer (§ 17 Abs. 2 a KHG).

Für sog. „**Ausreißer**"-Patienten, die wesentlich länger behandelt werden müssen, als in der Fallpauschale berücksichtigt, ermöglicht § 14 Abs. 7 oberhalb einer sog. **Grenzverweildauer** die zusätzliche Abrechnung von tagesgleichen Pflegesätzen. Diese werden auf das Budget angerechnet (§ 12). Die zusätzlich zur Fallpauschale abgerechneten tagesgleichen Pflegesätze sind in der Rechnung an den Patienten oder die Krankenkassen gesondert auszuweisen.

Vergütungshöhe

Die Höhe der Fallpauschalen und Sonderentgelte wird letztlich auf der Landesebene festgelegt, also nicht krankenhausindividuell. In den bundes- oder landesweit gültigen Entgeltkatalogen werden lediglich die Relationen der Entgelte zueinander (**Bewertungsrelationen**) und damit die Entgeltstruktur vorgegeben. Dies geschieht über Punktzahlen.

Das Gesamt-Vergütungsniveau für alle Entgelte wird von den Verbänden der Krankenhäuser und Krankenkassen auf der Landesebene mit Hilfe von **Punktwerten** festgelegt. Die Punktwerte gelten einheitlich für alle Leistungen. Die Höhe der Fallpauschalen und Sonderentgelte ergibt sich aus der Multiplikation von Punktzahl und Punktwert. In eng begrenzten Ausnahmefällen können für einzelne Krankenhäuser **Zu- oder Abschläge** zu den landesweiten Entgelten vereinbart werden (§ 11 Abs. 3 BPflV, vgl. unten).

Entwicklung der pauschalierten Entgelte

Mit der Kalkulation der Fallpauschalen und Sonderentgelte hat das Bundesministerium für Gesundheit (BMG) im Jahr 1992 vier Forschungsinstitute beauftragt, deren Tätigkeit in einer „Arbeitsgruppe Entgeltsystem" beim BMG koordiniert wurde. Die Vorgehensweise der Institute und die Ergebnisse der Erhebungen in Modellkrankenhäusern wurden in **Forschungsberichten** dokumentiert, die zusammen mit dem Verordnungsentwurf an Länder und Verbände versandt worden sind. Die Berichte enthalten z. B. die **Kalkulationsschemata**, Beispiele, Erläuterungen zu Art und Umfang der Erhebungen in Modellkrankenhäusern, die Ergebnisse der Erhebungen und die Bewertungsempfehlungen für die Entgelte. Sie wurden als Forschungsbericht des BMG herausgegeben (Band 43).

Zielvorgabe war es, die Fallpauschalen auf der Grundlage von 30 **Fällen** in jedem beteiligten Modellkrankenhaus zu kalkulieren. In 10 Krankenhäusern unterschiedlicher Größe, Versorgungsstufe und Träger wurden die Kosten erhoben, so dass in der Regel für jede Fallkategorie etwa 300 Einzelerhebungen vorgenommen wurden. Bei den Sonderentgelten waren es etwa jeweils 20 Fälle in 10 Krankenhäusern. Bei einigen nicht so häufig anfallenden Leistungen wurden diese Zielvorgaben nicht erreicht. Bei der Auswahl der Fälle wurde auf ein realitätsnahes Patientenmix geachtet, d.h. es wurden schwere und leichte Fälle einbezogen.

Bei der Kalkulation der Entgelte wurden grundsätzlich die **Ist-Kosten** der beteiligten Modellkrankenhäuser erfasst. Die nicht-medizinischen und nicht-pflegerischen Kosten, die im Budgetbereich durch den Basispflegesatz vergütet werden, wurden in den Fallpauschalen als bundesdurchschnittlicher **Basiskostensatz** in Höhe von 123 DM je Verweildauertag für das Jahr 1993 zu Grunde gelegt.

Mit der **5. ÄndV BPflV** wurden Veränderungen der Leistungskataloge vorgenommen, insbesondere eine Teilung der Fallpauschalen in der Orthopädie und der Herzchirurgie in eine **A-Pauschale** für die erste Phase der Akutbehandlung (Operation bis Wundheilung) und eine B-Pauschale für die zweite Phase der Akutbehandlung, die Weiterbehandlung bis zur Rehabilitationsfähigkeit des Patienten. Darüber hinaus wurden bei den Sonderentgelten der Gruppen 20 und 21 Mehrfachabrechnungen begrenzt (vgl. BR-Drucks. 802/97, Anlage 2 zur VO).

Die Weiterentwicklung der Fallpauschalen- und Sonderentgeltkataloge wurde vom Gesetzgeber mit § 17 Abs. 2a KHG zum 1.1.1998 in die **Verantwortung der Selbstverwaltungspartner** auf Bundesebene übertragen. Das sind die Spitzenverbände der Krankenkassen, der Verband der privaten Krankenversicherung und die Deutsche Krankenhausgesellschaft. Die inzwischen von fünf Forschungsinstituten im Auftrag des BMG erarbeiteten **Vorschläge für eine Überarbeitung** der Entgeltkataloge wurden deshalb im Juni 1997 den Selbstverwaltungspartnern zugesandt und als Band 93 in der Schriftenreihe des BMG veröffentlicht (a.a.O). Die Selbstverwaltungspartner nahmen in den Folgejahren bis 2003 kleinere Änderungen vor, konnten sich jedoch weder auf Neukalkulationen noch auf die erforderliche Anpassung der Fallpauschalen an die inzwischen eingetretenen erheblichen Verweildauerverkürzungen oder auf einige notwendige Änderungen der Abrechnungsbestimmungen (Bereinigung von Konfliktfällen) einigen. Im Ergebnis hat die Selbstverwaltungslösung in diesem Bereich enttäuscht und die von Kritikern von Anfang an gestellte Frage nach der Einigungsfähigkeit der Selbstverwaltungspartner verstärkt. Insbesondere nachdem infolge gesetzlicher Änderungen der Wettbewerb der Krankenkassen untereinander verschärft wurde, bestehen gegensätzliche Auffassungen und Ziele nicht nur zwischen Krankenhaus- und Krankenkassenseite, sondern auch innerhalb des Krankenkassenlagers.

5.2.3 Flexibles Budget ab 1997/2000

Die nicht mit Fallpauschalen und Sonderentgelten vergüteten Leistungen werden über ein Rest-Budget vergütet. Krankenhäuser, die ihre Leistungen vollständig mit Fallpauschalen berechnen, haben kein Budget mehr.

Bundespflegesatzverordnung (BPflV)

Das Budget ist ein flexibles Budget, wie es grundsätzlich bereits für die Jahre 1986 bis 1992 gegolten hat. Weicht die tatsächliche Belegung des Krankenhauses oder der Abteilung von der vorauskalkulierten Belegung ab, weichen auch die tatsächlich erzielten Erlöse aus tagesgleichen Pflegesätzen von dem prospektiv vereinbarten Budgetbetrag ab. Das Krankenhaus erhält mehr oder weniger Geld als vereinbart. Diese Mehr- oder Mindererlöse werden zum Teil ausgeglichen. Dadurch wird das flexible Budget entsprechend der Belegungsabweichung nach oben oder unten angepasst. Zur grundsätzlichen **Funktionsweise der flexiblen Budgetierung** siehe Kapitel 4.2. Die flexible Budgetierung wurde 1986 eingeführt, um die verweildauerverlängernden Anreize der tagesgleichen Pflegesätze zu mildern. Gewinne aus einer Fixkostenüberdeckung oder Verluste aus einer Fixkostenunterdeckung sollten möglichst vermieden werden.

Mit dem **2. GKV-Neuordnungsgesetz** wurden zum 1. Januar 1997 die in § 12 Abs. 4 vorgegebenen Ausgleichssätze für die Mehr- oder Mindererlöse und damit auch die Anreizwirkungen der flexiblen Budgetierung geändert. **Minderer-**

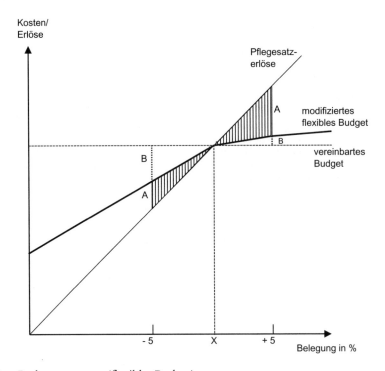

B = Budgetanpassung (flexibles Budget)
A = Ausgleichszahlung nach § 12 Abs. 4 BPflV-1997/2000 (Erlösausgleich)
X = vorauskalkulierte Belegung

Abbildung 10: Flexibles Budget ab 1997/2000

löse wurden nicht mehr zu 75%, sondern nur noch zu 50% ausgeglichen, d.h. von den Krankenkassen im nächsten Jahr nachgezahlt. Mit dem GKV-Gesundheitsreformgesetz 2000 wurde der Mindererlösausgleich weiter auf 40% abgesenkt. Die Krankenhäuser müssen bei rückläufiger Belegung also mit geringeren Mitteln auskommen und flexibler reagieren. Der Gesetzgeber begründet dies mit der „inzwischen größeren Anpassungsmöglichkeit der Krankenhäuser an eine rückläufige Belegung" (vgl. amtl. Begründung). **Mehrerlöse** sind nicht mehr zu 75%, sondern zu 85% auszugleichen (zurückzuzahlen), wenn sie den Umfang von 5% vom vereinbarten Budget nicht überschreiten. Höhere Mehrerlöse, die die Grenze von 5% des vereinbarten Budgets überschreiten, sind zu 90% zurückzuzahlen. Mit diesen neuen Vorgaben ist der Gesetzgeber von dem bisherigen, rein betriebswirtschaftlich begründeten Budgetierungsansatz (Veränderung entsprechend der variablen Kosten, Deckung der Fixkosten; vgl. Kapitel 4.2) abgerückt. **Neue Zielsetzung** ist es, Überschreitungen des prospektiv vereinbarten Budgets stärker zu begrenzen (vgl. amtl. Begründung). Zusätzliche Leistungen (Fälle) des Krankenhauses werden damit über den Mechanismus der flexiblen Budgetierung ggf. nicht mehr vollständig finanziert. **Abbildung 10** zeigt den veränderten Mechanismus der flexiblen Budgetierung; vgl. auch Abbildung 8.

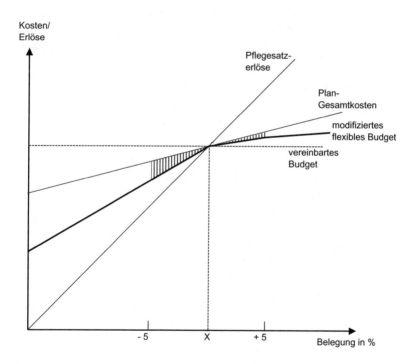

Schraffierung: Kostenunterdeckung bei 75% Fixkosten und 25% variablen Kosten

Abbildung 11: Kostendeckungsgrad bei Belegungsabweichungen im Budgetbereich ab 1997/2000

Bundespflegesatzverordnung (BPflV)

Die **veränderten Steuerungswirkungen** des modifizierten Ansatzes werden deutlich, wenn die neue Budgetkurve mit der durchschnittlichen Kostenkurve der Krankenhäuser verglichen wird. Diese „Plan-Gesamtkosten" wurden 1986 mit einem Anteil von 75% Fixkosten und 25% variablen Kosten angenommen. Die Budgetgerade wurde deshalb 1986 auf diese Plan-Gesamtkostenkurve gelegt (vgl. Abbildung 8). Bei Belegungsabweichungen sollten grundsätzlich keine Abweichungen zwischen theoretischer Kostenentwicklung und Budgetentwicklung auftreten. Abweichungen im Einzelfall wurden grundsätzlich auf Besonderheiten des einzelnen Krankenhauses zurückgeführt und waren von ihm zu tragen. Demgegenüber sind bei der modifizierten flexiblen Budgetierung ab 1997/2000 die Kostenkurve und die Budgetkurve grundsätzlich nicht mehr deckungsgleich, wie **Abbildung 11** zeigt. Bei Belegungsabweichungen entstehen Kostenunterdeckungen, wenn das Krankenhaus seine Kosten nicht dieser neuen Kurve anpassen kann. Bei rückgehender Belegung müsste das Krankenhaus in der Lage sein, variable Kosten in Höhe von 60% der Erlösminderung abzubauen. Da könnte mancher versucht sein, die Verweildauer nicht weiter abzusenken oder gar zu verlängern. Bei der Behandlung zusätzlicher Fälle dürften verbleibende Mehrerlöse in Höhe von 15 bzw. 10% sehr knapp bemessen sein. Unterdeckungen bei einzelnen Leistungen sind deshalb nicht auszuschließen.

Die Vertragsparteien der Pflegesatzverhandlung können einen anderen Ausgleichs-Prozentsatz vereinbaren. Ergänzend oder an Stelle des normalen Ausgleichs können sie auch einen Ausgleich vereinbaren, bei dem Veränderungen der Fallzahl und der Verweildauer berücksichtigt werden (§ 12 Abs. 4 BPflV).

5.2.4 Abteilungspflegesätze und Basispflegesatz

Das Budget wird den Patienten oder ihren Krankenkassen über Abteilungspflegesätze und einen für das ganze Krankenhaus einheitlichen Basispflegesatz berechnet (§ 13 BPflV). Diese tagesgleichen Pflegesätze haben somit die Funktion einer Abschlagszahlung auf das Budget.

Abteilungspflegesätze sind das Entgelt für „medizinische Leistungen", insbesondere für ärztliche und pflegerische Leistungen. Sie sind für jede bettenführende Abteilung zu vereinbaren. Dies gilt auch für die **Intensivmedizin**, wenn die in § 13 Abs. 2 Satz 1 genannten Kriterien erfüllt sind. Ist die Intensivmedizin keine eigenständige Fachabteilung, kann grundsätzlich kein Intensivpflegesatz vereinbart werden. In diesem Fall bleiben die Kosten der Intensivmedizin in dem Abteilungspflegesatz der Abteilung, bei der die Intensiveinheit organisatorisch eingegliedert ist, z.B. bei der „Chirurgie" oder der „Inneren". Bei Fallpauschalen ist die Intensivbehandlung Bestandteil der Pauschale.

Abteilungspflegesätze sind auch für die Behandlung von **Belegpatienten** zu bilden. Sie sind außerdem für **besondere Einrichtungen** des Krankenhauses zu vereinbaren, die ausschließlich oder überwiegend der Behandlung von Querschnittgelähmten, Schwerst-Schädel-Hirn-Verletzten, Schwerbrandverletzten, AIDS-Patienten, mucoviszidosekranken Patienten, onkologisch zu behandelnden Patienten, Transplantationspatienten, Dialysepatienten oder der neonatologischen Intensivbehandlung von Säuglingen dienen.

Der **Basispflegesatz** ist das Entgelt für „nicht-medizinische" Leistungen, d.h. für nicht durch ärztliche oder pflegerische Tätigkeit veranlasste Leistungen. Zur näheren Abgrenzung vgl. Abschnitt K 1 der „Leistungs- und Kalkulationsaufstellung" (LKA; Anlage 1). Durch die gesonderte Abrechnung dieses Basispflegesatzes wird die Kostenstruktur der Krankenhäuser insbesondere für die Patienten transparenter. Außerdem wird eine zusätzliche innerbetriebliche Umlagenverrechnung auf die einzelnen Abteilungen vermieden.

Für **teilstationäre Pflegesätze** sind entsprechende Pflegesätze zu vereinbaren.

5.2.5 Zuordnung der Kosten zu den Entgeltformen

Das innerbetriebliche Rechnungswesen vieler Krankenhäuser war bei Erlass der BPflV-1995 noch nicht genügend ausgebaut. Für die Ermittlung der verschiedenen Entgelte mussten deshalb möglichst einfache **Kalkulationsschemata** entwickelt werden, die es grundsätzlich allen Krankenhäusern ermöglichen, kurzfristig die entsprechenden Entgelte zu kalkulieren. Gleichzeitig muss ein solches Kalkulationsschema so übersichtlich sein, dass den Krankenkassen eine Beurteilung der geforderten Entgelte nicht unnötig erschwert wird.

Die **Grundkonzeption** für das Entgeltsystem ab 1995 sieht deshalb vor, dass möglichst ganze Kostenarten bestimmten Entgelten zugeordnet werden. Dies gilt insbesondere für die Ermittlung des Basispflegesatzes und der Abteilungspflegesätze. Lediglich einige wenige Kostenarten werden verschiedenen Entgelten zugeordnet. Die Grundkonzeption wurde von der „Arbeitsgruppe Entgeltsystem" beim Bundesministerium für Gesundheit entwickelt und im Februar 1993 den Ländern und Verbänden vorgestellt. Vgl. die **Übersicht 5** „Zuordnung der Kosten zu den Entgeltformen".

Grundsätzlich gehen die „nicht-medizinischen" Kosten in den Basispflegesatz des Krankenhauses ein. Sie werden somit nicht auf die „Medizinischen Institutionen" (Kostenstellengruppe 92; z.B. Labor, Röntgen) weiterverrechnet. Eine sog. **Umlagenverrechnung** für Gemeinkosten ist deshalb nicht erforderlich. Für die Medizinischen Institutionen wird also ein reduzierter Kostenumfang im Sinne einer Teilkostenrechnung ermittelt. Diese Kosten werden im Rahmen der sog. **innerbetrieblichen Leistungsverrechnung** auf die Abteilungspflegesätze weiterverrechnet (Sekundärkosten). Vgl. die entsprechenden Kalkulationsvorgaben in den Abschnitten „K 1" bis „K 3" der Leistungs- und Kalkulationsaufstellung (Anlage 1 der VO). Die innerbetriebliche Leistungsverrechnung auf die Abteilungen wird den Krankenhäusern erhebliche Schwierigkeiten bereiten. Allerdings sind die Krankenhäuser bereits seit 1980 grundsätzlich zu einer solchen Leistungsverrechnung verpflichtet; Krankenhäuser mit bis zu 250 Betten (ab 1995 bis zu 100 Betten) konnten sich jedoch unter bestimmten Voraussetzungen davon befreien lassen (vgl. die §§ 8 und 9 KHBV).

Das relativ einfache Kalkulationsschema konnte auch für die Ermittlung der Fallpauschalen und Sonderentgelte zu Grunde gelegt werden. Dabei wird die Fallpauschale grundsätzlich modular aufgebaut. Der Basispflegesatz (BP) wird entsprechend der zu Grunde gelegten Verweildauer eingerechnet; dazu wird ein bundesdurchschnittlicher Basispflegesatz verwendet. Das Sonderentgelt für die Operation ist gleichzeitig Baustein für die Fallpauschale.

Näheres zu den Kalkulationsvorgaben der LKA und den Anforderungen an das Rechnungswesen siehe in Tuschen/Philippi, Leistungs- und Kalkulationsaufstellung im Entgeltsystem der Krankenhäuser, a.a.O.

Bundespflegesatzverordnung (BPflV)

Übersicht 5: Zuordnung der Kosten zu den Entgeltformen

lfd. Nr.	Kostenarten	Basis-pflegesatz	Medizinische Institutionen	Abteilungspflegesätze	Fallpauschalen N/I[1]	Fallpauschalen OP/An[2]	Fallpauschalen MI[3]	Fallpauschalen BP[4]	Sonderentgelte
	1	2	3	4	5				6
1	Ärztlicher Dienst		1	1	1	1	1		1
2	Pflegedienst		2	2	2				
3	Medizinisch-technischer Dienst		3	**)		3	3		3
4	Funktionsdienst		4	**)		4	4		4
5	Klinisches Hauspersonal	5						5	
6	Wirtschafts- u. Versorgungsdienst	6						6	
7	Technischer Dienst	7	7*)	7*)	7*)	7*)		7	
8	Verwaltungsdienst	8						8	
9	Sonderdienste	9						9	
10	Sonstiges Personal j	10						10	
11	Nicht zurechenbare Pers. Kosten	11						11	
12	Personalkosten insgesamt								
13	Lebensmittel	13						13	
14	Medizinischer Bedarf		14	14	14	14	14		14
15	Wasser, Energie, Brennstoffe	15						15	
16	Wirtschaftsbedarf	16						16	
17	Verwaltungsbedarf	17						17	
18	Zentrale Verwaltungsdienste	18						18	
19	Zentrale Gemeinschaftsdienste	19						19	
20	Steuern, Abgaben, Versicherung	20						20	
21	Instandhaltung	21	21*)	21*)	21*)	21*)	21*)	21	
22	Gebrauchsgüter	22	22*)	22*)	22*)	22*)	22*)	22	
23	Sonstiges	23						23	
24	Sachkosten insgesamt								
25	Zinsen für Betriebsmittelkredite	25							
26	Krankenhaus insgesamt								
	Innerbetriebl. Leistungsverrechn.								
27	– OP und Anästhesie		∕.	+					
28	– Intensivabteilung		∕.	+					
29	– Untersuchungs- u. Behandlungsbereich (KStGr. 92)		∕.	+					
29a	– Sonstiges		∕.	+					
30	Kosten der Ausbildungsstätten			30					
31	Gesamtkosten								
32	– Abzüge ...								

1) Normal- und Intensivpflegeabteilung
2) OP- und Anästhesiebereich
3) Medizinische Institutionen
4) Basispflegesatz

*) anteilige Zurechnung für medizin.-techn. Geräte sowie für Gebrauchsgüter für den medizinischen Bedarf
**) auch dezentrale Untersuchungs- und Behandlungsbereiche werden unter der innerbetriebl. Leistungsverrechnung (Spalte 3) ausgewiesen

5.2.6 Grundlagen der Entgeltbemessung

In den §§ 3 bis 6 BPflV werden die Vorgaben des § 17 Abs. 1 KHG umgesetzt. Das Budget und die Pflegesätze müssen nicht mehr die Selbstkosten eines bestimmten Krankenhauses decken, sondern "medizinisch leistungsgerecht" sein und einem Krankenhaus bei wirtschaftlicher Betriebsführung ermöglichen, den Versorgungsauftrag zu erfüllen. Der Grundsatz der Beitragssatzstabilität ist zu beachten. Die Pflegesätze und Leistungen vergleichbarer Krankenhäuser sind zu berücksichtigen.

Die ursprüngliche Zielsetzung der BPflV-1995 wurde mit dem 2. GKV-Neuordnungsgesetz maßgeblich verändert. Durch gesetzliche Änderungen des § 6 BPflV wurden die Krankenhäuser stärker in den Grundsatz der Beitragssatzstabilität (§ 71 Abs. 1 SGB V) einbezogen (vgl. Kapitel 2.5). Diese Entwicklung wurde mit dem **GKV-Gesundheitsreformgesetz 2000** verstärkt (vgl. Kapitel 2.7). Der Grundsatz der leistungsgerechten Vergütung wird für das einzelne Krankenhaus durch die Vorgaben des § 6 zur Begrenzung von Budgeterhöhungen (Gesamtbetrag) eingeschränkt; vgl. die nachfolgenden Erläuterungen.

Den Zusammenhang der verschiedenen Vorschriften zeigt die **Übersicht 6**.

Übersicht 6: Grundlagen der Entgeltbemessung nach der BPflV

Inhalte	Vorschriften
1. **Grundsätzlicher Anspruch auf medizinisch leistungsgerechte Vergütung im KHG-Bereich**	– § 17 Abs. 1 KHG, § 3 Abs. 1 BPflV
• Grundlage sind die allgemeinen Krankenhausleistungen im Rahmen des **Versorgungsauftrags** (§ 4), z.B. auch notwendige Vorhalteleistungen.	– § 3 Abs. 1 i.V. mit § 2 Abs. 2 BPflV
• Angemessene Berücksichtigung von "Orientierungsmaßstäben" aus dem **Krankenhausvergleich** nach § 5 BPflV.	– § 3 Abs. 2 BPflV
• Berücksichtigung von Unterschieden der Krankenhäuser in Art und Anzahl der Leistungen sowie der medizinischen Besonderheiten bei der Behandlung der Patienten.	– § 3 Abs. 2 BPflV
2. **Prospektive Begrenzung der Gesamterlöse aus Pflegesätzen durch den Grundsatz der Beitragssatzstabilität** (gesetzliche Obergrenze)	– § 6 BPflV
• Grundsätzlich Begrenzung auf die Veränderungsrate nach § 71 Abs. 3 SGB V,	– § 6 Abs. 1 Satz 3
• eng begrenzte Ausnahmen, insbesondere für leistungsorientierte Veränderungen.	– § 6 Abs. 1 Satz 4
3. **Wirkung der Begrenzung nach § 6 Abs. 1 BPflV**	
• Eine höhere, leistungsgerechte Vergütung kann nicht umgesetzt (vereinbart) werden.	
• Wird die Veränderungsrate bei allen Krankenhäusern bereits durch allgemeine Kostensteigerungen ausgeschöpft, sind keine zusätzlichen Erhöhungen zur Angleichung besonders niedriger Budgets an die Budgets "vergleichbarer Krankenhäuser" möglich.	

Bundespflegesatzverordnung (BPflV)

Inhalte	Vorschriften
• Vergleichbare Budgets und damit „Gerechtigkeit" unter den Krankenhäusern ist somit nur zu erreichen, wenn höhere Budgets abgesenkt werden.	
4. Nachträgliche, begrenzte **Berichtigung** des Budgets nach § 12 bei **BAT-Tariferhöhungen** oberhalb der Veränderungsrate, soweit dies erforderlich ist, um den Versorgungsauftrag zu erfüllen.	– § 6 Abs. 3 BPflV-1995 (Abs. 2 BPflV-2004)

Versorgungsauftrag

Der Versorgungsauftrag des Krankenhauses wird durch die Landesplanung und die ergänzenden Vereinbarungen auf der Landesebene nach § 109 Abs. 1 Satz 4 und 5 SGB V bestimmt (vgl. § 4). Die von der Bundesregierung vorgesehene Möglichkeit, dass Krankenkassen und Krankenhaus ergänzende Vereinbarungen über die Leistungsstrukturen des Krankenhauses und deren Entwicklung treffen können, fand nicht die erforderliche Zustimmung des Bundesrats. Im Rahmen des Versorgungsauftrags ist das Krankenhaus somit frei in der Gestaltung seines Leistungsangebots. Eine Einschränkung ergibt sich jedoch durch die mit dem GKV-Gesundheitsreformgesetz 2000 eingeführte Vorschrift des § 6 Abs. 1 Satz 4 Nr. 1 BPflV, nach der Budgeterhöhungen über die grundsätzliche Begrenzung durch die Veränderungsrate nach § 71 SGB V hinaus nur möglich sind, wenn Veränderungen der medizinischen Leistungsstruktur oder der Fallzahlen mit den Krankenkassen „vereinbart" sind. Dies bedeutet in der Praxis, dass die Krankenkassen zustimmen müssen.

Leistungsgerechte Pflegesätze

§ 3 BPflV enthält die übergeordneten Grundlagen der Entgeltbemessung. Er hält sich strikt an die Vorgaben des § 17 Abs. 1 KHG. Danach „müssen" das Budget und die tagesgleichen Pflegesätze bezogen auf „ein" Krankenhaus medizinisch leistungsgerecht sein. Die **medizinische Leistungsgerechtigkeit** ist unter Einbeziehung der Budgets und Pflegesätze vergleichbarer Krankenhäuser bzw. Abteilungen zu ermitteln. Das einzelne Krankenhaus erhält damit keinen Anspruch auf die volle Berücksichtigung seiner individuellen Kostensituation. Es hat jedoch Anspruch auf ein individuell zu verhandelndes Budget, bei dem Unterschiede in Leistungsstruktur und -umfang gegenüber anderen Krankenhäusern berücksichtigt werden. Gleiche Leistungen sollten zu gleichen Budgets, unterschiedliche Leistungen zu unterschiedlichen Budgets führen. „Medizinisch" leistungsgerecht sind ein Budget und ein entsprechender Pflegesatz, wenn nicht nur rein ökonomische Vergleichskriterien herangezogen werden, sondern auch Erfordernisse und notwendige Unterschiede der medizinischen Behandlung und Pflege angemessen berücksichtigt werden" (amtl. Begründung zu § 3 Abs. 1 BPflV-1995).

Krankenhausvergleich

Bei der Vereinbarung von medizinisch leistungsgerechten Budgets und Pflegesätzen sollen auch die Leistungen und Pflegesätze vergleichbarer Krankenhäuser zur Beurteilung herangezogen werden (§ 17 Abs. 1 Satz 4 KHG). Der Krankenhausvergleich ist bei einem leistungsorientierten Entgeltsystem, bei dem kein Selbstkostendeckungsanspruch mehr besteht und bei dem keine Selbstkosten mehr offen gelegt werden, zentrale Grundlage für die Entgeltbemessung. Nur durch den Vergleich mit anderen Krankenhäusern kann die Angemessenheit der Höhe von Budget und Pflegesätzen beurteilt werden. Ohne einen Krankenhausvergleich könnte es voraussichtlich auch keine Angleichung der heute unterschiedlichen Budgets geben. Hierdurch würden gerade die wirtschaftlich arbeitenden Krankenhäuser benachteiligt, die auf Grund des früheren Selbstkostendeckungsprinzips und der Budgetfortschreibungen und -begrenzungen in den Jahren 1993 bis 1996 und 1999 bereits heute niedrigere Budgets haben.

Bei einem Anspruch auf leistungsgerechte Vergütungen können **„vergleichbare Krankenhäuser"** nicht mehr lediglich nach Abteilungszahl, Abteilungsart und Bettenzahlen ausgewählt werden. Es müssen vielmehr vergleichbare Leistungsstrukturen gefunden werden. Dies wird voraussichtlich nur über Auswertungen von Diagnose- und Operationsstatistiken möglich sein. Der tagesgleiche Pflegesatz, in den auch periodenfremde Ausgleiche und Berichtigungen eingehen, ist schon auf Grund der **Divisionskalkulation** keine ausreichend aussagefähige Vergleichsgröße. Z.B. ergibt sich bei Krankenhäusern mit einer erwünschten kürzeren Verweildauer ein höherer Pflegesatz.

§ 5 sieht vor, dass durch die Deutsche Krankenhausgesellschaft und die Spitzenverbände der Krankenkassen ein **gemeinsamer Vergleich** vereinbart und organisatorisch durchgeführt wird. Ein gemeinsamer Vergleich ist erforderlich, um einerseits den Aufwand zu minimieren und andererseits Vergleichsdaten zu erhalten, die von beiden Seiten akzeptiert werden. Weder Struktur noch Auswertungstiefe des Vergleichs sind in der Verordnung vorgegeben. Der Vergleich soll das notwendige Maß nicht überschreiten. Er kann auf eine sachgerechte Auswahl von Krankenhäusern begrenzt werden.

Der neue Krankenhausvergleich war einer der am heftigsten umstrittenen Punkte der neuen Verordnung. Der **Bundesrat** hatte erhebliche Zweifel, „ob Aufwand und Ertrag des Krankenhausvergleichs in einem vernünftigen Verhältnis stehen", und befürchtete Verwaltungsmehraufwand in den Krankenhäusern. Er hat deshalb verlangt, dass die Vorschrift des § 5 erst zum 1.1.1998 in Kraft tritt (vgl. Artikel 10 Abs. 1a der Verordnung zur Neuordnung des Pflegesatzrechts vom 26.9.1994, BGBl. I S. 2750). Die Bundesregierung hat diese Änderung akzeptiert, um die erforderliche Zustimmung des Bundesrates zu der Verordnung insgesamt zu erhalten. Somit fehlte weiterhin eine wesentliche Voraussetzung für die Verhandlung leistungsgerechter Budgets und Pflegesätze.

Auch nachdem die Selbstverhandlungen schließlich über Organisation und Inhalte des Krankenhausvergleichs verhandelte, kam eine Einigung nicht zu Stande. Der Verband der Ersatzkrankenkassen (VdAK) hat das Bundesministerium für Gesundheit schließlich mit Schreiben vom 2. August 2002 davon unterrichtet, dass eine Vereinbarung zur Anwendung des Krankenhausvergleichs nach § 5 BPflV immer noch nicht zu Stande gekommen und der **Krankenhausvergleich** somit **gescheitert** sei (Ausnahme: Psychiatrie-Krankenhäuser). Die DKG hat zum 31. Dezember 2002 den Krankenhausvergleich nach § 5 BPflV gekündigt. Somit wurde letzlich die Auffassung des Gesetzgebers bestätigt, dass mehr Transparenz und eine leistungsgerechte Vergütung nur über ein DRG-Vergütungssystem zu erreichen seien.

Bundespflegesatzverordnung (BPflV)

Beitragssatzstabilität

Der Grundsatz der Beitragssatzstabilität nach 71 Abs. 1 SGB V, der für andere Leistungsbereiche schon länger gilt, ist auf Grund der Vorgabe in § 17 Abs. 1 Satz 4 KHG auch für Krankenhäuser anzuwenden. Beitragssatzerhöhungen der Krankenkassen auf Grund von Budget-/Pflegesatzerhöhungen sollen vermieden werden.

§ 6 BPflV setzt die Vorgaben des KHG im Hinblick auf die Besonderheiten des Krankenhausbereichs um, in dem es – im Unterschied zu anderen Leistungsbereichen – keine landesweiten Gesamtbudgets, sondern mit jedem einzelnen Krankenhaus verhandelte, individuelle Budgets gibt. § 6 wurde auf Grund der schlechten finanziellen Lage der gesetzlichen Krankenversicherung mit dem 2. GKV-Neuordnungsgesetz 1997 enger gefasst und mit dem GKV-Gesundheitsreformgesetz 2000 weiter verschärft. Er **begrenzt die Erhöhung der Krankenhausbudgets** und schränkt dabei ggf. auch den Anspruch auf eine leistungsgerechte Vergütung ein.

§ 6 Abs. 1 bestimmt die **Veränderungsrate** der beitragspflichtigen Einnahmen aller Mitglieder der Krankenkassen (§ 71 i. V. mit § 267 Abs. 1 Nr. 2 SGB V) zum „Maßstab", mit dem zu messen ist, ob der Grundsatz der Beitragssatzstabilität beachtet wird. Diese Veränderungsrate wird vom Bundesministerium für Gesundheit bis zum 15. September eines jeden Jahres festgestellt. Sie wird anhand von Ist-Daten für „den gesamten Zeitraum der zweiten Hälfte des Vorjahres und der ersten Hälfte des laufenden Jahres gegenüber dem entsprechenden Zeitraum der jeweiligen Vorjahre ermittelt". Die Veränderungsrate begrenzt grundsätzlich die Erhöhung des einzelnen **Krankenhausbudgets** (Gesamtbetrag nach § 6 Abs. 1). Eine darüber hinausgehende Erhöhung ist nur auf Grund der in § 6 Abs. 1 Satz 4 abschließend aufgezählten, eng gefassten **Ausnahmetatbestände** und der anteiligen Berichtigung für höhere **BAT-Tarifabschlüsse** nach § 6 Abs. 3 möglich.

Bei der Vereinbarung der Höhe der **Fallpauschalen und Sonderentgelte** (Vereinbarung der Punktwerte) auf der Landesebene darf die Veränderungsrate nicht überschritten werden (§ 6 Abs. 2 BPflV). Eine stärkere Erhöhung einzelner Entgelte ist durch die Vereinbarung höherer Punktzahlen in den Entgeltkatalogen jederzeit möglich, z.B. um medizinisch-technische Entwicklungen zu berücksichtigen. Auf der Ebene des einzelnen Krankenhauses werden auch diese pauschalierten Entgelte in den Gesamtbetrag nach § 6 Abs. 1 Satz 1 BPflV (Gesamt-Krankenhausbudget) einbezogen und damit der Budgetbegrenzung unterworfen.

Soweit die Ausnahmetatbestände nicht greifen, können auch **Kostensteigerungen** nicht zu einer höheren Anhebung des Gesamtbetrags führen (gesetzlich vorgegebene **Obergrenze**). Dies bedeutet, dass Kostensteigerungen (z.B. Löhne und Gehälter, Lohnnebenkosten, Einkaufspreise, Steuern und Gebühren) nur noch bis zur Veränderungsrate über die Budgets finanziert werden dürfen. Einen Überblick über die Verhandlungssystematik geben die **Übersichten 6 und 7**. Die Krankenhäuser müssen mit den begrenzten Mitteln zurecht kommen und dazu entsprechende Maßnahmen ergreifen. Als Möglichkeiten bieten sich insbesondere an: eine Verbesserung ihrer Wirtschaftlichkeit (z.B. Optimierung von Betriebs- und Behandlungsabläufen, Energieverbrauch, neue Einkaufs- und Lagerhaltungsformen, Outsourcing von Teilbereichen, Einsparungen), eine Bereinigung ihres Leistungsangebots, Kooperationen mit anderen Krankenhäusern und niedergelassenen Ärzten, die Vermeidung nicht erforderlicher Krankenhausaufnahmen (§ 39 Abs. 1 Satz 2 SGB V) sowie die Nutzung neuer Behandlungsformen wie die integrierte Versorgung nach § 140a ff SGB V, die vor- und nachstationäre Behandlung nach § 115a SGB V und das ambulante Operieren nach § 115b SGB V.

5.2.7 Verhandlungen

Vereinbarungen zum Pflegesatzverfahren und zur Höhe der Pflegesätze werden auf der Bundesebene, der Landesebene und auf der Ebene des einzelnen Krankenhauses geführt.

Vereinbarung auf Bundesebene

Mit dem 2. GKV-Neuordnungsgesetz wurden einige Aufgaben an die Selbstverwaltung auf der Bundesebene übertragen. Die 5. ÄndV BPflV hat deshalb in einem neuen § 15 diese Aufgaben zusammengefasst.

Zum 1. Januar 1998 wurden die **Entgelt-Kataloge** der BPflV an die sog. Selbstverwaltung übertragen. Die Deutsche Krankenhausgesellschaft, die Spitzenverbände der Krankenkassen und der Verband der privaten Krankenversicherung sollen neue Fallpauschalen- und Sonderentgelte vereinbaren, bestehende Entgelte an neue Erkenntnisse anpassen und die relativen Entgelthöhen (**Bewertungsrelationen** der Entgelte zueinander in Form von Punktzahlen) festlegen. Damit sind seit dem 1. Januar 1998 etwa 20 bis 25 % der Krankenhausfinanzierung – etwa 23 Milliarden DM – unmittelbar in der Verantwortung der Selbstverwaltung. Der Staat hat in diesem Umfang auf Regelungen verzichtet (vgl. § 15 Abs. 1 Satz 1 Nr. 1 und Abs. 3).

Die Vertragsparteien können auch Ausgleichssätze für den **Erlösausgleich** nach § 11 Abs. 8 vereinbaren.

Die Spitzenverbände der Krankenkassen und die Deutsche Krankenhausgesellschaft sollen darüber hinaus für Zwecke der Pflegesatzverhandlungen Vereinbarungen zum elektronischen **Datenaustausch** treffen. Sie sollen für die Leistungs- und Kalkulationsaufstellung nach Anlage 1 der Verordnung den einheitlichen Aufbau der Datensätze sowie Grundsätze für die Datenübermittlung vereinbaren (§ 15 Abs. 2).

Bis zum Jahr 2003 – somit sechs Jahre lang – haben es die Selbstverwaltungspartner nicht vermocht, sich auf eine Anpassung der Entgelte infolge der eingetretenen erheblichen Verweildauerverkürzungen, auf eine Neukalkulation oder auf einige kleine, jedoch notwendige Korrekturen der Abrechnungsbestimmungen zu einigen (vgl. Kapitel 5.2.2).

Vereinbarung auf Landesebene

Die Festlegung der Höhe der landesweit gültigen Fallpauschalen und Sonderentgelte und damit die Einigung der Vertragsparteien auf Landesebene ist Voraussetzung für den Erlösabzug von Fallpauschalen und Sonderentgelten beim einzelnen Krankenhaus. Um sicherzustellen, dass auf der örtlichen Ebene rechtzeitig für das folgende Kalenderjahr verhandelt werden kann, gibt § 16 Abs. 5 BPflV vor, bis zu welchen Terminen die Vereinbarungen auf der Landesebene zu schließen sind.

Die Vertragsparteien vereinbaren jeweils einen **Punktwert** für den Personalkosten- und den Sachkostenanteil der Entgelte (vgl. Entgeltkataloge). Da die in den Entgeltkatalogen vorgegebenen Punktzahlen nicht ständig an allgemeine Kostenänderungen angepasst werden können, ist es Aufgabe der Vertragsparteien, das Entgeltniveau insgesamt fortzuschreiben. Sog. Ausgleiche und Berichtigungen – wie im Budgetbereich – gibt es bei Fallpauschalen und Sonderentgelten nicht; notwendige Verrechnungen sind in den neuen Punktwert einzurechnen.

Vereinbarung für das einzelne Krankenhaus

Nach § 17 BPflV verhandeln die Vertragsparteien das Budget und die Pflegesätze unter Berücksichtigung des Erlösabzugs oder der Kostenausgliederung für Fallpauschalen und Sonderentgelte. Sie verhandeln auch den Budgetausgleich und eine vollständige oder teilweise Neuvereinbarung des Budgets (§ 12).

Das frühere „Bruttoprinzip", bei dem die Kosten der Buchhaltung im Verhandlungswege zu bereinigen waren um die nicht pflegesatzfähigen Kosten für z.B. Ambulanzen, Personalunterkunft und -verpflegung sowie Leistungen an Dritte, wurde durch das **„Nettoprinzip"** ersetzt. Verhandlungsgegenstand sind seit 1995 nur noch die voll- und teilstationären Leistungen des Krankenhauses und eng damit verbundene Leistungen. Die Krankenkassen schauen nicht mehr in andere Unternehmensbereiche des Krankenhauses hinein. Näheres zum Nettoprinzip ist in den Erläuterungen zu § 7 Abs. 2 zu finden. Die Vorgehensweise bei der Ermittlung und Verhandlung des Budgets stellen die **Übersichten 6 und 7** dar.

Ausgangsbasis der Verhandlungen ist das letzte Vereinbarungsergebnis für den laufenden Pflegesatzzeitraum. Die **Ist-Kosten** des Krankenhauses sind **nicht nachzuweisen**. Damit werden Gewinne aus den Pflegesätzen nicht mehr offen gelegt. Dies ist Voraussetzung dafür, dass sie dem Krankenhaus verbleiben. Die Vereinbarungsergebnisse sollen auch Grundlage für den Krankenhausvergleich sein (vgl. § 5 Abs. 2 BPflV).

Die Vertragsparteien auf der örtlichen Ebene verhandeln in einigen eng begrenzten Fällen auch über krankenhausindividuelle **Zu- und Abschläge** zu Fallpauschalen und Sonderentgelten; vgl. § 11 Abs. 3 BPflV.

Für die Pflegesatzverhandlung ist als **Verhandlungsunterlage** insbesondere die **Leistungs- und Kalkulationsaufstellung (LKA)** nach § 17 Abs. 4 BPflV vorzulegen. Die LKA umfasst insbesondere eine Diagnosestatistik nach dem ICD-Schlüssel und eine Operationsstatistik nach dem Operationenschlüssel nach § 301 SGB V (OPS-301). Diese Statistiken sind auf **maschinellen Datenträgern** vorzulegen. Nähere Erläuterungen zur Konzeption und zur Anwendung der LKA sowie eine Beispielrechnung enthält das Buch Tuschen/Philippi „Leistungs- und Kalkulationsaufstellung im Entgeltsystem der Krankenhäuser", a.a.O.

BPflV für Nicht-DRG-Krankenhäuser ab 1.1.2004

Übersicht 7: Ermittlung des Budgets nach § 12 BPflV-1995

Vorgehensweise	Vorschriften
krankenhausinterne Vorbereitung:	
Daten der Buchführung nach der KHBV	– § 17 Abs. 2 Satz 2 KHG
./. Ausgliederung nicht pflegesatzfähiger Kosten – Investitionskosten – Ambulanzen – ambulantes Operieren – Leistungen an Dritte (z. B. Essen, Wohnungen) – Forschung und Lehre – Sonstiges	– § 17 Abs. 3 bis 5 KHG
= grundsätzlich pflegesatzfähige Kosten (vgl. „Nettoprinzip" sowie Tuschen/Philippi, a.a.O.)	
Vorlage der Leistungs- und Kalkulationsaufstellung (LKA) für die Pflegesatzverhandlung:	– § 17 Abs. 4 BPflV
Grundsätzlich pflegesatzfähige Kosten (vgl. oben) bzw. entsprechende Forderungen des Krankenhauses	– Anlage 1 der BPflV, K 5
./. Abzüge nach § 7 Abs. 2 BPflV (nicht pflegesatzfähige stationäre Kosten) – vor- und nachstationäre Behandlung – belegärztliche Leistungen – wahlärztliche Leistungen – sonstige ärztliche Leistungen – gesondert berechenbare Unterkunft – sonstige nichtärztliche Wahlleistungen	– § 7 Abs. 2 BPflV
= pflegesatzfähige Kosten/Forderungen für allgemeine Krankenhausleistungen (Budgetbereich, FP und SE)	
./. Fallpauschalen (Erlösabzug oder ./. Sonderentgelte Kostenausgliederung)	– § 12 Abs. 2 BPflV – § 12 Abs. 2 BPflV
= pflegesatzfähige Kosten/Forderungen für den Budgetbereich nach § 12 BPflV	
+ Instandhaltungspauschale +/– periodenfremde Verrechnungen, Investitionskosten	– § 17 Abs. 4 b KHG – K 5, Nr. 14 bis 20; § 18 b KHG, § 8 BPflV
= Kosten/Forderungen für das Budget nach § 12	
→ Ableitung der tagesgleichen Pflegesätze	

5.3 BPflV für Nicht-DRG-Krankenhäuser ab 1.1.2004

Ab dem 1. Januar 2004 gilt die Bundespflegesatzverordnung nur noch für die Einrichtungen, deren Leistungen nicht mit DRG-Fallpauschalen vergütet werden und die deshalb auch nicht dem Krankenhausentgeltgesetz unterliegen. Dies sind nach § 17b Abs. 1 Satz 1 KHG die *Einrichtungen der Psychiatrie, für Psychosomatik und für Psychotherapeutische Medizin.*

Bundespflegesatzverordnung (BPflV)

Soweit ein Krankenhaus Leistungen in beiden Vergütungsbereichen erbringt, unterliegen diese Bereiche demnach unterschiedlichen Vergütungsvorschriften. Mit einer Verlegung eines Patienten aus dem DRG-Bereich (z.B. Chirurgie, Innere) eines Krankenhauses in z.B. die psychiatrische Abteilung des gleichen Krankenhauses wechseln somit die Art der Vergütung (an die Stelle von DRG-Fallpauschalen treten tagesgleiche Pflegesätze) und die Vergütungsregeln (an Stelle des KHEntgG gilt die BPflV). Dies entspricht der Situation einer Verlegung zwischen zwei Krankenhäusern. Die Abrechnung der Leistungen des Krankenhauses oder mehrerer Krankenhäuser gegenüber den Krankenkassen ist für das Jahr 2003 für diese Fälle durch § 3 der Verordnung zum Fallpauschalensystem für Krankenhäuser (KFPV) vom 19. September 2002 geregelt worden. Für das Jahr 2004 haben die für das DRG-System zuständigen Selbstverwaltungspartner auf der Bundesebene (§ 17b Abs. 2 KHG) vereinbart, diese Abrechnungsregeln grundsätzlich zu übernehmen.

Änderungen der BPflV

Mit Artikel 4 Abs. 2 des Fallpauschalengesetzes wurde die Bundespflegesatzverordnung „zurückgebaut". Die BPflV wurde bereinigt um alle Vorschriften, die sich auf Fallpauschalen und Sonderentgelte beziehen. Dies führt zu einer erheblichen Vereinfachung des Verordnungstextes sowie der Leistungs- und Kalkulationsaufstellung nach Anlage 1 und der dazu gehörenden Fußnoten. Ansonsten bleibt die Grundsystematik der Bundespflegesatzverordnung und der Verhandlungsunterlagen unverändert; vgl. die **Kapitel 5.2.3 bis 5.2.7**.

Gestrichen oder geändert wurden insbesondere folgende Vorschriften:

- § 9   Ausbildungskosten. § 9 wurde ersetzt durch § 17a KHG;
- § 11 Fallpauschalen und Sonderentgelte: gestrichen;
- § 12 Flexibles Budget: Streichung nur der Vorschriften, die im Zusammenhang mit Fallpauschalen und Sonderentgelten standen;
- § 15 Vereinbarungen auf der Bundesebene: Die Vereinbarung der bundesweit geltenden Entgeltkataloge für Fallpauschalen und Sonderentgelte nach der BPflV entfällt.
- § 16 Vereinbarungen auf Landesebene: Streichung des Paragraphen und damit insbesondere der Vorgaben zur Vereinbarung der landesweit geltenden Punktwerte für Fallpauschalen und Sonderentgelte sowie Vereinbarung zusätzlicher Entgelte;
- § 17 Pflegesatzvereinbarung der Vertragsparteien: Vereinfachung der Verhandlungsunterlage „Leistungs- und Kalkulationsaufstellung" (LKA);
- § 21 Laufzeit der Pflegesätze: Streichung des Absatzes 3 zu den Fallpauschalen und Sonderentgelten.

Die bisherigen Vorschriften der §§ 22 bis 24 BPflV zu den **Wahlleistungen** und den **Belegärzten** sowie zur Kostenerstattung der Ärzte werden zum 1. Januar 2005 von der Bundespflegesatzverordnung in das neue Krankenhausentgeltgesetz verlagert (§§ 17 bis 19 KHEntgG). Ein neuer § 22 BPflV verweist auf diese Vorschriften des Krankenhausentgeltgesetzes. Dem entsprechend ändert Artikel 4 Abs. 3 des Fallpauschalengesetzes zum 1. Januar 2005 in § 7 Abs. 2 Satz 2

BPflV die Verweise auf die Vorschriften für Belegärzte und zur Kostenerstattung der Ärzte.

Ein neuer § 24 BPflV ermöglicht zeitlich begrenzte **Modellvorhaben** zur Entwicklung pauschalierter Vergütungen. Zielsetzung ist es, auch für die bisher noch von dem DRG-Fallpauschalensystem ausgenommenen Bereiche Psychiatrie, Psychosomatik und Psychotherapeutische Medizin möglichst rasch pauschalierte Vergütungen zu entwickeln und einzuführen. Für die Modellvorhaben ist eine wissenschaftliche Begleitung zu vereinbaren. Die Ergebnisse sind der für die Genehmigung zuständigen Landesbehörde sowie dem für eine solche Erweiterung des DRG-Fallpauschalensystems zuständigen Bundesministerium für Gesundheit und Soziale Sicherung (Rechtsverordnung mit Zustimmung des Bundesrates) mitzuteilen.

Ein neuer § 26 BPflV regelt den Übergang von der bisherigen krankenhausindividuellen auf die neue pauschalierte Vergütung der **Ausbildungsleistungen** (Ausbildungsstätten und Mehrkosten der Ausbildungsvergütungen); vgl. hierzu Kapitel 6.10.

Vergütung der Krankenhausleistungen nach der BPflV

Die Vergütung der nicht dem DRG-Fallpauschalensystem unterliegenden Krankenhäuser oder Einrichtungen erfolgt nach der BPflV über das flexible Krankenhausbudget sowie die tagesgleichen Pflegesätze in ihrer Funktion als Abschlagszahlung auf das Budget; vgl. **Abbildung 12**.

Die Zielsetzungen, Regelungen und Wirkungen der BPflV werden in **Kapitel 5.2** ausführlich erläutert. Die Erläuterungen sind – mit Ausnahme der Hinweise und Erläuterungen zu den Fallpauschalen und Sonderentgelten (insbesondere Kapitel 5.2.2) und zu den Vereinbarungen auf der Landesebene in Kapitel 5.2.7 – weiterhin gültig.

Vergütung besonderer Einrichtungen nach § 17b Abs. 1 Satz 15 KHG

Krankenhäuser oder Einrichtungen von Krankenhäusern, deren Leistungen „insbesondere aus medizinischen Gründen, wegen einer Häufung von schwer kranken Patienten oder aus Gründen der Versorgungsstruktur" mit den DRG-Fallpauschalen und Zusatzentgelten nach dem Krankenhausentgeltgesetz (KHEntgG) noch nicht sachgerecht vergütet werden (besondere Einrichtungen), können zeitlich befristet aus dem DRG-Vergütungssystem ausgenommen werden. Über diese Ausnahmen entscheiden die für das DRG-System zuständigen Selbstverwaltungspartner auf der Bundesebene (§ 17b Abs. 2 KHG) oder an Stelle der Selbstverwaltungspartner oder ergänzend das Bundesministerium für Gesundheit und Soziale Sicherung (§ 17b Abs. 7 KHG).

Nach § 6 Abs. 3 KHEntgG gelten für diese besonderen Einrichtungen bestimmte Vorgaben der BPflV „entsprechend". Diese Einrichtungen unterliegen zwar weiterhin dem KHEntgG, werden jedoch verpflichtet, für die vom DRG-Vergütungssystem ausgenommenen Leistungen eine gesonderte Erlössumme zu bilden. Für diese Summe gelten insbesondere die Vorgaben zur Budgetbegrenzung nach § 6 BPflV sowie zu den Mehr- oder Mindererlösausgleichen; vgl. die Erläuterungen zu § 6 Abs. 3 KHEntgG.

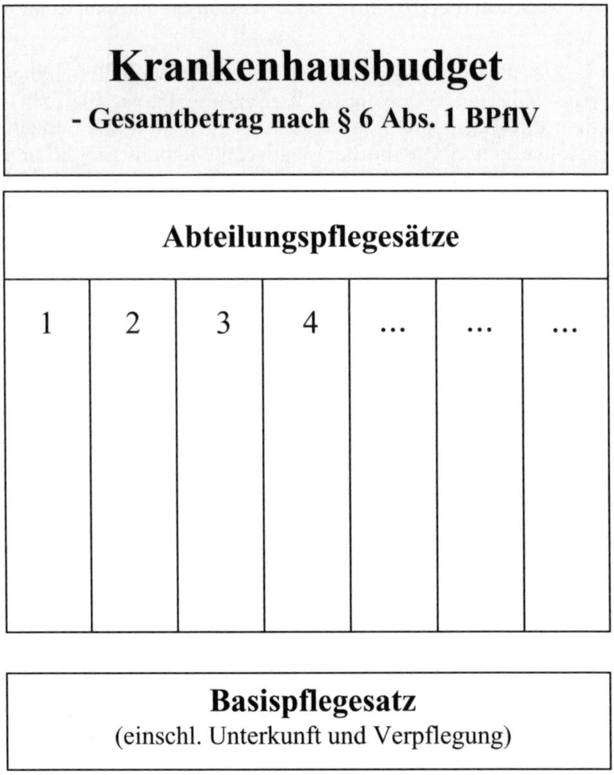

Bundespflegesatzverordnung (BPflV)

Krankenhausbudget
- Gesamtbetrag nach § 6 Abs. 1 BPflV

Abteilungspflegesätze						
1	2	3	4	...	...	...

Basispflegesatz
(einschl. Unterkunft und Verpflegung)

Abbildung 12: Entgeltsystem für stationäre Leistungen nach der BPflV-2004

6 Fallpauschalengesetz 2002

Mit dem GKV-Gesundheitsreformgesetz 2000 wurde die Entscheidung getroffen, zum 1. Januar 2003 ein möglichst vollständiges „pauschalierendes Entgeltsystem" einzuführen; vgl. § 17b KHG und Kapitel 3.7. Dieses Vergütungssystem soll sich an einem international bereits eingesetzten Vergütungssystem auf der Grundlage der „Diagnosis Related Groups" (DRG) orientieren. Lediglich die Psychiatrie sowie später mit dem Fallpauschalengesetz (FPG) die Psychosomatik und Psychotherapeutische Medizin wurden aus dem Vergütungssystem ausgenommen, bis geeignete Entgelte für diese Bereiche entwickelt worden sind.

6.1 Diskussion um den künftigen ordnungspolitischen Rahmen

Die mit § 17b KHG getroffene grundsätzliche Entscheidung für ein pauschalierendes Entgeltsystem musste durch weitere gesetzliche Vorgaben zu den künftigen **ordnungspolitischen Rahmenbedingungen** für dieses Vergütungssystems noch näher ausgestaltet werden. Die notwendigen Diskussionen bei Krankenkassen, Krankenhäusern, Verbänden, Ländern und auf politischer Ebene wurden durch einen Fachartikel von Mitarbeitern des Bundesministeriums für Gesundheit, in dem die unterschiedlichen Alternativen für die Ausgestaltung des Systems und deren jeweiligen Folgen dargestellt wurden, unterstützt und strukturiert (vgl. Baum/Tuschen, Überlegungen zu den ordnungspolitischen Rahmenbedingungen des neuen DRG-Entgeltsystems, a.a.O.). Darüber hinaus wurden von einer Fachzeitschrift Ausarbeitungen des Ministeriums zum möglichen Inhalt und Umfang eines entsprechenden Gesetzes sowie zur Problematik der Wahlleistungsvergütung veröffentlicht (f&w 2001, 112ff., 118ff.). In der Folgezeit entwickelten sich Diskussionen insbesondere zu folgenden Fragen:

- Soll zur Begrenzung der Ausgabensteigerungen und damit zur Absicherung der Beitragssatzstabilität in der GKV ein **landesweiter Gesamtbetrag** (Landesbudget) eingeführt werden, wie er noch mit den Entwürfen für das GKV-Gesundheitsreformgesetz 2000 vorgesehen war, oder kann bei Vorgabe von Verhandlungskriterien für die Vereinbarung landesweit gültiger Basisfallwerte (Höhe der Fallpauschalen) und anderer flankierender Regelungen auf eine solche fiskalische Budgetierung verzichtet werden?

- Soll zwischen Krankenkassen und Krankenhaus auch künftig über Art und Anzahl der Leistungen und damit über ein prospektives, **krankenhausindividuelles Erlösbudget** verhandelt werden oder sollen die DRG-Fallpauschalen bei Inanspruchnahme der Krankenhausleistungen gezahlt werden, ohne gegen ein Budget verrechnet zu werden (Preissystem, Prinzip „Geld folgt Leistung")?

- Sollen für alle Krankenhäuser einheitliche Preise gezahlt werden (**Einheits- bzw. Festpreise**) oder sollen krankenhausindividuelle Preisverhandlungen möglich sein, bei denen Vorteile des Krankenhauses auf Grund hoher Leistungsmengen oder besonderer Wirtschaftlichkeit zu freiwilligen Preisabsenkungen (**Höchstpreise**) oder bei denen besondere Belastungen auch zu höheren Preisen (**Richtpreise**) führen können?

- Anders als beim GKV-Gesundheitsreformgesetz 2000 wurde die Frage, welche Aufgaben künftig die **Krankenhausplanung** haben solle, nur noch am Rande diskutiert. Sollen die Länder sich auf eine Rahmenplanung zurückziehen und sollen die Krankenkassen mit den Krankenhäusern Leistungsstrukturen vereinbaren (s. Entwurf zum GKV-Gesundheitsreformgesetz 2000) oder sollen die Planungskompetenzen der Länder unverändert bleiben?

Die Diskussion dieser Themen führte nicht zu einer Vereinheitlichung der Meinungen und damit nicht zu eindeutigen Lösungsansätzen. Es gab unterschiedliche Auffassungen nicht nur zwischen den unterschiedlichen Lagern, d. h. zwischen Krankenkassen, Krankenhäusern, Ländern und politischen Parteien, sondern auch innerhalb dieser Lager. Vor diesem Hintergrund schlug das Bundesministerium für Gesundheit vor, zunächst nur den Übergang von der bisherigen Krankenhausfinanzierung zum neuen DRG-Fallpauschalensystem zu regeln und erst mit einem späteren Gesetz den ordnungspolitischen Rahmen ab dem Jahr 2007 festzulegen. Diesem Vorschlag wurde mit dem Fallpauschalengesetz letztlich entsprochen.

6.2 Regelungsumfang und Zielsetzungen

Mit Artikel 5 des Fallpauschalengesetzes (FPG) vom 23. April 2002 (BGBl. I S. 1412) wurde der Zeitraum von 2003 bis Jahresende 2006 (1.1.2007) geregelt. Dies betrifft die Einführung des DRG-Fallpauschalensystems in den Jahren 2003 und 2004 sowie die schrittweise Angleichung der bis dahin unterschiedlich hoch bemessenen Krankenhausbudgets an ein landesweit einheitliches Preisniveau im Zeitraum vom 1.1.2005 bis 1.1.2007 (vgl. Kapitel 6.5.3).

In diesem Zeitraum

- wird auf die Vorgabe eines landesweiten Gesamtbetrags (Landesbudgets) für Krankenhausausgaben verzichtet,
- werden weiterhin krankenhausindividuelle Erlösbudgets mit einer krankenhausindividuellen Höhe der DRG-Fallpauschalen verhandelt,
- wird entsprechend den Forderungen der Bundesländer und der Deutschen Krankenhausgesellschaft schrittweise auf landeseinheitliche DRG-Preise übergeleitet (**Einheitspreissystem**),
- wird die Kompetenz der Länder für die Krankenhausplanung unverändert gelassen. Allerdings wird die mit den DRG-Fallpauschalen eintretende, drastisch verbesserte Leistungs- und Kostentransparenz zu einer Diskussion über die Veränderung von Versorgungsstrukturen führen, der sich auch die Länder mit ihren Entscheidungen nicht entziehen können.

Das neue DRG-System soll in der Bundesrepublik Deutschland als „**durchgängiges**", d. h. möglichst vollständiges und umfassendes **Vergütungssystem** eingeführt werden (§ 17 b Abs. 1 KHG). Es gilt grundsätzlich für alle Krankenhäuser, soweit bestimmte Leistungsbereiche nicht ausdrücklich ausgenommen sind. Es gilt auch für alle Patienten, unabhängig davon, ob diese z. B. Mitglieder in der gesetzlichen Krankenversicherung, Kunden einer privaten Krankenversicherung oder selbstzahlende Patienten sind. Die Entgelte sind für alle Benutzer des Krankenhauses in einheitlicher Höhe zu berechnen (§ 17 Abs. 1 Satz 1 KHG).

Regelungsumfang und Zielsetzungen

Auf Grund dieser umfassenden Einführung werden die Wirkungen des Entgeltsystems weitgehender sein als in den **USA**, wo insgesamt schätzungsweise 50 bis 60 Prozent des Krankenhausumsatzes mit DRG-Fallpauschalen abgerechnet werden. Dort werden die DRG insbesondere von den staatlichen Sicherungssystemen für Menschen über 65 Jahre, dauerhaft Behinderte und Nierenkranke im Endstadium (Medicare) und für Sozialhilfeempfänger, Behinderte und Blinde (Medicaid) eingesetzt, aber teilweise auch von privaten Versicherungen. Bei der DRG-Anwendung gibt es erhebliche regionale Unterschiede. Schwerpunkte liegen offenbar im Westen der USA und in Chicago, wo 80 bis 90 % der Leistungen über DRG abgerechnet werden vgl. Lauterbach/Lüngen, DRG-Fallpauschalen, a.a.O., S. 7). Die nicht mit DRG-Fallpauschalen abgerechneten Umsatzanteile der Krankenhäuser entfallen auf unterschiedliche Vergütungsvereinbarungen mit einer Vielzahl von Versicherungen; dabei werden auch tagesgleiche Pflegesätze abgerechnet. In größerem Umfang werden auch Leistungen gegenüber Health Maintenance Organisations (HMO) erbracht, die pauschale Vergütungsregelungen vereinbaren. In **Australien** werden dagegen die DRG-Fallpauschalen nicht als Entgeltsystem zur Abrechnung mit Krankenkassen oder Krankenversicherungen verwendet, sondern als Instrument zur Verhandlung und Bemessung von Krankenhausbudgets, die mit der Landesregierung jährlich prospektiv vereinbart und von dieser in monatlichen Raten gezahlt werden.

Vor diesem Hintergrund ist die gesetzliche Vorgabe zur Einführung eines durchgängigen Entgeltsystems auf DRG-Basis in der **Bundesrepublik Deutschland** ein sowohl in Umfang und Geschwindigkeit der Einführung einmaliges und sehr ehrgeiziges Ziel. Da die Krankenhäuser Risiken oder Mängel des Vergütungssystems anders als in den USA nicht durch Vertragsabschlüsse mit anderen Versicherungen kompensieren können, muss das Vergütungssystem bei uns möglichst sorgfältig die Besonderheiten bei der Behandlung der Patienten abbilden sowie ggf. auch durch Auffangregelungen sicherstellen, dass auch Besonderheiten im Leistungsangebot und in der Inanspruchnahme einzelner Krankenhäuser (Komplexität der Leistungen, spezialisierte Einrichtungen) leistungsgerecht vergütet werden. Die Einführung des Fallpauschalensystems muss deshalb von allen Beteiligten als **lernendes System** verstanden werden, das insbesondere in den Anfangsjahren ständig an wachsende Erfahrung und Kenntnisse angepasst werden muss. Mit den vom Gesetzgeber für den Zeitraum von 2003 bis 2006 vorgegebenen Überleitungsregelungen sollen die notwendigen schützenden Rahmenbedingungen geschaffen werden.

Mit der DRG-Einführung werden folgende **Zielsetzungen** verfolgt:

– mehr Transparenz über Leistungen und Kosten,

– leistungsbezogene Vergütung der Krankenhäuser,

– Umsetzung des Prinzips „Geld folgt Leistung",

– mehr Wettbewerb der Krankenhäuser,

– Förderung des Strukturwandels,

– Stabilisierung der Ausgaben der gesetzlichen Krankenversicherung (GKV),

– Verkürzung der Verweildauern der Patienten im Krankenhaus und

– Erschließung von Wirtschaftlichkeitsreserven.

Fallpauschalengesetz 2002

Im Zusammenwirken von künftiger interner und externer Transparenz der Leistungs- und Kostenstrukturen, des Vergleichs der Krankenhäuser untereinander und der ökonomischen Anreize dieses Systems – auch des erhöhten wirtschaftlichen Drucks – werden sich **Strukturveränderungen** ergeben. Sie werden u. a. zu einer Optimierung des Leistungsangebots der Krankenhäuser, zu Schwerpunktbildungen, dem Abbau von Überkapazitäten und verstärkter Kooperation von Krankenhäusern führen. Infolge des schärferen Wettbewerbs der Krankenhäuser untereinander und der nochmals erweiterten gesetzlichen Vorschriften zur Qualitätssicherung ist nicht zu erwarten, dass die Qualität der Versorgung der Patienten beeinträchtigt wird.

Die Offenlegung von Leistungsstrukturen und Kosten und die sich daraus ergebenden Veränderungen werden nicht ohne Auswirkungen auf die **Krankenhausplanung** der Länder bleiben und zu einer sachgerechten Überprüfung der bisherigen Krankenhauspläne führen. Die Zuständigkeit der Länder für die Krankenhausplanung ist vom Fallpauschalengesetz nicht verändert worden. Sie können durch Ausnahmeregelungen zu den erforderlichen Mindestmengen bei planbaren Leistungen (§ 137 Abs. 1 SGB V) und durch Sicherstellungszuschläge im Rahmen der gesetzlichen Vorgaben (§ 17b Abs. 1 Satz 6 und 7 KHG i. V. mit § 5 Abs. 2 KHEntgG) die für die Versorgung der Bevölkerung in ländlichen Gebieten notwendige Vorhaltung von Leistungen sicherstellen.

6.3 Aufgabenverteilung und grundlegende Entscheidungen

Auf Grund der gesetzlichen Vorgaben ergeben sich folgende Aufgabenverteilungen bei der DRG-Einführung:

- Die **Selbstverwaltungspartner** nach § 17b KHG, das sind die Spitzenverbände der Krankenkassen und der Verband der privaten Krankenversicherung sowie die Deutsche Krankenhausgesellschaft, sind gesetzlich beauftragt, das DRG-Fallpauschalensystem einzuführen und weiterzuentwickeln. Sie sind insbesondere zuständig für den DRG-Fallpauschalenkatalog einschließlich der Bewertungsrelationen, für den Katalog der Zusatzentgelte, die Erarbeitung der für das System erforderlichen Abrechnungsregeln und die Bestimmung der Entgelte, die bei Überschreitung der Grenz-Verweildauer zu zahlen sind. Sie passen den von ihnen ausgewählten australischen Katalog an die Versorgungssituation in der Bundesrepublik Deutschland an und geben die deutschen Kodierrichtlinien (DKR) und die Kalkulationsvorgaben (Kalkulationshandbuch) vor. Näheres siehe in § 17b KHG. Die Selbstverwaltungspartner haben ein **DRG-Institut (InEK)** gegründet, dass auf gesetzlicher Grundlage durch einen DRG-Systemzuschlag je Fall finanziert wird (§ 17b Abs. 5 KHG). Das Institut ist die professionelle Arbeitseinheit für die Weiterentwicklung des deutschen DRG-Vergütungssystems. Es führt seit dem Dezember 2002 den erforderlichen Dialog mit den medizinischen Fachgesellschaften, kalkuliert ab dem Jahr 2003 die Entgeltkataloge und wertet die DRG-Leistungsdaten aller Krankenhäuser (§ 21 KHEntgG) im Hinblick auf die Weiterentwicklung des Fallpauschalensystems aus. Nähere Informationen sind unter „www.g-drg.de" zu finden.

Aufgabenverteilung und grundlegende Entscheidungen

- Das **Bundesministerium für Gesundheit und Soziale Sicherung (BMGS)** ist zuständig für die erforderliche Gesetzgebung. Soweit die Selbstverwaltungspartner sich in Teilbereichen nicht einigen können und insoweit ihr Scheitern erklären, kann es einen Schlichtungsversuch unternehmen oder durch eine Rechtsverordnung ohne Zustimmung des Bundesrates eine **Ersatzvornahme** durchführen, d. h. an Stelle der Selbstverwaltungspartner tätig werden (§ 17b Abs. 7 KHG). Darüber hinaus koordiniert das BMGS im Rahmen seiner Zuständigkeit für die ICD-Diagnosenklassifikation und die OPS-Prozedurenklassifikation nach § 301 Abs. 2 SGB V in Zusammenarbeit mit dem DIMDI die unterschiedlichen Anforderungen, die von Seiten des DRG-Fallpauschalensystems (§ 17b KHG) und ggf. auch von Seiten der Qualitätssicherung an diese Klassifikationen gestellt werden.

- Das **Deutsche Institut für medizinische Dokumentation und Information (DIMDI)**, eine nachgeordnete Behörde des Bundesministeriums für Gesundheit und Soziale Sicherung, ist für die inhaltliche Weiterentwicklung dieser Klassifikationen zuständig. Das DIMDI und das Bundesministerium werden dabei von einem **„Kuratorium für Fragen der Klassifikation im Gesundheitswesen (KKG)** beraten, in dem die Deutsche Krankenhausgesellschaft, die Spitzenverbände der Krankenkassen, die Bundesärztekammer, die Arbeitsgemeinschaft der Wissenschaftlichen Medizinischen Fachgesellschaften (AWMF), die niedergelassenen Ärzte sowie die Renten- und Unfallversicherer vertreten sind. Um bei der Weiterentwicklung der medizinischen Klassifikationen eine stärkere Koordinierung zwischen den verschiedenen Beteiligten zu erreichen, hat das DIMDI einen Verfahrensablauf erarbeitet, der sowohl die eingehenden Vorschläge für Veränderungen der Klassifikationen als auch die getroffenen Entscheidungen öffentlich transparent machen soll. Nähere Informationen zu den Klassifikationen sind zu finden unter „www.dimdi.de".

Die für die DRG-Einführung und -Weiterentwicklung zuständigen Selbstverwaltungspartner entschieden sich am 27. Juni 2000, das **australische AR-DRG-System** als Grundlage für die Entwicklung eines deutschen Fallpauschalenkatalogs zu nehmen. Mit der australischen Regierung konnte unter Beteiligung des Bundesministeriums für Gesundheit am 2. November 2000 ein entsprechender Vertrag geschlossen werden. Weitere grundlegende Entscheidungen zeigt **Übersicht 8** auf.

Auf Grund unterschiedlicher Interessen sind bei den Arbeiten zur Einführung des Fallpauschalensystems Konflikte der Selbstverwaltungspartner nicht ausgeblieben. § 17b KHG sah deshalb ursprünglich vor, dass solche Konflikte durch die Schiedsstelle nach § 18a Abs. 6 KHG auf Bundesebene gelöst werden. Mit dem Fallpauschalengesetz wurde jedoch diese Konfliktlösung durch die Möglichkeit einer **Ersatzvornahme** durch das Bundesministerium für Gesundheit und Soziale Sicherung ersetzt. Das Ministerium nimmt diese Ersatzvornahme jeweils durch eine Rechtsverordnung ohne Beschluss des Bundeskabinetts und ohne Beteiligung des Bundesrates vor (sog. Minister-Verordnung). Nachdem das Ministerium bereits im Jahr 2002 kurzfristig eine Ersatzvornahme durchführen und sowohl die Abrechnungsregeln als auch den ersten DRG-Katalog für das Jahr 2003 durch Rechtsverordnung vorgeben musste (vgl. KFPV vom 19.9.2002, BGBl. I S. 3674 sowie unter „www.g-drg" die Seite „Optionsmodell 2003"), wurden die Rechte des Ministeriums in begrenztem Umfang gestärkt; vgl. § 17b Abs. 5 und Abs. 7 KHG.

Fallpauschalengesetz 2002

Übersicht 8: Meilensteine der DRG-Einführung

Datum	Ereignis
27. Juni 2000	Entscheidung der Selbstverwaltungspartner nach § 17b Abs. 2 KHG (SV) für die australische DRG-Klassifikation als Ausgangsbasis für die DRG-Einführung in der Bundesrepublik Deutschland. Entscheidung der SV für eine Ist-Kosten-Erhebung in einer Stichprobe von Krankenhäusern.
2. November 2000	Vertragsabschluss des australischen Gesundheitsministeriums mit der deutschen SV über die Bereitstellung der australischen DRG-Klassifikation unter Beteiligung des deutschen Bundesministeriums für Gesundheit.
4. September 2001	Vereinbarung der ersten Deutschen Kodierrichtlinien (DKR) durch die SV.
31. Januar 2002	Veröffentlichung eines Kalkulationshandbuchs für die DRG durch die SV.
24. Juni 2002	Die DKG erklärt für die Einführung der DRG im Jahr 2003 das Scheitern der SV.
19. September 2002	Kurzfristige Ersatzvornahme des Bundesministeriums für Gesundheit durch Rechtsverordnung nach § 17b Abs. 7 KHG (KFPV): – Vorgabe der Abrechnungsregeln 2003, – Vorgabe des DRG-Fallpauschalenkatalogs 2003
20. Dezember 2002	Start des Vorschlagsverfahrens der SV zur Anpassung der australischen DRG-Klassifikation an deutsche Versorgungsverhältnisse (www.g-drg.de); damit Beginn eines „strukturierten Dialogs" insbesondere mit medizinischen Fachgesellschaften über den erforderlichen Anpassungsbedarf; Annahmeschluss 31.3.2003.
21. Februar 2003	Abstimmung eines Regelwerks für die Definition und Kalkulation der DRG-Fallpauschalen durch die SV (sog. datengetriebenes Verfahren); wurde jedoch nicht vereinbart.
2. Juli 2003	Die DKG erklärt das Scheitern der SV für die Fallpauschalen- und Zusatzentgelt-Kataloge 2004 und die Abrechnungsregeln.
13. Oktober 2003	Ersatzvornahme des Bundesministeriums für Gesundheit und Soziale Sicherung durch Rechtsverordnung nach § 17b Abs. 7 KHG. Mit der Fallpauschalenverordnung 2004 (KFPV 2004) Vorgabe des ersten deutschen Fallpauschalen-Katalogs, Katalog krankenhausindividuell vereinbarer Zusatzentgelte, Vorgabe zur krankenhausindividuellen Vereinbarung teilstationärer Entgelte, Abrechnungsregeln, insbesondere zur Fallzusammenlegung bei Wiederaufnahmen.
Dezember 2003	Ersatzvornahme des BMGS auch zur Vorgabe von Kriterien für „besondere Einrichtungen", die von der Anwendung der DRG-Fallpauschalen befreit werden können (FPVBE 2004).

Gleichwohl war auch für das Jahr 2004 eine Einigung der Selbstverwaltungspartner letztlich nicht möglich. Die Deutsche Krankenhausgesellschaft erklärte mit Datum vom 2. Juli 2003 das Scheitern für die Bereiche Fallpauschalenkatalog, Zusatzentgelte-Katalog und Abrechnungsregeln. Ein weiteres Mal musste das Bundesministerium für Gesundheit und Soziale Sicherung eine kurzfristige Ersatzvornahme durch Rechtsverordnung durchführen. Mit der Fallpauschalenverordnung 2004 vom Oktober 2004 wurden der Fallpauschalenkatalog, die krankenhausindividuell zu vereinbarenden Zusatzentgelte sowie die Abrechnungsbestimmungen vorgegeben (vgl. Pkt. 7.4 und in der Anlage). Im September 2003 scheiterten die Selbstverwaltungspartner darüber hinaus auch bei den Vorgaben, unter denen besondere Einrichtungen nach § 17b Abs. 1 Satz 15 KHG von der Anwendung des DRG-Vergütungssystems – zeitlich befristet – befreit werden können. Auch für diesen Bereich wird das Bundesministerium bis zum Jahresende 2004 eine Ersatzvornahme durchführen.

6.4 Vereinbarung von Erlösbudgets, Mehr- oder Mindererlösausgleiche

Zu einem Vergütungssystem mit prospektiven, leistungsbezogenen Krankenhausbudgets, die den Krankenkassen oder den selbstzahlenden Patienten mit Hilfe von Entgelten (Fallpauschalen, Zusatzentgelte, Zuschläge, tagesgleiche Pflegesätze) in Rechnung gestellt werden, gehören untrennbar auch Regelungen für den Fall, dass das Krankenhaus mehr oder weniger Leistungen erbringt oder erbringen muss und damit mehr oder weniger abrechnet, als vereinbart wurde. In diesen Fällen entstehen **Mehr- oder Mindererlöse** gegenüber dem prospektiv vereinbarten Krankenhausbudget (Gesamtbetrag). Würden diese Mehrerlöse in vollem Umfang beim Krankenhaus verbleiben oder Mindererlöse in vollem Umfang zu Lasten des Krankenhauses gehen, würde der Budgetansatz aufgehoben. Es würde ein reines Preissystem entstehen, bei dem in Abhängigkeit von der erbrachten Leistung gezahlt würde. Müssten dagegen Mehrerlöse in vollem Umfang vom Krankenhaus zurückgezahlt werden oder würden Mindererlöse in vollem Umfang durch Nachzahlungen der Krankenkassen ausgeglichen, würde das Krankenhaus in jedem Falle das prospektiv vereinbarte Budget erhalten, unabhängig von der tatsächlichen Entwicklung seiner Leistungen. In diesem Falle ginge der Leistungsbezug der Vergütung verloren.

Seit der Einführung der „**flexiblen Budgetierung**" im Jahr 1986 wird vom Gesetzgeber deshalb mehr oder weniger ein Mittelweg gegangen. Grundsätzlich soll das prospektiv vereinbarte Erlösbudget bei Leistungsschwankungen etwa in Höhe der variablen Kosten nach oben oder unten angepasst werden; ab dem Jahr 1997 wurde jedoch der Mindererlösausgleich auf 40% herabgesetzt. Auch das Krankenhausentgeltgesetz sieht weiterhin den grundsätzlich bereits aus der Bundespflegesatzverordnung bekannten **Mechanismus der Budgetanpassung** vor. Vgl. die Erläuterungen in den Kapiteln 5.1.2 und 5.2.3 sowie zu § 3 Abs. 6 und § 4 Abs. 9 KHEntgG.

Allerdings werden durch das Fallpauschalengesetz die **Ausgleichssätze** verändert. Im Jahr 2003 werden die höheren Risiken der Krankenhäuser, die durch eine noch unsichere Datenlage (z. B. Qualität der Kodierung von Diagnosen und Prozeduren) und dadurch ggf. entstehende Fehler bei der Schätzung von Art

Fallpauschalengesetz 2002

und Anzahl der zu erbringenden Fallpauschalen entstehen, stärker abgesichert. Mindererlöse werden zu 95 Prozent und Mehrerlöse zu 75 Prozent ausgeglichen. Ab dem Jahr 2004 werden Mindererlöse wie bisher zu 40 Prozent und Mehrerlöse zu 65 Prozent ausgeglichen. Damit verbleiben den Krankenhäusern ab dem Jahr 2004 für zusätzliche Leistungen pauschal 35 Prozent der Mehrerlöse. Dies dürfte im Durchschnitt etwa die zusätzlich entstehenden variablen Kosten decken. Probleme bei besonderen Leistungssituationen einzelner Krankenhäuser sind jedoch weiterhin denkbar; deshalb können die Vertragsparteien „vor Ort" abweichende Ausgleichssätze prospektiv vereinbaren. Diese Regelungen stellen auf Grund der neuen leistungsbezogenen Vergütung und der **verbesserten Mehrerlös-Quote** eine deutliche Verbesserung für Krankenhäuser dar, die zusätzliche Leistungen erbringen. Insoweit wird mit dem Fallpauschalengesetz der Zielsetzung „Geld folgt Leistung" grundsätzlich entsprochen.

Die von den Krankenhäusern abzurechnenden Fallpauschalen werden anhand der Haupt- und Nebendiagnosen für einen Patienten (Behandlungsfall) sowie der erbrachten Prozeduren für z. B. Operationen und endoskopische Eingriffe ermittelt. Zu diesem Zweck muss das Krankenhaus die Diagnosen nach dem ICD-10-Diagnosenschlüssel und die Prozeduren nach dem OPS-301-Prozedurenschlüssel **kodieren** (verschlüsseln); vgl. § 301 Abs. 2 SGB V. Nach bisherigen Recht musste lediglich die Hauptdiagnose verschlüsselt werden. Ohne eine Verschlüsselung von Nebendiagnosen (Nebenerkrankungen, Komplikationen) können jedoch höherwertige Fallpauschalen (Schweregrade) häufig nicht abgerechnet werden. In allen Ländern, in denen auf ein Fallpauschalensystem umgestellt wurde, hat es etwa vier bis 6 Jahre gedauert, bis die Krankenhäuser gelernt hatten, die notwendigen Diagnosen und Prozeduren in ausreichender Zahl zu dokumentieren (**Rightcoding**). Dieser Lernprozess soll jedoch nicht dazu führen, dass bereits bisher bezahlte Leistungen nur wegen einer besseren Kodierung künftig höher bezahlt und damit die Krankenkassen zusätzlich belastet werden. § 3 Abs. 6 Satz 3 KHEntgG bestimmt deshalb, dass Mehrerlöse des Krankenhauses gegenüber dem vereinbarten Budget, die infolge einer veränderten Kodierung entstehen, vollständig ausgeglichen werden. Entsprechendes schreibt auch § 10 Abs. 3 Satz 3 KHEntgG für die Vereinbarung des Basisfallwerts auf der Landesebene vor.

Krankenhaus und Krankenkassen sind an das von ihnen prospektiv vereinbarte Budget (Gesamtbetrag) gebunden. Treten jedoch während der Budgetlaufzeit wesentliche Änderungen der Annahmen ein, die der Vereinbarung zu Grunde gelegt wurden, so ist das Budget auf Verlangen einer Vertragspartei neu zu vereinbaren. Dieser Vorgabe des § 3 Abs. 8 KHEntgG zur **Neuvereinbarung des Budgets**, die aus der Bundespflegesatzverordnung übernommen wurde, liegt der Gedanke des „Wegfalls der Geschäftsgrundlage" zu Grunde.

6.5 Einführung des DRG-Fallpauschalensystems

6.5.1 Überleitungsschema

Das neue Fallpauschalensystem wird in den Jahren 2003 und 2004 **bugetneutral** eingeführt. In dieser Phase werden die Krankenhausbudgets noch nach altem Recht (§ 6 Abs. 1 BPflV) verhandelt. Die Höhe der DRG-Fallpauschalen beeinflusst in diesen zwei Jahren noch nicht die Höhe des Krankenhausbudgets.

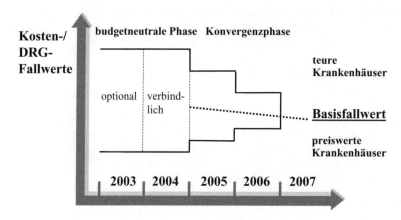

*Abbildung 13: Angleichung der Krankenhausbudgets von 2003 bis 2007
(vgl. Tuschen, f&w, 4/2001, S. 334 ff.)*

Dies ändert sich zum 1. Januar 2005. Die heute – leistungsbezogen – unterschiedlich hohen Krankenhausbudgets werden vom 1. Januar 2005 bis zum 1. Januar 2007 in drei Stufen an das neue, einheitliche und landesweit gültige DRG-Preisniveau angeglichen. **Abbildung 13** stellt das **Angleichungsschema** für die krankenhausindividuellen Basisfallwerte dar. Das Ziel dieser Angleichung, der landesweit gültige Basisfallwert, wird auf Grund von Mengenentwicklungen (Fixkostendegression) und Wirtschaftlichkeitseffekten – preisbereinigt – im Zeitablauf sinken; vgl. die Erläuterungen zu § 10 Abs. 3 Satz 1 Nr. 4 und Satz 2 KHEntgG in Teil II.

Mit diesem Schema für die Überleitung vom alten in das neue Vergütungssystem und mit weiteren Detailregelungen, wie z. B. einem hohen Mindererlösausgleich im Jahr 2003, hat der Gesetzgeber versucht, für die Krankenhäuser schützende Rahmenbedingungen für den Übergang zu schaffen. Dies gilt insbesondere für die budgetneutrale Phase der Jahre 2003 und 2004. Gleichwohl werden Krankenhäuser mit derzeit – leistungsbezogen – zu hoch bewerteten Erlösbudgets im Zeitraum bis Ende 2006 ggf. Erlöseinbußen hinnehmen müssen. Sie können jedoch Verluste insoweit vermeiden, als es Ihnen gelingt, rechtzeitig gegenzusteuern, z. B. durch eine Verbesserung ihrer Wirtschaftlichkeit, eine Bereinigung ihres Leistungsspektrums, Kooperationen mit anderen Krankenhäusern oder der Behandlung zusätzlicher Patienten.

Demgegenüber gibt es eine solche gesetzliche Abfederung der Systemumstellung für die **Krankenkassen** nicht. Es ist auch kein Vorschlag bekannt, der eine solche Abfederung bewirken könnte, ohne die notwendigen Anreize des neuen Fallpauschalensystems für Krankenhäuser und Krankenkassen aufzuheben. Die Umstellung von der tagesbezogenen auf eine fallbezogene Vergütung und die erstmalig am Behandlungsaufwand für den einzelnen Patienten orientierte Abrechnung von Krankenhausleistungen wird somit bereits mit der Einführung des DRG-Fallpauschalensystems im Jahr 2003 und 2004 zu einer Veränderung der Ausgaben für Krankenhausbehandlungen bei den verschiedenen Kassenarten und den einzelnen Krankenkassen führen. Auch bei ihnen wird es sog. Gewinner und Verlierer infolge der Systemumstellung geben. Dabei wird auch auf die Zusammenhänge mit dem Risikostrukturausgleich zu achten sein.

6.5.2 Budgetneutrale Einführung 2003 und 2004

Mit Vorstandsbeschluss vom 21. Mai 2001 hat die Deutsche Krankenhausgesellschaft einseitig erklärt, dass die damals vom Gesetzgeber in § 17b Abs. 3 Satz 4 KHG geforderte flächendeckende Einführung des DRG-Fallpauschalensystems zum 1.1.2003 mit dem bis dahin von den Selbstverwaltungspartnern angestrebten deutschen Fallpauschalenkatalog mit deutschen Bewertungsrelationen nicht mehr in der erforderlichen Qualität erreichbar sei. Sie hat sich stattdessen mit Vorstandsbeschluss vom 2. Juli 2001 für ein **Optionsmodell 2003** ausgesprochen, bei dem das einzelne Krankenhaus eigenverantwortlich entscheiden kann, ob es auf der noch unsicheren Grundlage eines ersten DRG-Fallpauschalenkatalogs in das neue System starten und Erfahrungen sammeln will. Grundlage für das Jahr 2003 solle der australische Fallpauschalenkatalog sein, dessen Bewertungsrelationen jedoch erstmals anhand der Verweildauern und Kosten in deutschen Krankenhäusern kalkuliert werden solle. Der Gesetzgeber ist diesem Vorschlag gefolgt, so dass das Fallpauschalensystem im Jahr 2003 wahlweise von einzelnen Krankenhäusern eingeführt werden kann und im Jahr 2004 von allen Krankenhäusern verbindlich einzuführen ist. Für das Jahr 2004 soll dann ein erster, an deutsche Versorgungsverhältnisse angepasster deutscher Fallpauschalenkatalog zur Anwendung kommen. Die Einführung des Fallpauschalensystems zum 1.1.2003 bzw. 2004 regeln § 17b Abs. 4 und 6 KHG und § 3 des Krankenhausentgeltgesetzes (KHEntgG).

Voraussetzung für die Nutzung des Optionsmodells für das Jahr 2003 ist, dass das Krankenhaus mindestens 90 Prozent des „Gesamtbetrags nach dem Krankenhausentgeltgesetz" (§ 3 Abs. 2 Satz 2 und 3 i. V. mit Abs. 3 Satz 4 KHEntgG) mit den Fallpauschalen abrechnen kann. In diesem Gesamtbetrag sind folgende Vergütungsbestandteile nicht enthalten (vgl. § 17b Abs. 4 Satz 5 KHG):

- Anteile für Psychiatrie, Psychosomatik und Psychotherapeutische Medizin,
- Zusatzentgelte nach § 17b Abs. 1 KHG,
- Kosten der Ausbildungsstätten,
- Mehrkosten der Ausbildungsvergütungen (lt. Anrechnungsschlüssel).

Werden weniger als 90 Prozent durch Fallpauschalen abgedeckt, kann das neue Vergütungssystem auf Verlangen des Krankenhauses eingeführt werden, wenn die Krankenkassen zustimmen; im Streitfall entscheidet die Schiedsstelle nicht.

Das Krankenhaus hat sein Verlangen, das Optionsmodell anzuwenden, bis zum 31. Oktober 2002 den anderen Vertragsparteien schriftlich mitzuteilen. Dies haben 528 Krankenhäuser fristgerecht getan. Im Zusammenhang mit einer vom Gesetzgeber kurzfristig verfügten Begrenzung der Krankenhausbudgets für das Jahr 2003 (Vorgabe einer „Nullrate" durch Artikel 5 des Beitragssatzsicherungsgesetzes vom 23. Dezember 2002) wurde den Krankenhäusern eine Befreiung von dieser Nullrate angeboten, wenn sie sich für einen frühzeitigen Umstieg in das DRG-Vergütungssystem entscheiden und bereits im Jahr 2003 DRG-Fallpauschalen anwenden (vgl. 12. SGB V-Änderungsgesetz vom 12. Juni 2003,

Einführung des DRG-Fallpauschalensystems

BGBl. I S. 844). Daraufhin entschlossen sich weitere 752 Krankenhäuser, das Optionsmodell 2003 anzuwenden. Somit haben bis Ende 2002 insgesamt 1280 Krankenhäuser von 1995 Krankenhäusern (64 %) erklärt, bereits im Jahr 2003 in das DRG-System umzusteigen. Die vorzulegenden Verhandlungsunterlagen bestimmt § 11 Abs. 4 KHEntgG). Allerdings zeigte sich, dass die Budgetverhandlungen für viele Krankenhäuser erst verspätet im Laufe des Jahres 2003 abgeschlossen werden konnten, so dass diese Krankenhäuser die DRG nur für einen Teil des Jahres angewendet haben.

Eine **„budgetneutrale" Einführung** des Vergütungssystems in den Jahren 2003 und 2004 bedeutet, dass die Höhe des Krankenhausbudgets in dieser Phase noch nicht durch die Höhe der landesweit gültigen DRG-Fallpauschalen bestimmt wird. Ein solcher landesweit gültiger Basisfallwert wird erstmals für das Jahr 2005 vereinbart, also nach Ablauf der budgetneutralen Einführungsphase (§ 10 Abs. 2 KHEntgG). Für die Jahre 2003 und 2004 wird die Höhe des Krankenhausbudgets (Gesamtbetrags) noch nach altem Recht verhandelt, d.h. in entsprechender Anwendung des § 6 Abs. 1 BPflV. Die vom Krankenhaus vorzulegenden Nachweise über Art und Anzahl der DRG-Fallpauschalen dürfen in dieser Phase nur zur Erörterung der Leistungsstruktur des Krankenhauses verwendet werden. Ergeben sich daraus Änderungen des Leistungsspektrums, kann das Budget verändert werden. Die DRG-Leistungsdaten dürfen in diesem Zeitraum dagegen nicht verwendet werden, um mit Hilfe von Krankenhausvergleichen die „Unwirtschaftlichkeit" eines Krankenhauses zu belegen und aus diesem Grunde die Höhe des Budgets (Gesamtbetrags) abzusenken (§ 3 Abs. 1 KHEntgG). Diese Absenkung der Krankenhausbudgets ist zwar erforderlich, jedoch in § 4 KHEntgG geregelt und für den Zeitraum 1.1.2005 bis 1.1.2007 als stufenweiser, schematischer Anpassungsprozess vorgegeben (vgl. unten und Abbildung 12).

Die weitere Anwendung des bisherigen Rechts bedeutet jedoch auch, dass weiterhin die krankenhausindividuelle Budgetbegrenzung nach **§ 6 Abs. 1 BPflV** gilt. Veränderungen der medizinischen Leistungsstruktur oder der Fallzahlen können in den Jahren 2003 und 2004 nur insoweit zu einer Budgeterhöhung über die vorgegebene Obergrenze (Budgetbegrenzung definiert durch die Veränderungsrate nach § 71 SGB V) hinaus führen, als die Krankenkassen einer entsprechenden Vereinbarung zustimmen. Der Gang in die Schiedsstelle ist den Krankenhäusern bis Ende 2004 in diesem Punke weiterhin verwehrt (§ 3 Abs. 2 Satz 1 und Abs. 3 Satz 1 KHEntgG; § 6 Abs. 1 Satz 4 Nr. 1 i. V. mit § 19 Abs. 3 BPflV).

Aus dem so herkömmlich verhandelten Krankenhausbudget wird mittels gewichteter **Divisionskalkulation** ein **krankenhausindividueller Basisfallwert** ermittelt, der zu einer krankenhausindividuellen Höhe der abzurechnenden DRG-Fallpauschalen führt. Die Fallpauschalen haben somit weiterhin die Funktion von Abschlagszahlungen, mit denen das Krankenhausbudget gegenüber den Krankenversicherungen oder den selbstzahlenden Patienten anteilig abgerechnet wird. Zu den Mehr- oder Mindererlösausgleichen vgl. § 3 Abs. 6 KHEntgG und Kapitel 5.4.

Durch Vergleich der Basisfallwerte oder der Höhe der Fallpauschalen unterschiedlicher Krankenhäuser wird sichtbar, ob das Krankenhaus eher zu den Gewinnern oder zu den Verlierern der Systemumstellung gehören wird, so dass ggf.

noch gegensteuernde Maßnahmen ergriffen werden können. Im Übrigen versuchen bereits seit dem Jahr 2001 über tausend Krankenhäuser, sich durch Beteiligung an Benchmarkingprojekten auf DRG-Basis (australischer Katalog) Informationen über ihre Ausgangslage zu verschaffen.

Mit dem Übergang auf eine Fallpauschalen-Finanzierung werden in den Jahren 2003 oder 2004 aus dem Krankenhausbudget (Gesamtbetrag) die medizinischen Fachbereiche ausgegliedert, die gesetzlich aus der DRG-Vergütung ausgenommen sind (§ 17b Abs. 1 Satz 1 KHG. Dies sind die Bereiche Psychiatrie, Psychosomatik und Psychotherapeutische Medizin. Sie werden weiterhin gesondert nach den Vorgaben der Bundespflegesatzverordnung vergütet (Vereinbarung eines Budgets und tagesgleicher Pflegesätze). Tatbestände, für die nach § 17b Abs. 1 Satz 4 und 6 KHG sonstige **Zu- und Abschläge** zu den Fallpauschalen zu vereinbaren sind (z.B. Sicherstellung der Versorgung, Begleitperson), werden erst zum 1. Januar 2005 aus dem Gesamtbetrag ausgegliedert. Sie werden somit in den Jahren 2003 und 2004 noch nicht mit den Zuschlägen, sondern mit dem krankenhausindividuellen Basisfallwert finanziert.

Der für das Jahr 2003 oder 2004 zu vereinbarende **Gesamtbetrag** ist nach unterschiedlichen Vergütungsbereichen aufzuteilen; vgl. **Abbildung 14**. Erzielt das Krankenhaus Mehr- oder Minderlöse gegenüber dem vereinbarten Gesamtbetrag, sind diese zum Teil auszugleichen; vgl. Kapitel 5.4. Für die Summe aus Fallpauschalen und Zusatzentgelten wird der neue **Begriff „Erlösbudget"** definiert (§ 3 Abs. 3 Satz 4 Nr. 1 KHEntgG).

Krankenhausbudget	
– Gesamtbetrag nach § 3 (3) KHEntgG – herkömmlich verhandelt (§ 6 Abs. 1 BPflV)	
Erlösbudget	Entgelte § 6 (1) KHEntgG
Abrechnung mit – DRG-Fallpauschalen, – Zusatzentgelten. [enthält noch Zu- und Abschläge sowie Ausbildungskosten]	für Leistungen, die noch nicht in den Entgeltkatalogen enthalten sind.
→ Mehr oder Minderlös-Ausgleiche auf den Gesamtbetrag	

Abbildung 14: DRG-Einführungsphase 2003 und 2004

6.5.3 Konvergenzphase 2005 und 2006

Zum Jahresanfang 2005 wird das bisher einheitliche Krankenhausbudget (Gesamtbetrag) weiter aufgespalten. Ab dem 1.1.2005 ist grundsätzlich nur noch für die Leistungen ein **Erlösbudget** nach § 4 zu vereinbaren, die über DRG-Fallpauschalen und Zusatzentgelte aus den bundesweit geltenden Katalogen vergütet werden. Für dieses Erlösbudget sind Mehr- und Minderlösausgleiche durchzuführen (§ 4 Abs. 9 KHEntgG).

Andere Leistungsbereiche werden wie folgt **außerhalb des Budgets** gesondert finanziert:

Einführung des DRG-Fallpauschalensystems

- die Ausbildungsstätten und die Mehrkosten der Ausbildungsvergütungen über bundeseinheitliche pauschalierte Beträge je Ausbildungsplatz und Beruf (§ 17a KHG),

- die Sicherstellung einer flächendeckenden Versorgung der Bevölkerung, die Teilnahme an der Notfallversorgung oder die Mitaufnahme von Begleitpersonen jeweils über Zu- oder Abschläge nach § 17b Abs. 1 KHG, die zusätzlich gezahlt werden,

- neue Untersuchungs- und Behandlungsmethoden nach § 6 Abs. 2 KHEntgG, für die gesonderte Entgelte vereinbart und zusätzlich gezahlt werden.

Diese sonstigen Erlöse des Krankenhauses unterliegen keiner krankenhausindividuellen Begrenzung mehr. Für sie wird kein Budget gebildet und werden keine Mehr- und Mindererlösausgleiche durchgeführt. Diese sonstigen Erlöse stellen somit einen ersten Einstieg in ein freies, nicht budgetiertes Preissystem dar. Allerdings werden höhere Ausgabenentwicklungen in diesem Bereich bei der Vereinbarung des landeseinheitlichen Basisfallwerts gegengerechnet; (vgl. § 10 Abs. 3 Satz 1 Nr. 5 KHEntgG).

Mit dem Fallpauschalenänderungsgesetz (FPÄndG) vom Juni 2003 hat der Gesetzgeber die Möglichkeit, **bestimmte Leistungen und besondere Einrichtung** zeitlich befristet aus der DRG-Vergütung **auszunehmen**, erweitert und bis Ende 2006 verlängert. Um die damit verbundenen Risiken abzusichern, hat er für diese Bereiche eine gesonderte Budgetierung (**Erlössumme**) nach den Regeln der Bundespflegesatzverordnung (BPflV) neu vorgegeben; vgl. § 6 Abs. 1 und 3 KHEntgG.

Einen Überblick über die Entgeltbereiche gibt **Abbildung 15**.

Erlösbudget nach § 4 KHEntgG	Sonstige Erlöse des Krankenhauses	§ 6 Abs. 1 und 3 KHEntgG
Abrechnung mit - DRG-Fallpauschalen - Zusatzentgelten. **Verhandelt** nach - Menge × Preis der DRG - stufenweise Angleichung an Landes-Basisfallwert	- khs.-indiv. Entgelte § 6 Abs. 2 (neue Methoden), - Zuschlag für Ausbildungsstätten/-vergütung, - sonstige Zu-/Abschläge, Sicherstellungszuschlag, - Zu-/Abschläge für QS, - aus Integrationsvertrag	- Ausnahmen von DRG, - khs-individ. Entgelte, - gesonderte Erlössumme nach § 6 Abs. 3.
→ Erlösausgleiche	→ keine Erlösausgleiche	→ Erlösausgleiche

Abbildung 15: DRG-Konvergenzphase 2005 und 2006

Für die Ermittlung des **Erlösbudgets** nach § 4 KHEntgG wird zum 1. Januar 2005 auf eine **neue Verhandlungssystematik** umgestellt. Es wird nicht mehr über Kosten- und Leistungsentwicklungen verhandelt, sondern nur noch streng leistungsorientiert über Art und Anzahl der voraussichtlich zu erbringenden Fallpauschalen und Zusatzentgelte (vgl. Kapitel 6.5.3). Das „Erlösbudget" des

Krankenhauses soll sich aus der Multiplikation „Menge × Preis", genauer „Menge × effektives Relativgewicht × landesweiter Basisfallwert" ergeben. Das **effektive Relativgewicht** (oder effektive Bewertungsrelation) weicht von der im Fallpauschalen-Katalog ausgewiesenen Bewertungsrelation ab. Es beinhaltet die Abschläge bei Verlegungen oder bei Kurzliegern sowie die zusätzlichen Entgelte nach Überschreitung der oberen Grenz-Verweildauer. Es entspricht somit der tatsächlich abgerechneten Höhe der Fallpauschalenvergütung.

Allerdings kann diese Zielsetzung nicht ohne **Übergangszeitraum** umgesetzt werden. Die eintretenden Veränderungen der Krankenhausbudgets würden Krankenhäuser mit zu hohen Budgets in wirtschaftliche Schwierigkeiten bringen. Deshalb werden die Budgets in einem Zeitraum von zwei Jahren, d.h. in drei Schritten jeweils zum 1.1.2005, 2006 und 2007, an ein landesweit einheitliches Preisniveau herangeführt; vgl. **Abbildung 13**.

Für diese Budgetangleichung wurde ein einfaches **Rechenschema** vorgegeben, um Streitigkeiten zwischen den Vertragsparteien und entsprechende Schiedsstellenverfahren möglichst zu vermeiden. Mit der bereits genannten Multiplikation „Menge × Preis" wird ein „**Zielwert**" ermittelt. Er stellt das Erlösbudget dar, welches das Krankenhaus nach Ablauf der Übergangsphase zum 1.1.2007 erhalten würde. Von diesem Zielwert wird das zuletzt vereinbarte (derzeit geltende) Erlösbudget abgezogen. Die sich ergebende **Differenz** wird bis zum 1.1.2007 schrittweise abgebaut. Dies geschieht, indem der bei der Budgetvereinbarung für das Jahr 2005 ermittelte Differenzbetrag durch 3 (Schritte), der bei der Budgetvereinbarung für das Jahr 2006 ermittelte Differenzbetrag durch 2 (Schritte) dividiert wird. Um den sich ergebenden Teilbetrag der Differenz (**Angleichungsbetrag**) wird das zuletzt vereinbarte Erlösbudget je nach dem Vorzeichen der Differenz erhöht oder vermindert und somit teilweise dem Zielwert angeglichen. Ein Beispiel zu diesem Angleichungsverfahren wird in den Erläuterungen zu § 4 Abs. 5 und 6 KHEntgG gegeben (Teil II). Streitgegenstand zwischen den Vertragsparteien können bei diesem einfachen Verfahren eigentlich nur unterschiedliche Schätzungen über Art und Anzahl der im kommenden Kalenderjahr zu erbringenden DRG-Leistungen sein. Die in der Vergangenheit weitgehend kostenorientierten Budgetverhandlungen werden somit umgestellt auf leistungsorientierte Verhandlungen.

Auch in den Jahren 2005 und 2006 wird jeweils ein **krankenhausindividueller Basisfallwert** und damit eine krankenhausindividuelle Höhe der Fallpauschalen ermittelt. Dazu wird von dem vereinbarten Erlösbudget die Summe der Zusatzentgelte abgezogen und der Restbetrag durch die Summe der Bewertungsrelationen der vereinbarten Behandlungsfälle (Fallpauschalen) dividiert; vgl. die Erläuterungen zu § 4 Abs. 7 in Teil II. Die Fallpauschalen haben somit weiterhin die Funktion von **Abschlagszahlungen**, mit denen das Krankenhausbudget gegenüber den Krankenversicherungen oder den selbstzahlenden Patienten anteilig abgerechnet wird. Zu den Mehr- oder Mindererlösausgleichen vgl. § 4 Abs. 9 KHEntgG und Kapitel 6.4.

Bei einem leistungsorientierten Vergütungssystem mit Einheitspreisen kann der **Grundsatz der Beitragssatzstabilität** nicht mehr beim einzelnen Krankenhaus umgesetzt werden. Ab dem Jahr 2005 wird der Grundsatz der Beitragssatzstabilität deshalb bei der Vereinbarung des landesweit gültigen Basisfallwerts umgesetzt (vgl. Kapitel 6.7).

6.6 Ergänzende Entgelte

Auch wenn das Fallpauschalensystem möglichst für alle voll- und teilstationären Patienten des Krankenhauses eingeführt werden soll (§ 1 Abs. 1 Satz 1 KHEntgG, vgl. Kapitel 5.2), so bedeutet dies nicht, dass 100 Prozent des gesamten Krankenhausumsatzes mit Fallpauschalen finanziert werden. Andere als die voll- und teilstationären Leistungen des Krankenhauses werden gesondert finanziert, z. B.

- Kosten der Forschung und Lehre, die von den Kultusministern der Länder zu finanzieren sind,
- ambulante Leistungen des Krankenhauses, soweit das Krankenhaus oder seine Ärzte zur vertragsärztlichen Versorgung zugelassen sind (§§ 116 bis 119 SGB V) oder soweit selbstzahlende Patienten (u. a. privat versicherte) behandelt werden,
- vor- und nachstationäre Behandlung nach § 115 a SGB V, soweit ihre Vergütung nicht durch die Fallpauschalen ersetzt wird,
- ambulantes Operieren und sonstige stationsersetzende Eingriffe nach § 115 b SGB V.

Auch innerhalb der grundsätzlich dem Fallpauschalensystem unterliegenden voll- und teilstationären Versorgung werden neben den Fallpauschalen weitere, ergänzende Entgelte gezahlt (§ 17 b Abs. 1 KHG, § 7 KHEntgG):

- Zusatzentgelte nach dem auf Bundesebene vereinbarten Entgeltkatalog; Zusatzentgelte können zur Ergänzung der Fallpauschalen in eng begrenzten Ausnahmefällen für Leistungen, Leistungskomplexe oder Arzneimittel vereinbart werden, insbesondere für die Behandlung von Blutern mit Blutgerinnungsfaktoren oder für eine Dialyse, wenn die Behandlung des Nierenversagens nicht die Hauptleistung ist (§ 17 b Abs. 1 KHG),
- ergänzende Entgelte pro Tag bei Überschreitung der oberen Grenzverweildauer der Fallpauschale,
- die Zuschläge für die pauschalierte Finanzierung der Ausbildungsstätten und der Ausbildungsvergütungen (vgl. Kapitel 6.10),
- sonstige Zuschläge für Finanzierungstatbestände, die nicht in allen Krankenhäusern vorliegen, z. B. für die Notfallversorgung und die Aufnahme von Begleitpersonen (§ 17 b Abs. 1 KHG, s. o.),
- Entgelte für Leistungen, die in den Jahren 2003 bis 2006 noch nicht von den auf Bundesebene vereinbarten Fallpauschalen und Zusatzentgelten erfasst werden (§ 6 Abs. 1 und 3 KHEntgG); sie werden krankenhausindividuell vereinbart,
- Entgelte für neue Untersuchungs- und Behandlungsmethoden, die noch nicht in die Entgeltkataloge für Fallpauschalen oder Zusatzentgelte aufgenommen worden sind (§ 6 Abs. 2 KHEntgG),
- Qualitätssicherungszuschläge oder -abschläge (§ 17 b Abs. 1 Satz 5 KHG),
- der DRG-Systemzuschlag nach § 17 b Abs. 5 KHG zur Finanzierung der Entwicklungsarbeiten am DRG-System; hierbei handelt es sich allerdings um ei-

nen reinen Durchlaufposten, da die Krankenhäuser den Zuschlag an die Selbstverwaltungspartner auf der Bundesebene, die das Entgeltsystem einführen und weiterentwickeln, abführen müssen.

6.7 Grundsatz der Beitragssatzstabilität, Basisfallwerte

Bei einem leistungsorientierten Vergütungssystem mit Einheitspreisen kann der **Grundsatz der Beitragssatzstabilität** nicht mehr beim einzelnen Krankenhaus umgesetzt werden. Eine Begrenzung von Erlösbudgeterhöhungen wäre bei einem Einheitspreissystem automatisch eine Begrenzung der Leistungserbringung beim einzelnen Krankenhaus. Dies würde wesentlichen Zielsetzungen des neuen Vergütungssystems widersprechen, nämlich dem Prinzip „Geld folgt Leistung" (Geld folgt den Patienten) und der gewünschten Veränderung von Leistungsstrukturen, die sich auf Grund von Verweildauerverkürzungen, Schwerpunktbildungen, Gesichtspunkten der Qualitätssicherung und wirtschaftlichen Überlegungen ergeben werden. Die bisher durch § 6 Abs. 1 BPflV vorgegebene krankenhausindividuelle Budgetbegrenzung wird deshalb mit dem Krankenhausentgeltgesetz nicht fortgesetzt.

Eine Umsetzung des Grundsatzes der Beitragssatzstabilität kann nur auf der **Landesebene** bei der Vereinbarung des landeseinheitlichen Basisfallwertes ansetzen. § 10 Abs. 2 KHEntgG schreibt deshalb vor, dass bei der **erstmaligen Vereinbarung des Basisfallwerts** im Jahr 2005 der Basisfallwert so festzulegen ist, dass Beitragssatzerhöhungen ausgeschlossen werden. Mit dieser Vorschrift soll das Preisniveau des neuen Entgeltsystems einmalig so geeicht werden, dass durch die Umstellung der Vergütung von tagesgleichen Pflegesätzen auf die neuen Fallpauschalen keine zusätzlichen Ausgaben für die Krankenkassen entstehen. Eine Übernahme von „betriebswirtschaftlich kalkulierten Preisen", die in einer Stichprobe von Krankenhäusern ermittelt werden, verbietet sich insoweit, als Unzulänglichkeiten bei der Repräsentativität der Stichprobe, der neuen Kalkulationsmethodik, den Kostenerhebungen in den Krankenhäusern und der Kalkulation der Fallpauschalen auf der Bundesebene entweder bei einer Erhöhung der Ausgaben zu Lasten der Krankenkassen oder bei einer Absenkung der Ausgaben zu Lasten der Krankenhäuser gehen würden. Es geht also letztlich darum, den bisherigen „Kuchen" der in einem Bundesland für die Krankenhausversorgung zur Verfügung stehenden Finanzmittel neu aufzuteilen ohne seine Größe zu verändern.

Für die **Folgejahre** ab 2006 wird auf die Vorgabe eines „landesweiten Gesamtbetrags" (Landesbudget), wie er noch in den Entwürfen für das GKV-Gesundheitsreformgesetz 2000 vorgesehen war, verzichtet. § 10 Abs. 3 KHEntgG gibt stattdessen für die Vereinbarung des Basisfallwerts verschiedene Kriterien vor, die zu berücksichtigen sind. Es handelt sich um eine **offene Verhandlungslösung**. Lediglich in Bezug auf die Erhöhung des Basisfallwerts gibt § 10 Abs. 4 KHEntgG vor, dass die Veränderungsrate nach § 71 Abs. 3 Satz 1 SGB V (sog. Grundlohnrate) nicht überschritten werden darf. Damit wird zwar die Höhe der Preisentwicklung begrenzt, nicht jedoch die Leistungsmenge. Im Gegensatz zur Vorgabe eines Landesbudgets wird die Entwicklung der Leistungsmenge nicht einbezogen, d.h. nicht „gedeckelt". **Fallzahlerhöhungen**, insbesondere auch auf Grund der medizinischen Entwicklung und der sich verschlechternden Altersstruktur der Bevölkerung, können berücksichtigt werden und zu zusätzlichen Finanzmitteln für die Krankenhäuser führen. Risiken für die Ausgaben der Krankenkassen entstehen somit aus der Mengenentwicklung. Dem stehen die Wirkungen des neuen Fallpauschalensystems gegenüber, die zu einer Verkürzung der Verweildauern der Patienten, optimierten Versorgungsstrukturen, besseren krankenhausinternen Behandlungsabläufen und einer erhöhten Wirtschaftlichkeit der Krankenhäuser führen sollen. Diese Tatbestände werden sich in Richtung auf eine **Absenkung der Basisfallwerte im Zeitablauf** auswirken.

Insbesondere drei Detailvorgaben haben zu heftigen Diskussionen geführt. So schreibt § 10 Abs. 3 Satz 1 Nr. 3 vor, dass bei den Verhandlungen über den Basisfallwert auch Möglichkeiten zur Ausschöpfung von Wirtschaftlichkeitsreserven zu berücksichtigen sind. Nummer 4 sieht in Verbindung mit Satz 2 vor, dass bei der Erbringung und Abrechnung zusätzlicher Leistungsmengen die allgemeine Kostendegression bei Fallzahlsteigerungen zu berücksichtigen und dem entsprechend der Basisfallwert abzusenken ist. Nummer 5 gibt vor, dass Überschreitungen der Veränderungsrate nach § 71 SGB V bei anderen Leistungsbereichen, die nicht mit Fallpauschalen vergütet werden, bei der Vereinbarung des Basisfallwerts kompensiert werden müssen, d. h. der Basisfallwert für die Fallpauschalen ist entsprechend abzusenken. Nähere Erläuterungen hierzu werden in Teil II zu § 10 Abs. 3 gegeben.

6.8 Verbesserte Prüfrechte der Krankenkassen

Im Hinblick auf die bei einem Fallpauschalensystem bestehenden Risiken einer Mengenausweitung sind die Prüfmöglichkeiten der Krankenkassen erheblich verbessert worden; vgl. § 17 c KHG. Die Krankenkassen – gemeinsam – können den Medizinischen Dienst der Krankenkassen (§ 275 Abs. 1 SGB V) beauftragen, Stichprobenprüfungen in den Krankenhäusern durchzuführen, ohne dass vorher Verdachtsmomente vorliegen müssen. Mit den Prüfungen soll verhindert werden, dass

– Patienten in das Krankenhaus aufgenommen werden, die nicht der stationären Krankenhausbehandlung bedürfen, und bei Abrechnung von tagesgleichen Pflegesätzen Patienten im Krankenhaus verbleiben, die nicht mehr der stationären Krankenhausbehandlung bedürfen (Fehlbelegung),

– Patienten aus wirtschaftlichen Gründen vorzeitig verlegt oder entlassen werden,

– Krankenhausfälle nicht ordnungsgemäß abgerechnet werden.

Wird durch die Stichprobenprüfungen festgestellt, dass bereits bezahlte Krankenhausleistungen fehlerhaft zu hoch abgerechnet wurden, z.B. auf Grund einer entsprechenden fehlerhaften Verschlüsselung (Kodierung) von Haupt- und Nebendiagnosen und Prozeduren (z.B. Operationen), so muss das Krankenhaus den Differenzbetrag zurückzahlen. Soweit nachgewiesen wird, dass Fallpauschalen „grob fahrlässig" zu hoch abgerechnet wurden, ist zusätzlich zum Differenzbetrag noch einmal derselbe Betrag zurückzuzahlen (**Sanktionsvorschrift**). Zum Schutz der Krankenhäuser in der Einführungsphase des neuen Vergütungssystems muss in den Jahren 2003 und 2004 ebenfalls geprüft werden, ob auch zu niedrige Abrechnungen aufgetreten sind. Die ermittelten Ausgleichszahlungen sollen über ein **pauschaliertes Ausgleichsverfahren** verrechnet werden, z. B. über das Budget und die Fallpauschalen des folgenden Kalenderjahres. Ziel eines solchen pauschalierten Ausgleichs ist es, Korrekturen bei einer Vielzahl von Einzelrechnungen und Krankenkassen zu vermeiden.

Können sich Krankenhaus und Krankenkassen über das Prüfungsergebnis nicht einigen, entscheidet ein **Schlichtungsausschuss** auf Landesebene, dem Vertreter der Krankenkassen und der Krankenhäuser sowie ein unparteiischer Vorsitzender angehören. Führt das Schlichtungsverfahren nicht zum Erfolg, können die Krankenkassen den gerichtlichen Klageweg beschreiten.

Der Schlichtungsausschuss vereinbart auch das Nähere zum **Prüfverfahren** des Medizinischen Dienstes, insbesondere zur fachlichen Qualifikation der Prüfer, Größe der Stichprobe, Möglichkeit einer Begleitung der Prüfer durch Krankenhausärzte und der Besprechung der Prüfergebnisse mit den betroffenen Krankenhausärzten vor Weiterleitung an die Krankenkassen.

Insbesondere die Möglichkeiten der Fehlbelegungsprüfung wurde von den Krankenhausverbänden abgelehnt. Darüber hinaus wandten sie sich gegen eine Prüfung durch den **Medizinischen Dienst**, den sie auf Grund der bisher durchgeführten Prüfungen als parteiisch ansahen. Die Krankenhausverbände forderten eine Prüfung durch eine aus ihrer Sicht neutrale Institution. Diesen Forderungen folgte der Gesetzgeber nicht, insbesondere auf Grund der Datenschutzproblematik und weil mit dem Medizinischen Dienst bereits eine Institution besteht. Der Medizinische Dienst wird somit auch beweisen müssen, dass er fachlich kompetent und neutral prüft.

Unabhängig von dieser verdachtsunabhängigen Stichprobenprüfung nach § 17 c KHG, die in der Regel erst nach Bezahlung der Rechnungen durch die Krankenkassen durchgeführt wird, sind die Krankenkassen nach § 275 Abs. 1 Satz 1 Nr. 1 SGB V verpflichtet, bei **Auffälligkeiten** bereits bei der Rechnungsprüfung eine gutachterliche Stellungnahme des Medizinischen Dienstes einzuholen. Es handelt sich hierbei – im Gegensatz zu der Stichprobenprüfung nach § 17 c KHG – um eine Einzelfallprüfung.

6.9 Qualitätssicherung

Die ökonomischen Anreize von Fallpauschalensystemen können Krankenhäuser verleiten, mehr Patienten stationär zu behandeln als medizinisch notwendig (medizinisch nicht notwendige Aufnahmen) oder Kosten zu sparen durch eine schlechtere Leistungserbringung. Fallpauschalensysteme müssen deshalb durch Maßnahmen zur Qualitätssicherung flankiert werden. Darüber hinaus ist – mit erheblicher Verspätung im Vergleich zu anderen Staaten – die Qualitätssicherung auch in der Bundesrepublik Deutschland zu einem wichtigen Thema geworden. Der Gesetzgeber hat deshalb, über die bereits mit dem GKV-Gesundheitsreformgesetz 2000 eingeführten Qualitätssicherungsmaßnahmen hinaus, die Vorgaben in § 137 Abs. 1 SGB V verstärkt.

Qualitätssicherung

Die Spitzenverbände der Krankenkassen und der Verband der privaten Krankenversicherung vereinbaren mit der Deutschen Krankenhausgesellschaft unter Beteiligung der Bundesärztekammer und der Berufsorganisationen der Krankenpflegeberufe die Maßnahmen zur Qualitätssicherung nach § 137 SGB V. Sie werden mit dem Fallpauschalengesetz verpflichtet, künftig auch „Mindestanforderungen an die **Struktur- und Ergebnisqualität**" sowie einen „Katalog planbarer Leistungen ..., bei denen die Qualität des Behandlungsergebnisses in besonderem Maße von der Menge der erbrachten Leistungen abhängig ist" zu vereinbaren. Für diese Leistungen sind **Mindestmengen** je Arzt oder Krankenhaus festzulegen. Unterschreitet ein Krankenhaus im folgenden Kalenderjahr voraussichtlich diese Mindestmengen, dürfen ab dem Jahr 2004 entsprechende Leistungen nicht mehr erbracht werden. Neben den Mindestmengen sind auch **Ausnahmetatbestände** festzulegen, die eine sinnvolle Anwendung der Regelung in besonderen Situationen ermöglichen, z. B. beim Wechsel eines Arztes mit ausreichender Erfahrung und Routine an ein anderes Krankenhaus, in dem das Leistungsgebiet erst aufgebaut wird. Als Ergebnis des Vermittlungsausschusses von Bundestag und Bundesrat wurde den Bundesländern im Hinblick auf ihre Zuständigkeit für die **Krankenhausplanung** zugestanden, dass die jeweils zuständige Landesbehörde Leistungen aus dem vereinbarten Mindestmengen-Katalog bestimmen kann, bei denen die Anwendung dieses Leistungsausschlusses die flächendeckende Versorgung der Bevölkerung gefährden könnte. Eine konkrete Entscheidung zur Nichtanwendung der Mindestmengen-Regelung ist jedoch immer im Einzelfall auf Antrag eines Krankenhauses zu treffen (zweistufiges Verfahren). Die Landesbehörde muss somit abwägen zwischen den Anforderungen der Qualitätssicherung und einer Sicherstellung der Versorgung der Bevölkerung. Sie dürfte wohl nur in wenigen, begründeten Fällen gegen die Qualitätssicherung entscheiden, zumal die Krankenhausdichte in der Bundesrepublik recht hoch ist. Die Mindestmengen-Regelung wurde von der Deutschen Krankenhausgesellschaft und der Bundesärztekammer abgelehnt. Vor diesem Hintergrund, wegen des ohnehin schwierigen Regelungstatbestandes und auch wegen der vorgesehenen Sanktionsvorschrift (Verbot der Leistungserbringung) wird die Vereinbarung von Mindestmengen durch die Selbstverwaltung voraussichtlich nur langsam vorankommen.

Die Krankenhäuser müssen im Abstand von zwei Jahren einen strukturierten **Qualitätsbericht** veröffentlichen, in dem der Stand der Qualitätssicherung und die Umsetzung der Mindestmengen-Regelung darzustellen ist. Der Bericht hat auch **Art und Anzahl der Leistungen** des Krankenhauses auszuweisen. Die Berichte sind von den Landesverbänden der Krankenkassen im **Internet** zu veröffentlichen. Somit können Patienten sich voraussichtlich ab 2005 oder 2006 direkt über die Leistungsmengen eines Krankenhauses z.B. bei bestimmten Operationen erkundigen. Es ist zu erwarten, dass hierdurch unabhängig von der Mindestmengen-Regelung eine Schwerpunktbildung bei Krankenhäusern (Spezialisierung) infolge der Krankenhauswahl der Patienten begünstigt wird.

Nach § 137 Abs. 1 SGB V können die Kassenärztlichen Vereinigungen und die Krankenkassen „zum Zwecke der Erhöhung von Transparenz und Qualität der stationären Versorgung" die Vertragsärzte und die **Versicherten** der Krankenkassen auf Basis der Qualitätsberichte über die Qualitätsmerkmale der Krankenhäuser **informieren** und Empfehlungen aussprechen. Dabei können sie auch Krankenhäuser vergleichen.

Es ist zu erwarten, dass die Krankenhäuser schon aus Wettbewerbsgründen und zur Absicherung ihrer Zukunft auf eine gute Qualität ihrer Leistungen achten werden.

6.10 Finanzierung von Ausbildungsstätten und -vergütungen

Die in § 2 Nr. 1a KHG genannten, mit den Krankenhäusern notwendigerweise verbundenen, staatlich anerkannten und vom Krankenhaus zumindest mitgetragenen Ausbildungsstätten sowie die Mehrkosten der Ausbildungsvergütungen werden nach dem neuen § 17a KHG ab dem 1. Januar 2005 von den Krankenkassen pauschaliert über einen **Zuschlag je Fall** finanziert. Der Zuschlag wird von allen Krankenhäuser im Land einheitlich erhoben, also auch von den nicht ausbildenden Krankenhäusern. Die von den Krankenhäusern gegenüber den Krankenkassen oder Patienten erhobenen Zuschläge werden an einen „**Ausgleichsfonds**" abgeführt, der bei der Landeskrankenhausgesellschaft treuhänderisch verwaltet wird. Aus diesem Fonds erhalten die ausbildenden Krankenhäuser einen **pauschalierten Betrag je Ausbildungsplatz in den Ausbildungsstätten und je Auszubildendem** (Mehrkosten der Ausbildungsvergütungen im Verhältnis zu den Kosten der nach § 17a Abs. 1 KHG anzurechnenden Stelle einer voll ausgebildeten Person). Die Höhe dieser pauschalierten Finanzierungsbeträge wird durch die Vertragsparteien auf Bundesebene, die auch für die Einführung des DRG-Fallpauschalensystems zuständig sind, vereinbart; die Beträge können regional differenziert werden (§ 17b Abs. 2 Satz 1 KHG). Die Finanzierungsbeträge sind für die einzelnen Berufe gesondert festzulegen.

Mit dieser neuen Finanzierungsart wird die Finanzierung der Ausbildung aus den bisherigen Erlösbudgets der Krankenhäuser herausgelöst und verselbstständigt. Die Mittel dürfen nur **zweckgebunden** für die Ausbildung verwendet werden (§ 17a Abs. 6 KHG). Mit dieser Regelung, die durch die Einführung der DRG-Fallpauschalen notwendig geworden ist, wird einerseits eine nicht zweckentsprechende Verwendung von Ausbildungsmitteln für den laufenden Krankenhausbetrieb verhindert und somit die Ausbildungsfinanzierung gestärkt. Andererseits werden die Ausbildungskosten nicht mehr krankenhausindividuell finanziert; der Krankenhausträger muss mit pauschalierten Ausbildungsbeträgen auskommen. Dies wird nur bei einer bestimmten Mindestgröße von Ausbildungsstätten möglich sein.

Die Vertragsparteien der Pflegesatzvereinbarung „vor Ort" stellen nach § 17a Abs. 1 Satz 2 KHG „Art und Anzahl der **Ausbildungsplätze** sowie die Höhe des zusätzlich zu finanzierenden Mehraufwands für Ausbildungsvergütungen fest". Diese „Feststellung" dient lediglich der Begründung des Finanzierungsanspruchs des Krankenhauses gegenüber dem Ausgleichsfond. Sie ist keine „Vereinbarung" über Art und Anzahl der Ausbildungsplätze. Die Entscheidung, wo und in welchem Umfang Ausbildungsstätten und Ausbildungsplätze betrieben werden, fällt in die Regelungskompetenz des jeweiligen Bundeslandes, das sich mit dem Krankenhausträger verständigen muss. Die Entscheidung, wie viele Auszubildende eingestellt werden, trifft allein das Krankenhaus. In der amtl. Begründung zu Artikel 3 Nr. 2 FPG wurde hierzu ausgeführt: „Dabei haben die Vertragsparteien nicht etwa eigene Bedarfsschätzungen vorzunehmen, sondern von der Zahl der voraussichtlich im folgenden Kalenderjahr vorgehaltenen Ausbildungsplätze auszugehen. Die etwaige Festlegung der bedarfsnotwendigen Ausbildungsplatzkapazitäten fällt in die alleinige Zuständigkeit der Länder."

Die Finanzierungsbeträge für die Ausbildung werden zum 1. Januar 2005 aus dem Erlösbudget des Krankenhauses ausgegliedert. Für Krankenhäuser, die in den Anwendungsbereich des Krankenhausentgeltgesetzes und damit des DRG-Fallpauschalensystems fallen, bestimmt § 4 Abs. 2 Nr. 1 Buchstabe g KHEntgG, dass das Erlösbudget um die pauschalierten „Zahlungen" vermindert wird, die das Krankenhaus nach § 17a Abs. 5 Satz 4 KHG aus dem Ausgleichsfonds für Ausbildungsstätten und Ausbildungsvergütungen erhält. Auf Grund dieses **Erlösabzugsverfahrens** ist die **Ausgliederung** zunächst grundsätzlich erlösneutral. Abweichungen zwischen dem bisher im Krankenhausbudget enthaltenen Finanzierungsbetrag (Nummer 31 des Abschnitts K3 der LKA nach der BPflV) und dem neuen pauschalierten Betrag werden gegen das Erlösbudgets für die Krankenversorgung verrechnet. Allerdings wird dieses Erlösbudget in der Konvergenzphase vom 1.1.2005 bis zum 1.1.2007 in drei Schritten an den dann landesweit geltenden, einheitlichen Basisfallwert angeglichen. Bei dieser Angleichung wird das Krankenhaus im Ergebnis wirtschaftlich so gestellt, als wenn für die Ausbildung die Beträge nach der bisherigen LKA abgezogen worden wären.

Bei Krankenhäusern oder Teilen von Krankenhäusern, die der Bundespflegesatzverordnung unterliegen, z.B. **Psychiatrieeinrichtungen**, regelt ein neuer § 26 BPflV einen entsprechenden stufenweisen Übergang von der bisherigen krankenhausindividuellen auf die neue pauschalierte Höhe der Vergütung für Ausbildung. Der Abweichungsbetrag wird deshalb in drei Schritten vom 1.1.2005 bis zum 1.1.2007 zu jeweils einem Drittel abgebaut, d.h. von den entsprechenden Jahresbudgets abgezogen oder hinzugezählt. Dem einzelnen Krankenhaus wird nach diesem Angleichungsprozess (Vereinheitlichung) entsprechend mehr oder weniger Geld im Ausbildungsbereich zur Verfügung stehen.

6.11 Folgegesetz zur endgültigen Regelung des ordnungspolitischen Rahmens

Voraussichtlich im Jahr 2005 oder 2006 (Wahljahr) werden mit einem weiteren Gesetzgebungsverfahren die ordnungspolitischen Rahmenbedingungen für das DRG-System ab dem Jahr 2007 festgelegt werden. Es ist durchaus denkbar, dass dabei etliche der Themen erneut diskutiert werden, bei denen im Jahr 2001 grundsätzlich unterschiedliche Auffassungen bestanden, z.B.

– Bundeseinheitliche Basisfallwerte?

– Einheitspreise, Höchstpreise oder Richtpreise, d.h. krankenhausindividuelle Preisverhandlungen?

– Weiterhin Erlösbudgetverhandlungen für das einzelne Krankenhaus, d.h. Vereinbarungen über Art und Anzahl der voraussichtlich zu erbringenden Leistungen mit den Krankenkassen?

– Weiterhin Verzicht auf einen landesweiten Gesamtbetrag (Landesbudget)?

Vor dem Hintergrund der ersten Erfahrungen mit dem neuen DRG-Fallpauschalensystem könnten einige Themen ggf. gelassener erörtert werden als im Gesetzgebungsverfahren zum Fallpauschalengesetz. Darüber hinaus sind Diskussionen zu folgenden Themen zu erwarten:

- Folgeregelungen zur Anpassung der Vorschriften zur Vergütung der wahlärztlichen Leistungen und der Kostenerstattungen an das Krankenhaus an das neue DRG-Vergütungssystem,
- Folgewirkungen der Fallpauschalen auf den ambulanten Bereich und die Rehabilitation,
- Vergütung des ambulanten Operierens durch Fallpauschalen.

Eine monistische Finanzierung der Krankenhausinvestitionen über die DRG-Fallpauschalen dürfte voraussichtlich kaum Chancen haben. Nach wie vor setzt sich die Deutsche Krankenhausgesellschaft für eine starke Krankenhausplanung der Länder und entsprechende staatliche Fördermittel ein. Sie trifft sich dabei mit den Zielsetzungen der meisten Bundesländer. Darüber hinaus lässt auch die äußerst angespannte finanzielle Situation der gesetzlichen Krankenversicherung kaum zusätzliche Belastungen zu.

7 Kurzdarstellung des DRG-Vergütungssystems

Die DRG (Diagnosis Related Groups) sind ein System zur Klassifizierung von stationären Behandlungsfällen in Akutkrankenhäusern. Sie berücksichtigen sowohl ärztliche als auch ökonomische Aspekte. Hauptsächliche Einsatzgebiete sind eine fallbezogene, pauschalierte Vergütung von Krankenhausleistungen, die interne Betriebsführung von Krankenhäusern, die Kostenträgerrechnungen (Kalkulation der Fallkosten) und externe Betriebsvergleiche zwischen Krankenhäusern. Dabei geht es darum, klinisch definierte Gruppen von Patienten zu bilden, die ähnlich hohe Behandlungskosten aufweisen (Kostenhomogenität); vgl. Fischer in Arnold, Litsch, Schellschmidt: Krankenhaus-Report 2000, a.a.O.).

7.1 Entwicklung und Einsatz von DRG-Systemen

In den 70er-Jahren begann man in den USA verschiedene Systeme zur Patientenklassifikation zu entwickeln:

- Diagnosis Related Groups (DRG),
- Disease Staging (D.S.),
- Patient Management Categories (PMC).

Anfangs richtete sich das Hauptaugenmerk auf die Identifikation und die Erklärung von Unterschieden in der Leistung und in der Behandlungsqualität, doch bald erkannte man auch das Potenzial zur Kosteneindämmung. 1983 wurden die DRG in einigen Staaten der USA im Bereich der staatlichen Medicare-Versicherung für Rentner und Behinderte eingesetzt mit dem Ziel der Ausgabenbegrenzung; vgl. Lauterbach/Lüngen, a.a.O.). Dies sorgte für beträchtliches internationales Aufsehen. Die DRG waren zunächst noch gröber gegliedert und mehr auf die Bildung aufwandsgleicher Gruppen ausgerichtet. Es wurde in den folgenden Jahren zunehmend weiterentwickelt und verfeinert.

In den USA sind die Krankenhausärzte in der Regel als Belegärzte tätig, deren Leistungen nicht über das DRG-Vergütungssystem finanziert werden. Da auch die Eingruppierung der Fälle durch nicht-ärztliche Kodierer vorgenommen wird, sind die Ärzte in den USA durch das DRG-System nicht direkt selbst betroffen. Demgegenüber wird die Krankenhausversorgung in der Bundesrepublik Deutschland in der Regel durch hauptamtlich beschäftigte Krankenhausärzte durchgeführt, die eine starke Stellung in der internen Hierarchie einnehmen. Die ärztlichen Leistungen werden zusammen mit den anderen Krankenhausleistungen im Rahmen der Pflegesätze (z.B. Tagessätze oder Fallpauschalen) vergütet. Eine Einführung von DRG ohne intensive Einbeziehung der Ärzteschaft war deshalb nicht denkbar. Vor diesem Hintergrund veranlasste das damals für die Krankenhausfinanzierung zuständige Bundesministerium für Arbeit und Sozialordnung in den Jahren 1991–93. Untersuchungen zur Übertragbarkeit der amerikanischen PMC-Klassifikation. Die Patient-Management-Categories (PMC) sind primär aus ärztlicher Sicht entwickelt worden, bilden somit die unterschiedlichen Patientengruppen auch klinisch recht gut ab. Sie waren bereits damals durch Behandlungsleitlinien unterlegt (PMP). Die Untersuchungen wur-

Kurzdarstellung des DRG-Vergütungssystems

den von Prof. Neubauer, Universität der Bundeswehr in München, durchgeführt. Die Ergebnisse sind als Forschungsberichte des Bundesministerium für Arbeit und Sozialordnung veröffentlicht worden.

Auf Grund der Dominanz der staatlichen Versicherungssysteme in den USA setzten sich dort die DRG langfristig durch. Die Weiterentwicklung der alternativen Systeme wurde nach und nach eingestellt. Das DRG-System wurde mehrfach verfeinert und erweitert. In der Folgezeit wurden in vielen Ländern Modellprojekte mit DRG-Klassifikationen durchgeführt, bei denen die DRG-Klassifikation weiterentwickelt oder an die Bedürfnisse des jeweiligen Landes angepasst wurde. In Australien wurde die erste Version 1992 freigegeben (AN-DRG-Version 1.0) und jährlich überarbeitet.

Überblicke über die Entwicklung von DRG-Systemen und deren Einsatz in verschiedenen Staaten geben Fischer sowie B. Rochell, N. Roeder in Arnold, Litsch, Schellschmidt (Hrsg.): Krankenhausreport 2000, a.a.O.) und F. Rau, M. Schnürer, DRG-Systeme: Wer die Wahl hat, hat die Qual, f&w, Heft 1/2000, S. 46 ff. Hinweise auf einschlägige Internetadressen werden im Verzeichnis der Internetadressen gegeben.

In der Regel werden die DRG eingesetzt, um die **Vereinbarung von Krankenhausbudgets** zu erleichtern, z.B. in Frankreich und Australien. Infolge der hohen Transparenz über Leistungsarten und -mengen eines Krankenhauses, verbunden mit einer ökonomischen Bewertung dieser Leistungen einschließlich der Berücksichtigung von Schweregraden kann das Krankenhausbudget leistungsorientiert vereinbart oder festgelegt werden. Das Krankenhaus erhält in diesen Fällen meist eine monatliche Abschlagszahlung auf das vereinbarte Budget. In **Österreich** werden mit dem dortigen, stark veränderten System von einer zentralen Stelle aus leistungsorientierte Zahlungen für die Summe aller Leistungen eines Krankenhauses geleistet. Dieses System ist vergleichbar mit der Abrechnung von vertragsärztlichen Leistungen durch die Kassenärztlichen Vereinigungen in der Bundesrepublik Deutschland.

Nur die **USA** und nun die Bundesrepublik Deutschland setzen die DRG für die **Abrechnung des einzelnen Krankenhausaufenthalts** eines Patienten ein, wobei für jeden Krankenhausaufenthalt eine Rechnung geschrieben und diese vom Patienten oder seiner Krankenversicherung bezahlt wird. In den USA werden die DRG hauptsächlich für die staatlichen Versicherungsprogramme Medicare und Medicade (Patienten über 65 Jahre, Behindert, Nierenkranke und Sozialhilfeempfänger) eingesetzt. Einige andere Versicherer haben das Vergütungssystem übernommen, andere nicht. Obwohl im Westen der USA rd. 90% und in Chicago 80 – 85% der stationären Fälle mit DRG abgerechnet werden (vgl. Lauterbach/Lüngen, a.a.O., S. 2), dürfte über die ganze USA gesehen die Quote der Anwendung deutlich niedriger liegen, zumal es neben den Privatversicherern auch noch konkurrierende Systeme, z.B. die HMOs (Health Maintenance Organisation) gibt. Die Bundesrepublik **Deutschland** dürfte derzeit der einzige Staat sein, in dem das DRG-Abrechnungssystem grundsätzlich für alle Patienten und damit auch für alle Krankenversicherungen gilt. Damit gibt es nur wenige Möglichkeiten für die Krankenhäuser in Deutschland, ggf. im DRG-Bereich entstehende Verluste durch Verhandlungen mit anderen Versicherungen oder Patienten kompensieren zu können.

7.2 Systematik der australischen DRG-Klassifikation (AR-DRG)

Die Selbstverwaltungspartner nach § 17b KHG haben verschiedene DRG-Systeme untersucht und sich dann für die australischen AR-DRG (Australian Refined – DRG) entschieden. Diese sind ein modernes Refined-DRG-System, das grundsätzlich auch viele neuartigen Therapieansätze berücksichtigt. Es ermöglicht einerseits die Nutzung für differenzierte medizinische Fragestellungen und für Fragen der Qualitätssicherung, ist andererseits für die Abrechnung von Fallpauschalen jedoch auf eine überschaubare und praktikable Zahl von DRG reduziert worden. **Abbildung 16** gibt einen Überblick über die Systematik der AR-DRG.

Überblick

Die AR-DRG, Version 4.1, basiert auf 409 **Basis-DRG (Adjacent DRG, ADRG)**. Eine Basisfallgruppe wird im australischen System medizinisch in fünf Schweregradgruppen unterteilt. Daraus ergeben sich 2017 Fallgruppen. Diese differenzierten Schweregradgruppen werden von der Gruppierungssoftware (Grouper) auch dann angegeben, wenn für Abrechnungszwecke ein niedrigerer Differenzierungsgrad verwendet wird.

Für die Abrechnung der Krankenhausleistungen gegenüber den Patienten oder ihren Krankenkassen wurden die 2017 möglichen DRG-Fallgruppen auf **661 effektiv abrechenbare DRG** reduziert. Dies wurde erreicht, indem Schweregradgruppen zusammengefasst wurden, wenn auf Grund eines vergleichbaren Kostenaufwands (Kostenhomogenität) auf eine ökonomische Differenzierung verzichtet werden konnte.

Die Zuordnung der Behandlungsfälle zu den abrechenbaren DRG wird anhand von Datensätzen durch ein Softwareprogramm vorgenommen, den sog. **Grouper**. Dieser arbeitet – je nach DRG unterschiedlich – mit folgenden **Datenelementen**: Diagnosen, Prozeduren, Geschlecht, Alter, Entlassungsgrund, Verweildauer, Urlaubstage, Aufnahmegewicht, Status der psychiatrischen Zwangseinweisung, Status der Verweildauer ein Belegungstag sowie Dauer der maschinellen Beatmung. Der G-DRG-Grouper kann bis zu 50 Diagnosekodes und bis zu 100 Prozedurenkodes pro Datensatz verarbeiten (vgl. unten). Die Diagnosen werden nach der ICD-10 (Internationale Klassifikation der Krankheiten, 10. Revision, und die Prozeduren (z.B. Operationen, endoskopische Eingriffe) nach dem OPS-301 verschlüsselt; vgl. § 301 SGB V.

Bei der Zuordnung von Behandlungsfällen zu den abrechenbaren DRG-Fallgruppen wird zunächst geprüft, ob Unplausibilitäten oder Fehlkodierungen von Diagnosen oder Prozeduren (z.B. Operationen) vorliegen. Ist dies der Fall, wird eine Eingruppierung in eine von sieben **Fehler-DRG** vorgenommen. Gleichzeitig wird auch geprüft, ob besonders aufwändige Leistungen oder Sondertatbestände wie z.B. eine Langzeitbeatmung vorliegen. In diesen Fällen wird in eine von acht **Pre-MDC** (Prioritätsgruppen) eingruppiert. Fehler-DRG und Pre-MDC sind somit systematisch als Sonderfälle vor die übrige DRG-Systematik gezogen worden. Sie werden bei der Zuordnung von Behandlungsfällen zu den DRG immer zuerst abgeprüft.

Kurzdarstellung des DRG-Vergütungssystems

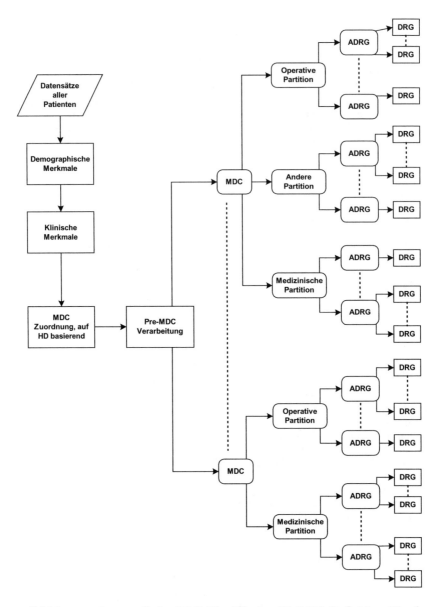

Abbildung 16: Systematik der DRG-Klassifikation (G-DRG, Definitions-Handbuch Band 1, S. 2)

Systematik der australischen DRG-Klassifikation (AR-DRG)

Die übrigen Behandlungsfälle werden anhand der Diagnosenkodierung einer von **23 Hauptgruppen (MDC** = Major Diagnostic Category) zugeordnet, die in der Mehrzahl nach Organsystemen gegliedert sind.

Die MDC wiederum sind untergliedert nach **Partitionen**, d. h. DRG-Gruppen für chirurgische, medizinische und sonstige Leistungen. Die Zuordnung einer Basis-DRG zu den Partitionen hängt hauptsächlich vom Vorhandensein oder Fehlen von Prozeduren ab.

Die Partitionen setzen sich aus den einzelnen **Basis-DRG (ADRG)** zusammen, die ihrerseits in **DRG** mit unterschiedlichen Schweregraden untergliedert werden können.

Einen Überblick über die australische Systematik der DRG-Nummern gibt **Übersicht 9**.

Übersicht 9: Systematik der DRG-Nummern

Die AR-DRG sind durch einen vierstelligen alphanumerischen Schlüssel gekennzeichnet, der systematisch wie folgt aufgebaut ist.
Beispiel für die Zeichenfolge: A 9 9 S

A   Kennzeichnung der MDC-Hauptgruppe (z. B. Organsystem) durch
      – die Buchstaben A bis Z,
      – Ziffer 9 für Fehler-DRGs, z. B. bei unzulässiger Hauptdiagnose;

99   zweistellige numerische Kennzeichnung der Basis-DRG innerhalb der MDC-Gruppe; dabei sind drei separate Bereiche angelegt:
    01 – 39   operative Partition (O):
                   Vorhandensein mindestens einer OR-Prozedur (OR = operativ, Operating Room)
    40 – 59   „andere" Partition (A):
                   keine OR-Prozedur, jedoch mindestens eine NonOR-Prozedur, die für die MDC signifikant ist (NonOR = nichtoperativ, Non-Operating Room), z. B. ein endoskopischer Eingriff außerhalb des OP-Saales.
    60 – 99   medizinische Partition (M):
                   weder eine OR-Prozedur noch eine lokal signifikante NonOR-Prozedur.

S   Schweregradunterteilung der Basis-DRG = abrechenbare DRG:
       A = höchster Ressourcenverbrauch
       B = zweithöchster Ressourcenverbrauch
       C = dritthöchster Ressourcenverbrauch
       D = vierthöchster Ressourcenverbrauch
       Z = keine Unterteilung

Berücksichtigung von Schweregraden

Die Untergliederung der Basis-DRG (ADRG) nach unterschiedlichen Schweregradgruppen **(PCCL** – Patient clinical complexity level) wird über die **Nebendiagnosen** gesteuert; siehe **Abbildung 17**. Das australische DRG-System berücksichtigt dabei nicht nur die schwer wiegendste Nebendiagnose, sondern alle dokumentierten Nebendiagnosen. Diese werden jedoch nicht rein additiv in die

Kurzdarstellung des DRG-Vergütungssystems

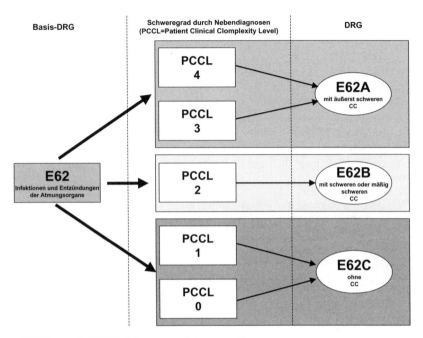

Abbildung 17: DRG-Schweregrad-Systematik

Gewichtung des Falles einbezogen, sondern nach einer ausgeklügelten Gewichtungssystematik. Das AR-DRG-System bewertet sämtliche Nebendiagnosen mit einem eigenen Schweregrad, dem **Complication and Comorbidity Level (CCL)**, der ebenfalls fünf Stufen umfasst. Dabei wird den Nebendiagnosen in Abhängigkeit von der jeweiligen Hauptdiagnose (Grunderkrankung) eine unterschiedliche Gewichtung beigemessen. Nebendiagnosen, die den ökonomischen Behandlungsaufwand für den Patienten stark erhöhen, erhalten eine höhere Gewichtung als andere Nebendiagnosen, die sich ggf. kaum auswirken. Die Gewichtungssystematik sorgt dafür, dass für Patienten mit mehreren gewichtigen Nebendiagnosen ein kumulierter Schweregrad ermittelt und somit eine hohe DRG-Vergütung angesteuert wird. Andererseits wirken sich unbedeutendere oder weitere ähnliche Nebendiagnosen auf die DRG-Vergütung kaum aus. Der Versuch eines Krankenhauses, durch die Angabe möglichst vieler Nebendiagnosen eine rein additive Steigerung des Schweregrades zu erreichen führt somit grundsätzlich nicht zum Erfolg.

Der patientenbezogene Gesamtschweregrad (**PCCL**) wird wie folgt gekennzeichnet:

0 = keine CC (Komplikation oder Komorbidität)
1 = leichte CC
2 = mäßig schwere CC
3 = schwere CC
4 = äußerst schwere CC

Entwicklung einer deutschen DRG-Klassifikation (G-DRG)

Dieser differenzierte Ausweis von Schweregraden kann für Betriebsvergleiche, medizinische Fragestellungen und die Qualitätssicherung genutzt werden. Für die ökonomische Bewertung werden meist mehrere Schweregrade zusammengefasst, wenn auf Grund eines vergleichbaren Kostenaufwands (Kostenhomogenität) auf eine ökonomische Differenzierung verzichtet werden konnte. Durch diese Zusammenfassung konnte in Australien die Zahl abrechenbarer DRG auf 661 begrenzt werden. Von den 409 Basis-DRG im australischen System sind derzeit 206 DRG nicht nach Schweregraden differenziert (sog. Z-DRG).

Beispiel aus dem DRG-Katalog 2003

DRG	Partition	Bezeichnung	Bewertungsrelation bei Hauptabteilung	Höhe der DRG bei Basisfallwert von 2700 €	kalkulierte Verweildauer-Tage
O60A	M	Vaginale Entbindung mit mehreren komplizierenden Diagnosen, mindestens eine schwer	1,080	2 916,00 €	6,9
O60B	M	Vaginale Entbindung mit schwerer komplizierender Diagnose	0,897	2 421,90 €	4,7
O60C	M	Vaginale Entbindung mit mäßig schwerer komplizierender Diagnose	0,862	2 327,40 €	4,5
O60D	M	Vaginale Entbindung ohne komplizierende Diagnose	0,540	1 458,00 €	3,5

Hinweis: Für die Versorgung des Neugeborenen wird grundsätzlich eine eigene DRG zusätzlich in Rechnung gestellt.

7.3 Entwicklung einer deutschen DRG-Klassifikation (G-DRG)

Das DRG-Vergütungssystem wird in der Bundesrepublik Deutschland – wie zuvor in anderen Staaten auch – als **lernendes System** eingeführt. Eine australische Anfangsversion des Fallpauschalenkatalogs wird in mehreren Entwicklungsschritten (Jahren) an die besondere Versorgungssituation angepasst. In dieser Zeit werden die Krankenhäuser durch eine budgetneutrale Einführung in den Jahren 2003 und 2004 sowie eine nur schrittweise Angleichung der Krankenhausbudgets in den Jahren 2005 und 2006 vor zu plötzlichen schwer wiegenden Änderungen geschützt; vgl. Kapitel 6.5.

Zuständig für die Einführung des DRG-Vergütungssystems sind die Selbstverwaltungspartner nach § 17b KHG, d.h. die Spitzenverbände der Krankenkassen und der Verband der privaten Krankenversicherung gemeinsam und die Deutsche Krankenhausgesellschaft; vgl. Kapitel 6.2. Die Selbstverwaltungspartner ha-

Kurzdarstellung des DRG-Vergütungssystems

ben ein DRG-Institut (InEK) gegründet, das die Entwicklungsarbeiten durchführt; siehe unter „www.g-drg.de".

Fallpauschalen-Katalog 2003

Für das Jahr 2003 wurde weitgehend unverändert der australische Fallpauschalenkatalog (Klassifikation) übernommen. Die Höhe der Fallpauschalen (Bewertungsrelationen) wurde erstmals auf der Grundlage deutscher Verweildauern und deutscher Kosten kalkuliert. Grundlage der Kalkulationen waren rd. 500 000 Datensätze von 116 Krankenhäusern, die freiwillig entsprechende Daten geliefert haben. Da die Selbstverwaltungspartner sich hinsichtlich des grundsätzlichen Vorgehens nicht einigen konnten, hat die Deutsche Krankenhausgesellschaft am 24. Juni 2002 das Scheitern der Verhandlungen erklärt. Das Bundesministerium für Gesundheit musste im Rahmen der gesetzlich vorgesehenen Ersatzvornahme nach § 17b Abs. 7 KHG kurzfristig die entsprechenden Entwicklungsarbeiten übernehmen und hat in Zusammenarbeit mit dem DRG-Institut die Projektarbeiten für das Optionsmodell 2003 in Auftrag gegeben. Es hat mit der Verordnung zum Fallpauschalensystem für Krankenhäuser (KFPV) vom 19. September 2002 sowohl die Abrechnungsbestimmungen für das neue DRG-System als auch den Fallpauschalenkatalog für das Jahr 2003 vorgegeben. Dieser Katalog, der im Rahmen des Optionsmodells 2003 als Übungskatalog für Krankenhäuser und Krankenkassen gedacht war (vgl. Kapitel 6.5.2), hat zwangsläufig noch Mängel, die insbesondere auf einer noch nicht zufrieden stellenden Qualität der Datenlieferungen (Kodierung der Diagnosen und Prozeduren; ungenaue Kalkulationsverfahren) beruhen. Dies hat dazu geführt, dass die Spreizung der Entgelte von weniger aufwändigen Leistungen zu den teuren Leistungen der Spitzenversorgung nicht genügend ausgeprägt ist (sog. Kompressionseffekt). Preiswerte Leistungen sind tendenziell überbewertet, teuere Leistungen tendenziell unterbewertet. Darüber hinaus bildet die australische Klassifikation bestimmte medizinische Fachgebiete und Erkrankungen noch nicht ausreichend genug ab, z.B. in den Bereichen Onkologie, Frührehabilitation, HIV, Epilepsie, Geriatrie, Multiple Sklerose oder Rheuma (unvollständige Aufzählung!).

Fallpauschalen-Katalog 2004

Für das Jahr 2004 ist erstmals ein Katalog zu entwickeln, der an die Versorgungsstrukturen und Behandlungsweisen in der Bundesrepublik Deutschland angepasst ist. Als Instrumente stehen grundsätzlich zur Verfügung

- eine veränderte Zuordnung von Diagnosen oder Prozeduren zu einer DRG,
- eine Differenzierung durch Splittung bestehender DRG oder Einführung neuer DRG,
- eine Differenzierung durch Einführung weiterer Schweregrade sowie
- in Ausnahmefällen die Ergänzung der DRG-Fallpauschale durch Zusatzentgelte.

Die für die Weiterentwicklung zuständigen Selbstverwaltungspartner haben hierfür ein formalisiertes Verfahren vereinbart (sog. **strukturiertes Vorschlagsverfahren**). Bis zum 31. März 2003 konnten

Entwicklung einer deutschen DRG-Klassifikation (G-DRG)

- medizinische Fachgesellschaften, Verbände und Krankenhäuser detaillierte Hinweise zur Verbesserung des DRG-Katalogs (Klassifikation) einreichen und

- Krankenhäuser Kalkulationsdatensätze je Krankenhausfall (Patient) liefern, die vom DRG-Institut angenommen und bearbeitet werden.

Die bei dem DRG-Institut eingegangenen Hinweise von medizinischen Fachgesellschaften hatten eine höchst unterschiedliche Qualität. Etliche Fachgesellschaften haben eigenständig oder auf Grund von Beratungen durch Fachleute differenzierte und umsetzbare Vorschläge für ihr Fachgebiet eingereicht. Andere Fachgesellschaften haben zwar umfangreich begründet, warum bestimmte Leistungen mit dem DRG-Fallpauschalenkatalog nicht sachgerecht abgebildet werden, haben aber weder Verbesserungsvorschläge unterbreitet, noch entsprechende Krankenhäuser dazu aufgefordert, Kalkulationsdaten zu ermitteln und bereitzustellen. Ohne eingehende Analysen und Lösungsalternativen wurde vielmehr die Forderung erhoben, aus dem DRG-Fallpauschalensystem ausgenommen zu werden.

Die Kalkulation des Fallpauschalen-Katalogs 2004 wurde vom DRG-Institut der Selbstverwaltungspartner (InEK) erstmals selbst durchgeführt. Dank der professionellen Arbeit des Instituts und des hohen Arbeitseinsatzes seiner Mitarbeiter ist es gelungen, einen ersten deutschen DRG-Fallpauschalen-Katalog zu erstellen, der sich grundlegend von dem nach der australischen Klassifikation gegliederten Katalog des Jahres 2003 unterscheidet.

137 Krankenhäuser, davon 12 Universitätskliniken, haben Kalkulationsdatensätze geliefert. Es wurden nur Datensätze für entlassene Patienten – also abgeschlossene Behandlungsfälle – einbezogen. Insgesamt konnten rd. 2,1 Mio. Datensätzen für vollstationäre Leistungen ausgewertet werden. Das Kalkulationsverfahren wurde insoweit geändert, als von dem für das Jahr 2003 verwendeten geometrischen Verweildauer-Mittel auf das arithmetische Mittel umgestellt wurde. Hierdurch erhöht sich die bei der Kalkulation der einzelnen Fallpauschalen zu Grunde gelegte mittlere Verweildauer und entsprechend die obere Grenzverweildauer um etwa zwei Tage. Die längeren Verweildauern führen jedoch insgesamt nicht zu höheren Krankenhausvergütungen oder Mehrausgaben der Krankenkassen, weil die Fallpauschalen im Rahmen der noch nach altem Recht zu vereinbarenden Krankenhausbudgets eingeführt werden und sich somit entsprechend niedrigere krankenhausindividuelle Basisfallwerte ergeben.

An Stelle von 664 Fallpauschalen im Jahr 2003 stehen mit dem neuen Fallpauschalen-Katalog 2004 nun 824 DRG zur Verfügung. Die meisten Fallpauschalen wurden verändert oder völlig neu gebildet. Dabei wurden für einzelne Basis-DRG bis zu fünf Schweregrade vergeben. Infolge des veränderten Kalkulationsverfahrens, der höheren Zahl der DRG und der Optimierung der DRG-Gruppengliederung ist die Kostenhomogenität der Fallpauschalen wesentlich gestiegen. Alle DRG haben einen Homogenitätskoeffizienten über 51 %. Bei 601 DRG liegt der Homogenitätskoeffizient über 60 %, davon bei 285 DRG über 65 %. Dies sind sehr gute Werte. Der den Bewertungsrelationen zu Grunde liegende kalkulatorische Basisfallwert ist gegenüber dem Vorjahr fast unverändert geblieben.

Darüber hinaus wurde die bisher unzureichende Spreizung der Relativgewichte zwischen einfachen und sehr teuren medizinischen Leistungen (so genannter

Kurzdarstellung des DRG-Vergütungssystems

Kompressionseffekt) stark verbessert. Insbesondere aufwändige Leistungen, die hauptsächlich in Krankenhäusern der Maximalversorgung erbracht werden, werden entsprechend höher vergütet. Auch wenn die Fallpauschalen im Jahr 2004 weiterhin nur die Funktion von Abschlagszahlungen auf das vereinbarte Krankenhausbudget haben, werden sie eine wesentlich leistungsgerechtere Vergütung wiederspiegeln.

Von den bis Ende März 2003 – und in begrenztem Umfang darüber hinaus – von medizinischen Fachgesellschaften und Krankenhäusern im Rahmen des „strukturierten Dialogs" eingereichten Änderungswünschen und -hinweisen wurde eine Reihe von qualifizierten Hinweisen umgesetzt. Andere Hinweise wurden deshalb nicht umgesetzt, weil sich bei der rechentechnischen Katalogoptimierung herausstellte, dass andere Kriterien im Hinblick auf eine bessere Kostenhomogenität für einen DRG-Split geeigneter sind. Anhand der Kalkulationsdaten konnte das InEK jedoch auch für die medizinischen Fachbereiche, die sich im australischen Katalog 2003 nicht ausreichend abgebildet sahen, differenziertere Fallpauschalen entwickeln. Dies gilt z. B. für die Bereiche Intensivtherapie (Langzeitbeatmung), Onkologie, Frührehabilitation, Geriatrie, Pädiatrie, Kinderherzchirurgie, Multiple Sklerose, Rheuma und Unfallchirurgie, AIDS/HIV, Dermatologie sowie Epilepsiezentren. Erstmals enthält der DRG-Fallpauschalen-Katalog auch die Leistungen der Transplantationsmedizin.

Vor dem Hintergrund dieses gravierend verbesserten Fallpauschalen-Katalogs und der auch im Jahr 2004 noch budgetneutralen Einführung des DRG-Systems stellte sich die Frage einer **Ausnahme von bestimmten DRG-Leistungen** aus dem Vergütungssystem nur für wenige Leistungen. In der Fallpauschalenverordnung 2004 werden lediglich 18 DRG ausgewiesen, für die krankenhausindividuelle Entgelte zu verhandeln sind; vgl. Anlage 3 der KFPV 2004. Darüber hinaus wurde eine Notwendigkeit, bestimmte medizinischen Fachbereiche generell aus dem System auszunehmen, nicht gesehen.

Über die Frage, unter welchen Voraussetzungen und auf Grund welcher Kriterien zum Beispiel einzelne spezialisierte Krankenhäuser, Abteilungen oder Stationen als **besondere Einrichtungen** nach § 17b Abs. 1 Satz 15 KHG aus der DRG-Vergütung ausgenommen werden müssen, konnten sich die Selbstverwaltungspartner ebenfalls nicht einigen. Sie erklärten Ende September 2003 gegenüber dem Bundesministerium für Gesundheit und Soziale Sicherung ihr Scheitern. Deshalb ist auch für diesen Tatbestand eine Ersatzvornahme des BMGS durch Rechtsverordnung erforderlich. Dabei dürfte es nicht um die grundsätzliche Herausnahme von medizinischen Fachbereichen gehen (vgl. oben), sondern lediglich um Einzelfallentscheidungen für bestimmte Einrichtungen.

Verbessert wurden auch die Bewertungsrelationen für Patienten, die als sog. **Langlieger** die obere Grenzverweildauer überschreiten und für die entsprechende zusätzliche Tagesentgelte gezahlt werden. Dies gilt insbesondere für die Patienten mit Langzeitbeatmung. Darüber hinaus wurden die nach Überschreitung der oberen Grenzverweildauer gezahlten Entgelte generell angehoben. An Stelle des für den Katalog 2003 verwendeten Faktors 0,6 wurde der Faktor 0,7 verwendet (vgl. § 6 Abs 3 KFPV-2003). Bei einem unveränderten Volumen von fünf bis sechs Prozent der Krankenhausausgaben, das für diese Finanzierung reserviert ist, ergibt sich daraus eine höhere Vergütung einerseits, jedoch auch eine leicht höhere Grenzverweildauer andererseits. Diese bedeutet, dass die zusätzli-

Abrechnungsbestimmungen

che Vergütung etwas später einsetzt. Hierdurch werden diese Mittel besser auf eine leistungsgerechte Vergütung bei besonders aufwändigen Patienten konzentriert.

Im bundesweit geltenden **Zusatzentgelte-Katalog** konnte lediglich ein Zusatzentgelt für die intermittierende Hämodialyse vorgegeben werden; vgl. Anlage 2 der KFPV. Weitere Entgelte konnten wegen fehlender Kalkulationsdaten (Prozedurenangaben, Kostenwerte u. a.) nicht kalkuliert werden. Mit Anlage 4 der KFPV werden deshalb Leistungen benannt, für die krankenhausindividuelle Zusatzentgelte nach § 6 Abs. 1 KFPV vereinbart werden dürfen. Es handelt sich um 25 Leistungen, die grundsätzlich selten und teuer sind, sowie um die nicht mit dem bundeseinheitlichen Zusatzentgelt abgedeckten Formen der Hämodialyse und die Behandlung von Blutern mit Blutgerinnungsfaktoren. Weitere Zusatzentgelte können im Jahr 2004 krankenhausindividuell nicht vereinbart werden. Weiter gehenden Forderungen der DKG nach einer möglichst hohen Zahl von Zusatzentgelten konnte nicht gefolgt werden, weil es die Selbstverwaltungspartner nicht vermocht haben, sich auf entsprechende Kalkulationsgrundsätze zu einigen und für das Vorliegen entsprechender Kalkulationsdaten zu sorgen. Auch grundsätzliche Fragen wurden von den Partnern nicht entschieden. Soll z. B. ein sehr teueres Medikament isoliert betrachtet und gesondert vergütet werden, oder muss ein infolge dieses Medikaments veränderter Behandlungsablauf mit berücksichtigt werden, wie z. B. eine verkürzte Verweildauer. Auch die von der DKG geforderte Festsetzung von Zusatzentgelten auf der Basis von Expertenbefragungen und gesonderten Erhebungen von Einkaufspreisen war im Hinblick auf die bereits unter der Zuständigkeit der Selbstverwaltungspartner verstrichene Zeit und einem bis aufs Äußerste belasteten InEK von Anfang an unrealistisch. Zusatzentgelte wurden bisher häufig vereinbart, um besonders teure Leistungen zu vergüten, die mit dem nicht leistungsbezogenen, durchschnittlichen Abteilungspflegesatz je Tag nicht sachgerecht vergütet werden konnten. Inwieweit Zusatzentgelte neben einer viel leistungsorientierteren und auf bestimmte Erkrankungen bezogenen DRG-Vergütung noch erforderlich sind, kann sich erst nach Analyse des neuen DRG-Fallpauschalen-Katalogs 2004 zeigen. Grundsätzlich kann über künftige Zusatzentgelte nur dort diskutiert werden, wo eine sachgerechte Vergütung mit den Fallpauschalen – d. h. im Rahmen einer Durchschnittsbetrachtung – nicht möglich ist. Vor diesem Hintergrund ist für das Jahr 2004, in dem die DRG-Fallpauschalen grundsätzlich noch die Funktion von Abschlagszahlungen auf das herkömmlich nach der Bundespflegesatzverordnung verhandelte Krankenhausbudget haben, eine enge Regelung für Zusatzentgelte erforderlich. Die Krankenhäuser erhalten statt der durchschnittlichen Abteilungspflegesätze und ggf. ergänzender Zusatzentgelte nun eine leistungsorientiert kalkulierte und somit ggf. hohe Fallpauschale.

7.4 Abrechnungsbestimmungen

Die Abrechnungsbestimmungen für das DRG-Vergütungssystem wurden für das Jahr 2003 im Rahmen der Ersatzvornahme vom Bundesministerium für Gesundheit in Zusammenarbeit mit einer Expertengruppe entwickelt und mit der „Verordnung zum Fallpauschalensystem für Krankenhäuser" (KFPV) vom

Kurzdarstellung des DRG-Vergütungssystems

19. September 2002 verbindlich vorgegeben. Für das Jahr 2004 hat das Bundesministerium mit der Fallpauschalenverordnung vom Oktober 2003 (KFPV 2004) die Abrechnungsbestimmungen wiederum im Rahmen einer Ersatzvornahme vorgegeben. Der Verordnungstext ist in der Anlage abgedruckt. Die Abrechnungsbestimmungen werden auch in den nächsten Jahren weiterentwickelt werden.

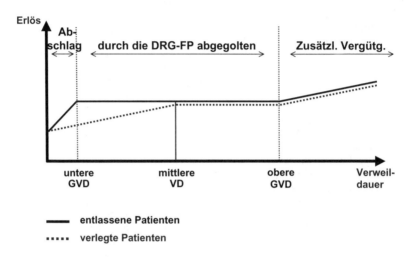

Abbildung 18: Abrechnung von DRG

Einen Überblick über die Abrechnung von Fallpauschalen in Abhängigkeit von Verlegungen, kurzen Verweildauern unterhalb der unteren Grenzverweildauer und langen Verweildauern oberhalb der oberen Grenzverweildauer gibt **Abbildung 18**. Zur Ermittlung der Anzahl der Tage, für die bei Über- oder Unterschreitung der Grenzverweildauer sowie bei Verlegungen Zu- oder Abschläge von der DRG vorgenommen werden müssen, hat das Bundesministerium für Gesundheit und Soziale Sicherung im November 2002 Formeln bekannt gegeben; vgl. **Übersicht 10**.

Jedes Krankenhaus rechnet eigenständig eine Fallpauschale ab

Die KFPV hat den Grundsatz festgelegt, dass jedes Krankenhaus eigenständig eine Fallpauschale abrechnet (§ 1 Abs. 1 Satz 1 KFPV). Dies gilt auch für den Fall der Verlegung von Patienten in ein anderes Krankenhaus oder im Falle von Verlegungsketten. Die Krankenhäuser können somit unabhängig voneinander abrechnen und sind auch bei der Verlegung von Patienten nicht auf Diagnose- oder Prozeduren-Angaben anderer Krankenhäuser angewiesen.

Abrechnungsbestimmungen

Abschläge bei Verlegung von Patienten

Im Verlegungsfall kann somit das erste Krankenhaus eine operative DRG, das zweite Krankenhaus für die Weiterbehandlung eine konservative DRG abrechnen. Diese eigenständige Abrechnung von zwei Fallpauschalen könnte in der Summe zu einer höheren Vergütung führen, als wäre der Patient ohne Verlegung im ersten Krankenhaus zu Ende behandelt worden. § 1 Abs. 1 Satz 3 i.V.m. § 2 KFPV gibt deshalb vor, dass bei Verlegungen die Fallpauschalen zu kürzen sind, wenn die im Fallpauschalen-Katalog für die konkrete DRG ausgewiesene mittlere Verweildauer nicht erreicht wird. Die mittlere Verweildauer kennzeichnet die Zahl der Tage, für die die Fallpauschale durchschnittlich kalkuliert ist. Liegt die Verweildauer des Patienten beim einzelnen Krankenhausaufenthalt unter dieser mittleren Verweildauer, so wird die Fallpauschale für jeden fehlenden Tag um einen bestimmten Betrag gekürzt. Dieser Kürzungsbetrag ist im Fallpauschalen-Katalog (siehe **Anlage 6**) für die einzelnen DRG vorgegeben (Spalte 11). Er wird ermittelt, indem die Fallpauschale grundsätzlich durch ihre mittlere Verweildauer dividiert wird. Allerdings werden zuvor die Kosten des OP-Moduls oder vergleichbarer Module (vgl. § 5 Abs. 2 KFPV) abgezogen. Die Kosten der **Hauptleistung** werden im Verlegungsfall also ungekürzt vergütet. Außerdem wird im Ergebnis der erste Tag des Krankenhausaufenthalts wegen des erhöhten Aufwands für Diagnostik und Behandlung doppelt gewichtet.

Zusätzliche Vergütung bei Überschreiten der Grenzverweildauer

Jede Fallpauschale gilt für eine bestimmte Bandbreite der Verweildauer des Patienten im Krankenhaus. In dieser Bandbreite, die durch die obere und die untere Grenzverweildauer begrenzt wird, werden die Leistungen pauschal mit einer Fallpauschale vergütet. Wird die obere Grenzverweildauer erreicht (Spalte 9), erhält das Krankenhaus für jeden weiteren Verweildauertag des Patienten zusätzlich zur Fallpauschale ein tagesbezogenes Entgelt. Dessen Höhe ist im Fallpauschalen-Katalog vorgegeben (Spalte 10). Es wird ermittelt, indem von der jeweiligen Fallpauschale (Bewertungsrelation) zunächst das OP-Modul abgezogen und die Restsumme durch die mittlere Verweildauer dividiert wird. Somit wird bei teuren Behandlungen, für die eine hohe Fallpauschale festgelegt ist, auch ein hoher Tagesbetrag zusätzlich gezahlt. Die Festsetzung eines Maximalabstandes für die obere Grenzverweildauer (Kappungsgrenze; § 6 Abs. 1 und 2 KFPV) bewirkt – im Vergleich zu alternativen Ansätzen – eine besondere Berücksichtigung von schweren Behandlungsfällen. Insgesamt orientiert sich diese Regelung an einem Verfahren, das im Auftrag der Health Care Financing Administration (HCFA) in den USA entwickelt wurde.

Abschläge bei Unterschreitung der unteren Grenzverweildauer

Für die untere Grenzverweildauer wurde auf das australische Verfahren zurückgegriffen, weil das von der amerikanischen HCFA für die obere Grenzverweildauer entwickelte Verfahren bei einer analogen Anwendung für die Ermittlung der unteren Grenzverweildauer zu nicht sachgerechten Ergebnissen führen würde. Zum Beispiel wären bei Fallpauschalen mit großer Verweildauer-Bandbreite auch negative Werte zu erwarten. § 7 KFPV gibt deshalb die untere Grenzverweildauer in Höhe von einem Drittel der mittleren Verweildauer vor. Ist beispielsweise eine Fallpauschale mit einer mittleren Verweildauer von 9 Ta-

Kurzdarstellung des DRG-Vergütungssystems

gen kalkuliert worden, so gilt die Leistung bei einer Verweildauer des Patienten von 3 Tagen noch in vollem Umfang als erbracht; sie wird ungekürzt gezahlt. Wird diese untere Grenzverweildauer unterschritten, so gilt die definierte Leistung als nicht mehr in vollem Umfang erbracht. Deshalb werden in dem genannten Beispiel bei zwei Tagen Verweildauer (Belegungstage) nur zwei Drittel der Fallpauschale und bei einem Tag Verweildauer nur ein Drittel der Fallpauschale gezahlt. Allerdings bleibt auch hier das OP-Modul ungekürzt.

Übersicht 10: Ermittlung der Zahl der Tage mit DRG-Zuschlägen oder -Abschlägen

---

1. Unterschreiten der unteren Grenzverweildauer (UGVD)

$$\left(\text{Erster Tag mit Abschlag} - \text{tatsächliche Verweildauer} \right) + 1 = \text{Zahl der Abschlagstage}$$

nach Katalog [Spalte 7] *

2. Überschreiten der oberen Grenzverweildauer (OGVD)

$$\left(\text{tatsächliche Verweildauer} - \text{Erster Tag zusätzliches Entgelt} \right) + 1 = \text{Zahl der Abschlagstage}$$

nach Katalog [Spalte 9] *

3. Verlegungen

$$\text{mittlere Verweildauer} - \text{tatsächliche Verweildauer} = \text{Zahl der Abschlagstage}$$

nach Katalog [Spalte 6]

* Die Angaben beziehen sich auf den Fallpauschalen-Katalog für Hauptabteilungen. Beim Fallpauschalen-Katalog für belegärztliche Versorgung sind die entsprechenden Werte aus den Spalten 9 oder 11 zu verwenden.

Die Vorgabe einer unteren Grenzverweildauer wurde von der Mehrheit der Spitzenverbände der Krankenkassen und von der DKG eingefordert. Die Regelung soll einer medizinisch nicht gerechtfertigten, zu frühen Entlassung entgegenwirken. Sie kann somit auch als Patientenschutzregel verstanden werden.

Fallzusammenführung bei Wiederaufnahmen

Umstritten war zwischen den zuständigen Selbstverwaltungspartnern, ob Abrechnungsbestimmungen erforderlich sind, die im Falle von Wiederaufnahmen von Patienten Doppelabrechnungen der Krankenhäuser verhindern. Die Krankenkassen schätzten die Möglichkeiten von Krankenhäusern zur Erlösoptimierung durch Aufteilung von bisher einheitlichen Krankenhausaufenthalten auf mehrere Fälle oder durch die Kombination von voll- und teilstationären Leistungen als hoch ein. Die DKG lehnte Anrechnungsregeln, wie sie z.B. bei der nachstationären Behandlung bereits bestehen (§ 8 Abs. 2 Satz 3 Nr. 4 KHEntgG) grundsätzlich ab. In einem Vermittlungsgespräch und einem darauf folgenden Schreiben an die Selbstverwaltungspartner vom 16. Mai 2003 hatte das Bundesministerium bereits zu erkennen gegeben, dass es grundsätzlich die Sorgen der

Abrechnungsbestimmungen

Krankenkassen für berechtigt, den vorgeschlagenen Lösungsansatz jedoch für zu undifferenziert und zu weit gehend hält. In insgesamt acht Sitzungen hat nun eine Gruppe unabhängiger Experten unter Leitung des Bundesministeriums einen differenzierten Lösungsansatz erarbeitet.

Für den Fall der Wiederaufnahme von Patienten in dasselbe Krankenhaus sieht § 2 KFPV 2004 unter bestimmten Voraussetzungen die Zusammenfassung von mehreren Krankenhausaufenthalten zu einem Gesamtfall und dessen Neueinstufung in eine DRG-Fallpauschale vor. Einen Überblick gibt **Abbildung 19**.

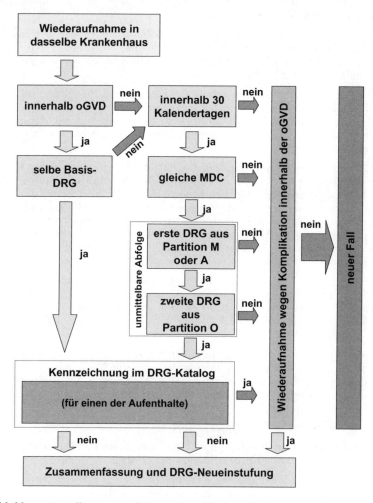

Abbildung 19: Fallzusammenführung bei Wiederaufnahmen (Quelle: Rau, das Krankenhaus, 11/2003, S. 848, modifiziert)

Kurzdarstellung des DRG-Vergütungssystems

Soweit für einen der Aufenthalte bereits eine Rechnung des Krankenhauses geschrieben wurde, ist diese zu stornieren. Die Regelung entspricht der bisherigen Regelung bei Rückverlegungen (§ 2 Abs. 3 KFPV-2003). Ziel ist es, künftige Erlösoptimierungsstrategien von Krankenhäusern durch Fallsplitting von vornherein unattraktiv zu machen. Dagegen sollen bereits heute bestehende, sinnvolle Behandlungsketten mit mehreren Krankenhausaufenthalten durch entsprechende Kennzeichnung im Fallpauschalen-Katalog von dieser Regelung ausgenommen werden. Diese Ausnahmen gelten insbesondere für die Bereiche Geburtshilfe, Onkologie, HIV-Behandlung und Dialyse.

Die Zusammenfassung von Krankenhausaufenthalten und deren Neueinstufung ist in folgenden Fällen durchzuführen:

- Bei Wiederaufnahmen innerhalb der *oberen Grenzverweildauer* der Fallpauschale, bei denen der erneute Aufenthalt in dieselbe *Basis-DRG* (dieselbe Grunderkrankung mit stärker oder geringer ausgeprägtem Schweregrad) eingestuft wird, sowie bei Komplikationen.

- Bei einer Splittung von Diagnostik und Operation in zwei Fälle, wenn die Wiederaufnahme für den zweiten Fall innerhalb von *30 Kalendertagen* ab Aufnahmedatum erfolgt. Die Identifizierung der Fallgestaltung „Diagnostik und Therapie" wird technisch geregelt über die entsprechenden *Partitionen* des DRG-Systems.

Die Regelung ist bewusst so angelegt, dass über die Fallzusammenlegung anhand von DRG-Nummern oder Partitionen sowie von Fristen entschieden wird. Somit können die Entscheidungen im Massengeschäft der Abrechnung durch die EDV getroffen werden. Beurteilungsspielräume der Betroffenen und somit Streit zwischen Kassen und Krankenhäusern sollen so vermieden werden. Die Expertengruppe war bemüht, möglichst keine Therapieformen, bei denen mehrere Krankenhausaufenthalte sinnvoll sind, zu behindern. Eine allgemein gültige Regelung muss jedoch auch gewisse Pauschalierungen in Kauf nehmen.

Nach Schätzungen der Experten, die für das Bundesministerium gearbeitet haben, fallen unter die Regelung zur Zusammenfassung etwa ein Drittel der derzeitigen Wiederaufnahmen. Zielsetzung ist es in erster Linie, für die Zukunft zusätzliche ökonomisch bedingte Fallsplitts nach Einführung des DRG-Systems zu verhindern.

Mit den Vorgabe des neuen § 2 zur Fallzusammenfassung und Neueinstufung wird ein einheitliches Schema eingeführt für normale Wiederaufnahmen, Wiederaufnahmen bei Komplikationen und Rückverlegungen. Insgesamt werden damit die Abrechnungsregeln vereinheitlicht und somit vereinfacht.

Krankenhausindividuelle Vereinbarung teilstationärer Leistungen

Unter den Selbstverwaltungspartnern, aber auch unter Fachleuten ist derzeit noch umstritten, ob künftig für teilstationäre Leistungen

- die vollstationären Fallpauschalen vermindert z.B. um Unterkunfts- und Verpflegungskosten abgerechnet (sog. Spaltenlösung) oder

- ein eigenständiger Entgeltkatalog für teilstationäre Entgelte erstellt (sog. Zeilenlösung) werden sollte. Darüber hinaus ist wohl die Sorge der Krankenkassen, dass auf Grund ungenügender rechtlicher Abgrenzungen des Begriffes „teilstationäre Vergütung" die Krankenhäuser unter dieser Bezeichnung unkontrolliert in die ambulante Versorgung einsteigen könnten, nicht unbegründet. Bereits heute werden Leistungen als stationär abgerechnet, bei denen durchaus zu prüfen wäre, ob es sich in vielen Fällen nicht um eine Art ambulanter Behandlung handelt. Hinzu kommt, dass eine Kalkulation von Entgelten für teilstationäre Leistungen anhand der Kalkulationsdaten nicht möglich war. Hierfür sind verschiedene Umstände ursächlich, insbesondere die bisher fehlende einheitliche Abgrenzung teilstationärer Fällen (Fallzählung) sowie infolge dessen die nicht eindeutige Zuordnung von Diagnosen, Prozeduren und Kosten.

Diese Ausgangssituation spricht dafür, für das Jahr 2004 noch keine teilstationären Entgelte vorzugeben. § 6 Abs. 1 KFPV 2004 sieht nunmehr vor, dass teilstationäre Leistungen des Krankenhauses – wie immer wieder von der DKG auch für andere Leistungen gefordert – krankenhausindividuell zu vereinbaren sind. Lediglich für Dialysen, die innerhalb eines Kalendertages durchgeführt werden, wird im Fallpauschalen-Katalog eine neue Fallpauschale ausgewiesen, die bei teilstationärer Leistungserbringung abzurechnen ist.

Begrenzte Abrechnung teilstationärer Entgelte nach Fallpauschalen

Mit der Zielsetzung, Erlösoptimierungen an der Schnittstelle von Fallpauschalen und nachfolgender teilstationärer Behandlung zu unterbinden, sieht der Verordnungsentwurf in § 6 Abs. 2 vor, dass innerhalb der oberen Grenzverweildauer ein tagesbezogenes Entgelt nach § 6 Abs. 1 KHEntgG nicht zusätzlich abgerechnet werden kann. Diese Vorgabe entspricht der schon seit Jahren bestehenden Regelung zur nachstationären Behandlung (§ 8 Abs 2 Satz 3 Nr. 4 KHEntgG). Von dieser Regelung werden jedoch teilstationäre Entgelte für Leistungen der Onkologie, der Schmerztherapie und für die Behandlung von HIV-Patienten sowie für teilstationäre Dialyseeinrichtungen ausgenommen.

Übergangsregelung für Optionskrankenhäuser

Entgegen gesetzlicher Vorschriften werden die Krankenhausbudgets und Entgelte seit Jahren nicht mehr prospektiv für das folgende Kalenderjahr, sondern zum Großteil erst sehr spät während des bereits laufenden Jahres verhandelt. Für solche Fälle verspäteter Budgetabschlüsse gilt grundsätzlich § 15 Abs. 1 Satz 3 KHEntgG, nach dem „die bisher geltenden Entgelte" weiter zu erheben sind. Satz 3 zweiter Halbsatz stellt klar, dass dies auch für Krankenhäuser gilt, die das DRG-Vergütungssystem im Jahr 2003 „oder" im Jahr 2004 einführen. Demnach rechnen Krankenhäuser, die das DRG-System im Jahr 2004 einführen, aber noch keine entsprechende Budgetvereinbarung getroffen haben, weiterhin die Fallpauschalen und tagesgleichen Pflegesätze nach der BPflV ab.

Optionskrankenhäusern, die das DRG-System bereits im Jahr 2003 eingeführt haben, fallen nicht unter Satz 3 zweiter Halbsatz. Es stellt sich somit die Frage, was abzurechnen ist. § 9 KFPV 2004 gibt deshalb vor, dass Optionskrankenhäuser ab dem 1. Januar 2004 nach dem neuen Fallpauschalen-Katalog und den neuen Abrechnungsbestimmungen abrechnen. Die Höhe der abzurechnenden Fallpauschalen ergibt sich in diesem Fall entsprechend der grundsätzlichen Vor-

Kurzdarstellung des DRG-Vergütungssystems

gaben des § 15 Abs. 1 Satz 3 KHEntgG durch die Gewichtung mit dem krankenhausindividuell vereinbarten Basisfallwert des Jahres 2003.

Eine grundsätzlich denkbare Alternative, für Optionskrankenhäuser weiterhin die DRG-Fallpauschalen 2003 abzurechnen, ist nicht praktikabel. Von den Krankenkassen und übrigen Sozialleistungsträgern müssten zwei grundsätzlich unterschiedliche DRG-Kataloge vorgehalten werden, zu denen auch unterschiedliche Diagnose- und Prozedurenkataloge und unterschiedliche Kodierrichtlinien gehören. Darüber hinaus würde die parallele Abrechnung zweier Kataloge zu unterschiedlichen Kalkulationsdatensätzen sowie Leistungsdatensätzen nach § 21 KHEntgG führen, die an das DRG-Institut geliefert würden. Damit würde die Datengrundlage für die gesetzlich vorgeschriebene jährliche Weiterentwicklung des DRG-Systems weitgehend zerstört.

Die Vorgabe des § 9 KFPV zur Abrechnung nach dem neuen DRG-Katalog 2004 dürfte infolge der größeren Spreizung der Relativgewichte für die Übergangszeit bis zur Vereinbarung und Abrechnung des krankenhausindividuellen Basisfallwerts 2004 folgende Auswirkungen haben:

– Für Optionskrankenhäuser unterer Versorgungsstufen könnte es zu einer leichten Absenkung der abrechenbaren Entgelte kommen. Diese Absenkung dürfte durch die inzwischen verbesserte Kodierung von Diagnosen und Prozeduren (sog. Rightcoding, Upcoding) kompensiert werden.

– Bei Optionskrankenhäusern der Maximalversorgung werden infolge der höheren Vergütung besonders aufwändiger Leistungen zusätzliche Einnahmen entstehen. Auf diese Situation können die Krankenkassen durch frühzeitigere und zügige Budgetverhandlungen reagieren.

In beiden Fällen handelt es sich lediglich um Liquiditätseffekte, weil die vereinbarte Höhe des Krankenhausbudgets hierdurch nicht beeinflusst wird und die Effekte bei der Verhandlung des Basisfallwerts 2004 berücksichtigt werden (§ 15 KHEntgG).

TEIL I: Krankenhausentgeltgesetz – Text

Gesetz über die Entgelte für voll- und teilstationäre Krankenhausleistungen (Krankenhausentgeltgesetz – KHEntgG)

in der Fassung von Artikel 5 des Gesetzes zur Einführung des diagnoseorientierten Fallpauschalensystems für Krankenhäuser (Fallpauschalengesetz – FPG) vom 23. April 2002 (BGBl. I S. 1412), zuletzt geändert durch Artikel 15 des GKV-Modernisierungsgesetzes vom 14. November 2003 (BGBl. I S. 2190).

Inhaltsübersicht

ERSTER ABSCHNITT: Allgemeine Vorschriften
- § 1 Anwendungsbereich
- § 2 Krankenhausleistungen

ZWEITER ABSCHNITT: Vergütung der Krankenhausleistungen
- § 3 Vereinbarung eines Gesamtbetrags für die Jahre 2003 und 2004
- § 4 Vereinbarung eines Erlösbudgets für die Jahre 2005 und 2006
- § 5 Vereinbarung von Zu- und Abschlägen
- § 6 Vereinbarung sonstiger Entgelte

DRITTER ABSCHNITT: Entgeltarten und Abrechnung
- § 7 Entgelte für allgemeine Krankenhausleistungen
- § 8 Berechnung der Entgelte

VIERTER ABSCHNITT: Vereinbarungsverfahren
- § 9 Vereinbarung auf Bundesebene
- § 10 Vereinbarung auf Landesebene
- § 11 Vereinbarung für das einzelne Krankenhaus
- § 12 Vorläufige Vereinbarung
- § 13 Schiedsstelle
- § 14 Genehmigung
- § 15 Laufzeit

FÜNFTER ABSCHNITT: Gesondert berechenbare ärztliche und andere Leistungen
- § 16 Gesondert berechenbare ärztliche und andere Leistungen
- § 17 Wahlleistungen
- § 18 Belegärzte
- § 19 Kostenerstattung der Ärzte

SECHSTER ABSCHNITT: Sonstige Vorschriften
- § 20 Zuständigkeit der Krankenkassen auf Landesebene
- § 21 Übermittlung und Nutzung von DRG-Daten

Anlage 1: Aufstellung der Entgelte und Budgetermittlung (AEB)

ERSTER ABSCHNITT: Allgemeine Vorschriften

§ 1 Anwendungsbereich

(1) Die vollstationären und teilstationären Leistungen der Krankenhäuser werden nach diesem Gesetz und dem Krankenhausfinanzierungsgesetz vergütet.

(2) Dieses Gesetz gilt auch für die Vergütung von Leistungen der Bundeswehrkrankenhäuser, soweit diese Zivilpatienten behandeln, und der Krankenhäuser der Träger der gesetzlichen Unfallversicherung, soweit nicht die gesetzliche Unfallversicherung die Kosten trägt. Im Übrigen gilt dieses Gesetz nicht für

1. Krankenhäuser, auf die das Krankenhausfinanzierungsgesetz nach seinem § 3 Satz 1 keine Anwendung findet,

2. Krankenhäuser, die nach § 5 Abs. 1 Nr. 2, 4 oder 7 des Krankenhausfinanzierungsgesetzes nicht gefördert werden,

3. Krankenhäuser oder Krankenhausabteilungen, die nach § 17b Abs. 1 Satz 1 zweiter Halbsatz des Krankenhausfinanzierungsgesetzes nicht in das DRG-Vergütungssystem einbezogen sind,

4. das Jahr 2003 für Krankenhäuser, die nach § 17b Abs. 4 Satz 4 bis 7 des Krankenhausfinanzierungsgesetzes das DRG-Vergütungssystem noch nicht anwenden; § 21 ist auch von diesen Krankenhäusern anzuwenden.

(3) Die vor- und nachstationäre Behandlung wird für alle Benutzer einheitlich nach § 115a des Fünften Buches Sozialgesetzbuch vergütet. Die ambulante Durchführung von Operationen und sonstiger stationsersetzender Eingriffe wird für die gesetzlich versicherten Patienten nach § 115b des Fünften Buches Sozialgesetzbuch und für sonstige Patienten nach den für sie geltenden Vorschriften, Vereinbarungen oder Tarifen vergütet.

§ 2 Krankenhausleistungen

(1) Krankenhausleistungen nach § 1 Abs. 1 sind insbesondere ärztliche Behandlung, Krankenpflege, Versorgung mit Arznei-, Heil- und Hilfsmitteln, die für die Versorgung im Krankenhaus notwendig sind, sowie Unterkunft und Verpflegung; sie umfassen allgemeine Krankenhausleistungen und Wahlleistungen. Zu den Krankenhausleistungen gehören nicht die Leistungen der Belegärzte (§ 18) sowie der Beleghebammen und -entbindungspfleger.

(2) Allgemeine Krankenhausleistungen sind die Krankenhausleistungen, die unter Berücksichtigung der Leistungsfähigkeit des Krankenhauses im Einzelfall nach Art und Schwere der Krankheit für die medizinisch zweckmäßige und ausreichende Versorgung des Patienten notwendig sind. Unter diesen Voraussetzungen gehören dazu auch

1. die während des Krankenhausaufenthalts durchgeführten Maßnahmen zur Früherkennung von Krankheiten im Sinne des Fünften Buches Sozialgesetzbuch,

2. die vom Krankenhaus veranlassten Leistungen Dritter,

3. die aus medizinischen Gründen notwendige Mitaufnahme einer Begleitperson des Patienten,

4. die besonderen Aufgaben von Zentren und Schwerpunkten für die stationäre Versorgung von Patienten, insbesondere die Aufgaben von Tumorzentren und geriatrischen Zentren sowie entsprechenden Schwerpunkten,

5. die Frührehabilitation im Sinne von § 39 Abs. 1 Satz 3 des Fünften Buches Sozialgesetzbuch.

Nicht zu den Krankenhausleistungen nach Satz 2 Nr. 2 gehört eine Dialyse, wenn hierdurch eine entsprechende Behandlung fortgeführt wird, das Krankenhaus keine eigene Dialyseeinrichtung hat und ein Zusammenhang mit dem Grund der Krankenhausbehandlung nicht besteht.

ZWEITER ABSCHNITT: Vergütung der Krankenhausleistungen

§ 3 Vereinbarung eines Gesamtbetrags für die Jahre 2003 und 2004

(1) Das Vergütungssystem nach § 17b des Krankenhausfinanzierungsgesetzes wird in den Jahren 2003 und 2004 für das Krankenhaus budgetneutral eingeführt. Zur Berücksichtigung von Leistungsveränderungen und zur Beurteilung der Höhe der nicht mit Fallpauschalen und Zusatzentgelten finanzierten Leistungen nach § 6 ist der Krankenhausvergleich nach § 5 der Bundespflegesatzverordnung anzuwenden. Für die Jahre 2003 und 2004 dürfen die nach § 11 Abs. 4 vorzulegenden Nachweise über Art und Anzahl der Fallpauschalen nur für die Ermittlung des krankenhausindividuellen Basisfallwerts nach den Vorgaben des Absatzes 4 und zur Erörterung der Leistungsstruktur verwendet werden. Für das Jahr 2003 gilt § 6 Abs. 3, § 6 Abs. 5 sowie § 7 Abs. 1 Satz 2 Nr. 4 und für das Jahr 2004 § 6 Abs. 2, § 6 Abs. 5 sowie § 7 Abs. 1 Satz 2 Nr. 4 der Bundespflegesatzverordnung entsprechend für den Gesamtbetrag.

(2) Für ein Krankenhaus, das nach § 17b Abs. 4 Satz 4 bis 7 des Krankenhausfinanzierungsgesetzes das Vergütungssystem für das Jahr 2003 anwendet, ist ein Gesamtbetrag in entsprechender Anwendung von § 6 Abs. 1 der Bundespflegesatzverordnung zu vereinbaren; dabei entscheidet im Falle des § 6 Abs. 1 Satz 4 Nr. 1 der Bundespflegesatzverordnung die Schiedsstelle nach § 13 nicht. Grundlage der Vereinbarung ist der für das Jahr 2002 vereinbarte Gesamtbetrag. Dieser wird entsprechend den Vorgaben des Absatzes 3 Satz 3 bis 5 verändert und aufgeteilt; dies gilt nicht für Satz 3 Nr. 1 Buchstabe b.

(3) Für das Jahr 2004 ist ein Gesamtbetrag in entsprechender Anwendung von § 6 Abs. 1 der Bundespflegesatzverordnung zu vereinbaren; dabei entscheidet im Falle des § 6 Abs. 1 Satz 4 Nr. 1 der Bundespflegesatzverordnung die Schiedsstelle nach § 13 nicht. Grundlage der Vereinbarung ist der für das Jahr 2003 vereinbarte Gesamtbetrag. Dieser wird

1. vermindert um

    a) die Entgeltanteile, die auf die Leistungsbereiche entfallen, die nach § 17b Abs. 1 Satz 1 zweiter Halbsatz des Krankenhausfinanzierungsgesetzes nicht dem DRG-Vergütungssystem unterliegen,

    b) *(aufgehoben)*

    c) Finanzierungsbeträge nach § 18b des Krankenhausfinanzierungsgesetzes in der bis zum 31. Dezember 2003 geltenden Fassung, soweit deren Finanzierungsgrund entfallen ist,

    d) anteilige Kosten für Leistungen, die im Vereinbarungszeitraum in andere Versorgungsbereiche verlagert werden,

I · KHEntgG § 3

e) Kosten für Leistungen, die im Vereinbarungszeitraum erstmals im Rahmen von Modellvorhaben nach § 63 des Fünften Buches Sozialgesetzbuch vergütet werden,

f) darin enthaltene Kosten für Leistungen für ausländische Patienten, soweit diese nach Absatz 7 aus dem Gesamtbetrag ausgegliedert werden,

2. erhöht um die Abzüge nach Nummer 2 des Abschnitts K 5 der Anlage 1 zur Bundespflegesatzverordnung, soweit die vor- und nachstationäre Behandlung bei Fallpauschalen nicht mehr abgerechnet werden kann,

3. bereinigt um darin enthaltene Ausgleiche sowie Ausgleichszahlungen auf Grund von Berichtigungen für Vorjahre.

Der für das Jahr 2004 vereinbarte Gesamtbetrag ist sachgerecht aufzuteilen auf

1. die Fallpauschalen und Zusatzentgelte nach § 17b des Krankenhausfinanzierungsgesetzes (Erlösbudget) einschließlich der noch nicht ausgegliederten sonstigen Zu- und Abschläge nach § 7 Satz 1 Nr. 4; zu den Fallpauschalen gehören auch die Entgelte bei Überschreitung der oberen Grenzverweildauer sowie die um Abschläge verminderten Fallpauschalen bei Unterschreitung der unteren Grenzverweildauer und bei Verlegungen,

2. *(aufgehoben)*,

3. die voll- und teilstationären Leistungen, die nach dem Krankenhausfinanzierungsgesetz vergütet, jedoch noch nicht von den Fallpauschalen und Zusatzentgelten erfasst werden (§ 6 Abs. 1).

Der Gesamtbetrag und das Erlösbudget nach Satz 4 Nr. 1 sind um die Ausgleiche und Berichtigungen für Vorjahre zu verändern; bei einer Berichtigung ist zusätzlich zu der Berichtigung des bisherigen Budgets (Basisberichtigung) ein entsprechender Ausgleich durchzuführen. Für ein Krankenhaus, das nach Absatz 2 das Vergütungssystem für das Jahr 2003 angewendet hat, gilt Satz 3 Nr. 1 Buchstabe a und Nr. 2 im Jahr 2004 nicht.

(4) Für die Abrechnung der Fallpauschalen sind in den Jahren 2003 und 2004 krankenhausindividuelle Basisfallwerte zu ermitteln. Dazu wird von dem jeweiligen veränderten Erlösbudget nach Absatz 3 Satz 5 die Summe der Zusatzentgelte abgezogen und der sich ergebende Betrag durch die Summe der Bewertungsrelationen der vereinbarten Behandlungsfälle dividiert. Der für das jeweilige Jahr geltende Basisfallwert ist der Abrechnung der Fallpauschalen zu Grunde zu legen.

(5) Bei einem Krankenhaus oder Teilen eines Krankenhauses, dessen Investitionskosten weder nach dem Krankenhausfinanzierungsgesetz noch nach dem Hochschulbauförderungsgesetz gefördert werden und dessen krankenhausindividueller Basisfallwert niedriger ist als der geschätzte durchschnittliche Basisfallwert der Krankenhäuser in dem Land, sind auf Antrag des Krankenhauses für neue Investitionsmaßnahmen in dem Gesamtbetrag nach Absatz 2 Satz 1 oder Absatz 3 Satz 4 zusätzlich Investitionskosten nach § 17 Abs. 5 Satz 3 des Krankenhausfinanzierungsgesetzes in Verbindung mit § 8 der Bundespflegesatzverordnung zu berücksichtigen. Dies gilt entsprechend für Krankenhäuser oder Teile von Krankenhäusern, die auf Grund einer Vereinbarung nach § 8 Abs. 1 Satz 2 des Krankenhausfinanzierungsgesetzes nur teilweise gefördert werden.

(6) Weicht im Jahr 2003 oder 2004 die Summe der auf das Kalenderjahr entfallenden Erlöse des Krankenhauses nach Absatz 3 Satz 4 von dem veränderten Gesamtbetrag nach Absatz 3 Satz 5 ab, werden die Mehr- oder Mindererlöse nach Maßgabe der folgenden Sätze ausgeglichen. Mindererlöse werden im Jahr 2003 zu 95 vom Hundert und im Jahr 2004 zu 40 vom Hundert ausgeglichen. Mehrerlöse aus Fall-

pauschalen, die infolge einer veränderten Kodierung von Diagnosen und Prozeduren entstehen, werden vollständig ausgeglichen. Sonstige Mehrerlöse werden im Jahr 2003 zu 75 vom Hundert und im Jahr 2004 zu 65 vom Hundert ausgeglichen. Die Vertragsparteien können im Voraus einen von Satz 4 abweichenden Ausgleich vereinbaren, insbesondere für Leistungen mit einem sehr hohen Sachkostenanteil. Für den Bereich der Fallpauschalen werden die sonstigen Mehrerlöse nach Satz 4 vereinfacht ermittelt, indem folgende Faktoren miteinander multipliziert werden:

1. zusätzlich erbrachte Behandlungsfälle gegenüber den bei der Ermittlung des krankenhausindividuellen Basisfallwerts nach Absatz 4 Satz 1 zu Grunde gelegten Behandlungsfällen,

2. Mittelwert der vereinbarten Bewertungsrelationen je Fall; dieser wird ermittelt, indem die Summe der Bewertungsrelationen nach Absatz 4 Satz 2 durch die vereinbarten Behandlungsfälle im Fallpauschalenbereich dividiert wird, und

3. krankenhausindividueller Basisfallwert nach Absatz 4 Satz 1.

Soweit das Krankenhaus oder eine andere Vertragspartei nachweist, dass die sonstigen Mehrerlöse nach Satz 4 infolge von Veränderungen der Leistungsstruktur mit der vereinfachten Ermittlung nach Satz 6 zu niedrig oder zu hoch bemessen sind, ist der Betrag der sonstigen Mehrerlöse entsprechend anzupassen. Die Mehrerlöse nach Satz 3 infolge einer veränderten Kodierung von Diagnosen und Prozeduren werden ermittelt, indem von den insgesamt angefallenen Mehrerlösen im Fallpauschalenbereich die Mehrerlöse nach Satz 6 abgezogen werden. Mehr- oder Mindererlöse aus Zusatzentgelten für die Behandlung von Blutern sowie auf Grund von Abschlägen nach § 8 Abs. 4 werden nicht ausgeglichen. Zur Ermittlung der Mehr- oder Mindererlöse hat der Krankenhausträger eine vom Jahresabschlussprüfer bestätigte Aufstellung über die Erlöse nach Absatz 3 Satz 4 vorzulegen.

(7) Auf Verlangen des Krankenhauses werden Leistungen für ausländische Patienten, die mit dem Ziel einer Krankenhausbehandlung in die Bundesrepublik Deutschland einreisen, nicht im Rahmen des Gesamtbetrags vergütet.

(8) Die Vertragsparteien sind an den Gesamtbetrag gebunden. Auf Verlangen einer Vertragspartei ist bei wesentlichen Änderungen der der Vereinbarung des Gesamtbetrags zu Grunde gelegten Annahmen der Gesamtbetrag für das laufende Kalenderjahr neu zu vereinbaren. Die Vertragsparteien können im Voraus vereinbaren, dass in bestimmten Fällen der Gesamtbetrag nur teilweise neu vereinbart wird. Der Unterschiedsbetrag zum bisherigen Gesamtbetrag ist über den neu vereinbarten Gesamtbetrag abzurechnen; § 15 Abs. 2 Satz 2 gilt entsprechend.

§ 4 Vereinbarung eines Erlösbudgets für die Jahre 2005 und 2006

(1) Jeweils zum 1. Januar 2005, 2006 und 2007 werden der krankenhausindividuelle Basisfallwert und das Erlösbudget des Krankenhauses (§ 3 Abs. 3 Satz 4 Nr. 1) stufenweise an den landesweit geltenden Basisfallwert nach § 10 und das sich daraus ergebende DRG-Erlösvolumen angeglichen. Zur Berücksichtigung von Leistungsveränderungen bei der Vereinbarung des Erlösbudgets können Krankenhausvergleiche auf der Grundlage von DRG-Leistungsdaten herangezogen werden.

(2) Ausgangswert für die Ermittlung des Erlösbudgets für das Jahr 2005 ist das vereinbarte Erlösbudget nach § 3 Abs. 3 Satz 4 Nr. 1 für das Jahr 2004, dessen Basis nach § 3 Abs. 3 Satz 5 berichtigt ist; dieses wird

I · KHEntgG § 4

1. vermindert um

   a) die Kosten der ab dem 1. Januar 2005 über sonstige Zuschläge nach § 7 Satz 1 Nr. 4 zu finanzierenden Tatbestände,

   b) voraussichtliche Erlöse für neue Untersuchungs- und Behandlungsmethoden, soweit diese Leistungen in dem Erlösbudget 2004 enthalten sind und im Jahr 2005 nach § 6 Abs. 2 vergütet werden,

   c) Finanzierungsbeträge nach § 18b des Krankenhausfinanzierungsgesetzes in der bis zum 31. Dezember 2003 geltenden Fassung, soweit deren Finanzierungsgrund entfallen ist,

   d) anteilige Kosten für Leistungen, die im Vereinbarungszeitraum in andere Versorgungsbereiche verlagert werden,

   e) Kosten für Leistungen, die im Vereinbarungszeitraum erstmals im Rahmen von Modellvorhaben nach § 63 des Fünften Buches Sozialgesetzbuch vergütet werden,

   f) die nach Absatz 10 auszugliedernden Leistungen für ausländische Patienten, soweit diese in dem Gesamtbetrag für das Jahr 2004 enthalten sind,

   g) die Zahlungen nach § 17a Abs. 5 Satz 4 des Krankenhausfinanzierungsgesetzes für Ausbildungsstätten und anteilige Ausbildungsvergütungen; steht bei der Budgetvereinbarung die Höhe der Zahlungen noch nicht endgültig fest, sind diese in der voraussichtlich zu erwartenden Höhe abzuziehen; eine Abweichung zu der dem Krankenhaus zustehenden Höhe der Zahlungen ist bei der Budgetvereinbarung für das Jahr 2006 als Berichtigung des Erlösbudgets 2005 und mit entsprechender Ausgleichszahlung für das Jahr 2005 zu berücksichtigen,

2. bereinigt um darin enthaltene Ausgleiche und Ausgleichszahlungen auf Grund von Berichtigungen für Vorjahre,

3. erhöht um den Erlösbetrag nach § 3 Abs. 3 Satz 4 Nr. 3,

4. erhöht um Mehrkosten auf Grund der Umsetzung des Gesetzes über die Berufe in der Krankenpflege und zur Änderung anderer Gesetze.

(3) Ausgangswert für die Ermittlung des Erlösbudgets für das Jahr 2006 ist das Erlösbudget 2005 nach Absatz 5 Satz 2; dieses wird

1. vermindert um die Tatbestände nach Absatz 2 Nr. 1 Buchstabe b bis f,

2. erhöht um die voraussichtlichen Erlöse aus Entgelten nach § 7 Satz 1 Nr. 1 und 2, soweit bisher nach § 6 Abs. 2 vergütete Leistungen in das DRG-Vergütungssystem einbezogen werden.

(4) Als Zielwert für die Angleichung nach Absatz 1 wird für die Jahre 2005 und 2006 jeweils ein DRG-Erlösvolumen für das Krankenhaus vereinbart, indem Art und Menge der voraussichtlich zu erbringenden Fallpauschalen mit dem jeweils geltenden Basisfallwert nach § 10 bewertet werden und die ermittelte Erlössumme um die voraussichtliche Erlössumme aus Zusatzentgelten erhöht wird; Zusatzentgelte für die Behandlung von Blutern werden nicht einbezogen. Der Betrag nach Satz 1 ist um die Abschläge nach § 17b Abs. 1 Satz 4 des Krankenhausfinanzierungsgesetzes zu vermindern.

(5) Der für die Angleichung nach Absatz 1 maßgebliche Angleichungsbetrag für das Jahr 2005 wird ermittelt, indem der Ausgangswert nach Absatz 2 von dem Zielwert 2005 nach Absatz 4 abgezogen und das Ergebnis durch drei geteilt wird. Zur Ermittlung des Erlösbudgets für das Jahr 2005 werden der Ausgangswert nach Absatz 2

§ 4 KHEntgG · I

und der Angleichungsbetrag nach Satz 1 unter Beachtung des Vorzeichens addiert; in den in Artikel 1 Abs. 1 des Einigungsvertrages genannten Ländern sind die Auswirkungen einer Angleichung der Höhe der Vergütung nach dem Bundes-Angestelltentarifvertrag an die im übrigen Bundesgebiet geltende Höhe hinzuzurechnen.

(6) Der für die Angleichung nach Absatz 1 maßgebliche Angleichungsbetrag für das Jahr 2006 wird ermittelt, indem der Ausgangswert nach Absatz 3 von dem Zielwert 2006 nach Absatz 4 abgezogen und das Ergebnis durch zwei geteilt wird. Zur Ermittlung des Erlösbudgets für das Jahr 2006 werden der Ausgangswert nach Absatz 3 und der Angleichungsbetrag nach Satz 1 unter Beachtung des Vorzeichens addiert; Absatz 5 Satz 2 zweiter Halbsatz gilt entsprechend.

(7) Zur Ermittlung der in den Jahren 2005 und 2006 geltenden krankenhausindividuellen Basisfallwerte ist das Erlösbudget nach Absatz 5 Satz 2 oder Absatz 6 Satz 2

1. zu vermindern um die voraussichtlichen Erlöse aus Zusatzentgelten und

2. zu verändern um noch durchzuführende, vorgeschriebene Ausgleiche und Berichtigungen für Vorjahre; bei einer Berichtigung ist zusätzlich zu der Berichtigung des bisherigen Budgets (Basisberichtigung) ein entsprechender Ausgleich durchzuführen.

Das veränderte Erlösbudget nach Satz 1 wird durch die Summe der Bewertungsrelationen der vereinbarten Behandlungsfälle dividiert. Der sich ergebende Basisfallwert ist der Abrechnung der Fallpauschalen zu Grunde zu legen.

(8) Bei einem Krankenhaus oder Teilen eines Krankenhauses, dessen Investitionskosten weder nach dem Krankenhausfinanzierungsgesetz noch nach dem Hochschulbauförderungsgesetz gefördert werden und dessen krankenhausindividueller Basisfallwert niedriger ist als der Basisfallwert nach § 10, sind auf Antrag des Krankenhauses für neue Investitionsmaßnahmen in dem Erlösbudget zusätzlich Investitionskosten nach § 8 der Bundespflegesatzverordnung bis zur Höhe des festgelegten Basisfallwerts zu berücksichtigen. Dies gilt entsprechend für Krankenhäuser oder Teile von Krankenhäusern, die auf Grund einer Vereinbarung nach § 8 Abs. 1 Satz 2 des Krankenhausfinanzierungsgesetzes nur teilweise gefördert werden.

(9) Weicht die Summe der auf das Kalenderjahr entfallenden Erlöse des Krankenhauses aus Fallpauschalen und Zusatzentgelten nach § 7 Satz 1 Nr. 1 und 2 von dem Erlösbudget nach Absatz 5 Satz 2 oder Absatz 6 Satz 2, das um Ausgleiche und Berichtigungen nach Absatz 7 Satz 1 Nr. 2 verändert worden ist, ab, werden die Mehr- oder Mindererlöse nach Maßgabe der folgenden Sätze ausgeglichen. Mindererlöse werden zu 40 vom Hundert ausgeglichen. Mehrerlöse aus Fallpauschalen, die infolge einer veränderten Kodierung von Diagnosen und Prozeduren entstehen, werden vollständig ausgeglichen. Sonstige Mehrerlöse werden zu 65 vom Hundert ausgeglichen. Die Vertragsparteien können im Voraus einen von Satz 4 abweichenden Ausgleich vereinbaren, insbesondere für Leistungen mit einem sehr hohen Sachkostenanteil. Für den Bereich der Fallpauschalen werden die sonstigen Mehrerlöse nach Satz 4 vereinfacht ermittelt, indem folgende Faktoren miteinander multipliziert werden:

1. zusätzlich erbrachte Behandlungsfälle gegenüber den bei der Ermittlung des DRG-Erlösvolumens nach Absatz 4 Satz 1 zu Grunde gelegten Behandlungsfällen,

2. Mittelwert der vereinbarten Bewertungsrelationen je Fall; dieser wird ermittelt, indem die Summe der Bewertungsrelationen nach Absatz 7 Satz 2 durch die vereinbarten Behandlungsfälle im Fallpauschalenbereich dividiert wird, und

3. krankenhausindividueller Basisfallwert nach Absatz 7 Satz 3.

Soweit das Krankenhaus oder eine andere Vertragspartei nachweist, dass die sonstigen Mehrerlöse nach Satz 4 infolge von Veränderungen der Leistungsstruktur mit der vereinfachten Ermittlung nach Satz 6 zu niedrig oder zu hoch bemessen sind, ist der Betrag der sonstigen Mehrerlöse entsprechend anzupassen. Die Mehrerlöse nach Satz 3 infolge einer veränderten Kodierung von Diagnosen und Prozeduren werden ermittelt, indem von den insgesamt angefallenen Mehrerlösen im Fallpauschalenbereich die Mehrerlöse nach Satz 6 abgezogen werden. Mehr- oder Mindererlöse aus Zusatzentgelten für die Behandlung von Blutern sowie auf Grund von Abschlägen nach § 8 Abs. 4 werden nicht ausgeglichen. Zur Ermittlung der Mehr- oder Mindererlöse hat der Krankenhausträger eine vom Jahresabschlussprüfer bestätigte Aufstellung über die Erlöse nach § 7 Satz 1 Nr. 1 und 2 vorzulegen.

(10) Auf Verlangen des Krankenhauses werden Leistungen für ausländische Patienten, die mit dem Ziel einer Krankenhausbehandlung in die Bundesrepublik Deutschland einreisen, nicht im Rahmen des Erlösbudgets vergütet.

(11) Die Vertragsparteien nach § 11 sind an das Erlösbudget gebunden. Auf Verlangen einer Vertragspartei ist bei wesentlichen Änderungen der der Vereinbarung des Erlösbudgets zu Grunde gelegten Annahmen das Erlösbudget für das laufende Kalenderjahr neu zu vereinbaren. Die Vertragsparteien können im Voraus vereinbaren, dass in bestimmten Fällen das Erlösbudget nur teilweise neu vereinbart wird. Der Unterschiedsbetrag zum bisherigen Erlösbudget ist über das neu vereinbarte Erlösbudget abzurechnen; § 15 Abs. 2 Satz 2 gilt entsprechend.

(12) Falls für den Zeitraum ab dem Jahr 2007 eine andere gesetzliche Regelung nicht in Kraft getreten ist, sind für die Ermittlung des Erlösbudgets Absatz 4 und für die Berücksichtigung von Ausgleichen und Berichtigungen für Vorjahre Absatz 7 Satz 1 entsprechend anzuwenden. Die Absätze 9 und 10 sind anzuwenden.

(13) Zur Verbesserung der Arbeitszeitbedingungen vereinbaren die Vertragsparteien für die Jahre 2003 bis 2009 jährlich einen zusätzlichen Betrag bis zur Höhe von 0,2 vom Hundert des Erlösbudgets und der Erlössumme nach § 6 Abs. 3 Satz 1. Wurde für ein Kalenderjahr ein Betrag nicht vereinbart, kann für das Folgejahr ein zusätzlicher Betrag bis zur Höhe von 0,4 vom Hundert vereinbart werden. Voraussetzung ist, dass das Krankenhaus nachweist, dass auf Grund einer schriftlichen Vereinbarung mit der Arbeitnehmervertretung, die eine Verbesserung der Arbeitszeitbedingungen zum Gegenstand hat, zusätzliche Personalkosten zur Einhaltung der Regelungen des Arbeitszeitrechts zu finanzieren sind. Ist bereits für ein Kalenderjahr ein Betrag vereinbart worden, wird dieser um einen für das Folgejahr neu vereinbarten Betrag kumulativ erhöht. Der dem Krankenhaus nach den Sätzen 1 bis 4 insgesamt zustehende Betrag wird außerhalb des Erlösbudgets und der Erlössumme nach § 6 Abs. 3 durch einen Zuschlag auf die abgerechnete Höhe der DRG-Fallpauschalen und die Zusatzentgelte (§ 3 Abs. 3 Satz 4 Nr. 1) sowie auf die sonstigen Entgelte nach § 6 Abs. 1 Satz 1 finanziert und gesondert in der Rechnung ausgewiesen. Die Höhe des Zuschlags ist anhand eines Vomhundertsatzes zu berechnen, der aus dem Verhältnis der für die Verbesserung der Arbeitszeitbedingungen insgesamt vereinbarten Beträge einerseits und der Summe aus Erlösbudget und Erlössumme nach § 6 Abs. 3 andererseits zu ermitteln und von den Vertragsparteien zu vereinbaren ist. Soweit für die Jahre 2003 und 2004 entsprechende Beträge nach § 6 Abs. 5 der Bundespflegesatzverordnung vereinbart wurden, sind diese aus dem Erlösbudget auszugliedern und ab dem Jahr 2005 durch den Zuschlag nach Satz 5 zu finanzieren. Kommt eine Vereinbarung nicht zu Stande, entscheidet die Schiedsstelle nach § 13 auf Antrag einer Vertragspartei. Soweit die in der Betriebsvereinbarung festgelegten und mit dem zusätzlichen Betrag finanzierten Maßnahmen nicht umgesetzt werden, ist der Betrag ganz oder teilweise zurückzuzahlen.

(14) Mehrkosten im Falle der Abschaffung des Arztes im Praktikum werden in den Jahren 2004 bis 2006 außerhalb des Erlösbudgets und der Erlössumme nach § 6 Abs. 3 durch einen Zuschlag auf die abgerechnete Höhe der DRG-Fallpauschalen und die Zusatzentgelte (§ 3 Abs. 3 Satz 4 Nr. 1) sowie auf die sonstigen Entgelte nach § 6 Abs. 1 Satz 1 finanziert. Die Höhe des Zuschlags ist anhand eines Vomhundertsatzes zu berechnen, der aus dem Verhältnis der Mehrkosten einerseits sowie der Summe aus Erlösbudget und Erlössumme nach § 6 Abs. 3 andererseits zu ermitteln und von den Vertragsparteien zu vereinbaren ist. Kommt eine Vereinbarung nicht zu Stande, entscheidet die Schiedsstelle nach § 13 auf Antrag einer Vertragspartei. Der Zuschlag ist in der Rechnung des Krankenhauses mit dem Zuschlag nach Absatz 13 zusammenzufassen.

§ 5 Vereinbarung von Zu- und Abschlägen

(1) Die nach § 9 Abs. 1 Satz 1 Nr. 3 vereinbarten Regelungen für bundeseinheitliche Zu- und Abschläge nach § 17b Abs. 1 Satz 4 und 5 des Krankenhausfinanzierungsgesetzes sind für die Vertragsparteien nach § 11 verbindlich. Auf Antrag einer Vertragspartei ist zu prüfen, ob bei dem Krankenhaus die Voraussetzungen für einen Zu- oder Abschlag vorliegen. Wurde für einen Tatbestand ein bundeseinheitlicher Zu- oder Abschlagsbetrag festgelegt, der für die Zwecke der Berechnung gegenüber den Patienten oder den Kostenträgern auf eine krankenhausindividuelle Bezugsgröße, beispielsweise die Fallzahl oder eine Erlössumme, umgerechnet werden muss, so vereinbaren die Vertragsparteien gemäß den bundeseinheitlichen Vereinbarungen den sich daraus ergebenden krankenhausindividuellen Abrechnungsbetrag oder -prozentsatz.

(2) Für die Vorhaltung von Leistungen, die auf Grund des geringen Versorgungsbedarfs mit den Fallpauschalen nicht kostendeckend finanzierbar und zur Sicherstellung der Versorgung der Bevölkerung bei einem Krankenhaus notwendig ist, vereinbaren die Vertragsparteien nach § 11 unter Anwendung der Maßstäbe und Einhaltung der Vorgaben nach § 17b Abs. 1 Satz 6 bis 8 des Krankenhausfinanzierungsgesetzes Sicherstellungszuschläge. Sie haben dabei zu prüfen, ob die Leistung durch ein anderes geeignetes Krankenhaus, das diese Leistungsart bereits erbringt, ohne Zuschlag erbracht werden kann. Kommt eine Einigung nicht zu Stande, entscheidet die für die Krankenhausplanung zuständige Landesbehörde. Die Vertragsparteien nach § 11 vereinbaren die Höhe des Zuschlags.

§ 6 Vereinbarung sonstiger Entgelte

(1) Für Leistungen, die

1. in den Jahren 2003 und 2004 noch nicht von den DRG-Fallpauschalen und Zusatzentgelten erfasst werden oder

2. in den Jahren 2005 und 2006 noch nicht mit den DRG-Fallpauschalen und Zusatzentgelten sachgerecht vergütet werden können,

und für besondere Einrichtungen nach § 17b Abs. 1 Satz 15 des Krankenhausfinanzierungsgesetzes vereinbaren die Vertragsparteien nach § 11 fall- oder tagesbezogene Entgelte oder in eng begrenzten Ausnahmefällen Zusatzentgelte, sofern die Leistungen oder besonderen Einrichtungen nach Feststellung der Vertragsparteien nach § 9 oder in einer Verordnung nach § 17b Abs. 7 Satz 1 Nr. 3 des Krankenhausfinanzierungsgesetzes von der Anwendung der DRG-Fallpauschalen und Zusatzentgelte ausgenommen sind. Die Entgelte sind sachgerecht zu kalkulieren; die Empfehlungen nach § 9 Abs. 1 Satz 1 Nr. 4 sind zu beachten.

(2) Für die Vergütung neuer Untersuchungs- und Behandlungsmethoden, die mit den Fallpauschalen und Zusatzentgelten nach § 7 Satz 1 Nr. 1 und 2 noch nicht sachgerecht vergütet werden können und die nicht gemäß § 137c des Fünften Buches Sozialgesetzbuch von der Finanzierung ausgeschlossen worden sind, sollen die Vertragsparteien nach § 11 erstmals für das Kalenderjahr 2005 zeitlich befristete, fallbezogene Entgelte oder Zusatzentgelte vereinbaren. Die Entgelte sind sachgerecht zu kalkulieren; die Empfehlungen nach § 9 Abs. 1 Satz 1 Nr. 4 sind zu beachten. Vor der Vereinbarung einer gesonderten Vergütung hat das Krankenhaus bis zum 31. Oktober von den Vertragsparteien nach § 9 eine Information einzuholen, ob die neue Methode mit den bereits vereinbarten Fallpauschalen sachgerecht abgerechnet werden kann. Nach Vereinbarung eines Entgelts melden die Vertragsparteien Art und Höhe an die Vertragsparteien nach § 9. Diese können eine Bewertung der Untersuchungs- und Behandlungsmethode nach § 137c des Fünften Buches Sozialgesetzbuch veranlassen; § 137c Abs. 1 Satz 1 des Fünften Buches Sozialgesetzbuch bleibt unberührt. Für das Schiedsstellenverfahren nach § 13 kann eine Stellungnahme des Gemeinsamen Bundesausschusses nach § 137c des Fünften Buches Sozialgesetzbuch eingeholt werden.

(3) Werden krankenhausindividuelle Entgelte für Leistungen oder besondere Einrichtungen nach Absatz 1 Satz 1 vereinbart, ist für diese Entgelte eine Erlössumme zu bilden. Für die Vereinbarung dieser Erlössumme gilt die Bundespflegesatzverordnung entsprechend, insbesondere die Vorschriften für die Vereinbarung eines Gesamtbetrags nach § 6, die Mehr- und Mindererlösausgleiche nach § 12 und die vorzulegenden Verhandlungsunterlagen nach § 17 Abs. 4; dabei entscheidet im Falle des § 6 Abs. 1 Satz 4 Nr. 1 die Schiedsstelle nicht. Soweit Fallpauschalen oder Zusatzentgelte vereinbart werden, gelten die Mehr- oder Mindererlösausgleiche nach § 11 Abs. 8 und die Verhandlungsunterlagen nach § 17 Abs. 4 in Verbindung mit den Anlagen 1 und 2 in der bis zum 31. Dezember 2003 geltenden Fassung der Bundespflegesatzverordnung. Das Bundesministerium für Gesundheit und Soziale Sicherung kann in einer Rechtsverordnung nach § 17b Abs. 7 Satz 1 des Krankenhausfinanzierungsgesetzes abweichende Regelungen treffen.

(4) Sind Erlösanteile nach Absatz 3 bei der letzten Budgetvereinbarung noch in dem Erlösbudget nach § 3 Abs. 3 Satz 4 Nr. 1 oder § 4 enthalten gewesen, ist das Erlösbudget entsprechend zu vermindern. Werden Erlösanteile nach Absatz 3 bei der nächsten Budgetvereinbarung nicht mehr vereinbart, ist das Erlösbudget entsprechend zu erhöhen.

DRITTER ABSCHNITT: Entgeltarten und Abrechnung

§ 7 Entgelte für allgemeine Krankenhausleistungen

Die allgemeinen Krankenhausleistungen werden gegenüber den Patienten oder ihren Kostenträgern mit folgenden Entgelten abgerechnet:

1. Fallpauschalen nach dem auf Bundesebene vereinbarten Entgeltkatalog (§ 9),

2. Zusatzentgelte nach dem auf Bundesebene vereinbarten Entgeltkatalog (§ 9),

3. ergänzende Entgelte bei Überschreitung der Grenzverweildauer der Fallpauschale (§ 9 Abs. 1 Satz 1 Nr. 1),

4. der Zuschlag für Ausbildungsstätten und Ausbildungsvergütungen und sonstige Zu- und Abschläge ab dem 1. Januar 2005 (§ 17b Abs. 1 Satz 4 und 6 des Krankenhausfinanzierungsgesetzes),

5. Entgelte für Leistungen, die noch nicht von den auf Bundesebene vereinbarten Fallpauschalen und Zusatzentgelten erfasst werden (§ 6 Abs. 1),

6. Entgelte für neue Untersuchungs- und Behandlungsmethoden, die noch nicht in die Entgeltkataloge nach § 9 Abs. 1 Satz 1 Nr. 1 und 2 aufgenommen worden sind (§ 6 Abs. 2),

7. Qualitätssicherungszuschläge nach § 17b Abs. 1 Satz 5 des Krankenhausfinanzierungsgesetzes sowie Qualitätssicherungsabschläge nach § 8 Abs. 4,

8. der DRG-Systemzuschlag nach § 17b Abs. 5 des Krankenhausfinanzierungsgesetzes.

Mit diesen Entgelten werden alle für die Versorgung des Patienten erforderlichen allgemeinen Krankenhausleistungen vergütet.

§ 8 Berechnung der Entgelte

(1) Die Entgelte für allgemeine Krankenhausleistungen sind für alle Benutzer des Krankenhauses einheitlich zu berechnen; § 17 Abs. 5 des Krankenhausfinanzierungsgesetzes bleibt unberührt. Bei Patienten, die im Rahmen einer klinischen Studie behandelt werden, sind die Entgelte für allgemeine Krankenhausleistungen nach § 7 zu berechnen. Die Entgelte dürfen nur im Rahmen des Versorgungsauftrags berechnet werden; dies gilt nicht für die Behandlung von Notfallpatienten. Der Versorgungsauftrag des Krankenhauses ergibt sich

1. bei einem Plankrankenhaus aus den Festlegungen des Krankenhausplans in Verbindung mit den Bescheiden zu seiner Durchführung nach § 6 Abs. 1 in Verbindung mit § 8 Abs. 1 Satz 3 des Krankenhausfinanzierungsgesetzes sowie einer ergänzenden Vereinbarung nach § 109 Abs. 1 Satz 4 des Fünften Buches Sozialgesetzbuch,

2. bei einer Hochschulklinik aus der Aufnahme der Hochschule in das Hochschulverzeichnis nach § 4 des Hochschulbauförderungsgesetzes und dem Krankenhausplan nach § 6 Abs. 1 des Krankenhausfinanzierungsgesetzes sowie einer ergänzenden Vereinbarung nach § 109 Abs. 1 Satz 4 des Fünften Buches Sozialgesetzbuch,

3. bei anderen Krankenhäusern aus dem Versorgungsvertrag nach § 108 Nr. 3 des Fünften Buches Sozialgesetzbuch.

(2) Fallpauschalen werden für die Behandlungsfälle berechnet, die in dem Fallpauschalen-Katalog nach § 9 Abs. 1 Satz 1 Nr. 1 bestimmt sind. Für die Patienten von Belegärzten werden gesonderte Fallpauschalen berechnet. Zusätzlich zu einer Fallpauschale dürfen berechnet werden:

1. Zusatzentgelte nach dem Katalog nach § 9 Abs. 1 Satz 1 Nr. 2, insbesondere für die Behandlung von Blutern mit Blutgerinnungsfaktoren sowie für eine Dialyse, wenn die Behandlung des Nierenversagens nicht die Hauptleistung ist,

2. Zu- und Abschläge nach § 5 und ein Zuschlag nach § 4 Abs. 13 und 14,

3. ein in dem Fallpauschalen-Katalog festgelegtes Entgelt für den Fall der Überschreitung der Grenzverweildauer,

4. eine nachstationäre Behandlung nach § 115a des Fünften Buches Sozialgesetzbuch, soweit die Summe aus den stationären Belegungstagen und den vor- und nachstationären Behandlungstagen die Grenzverweildauer der Fallpauschale übersteigt; eine vorstationäre Behandlung ist neben der Fallpauschale nicht ge-

sondert berechenbar; dies gilt auch für eine entsprechende Behandlung von Privatpatienten als allgemeine Krankenhausleistung,

5. ein Zuschlag nach § 139 c des Fünften Buches Sozialgesetzbuch.

(3) Krankenhäuser in dem in Artikel 3 des Einigungsvertrages genannten Gebiet berechnen bis zum 31. Dezember 2014 für jeden Tag des Krankenhausaufenthalts mit Ausnahme des Entlassungstags (Belegungstage) den Investitionszuschlag nach Artikel 14 Abs. 3 des Gesundheitsstrukturgesetzes. Bei teilstationärer Behandlung wird der Zuschlag auch für den Entlassungstag berechnet.

(4) Hält das Krankenhaus seine Verpflichtungen zur Qualitätssicherung nicht ein, sind von den Fallpauschalen und Zusatzentgelten Abschläge nach § 137 Abs. 1 Satz 3 Nr. 5 des Fünften Buches Sozialgesetzbuch vorzunehmen.

(5) Wird ein Patient, für den zuvor eine Fallpauschale berechnet wurde, im Zeitraum von der Entlassung bis zur Grenzverweildauer der abgerechneten Fallpauschale wegen einer Komplikation im Zusammenhang mit der durchgeführten Leistung wieder in dasselbe Krankenhaus aufgenommen, darf eine Fallpauschale nicht erneut berechnet werden; nach Überschreitung der oberen Grenzverweildauer dürfen die entsprechenden belegungstagesbezogenen Entgelte berechnet werden. Wurden bei der Abrechnung der Fallpauschale Abschläge wegen Unterschreitung der unteren Grenzverweildauer vorgenommen, darf für jeden Belegungstag ab Wiederaufnahme ein Betrag in Höhe des Abschlagsbetrags nachberechnet werden, höchstens jedoch bis zur Summe der beim ersten Aufenthalt vorgenommenen Abschläge. Wird ein Patient beurlaubt, ist dies im Falle der Überschreitung der Grenzverweildauer auf der Rechnung auszuweisen. Die Regelungen der Sätze 1 bis 3 können durch eine abweichende Vereinbarung der Vertragsparteien nach § 17 b Abs. 2 Satz 1 des Krankenhausfinanzierungsgesetzes oder eine abweichende Vorgabe durch eine Rechtsverordnung nach § 17 b Abs. 7 des Krankenhausfinanzierungsgesetzes ersetzt werden.

(6) Werden die mit einer Fallpauschale vergüteten Leistungen ohne Verlegung des Patienten durch mehrere Krankenhäuser erbracht, wird die Fallpauschale durch das Krankenhaus berechnet, das den Patienten stationär aufgenommen hat.

(7) Das Krankenhaus kann eine angemessene Vorauszahlung verlangen, wenn und soweit ein Krankenversicherungsschutz nicht nachgewiesen wird. Ab dem achten Tag des Krankenhausaufenthalts kann das Krankenhaus eine angemessene Abschlagszahlung verlangen, deren Höhe sich an den bisher erbrachten Leistungen in Verbindung mit der Höhe der voraussichtlich zu zahlenden Entgelte zu orientieren hat. Die Sätze 1 bis 2 gelten nicht, soweit andere Regelungen über eine zeitnahe Vergütung der allgemeinen Krankenhausleistungen in für das Krankenhaus verbindlichen Regelungen nach den §§ 112 bis 114 des Fünften Buches Sozialgesetzbuch oder in der Vereinbarung nach § 11 Abs. 1 getroffen werden.

(8) Das Krankenhaus hat dem selbstzahlenden Patienten oder seinem gesetzlichen Vertreter die für ihn voraussichtlich maßgebenden Entgelte so bald wie möglich schriftlich bekannt zu geben, es sei denn, der Patient ist in vollem Umfang für Krankenhausbehandlung versichert. Im Übrigen kann jeder Patient verlangen, dass ihm unverbindlich die voraussichtlich abzurechnende Fallpauschale und deren Höhe sowie voraussichtlich zu zahlende, ergänzende Entgelte mitgeteilt werden. Stehen bei der Aufnahme eines selbstzahlenden Patienten die Entgelte noch nicht endgültig fest, ist hierauf hinzuweisen. Dabei ist mitzuteilen, dass das zu zahlende Entgelt sich erhöht, wenn das neue Entgelt während der stationären Behandlung des Patienten in Kraft tritt. Die voraussichtliche Erhöhung ist anzugeben.

VIERTER ABSCHNITT: Vereinbarungsverfahren

§ 9 Vereinbarung auf Bundesebene

(1) Die Spitzenverbände der Krankenkassen und der Verband der privaten Krankenversicherung gemeinsam vereinbaren mit der Deutschen Krankenhausgesellschaft (Vertragsparteien auf Bundesebene) mit Wirkung für die Vertragsparteien nach § 11 insbesondere

1. einen Fallpauschalen-Katalog nach § 17 b Abs. 1 Satz 10 des Krankenhausfinanzierungsgesetzes einschließlich der Bewertungsrelationen sowie Regelungen zur Grenzverweildauer und der in Abhängigkeit von diesen zusätzlich zu zahlenden Entgelte oder vorzunehmenden Abschläge,

2. einen Katalog ergänzender Zusatzentgelte nach § 17 b Abs. 1 Satz 12 des Krankenhausfinanzierungsgesetzes einschließlich der Vergütungshöhe,

3. die Abrechnungsbestimmungen für die Entgelte nach den Nummern 1 und 2 sowie die Regelungen über Zu- und Abschläge,

4. Empfehlungen für die Kalkulation und Vergütung neuer Untersuchungs- und Behandlungsmethoden, für die nach § 6 gesonderte Entgelte vereinbart werden können,

5. für das Jahr 2003 die Berichtigungsrate nach § 6 Abs. 3 Satz 1 der Bundespflegesatzverordnung und für das Jahr 2004 die Berichtigungsrate nach § 6 Abs. 2 Satz 1 der Bundespflegesatzverordnung,

6. bis zum 31. August 2003 den einheitlichen Aufbau der Datensätze und das Verfahren für die Übermittlung der Daten nach § 11 Abs. 4 Satz 1.

Die Vertragsparteien auf Bundesebene vereinbaren Empfehlungen an die Vertragsparteien auf Landesebene zur Vereinbarung der Basisfallwerte und geben vor, welche Tatbestände, die bei der Weiterentwicklung der Bewertungsrelationen nicht umgesetzt werden können und deshalb nach § 10 Abs. 3 Satz 1 Nr. 1 und Satz 3 bei der Vereinbarung des Basisfallwerts umzusetzen sind, in welcher Höhe zu berücksichtigen oder auszugleichen sind.

(2) Kommt eine Vereinbarung zu Absatz 1 Satz 1 Nr. 4 bis 6 und Satz 2 ganz oder teilweise nicht zu Stande, entscheidet auf Antrag einer Vertragspartei die Schiedsstelle nach § 18 a Abs. 6 des Krankenhausfinanzierungsgesetzes; in den übrigen Fällen gilt § 17 b Abs. 7 des Krankenhausfinanzierungsgesetzes.

§ 10 Vereinbarung auf Landesebene

(1) Zur Bestimmung der Höhe der Fallpauschalen nach § 9 Abs. 1 Satz 1 Nr. 1 vereinbaren die in § 18 Abs. 1 Satz 2 des Krankenhausfinanzierungsgesetzes genannten Beteiligten (Vertragsparteien auf Landesebene) mit Wirkung für die Vertragsparteien nach § 11 jährlich einen landesweit geltenden Basisfallwert für das folgende Kalenderjahr. Dabei sind die nach Überschreitung der Grenzverweildauer zu zahlenden Entgelte zu berücksichtigen.

(2) Bei der erstmaligen Vereinbarung für das Jahr 2005 haben die Vertragsparteien den Basisfallwert so festzulegen, dass Beitragserhöhungen ausgeschlossen werden, es sei denn, die notwendige medizinische Versorgung ist auch nach Ausschöpfung von Wirtschaftlichkeitsreserven ohne Beitragssatzerhöhungen nicht zu Gewähr leisten. Maßstab dafür ist die Veränderungsrate nach § 71 Abs. 3 Satz 1 in Verbindung mit Abs. 2 Satz 3 des Fünften Buches Sozialgesetzbuch. Die Vertragsparteien haben sich an dem voraussichtlichen Ausgabenvolumen für die mit dem Basisfall-

wert zu vergütenden Leistungen oder an den für das Jahr 2004 vereinbarten, gewichteten Basisfallwerten der Krankenhäuser im Lande zu orientieren. In diesem Rahmen sind die Vorgaben nach Absatz 3 zu berücksichtigen.

(3) In den Folgejahren sind bei der Vereinbarung insbesondere zu berücksichtigen:

1. der von den Vertragsparteien nach § 9 Abs. 1 Satz 2 vorgegebene Veränderungsbedarf auf Grund der jährlichen Kostenerhebung und Neukalkulation, der nicht mit den Bewertungsrelationen umgesetzt werden kann,
2. voraussichtliche allgemeine Kostenentwicklungen,
3. Möglichkeiten zur Ausschöpfung von Wirtschaftlichkeitsreserven, soweit diese nicht bereits durch die Weiterentwicklung der Bewertungsrelationen erfasst worden sind,
4. die allgemeine Kostendegression bei Fallzahlsteigerungen,
5. die Ausgabenentwicklung insgesamt bei den Leistungsbereichen, die nicht mit Fallpauschalen vergütet werden, soweit diese die Veränderungsrate nach § 71 Abs. 3 Satz 1 in Verbindung mit Abs. 2 des Fünften Buches Sozialgesetzbuch überschreiten; dabei werden die Zuschläge zur Finanzierung der Ausbildungsstätten und Ausbildungsvergütungen nicht einbezogen.

Bei der Anwendung von Satz 1 Nr. 4 ist sicherzustellen, dass zusätzliche Fälle bei der Vereinbarung des Basisfallwerts absenkend berücksichtigt werden. Soweit infolge einer veränderten Kodierung der Diagnosen und Prozeduren Ausgabenerhöhungen entstehen, sind diese vollständig durch eine entsprechende Absenkung des Basisfallwerts auszugleichen.

(4) Die nach Absatz 3 vereinbarte Veränderung des Basisfallwerts darf die sich bei Anwendung der Veränderungsrate nach § 71 Abs. 3 Satz 1 in Verbindung mit Abs. 2 Satz 3 des Fünften Buches Sozialgesetzbuch ergebende Veränderung des Basisfallwerts nicht überschreiten.

(5) Soweit in dem in Artikel 3 des Einigungsvertrages genannten Gebiet die Höhe der Vergütung nach dem Bundes-Angestelltentarifvertrag unter der im übrigen Bundesgebiet geltenden Höhe liegt, ist dies bei der Vereinbarung des Basisfallwerts zu beachten. Die Veränderungsrate nach Absatz 4 darf überschritten werden, soweit eine Angleichung dieser Vergütung an die im übrigen Bundesgebiet geltende Höhe dies erforderlich macht.

(6) Die Vereinbarung ist bis zum 31. Oktober jeden Jahres zu schließen. Die Vertragsparteien auf Landesebene nehmen die Verhandlungen unverzüglich auf, nachdem eine Partei dazu schriftlich aufgefordert hat. Die Vereinbarung kommt durch Einigung zwischen den Parteien zu Stande, die an der Verhandlung teilgenommen haben; sie ist schriftlich abzuschließen. Kommt eine Vereinbarung bis zu diesem Zeitpunkt nicht zu Stande, setzt die Schiedsstelle nach § 13 den Basisfallwert auf Antrag einer Vertragspartei auf Landesebene unverzüglich fest.

(7) In den ab dem 1. Januar 2007 geltenden Basisfallwert sind Mehrkosten im Falle der Abschaffung des Arztes im Praktikum in Höhe der von den Krankenhäusern im Lande nach § 4 Abs. 14 insgesamt abgerechneten Zuschläge einzurechnen. Absatz 4 gilt insoweit nicht.

§ 11 Vereinbarung für das einzelne Krankenhaus

(1) Nach Maßgabe der §§ 3 bis 6 und unter Beachtung des Versorgungsauftrags des Krankenhauses (§ 8 Abs. 1 Satz 3 und 4) regeln die Vertragsparteien nach § 18 Abs. 2 des Krankenhausfinanzierungsgesetzes (Vertragsparteien) in der Vereinba-

rung den Gesamtbetrag, das Erlösbudget, die Summe der Bewertungsrelationen, den krankenhausindividuellen Basisfallwert, die Zu- und Abschläge, die sonstigen Entgelte und die Mehr- und Mindererlösausgleiche. Sie stellen auch Art und Anzahl der Ausbildungsplätze sowie die Höhe des zusätzlich zu finanzierenden Mehraufwands für Ausbildungsvergütungen fest. Die Vereinbarung ist für einen zukünftigen Zeitraum (Vereinbarungszeitraum) zu schließen. Die Vereinbarung muss Bestimmungen enthalten, die eine zeitnahe Zahlung der Entgelte an das Krankenhaus Gewähr leisten; hierzu sollen insbesondere Regelungen über angemessene monatliche Teilzahlungen und Verzugszinsen bei verspäteter Zahlung getroffen werden. Die Vereinbarung kommt durch Einigung zwischen den Vertragsparteien zu Stande, die an der Verhandlung teilgenommen haben; sie ist schriftlich abzuschließen.

(2) Der Vereinbarungszeitraum beträgt ein Kalenderjahr, wenn das Krankenhaus ganzjährig betrieben wird. Ein Zeitraum, der mehrere Kalenderjahre umfasst, kann vereinbart werden.

(3) Die Vertragsparteien nehmen die Verhandlung unverzüglich auf, nachdem eine Vertragspartei dazu schriftlich aufgefordert hat. Die Verhandlung soll unter Berücksichtigung der Sechswochenfrist des § 18 Abs. 4 des Krankenhausfinanzierungsgesetzes so rechtzeitig abgeschlossen werden, dass das neue Erlösbudget und die neuen Entgelte mit Ablauf des laufenden Vereinbarungszeitraums in Kraft treten können.

(4) Der Krankenhausträger übermittelt zur Vorbereitung der Verhandlung den anderen Vertragsparteien, den in § 18 Abs. 1 Satz 2 des Krankenhausfinanzierungsgesetzes genannten Beteiligten und der zuständigen Landesbehörde

1. für das Jahr 2003 die Leistungs- und Kalkulationsaufstellung nach den Anlagen 1 und 2 der Bundespflegesatzverordnung, mit Ausnahme der Bundeswehrkrankenhäuser und der Krankenhäuser der Träger der gesetzlichen Unfallversicherung, sowie die Abschnitte E1, E2 und B1 nach Anlage 1 dieses Gesetzes,

2. für das Jahr 2004 die Abschnitte E1 bis E3 und B1 nach Anlage 1 dieses Gesetzes sowie mit Ausnahme der Bundeswehrkrankenhäuser und der Krankenhäuser der Träger der gesetzlichen Unfallversicherung die Leistungs- und Kalkulationsaufstellung nach den Anlagen 1 und 2 der Bundespflegesatzverordnung in der bis zum 31. Dezember 2003 geltenden Fassung mit Ausnahme von Anlage 1 Abschnitt V2 Spalten 3 bis 6, Abschnitt V3 Spalten 3 bis 8 und Abschnitt K7; Krankenhäuser, die bereits im Jahr 2003 das DRG-Vergütungssystem angewendet haben, brauchen auch die Abschnitte V1 bis V3, L4, L5 und K6 nicht vorzulegen,

3. für die Jahre ab 2005 die Abschnitte E1 bis E3 und B2 nach Anlage 1 dieses Gesetzes.

Die Daten sind auf maschinenlesbaren Datenträgern vorzulegen; soweit dazu noch keine Vereinbarungen nach § 9 Abs. 1 Satz 1 Nr. 6 getroffen worden sind, gelten die Vereinbarungen nach § 15 Abs. 2 der Bundespflegesatzverordnung in der bis zum 31. Dezember 2003 geltenden Fassung. Soweit dies zur Beurteilung der Leistungen des Krankenhauses im Rahmen seines Versorgungsauftrags im Einzelfall erforderlich ist, hat das Krankenhaus auf gemeinsames Verlangen der anderen Vertragsparteien nach § 18 Abs. 2 Nr. 1 und 2 des Krankenhausfinanzierungsgesetzes zusätzliche Unterlagen vorzulegen und Auskünfte zu erteilen. Bei dem Verlangen nach Satz 2 muss der zu erwartende Nutzen den verursachten Aufwand deutlich übersteigen.

(5) Die Vertragsparteien sind verpflichtet, wesentliche Fragen zum Versorgungsauftrag und zur Leistungsstruktur des Krankenhauses sowie zur Höhe der Zu- und Ab-

schläge nach § 5 so frühzeitig gemeinsam vorzuklären, dass die Verhandlung zügig durchgeführt werden kann.

§ 12 Vorläufige Vereinbarung

Können sich die Vertragsparteien insbesondere über die Höhe des Gesamtbetrags, des Erlösbudgets, des krankenhausindividuellen Basisfallwerts oder über die Höhe sonstiger Entgelte nicht einigen und soll wegen der Gegenstände, über die keine Einigung erzielt werden konnte, die Schiedsstelle nach § 13 angerufen werden, schließen die Vertragsparteien eine Vereinbarung, soweit die Höhe unstrittig ist. Die auf dieser Vereinbarung beruhenden Entgelte sind zu erheben, bis die endgültig maßgebenden Entgelte in Kraft treten. Mehr- oder Mindererlöse des Krankenhauses infolge der erhobenen vorläufigen Entgelte werden durch Zu- oder Abschläge auf die Entgelte des laufenden oder eines folgenden Vereinbarungszeitraums ausgeglichen.

§ 13 Schiedsstelle

(1) Kommt eine Vereinbarung nach § 11 ganz oder teilweise nicht zu Stande, entscheidet die Schiedsstelle nach § 18a Abs. 1 des Krankenhausfinanzierungsgesetzes auf Antrag einer der in § 10 oder § 11 genannten Vertragsparteien. Sie ist dabei an die für die Vertragsparteien geltenden Rechtsvorschriften gebunden.

(2) Die Schiedsstelle entscheidet innerhalb von sechs Wochen über die Gegenstände, über die keine Einigung erreicht werden konnte.

§ 14 Genehmigung

(1) Die Genehmigung der vereinbarten oder von der Schiedsstelle nach § 13 festgesetzten krankenhausindividuellen Basisfallwerte, der Entgelte nach § 6 und der Zuschläge nach § 5 ist von einer der Vertragsparteien bei der zuständigen Landesbehörde zu beantragen.

(2) Die Vertragsparteien und die Schiedsstellen haben der zuständigen Landesbehörde die Unterlagen vorzulegen und die Auskünfte zu erteilen, die für die Prüfung der Rechtmäßigkeit erforderlich sind. Im Übrigen sind die für die Vertragsparteien bezüglich der Vereinbarung geltenden Rechtsvorschriften entsprechend anzuwenden. Die Genehmigung kann mit Nebenbestimmungen verbunden werden, soweit dies erforderlich ist, um rechtliche Hindernisse zu beseitigen, die einer uneingeschränkten Genehmigung entgegenstehen.

(3) Wird die Genehmigung eines Schiedsspruches versagt, ist die Schiedsstelle auf Antrag verpflichtet, unter Beachtung der Rechtsauffassung der Genehmigungsbehörde erneut zu entscheiden.

§ 15 Laufzeit

(1) Die für das Kalenderjahr vereinbarte krankenhausindividuelle Höhe der Fallpauschalen und sonstiger Entgelte sowie erstmals vereinbarte Entgelte nach § 6 werden vom Beginn des neuen Vereinbarungszeitraums an erhoben. Wird die Vereinbarung erst nach diesem Zeitpunkt genehmigt, sind die Entgelte ab dem ersten Tag des Monats zu erheben, der auf die Genehmigung folgt, soweit in der Vereinbarung oder Schiedsstellenentscheidung kein anderer zukünftiger Zeitpunkt bestimmt ist. Bis dahin sind die bisher geltenden Entgelte weiter zu erheben; dies gilt auch für die Einführung des DRG-Vergütungssystems im Jahr 2003 oder 2004. Sie sind jedoch um

die darin enthaltenen Ausgleichsbeträge zu bereinigen, wenn und soweit dies in der bisherigen Vereinbarung oder Festsetzung so bestimmt worden ist.

(2) Mehr- oder Mindererlöse infolge der Weitererhebung der bisherigen Entgelte werden durch Zu- und Abschläge auf die im restlichen Vereinbarungszeitraum zu erhebenden neuen Entgelte ausgeglichen; wird der Ausgleichsbetrag durch die Erlöse aus diesen Zu- und Abschlägen im restlichen Vereinbarungszeitraum über- oder unterschritten, wird der abweichende Betrag über die Entgelte des nächsten Vereinbarungszeitraums ausgeglichen; es ist ein einfaches Ausgleichsverfahren zu vereinbaren. Würden die Entgelte durch diesen Ausgleich und einen Betrag nach § 3 Abs. 8 oder § 4 Abs. 11 insgesamt um mehr als 30 vom Hundert erhöht, sind übersteigende Beträge bis jeweils zu dieser Grenze in nachfolgenden Budgets auszugleichen. Ein Ausgleich von Mindererlösen entfällt, soweit die verspätete Genehmigung der Vereinbarung von dem Krankenhaus zu vertreten ist.

FÜNFTER ABSCHNITT: Gesondert berechenbare ärztliche und andere Leistungen

§ 16 Gesondert berechenbare ärztliche und andere Leistungen

Bis zum 31. Dezember 2004 richten sich die Vereinbarung und Berechnung von Wahlleistungen und belegärztlichen Leistungen sowie die Kostenerstattung der Ärzte nach den §§ 22 bis 24 der Bundespflegesatzverordnung in der am 31. Dezember 2003 geltenden Fassung.

§ 17 Wahlleistungen[1]

(1) Neben den Entgelten für die voll- und teilstationäre Behandlung dürfen andere als die allgemeinen Krankenhausleistungen als Wahlleistungen gesondert berechnet werden, wenn die allgemeinen Krankenhausleistungen durch die Wahlleistungen nicht beeinträchtigt werden und die gesonderte Berechnung mit dem Krankenhaus vereinbart ist. Diagnostische und therapeutische Leistungen dürfen als Wahlleistungen nur gesondert berechnet werden, wenn die Voraussetzungen des Satzes 1 vorliegen und die Leistungen von einem Arzt erbracht werden. Die Entgelte für Wahlleistungen dürfen in keinem unangemessenen Verhältnis zu den Leistungen stehen. Die Deutsche Krankenhausgesellschaft und der Verband der privaten Krankenversicherung können Empfehlungen zur Bemessung der Entgelte für nichtärztliche Wahlleistungen abgeben. Verlangt ein Krankenhaus ein unangemessen hohes Entgelt für nichtärztliche Wahlleistungen, kann der Verband der privaten Krankenversicherung die Herabsetzung auf eine angemessene Höhe verlangen; gegen die Ablehnung einer Herabsetzung ist der Zivilrechtsweg gegeben.

(2) Wahlleistungen sind vor der Erbringung schriftlich zu vereinbaren; der Patient ist vor Abschluss der Vereinbarung schriftlich über die Entgelte der Wahlleistungen und deren Inhalt im Einzelnen zu unterrichten. Die Art der Wahlleistungen ist der zuständigen Landesbehörde zusammen mit dem Genehmigungsantrag nach § 14 mitzuteilen.

(3) Eine Vereinbarung über wahlärztliche Leistungen erstreckt sich auf alle an der Behandlung des Patienten beteiligten angestellten oder beamteten Ärzte des Kran-

---

1 Die §§ 17 bis 19 des Krankenhausentgeltgesetzes treten am 1. Januar 2005 in Kraft. Bis dahin gelten die entsprechenden §§ 22 bis 24 der BPflV.

kenhauses, soweit diese zur gesonderten Berechnung ihrer Leistungen im Rahmen der vollstationären und teilstationären sowie einer vor- und nachstationären Behandlung (§ 115a des Fünften Buches Sozialgesetzbuch) berechtigt sind, einschließlich der von diesen Ärzten veranlassten Leistungen von Ärzten und ärztlich geleiteten Einrichtungen außerhalb des Krankenhauses; darauf ist in der Vereinbarung hinzuweisen. Ein zur gesonderten Berechnung wahlärztlicher Leistungen berechtigter Arzt des Krankenhauses kann eine Abrechnungsstelle mit der Abrechnung der Vergütung für die wahlärztlichen Leistungen beauftragen oder die Abrechnung dem Krankenhausträger überlassen. Der Arzt oder eine von ihm beauftragte Abrechnungsstelle ist verpflichtet, dem Krankenhaus umgehend die zur Ermittlung der nach § 19 Abs. 2 zu erstattenden Kosten jeweils erforderlichen Unterlagen einschließlich einer Auflistung aller erbrachten Leistungen vollständig zur Verfügung zu stellen. Der Arzt ist verpflichtet, dem Krankenhaus die Möglichkeit einzuräumen, die Rechnungslegung zu überprüfen. Wird die Abrechnung vom Krankenhaus durchgeführt, leitet dieses die Vergütung nach Abzug der anteiligen Verwaltungskosten und der nach § 19 Abs. 2 zu erstattenden Kosten an den berechtigten Arzt weiter. Personenbezogene Daten dürfen an eine beauftragte Abrechnungsstelle außerhalb des Krankenhauses nur mit Einwilligung des Betroffenen, die jederzeit widerrufen werden kann, übermittelt werden. Für die Berechnung wahlärztlicher Leistungen finden die Vorschriften der Gebührenordnung für Ärzte oder der Gebührenordnung für Zahnärzte entsprechende Anwendung, soweit sich die Anwendung nicht bereits aus diesen Gebührenordnungen ergibt.

(4) Eine Vereinbarung über gesondert berechenbare Unterkunft darf nicht von einer Vereinbarung über sonstige Wahlleistungen abhängig gemacht werden.

(5) Bei Krankenhäusern, für die die Bundespflegesatzverordnung gilt, müssen die Wahlleistungsentgelte mindestens die dafür nach § 7 Abs. 2 Satz 2 Nr. 4, 5 und 7 der Bundespflegesatzverordnung abzuziehenden Kosten decken.

§ 18 Belegärzte

(1) Belegärzte im Sinne dieses Gesetzes sind nicht am Krankenhaus angestellte Vertragsärzte, die berechtigt sind, ihre Patienten (Belegpatienten) im Krankenhaus unter Inanspruchnahme der hierfür bereitgestellten Dienste, Einrichtungen und Mittel stationär oder teilstationär zu behandeln, ohne hierfür vom Krankenhaus eine Vergütung zu erhalten. Leistungen des Belegarztes sind

1. seine persönlichen Leistungen,
2. der ärztliche Bereitschaftsdienst für Belegpatienten,
3. die von ihm veranlassten Leistungen nachgeordneter Ärzte des Krankenhauses, die bei der Behandlung seiner Belegpatienten in demselben Fachgebiet wie der Belegarzt tätig werden,
4. die von ihm veranlassten Leistungen von Ärzten und ärztlich geleiteten Einrichtungen außerhalb des Krankenhauses.

(2) Für Belegpatienten werden gesonderte Fallpauschalen und Zusatzentgelte nach § 17b des Krankenhausfinanzierungsgesetzes vereinbart. Bei Krankenhäusern, für die die Bundespflegesatzverordnung gilt und die tagesgleiche Pflegesätze berechnen, werden gesonderte Belegpflegesätze vereinbart.

§ 19 Kostenerstattung der Ärzte

(1) Soweit Belegärzte zur Erbringung ihrer Leistungen nach § 18 Ärzte des Krankenhauses in Anspruch nehmen, sind sie verpflichtet, dem Krankenhaus die entstehenden Kosten zu erstatten. Die Kostenerstattung kann pauschaliert werden. Soweit vertragliche Regelungen der Vorschrift des Satzes 1 entgegenstehen, sind sie anzupassen.

(2) Soweit ein Arzt des Krankenhauses wahlärztliche Leistungen nach § 17 Abs. 3 gesondert berechnen kann, ist er, soweit in Satz 2 nichts Abweichendes bestimmt ist, verpflichtet, dem Krankenhaus in den Jahren 2005 und 2006 die auf diese Wahlleistungen entfallenden, nach § 7 Abs. 2 Satz 2 Nr. 4 der Bundespflegesatzverordnung nicht pflegesatzfähigen Kosten zu erstatten. Beruht die Berechtigung des Arztes, wahlärztliche Leistungen nach § 17 Abs. 3 gesondert zu berechnen, auf einem mit dem Krankenhausträger vor dem 1. Januar 1993 geschlossenen Vertrag oder einer vor dem 1. Januar 1993 auf Grund beamtenrechtlicher Vorschriften genehmigten Nebentätigkeit, ist der Arzt abweichend von Satz 1 verpflichtet, dem Krankenhaus in den Jahren 2005 und 2006 die auf diese Wahlleistungen entfallenden, nach § 7 Abs. 2 Satz 2 Nr. 5 der Bundespflegesatzverordnung nicht pflegesatzfähigen Kosten zu erstatten.

(3) Soweit Ärzte zur Erbringung sonstiger vollstationärer oder teilstationärer ärztlicher Leistungen, die sie selbst berechnen können, Personen, Einrichtungen oder Mittel des Krankenhauses in Anspruch nehmen, sind sie verpflichtet, dem Krankenhaus die auf diese Leistungen entfallenden Kosten zu erstatten. Absatz 1 Satz 2 und 3 gilt entsprechend.

(4) Soweit ein Krankenhaus weder nach dem Krankenhausfinanzierungsgesetz noch nach dem Hochschulbauförderungsgesetz gefördert wird, umfasst die Kostenerstattung nach den Absätzen 1 bis 3 auch die auf diese Leistungen entfallenden Investitionskosten.

(5) Beamtenrechtliche oder vertragliche Regelungen über die Entrichtung eines Entgelts bei der Inanspruchnahme von Einrichtungen, Personal und Material des Krankenhauses, soweit sie ein über die Kostenerstattung hinausgehendes Nutzungsentgelt festlegen, und sonstige Abgaben der Ärzte werden durch die Vorschriften der Absätze 1 bis 4 nicht berührt.

SECHSTER ABSCHNITT: Sonstige Vorschriften

§ 20 Zuständigkeit der Krankenkassen auf Landesebene

Die in diesem Gesetz den Landesverbänden der Krankenkassen zugewiesenen Aufgaben nehmen für die Ersatzkassen die nach § 212 Abs. 5 des Fünften Buches Sozialgesetzbuch gebildeten Verbände, für die knappschaftliche Krankenversicherung die Bundesknappschaft und für die Krankenversicherung der Landwirte die örtlich zuständigen landwirtschaftlichen Krankenkassen wahr.

§ 21 Übermittlung und Nutzung von DRG-Daten

(1) Das Krankenhaus übermittelt auf einem maschinenlesbaren Datenträger jeweils zum 31. März für das jeweils vorangegangene Kalenderjahr die Daten nach Absatz 2 an eine von den Vertragsparteien nach § 17 b Abs. 2 Satz 1 des Krankenhausfinanzierungsgesetzes zu benennende Stelle auf Bundesebene (DRG-Datenstelle). Erst-

mals sind zum 1. August 2002 Daten nach Absatz 2 Satz 1 Nr. 1 Buchstabe a bis c sowie Nr. 2 Buchstabe a bis f für alle entlassenen vollstationären und teilstationären Krankenhausfälle des ersten Halbjahres 2002 zu übermitteln.

(2) Zu übermitteln sind folgende Daten:

1. je Übermittlung einen Datensatz mit folgenden Strukturdaten

    a) Institutionskennzeichen des Krankenhauses, Art des Krankenhauses und der Trägerschaft sowie Anzahl der aufgestellten Betten,

    b) Merkmale für die Vereinbarung von Zu- und Abschlägen nach § 17b Abs. 1 Satz 4 und 9 des Krankenhausfinanzierungsgesetzes, einschließlich der Angabe, ob eine Teilnahme an der stationären Notfallversorgung erfolgt,

    c) Anzahl der Ausbildungsplätze, Höhe der Personal- und Gesamtkosten sowie Anzahl der Ausbildenden und Auszubildenden, jeweils gegliedert nach Berufsbezeichnung nach § 2 Nr. 1a des Krankenhausfinanzierungsgesetzes; die Anzahl der Auszubildenden nach Berufsbezeichnungen zusätzlich gegliedert nach jeweiligem Ausbildungsjahr,

    d) Summe der vereinbarten und abgerechneten DRG-Fälle, der vereinbarten und abgerechneten Summe der Bewertungsrelationen sowie der Ausgleichsbeträge nach § 3 Abs. 6 oder § 4 Abs. 9, jeweils für das vorangegangene Kalenderjahr;

2. je Krankenhausfall einen Datensatz mit folgenden Leistungsdaten

    a) krankenhausinternes Kennzeichen des Behandlungsfalles,

    b) Institutionskennzeichen des Krankenhauses,

    c) Institutionskennzeichen der Krankenkasse,

    d) Geburtsjahr und Geschlecht des Patienten sowie die um die letzten zwei Ziffern verkürzte Postleitzahl des Wohnorts des Patienten, bei Kindern bis zur Vollendung des ersten Lebensjahres außerdem der Geburtsmonat,

    e) Aufnahmedatum, Aufnahmegrund und -anlass, aufnehmende Fachabteilung, bei Verlegung die der weiter behandelnden Fachabteilungen, Entlassungs- oder Verlegungsdatum, Entlassungs- oder Verlegungsgrund, bei Kindern bis zur Vollendung des ersten Lebensjahres außerdem das Aufnahmegewicht in Gramm,

    f) Haupt- und Nebendiagnosen sowie Operationen und Prozeduren nach den jeweils gültigen Fassungen der Schlüssel nach § 301 Abs. 2 Satz 1 und 2 des Fünften Buches Sozialgesetzbuch, einschließlich der Angabe der jeweiligen Versionen, bei Beatmungsfällen die Beatmungszeit in Stunden entsprechend der Kodierregeln nach § 17b Abs. 5 Nr. 1 des Krankenhausfinanzierungsgesetzes und Angabe, ob durch Belegoperateur, -anästhesist oder Beleghebamme erbracht,

    g) Art der im einzelnen Behandlungsfall insgesamt abgerechneten Entgelte, der DRG-Fallpauschale, der Zusatzentgelte, der Zu- und Abschläge, der sonstigen Entgelte nach § 6,

    h) Höhe der im einzelnen Behandlungsfall insgesamt abgerechneten Entgelte, der DRG-Fallpauschale, der Zusatzentgelte, der Zu- und Abschläge, der sonstigen Entgelte nach § 6.

(3) Die DRG-Datenstelle prüft die Daten auf Plausibilität und übermittelt jeweils bis zum 1. Juli die

§ 21 KHEntgG · I

1. Daten nach Absatz 2 Nr. 1 und Nr. 2 Buchstabe b bis h zur Weiterentwicklung des DRG-Vergütungssystems an die Vertragsparteien nach § 17 b Abs. 2 Satz 1 des Krankenhausfinanzierungsgesetzes,

2. landesbezogenen Daten nach Absatz 2 Nr. 1 Buchstabe c und d und Nr. 2 Buchstabe g und h zur Vereinbarung des Basisfallwerts nach § 10 Abs. 1 an die Vertragsparteien auf der Landesebene,

3. landesbezogenen Daten nach Absatz 2 Nr. 1 Buchstabe a bis c und Nr. 2 Buchstabe b und d bis g für Zwecke der Krankenhausplanung an die zuständigen Landesbehörden.

Nach Abschluss der Plausibilitätsprüfung darf die Herstellung eines Personenbezugs nicht mehr möglich sein. Die DRG-Datenstelle veröffentlicht zusammengefasste Daten jeweils bis zum 1. Juli, gegliedert nach bundes- und landesweiten Ergebnissen. Bei der erstmaligen Datenübermittlung nach Absatz 1 Satz 2 werden abweichend von den Sätzen 1 und 3 die Daten zum 1. Oktober 2002 übermittelt und veröffentlicht; die Übermittlung nach Satz 1 Nr. 2 erfolgt erstmals zum 1. Juli 2004. Dem Bundesministerium für Gesundheit sind auf Anforderung unverzüglich Auswertungen zur Verfügung zu stellen; diese Auswertungen übermittelt das Bundesministerium auch den für die Krankenhausplanung zuständigen Landesbehörden. Die Länder können dem Bundesministerium zusätzliche Auswertungen empfehlen. Die DRG-Datenstelle übermittelt oder veröffentlicht Daten nach diesem Absatz nur, wenn ein Bezug zu einzelnen Patienten nicht hergestellt werden kann. Andere als die in diesem Absatz genannten Verarbeitungen und Nutzungen der Daten sind unzulässig.

(4) Die Vertragsparteien nach § 17 b Abs. 2 Satz 1 des Krankenhausfinanzierungsgesetzes vereinbaren im Benehmen mit dem Bundesbeauftragten für den Datenschutz und dem Bundesamt für die Sicherheit in der Informationstechnik die weiteren Einzelheiten der Datenübermittlung.

(5) Die Vertragsparteien nach § 17 b Abs. 2 Satz 1 vereinbaren einen Abschlag von den Fallpauschalen für die Krankenhäuser, die ihre Verpflichtung zur Übermittlung der Daten nach Absatz 1 nicht, nicht vollständig oder nicht rechtzeitig erfüllen. Die DRG-Datenstelle unterrichtet jeweils die Vertragsparteien nach § 11 über Verstöße. Die Vertragsparteien nach § 11 berücksichtigen den Abschlag in den Jahren 2003 bis 2006 bei der Vereinbarung des krankenhausindividuellen Basisfallwerts.

(6) Kommt eine Vereinbarung nach den Absätzen 4 und 5 ganz oder teilweise nicht zu Stande, entscheidet auf Antrag einer Vertragspartei die Schiedsstelle nach § 18 a Abs. 6 des Krankenhausfinanzierungsgesetzes. Das Benehmen nach Absatz 4 ist entsprechend herzustellen.

Anlage 1

Aufstellung der Entgelte und Budgetermittlung (AEB)
nach § 11 Abs. 4 Krankenhausentgeltgesetz (KHEntgG)

E	**Entgelte nach § 17b KHG**
E1	Aufstellung der Fallpauschalen
E2	Aufstellung der Zusatzentgelte
E3	Aufstellung der nach § 6 KHEntgG krankenhausindividuell verhandelten Entgelte

B	**Budgetermittlung**
B1	Gesamtbetrag und Basisfallwert nach § 3 KHEntgG für das Kalenderjahr 2003 oder 2004
B2	Erlösbudget und Basisfallwert nach § 4 KHEntgG für das Kalenderjahr 2005 oder 2006

I · KHEntgG Anlage – E1 Aufstellung der Fallpauschalen

Krankenhaus:

Seite:
Datum:

E1 Aufstellung der Fallpauschalen für das Krankenhaus *) 1) 2)

DRG Nr.	Fallzahl (Anzahl der DRG) 3)	Bewertungs- relation nach Fallpauschalen- Katalog	Summe der Bewertungsrelationen ohne Zu- und Abschläge (Sp. 2x3)	davon Verlegungen			davon Kurzlieger				davon Langlieger			Summe der oGVD Zuschläge (Sp. 14x15)	Summe der effektiven Bewertungsrelationen (Sp. 4 - (Sp. 8+12) + Sp. 16)
				Anzahl der Verlegungs- fälle	Anzahl der Tage mit Abschlag bei Verlegung	Bewertungs- relation je Tag bei Verlegung	Summe der Abschläge für Verlegungen (Sp. 6x7)	Anzahl der Kurzlieger- fälle	Anzahl der Tage mit uGVD- Abschlag	Bewertungs- relation je Tag bei uGVD- Abschlag	Summe der uGVD- Abschläge (Sp. 10x11)	Anzahl der Langlieger- fälle	Anzahl der Tage mit oGVD- Zuschlag	Bewertungs- relation je Tag bei oGVD- Zuschlag		
1	2	3	4	5	6	7	8	9	10	11	12	13	14	15	16	17

Summe:

*) Musterblatt; EDV - Ausdrucke möglich.

1) Die Aufstellung ist unter Beachtung der Vorgaben von Fußnote 2 für die folgenden Zeiträume jeweils gesondert wie folgt aufzustellen und vorzulegen:
  - für das abgelaufene Kalenderjahr die Ist-Daten,
  - für den Vereinbarungszeitraum der Forderung des Krankenhauses.
  Die Daten für beide Zeiträume sind unter Anwendung der für den Vereinbarungszeitraum geltenden Version des DRG-Fallpauschalen-Katalogs und des Groupers zu ermitteln. Für die Leistungen von Belegabteilungen ist eine gesonderte Aufstellung vorzulegen.

2) Für die Vorlage der Ist-Daten des abgelaufenen Kalenderjahrs sind alle Spalten auszufüllen. Für die Forderung des Vereinbarungszeitraums brauchen die markierten Spalten 5-6, 8-10, 12-14 und 16 nicht ausgefüllt werden; für diese sind lediglich die jeweiligen Endsummen zu schätzen.

3) Ohne Überlieger am Jahresbeginn.

E2 Aufstellung der Zusatzentgelte – Anlage KHEntgG · I

Krankenhaus:

Seite:

Datum:

E2 Aufstellung der Zusatzentgelte für das Krankenhaus *)

Nr.	Abgerechnete Anzahl im abgelaufenen Kalenderjahr	Vereinbarte Anzahl für das laufende Kalenderjahr	Vereinbarungszeitraum		
			Anzahl	Entgelthöhe	Erlössumme
1	2	3	4	5	6
Insgesamt:					

*) Musterblatt; EDV-Ausdrucke möglich.

I · KHEntgG Anlage – E3 Krankenhausindividuell verhandelte Entgelte

Krankenhaus: _____

Seite: ____
Datum: ____

E3 Aufstellung der nach § 6 KHEntgG krankenhausindividuell verhandelten Entgelte *) 1) 2)

E3.1 Aufstellung der fallbezogenen Entgelte

Entgelt nach § 6 KHEntgG	Untere Grenzverweildauer: Erster Tag mit Abschlag	Mittlere Verweildauer	Obere Grenzverweildauer: Erster Tag zusätzliches Entgelt	Fallzahl	Entgelthöhe	Bruttoerlössumme ohne Zu- und Abschläge (Sp. 5x6)	davon Verlegungen					davon Kurzlieger					davon Langlieger				Nettoerlössumme inkl. Zu- und Abschläge (Sp. 7 + (Sp. 11+15) + Sp. 19)
							Anzahl der Verlegungsfälle	Anzahl der Tage mit Abschlag bei Verlegung	Bewertungsrelation je Tag bei Verlegung	Summe der Abschläge für Verlegungen (Sp. 9x10)	Anzahl der Kurzliegerfälle	Anzahl der Tage mit uGVD-Abschlag	Bewertungsrelation je Tag bei uGVD-Abschlag	Summe der uGVD-Abschläge (Sp. 13x14)	Anzahl der Langliegerfälle	Anzahl der Tage mit oGVD-Zuschlag	Bewertungsrelation je Tag bei oGVD-Zuschlag	Summe der oGVD-Zuschläge (Sp. 17x18)	
1	2	3	4	5	6	7	8	9	10	11	12	13	14	15	16	17	18	19	20

Summe:

E3.2 Aufstellung der Zusatzentgelte

Zusatzentgelt nach § 6 KHEntgG	Anzahl	Entgelthöhe	Erlössumme (Sp. 2x3)
1	2	3	4

Summe:

E3.3 Aufstellung der tagesbezogenen Entgelte

Entgelt nach § 6 KHEntgG	Fallzahl	Tage	Entgelthöhe	Erlössumme (Sp. 3x4)
1	2	3	4	5

Summe:

*) Musterblatt; EDV - Ausdrucke möglich.

1) Die Aufstellung ist unter Beachtung der Vorgaben von Fußnote 2 für die folgenden Zeiträume jeweils gesondert wie folgt aufzustellen und vorzulegen:
   - für das abgelaufene Kalenderjahr die Ist-Daten,
   - für den Vereinbarungszeitraum die Forderung des Krankenhauses.
   Für die Leistungen von Belegabteilungen ist eine gesonderte Aufstellung vorzulegen.

2) Für die Vorlage der Ist-Daten des abgelaufenen Kalenderjahrs sind alle Spalten auszufüllen. Für die Forderung des Vereinbarungszeitraums brauchen die markierten Spalten 8-9, 11-13, 15-17 und 19 nicht ausgefüllt werden; für diese sind lediglich die jeweiligen Endsummen zu schätzen.

B1 Gesamtbetrag und Basisfallwert – Anlage KHEntgG · I

Krankenhaus:

Seite:

Datum:

B1 Gesamtbetrag und Basisfallwert nach § 3 KHEntgG für das Kalenderjahr 2003 oder 2004

lfd. Nr.	Berechnungsschritte	Vereinbarung für das laufende Kalenderjahr	Vereinbarungszeitraum	
			Forderung	Vereinbarung
	1	2	3	4
	Anpassung des Gesamtbetrags (§ 3 Abs. 2 oder 3):			
1	Gesamtbetrag nach § 6 Abs. 1 BPflV für das lfd. Jahr			
2	./. BPflV-Bereiche (§ 3 Abs. 3 Nr. 1a; 2003 oder 2004)			
3	(aufgehoben)			
4	./. entfallende Beträge nach § 18b KHG (Nr. 1c)			
5	./. Leistungsverlagerungen (Nr. 1d)			
6	./. Integrationsverträge, Modelle (Nr. 1e)			
7	./. Ausgliederung ausländ. Patienten (Nr. 1f)			
8	+ entfallende vor- u. nachstat. Behandlung (Nr. 2)			
9	+/- Bereinigung um enthaltene Ausgleiche (Nr. 3)			
10	**= Ausgangsbetrag für Vereinbarung nach § 3**			

hier: Verhandlung des Gesamtbetrags für den Vereinbarungszeitraum

11	Gesamtbetrag für den Vereinbarungszeitraum			
12	+/- neue Ausgleiche und Berichtigungen für Vorjahre *)			
13	**= Veränderter Gesamtbetrag (§ 3 Abs. 3 Satz 5)**			
14	davon: verändertes Erlösbudget (§ 3 Abs. 3 Satz 5) **)			
15	(aufgehoben)			
16	davon: Entgelte nach § 6 Abs. 1 KHEntgG			

	Ermittlung des Basisfallwerts:			
17	Erlösbudget aus lfd. Nr. 14 **)			
18	./. Erlöse aus Zusatzentgelten			
19	./. Erlöse aus Zusammenarbeits-Fallpauschalen n. § 14 Abs. 11 BPflV			
20	./. Erlöse für Überlieger am Jahresbeginn			
19	= Summe Fallpauschalen einschl. lfd. Nr. 12			
20	: Summe der effektiven Bewertungsrelationen			
21	**= krankenhausindividueller Basisfallwert**			
22	nachrichtlich: Basisfallwert ohne Ausgleiche und Berichtigungen			

*) Die Ausgleiche und Berichtigungen sind auf einem gesonderten Blatt einzeln auszuweisen.
**) Erlösbudget einschließlich der Erlöse bei Überschreitung der oberen Grenzverweildauer, der Abschläge bei Unterschreitung der unteren Grenzverweildauer und der Abschläge bei Verlegungen.

I · KHEntgG Anlage – B2 Erlösbudget und Basisfallwert

Krankenhaus:

Seite:

Datum:

B2 Erlösbudget und Basisfallwert nach § 4 KHEntgG für das Kalenderjahr 2005 oder 2006

lfd. Nr.	Berechnungsschritte	Vereinbarung für das laufende Kalenderjahr	Vereinbarungszeitraum	
			Forderung	Vereinbarung
	1	2	3	4
	Ermittlung des Ausgangswerts (Abs. 2 oder 3):			
1	Erlösbudget für das laufende Jahr			
2	./. Kosten für Zuschlags-Tatbestände (Nr. 1a; nur 2005)			
3	+/- Veränderung Entgelte § 6 (Nrn. 1b und 3)			
4	./. entfallende Beträge nach § 18b KHG (Nr. 1c)			
5	./. Leistungsverlagerungen (Nr. 1d)			
6	./. Integrationsverträge, Modelle (Nr. 1e)			
7	./. Ausgliederung ausländ. Patienten (Nr. 1f)			
7a	./. Zahlungen für Ausbildung (Nr. 1g; nur für 2005)			
8	+/- Bereinigung um enthaltene Ausgleiche (Nr. 2; nur 2005)			
9	**= Ausgangswert des Vorjahres**			
10	DRG-Erlösvolumen nach Absatz 4 Satz 1			
11	./. Abschläge nach § 17b Abs. 1 Satz 4 KHG (Abs. 4 Satz 2)			
12	**= Zielwert: DRG-Erlösvolumen (Abs. 4)**			
	Ermittlung des Angleichungsbetrags:			
13	Zielwert aus lfd. Nr. 12			
14	./. Ausgangswert des Vorjahres aus lfd. Nr. 9			
15	= Differenzbetrag			
16	: 3 für das Jahr 2005 (oder : 2 für das Jahr 2006)			
17	**= Angleichungsbetrag (Abs. 5 Satz 1 oder Abs. 6 Satz 1)**			
	Ermittlung des Erlösbudgets:			
18	Ausgangswert aus lfd. Nr. 9			
19	+/- Angleichungsbetrag aus lfd. Nr. 17			
20	+ BAT-Angleichung (Abs. 5 Satz 2, 2. Halbsatz oder Abs. 6 Satz 2, 2. Halbsatz)			
21	**= Erlösbudget (Abs. 5 Satz 2 oder Abs. 6 Satz 2)**			
	Ermittlung des Basisfallwerts (Abs. 7)			
22	Erlösbudget aus lfd. Nr. 21			
23	./. Erlöse aus Zusatzentgelten			
23a	./. Erlöse für Überlieger am Jahresbeginn			
24	+/- neue Ausgleiche und Berichtigungen für Vorjahre *)			
25	= Verändertes Erlösbudget (Abs. 7 Satz 1) **)			
26	: Summe der effektiven Bewertungsrelationen			
27	**= krankenhausindividueller Basisfallwert**			
28	nachrichtlich: Basisfallwert ohne Ausgleiche und Berichtigungen			

*) Die Ausgleiche und Berichtigungen sind auf einem gesonderten Blatt einzeln auszuweisen.

**) Erlösbudget einschließlich der Erlöse bei Überschreitung der oberen Grenzverweildauer, der Abschläge bei Unterschreitung der unteren Grenzverweildauer und der Abschläge bei Verlegungen.

TEIL II: Krankenhausentgeltgesetz – Erläuterungen

Gesetz über die Entgelte für voll- und teilstationäre Krankenhausleistungen (Krankenhausentgeltgesetz – KHEntgG)

Vom 23. April 2002 (BGBl. I S. 1412), zuletzt geändert durch Artikel 15 des GKV-Modernisierungsgesetzes vom 14. November 2003 (BGBl. I S. 2190).

VORBEMERKUNG

Der folgende Teil ist so aufgebaut, dass hinter dem Text des einzelnen Paragraphen oder eines Absatzes die dazu angegebene „Amtl. Begründung" des Gesetzgebers zum KHEntgG abgedruckt ist. Soweit es für das Verständnis der Vorschrift nützlich ist, wird auch die amtliche Begründung zur BPflV 1995 wiedergegeben. Damit wird dem Benutzer des Kommentars ermöglicht, sich über die Absichten des Gesetzgebers zu informieren. Die amtl. Begründung kann bei der Auslegung von Vorschriften helfen. Ist allerdings der Gesetzestext eindeutig, geht er der amtlichen Begründung vor.

Die amtliche Begründung zum KHEntgG bezieht sich auf den Gesetzentwurf in der Fassung seiner Einbringung in den Bundestag durch die Fraktionen SPD und BÜNDNIS 90/DIE GRÜNEN (BT-Drucks. 14/6893). Er wurde im Rahmen des Gesetzgebungsverfahrens teilweise verändert. Die amtliche Begründung entspricht deshalb nicht immer dem gültigen Gesetzestext. Hierauf wird – soweit erforderlich – in den Erläuterungen zu den §§ jeweils hingewiesen.

In den „Erläuterungen" kommentieren die Autoren die einzelnen Vorschriften. Sie stellen die Hintergründe, Zielsetzungen und Zusammenhänge der verschiedenen Vorschriften und ggf. die dazu ergangene Rechtsprechung dar.

ERSTER ABSCHNITT: Allgemeine Vorschriften

§ 1 Anwendungsbereich

(1) Die vollstationären und teilstationären Leistungen der Krankenhäuser werden nach diesem Gesetz und dem Krankenhausfinanzierungsgesetz vergütet.

(2) Dieses Gesetz gilt auch für die Vergütung von Leistungen der Bundeswehrkrankenhäuser, soweit diese Zivilpatienten behandeln, und der Krankenhäuser der Träger der gesetzlichen Unfallversicherung, soweit nicht die gesetzliche Unfallversicherung die Kosten trägt. Im Übrigen gilt dieses Gesetz nicht für

1. Krankenhäuser, auf die das Krankenhausfinanzierungsgesetz nach seinem § 3 Satz 1 keine Anwendung findet,
2. Krankenhäuser, die nach § 5 Abs. 1 Nr. 2, 4 oder 7 des Krankenhausfinanzierungsgesetzes nicht gefördert werden,
3. Krankenhäuser oder Krankenhausabteilungen, die nach § 17b Abs. 1 Satz 1 zweiter Halbsatz des Krankenhausfinanzierungsgesetzes nicht in das DRG-Vergütungssystem einbezogen sind,

4. das Jahr 2003 für Krankenhäuser, die nach § 17b Abs. 4 Satz 4 bis 7 des Krankenhausfinanzierungsgesetzes das DRG-Vergütungssystem noch nicht anwenden; § 21 ist auch von diesen Krankenhäusern anzuwenden.

(3) Die vor- und nachstationäre Behandlung wird für alle Benutzer einheitlich nach § 115a des Fünften Buches Sozialgesetzbuch vergütet. Die ambulante Durchführung von Operationen und sonstiger stationsersetzender Eingriffe wird für die gesetzlich versicherten Patienten nach § 115b des Fünften Buches Sozialgesetzbuch und für sonstige Patienten nach den für sie geltenden Vorschriften, Vereinbarungen oder Tarifen vergütet.

Amtl. Begründung zu § 1 KHEntgG

Der bisherige § 1 der Bundespflegesatzverordnung wird übernommen. Absatz 2 Satz 1 bezieht nun auch die Bundeswehrkrankenhäuser und die Krankenhäuser der Träger der gesetzlichen Unfallversicherung, insbesondere der Berufsgenossenschaften, ein. Die Bundeswehrkrankenhäuser erhalten für die Behandlung von Zivilpatienten dieselbe leistungsbezogene Vergütung je Krankenhausfall wie alle anderen Krankenhäuser. Für die Krankenhäuser der Träger der gesetzlichen Unfallversicherung gilt das Krankenhausentgeltgesetz, soweit nicht ein Träger der gesetzlichen Unfallversicherung Kostenträger ist.

ERLÄUTERUNGEN

Anders als die Bundespflegesatzverordnung (BPflV), welche als Rechtsverordnung auf die gesetzliche Ermächtigungsvorschrift des § 16 KHG zurückgeht, regelt das Krankenhausentgeltgesetz (KHEntgG) die Vergütung von Krankenhausleistungen als Gesetz (im formellen Sinn). In § 1 wird der Anwendungsbereich des Gesetzes normiert. Absatz 1 der Vorschrift beschränkt die Anwendbarkeit des KHEntgG auf vollstationäre und teilstationäre Leistungen des Krankenhauses. In § 1 Abs. 2 werden einzelne Krankenhäuser ausdrücklich in den Anwendungsbereich des Gesetzes einbezogen, andere dagegen ausgeschlossen. Absatz 3 der Vorschrift verweist für die Abrechnung anderer als vollstationärer oder teilstationärer Leistungen des Krankenhauses auf sonstige Regelungen.

Zu Absatz 1

Das KHEntgG führt für die Vergütung der allgemeinen Krankenhausleistungen erstmals ein durchgängiges, leistungsorientiertes und pauschaliertes Vergütungssystem ein. Bereits mit dem Gesetz zur Reform der gesetzlichen Krankenversicherung ab dem Jahr 2000 (GKV – Gesundheitsreform 2000) wurde die Einführung eines leistungsorientierten Entgeltsystems in § 17b KHG für die voll- und teilstationären Leistungen der Krankenhäuser vorgegeben. Das System der Mischfinanzierung durch pauschalierte Entgelte (Fallpauschalen und Sonderentgelte) einerseits und tagesgleicher Pflegesätze andererseits wird aufgegeben. Durch das FPÄndG wurde klargestellt, dass für Krankenhäuser, welche dem neuen DRG-Vergütungssystem unterliegen, neben dem KHEntgG auch das KHG Anwendung findet.

Nach Absatz 1 findet das KHEntgG nur für **voll- und teilstationäre Leistungen** Anwendung. Die Abrechnung der Vergütung ambulanter Leistungen des

Krankenhauses wird nicht durch dieses Gesetz geregelt. Die Abgrenzung der Behandlungsformen vollstationär, teilstationär und ambulant kann im Einzelfall Schwierigkeiten bereiten. Gesetzliche Definitionen dieser **Begriffe** existieren nicht. Auch § 39 Abs. 1 Satz 1 SGB V erwähnt insoweit lediglich, dass die Krankenhausbehandlung vollstationär, teilstationär, vor- und nachstationär sowie ambulant erbracht werden kann. Wesentliche Merkmale der vollstationären Krankenhausbehandlung – welche auch in § 39 Abs. 1 Satz 3 SGB V Erwähnung finden – sind die Unterkunft und die Verpflegung (vgl. Vreden, das Krankenhaus 1998, 333). Demnach ist die Behandlung zweifellos dann eine (voll-) stationäre, wenn sich der Patient ununterbrochen Tag und Nacht im Krankenhaus zur Behandlung aufhält (OLG Hamm, Urteil vom 23.5.1986, NJW 1986, 2888, 2889). In diesen Fällen verlagert sich der Lebensmittelpunkt des Patienten für die Dauer der Behandlung aus seiner gewohnten privaten Umgebung in das Krankenhaus. Bei teilstationärer Behandlung wird der Patient nur zum Teil physisch und organisatorisch in das stationäre Versorgungssystem des Krankenhauses einbezogen. Er befindet sich tagsüber (Tagesklinik) oder nachts (Nachtklinik) im Krankenhaus. Verbreitet ist die tagesklinische Aufnahme in der Psychiatrie, Geriatrie, vermehrt auch in der Pädiatrie. Darüber hinaus kommt die teilstationäre Krankenhausbehandlung häufig in der Onkologie, der Hämatologie, der Neurologie sowie bei Aids und Abhängigkeitserkrankungen in Betracht (Tuschen/Quaas, Erl. zu § 1 Abs. 1). Anders als bei stationärer (vollstationärer oder teilstationärer) Behandlung lässt die ambulante den gewohnten Lebensrhythmus des Patienten regelmäßig weitgehend unberührt, weil er seinen Lebensmittelpunkt beibehalten kann (OLG Hamm, a.a.O.). Erfolgt die ambulante Behandlung im Krankenhaus, so wird der Patient nicht in das stationäre Versorgungssystem eingegliedert; er verweilt zur Durchführung einer medizinischen Untersuchung oder Behandlung lediglich für kurze Zeit im Krankenhaus und erhält grundsätzlich weder Unterkunft noch Verpflegung.

Als problematisch kann sich die Zuordnung zur ambulanten oder stationären Versorgung bei solchen Leistungen erweisen, die zwar einen ambulanten Charakter aufweisen, aber im Hinblick auf eine stationäre Behandlung durchgeführt werden. Das BSG hat in diesem Zusammenhang präoperative Eigenblutentnahmen unter Berücksichtigung ihres Zusammenhangs mit der stationären Behandlung, der Art und Weise ihrer Erbringung und ihrer Funktion dem stationären Krankenhausbereich zugewiesen (BSGE 74, 263, Urteil vom 22.6.1994).

Das KHEntgG regelt die Vergütung der Krankenhäuser, die das DRG-Vergütungssystem anwenden. Die Vergütung der Krankenhäuser, die das DRG-Vergütungssystem nicht anwenden, wird durch die Bundespflegesatzverordnung (BPflV) geregelt. Grundsätzliche Vorschriften, die für beide Bereiche und somit für alle Krankenhäuser gelten, werden durch das Krankenhausfinanzierungsgesetz (KHG) vorgegeben. Dies betrifft insbesondere Vorgaben zur Pflegesatzfähigkeit bestimmter Tatbestände oder Kostenarten, zu den Budget-/Pflegesatzverhandlungen, zur Finanzierung der Ausbildungsstätten, der Prüfung der Abrechnung der Pflegesätze durch den Medizinischen Dienst der Krankenkassen (MDK) und die grundlegenden Vorschriften zur Einführung des neuen DRG-Vergütungssystems. Absatz 1 gibt dem entsprechend vor, dass für DRG-Krankenhäuser auch das Krankenhausfinanzierungsgesetz gilt.

Zu Absatz 2

§ 1 Abs. 2 regelt die Anwendbarkeit des Gesetzes für einzelne bestimmte Krankenhäuser. Nach **Satz 1** gilt das KHEntgG auch für Leistungen der

- **Bundeswehrkrankenhäuser**, soweit diese Zivilpatienten behandeln; demnach wird auch die stationäre Behandlung von Zivilpatienten durch Bundeswehrkrankenhäuser nach den Regelungen des neuen DRG-Vergütungssystems abgerechnet.
- **Krankenhäuser der Träger der gesetzlichen Unfallversicherung**, soweit diese Unfallversicherung die Kosten der Behandlung nicht trägt; die Anwendbarkeit des KHEntgG beurteilt sich für Krankenhäuser der Berufsgenossenschaften somit nach dem für die jeweilige Behandlung zuständigen Kostenträger. Werden in diesen Krankenhäusern die Kosten nicht durch den Träger der gesetzlichen Unfallversicherung übernommen, so ist das KHEntgG anzuwenden.

Nach **Nummer 1** i.V.m. § 3 KHG findet das KHEntgG keine Anwendung für:

- Krankenhäuser im Straf- oder Maßregelvollzug (§ 3 Satz 1 Nr. 2 KHG)
- Polizeikrankenhäuser (§ 3 Satz 1 Nr. 3 KHG)
- Krankenhäuser der Träger der gesetzlichen Rentenversicherung der Arbeiter oder der Angestellten und
- Krankenhäuser der Träger der gesetzlichen Unfallversicherung, soweit die gesetzliche Unfallversicherung die Kosten trägt (§ 3 Satz 1 Nr. 4 KHG); für den umgekehrten Fall der fehlenden Kostenträgerschaft der gesetzlichen Unfallversicherung ergibt sich die Anwendbarkeit des KHEntgG aus § 1 Abs. 2 Satz 1 (s.o.). Dagegen gilt das KHEntgG für bestimmte Fachkliniken zur allgemeinen Versorgung der Bevölkerung.

Nummer 2 i.V.m. § 5 Abs. 1 Nr. 2, 4 und 7 KHG schließt die Anwendbarkeit des KHEntgG für folgende – nicht geförderte – Einrichtungen aus:

- Krankenhäuser, die die Voraussetzung eines Zweckbetriebs nach § 67 AO nicht erfüllen (§ 5 Abs. 1 Nr. 2 KHG)
- Tuberkulose-Krankenhäuser mit Ausnahme bestimmter Fachkliniken zur allgemeinen Versorgung der Bevölkerung (§ 5 Abs. 1 Nr. 4 KHG)
- Vorsorge- und Rehabilitationseinrichtungen nach § 107 Abs. 2 SGB V (§ 5 Abs. 1 Nr. 7 KHG).

Die Abgrenzung der **Vorsorge- und Rehabilitationseinrichtungen** zu den Krankenhäusern, die dem Anwendungsbereich des KHEntgG oder der BPflV unterliegen, richtet sich nach § 107 SGB V. Die dort genannten Begriffsmerkmale sind allerdings nicht eindeutig. Es gibt eine Reihe von Überschneidungen und inhaltlichen Unbestimmtheiten (vgl. zur Abgrenzung: Quaas, MedRecht 1995, 299; Klückmann, in: Hauck, SGB V, § 107 Rdnr. 9ff.). Krankenhäuser sind nach § 107 Abs. 1 Nr. 2 und 3 SGB V dadurch gekennzeichnet, dass sie fachlich-medizinisch unter ständiger ärztlicher Leitung stehen und mit Hilfe von jederzeit verfügbarem, ärztlichem, Pflege-, Funktions- und medizinisch-technischem Personal darauf eingerichtet sind, vorwiegend durch ärztliche und pflegerische Hilfeleistung zu behandeln; während bei Rehabilitationseinrichtungen nach

§ 107 Abs. 2 Nr. 2 SGB V fachlich-medizinisch nur eine ständige ärztliche Verantwortung bestehen muss und die Behandlung nach einem ärztlichen Behandlungsplan in erster Linie durch nicht-ärztliches, aber besonders geschultes Personal, vor allem durch Verabreichung von Heilmitteln erfolgt. Hierzu zählen u. a. Krankengymnastik, Bewegungstherapie, Sprachtherapie, Arbeits- und Beschäftigungstherapie. Allerdings ist zu berücksichtigen, dass bei der Behandlung spezieller Krankheitsbilder (z. B. MS-Erkankungen) im Rahmen des stationären Aufenthalts im Krankenhaus durchaus physikalische Therapiemaßnahmen im Vordergrund stehen können, ohne dass hierdurch die Therapie den Charakter der notwendigen Krankenhausbehandlung verliert (SG Stuttgart, Urteil vom 23.1.2002, Az.: S 10 KR 4845/00). Die notwendige Abgrenzung zu einer der in § 107 SGB V geregelten Einrichtungsarten hat nach objektiven Merkmalen zu erfolgen. Andernfalls könnte sich der Einrichtungsträger etwa der staatlichen Bedarfsplanung im Krankenhausbereich schon dadurch entziehen, dass er vorgibt, eine Rehabilitationsklinik betreiben zu wollen. Grundlage der Zuordnung ist das Behandlungskonzept des Einrichtungsträgers (vgl. BSG, Urteil vom 19.11.1997, NZS 1998, 429).

Nach **Nummer 3** i.V.m. § 17b Abs. 1 Satz 1, 2. HS KHG findet das KHEntgG keine Anwendung für Leistungen der in § 1 Abs. 2 der Psychiatrie-Personalverordnung genannten Einrichtungen und der Einrichtungen für Psychosomatik und Psychotherapeutischen Medizin, soweit in der Verordnung nach § 16 Satz 1 Nr. 1 KHG nichts abweichendes bestimmt wird. § 1 BPflV stellt in seiner Fassung ab dem 1.1.2004 klar, dass die voll- und teilstationären Leistungen dieser Krankenhäuser oder Krankenhausabteilungen nicht nach dem KHEntgG, sondern – unverändert – nach der BPflV abgerechnet werden. Dies betrifft die psychiatrischen Krankenhäuser, die psychiatrischen Abteilungen an Allgemeinkrankenhäusern sowie die Einrichtungen der Psychosomatik und der Psychotherapeutischen Medizin.

Nummer 4 macht die Anwendbarkeit des KHEntgG für das Jahr 2003 davon abhängig, dass das Krankenhaus sein Optionsrecht nach § 17b Abs. 4 KHG wirksam ausgeübt hat. Nur auf Verlangen des Krankenhauses wird das neue Vergütungssystem bereits zum 1.1.2003 eingeführt. Voraussetzung hierfür ist, dass das Krankenhaus voraussichtlich mindestens 90 v.H. des Gesamtbetrags nach dem KHEntgG, der um Zusatzentgelte, Kosten der Ausbildungsstätten und die Mehrkosten der Ausbildungsvergütungen vermindert ist, mit Fallpauschalen abrechnen kann. Wird diese Quote nicht erreicht, kann eine Umstellung auf das neue Vergütungssystem im Jahr 2003 nur mit Zustimmung der anderen Vertragsparteien erreicht werden. In § 17b Abs. 4 Satz 7 KHG war vorgesehen, dass das Krankenhaus sein Verlangen bis zum 31.10.2002 schriftlich mitteilen muss. Diese Frist wurde durch das 12. SGB V-Änderungsgesetz vom 12. Juni 2003 (BGBl. I S. 844) bis zum 31.12.2003 verlängert. Insgesamt haben 1.280 Krankenhäuser erklärt, bereits im Jahr 2003 DRG-Fallpauschalen abrechnen zu wollen.

Zu Absatz 3

Absatz 3 spricht Krankenhausleistungen an, welche nicht nach den Vorschriften des KHEntgG zu vergüten sind. Es handelt sich hier um die vor- und nachstationäre Behandlung sowie das ambulante Operieren im Krankenhaus. Die **vor- und** nachstationäre Behandlung im Krankenhaus ist nach § 39 Abs. 1 Satz 1 SGB V eine Art der Krankenhausbehandlung neben der vollstationären, teilstationären sowie ambulanten. Rechtssystematisch handelt es sich um eine Krankenhausbehandlung eigener Art (vgl. Klückmann, in: Hauck, SGB V, § 115a Rdnr. 7), die vom BSG der stationären Krankenhausbehandlung zugerechnet wird (BSG, Urteil vom 19.6.1996, SozR 3–2500, § 116 Nr. 13, S. 69). Die Möglichkeit für Krankenhäuser, vor- und nachstationäre Leistungen zu erbringen, zeigt, dass auch das Vorliegen einer Verordnung von Krankenhausbehandlung nicht mehr stets zu einer scharfen Trennung zwischen ambulanter und stationärer Behandlung führt, sondern auch insoweit eine Überschneidung beider Leistungsbereiche möglich ist (vgl. BSG, a. a. O., S. 70).

Nach **Satz 1** wird die vor- und nachstationäre Behandlung für alle Benutzer einheitlich nach § 115a SGB V vergütet. Angesprochen sind die Vereinbarungen auf Landesebene nach § 115a Abs. 3 Satz 1 SGB V. Die Vorgabe einheitlicher Vergütung für vor- und nachstationäre Leistungen ergibt sich bereits aus § 17 Abs. 1 Satz 1 KHG. § 1 Abs. 3 Satz 1 stellt demnach klar, dass sich die Vergütungsregelungen für die vor- und nachstationäre Behandlung für Sozialversicherte insoweit auch auf alle anderen Patienten erstrecken.

Satz 2 weist für die Vergütung von **ambulanten Operationen** des Krankenhauses auf die ohnehin geltende Rechtslage hin. Die Abrechnung erfolgt für gesetzlich versicherte Patienten nach der Vereinbarung der Bundesverbände gem. § 115b SGB V. Die Leistungen für sonstige Patienten werden nach den für sie geltenden Vorschriften, Vereinbarungen oder Tarifen vergütet. Erbringt das Krankenhaus die ambulante Operation als Institutsleistung – also nicht ein ermächtigter Arzt – so richtet sich die Vergütung bei fehlender Vereinbarung nach dem Haustarif des Krankenhauses (Dietz/Bofinger, § 1 BPflV, Erl. 9).

Für die Durchführung ambulanter Operationen und stationsersetzender Eingriffe sind die Krankenhäuser nach § 115b Abs. 2 Satz 1 SGB V kraft Gesetzes zugelassen, allerdings inhaltlich beschränkt auf den durch die Verbände auf Bundesebene in einem Katalog vorgegebenen Rahmen. Die Krankenhäuser bedürfen keiner Ermächtigung und die Patienten keiner Überweisung durch einen Vertragsarzt. Den Umfang des Angebots zur Durchführung ambulanter Operationen bestimmt das Krankenhaus durch seine Mitteilung nach § 115b Abs. 2 Satz 2 SGB V (Tuschen/Quaas, Erl. zu § 1). Schränkt ein Krankenhaus den Umfang der als Krankenhausleistungen angebotenen ambulanten Operationen gezielt ein, um für die durchführbaren, aber nicht angebotenen Eingriffe eine Ermächtigung des leitenden Krankenhausarztes zu ermöglichen, kann das der Erteilung einer Ermächtigung unter dem Gesichtspunkt rechtsmissbräuchlicher Gestaltung entgegenstehen (BSG, Urteil vom 9.6.1999, SozR 3–2500, § 116 Nr. 19).

§ 2 Krankenhausleistungen

(1) Krankenhausleistungen nach § 1 Abs. 1 sind insbesondere ärztliche Behandlung, Krankenpflege, Versorgung mit Arznei-, Heil- und Hilfsmitteln, die für die Versorgung im Krankenhaus notwendig sind, sowie Unterkunft und Verpflegung; sie umfassen allgemeine Krankenhausleistungen und Wahlleistungen. Zu den Krankenhausleistungen gehören nicht die Leistungen der Belegärzte (§ 18) sowie der Beleghebammen und -entbindungspfleger.

(2) Allgemeine Krankenhausleistungen sind die Krankenhausleistungen, die unter Berücksichtigung der Leistungsfähigkeit des Krankenhauses im Einzelfall nach Art und Schwere der Krankheit für die medizinisch zweckmäßige und ausreichende Versorgung des Patienten notwendig sind. Unter diesen Voraussetzungen gehören dazu auch

1. die während des Krankenhausaufenthalts durchgeführten Maßnahmen zur Früherkennung von Krankheiten im Sinne des Fünften Buches Sozialgesetzbuch,
2. die vom Krankenhaus veranlassten Leistungen Dritter,
3. die aus medizinischen Gründen notwendige Mitaufnahme einer Begleitperson des Patienten,
4. die besonderen Aufgaben von Zentren und Schwerpunkten für die stationäre Versorgung von Patienten, insbesondere die Aufgaben von Tumorzentren und geriatrischen Zentren sowie entsprechenden Schwerpunkten,
5. die Frührehabilitation im Sinne von § 39 Abs. 1 Satz 3 des Fünften Buches Sozialgesetzbuch.

Nicht zu den Krankenhausleistungen nach Satz 2 Nr. 2 gehört eine Dialyse, wenn hierdurch eine entsprechende Behandlung fortgeführt wird, das Krankenhaus keine eigene Dialyseeinrichtung hat und ein Zusammenhang mit dem Grund der Krankenhausbehandlung nicht besteht.

Amtl. Begründung zu § 2 KHEntgG

§ 2 der Bundespflegesatzverordnung wird übernommen. Weil die besonderen Leistungen von **Tumorzentren und onkologischen Schwerpunkten** nicht bei allen Krankenhäusern anfallen, können sie nicht über die Fallpauschalen finanziert werden. Sie sind nach § 17b Abs. 1 Satz 4 KHG über Zuschläge zu finanzieren. Es ist deshalb Aufgabe der Selbstverwaltungspartner nach § 17b KHG, Regelungen für entsprechende Zuschläge zu vereinbaren. Die ausdrückliche Einbeziehung der **Frührehabilitation** im Sinne von § 39 Abs. 1 Satz 3 SGB V in die allgemeinen Krankenhausleistungen beruht auf der entsprechenden Änderung des § 39 SGB V durch das SGB IX (Artikel 5) vom 16. Juni 2001 (BGBl. I S. 1046, 1098); danach umfasst die akutstationäre Behandlung auch die im Einzelfall erforderlichen und zum frühestmöglichen Zeitpunkt einsetzenden Leistungen zur Frührehabilitation. Soweit Fragen einer frührehabilitativen Versorgung der Patienten betroffen sind, ist diesen auch in anderen Regelungsbereichen der stationären Versorgung (z. B. Qualitätssicherung) adäquat Rechnung zu tragen.

Amtl. Begründung BPflV 1995

Zu § 2 Abs. 1 BPflV

Absatz 1 Satz 1 stellt entsprechend der Abgrenzung der Krankenhausbehandlung in § 39 Abs. 1 Satz 3 SGB V klar, dass auch die Versorgung mit **Heil- und Hilfsmitteln** zur Krankenhausleistung gehört, soweit sie für die Versorgung im Krankenhaus notwendig sind. Die Versorgung mit Heil- und Hilfsmitteln für den Zeitraum nach der voll- oder teilstationären Behandlung gehört nicht dazu. Näheres zur Versorgung im Falle einer **Beurlaubung** und bis zur Aufnahme einer anschließenden ambulanten Versorgung regeln die Landesverbände in zweiseitigen Verträgen nach § 112 SGB V.

Amtl. Begründung BPflV 1995

Zu § 2 Abs. 2 BPflV

Satz 1 bezieht in die Abgrenzung der pflegesatzfähigen „allgemeinen Krankenhausleistung" die Vorgaben ein, die in der gesetzlichen Krankenversicherung für die Krankenhausbehandlung gelten. Nach § 39 Abs. 1 Satz 2 SGB V sind die Krankenhäuser verpflichtet, vor Aufnahme zur vollstationären Behandlung zu **prüfen**, ob das Behandlungsziel nicht durch teilstationäre, vor- und nachstationäre oder ambulante Behandlung einschließlich häuslicher Krankenpflege erreicht werden kann. Nach § 12 Abs. 1 SGB V müssen die Leistungen ausreichend, zweckmäßig und wirtschaftlich sein: sie dürfen das Maß des Notwendigen nicht überschreiten.

Satz 2 Nr. 4 stellt klar, dass die besonderen Leistungen **von Tumorzentren und onkologischen Schwerpunkten** für die Versorgung von krebskranken Patienten zur allgemeinen Krankenhausleistung zählen. Hierzu gehören insbesondere Konsile, interdisziplinäre Video-Fallkonferenzen einschließlich der Nutzung moderner Kommunikationstechnologien, besondere Dokumentationsleistungen u.a. für klinische Krebsregister und die Nachsorgeempfehlungen. Die Vorschrift entspricht der bisherigen Regelung in § 13 Abs. 1 Satz 2 Nr. 1 BPflV alter Fassung. [Hinweis: vgl. Neufassung durch das FPÄndG]

Die Behandlung sog. **interkurrenter Erkrankungen**, d.h. solcher Erkrankungen, die zwar nicht Anlass für die Krankenhausaufnahme, aber gleichwohl behandlungsbedürftig sind, gehört im Rahmen der Leistungsfähigkeit des Krankenhauses zu den allgemeinen Krankenhausleistungen. Dies gilt nicht für eine grundsätzlich ambulant zu erbringende Versorgung, soweit eine entsprechende Behandlung aufschiebbar ist. Diese derzeitige Regelung wird mit der zunehmenden Einführung von Fallpauschalen und Sonderentgelten, deren Höhe auf der Landesebene vereinbart wird, problematisch. Andererseits ist eine generelle, justiziable Abgrenzung interkurrenter Erkrankungen bei der Vielzahl möglicher Fallgestaltungen schwierig. Satz 3 nimmt deshalb zunächst nur eine zusätzliche Dialysebehandlung, die nicht vom Krankenhaus erbracht wird, aus der allgemeinen Krankenhausleistung heraus. Demgegenüber ist eine durch das Krankenhaus selbst erbrachte Dialyse nach § 14 Abs. 2 Satz 4 zusätzlich zu einem Abteilungspflegesatz oder nach § 14 Abs. 6 Nr. 2 zusätzlich zu einer Fallpauschale berechenbar. Über die Regelung in § 11 Abs. 2 Satz 3 werden die Arzneimittelkosten bei der Behandlung von Blutern zusätzlich zu Fallpauschalen oder tagesgleichen Pflegesätzen abrechenbar gemacht. Auch diese Regelung trägt dazu bei, die Entgelte von Kosten interkurrenter Erkrankungen zu entlasten.

ERLÄUTERUNGEN

§ 2 KHEntgG entspricht weitestgehend der Regelung des § 2 BPflV. Die Vorschrift enthält eine Bestimmung über den kraft Gesetz geschuldeten Inhalt und Umfang der Leistungen des Krankenhauses bei voll- oder teilstationärer Leistungserbringung.

Zu Absatz 1

Satz 1 bestimmt den Umfang der Krankenhausleistungen, welche allgemeine Krankenhausleistungen und Wahlleistungen umfassen. **Krankenhausleistungen** sind sämtliche Leistungen des Krankenhauses, die der stationären Versorgung der Patienten dienen. Als einzelne Leistungsbereiche sind die ärztliche Behandlung, Krankenpflege, Versorgung mit Arznei-, Heil- und Hilfsmittel sowie Unterkunft und Verpflegung erwähnt. Allerdings ist die Aufzählung nicht abschließend, wie die Verwendung des Wortes „insbesondere" verdeutlicht. Die Vorschrift geht von einem umfassenden Leistungsangebot des Krankenhauses bei voll- und teilstationärer Leistungserbringung aus. Soweit Leistungen erst nach Entlassung des Patienten aus dem Krankenhaus erforderlich werden, zählen sie nicht zu den Krankenhausleistungen, weil sie nicht „im Krankenhaus notwendig sind". Ergänzende Bestimmungen zum Umfang der stationären Leistungserbringung können in die Landesverträge nach § 112 Abs. 2 SGB V aufgenommen werden.

Auch bei den **Wahlleistungen** handelt es sich um Krankenhausleistungen. Der Anspruch des Patienten auf Wahlleistungen, welche definitionsgemäß nach § 17 Abs. 1 Satz 1 über die allgemeinen Krankenhausleistungen (hierzu: Erl. zu Abs. 2) hinausgehen, ergibt sich nicht aus Gesetz, sondern aus Vertrag, soweit eine wirksame Wahlleistungsvereinbarung zwischen Krankenhaus und Patient geschlossen wurde. Für die Entgelte der Wahlleistungen gelten andere Bemessungsgrundsätze als für die der allgemeinen Krankenhausleistungen. Die vertragliche Regelung der Entgelte für Wahlleistungen hat sich im Rahmen der gesetzlichen Vorschriften zu bewegen. Nach § 17 Abs. 1 Satz 3 KHEntgG dürfen die Entgelte für Wahlleistungen in keinem unangemessenen Verhältnis zu den Leistungen stehen. Für die Berechnung wahlärztlicher Leistungen finden nach § 17 Abs. 3 Satz 6 die Vorschriften der Gebührenordnung für Ärzte (GOÄ) und der Gebührenordnung für Zahnärzte (GOZ) entsprechende Anwendung.

Satz 2 stellt klar, dass zu den Krankenhausleistungen nicht die Leistungen der **Belegärzte** (§ 18) sowie der **Beleghebammen** und -entbindungspfleger zählen. Belegärzte sind gem. § 121 Abs. 2 SGB V niedergelassene und andere nicht am Krankenhaus angestellte Ärzte, die berechtigt sind, ihre Patienten im Krankenhaus unter Inanspruchnahme der hierfür bereitgestellten Dienste, Einrichtungen und Mittel stationär oder teilstationär zu behandeln, ohne hierfür vom Krankenhaus eine Vergütung zu erhalten (BSG, Urteil vom 31.1.2001, SozR 3–2500, § 121 Nr. 3, S. 10). Demnach sind belegärztliche Leistungen nicht Leistungen des Krankenhauses – auch nicht seiner angestellten Ärzte – sondern Leistungen eines freiberuflich im Krankenhaus tätigen Arztes (Tuschen/Quaas, Erl. zu § 2 Abs. 1).

Zu Absatz 2

Der Begriff der **allgemeinen Krankenhausleistungen** nach dem KHEntgG ist identisch mit dem der teil- und vollstationären Krankenhausbehandlung im Sinne des SGB V (vgl. Tuschen/Quaas, Erl. zu § 2 Abs. 1). Hierfür spricht bereits die Definition der allgemeinen Krankenhausleistungen in § 2 Abs. 2 Satz 1, welche sich an die Formulierung über die Krankenhausbehandlung in § 39 Abs. 1 Satz 3 SGB V erkennbar anlehnt. In diesem Zusammenhang ist weiter zu berücksichtigen, dass die Krankenkassen nach § 109 Abs. 4 Satz 3 SGB V verpflichtet sind, mit dem Krankenhausträger Pflegesatzverhandlungen nach Maßgabe des KHG, KHEntgG und der BPflV zu führen, aber keine Entgelte für Leistungen des Krankenhauses vereinbaren können, welche sie nach § 39 SGB V nicht gewähren dürfen. Hieraus ergibt sich, dass der Begriff der stationären Krankenhausbehandlung im Sinne des SGB V einerseits und der der allgemeinen Krankenhausleistungen nach KHEntgG andererseits inhaltlich deckungsgleich sein muss, weil die Krankenkassen durch die Vereinbarung der Vergütung für allgemeine Krankenhausleistungen mit dem Krankenhausträger gerade jene Leistungen „einkaufen", welche sie ihren Versicherten als Krankenhausbehandlung gewähren müssen (vgl. Trefz, das Krankenhaus 2003, 628).

Nach **Satz 1** sind allgemeine Krankenhausleistungen die Krankenhausleistungen, die unter Berücksichtigung der Leistungsfähigkeit des Krankenhauses im Einzelfall nach Art und Schwere der Krankheit für die medizinisch zweckmäßige und ausreichende Versorgung des Patienten notwendig sind. Demnach ist mit dem Begriff der allgemeinen Krankenhausleistungen nicht der „Normalbedarf eines durchschnittlichen Krankenhausbenutzers" (so aber BGH, Urteil vom 9.11.1989, NJW 1990, 761, 763), sondern der **notwendige Bedarf im Einzelfall unter Berücksichtigung der patienten- und krankenhausindividuellen Verhältnisse** angesprochen. Da das Krankenhaus alles für die medizinische Versorgung notwendige – im Rahmen der allgemeinen Krankenhausleistungen – leisten muss, ist von ihm insoweit eine umfassende Gesamtleistung gefordert. Die Formulierung, die medizinisch zweckmäßige Versorgung sei „unter Berücksichtigung der Leistungsfähigkeit des Krankenhauses" zu erbringen, besagt, dass das gesamte im Krankenhaus versammelte medizinische Können und Wissen, auch soweit es nur bei besonders spezialisierten Ärzten oder bei Chefärzten besteht, in die Behandlung des Patienten einzubringen ist, sofern dies im Einzelfall angezeigt ist (BVerfG, Beschluss vom 7.11.2002, Az.: 2 BvR 1053/98). Für das medizinisch Notwendige darf der Patient nicht auf Wahlleistungen und eine gesonderte Vergütung verwiesen werden (Dietz/Bofinger, § 2 Erl. II. 1.).

Zu den allgemeinen Krankenhausleistungen gehört grundsätzlich auch die Behandlung **interkurrenter Erkrankungen**, d. h. solcher Erkrankungen, die nicht Anlass der Krankenhausaufnahme waren, aber gleichwohl unaufschiebbar behandlungsbedürftig sind. Allerdings zählt hierzu nicht die Behandlung von Krankheiten, welche die Leistungsfähigkeit des Krankenhauses übersteigen (Tuschen/Quaas, Erl. zu § 2 Abs. 2). Geht die stationär erforderliche Behandlung über den Versorgungsauftrag des Krankenhauses hinaus, muss der Patient verlegt werden. Das Krankenhaus ist auch nicht verpflichtet, eine grundsätzlich ambulant erbringbare Behandlung, die aufschiebbar ist und nicht Anlass der Aufnahme in das Krankenhaus war, im Rahmen des stationären Aufenthalts zu erbringen; vgl. auch die amtl. Begründung zu § 2 Abs. 2 BPflV-1995

Zu Absatz 2 Satz 2

Satz 2 weist einzelne Leistungen ausdrücklich den allgemeinen Krankenhausleistungen zu. Die Verwendung des Wortes „auch" verdeutlicht, dass die in Satz 2 aufgeführten Leistungen keinen abschließenden Katalog über allgemeine Krankenhausleistungen bilden.

Zu Absatz 2 Satz 2 Nr. 1

Die Vorschrift weist die während des Krankenhausaufenthalts durchgeführten **Maßnahmen zur Früherkennung von Krankheiten** im Sinne der gesetzlichen Krankenversicherung den allgemeinen Krankenhausleistungen zu. Diese Leistungen stehen nicht in einem – nach Satz 1 notwendigen – engen Zusammenhang mit einer Erkrankung. Sie wären insoweit keine allgemeinen Krankenhausleistungen, weil es sich nicht um „im Einzelfall nach Art und Schwere der Krankheit" notwendige Versorgungsleistungen handelt. Entgegen dem allgemeinen Grundsatz der ausschließlichen Zuordnung notwendiger Leistungen zur Behandlung von Krankheiten zu den allgemeinen Krankenhausleistungen werden durch Satz 2 Nr. 1 auch die dort erwähnten Früherkennungsmaßnahmen einbezogen.

Der rechtliche Rahmen der möglichen Früherkennungsmaßnahmen ergibt sich aus dem SGB V. Gesetzlich Versicherte haben nach § 11 Abs. 1 Nr. 3 SGB V Anspruch auf Leistungen zur Früherkennung von Krankheiten. Die leistungsrechtlichen Voraussetzungen im Versicherungsverhältnis ergeben sich aus den §§ 25, 26 SGB V. Zu den im Krankenhaus durchzuführenden Maßnahmen zählen beispielsweise die Früherkennungsuntersuchungen bei Neugeborenen (U 1 und U 2; vgl. hierzu: B. der Kinderrichtlinien).

Von Satz 2 Nr. 1 werden nur Maßnahmen erfasst, die während des Krankenhausaufenthalts durchgeführt werden. Demnach zählen Früherkennungsmaßnahmen vor Aufnahme und nach der Entlassung des Patienten aus dem Krankenhaus nicht zu den allgemeinen Krankenhausleistungen; insoweit liegen überhaupt keine Krankenhausleistungen vor. Andererseits werden durch § 73 Abs. 6 SGB V Maßnahmen zur Früherkennung von Krankheiten, soweit sie im Rahmen der Krankenhausbehandlung oder der stationären Entbindung durchgeführt werden, aus der vertragsärztlichen Versorgung ausgeschlossen. Dies gilt nicht für die ärztlichen Leistungen des Belegarztes, denn belegärztliche Leistungen werden nach § 121 Abs. 3 Satz 1 SGB V aus der vertragsärztlichen Gesamtvergütung vergütet.

Zu Absatz 2 Satz 2 Nr. 2

Die vom Krankenhaus veranlassten **Leistungen Dritter** zählen zu den allgemeinen Krankenhausleistungen. Durch die Vorschrift wird zunächst klargestellt, dass das Krankenhaus die notwendigen Versorgungsleistungen nicht zwingend selbst erbringen muss, sondern auch eine Leistungsbeschaffung auf eigene Kosten bei Dritten rechtlich möglich ist. Die Drittleistung kann von krankenhausfremden Konsiliarärzten, aber auch von einem Belegarzt des Krankenhauses erbracht werden. Da die Leistungen des Dritten zu den allgemeinen Krankenhausleistungen zählen, werden sie ebenfalls über die hierfür vorgesehenen Entgelte nach § 7 Abs. 1 vergütet. Eine Vergütung der Drittleistung außerhalb dieser Entgelte kommt nur bei Vorliegen einer wirksamen Wahlleistungsvereinbarung in Betracht. So sind die von liquidationsberechtigten Krankenhausärzten veranlassten wahlärztlichen Leistungen von Ärzten außerhalb des Krankenhauses als Wahlleistungen gesondert berechenbar. Grundsätzlich gilt, dass das Krankenhaus medizinisch nicht notwendige Leistungen außerhalb der Entgelte für allgemeine Krankenhausleistungen als Wahlleistungen anbieten darf (vgl. Trefz, das Krankenhaus 2003, 628; auch Tuschen/Quaas, Erl. zu § 2 Abs. 2 Nr. 2; ähnlich Dietz/Bofinger, § 2 BPflV, Erl. II. 5., allerdings einschränkend für Leistungen des „Übermaßes").

Von den Drittleistungen im Rahmen einer Verbringung sind die Leistungen eines anderen Krankenhauses nach Verlegung des Patienten dorthin zu unterscheiden. Bei der **Verbringung** nimmt das Krankenhaus im Rahmen des (dortigen) stationären Aufenthalts die Leistungen externer Dritter, mit der Folge in Anspruch, dass diese Kosten durch die „allgemeine Krankenhausvergütung" abgegolten sind (BSG, Urteil vom 21.2.2002, NZS 2003, 33, 35). Der Patient verlässt das Krankenhaus für kurze Zeit zur Vornahme einer medizinisch gebotenen, im Krankenhaus nicht durchführbaren einzelnen Untersuchungs- oder Behandlungsmaßnahme; er bleibt dabei Patient des entsendenden Krankenhauses. Demgegenüber scheidet der Patient im Falle der **Verlegung** aus den stationären Behandlungsabläufen und der Gesamtverantwortung des abgebenden Krankenhauses aus und wird in die stationären Abläufe des aufnehmenden Krankenhauses durch Behandlung, Unterbringung und Verpflegung integriert. Die Verantwortung für die Gesamtbehandlung geht vollständig auf das aufnehmende Krankenhaus über (OVG Lüneburg, Urteil vom 26.6.2001, Az.: 11 LB 1374/01; vorgehend VG Hannover, Urteil vom 25.1.2001, KRS 01.003). Die Verlegung ist als Unterfall der Entlassung zu behandeln (OVG Lüneburg, a.a.O.). Liegt lediglich eine Verbringung des Patienten vor, so stellt § 8 Abs. 6 klar, dass die Fallpauschale durch das Krankenhaus berechnet wird, das den Patienten stationär aufgenommen hat. Im Fall der Verlegung rechnet nach § 1 Abs. 1 Satz 2 KFPV jedes beteiligte Krankenhaus – ggf. unter Berücksichtigung eines Abschlags nach §§ 2, 3 KFPV – eine Fallpauschale ab.

Die Leistung des **Krankentransports** im Rahmen einer **Verbringungsfahrt** ist stets allgemeine Krankenhausleistung nach § 2 Abs. 2 Satz 2 Nr. 2; eine Vergütungspflicht der Krankenkasse nach § 60 SGB V scheidet aus. Nach der Neufassung des § 60 Abs. 2 Satz 1 Nr. 1 SGB V durch das Fallpauschalengesetz vom 23.4.2002 muss die Krankenkasse die durch eine Verlegung in ein nachsorgendes Krankenhaus verursachten Fahrtkosten bei Abrechnung einer Fallpauschale grundsätzlich nicht mehr übernehmen. Ausnahmen gelten für Notfälle und bei einer mit Einwilligung der Krankenkasse erfolgten Verlegung in ein wohnortnahes Krankenhaus. Die Einwilligung bedeutet eine vorherige Zustimmung (vgl. § 183 Satz 1 BGB) des Kostenträgers. Die amtliche Begründung zur Ergänzung in § 60 SGB V (BT-Drucks. 14/6893 zu Art. 1 Nr. 1) erwähnt hier, die Regelung stelle klar, dass grundsätzlich **Fahrkosten bei Verlegung** von einem aufnehmenden in ein nachsorgendes Krankenhaus von den Krankenkassen nicht zusätzlich zu einer Fallpauschale gezahlt werden, wenn sowohl das abgebende als auch das aufnehmende Krankenhaus an der Erbringung der Fallpauschalenleistung beteiligt sind. Hier könnte fraglich sein, ob sich die Neuregelung des § 60 Abs. 2 Satz 1 Nr. 1 SGB V auf den Inhalt der allgemeinen Krankenhausleistungen bei Verlegungsfahrten auswirkt. Werden künftig nach Maßgabe der sozialversicherungsrechtlichen Vorschrift grundsätzlich keine Kosten der Verlegungsfahrt mehr von den Krankenkassen bei Abrechnung einer Fallpauschale übernommen, so könnte argumentiert werden, hierdurch gehörten diese Leistungen kraft Gesetzes zu den allgemeinen Krankenhausleistungen. Dieser Auffassung steht entgegen, dass sich der Inhalt der allgemeinen Krankenhausleistungen nicht primär aus dem SGB V, sondern in erster Linie aus § 2 Abs. 2 KHEntgG/BPflV ergibt. Diese pflegesatzrechtliche Vorschrift über allgemeine Krankenhausleistungen hat aber bei Änderung des § 60 SGB V durch das FPG keine inhaltliche Modifikation erfahren. Im Übrigen spricht gegen die Annahme, die Verlegungsfahrt gehöre bei Abrechnung von Fallpauschalen zu den allgemeinen Krankenhausleistungen auch der Wortlaut des § 60 Abs. 2 Nr. 1 SGB V. Demnach scheidet eine Übernahme der Fahrtkosten durch die Krankenkasse nur „bei Abrechnung *einer* Fallpauschale" aus. Gemeint ist offensichtlich der Fall der sog. Zusammenarbeitsfallpauschalen. Nach § 14 Abs. 11 Satz 1 BPflV sollte die Fallpauschale, welche Leistungen vergütet, die von mehreren Krankenhäusern im Rahmen einer auf Dauer angelegten Zusammenarbeit erbracht werden, von dem Krankenhaus berechnet werden, das die für die Fallpauschale maßgebende Behandlung erbracht hat. Nach Satz 3 der Vorschrift sollten die Krankenhäuser eine Aufteilung der Fallpauschale untereinander vereinbaren. Hingegen wurde durch die Verordnung zum Fallpauschalensystem für Krankenhäuser bestimmt, dass bei Verlegung jedes Krankenhaus eine Fallpauschale abrechnet, von welcher dann Abschläge vorzunehmen sind (§ 1 Abs. 1 Satz 2 und § 2 KFPV). Kommen demnach im Verlegungsfall nicht – wie § 60 Abs. 2 Satz 1 Nr. 1 SGB V voraussetzt – eine, sondern zwei Fallpauschalen zur Abrechnung, bleibt es dabei, dass Verlegungsfahrten von den Krankenkassen zu vergüten sind. Die hier vertretene Auffassung, dass Kosten der Verlegungsfahrten nicht mit der Vergütung für allgemeine Krankenhausleistungen, insbesondere auch nicht mit der Fallpauschale, abgegolten sind, deckt sich mit den Feststellungen der Rechtsprechung (BSG, a. a. O.; OVG Lüneburg, a. a. O.; VG Hannover, a. a. O.), welche allerdings noch vor der Änderung des § 60 SGB V ergangen ist. Nach dem vorliegenden Entwurf eines Gesundheitssystemmodernisierungsgesetzes (GMG) von Anfang Juni 2003 soll § 60 SGB V erneut geändert werden. Demnach sollen die Kosten der Verlegungsfahrten von den Kassen nur noch dann übernommen werden, wenn die Verlegung aus zwingenden medizinischen Gründen erforderlich ist oder wenn sie mit Einwilligung der Krankenkassen in ein wohnortnahes Krankenhaus erfolgt. Nach der Begründung des Gesetzesentwurfs soll dies gelten, unabhängig davon, inwieweit und in welcher Höhe die beteiligten Krankenhäuser jeweils für ihre Leistung eine Fallpauschale abrechnen. Sollte eine solche Vorgabe tatsächlich in Kraft treten, müsste – da die Fahrkosten bei Verlegung auch keine allgemeine Krankenhausleistung sind – der Patient die Kosten tragen, falls die Ausnahmen im Einzelfall nicht vorliegen.

Zu Absatz 2 Satz 2 Nr. 3

Zu den allgemeinen Krankenhausleistungen gehört auch die **aus medizinischen Gründen notwendige Mitaufnahme einer Begleitperson** des Patienten. Die medizinischen Gründe der Mitaufnahme müssen nicht in der Person der Begleitperson, sondern in der Person des Patienten vorliegen. Ob insoweit tatsächlich eine Notwendigkeit vorliegt, bleibt dem Urteil des Krankenhausarztes überlassen. Weit im Vordergrund der Regelung steht die Mitaufnahme der Mutter bei stationärer Behandlung des Kindes.

Der leistungsrechtliche Anspruch des gesetzlich Versicherten gegenüber seiner Krankenkasse auf eine aus medizinischen Gründen notwendigen Mitaufnahme einer Begleitperson ergibt sich aus § 11 Abs. 3 SGB V. Liegt die Voraussetzung der notwendigen Mitaufnahme der Begleitperson im Einzelfall nicht vor, kann das Krankenhaus die Leistung als Wahlleistung anbieten.

Für den Finanzierungstatbestand der notwendigen Mitaufnahme von Begleitpersonen sind nach § 17b Abs. 1 Satz 4 KHG und § 9 Abs. 1 Satz 1 Nr. 3 KHEntgG von den Vertragsparteien auf Bundesebene Zuschläge zu vereinbaren. Die Vereinbarung entfaltet als Normsetzungsvertrag unmittelbare Rechtswirkung für die Vertragsparteien auf Ortsebene (vgl. § 9 Abs. 1 Satz 1: „mit Wirkung für die Vertragsparteien nach § 11").

Zu Absatz 2 Satz 2 Nr. 4

Die Krankenhausplanung der Länder weist teilweise einzelnen Krankenhäusern besondere Versorgungsaufgaben als **Zentren oder Schwerpunkten** bei der Behandlung von Patienten zu. Dies waren bislang insbesondere die Tumorzentren und onkologischen Schwerpunkte. In einigen Ländern wurden darüber hinaus z. B. geriatrische Zentren gebildet. Diese besonderen Aufgaben der Krankenhäuser werden durch Satz 2 Nr. 4 den allgemeinen Krankenhausleistungen zugeordnet. Die Neufassung der Nummer 4 durch das FPÄndG wurde in der Beschlussempfehlung des Ausschusses für Gesundheit und Soziale Sicherung (BT-Drucks. 15/994 vom 20.5.03) wie folgt begründet:

„Die bisher auf Tumorzentren und onkologische Schwerpunkte begrenzte, abschließende Aufzählung wird für weitere Zentren und Schwerpunkte in anderen medizinischen Fachbereichen geöffnet, beispielsweise für geriatrische Zentren. Zu den besonderen Aufgaben – die zum Teil in regional unterschiedlicher Ausprägung erbracht werden – gehören insbesondere Konsile, interdisziplinäre Video-Fallkonferenzen einschließlich der Nutzung moderner Kommunikationstechnologien, besondere Dokumentationsleistungen z. B. für klinische Krebsregister und Nachsorgeempfehlungen, Fortbildungsaufgaben und ggf. Aufgaben der Qualitätssicherung."

Für die Finanzierung der besonderen Aufgaben der Zentren und Schwerpunkte gilt § 17b Abs. 1 Satz 4 KHG. Danach sind für allgemeine Krankenhausleistungen, soweit sie nicht in die Fallpauschalen einbezogen werden können, weil der Finanzierungstatbestand nicht in allen Krankenhäusern vorliegt, bundeseinheitliche Regelungen für Zuschläge ... zu vereinbaren. Eine entsprechende Aussage enthält auch die Begründung des FPG zu Nummer 4. Der Hinweis in der Beschlussempfehlung vom 20.5.03 (vgl. oben) auf die Aufgaben, „die zum Teil in **regional unterschiedlicher Ausprägung** erbracht werden", macht deutlich, dass der Gesetzgeber es für erforderlich hält, dass die Zuschläge entsprechend differenziert werden. Er hat jedoch keine Öffnung für eine regionale Differenzierung bestimmt, wie sie z. B. in § 17b Abs. 1 Satz 13 KHG für die Vereinbarung der Zusatzentgelte vorgegeben wurde. Somit lässt der Gesetzgeber eine regional unterschiedliche Höhe der Zuschläge, z. B. infolge regional unterschiedlicher Kosten, nicht zu. Vielmehr sollen die Zuschläge bundeseinheitlich nach Art und Umfang der Aufgaben und somit leistungsbezogen differenziert werden.

Zu Absatz 2 Satz 2 Nr. 5

Nach dieser Vorschrift gehören zu den allgemeinen Krankenhausleistungen auch die Leistungen der **Frührehabilitation** im Krankenhaus nach § 39 Abs. 1 Satz 3 SGB V. Die – erstmalige – ausdrückliche Zuordnung dieser Leistungen zu den allgemeinen Krankenhausleistungen beruht auf der entsprechenden Änderung des § 39 SGB V durch das SGB IX – Rehabilitation und Teilhabe behinderter Menschen – vom 19.6.2001. Nach dieser Gesetzesänderung umfasst die akutstationäre Behandlung auch die im Einzelfall erforderlichen und zum frühestmöglichen Zeitpunkt einsetzenden Leistungen der Frührehabilitation; vgl. auch die amtl. Begründung.

Zu Absatz 2 Satz 3

Satz 3 ist im Zusammenhang mit der Behandlung interkurrenter Erkrankungen zu sehen. Nach dieser Vorschrift zählen **Dialysebehandlungen** unter folgenden Voraussetzungen nicht zu den Krankenhausleistungen:

- Es wird eine vor der Krankenhausaufnahme begonnene Dialyse fortgeführt,
- das Krankenhaus hat keine eigene Dialyseeinrichtung, so dass ein Dritter im Sinne des § 2 Abs. 2 Satz 2 Nr. 2 in Anspruch genommen werden muss und
- ein Zusammenhang mit dem Grund der Krankenhausbehandlung besteht nicht.

Liegen diese genannten drei Voraussetzungen kumulativ vor, so ist die Dialysebehandlung keine Krankenhausleistung; sie ist von dem Leistungserbringer nicht als Drittleistung nach § 2 Abs. 2 Satz 2 Nr. 2 gegenüber dem Krankenhaus, sondern als ambulante Leistung gegenüber dem Patienten bzw. dessen Kostenträger abzurechnen.

ZWEITER ABSCHNITT: Vergütung der Krankenhausleistungen

§ 3 Vereinbarung eines Gesamtbetrags für die Jahre 2003 und 2004

(1) Das Vergütungssystem nach § 17b des Krankenhausfinanzierungsgesetzes wird in den Jahren 2003 und 2004 für das Krankenhaus budgetneutral eingeführt. Zur Berücksichtigung von Leistungsveränderungen und zur Beurteilung der Höhe der nicht mit Fallpauschalen und Zusatzentgelten finanzierten Leistungen nach § 6 ist der Krankenhausvergleich nach § 5 der Bundespflegesatzverordnung anzuwenden. Für die Jahre 2003 und 2004 dürfen die nach § 11 Abs. 4 vorzulegenden Nachweise über Art und Anzahl der Fallpauschalen nur für die Ermittlung des krankenhausindividuellen Basisfallwerts nach den Vorgaben des Absatzes 4 und zur Erörterung der Leistungsstruktur verwendet werden. Für das Jahr 2003 gilt § 6 Abs. 3, § 6 Abs. 5 sowie § 7 Abs. 1 Satz 2 Nr. 4 und für das Jahr 2004 § 6 Abs. 2, § 6 Abs. 5 sowie § 7 Abs. 1 Satz 2 Nr. 4 der Bundespflegesatzverordnung entsprechend für den Gesamtbetrag.

(2) Für ein Krankenhaus, das nach § 17b Abs. 4 Satz 4 bis 7 des Krankenhausfinanzierungsgesetzes das Vergütungssystem für das Jahr 2003 anwendet, ist ein Gesamtbetrag in entsprechender Anwendung von § 6 Abs. 1 der Bundespflegesatzverordnung zu vereinbaren; dabei entscheidet im Falle des § 6 Abs. 1 Satz 4 Nr. 1 der Bundespflegesatzverordnung die Schiedsstelle nach § 13 nicht. Grundlage der Vereinbarung ist der für das Jahr 2002 vereinbarte Gesamtbetrag. Dieser wird entsprechend den Vorgaben des Absatzes 3 Satz 3 bis 5 verändert und aufgeteilt; dies gilt nicht für Satz 3 Nr. 1 Buchstabe b.

(3) Für das Jahr 2004 ist ein Gesamtbetrag in entsprechender Anwendung von § 6 Abs. 1 der Bundespflegesatzverordnung zu vereinbaren; dabei entscheidet im Falle des § 6 Abs. 1 Satz 4 Nr. 1 der Bundespflegesatzverordnung die Schiedsstelle nach § 13 nicht. Grundlage der Vereinbarung ist der für das Jahr 2003 vereinbarte Gesamtbetrag. Dieser wird

1. vermindert um

   a) die Entgeltanteile, die auf die Leistungsbereiche entfallen, die nach § 17b Abs. 1 Satz 1 zweiter Halbsatz des Krankenhausfinanzierungsgesetzes nicht dem DRG-Vergütungssystem unterliegen,

   b) *(aufgehoben)*

   c) Finanzierungsbeträge nach § 18b des Krankenhausfinanzierungsgesetzes in der bis zum 31. Dezember 2003 geltenden Fassung, soweit deren Finanzierungsgrund entfallen ist,

   d) anteilige Kosten für Leistungen, die im Vereinbarungszeitraum in andere Versorgungsbereiche verlagert werden,

   e) Kosten für Leistungen, die im Vereinbarungszeitraum erstmals im Rahmen von Modellvorhaben nach § 63 des Fünften Buches Sozialgesetzbuch vergütet werden,

   f) darin enthaltene Kosten für Leistungen für ausländische Patienten, soweit diese nach Absatz 7 aus dem Gesamtbetrag ausgegliedert werden,

2. erhöht um die Abzüge nach Nummer 2 des Abschnitts K 5 der Anlage 1 zur Bundespflegesatzverordnung, soweit die vor- und nachstationäre Behandlung bei Fallpauschalen nicht mehr abgerechnet werden kann,

3. bereinigt um darin enthaltene Ausgleiche sowie Ausgleichszahlungen auf Grund von Berichtigungen für Vorjahre.

Der für das Jahr 2004 vereinbarte Gesamtbetrag ist sachgerecht aufzuteilen auf

1. die Fallpauschalen und Zusatzentgelte nach § 17b des Krankenhausfinanzierungsgesetzes (Erlösbudget) einschließlich der noch nicht ausgegliederten sonstigen Zu- und Abschläge nach § 7 Satz 1 Nr. 4; zu den Fallpauschalen gehören auch die Entgelte bei Überschreitung der oberen Grenzverweildauer sowie die um Abschläge verminderten Fallpauschalen bei Unterschreitung der unteren Grenzverweildauer und bei Verlegungen,

2. *(aufgehoben)*

3. die voll- und teilstationären Leistungen, die nach dem Krankenhausfinanzierungsgesetz vergütet, jedoch noch nicht von den Fallpauschalen und Zusatzentgelten erfasst werden (§ 6 Abs. 1).

Der Gesamtbetrag und das Erlösbudget nach Satz 4 Nr. 1 sind um die Ausgleiche und Berichtigungen für Vorjahre zu verändern; bei einer Berichtigung ist zusätzlich zu der Berichtigung des bisherigen Budgets (Basisberichtigung) ein entsprechender Ausgleich durchzuführen. Für ein Krankenhaus, das nach Absatz 2 das Vergütungssystem für das Jahr 2003 angewendet hat, gilt Satz 3 Nr. 1 Buchstabe a und Nr. 2 im Jahr 2004 nicht.

(4) Für die Abrechnung der Fallpauschalen sind in den Jahren 2003 und 2004 krankenhausindividuelle Basisfallwerte zu ermitteln. Dazu wird von dem jeweiligen veränderten Erlösbudget nach Absatz 3 Satz 5 die Summe der Zusatzentgelte abgezogen und der sich ergebende Betrag durch die Summe der Bewertungsrelationen der vereinbarten Behandlungsfälle dividiert. Der für das jeweilige Jahr geltende Basisfallwert ist der Abrechnung der Fallpauschalen zu Grunde zu legen.

(5) Bei einem Krankenhaus oder Teilen eines Krankenhauses, dessen Investitionskosten weder nach dem Krankenhausfinanzierungsgesetz noch nach

dem Hochschulbauförderungsgesetz gefördert werden und dessen krankenhausindividueller Basisfallwert niedriger ist als der geschätzte durchschnittliche Basisfallwert der Krankenhäuser in dem Land, sind auf Antrag des Krankenhauses für neue Investitionsmaßnahmen in dem Gesamtbetrag nach Absatz 2 Satz 1 oder Absatz 3 Satz 4 zusätzlich Investitionskosten nach § 17 Abs. 5 Satz 3 des Krankenhausfinanzierungsgesetzes in Verbindung mit § 8 der Bundespflegesatzverordnung zu berücksichtigen. Dies gilt entsprechend für Krankenhäuser oder Teile von Krankenhäusern, die auf Grund einer Vereinbarung nach § 8 Abs. 1 Satz 2 des Krankenhausfinanzierungsgesetzes nur teilweise gefördert werden.

(6) Weicht im Jahr 2003 oder 2004 die Summe der auf das Kalenderjahr entfallenden Erlöse des Krankenhauses nach Absatz 3 Satz 4 von dem veränderten Gesamtbetrag nach Absatz 3 Satz 5 ab, werden die Mehr- oder Mindererlöse nach Maßgabe der folgenden Sätze ausgeglichen. Mindererlöse werden im Jahr 2003 zu 95 vom Hundert und im Jahr 2004 zu 40 vom Hundert ausgeglichen. Mehrerlöse aus Fallpauschalen, die infolge einer veränderten Kodierung von Diagnosen und Prozeduren entstehen, werden vollständig ausgeglichen. Sonstige Mehrerlöse werden im Jahr 2003 zu 75 vom Hundert und im Jahr 2004 zu 65 vom Hundert ausgeglichen. Die Vertragsparteien können im Voraus einen von Satz 4 abweichenden Ausgleich vereinbaren, insbesondere für Leistungen mit einem sehr hohen Sachkostenanteil. Für den Bereich der Fallpauschalen werden die sonstigen Mehrerlöse nach Satz 4 vereinfacht ermittelt, indem folgende Faktoren miteinander multipliziert werden:

1. zusätzlich erbrachte Behandlungsfälle gegenüber den bei der Ermittlung des krankenhausindividuellen Basisfallwerts nach Absatz 4 Satz 1 zu Grunde gelegten Behandlungsfällen,

2. Mittelwert der vereinbarten Bewertungsrelationen je Fall; dieser wird ermittelt, indem die Summe der Bewertungsrelationen nach Absatz 4 Satz 2 durch die vereinbarten Behandlungsfälle im Fallpauschalenbereich dividiert wird, und

3. krankenhausindividueller Basisfallwert nach Absatz 4 Satz 1.

Soweit das Krankenhaus oder eine andere Vertragspartei nachweist, dass die sonstigen Mehrerlöse nach Satz 4 infolge von Veränderungen der Leistungsstruktur mit der vereinfachten Ermittlung nach Satz 6 zu niedrig oder zu hoch bemessen sind, ist der Betrag der sonstigen Mehrerlöse entsprechend anzupassen. Die Mehrerlöse nach Satz 3 infolge einer veränderten Kodierung von Diagnosen und Prozeduren werden ermittelt, indem von den insgesamt angefallenen Mehrerlösen im Fallpauschalenbereich die Mehrerlöse nach Satz 6 abgezogen werden. Mehr- oder Mindererlöse als Zusatzentgelten für die Behandlung von Blutern sowie auf Grund von Abschlägen nach § 8 Abs. 4 werden nicht ausgeglichen. Zur Ermittlung der Mehr- oder Mindererlöse hat der Krankenhausträger eine vom Jahresabschlussprüfer bestätigte Aufstellung über die Erlöse nach Absatz 3 Satz 4 vorzulegen.

(7) Auf Verlangen des Krankenhauses werden Leistungen für ausländische Patienten, die mit dem Ziel einer Krankenhausbehandlung in die Bundesrepublik Deutschland einreisen, nicht im Rahmen des Gesamtbetrags vergütet.

(8) Die Vertragsparteien sind an den Gesamtbetrag gebunden. Auf Verlangen einer Vertragspartei ist bei wesentlichen Änderungen der der Vereinbarung des Gesamtbetrags zu Grunde gelegten Annahmen der Gesamtbetrag für das laufende Kalenderjahr neu zu vereinbaren. Die Vertragsparteien können im Voraus vereinbaren, dass in bestimmten Fällen der Gesamtbetrag nur teilweise

neu vereinbart wird. Der Unterschiedsbetrag zum bisherigen Gesamtbetrag ist über den neu vereinbarten Gesamtbetrag abzurechnen; § 15 Abs. 2 Satz 2 gilt entsprechend.

Amtl. Begründung

Zu § 3

Das DRG-Vergütungssystem wird für die Jahre 2003 und 2004 unter geschützten Bedingungen eingeführt. Die zweijährige „budgetneutrale" Einführungsphase, in der die Höhe der Krankenhausbudgets noch nicht durch das neue Fallpauschalensystem bestimmt wird, ermöglicht es den einzelnen Krankenhäusern, sich auf die künftige Veränderung ihres Erlösbudgets einzustellen. Sie gibt jedoch auch den Selbstverwaltungspartnern auf der Bundesebene ausreichend Zeit, die Abgrenzung und Kalkulation der Fallpauschalen weiter zu verbessern. Wenn zum 1. Januar 2005 zu hohe Krankenhausbudgets in einem ersten Schritt teilweise an das neue, landeseinheitliche Preisniveau angeglichen werden, so liegt bereits die dritte Kalkulation und Anpassung der Fallpauschalen-Kataloge vor. Die budgetneutrale Phase senkt somit deutlich mögliche Risiken der Einführung.

In der Übergangsphase von 2003 bis 2006 wird schrittweise die Systematik der bisherigen Budget- und Pflegesatzverhandlungen auf die Verfahrensweisen bei einem DRG-Fallpauschalensystem umgestellt.

Für die Jahre 2003 und 2004 wird nach den derzeit geltenden Vorgaben weiterhin ein „Gesamtbetrag" verhandelt (§ 6 Abs. 1 BPflV), der die gesamten Erlöse des Krankenhauses für pflegesatzfähige Leistungen beinhaltet. Anders als im Jahr 2002 wird dieser Gesamtbetrag nach Einführung des DRG-Vergütungssystem jedoch mit anderen Entgelten (Erlösarten) als bisher gegenüber den Patienten oder ihren Krankenkassen abgerechnet, insbesondere mit Fallpauschalen, Zusatzentgelten, Zuschlägen für die Vorhaltung von Leistungen oder sonstigen Zuschlägen (vgl. § 7). Die Kosten der Ausbildungsstätten werden zum 1. Januar 2004 aus dem Gesamtbetrag ausgegliedert; sie werden künftig mit Hilfe gesonderter Zuschläge in Rechnung gestellt und aus einem Ausbildungsfonds finanziert (§ 17 a KHG). Für die Summe der Erlöse aus Fallpauschalen und Zusatzentgelten wird der Begriff „Erlösbudget" eingeführt; dieses Erlösbudget ist ein Teilbetrag des „Gesamtbetrags".

Ab dem Jahr 2005 entfällt der Gesamtbetrag. Es wird nur noch das Erlösbudget für Fallpauschalen und Zusatzentgelte verhandelt. Mehr- oder Mindererlöse aus diesem Bereich unterliegen weiterhin den anteiligen Mehr- oder Mindererlösausgleichen. Andere Entgelte, z.B. Zuschläge zu den Fallpauschalen oder Entgelte für neue Untersuchungs- und Behandlungsmethoden werden nicht mehr in ein Budget eingebunden und unterliegen nicht mehr den Mehr- oder Mindererlösausgleichen.

ERLÄUTERUNGEN

Die Entgelte für stationäre Krankenhausleistungen nach dem KHG, d.h. die Pflegesätze und das Krankenhausbudget (Gesamtbetrag), sind prospektiv für einen zukünftigen Zeitraum, in der Regel für das folgende Kalenderjahr oder für mehrere folgende Jahre (Vereinbarungszeitraum), zu schließen; vgl. § 17 Abs. 1 Satz 2 KHG sowie § 11 Abs. 1 Satz 3 und Abs. 2 KHEntgG. Es gilt somit der **Grundsatz der prospektiven Budgetverhandlungen**. Das Krankenhaus soll bereits zu Beginn seiner Wirtschaftsperiode (Kalenderjahr) wissen, mit welchem finanziellen Rahmen es in diesem Zeitraum wirtschaften muss. Dies ist grundsätzlich Voraussetzung für rechtzeitige, betrieblich notwendige Entscheidungen.

In den Jahren 2003 und 2004 wird das DRG-Vergütungssystem **„budgetneutral" eingeführt**. Die Höhe des Krankenhausbudgets (Gesamtbetrags) wird grundsätzlich noch nicht durch das neue Vergütungssystem bestimmt, sondern nach den Vorgaben des § 6 BPflV nach „altem Recht" verhandelt. Ausführliche Erläuterungen hierzu werden in Kapitel 6.5 der Einführung und nachfolgend zu den Einzelvorschriften des § 3 gegeben. Sie können darüber hinaus auch der oben und nachfolgend wiedergegebenen amtlichen Begründung entnommen werden.

Der Gesamtbetrag für die Jahre 2003 und 2004 umfasst wie bisher grundsätzlich alle nach dem Krankenhausfinanzierungsrecht vergüteten Leistungen (Änderung ab dem Jahr 2005; vgl. § 4). Mehr- oder Mindererlöse des Krankenhauses gegenüber dem vereinbarten Gesamtbetrag sind anteilig auszugleichen. Auf Grund einer verbesserten Mehrerlös-Ausgleichsquote verbleibt dem Krankenhaus grundsätzlich ein größerer Anteil seiner Mehrerlöse (25 % im Jahr 2003 und 35 % im Jahr 2004 an Stelle der vorher im Bereich der tagesgleichen Pflegesätze erzielten 15 bzw. 10 %).

Abbildung 14 gibt einen Überblick über die Vergütung im Rahmen des Gesamtbetrags.

§ 3 ist die grundlegende Vorschrift für die Vereinbarung der Gesamtbeträge (Krankenhausbudgets) in den Jahren 2003 und 2004. Er ist wie folgt aufgebaut:

– Absatz 1 enthält Vorschriften zur budgetneutralen Einführung des DRG-Systems und zur entsprechenden Anwendung einiger Vorschriften der §§ 6 und 7 BPflV.

– Absatz 2 regelt die Vereinbarung des Gesamtbetrags für das Jahr 2003. Er verweist weitgehend auf die in Absatz 3 vorgegebene Systematik.

– Absatz 3 regelt die Vereinbarung des Gesamtbetrags für das Jahr 2004. Dabei wird auf die Vorgaben des § 6 BPflV verwiesen. In der Kommentierung wird an dieser Stelle auf die Grundzüge der Verhandlung nach § 6 Abs. 1 BPflV eingegangen. Absatz 3 enthält darüber hinaus in Satz 3 die Vorgaben zur Bereinigung des Gesamtbetrags des Jahres 2003 mit dem Ziel der Ermittlung einer Ausgangsbasis für die zu führenden Budgetverhandlungen 2004. Nachdem ein neuer Gesamtbetrag 2004 vereinbart ist, ist dieser nach Satz 4 zu untergliedern und nach Satz 5 wegen periodenfremder Verrechnungen zu verändern.

– Absatz 4 enthält die Vorgaben zur Ableitung des krankenhausindividuellen Basisfallwerts aus dem vereinbarten Gesamtbetrag.

– Absatz 5 lässt unter bestimmten Voraussetzungen die zusätzliche Berücksichtigung von Investitionskosten bei nicht oder teilweise nicht staatlich geförderten Krankenhäusern zu.

– Die Fallpauschalen sind grundsätzlich Abschlagszahlungen auf den vereinbarten Gesamtbetrag. Übersteigen diese Abschlagszahlungen den Gesamtbetrag oder wird er unterschritten, so werden diese Mehr- oder Mindererlöse nach den Regeln des Absatzes 6 ganz oder teilweise ausgeglichen.

II · KHEntgG Erl. § 3

– Absatz 7 lässt die Ausgliederung von Leistungen, die gegenüber bestimmten ausländischen Patienten erbracht wurden, aus dem Budget zu.
– Absatz 8 enthält eine Öffnungsklausel, die eine Neuvereinbarung des Gesamtbetrags unter bestimmten Voraussetzungen ermöglicht.

Amtl. Begründung

Zu Absatz 1

Bei der budgetneutralen Einführung nach Satz 1 ergeben sich die Gesamterlöse des Krankenhauses (Gesamtbetrag) nicht aus den DRG-Fallpauschalen, sondern auf Grund einer Budget- und Pflegesatzvereinbarung, die noch nach „altem" Recht geführt wird; vgl. die Erläuterungen zu Absatz 2. Der weiterhin krankenhausindividuell vereinbarte Gesamtbetrag macht es erforderlich, dass die DRG-Fallpauschalen zunächst in einer krankenhausindividuellen Höhe eingeführt werden.

Satz 2 ermöglicht die Nutzung der Ergebnisse des Krankenhausvergleichs nach § 5 BPflV für die Verhandlung von Leistungsveränderungen, d.h. der Leistungsstruktur und der Leistungsmengen.

[Er] stellt jedoch klar, dass der Vergleich bei Leistungen, die noch nicht in das Fallpauschalensystem einbezogen sind, auch der Höhe nach angewendet werden darf (BT-Drucks. 14/7862).

Dagegen dürfen nach Satz 3 neue Erkenntnisse aus den erstmals vorzulegenden Nachweisen über Art und Anzahl der DRG-Fallpauschalen und des daraus abzuleitenden krankenhausindividuellen Basisfallwerts nicht zu zusätzlichen Budgetabsenkungen führen. Für diese Absenkungen sieht der Gesetzgeber in § 4 eine formelhaft vorgegebene, schrittweise Angleichung der Krankenhausbudgets jeweils zum 1. Januar der Jahre 2005, 2006 und 2007 vor.

Satz 4 lässt entsprechend dem anzuwendenden „alten" Recht noch die Berücksichtigung höherer BAT-Tarifabschlüsse zu, „soweit dies im Einzelfall erforderlich ist, um den Versorgungsvertrag des Krankenhauses zu erfüllen". Seit der Begrenzung auf diesen Ausnahmefall kommt die Regelung nur noch in wenigen Fällen zur Anwendung. Da es ein „Budget nach § 12 BPflV" in dem neuen Krankenhausentgeltgesetz nicht mehr gibt, ist bei Anwendung des DRG-Vergütungssystems die BAT-Berichtigung für die Jahre 2003 und 2004 auf den vereinbarten Gesamtbetrag zu berechnen.

ERLÄUTERUNGEN

§ 3 KHEntgG regelt die Vereinbarung des Krankenhausbudgets, in der Vorschrift als Gesamtbetrag bezeichnet, für die Jahre 2003 und 2004. Im Vordergrund stehen die Ableitung des Gesamtbetrags aus dem letzten nach der BPflV vereinbarten Gesamtbetrag, die Vorgaben zur Ermittlung des Basisfallwerts und die Mehr- und Mindererlösausgleiche.

Absatz 1 enthält grundlegende Vorschriften. **Satz 1** schreibt vor, dass das neue DRG-Vergütungssystem **„budgetneutral"** eingeführt wird. In den Jahren 2003 und 2004 soll sich die Höhe des Gesamtbetrags noch nicht aus der Höhe der neuen DRG-Fallpauschalen ableiten, sondern – wie bisher – nach den Vorgaben des § 6 Abs. 1 BPflV ermittelt werden; vgl. die Absätze 2 und 3. Der Gesamtbetrag wird somit noch herkömmlich nach den Vorgaben der BPflV verhandelt und vereinbart. In diesen zwei Jahren sollen die Krankenhäuser Gelegenheit zur Einübung in das neue Vergütungssystem, zur Verbesserung ihrer Wirtschaftlichkeit und zur Überprüfung des Leistungsangebots haben, bevor im Jahr 2005 das Erlösbudget des Krankenhauses in einem ersten Schritt teilweise an den landeseinheitlichen Basisfallwert und damit das einheitliche DRG-Preisniveau im jeweiligen Bundesland angepasst wird (vgl. Abbildung 13).

Eine im Hinblick auf die DRG-Vergütungshöhe „budgetneutrale" Einführung der DRG-Fallpauschalen bedeutet jedoch nicht, dass die Krankenhausbudgets unverändert bleiben. Weiterhin sind im Rahmen der prospektiv für das nächste Kalenderjahr zu führenden Budgetverhandlungen z.B. die Veränderungen von Leistungsstruktur und Fallzahlen zu berücksichtigen (vgl. § 6 Abs. 1 BPflV). Satz 2 bestimmt deshalb, dass der **Krankenhausvergleich** nach § 5 BPflV weiterhin anzuwenden ist, allerdings begrenzt auf Informationen über Leistungsveränderungen und die Höhe von Entgelten, die nicht zum DRG-Vergütungssystem gehören. Die Vorschrift läuft allerdings insoweit ins Leere, als ein Spitzenverband der Krankenkassen das BMGS im Herbst 2002 davon unterrichtet hat, dass die Selbstverwaltungspartner auf der Bundesebene sich nach mehrjährigen Vorbereitungen nicht auf einen gemeinsamen Krankenhausvergleich nach § 5 BPflV einigen konnten. An Stelle eines solchen Vergleichs können die Vertragsparteien auf der Ortsebene jedoch auch die Ergebnisse anderer Vergleiche (sog. Parteienvergleiche) in die Verhandlung über das Krankenhausbudget einbringen (§ 17 Abs. 2 Satz 2 KHG sowie § 5 Abs. 4 i.V. mit § 3 Abs. 2 Satz 1 BPflV).

Für die Budgetverhandlungen hat das Krankenhaus eine **DRG-Leistungsstatistik** vorzulegen, die Art und Anzahl der DRG-Leistungen ausweist (§ 11 Abs. 4 KHEntgG). Mit diesen Daten wird die Transparenz über die Leistungsseite des Krankenhauses und die Vergleichsmöglichkeit mit anderen Krankenhäusern drastisch erhöht. Ebenso sind relativ einfach Vergleiche zur Höhe des Krankenhausbudgets möglich. Im Hinblick auf die schützenden Rahmenbedingungen, unter denen das DRG-Vergütungssystem für die Krankenhäuser eingeführt wird (zwei Jahre budgetneutrale Einführung in den Jahren 2003 und 2004 sowie dreistufige Angleichung der Budgets vom 1.1.2005 bis zum 1.1.2007; vgl. Kapitel 6.5. der Einführung und **Abbildung 13**), bestimmt **Satz 3** ergänzend zu Satz 2, dass auch diese DRG-Daten nicht zur Verhandlung über die Preiskomponente des Budgets, sondern nur für die Verhandlung der Leistungsstruktur verwendet werden dürfen. Die neu gewonnene Transparenz darf also nicht dazu genutzt werden, anhand von Art und Anzahl der DRG-Leistungen zu berechnen, welche Höhe ein „wirtschaftliches" Krankenhausbudget hätte, und mit diesem Argument das Krankenhausbudget zu kürzen. Für diesen im Einzelfall notwendigen Prozess der Budgetangleichung oder -kürzung ist ein abgestuftes Angleichungsverfahren gesetzlich vorgegeben worden (§ 4 Abs. 5 KHEntgG; vgl. Kapitel 6.5.3 der Einführung).

Satz 4 bestimmt, dass die Vorgaben des § 6 Abs. 3 bzw. Abs. 2 zum BAT-Ausgleich, des § 6 Abs. 5 zur Finanzierung von Maßnahmen zur Verbesserung der Arbeitszeitbedingungen und des § 7 Abs. 1 Satz 2 Nr. 4 BPflV zur Finanzierung der Instandhaltungskosten auch für Krankenhäuser gelten, die das DRG-Vergütungssystem anwenden.

Amtl. Begründung

Zu Absatz 2

Die Vorschrift regelt die Einführung des DRG-Vergütungssystems für Krankenhäuser, die von der Wahlmöglichkeit des § 17b Abs. 6 Satz 1 KHG Gebrauch machen und ein DRG-Fallpauschalensystem bereits im Jahr 2003 erproben wollen (Artikel 2 Nr. 4 Buchstabe d). Der von den Vertragsparteien nach § 17b Abs. 2 KHG zu vereinbarende, an die deutschen Versorgungsverhältnisse angepasste Fallpauschalen-Katalog wird zum 1. Januar 2004 für alle Krankenhäuser verbindlich eingeführt. Zur Erprobung unter geschützten Bedingungen können die Krankenhäuser verlangen, ab dem 1. Januar 2003 den australischen DRG-Katalog, bewertet mit ersten deutschen Kalkulationsergebnissen (Relativgewichten), anzuwenden. Die für das DRG-Fallpauschalensystem zuständigen Vertragsparteien nach § 17b Abs. 2 KHG werden einen entsprechenden DRG-Fallpauschalenkatalog für das Jahr 2003 vereinbaren.

Absatz 2 Satz 3 zweiter Halbsatz berücksichtigt, dass die Ausbildungsstätten erst ab dem 1. Januar 2004 über Zuschläge finanziert werden [Hinweis: mit dem FPÄndG verschoben auf den 1.1.2005]. Bei Krankenhäusern, die im Jahr 2003 wahlweise DRG-Fallpauschalen abrechnen, werden die Ausbildungskosten noch über den krankenhausindividuellen Basisfallwert finanziert.

ERLÄUTERUNGEN

Absatz 2 regelt die Einführung des DRG-Vergütungssystems für die Krankenhäuser, die sich dazu bereits für das Jahr 2003 freiwillig entscheiden (**Optionsmodell 2003**; vgl. Kapitel 6.5.2).

Satz 1 bestimmt, dass der Gesamtbetrag 2003 nach den Vorgaben des § 6 Abs. 1 BPflV, also nach „altem" Recht zu vereinbaren ist. Die Regelung entspricht der Vorgabe des Absatzes 3 Satz 1 für das Jahr 2004; vgl. die Erläuterungen dort.

Satz 2 gibt als Ausgangspunkt für die Budgetverhandlungen den für das Jahr 2002 vereinbarten Gesamtbetrag vor. Diese Regelvorgabe entspricht dem üblichen jährlichen Vereinbarungsablauf. Das Bundesministerium für Gesundheit und Soziale Sicherung (BMGS) hat in seinem Schreiben vom 10.12.2002 an die Selbstverwaltungspartner auf Bundesebene die Auffassung vertreten, dass der Gesetzgeber damit die Vereinbarung eines Gesamtbetrags 2002 oder auch 2001 nicht zur Voraussetzung für den Umstieg in das neue Vergütungssystem gemacht habe. Die Voraussetzungen für den Umstieg im Jahr 2003 seien in § 17b Abs. 4 KHG geregelt. § 3 Abs. 3 KHEntgG regele lediglich die grundsätzliche rechentechnische Vorgehensweise. Bei der vorgeschriebenen prospektiven Verhandlung des Budgets für das Jahr 2003 sei lediglich darauf zu achten, dass im Rahmen der Budgetvereinbarung 2003 auch für die Vorjahre der Grundsatz der Beitragssatzstabilität nach § 6 Abs. 1 BPflV eingehalten werde.

Satz 3 bestimmt, dass für das weitere Verfahren die in Absatz 3 für die Ermittlung des Gesamtbetrags 2004 formulierten Vorgaben entsprechend anzuwenden sind.

Erl. § 3 KHEntgG · II

Amtl. Begründung

Zu Absatz 3

Satz 1 bestimmt, dass für das Jahr 2004 noch nach „altem Recht", d.h. nach den Vorgaben des § 6 Abs. 1 BPflV zu verhandeln ist.

Satz 2 gibt vor, dass von dem für das Jahr 2003 vereinbarten Gesamtbetrag auszugehen ist. Der Gesamtbetrag für das Jahr 2004 darf grundsätzlich nicht höher sein als der Gesamtbetrag 2003, verändert um die maßgebliche Veränderungsrate nach § 71 SGB V (sog. Grundlohnrate). Diese Obergrenze darf nur in den in § 6 Abs. 1 Satz 4 BPflV genannten Fällen überschritten werden. Soweit erforderlich, kann der Gesamtbetrag demnach insbesondere bei Veränderungen der medizinischen Leistungsstruktur oder der Fallzahlen sowie bei zusätzlichen medizinischen Kapazitäten auf Grund der Krankenhausplanung höher vereinbart werden. Der Gesamtbetrag ist entsprechend abzusenken, soweit dies z.B. auf Grund veränderter Leistungsstrukturen oder verringerter Fallzahlen erforderlich ist.

Satz 3 schreibt die vorzunehmenden Veränderungen dieser Ausgangsbasis vor. Nach Nummer 1 ist der Gesamtbetrag 2003 um Tatbestände zu vermindern, die im Jahr 2004 nicht mehr mit dem Gesamtbetrag finanziert werden. Dies ist nach Buchstabe a z.B. die Psychiatrieabteilung an einem Allgemeinkrankenhaus, die im Jahr 2004 gesondert nach den Regeln der Bundespflegesatzverordnung finanziert wird. Buchstabe b gliedert die Kosten der Ausbildungsstätten und die anteiligen Ausbildungsvergütungen aus, die ab dem 1. Januar 2004 aus dem Ausbildungsfonds auf Landesebene finanziert werden (§ 17a KHG). Nach Buchstabe c sind Beträge aus Investitionsverträgen nach § 18b KHG abzuziehen, soweit diese Finanzierung im Jahr 2004 ausläuft. Nach Buchstabe d sind anteilige Kosten für Leistungen, die bisher stationär erbracht wurden, aber im Jahr 2004 erstmals z.B. ambulant erbracht werden, abzuziehen; entsprechend den bisherigen Vergütungsregeln im Krankenhausbereich, nach denen zusätzliche Leistungen grundsätzlich nur in Höhe der zusätzlich entstehenden variablen Kosten in die Krankenhausbudgets eingehen durften, werden bei einem Rückgang der Leistungen auch nur die anteiligen variablen Kosten aus dem Budget ausgegliedert. Buchstabe e gibt für Leistungen, die das Krankenhaus weiterhin erbringt und die künftig nach anderen Vorschriften grundsätzlich in voller Höhe (Vollkosten) vergütet werden, eine Ausgliederung in Höhe der vollen Kosten vor. Auf Verlangen des Krankenhauses sind auch die Kostenanteile für Leistungen gegenüber ausländischen Patienten abzuziehen, wenn diese künftig nicht mehr im Rahmen des Gesamtbetrags vergütet werden (Buchstabe f). Der Gesamtbetrag 2003 ist nach Nummer 2 zu erhöhen um die bisherigen Abzüge für vor- und nachstationäre Behandlung, soweit die entsprechenden Entgelte künftig neben den Fallpauschalen nicht mehr in Rechnung gestellt werden können; dies wird künftig grundsätzlich der Fall sein, weil diese Leistungen – wie bei den derzeit abzurechnenden Fallpauschalen nach § 17 Abs. 2a KHG – bereits mit den DRG-Fallpauschalen finanziert werden. Nummer 3 bestimmt, dass die Verfälschungen des Gesamtbetrags 2003, die in Folge von periodenfremden Verrechnungen entstanden sind, mit dem jeweils entgegengesetzten Vorzeichen rückgängig gemacht werden.

Es kann nicht ausgeschlossen werden, dass in der Einführungsphase nicht sämtliche Krankenhausleistungen durch den Fallpauschalenkatalog erfasst sind. Für diese Leistungen erlaubt § 6 Abs. 1 KHEntgG übergangsweise für das Jahr 2004 die Vereinbarung krankenhausindividueller Entgelte. Satz 4 schreibt deshalb eine Aufteilung des für das Jahr 2004 vereinbarten Gesamtbetrags auf den Bereich der DRG-Fallpauschalen einerseits und die krankenhausindividuell vereinbarten Entgelte andererseits vor. Außerdem ist der Anteil des Gesamtbetrags zu bestimmen, der auf die Entgelte entfällt, die nach Überschreitung der Grenzverweildauer der Fallpauschale zusätzlich zu zahlen sind. Für die Erlössumme aus Fallpauschalen und Zusatzentgelten wird der Begriff „Erlösbudget" festgelegt.

Satz 5 stellt sicher, dass die vorgeschriebene Verrechnung bestehender Rechtsansprüche durchgeführt werden kann. Darüber hinaus wird klargestellt, dass der in der Bundespflegesatzverordnung seit vielen Jahren verwendete Begriff der „Berichtigung", der sich auf die Korrektur des zuletzt vereinbarten Budgets bezieht, bei der Budgetvereinbarung für das folgende Kalenderjahr sowohl als entsprechende Korrektur des Basisbudgets zu berücksichtigen ist, als auch zu einem zusätzlichen Ausgleich für die Differenz aus dem zu berichtigenden Zeitraum führt. Im Ergebnis wirkt sich eine „Berichtigung" somit doppelt aus. Die Verrechnung dieser periodenfremden Ansprüche erfolgt über das Erlösbudget und wirkt sich somit auch auf die Höhe des krankenhausindividuellen Basisfallwerts aus (Absatz 4).

ERLÄUTERUNGEN

Absatz 3 enthält die Vorgaben für die Vereinbarung des Gesamtbetrags 2004:

Zu Absatz 3 Satz 1

Die Vorschrift bestimmt, dass mit den Krankenkassen, genauer den Vertragsparteien nach § 18 Abs. 2 KHG, für das folgende Kalenderjahr prospektiv ein Gesamtbetrag zu vereinbaren ist. Der **Begriff „Gesamtbetrag"** umfasst die Summe der Erlöse für voll- und teilstationäre Krankenhausbehandlung nach dem KHG i.V. mit dem KHEntgG, somit die DRG-Fallpauschalen, zusätzliche Vergütungen bei Überschreitung der oberen Grenzverweildauer, Zusatzentgelte, Zu- und Abschläge, krankenhausindividuell vereinbarte Entgelte nach § 6 KHEntgG u.a. (vgl. § 7 KHEntgG). Einen Überblick über den Zusammenhang von Gesamtbetrag und den nach Blatt E1 der Verhandlungsunterlage AEB nachzuweisenden DRG gibt **Abbildung 20**.

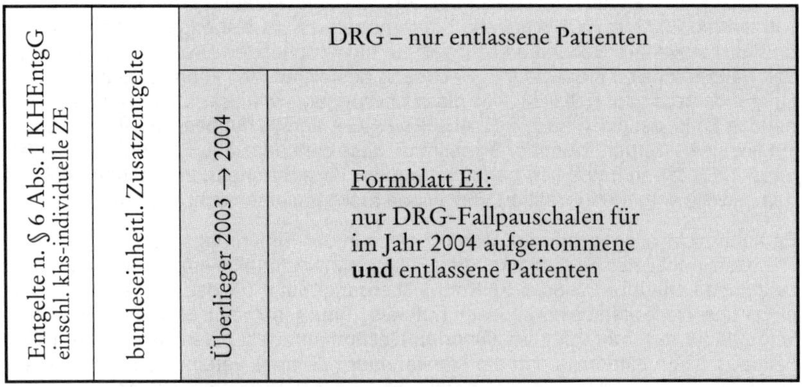

Abbildung 20: Zusammenhang von Gesamtbetrag und Blatt E1 der AEB

Der Gesamtbetrag beinhaltet nicht die Vergütungen für stationäre Krankenhausleistungen, die im Rahmen von Modellvorhaben nach § 63 SGB V vergütet werden, die Vergütungen für eine ambulante Leistungserbringung des Krankenhauses (§ 115 b SGB V) oder seiner Ärzte sowie die Vergütungen für vor- und nachstationäre Behandlung nach § 115 a SGB V. Der Gesamtbetrag entspricht inhaltlich dem Begriff des mit den Krankenkassen letztlich **„vereinbarten Krankenhausbudgets"**. Zum Unterschied von „Gesamtbetrag" und „leistungsgerechtem Budget" vgl. die Erläuterungen unten.

Satz 1 gibt direkt die Anweisung, dass der Gesamtbetrag nach den Vorgaben des **§ 6 Abs. 1 BPflV** zu vereinbaren ist. Die „entsprechende" Anwendung einer Norm bedeutet, dass die Tatbestandsmerkmale der Norm, auf welche verwiesen wird, unter Beachtung von Sinn und Zweck der Verweisung angewandt werden. Der Gesamtbetrag ist somit weiterhin nach den **Bedingungen des „alten" Rechts** zu verhandeln; vgl. die amtl. Begründung. Die Höhe des Krankenhausbudgets wird somit in den Jahren 2003 und 2004 noch nicht von der Höhe der DRG-Fallpauschalen bestimmt. Es ändert sich lediglich die Zahlungsweise der Krankenkassen oder der selbstzahlenden Patienten. Die bisher gegen das Krankenhausbudget zu verrechnende Abschlagszahlung „tagesgleicher Pflegesatz" wird durch die Abschlagszahlung „DRG-Fallpauschale" ersetzt. Diese Abschlagszahlung wird ermittelt, indem der auf die DRG-Fallpauschalen entfallende Teil des Gesamtbetrags durch die gewichtete Anzahl der Fallpauschalen dividiert wird (Divisionskalkulation). An Stelle der Division durch „Tage" tritt somit die Division durch „Fälle" (vgl. Absatz 4).

Nach § 6 Abs. 1 Satz 1 BPflV ist ein Gesamtbetrag nach den **Vorgaben des § 3 BPflV** zu vereinbaren. Diese Bestimmung bezieht sich insbesondere auf die prospektive Verhandlung für einen zukünftigen Vereinbarungszeitraum (Kalenderjahr; § 11 Abs. 2 KHEntgG), die Einhaltung des Versorgungsauftrags (§ 4 BPflV, § 8 Abs. 1 Satz 4 KHEntgG), die Vereinbarung einer leistungsgerechten Vergütung sowie die Berücksichtigung von Ergebnissen des Krankenhausvergleichs nach § 5 BPflV und von Besonderheiten bei der Behandlung der Patienten.

Nach den Vorgaben des § 3 BPflV ist in einem ersten Schritt zunächst ein **„medizinisch leistungsgerechtes" Krankenhausbudget** zu verhandeln. Dieses muss als das bei sachgerechter Verhandlungsweise sich ergebende Krankenhausbudget verstanden werden, welches man ohne Berücksichtigung des Grundsatzes der Beitragssatzstabilität (vgl. unten) vereinbaren würde. Grundlage der Budgetbemessung sind die allgemeinen Krankenhausleistungen im Rahmen des Versorgungsauftrags des Krankenhauses. Veränderungen der Leistungsstruktur und der Fallzahlen führen grundsätzlich zu einer sachgerechten Erhöhung oder Absenkung des Budgetbetrags. In der Praxis werden die Veränderungen regelmäßig etwa in Höhe der variablen Kosten bewertet, also nicht in Höhe voller Fallkosten. Diese **Verhandlungsweise** war früher indirekt Folge des bis zum Jahr 1992 geltenden Selbstkostendeckungsprinzips. Sie wurde anschließend beibehalten, weil seit 1985 bei Vereinbarung eines Krankenhausbudgets grundsätzlich davon ausgegangen wird, dass die Vorhaltung des Krankenhauses durch das zuletzt vereinbarte Budget bereits finanziert ist, so dass nur über die durch Veränderungen entstehenden oder wegfallenden variablen Kosten (oder Grenzkosten) verhandelt werden muss. Diese grundsätzliche Verhandlungsweise in der Praxis schließt jedoch andere Vorgehensweisen und Vereinbarungen insbesondere in

Sondersituationen (z.B. neue Abteilungen, sprungfixe Kosten) oder auf Grund verhandlungstaktischer Überlegungen oder Kompromisse nicht aus. Nach Aufhebung des Selbstkostendeckungsprinzips zum 1.1.1993 muss zudem stärker leistungsbezogen verhandelt werden mit dem Ziel leistungsgerechter Krankenhausbudgets. Dabei sind nach § 3 Abs. 2 Satz 1 BPflV verstärkt Orientierungsmaßstäbe zu berücksichtigen, die sich aus dem gemeinsamen **Krankenhausvergleich** nach § 5 BPflV oder aus anderen Vergleichen (sog. Parteienvergleiche) ergeben (vgl. auch die Erläuterungen zu Absatz 1). Neben Leistungsveränderungen werden vom Krankenhaus selbstverständlich auch **Kostenerhöhungen** in die Verhandlungen eingebracht. Wie andere Unternehmen auch, muss das Krankenhaus versuchen, nicht vermeidbare Kostensteigerungen z.B. für Tariflöhne, Medikamente, Steuern, Abgaben und Gebühren, in seinen Preisen weiterzugeben, soweit diese Erhöhungen nicht durch Maßnahmen zur Verbesserung der Wirtschaftlichkeit (andere Kostensenkungen) aufgefangen werden können.

Das in dem soeben beschriebenen ersten Schritt verhandelte „leistungsgerechte Krankenhausbudget" unterliegt jedoch einer gesetzlich verfügten Wachstumsbegrenzung, die mit dem GKV-Gesundheitsreformgesetz 2000 eingeführt wurde und den **Grundsatz der Beitragssatzstabilität** nach § 71 SGB V für den Krankenhausbereich differenziert umsetzt. Nach § 6 Abs. 1 Satz 4 BPflV darf der nach Satz 1 zu vereinbarende neue Gesamtbetrag den Gesamtbetrag des Vorjahres grundsätzlich höchstens bis zur Höhe der Veränderungsrate nach § 71 SGB V übersteigen. Die Erhöhung des Gesamtbetrags und damit die Höhe der einzelnen Krankenhausbudgets ist somit grundsätzlich an die Erhöhung der Einnahmen in der gesetzlichen Krankenversicherung. Übersteigt das zunächst verhandelte „leistungsgerechte Budget" diese gesetzlich vorgegebene **Obergrenze**, so darf der neue Gesamtbetrag grundsätzlich nur in Höhe der Obergrenze vereinbart werden („vereinbartes Budget"). Die Obergrenze kappt zur Wahrung der Beitragssatzstabilität in der gesetzlichen Krankenversicherung somit berechtigte höhere Ansprüche des Krankenhauses ab, ist somit eine **Kappungsgrenze**.

Nach der mit § 6 BPflV vorgegebenen **Verhandlungssystematik** haben die Vertragsparteien somit **in zwei Schritten vorzugehen**. In einem ersten Schritt ist ein leistungsgerechtes Budget zu ermitteln und erst in einem zweiten Schritt zu prüfen, ob dieses unter den Bedingungen der gesetzlichen Budgetbegrenzung realisiert und vereinbart werden kann. Vgl. hierzu die **Übersicht 11**.

Dieses Vorgehen in zwei Schritten ist von entscheidender Bedeutung für die Auswirkung der Budgetbegrenzung nach § 6 Abs. 1 BPflV im Einzelfall und damit die Möglichkeiten zur Realisierung eines leistungsgerechten Budgets. Ein leistungsgerechtes Budget, das die Obergrenze nicht überschreitet, kann ohne Begrenzung vereinbart werden. Würde bei einem Krankenhaus das leistungsgerechte Budget z.B. wegen einer geplanten Schließung einer Abteilung absinken und unterhalb der Obergrenze liegen, kann die Differenz bis zur Obergrenze für die Berücksichtigung zusätzliche Strukturveränderungen in anderen Abteilungen, Fallzahlsteigerungen oder Kostenerhöhungen genutzt und in eine entsprechende Budgetvereinbarung umgesetzt werden. Andererseits kann auch ein leistungsgerechtes Budget, das in einem Jahr wegen der Kappungsgrenze nicht in voller Höhe mit den Krankenkassen vereinbart werden durfte, im Folgejahr bei entsprechend hoher Veränderungsrate nach § 71 SGB V ggf. ungekürzt vereinbart werden.

Übersicht 11: Einhaltung der gesetzlichen Obergrenze für den Gesamtbetrag nach § 3 KHEntgG i.V. mit § 6 Abs. 1 BPflV

Vorgehensweise	Vorschrift
1. Prospektive, leistungsgerechte Pflegesatzverhandlungen (ohne Berücksichtigung der gesetzlichen Obergrenze):	– § 3 Abs. 1 Satz 3
Summe aus K 5 Nr. 9, Nr. 13 und Nr. 23 der LKA (Budgetbereich nach § 12 plus FP und SE) und z. B.	– § 12 Abs. 2
• BAT-Berichtigung für das Vorjahr,	– § 6 Abs. 3
• Tatbestände nach § 6 Abs. 1 Satz 2 Nr. 2 bis 4 BPflV,	– § 17 Abs. 1 Satz 4 KHG, § 3 Abs. 2 und § 5 BPflV
• Veränderungen von Menge und Struktur der Leistungen,	
• Berücksichtigung von Orientierungsmaßstäben aus Krankenhausvergleichen.	
2. Ermittlung der gesetzlichen Obergrenze nach § 6 Abs. 1 BPflV:	
Gesamtbetrag nach § 6 Abs. 1 des Vorjahres (Summe aus K 5 Nr. 9, Nr. 13 und Nr. 23 der LKA)	– Abs. 1 Satz 1
+ ggf. BAT-Berichtigung für das Budget nach § 12 (Vorjahr),	– Abs. 3 Satz 1
–/+ Tatbestände nach § 6 Abs. 1 Satz 2 Nr. 1 bis 5 BPflV,	– Abs. 1 Satz 2
+ Erhöhung um Veränderungsrate nach § 71 Abs. 3 SGB V,	– Abs. 1 Satz 3
+ Ausnahmetatbestände	– Abs. 1 Satz 4
= DM-Betrag als Obergrenze für den Gesamtbetrag des neuen Jahres (Pflegesatzzeitraum)	
3. Prüfung auf Einhaltung der gesetzlichen Obergrenze:	– § 6 Abs. 1 Satz 4:
Ist der leistungsgerecht verhandelte Gesamtbetrag nach Pkt. 1 höher als die gesetzliche Obergrenze nach Pkt. 2?	– Satz 1 i.V. mit Satz 4
– nein: → Der leistungsgerecht verhandelte Gesamtbetrag nach Pkt. 1 kann vereinbart werden.	
– ja: → Der verhandelte Gesamtbetrag nach Pkt. 1 wird **gekürzt bis zur gesetzlichen Obergrenze**; entsprechend wird das enthaltene Budget nach § 12 und/oder die Beträge für FP und SE gekürzt.	
Hinweis: Vorgeschriebene **Ausgleiche und Berichtigungen für Vorjahre** (periodenfremde Verrechnungen) sind unabhängig von der Veränderungsrate (der gesetzlichen Obergrenze) gesondert durchzuführen. Sie werden bei der oben aufgezeigten Vergleichsrechnung nicht einbezogen.	§ 6 Abs. 1 Satz 4 zweiter Halbsatz

Bei den Verhandlungen sind die Vorgaben des § 6 Abs. 1 Satz 2 BPflV zur leistungsgerechten Vereinbarung zu berücksichtigen. Dies gilt auch für **Verkürzungen der Verweildauer** (Satz 2 Nr. 1). Insoweit wird der Auffassung von Lauterjung in der Krankenhaus-Umschau 6/2003 ausdrücklich widersprochen. Die Verweisung in § 3 Abs. 2 Satz 1 und Abs. 3 Satz 1 ist eine direkte Anweisung, wie der Gesamtbetrag zu verhandeln ist; sie bezieht sich auf den gesamten § 6 Abs. 1 BPflV, ist somit nicht begrenzt auf die Vorgaben zur Einhaltung der Beitragssatzstabilität in Satz 4. Eine Abweichung von Wortlaut des Gesetzestextes und der amtl. Begründung ist nicht gegeben. Eine Auslegung anhand anderer Rechtsvorschriften (§ 17 Abs. 1 KHG oder Vorgaben der KFPV) ist nicht einschlägig, weil § 3 Abs. 2 und 3 als speziellere Vorschrift vorrangig ist.

Nach **§ 6 Abs. 1 Satz 4 BPflV** darf bei Vorliegen bestimmter **Ausnahmetatbestände** die Obergrenze überschritten, also ein höherer Gesamtbetrag vereinbart werden. Dies jedoch nur,

„soweit die folgenden Tatbestände diese erforderlich machen:
1. in der Pflegesatzvereinbarung zwischen den Vertragsparteien vereinbarte Veränderungen der medizinischen Leistungsstruktur oder der Fallzahlen,
2. zusätzliche Kapazitäten für medizinische Leistungen auf Grund der Krankenhausplanung oder des Investitionsprogramms des Landes,
3. die Finanzierung von Rationalisierungsinvestitionen nach § 18 b des Krankenhausfinanzierungsgesetzes,
4. die Vorgaben der Psychiatrie-Personalverordnung zur Zahl der Personalstellen, wobei sicherzustellen ist, dass das Personal nicht anderweitig eingesetzt wird,
5. in den in Artikel 1 Abs. 1 des Einigungsvertrags genannten Ländern die Auswirkungen einer Angleichung der Höhe der Vergütung nach dem Bundes-Angestelltentarifvertrag an die im übrigen Bundesgebiet geltende Höhe, oder
6. zusätzliche Leistungen auf Grund des Abschlusses eines Vertrages zur Durchführung eines strukturierten Behandlungsprogramms nach § 137 g Abs. 1 Satz 1 des Fünften Buches Sozialgesetzbuch oder des Beitritts zu einem solchen Vertrag, soweit diese Leistungen erforderlich sind, um die Anforderungen des Sechsten Abschnitts der Risikostruktur-Ausgleichsverordnung zu erfüllen;"

§ 3 Abs. 3 Satz 1 zweiter HS KHEntgG weist ausdrücklich darauf hin, dass die bisherige Einschränkung des **Ausnahmetatbestands nach Nummer 1** „Veränderungen der medizinischen Leistungsstruktur oder der Fallzahlen" weiterhin gilt. Die Ausnahme kann nur wirksam werden, wenn die Krankenkassen den Leistungsveränderungen zustimmen, diese also „vereinbaren"; im Falle der Nichteinigung entscheidet die Schiedsstelle nicht. Die Krankenkassen dürfen bei der Verhandlung über Leistungsveränderungen zwar nicht willkürlich entscheiden, die Praxis zeigt jedoch, dass die Krankenhäuser sich ohne den Schutz durch die Schiedsstellenentscheidung häufig nicht durchsetzen können und aus verschiedenen Gründen einen langjährigen Klageweg scheuen (vgl. hierzu Quaas/Trefz, das Krankenhaus 2000, S. 611 ff. In diesen Fallen erfolgt eine Finanzierung zusätzlicher Leistungen nur im Rahmen der Mehrerlöse, die dem Krankenhaus nach dem Mehrerlösausgleich nach § 3 Abs. 6 KHEntgG verbleiben. Eine Veränderung dieser Situation ist erst für das Jahr 2005 vorgesehen; ab diesem Zeitpunkt kann die Schiedsstelle wieder entscheiden.

Ausführliche Erläuterungen zur Verhandlungsweise nach § 6 BPflV enthält der Kommentar Tuschen/Quaas, Bundespflegesatzverordnung, 5. Auflage, a. a. O.

Zu Absatz 3 Satz 2

Ausgangspunkt für die Budgetverhandlungen 2004 ist der für das Jahr 2003 vereinbarte Gesamtbetrag. Diese Regelvorgabe entspricht dem üblichen jährlichen Vereinbarungsablauf. Das Bundesministerium für Gesundheit und Soziale Sicherheit (BMGS) hat in seinem Schreiben vom 10.12.2002 an die Selbstverwaltungspartner auf Bundesebene die Auffassung vertreten, dass der Gesetzgeber das Vorliegen eines vereinbarten Gesamtbetrags für das Vorjahr nicht zur Voraussetzung für den Umstieg in das neue Vergütungssystem gemacht habe. § 3 Abs. 3 KHEntgG regele lediglich die grundsätzliche rechentechnische Vorgehensweise. Bei der vorgeschriebenen prospektiven Verhandlung des Budgets für das Jahr 2003 sei lediglich darauf zu achten, dass im Rahmen der Budgetvereinbarung 2003 auch für die Vorjahre der Grundsatz der Beitragssatzstabilität nach § 6 Abs. 1 BPflV eingehalten werde. Dies Auffassung gilt entsprechend für die Budgetverhandlungen für das Jahr 2004.

Zu Absatz 3 Satz 3

Die Vorschrift bestimmt, wie der vereinbarte Gesamtbetrag des Vorjahres zu bereinigen und zu verändern ist. Zielsetzung ist die richtige Abgrenzung eines Ausgangsbetrags für die Verhandlungen über den Gesamtbetrag des nachfolgenden Kalenderjahres.

Zu Satz 3 Nummer 1

Der Gesamtbetrag des Vorjahres ist zu vermindern um Finanzierungstatbestände, die in ihm enthalten sind, die im neuen Jahr jedoch nicht mehr Gegenstand des neuen Gesamtbetrags sein dürfen.

Zu Buchstabe a

Der Gesamtbetrag ist zu vermindern um die Entgeltanteile für Leistungsbereiche, die dem DRG-Vergütungssystem nicht unterliegen. Dies sind nach § 17b Abs. 1 Satz 1 zweiter HS KHG die Einrichtungen der **Psychiatrie, Psychosomatik und Psychotherapeutischen Medizin**. Beispielsweise ist der Anteil des bisherigen Gesamtbetrags, der auf eine psychiatrischen Fachabteilungen an Allgemeinkrankenhäusern entfällt, abzuziehen. Für die so aus dem DRG-Bereich nach dem KHEntgG ausgegliederte Fachabteilung ist ein gesonderter Gesamtbetrag nach den Vorgaben der BPflV zu vereinbaren. Ein Allgemeinkrankenhaus mit psychiatrischer Fachabteilung hat somit zwei getrennte Gesamtbeträge zu vereinbaren, für die unterschiedliche Rechtsvorschriften gelten. Für beide Bereiche sind gesonderte Verhandlungsunterlagen vorzulegen. Entsprechendes gilt umgekehrt für die Ausgliederung eines DRG-Leistungsbereiches aus einem psychiatrischen Krankenhaus, soweit dieser vom DRG-Fallpauschalenkatalog erfasst wird, z. B. bei einer Neurologie. Die Ausgliederung der Einrichtungen ist in dem Jahr vorzunehmen, in dem das Krankenhaus erstmals das DRG-Vergütungssystem anwendet, also im Jahr 2003 oder im Jahr 2004.

Die Vorschrift nimmt jeweils „**Einrichtungen**" der genannten medizinischen Bereiche aus der DRG-Vergütung aus. Nach dem bereits bisher verwendeten Sprachgebrauch wird der Begriff „Einrichtung" im Krankenhausfinanzierungsrecht als neutraler Begriff verwendet, wenn eine Festlegung auf bestimmte organisatorische Begriffe wie Klinik, Abteilung, Station oder ggf. Teile davon nicht möglich ist. Dies wird z. B. in § 13 Abs. 2 Satz 3 BPflV deutlich, der den Begriff Einrichtung für eine Abgrenzung unterhalb der Abteilung verwendet. Die Einrichtung wird sachbezogen abgegrenzt, z. b. psychosomatische Behandlung, und sollte organisatorisch abgegrenzt sein. Dabei ist auf tatsächliche Organisationsstrukturen und -abläufe abzustellen, nicht auf die formale Abgrenzung von Leitungsfunktionen.

Da nur die Leistungen von Einrichtung aus dem DRG-System ausgenommen sind, werden Leistungen der Psychiatrie, Psychosomatik und Psychotherapeutischen Medizin, die nicht in entsprechenden Einrichtungen sondern in den dem DRG-Vergütungssystem unterliegenden Leistungsbereichen erbracht werden, nach den Bestimmungen des KHEntgG vergütet. Dies bedeutet, dass sie ggf. mit einer DRG-Fallpauschale vergütet werden, was jedoch eine entsprechende z. B. psychiatrische Hauptdiagnose voraussetzen würde, oder nach § 6 Abs. 1 KHEntgG mit krankenhausindividuell zu verhandelnden Entgelten. Beides dürfte ggf. zu Nachfragen der Krankenkassen über die Sachgerechtigkeit der Leistungserbringung führen

Zu Buchstabe b

Die Ausbildungsstätten und die Mehrkosten der Ausbildungsvergütungen sollten ab dem 1. Januar 2004 aus dem Krankenhausbudget ausgegliedert und gesondert über Pauschalbeträge je Ausbildungsberuf und Ausbildungsplatz finanziert werden. Diese Umstellung ist mit Artikel 1 Nr. 1 des Fallpauschalenänderungsgesetzes (FPÄndG) um ein Jahr verschoben worden. Entsprechend wird die Vorschrift des Buchstaben b aufgehoben und in den § 4 verlagert.

Zu Buchstabe c

Enthält der Gesamtbetrag des Vorjahres einen Finanzierungsbetrag auf Grund eines **Investitionsvertrags nach § 18b KHG** in der bis zum 31. Dezember 2003 geltenden Fassung und verringert sich der zu berücksichtigende Betrag im neuen Kalenderjahr, so ist der neue Gesamtbetrag entsprechend zu vermindern.

Zu Buchstabe d

Die Vorschrift gibt eine Grundregel pflegesatzrechtlicher Verhandlungen wieder. Im Rahmen des prospektiven Verhandelns ist auf die voraussichtlichen Leistungen des Krankenhauses im folgenden Kalenderjahr abzustellen. Werden Leistungen, die das Krankenhaus bisher stationär erbracht hat und die im bisherigen Krankenhausbudget enthalten sind, künftig in einen **anderen Leistungsbereich** (z. B. ambulanter Bereich, Vorsorge- und Rehabilitationsbereich) „**verlagert**", so ist der Gesamtbetrag entsprechend zu vermindern. Die Leistungen werden also künftig nicht mehr vom Krankenhaus stationär erbracht, sondern z. B. ambulant von einem niedergelassenen Arzt, einem ermächtigten Arzt des Krankenhauses oder im Rahmen des ambulanten Operierens nach § 115b SGB V. Entscheidend ist allein, dass die mit dem zu Budget finanzierenden Leistungen geringer werden. Das Budget ist um die „**anteiligen Kosten**" für diese Leistungen zu vermindern. Dies bedeutet, dass bei der Ermittlung des Abzugsbetrags nicht die Vollkosten der entfallenden Leistungen anzusetzen sind, sondern ein niedrigerer Betrag. Entsprechend jahrzehntelanger Verhandlungsweisen und -vorschriften, nach denen zusätzliche Leistungen meist nur in Höhe variabler Kosten zusätzlich im Budget berücksichtigt wurden, sollen bei der gegenläufigen Herausnahme von Leistungen aus dem Budget, grundsätzlich ebenfalls nur variable Kosten abgezogen werden; vgl. die amtl. Begründung. Der Abzug ist jeweils nur einmalig bei Ausgliederung bestimmter Leistungen vorzunehmen.

Zu Buchstabe e

Der Gesamtbetrag nach dem KHG/KHEntgG ist ebenso zu vermindern, wenn mit ihm vergütete Leistungen künftig nach anderen Finanzierungsregeln vergütet werden. Das Krankenhaus erbringt die Leistungen – anders als bei Buchstabe d – weiterhin selbst als stationäre Krankenhausleistung. Diese wird aber nicht nach den Regeln des KHG i.V. mit dem KHEntgG, sondern nach den Finanzierungsvorschriften des SGB V für **Modellvorhaben** nach § 63 vergütet. Weil das Krankenhaus nach dieser Vorschrift grundsätzlich eine volle Vergütung seiner Leistungen erhält, muss das Krankenhausbudget entsprechend vermindert werden, um eine Doppelfinanzierung zu vermeiden. Es sind deshalb die Vollkosten für diese Leistungen zu ermitteln und abzuziehen („Kosten für Leistungen"; vgl. die amtliche Begründung). Der Abzug nach Buchstabe e ist jeweils für das Jahr vorzunehmen, in dem bestimmte Leistungen „erstmals" nach anderen Vorschriften vergütet werden. Er wird für die jeweiligen Leistungen einmalig vorgenommen, in den Folgejahren also nicht wiederholt.

Zu Buchstabe f

Im Regelfall werden auch Leistungen für **ausländische Patienten**, die mit dem Ziel einer Krankenhausbehandlung in die Bundesrepublik Deutschland einreisen, mit dem Krankenhausbudget vergütet (§ 17 Abs. 1 Satz 1 KHG). Nach § 3 Abs. 7 KHEntgG kann das Krankenhaus jedoch einseitig verlangen, dass diese Leistungen aus der Budgetfinanzierung herausgenommen werden. In diesem Falle ist das Budget entsprechend zu vermindern. Der Abzugsbetrag ist in Höhe der Vollkosten zu ermitteln („Kosten für Leistungen"), weil das Krankenhaus eine entsprechende Vergütung weiterhin von den Patienten oder ihren Versicherungen erhält, diese Erlöse jedoch nicht mehr mit dem Budget verrechnen muss. Da die Patientengruppe mit dem Abzug endgültig aus dem Budget ausgegliedert wird, ist dieser Abzug nur in dem Jahr vorzunehmen, in dem das Krankenhaus die Ausgliederung nach Absatz 7 verlangt. Der Abzugsbetrag ist anhand der Patientenzahlen zu ermitteln, deren Leistungen mit dem Gesamtbetrag 2003 vergütet wurde.

Zu Satz 3 Nummer 2

Bei der Ermittlung des Gesamtbetrags nach der BPflV wurden Erlöse aus **vor- und nachstationären Behandlungen** abgezogenen. Dieser Abzug ist rückgängig zu machen, d.h. der Gesamtbetrag 2003 ist zu erhöhen, soweit diese Erlöse aus vor- und nachstationärer Behandlung bei Anwendung des DRG-Vergütungssystems im Folgejahr nicht mehr erzielt werden können. Nach § 8 Abs. 2

Satz 3 Nr. 4 KHEntgG ist eine Abrechnung vorstationärer Behandlungen zusätzlich zu einer DRG-Fallpauschale nicht möglich. Nachstationäre Behandlungen können zusätzlich zu einer DRG-Fallpauschale nur noch abgerechnet werden, wenn „die Summe aus den stationären Belegungstagen und den vor- und nachstationären Behandlungstagen die Grenzverweildauer der Fallpauschale übersteigt". Das Krankenhaus kann diese Erlöse künftig also nur noch in Ausnahmefällen und damit in wesentlich geringerem Umfang als bisher erzielen, weil diese Behandlungsleistungen weitgehend mit den DRG-Fallpauschalen abgegolten sind. Vor- oder nachstationäre Leistungen können jedoch zusätzlich zu den krankenhausindividuellen Entgelten nach § 6 Abs. 1 KHEntgG abgerechnet werden, insbesondere bei tagesgleichen Pflegesätze. Bei krankenhausindividuell vereinbarten Fallpauschalen sollten die Vertragsparteien nach § 11 KHEntgG ausdrücklich vereinbaren, ob oder inwieweit eine gesonderte Abrechnung möglich ist; sie sollten sich dabei möglichst an den Vorgaben für die DRG-Fallpauschalen orientieren.

Die Vorschrift nach Nummer 2 gibt vor, dass der Gesamtbetrag um den Betrag erhöht wird, der bei seiner Ermittlung für vor- oder nachstationäre Leistungen abgezogen wurde. Dies ist der Betrag der „*Abzüge nach Nummer 2 des Abschnitts K5*" des Kosten- und Leistungsnachweises (KLN), unabhängig davon, ob sich das Krankenhaus nach § 7 Abs. 2 Satz 2 Nr. 1 BPflV für einen Erlösabzug oder eine Kostenausgliederung entschieden hatte. Dies bedeutet, dass bei einem Erlösabzug, bei dem nur 90 % der vorauskalkulierten Erlöse abgezogen wurden, auch nur diese 90 % dem Gesamtbetrag hinzugerechnet werden. Das Krankenhaus verliert somit den bisherigen sog. Selbstbehalt (Gewinnanteil) in Höhe von 10 % der Erlöse, der vom Gesetzgeber als Anreiz zur Förderung der vor- und nachstationären Behandlung gedacht war. Bei einem Fallpauschalensystem erhält das Krankenhaus jedoch künftig (stufenweise einsetzend ab dem Jahr 2005) einen anderen Anreiz, weil die Fallpauschalen grundsätzlich für eine voll- oder teilstationäre Behandlung kalkuliert sind, das Krankenhaus somit bei einer stattdessen durchgeführten vor- und nachstationären Behandlung kostengünstiger arbeiten kann. Die Erhöhung des Gesamtbetrags um die Abzüge für vor- und nachstationäre Behandlung ist nur einmalig beim erstmaligen Umstieg in das DRG-Vergütungssystem vorzunehmen, also entweder im Jahr 2003 oder im Jahr 2004.

Zu Satz 3 Nummer 3

Nach der Systematik des Pflegesatzrechts führen nachträgliche Korrekturen des Gesamtbetrags und der Höhe der Pflegesätze nicht zu einer sehr aufwändigen rückwirkenden Korrektur bereits bezahlter Krankenhausrechnungen, sondern zu einer Verrechnung der Korrekturbeträge gegen den Gesamtbetrag des Folgejahres oder der Folgejahre. Dies gilt z. B. für den anteiligen Ausgleich bei höheren BAT-Tarifabschlüssen nach § 6 Abs. 3 BPflV (vgl. auch § 3 Abs. 1 Satz 4 KHEntgG) sowie für die Mehr- oder Mindererlösausgleiche nach den §§ 11 Abs. 8 und 12 Abs. 4 BPflV sowie § 3 Abs. 4 KHEntgG. Diese **periodenfremden Verrechnungsbeträge** haben den vereinbarten Gesamtbetrag abgesenkt oder erhöht. Diese rechentechnischen Veränderungen des vereinbarten Gesamtbetrags müssen korrigiert (zurückgenommen) werden, um den korrekten Ausgangsbetrag für die Verhandlung des Gesamtbetrags des Folgejahres zu ermitteln.

Nummer 3 bestimmt deshalb, dass der zuletzt vereinbarte Gesamtbetrag um verrechnete „Ausgleiche" bereinigt wird. Wenn der zuletzt vereinbarte Gesamtbetrag außerdem „berichtigt" wurde (vgl. Absatz 3 Satz 5 zweiter HS), bleibt die parallel durchgeführte Basiskorrektur bestehen; sie wird also nicht korrigiert. Der Begriff „bereinigt" wird im Pflegesatzrecht als neutrale Wortwahl immer dann verwendet, wenn eine solche Korrektur je nach Sachverhalt entweder mit positivem oder negativem Vorzeichen durchzuführen ist. Die Bereinigungen sind in der Höhe durchzuführen, in der die Beträge den zuletzt vereinbarten Gesamtbetrag verändert haben. Sie können aus dem Blatt K5 Spalte 4 der Verhandlungsunterlage KLN oder aus der Pflegesatzvereinbarung entnommen werden.

Zu Absatz 3 Satz 4

Nach den Vorgaben des Satzes 3 ist der vereinbarte Gesamtbetrag 2003 zu bereinigen. Auf dieser Ausgangsbasis finden die prospektiven **Budgetverhandlungen** mit dem Ziel der Vereinbarung eines Gesamtbetrages für das Jahr 2004 statt; vgl. die Erläuterungen zu Satz 1. Erst wenn die Vertragsparteien sich grundsätzlich über einen Gesamtbetrag für das Jahr 2004 geeinigt haben, ist nach den Vorgaben des Satzes 4 weiter zu verfahren. Dieser schreibt eine rechentechnische Aufteilung des neuen, zwischen Krankenhaus und Krankenkassen vereinbarten Gesamtbetrags (Krankenhausbudgets) auf verschiedene Teilbeträge (Entgeltbereiche) vor.

Der Teilbetrag nach **Nummer 1** ist das „**Erlösbudget**". Es ist die Summe der Erlöse aus DRG-Fallpauschalen und Zusatzentgelten. Diese werden nach § 17b KHG von den Selbstverwaltungspartnern auf der Bundesebene vereinbart; vgl. die entsprechenden, bundesweit gültigen Entgeltkataloge. Weil die nach § 17b Abs. 1 Satz 4 KHG vorgesehenen Zu- und Abschläge bisher noch nicht vereinbart wurden, werden die entsprechenden Tatbestände in den Jahren 2003 und 2004 mit dem Basisfallwert der Fallpauschalen vergütet, dieser bleibt entsprechend erhöht. Dies gilt auch für die Zuschläge zur Ausbildungsfinanzierung, weil die Kosten der Ausbildungsstätten und die Mehrkosten der Ausbildungsvergütungen erst zum 1. Januar 2005 aus dem Gesamtbetrag ausgegliedert werden; vgl. § 17a Abs. 2 KHG, geändert durch das FPÄndG vom Juni 2003. Ab dem Jahr 2005 wird an Stelle des Gesamtbetrags nur noch das nach Nummer 1 abgegrenzte Erlösbudget zwischen Krankenkassen und Krankenhäusern verhandelt; vgl. § 4 Abs. 1 Satz 1 KHEntgG. Nr. 1 zweiter Halbsatz gibt vor, dass zum **Bereich der Fallpauschalen** auch die Abschläge bei Unterschreitung der unteren Grenzverweildauer und bei Verlegungen sowie die zusätzlichen Entgelte nach Überschreitung der oberen Grenzverweildauer gehören. Somit sind im Ergebnis die tatsächlich vom Krankenhaus abgerechneten Erlöse aus Fallpauschalen auszuweisen. Im Unterschied zu der im Fallpauschalenkatalog ausgewiesenen Höhe der Bewertungsrelationen spricht man in diesem Falle von den „**effektiven Bewertungsrelationen**" (vgl. Anlage 1 zum KHEntgG, Blatt E1).

Nummer 2 wurde infolge der geänderten Vorgaben der Nummer 1 gestrichen.

Nach **Nummer 3** ist als weiterer Teilbetrag die Summe der Erlöse aus **krankenhausindividuell vereinbarten Entgelten** nach § 6 Abs. 1 KHEntgG auszuweisen. Diese Entgelte sind für die Leistungen und die besonderen Einrichtungen zu vereinbaren, die von der Anwendung der bundesweit geltenden Fallpauscha-

len- und Zusatzentgelt-Kataloge ausgenommen sind; vgl. die Erläuterungen zu
§ 6 Abs. 1. Der Teilbetrag weist somit auch aus, in welchem Umfang bei einem
Krankenhaus Leistungsbereiche vorgehalten werden, die mit dem Fallpauschalensystem besonders schwierig zu vergüten sind, z.B. auf Grund von Spezialisierungen.

Zu Absatz 3 Satz 5

Die Vertragsparteien nach § 11 verhandeln und vereinbaren zunächst den Gesamtbetrag, wie er im Hinblick auf ein medizinisch leistungsgerechtes Budget erforderlich oder nach den Begrenzungen durch § 6 Abs. 1 Satz 4 BPflV höchstens zulässig ist; vgl. die Erläuterungen zu Satz 1. Dieser Gesamtbetrag ist jedoch rechentechnisch noch zu verändern, soweit noch **periodenfremde Verrechnungen** aus Vorjahren vorzunehmen sind. Hat beispielsweise das Krankenhaus aus dem letzten Jahr noch Ansprüche auf Nachzahlungen der Krankenkassen wegen eines Mindererlösausgleichs oder muss es selbst Rückzahlungen an die Krankenkassen leisten wegen eines Mehrerlösausgleichs (§ 3 Abs. 6 KHEntgG), so werden diese Zahlungen (**Ausgleiche**) mit entsprechendem Vorzeichen dem Gesamtbetrag für das neue Jahr hinzugerechnet oder von ihm abgezogen.

Der zweite Halbsatz definiert den Begriff „Berichtigung". Eine solche Berichtigung wird vorgenommen, z.B. wenn die von den Tarifvertragsparteien vereinbarten BAT-Tariferhöhungen höher sind als die für die Budgetbegrenzung nach § 6 Abs. 1 Satz 4 BPflV maßgebliche Veränderungsrate nach § 71 SGB V und die Voraussetzungen des § 6 Abs. 3 BPflV erfüllt sind (§ 3 Abs. 1 Satz 4 KHEntgG). Im Falle einer Berichtigung wird das Budgets des Krankenhauses Kraft Gesetzes korrigiert, z.B. erhöht. Diese Berichtigung ist eine **Basiskorrektur**, die sich auf nachfolgende Budgetvereinbarungen auswirkt, weil der Ausgangsbetrag für die Verhandlungen im Folgejahr verändert wird. Beispielsweise würde eine nachträgliche Erhöhung des Gesamtbetrags 2003 infolge einer Berichtigung zu einer Erhöhung der Obergrenze für die Vereinbarung des Gesamtbetrags 2004 führen; vgl. die Erläuterungen zu Satz 1 zu § 6 Abs. 1 Satz 4 BPflV. Bei einer Berichtigung ist zusätzlich ein entsprechender **Ausgleich** für z.B. zu niedrige Zahlungen im Vorjahr durchzuführen. Das Krankenhaus hat Anspruch auf das berichtigte, höher Krankenhausbudget. Es konnte dieses jedoch über die Erlöse aus Pflegesätzen (z.B. tagesgleiche Pflegesätze, Fallpauschalen, Sonderentgelte oder Zusatzentgelte) nicht realisieren, weil die Höhe der Pflegesätze anhand des niedrigeren vereinbarten Budgets ermittelt wurde. In Höhe des Berichtigungsbetrages ist somit auch noch eine Nachzahlung der Krankenkassen für das Jahr 2003 erforderlich. Diese Ausgleichszahlung führt zu einer zusätzlichen einmaligen Erhöhung des Gesamtbetrags für das Jahr 2004. Im Ergebnis wird der Gesamtbetrag für das Jahr 2004 infolge einer Berichtigung somit doppelt erhöht, durch die Basiskorrektur und durch die Nachzahlung (Ausgleich).

Beispiel: BAT-Berichtigung nach § 6 Abs. 2 (neu) BPflV

Annahmen: Dem Krankenhaus steht eine BAT-Berichtigung für das Jahr 2003 in Höhe von 150 000 € zu. Im Beispiel werden nur die Auswirkungen der Berichtigung gezeigt. Sonstige Verhandlungstatbestände bleiben unberücksichtigt.

– Vereinbartes Budget 2003	30 000 000 €
– BAT-Berichtigung des Budgets 2003	+ 150 000 €
Berichtigtes Budget 2003	**30 150 000 €**
(rückwirkende Basiserhöhung)	
– einmalige Ausgleichszahlung im Jahr 2004	+ 150 000 €
Budget 2004 einschließlich einmaliger Ausgleichszahlung	**30 300 000 €**
Ausgangsbasis für die Verhandlung des **Budgets 2005** ist das Budget 2004 „ohne darin enthaltene Ausgleiche …"	
(§ 4 Abs. 3 Satz 3 Nr. 2 KHEntgG).	– 150 000 €
	30 150 000 €

Im Gegensatz zur einmaligen Ausgleichszahlung wirkt sich eine Budgetberichtung auf alle nachfolgend vereinbarten Budgets aus, weil sie eine Basisberichtigung bewirkt (vgl. Budget 2005). Für das Jahr 2004 ergibt sich durch die gleichzeitige Berücksichtigung von Berichtigung und Nachzahlung eine doppelte Belastung des Budgets.

Zu Absatz 3 Satz 6

Die Vorschrift bestimmt, dass die in Satz 6 genannten Vorschriften im Jahr 2004 nicht bei Krankenhäusern anzuwenden sind, die bereits im Jahr 2003 das DRG-Vergütungssystem eingeführt haben. Bei diesen Krankenhäusern wurde z.B. eine Psychiatrieabteilung bereits aus dem Gesamtbetrag 2003 ausgegliedert oder der Gesamtbetrag 2003 infolge des Wegfalls der gesonderten Vergütung von vor- und nachstationären Leistungen entsprechend erhöht. Diese Vorgänge sind für das Jahr 2004 nicht zu wiederholen.

Amtl. Begründung

Zu Absatz 4

Aus dem Erlösbudget, also dem Teilbetrag des vereinbarten Gesamtbetrags, der auf die DRG-Fallpauschalen und die Zusatzentgelte entfällt, wird der krankenhausindividuelle Basisfallwert (vergleichbar dem Punktwert) abgeleitet. Dazu werden von dem Erlösbudget die Erlöse aus Zusatzentgelten abgezogen und die sich ergebende Restsumme durch die mit den Bewertungsrelationen gewichtete Summe *der vereinbarten [BT-Drucks. 14/7862] Behandlungsfälle* (vergleichbar der Punktzahlsumme) dividiert. Der ermittelte Basisfallwert bestimmt die krankenhausindividuelle Höhe der Fallpauschalen. Durch den Vergleich mit dem Basisfallwert anderer Krankenhäuser wird – auch wenn in begrenztem Umfang noch Ungenauigkeiten auf Grund von Kodiermängeln oder Schätzfehlern auftreten – der Stand der jeweiligen Krankenhäuser und ihr Anpassungsbedarf an den auf Landesebene vereinbarten Basisfallwert deutlich, der ab dem 1. Januar 2007 einheitlich gilt.

ERLÄUTERUNGEN

Satz 1 schreibt vor, das für die Jahre 2003 und 2004 jeweils ein **krankenhausindividueller Basisfallwert** zu ermitteln ist. Als Ausgangsbasis ist zunächst die Summe der Erlöse aus Fallpauschalen zu berechnen. Diese Summe ergibt sich nach Satz 2, wenn von dem Erlösbudget nach Satz 4 Nr. 1 die Erlössumme für Zusatzentgelte abgezogen wird. Die ermittelte Erlössumme aus Fallpauschalen ist anschließend durch die Summe der Bewertungsrelationen zu dividieren (**Divisionskalkulation**). Das Ergebnis ist der krankenhausindividuelle Basisfallwert. Dieser ist nach Satz 3 der Abrechnung der Fallpauschalen zu Grunde zu legen.

Infolge der neuen Vorgaben und Abrechnungsregeln, die mit der Verordnung zum Fallpauschalensystem für Krankenhäuser (KFPV) vom 19.9.2002 vorgegeben wurden, ergeben sich bei der Ermittlung des Basisfallwerts Veränderungen, die ein Abweichen von den Vorgaben der Anlage 1 des KHEntgG für die Verhandlungsunterlage AEB erforderlich machen. Nach einem Gespräch mit den Selbstverwaltungspartnern hat das Bundesministerium für Gesundheit und Soziale Sicherung (BMGS) sich in einem Schreiben vom 10. Dezember 2002 dafür ausgesprochen, an Stelle der Zeilen 17 bis 21 des Blattes B1 der AEB folgendes Schema anzuwenden:

> Erlösbudget aus lfd. Nr. 14 (einschl. Zu- und Abschläge lt. DRG-Katalog)
> ./. Erlöse aus Zusatzentgelten
> ./. Erlöse aus Zusammenarbeits-Fallpauschalen nach § 14 Abs. 11 BPflV
> ./. Erlöse für Überlieger am Jahresbeginn (§ 1 Abs. 7 Satz 3 KFPV)
> = Summe Fallpauschalen einschl. lfd. Nr. 12
> : Summe der Bewertungsrelationen
> = krankenhausindividueller Basisfallwert

Ergänzend hat das BMGS darauf hingewiesen, dass diese Berechnung auf der Grundlage einer ganzjährigen DRG-Abrechnung durchzuführen sei. Bei einem zeitlich verzögerten Beginn der DRG-Abrechnung sei – wie bisher – das Verfahren nach § 15 KHEntgG anzuwenden.

Amtl. Begründung

Zu Absatz 5

Entsprechend der Vorgabe des § 17 Abs. 5 KHG ermöglicht Absatz 5 bei staatlich nicht oder teilweise nicht geförderten Krankenhäusern, bei denen sich ein niedriger Basisfallwert ergibt, die **zusätzliche Finanzierung von Investitionskosten**. Da ein landeseinheitlicher Basisfallwert erst ab dem 1. Januar 2005 gilt, wird als Obergrenze für die Erhöhung des krankenhausindividuell ermittelten Basisfallwerts der geschätzte durchschnittliche Basisfallwert vorgegeben. Zusätzlich berücksichtigt werden können nur Investitionskosten für neue Investitionsmaßnahmen. Es wird davon ausgegangen, dass die Kosten für bereits abgeschlossene oder noch laufende Investitionsmaßnahmen bereits bei den bisherigen Budget- und Pflegesatzvereinbarungen berücksichtigt worden sind; diese Fälle sollen nicht neu verhandelt werden.

ERLÄUTERUNGEN

Bei Einführung der sog. dualen Finanzierung mit dem KHG vom 29.6.1972 (vgl. Einführung, Kapitel 2.3) ging man davon aus, dass bedarfsnotwendige Krankenhäuser in den „Krankenhausbedarfsplan" aufgenommen und ihre Investitionen öffentlich gefördert werden. Nicht bedarfsnotwendige Krankenhäuser oder

Krankenhäuser, die von sich aus keinen Antrag auf Aufnahme in den Krankenhausplan stellen, werden nicht öffentlich gefördert. Sie können – im Gegensatz zu den geförderten Krankenhäusern – ihre **Investitionskosten** nach den Vorgaben des § 8 BPflV über den Pflegesatz (das Budget) finanzieren. Allerdings wird diese Möglichkeit durch die Vorschrift des § 17 Abs. 5 KHG begrenzt. Praktische Bedeutung hat dies vor allem für die Vertragskrankenhäuser nach § 108 Nr. 3 SGB V sowie für die sog. teilweise geförderten Krankenhäuser nach § 8 Abs. 1 Satz 2 KHG. Als Investitionskosten können die in § 8 BPflV geregelten Abschreibungen, Rücklagen und Zinsen als pflegesatzrelevante Budgetbestandteile berücksichtigt werden.

Nach **§ 17 Abs. 5 KHG** dürfen nicht geförderte Krankenhäuser von Sozialleistungsträgern und sonstigen öffentlich-rechtlichen Kostenträgern (z.B. der Beihilfe) keine höheren Pflegesätze fordern als vergleichbare geförderte Krankenhäuser. In Zeiten eines Selbstkostendeckungsprinzips bedeutete dies, dass nicht geförderte Krankenhäuser zusätzlich Investitionskosten geltend machen konnten, wenn ihre normalen pflegesatzfähigen Betriebskosten niedriger waren als die vergleichbarer geförderter Krankenhäuser, insoweit also ein Spielraum bis zu den vergleichbaren Pflegesätzen bestand. Die Nutzung der zusätzlichen Finanzierungsmöglichkeit setzte also voraus, dass diese Krankenhäuser wirtschaftlicher sein mussten als geförderte Krankenhäuser. Diese gesetzliche Vorgabe ist wohl vor dem Hintergrund zu verstehen, dass den Krankenhäusern, die nach der damals neu eingeführten Krankenhausplanung als nicht bedarfsnotwendig eingestuft wurden, auf diese Weise eine Bestandsschutzregelung gegeben werden sollte. Bei der Anwendung des § 17 Abs. 5 KHG stellte sich allerdings immer wieder die Frage, welche Krankenhäuser denn vergleichbar sind. Die Antwort fiel bei damals noch fehlenden Krankenhausvergleichen und fehlenden Leistungsstatistiken, also vor dem Hintergrund einer weit gehenden Intransparenz, nicht leicht.

Mit der Umstellung der Krankenhausfinanzierung auf das **DRG-Fallpauschalensystem** stellt sich die Frage, welche Vergütungshöhe den nicht oder teilweise geförderten Krankenhäusern zusteht. Dies ist nach § 17 Abs. 5 KHG zweifellos der gleiche Preis bei einer vergleichbaren Leistung. Mit der Umstellung auf ein leistungsorientiertes Fallpauschalensystem steht den nicht geförderten Krankenhäusern somit die gleiche Höhe der Fallpauschale zu wie allen anderen Krankenhäusern. Einen Anspruch auf einen höheren Preis als ein vergleichbares Krankenhaus hat es nach § 17 Abs. 5 KHG nie gegeben.

Der vergleichbare Preis ist bei dem angestrebten DRG-Vergütungssystem mit landesweit einheitlichen Fallpauschalen (Bewertungsrelationen) – also einem Einheitspreissystem – ab dem 1.1.2007 Gewähr leistet (vgl. Kapitel 6.2 der Einführung). Bis zu diesem Zeitpunkt werden allerdings die derzeitigen Krankenhausbudgets erst schrittweise an das landeseinheitliche Preisniveau herangeführt; vgl. Abbildung 13. Ein Krankenhaus, dass mit seinen krankenhausindividuellen Basisfallwerten im Zeitraum von 2003 bis 2006 unterhalb des landeseinheitlichen Basisfallwerts liegt, hat in diesen Jahren somit nach § 17 Abs. 5 KHG Anspruch auf die zusätzliche Berücksichtigung von Investitionskosten und damit eine entsprechende Erhöhung seines Basisfallwerts.

Ein einheitlicher, landesweit geltender Basisfallwert wird erstmals für das Jahr 2005 vereinbart (§ 10 Abs. 2 Satz 1 KHEntgG). Der Gesetzgeber hat deshalb in

Absatz 5 Satz 1 für die Jahre 2003 und 2004 den „geschätzten durchschnittlichen Basisfallwert der Krankenhäuser im Land" als Vergleichsmaßstab und gleichzeitig als Obergrenze für die Berücksichtigung zusätzlicher Investitionskosten bestimmt. Erforderlich ist somit keine genaue Ermittlung eines Landesdurchschnitts. Auch werden für eine Schätzung nicht die Basisfallwerte aller Krankenhäuser im Lande als Vereinbarungswert benötigt. Für das Jahr 2003, in dem die Krankenhäuser auf freiwilliger Basis in das neue Vergütungssystem umsteigen, dürfte eine vorsichtige Schätzung auf der Grundlage einer relativ großen Zahl von Optionskrankenhäusern ausreichend sein. Für das Jahr 2004, in dem alle Krankenhäuser das DRG-Vergütungssystem einführen, dürfte eine genauere Schätzung möglich sein.

Nach Absatz 5 können Investitionskosten zusätzlich **nur für „neue Investitionsmaßnahmen"** berücksichtigt werden. Der Gesetzgeber ist davon ausgegangen, dass die Kosten für bereits abgeschlossene oder noch laufende Investitionsmaßnahmen bereits bei den bisherigen Budget- und Pflegesatzvereinbarungen berücksichtigt worden sind; diese Fälle sollen nicht neu verhandelt werden (vgl. die amtl. Begründung).

Amtl. Begründung

Zu Absatz 6

Entsprechend den bisherigen Regelungen der §§ 11 Abs. 8 und 12 Abs. 4 BPflV gibt die Vorschrift die **Mehr- oder Mindererlös-Ausgleichsquoten** für den Fall vor, dass die tatsächlich eintretenden Erlöse von dem prospektiv vereinbarten und um periodenfremde Ausgleiche und Berichtigungen veränderten Gesamtbetrag abweichen. Für das Jahr 2003 werden höhere Ausgleichssätze vorgegeben, um das bei der erstmaligen Ermittlung des Basisfallwerts deutlich erhöhte Schätzfehlerrisiko besser auszugleichen. Allein durch **Kodiermängel und Schätzfehler** bei der prospektiven Vereinbarung von Art und Menge der DRG-Leistungen können auch bei unverändertem Leistungsgeschehen größere Abweichungen von dem vereinbarten Gesamtbetrag auftreten. Der Mindererlösausgleich in Höhe von 95% für das Jahr 2003 sichert die Krankenhäuser, die bereits im Jahr 2003 das DRG-Vergütungssystem anwenden, zudem weitestgehend gegen Risiken ab, die aus einem noch nicht optimierten DRG-Katalog und einer Erstkalkulation der Relativgewichte entstehen können.

Für das Jahr 2004 gilt bei Mindererlösen wieder die heute geltende Ausgleichsquote. Für Mehrerlöse wird eine pauschalierte Regelung vorgegeben, nach der etwa der durchschnittliche Personalkostenanteil zurückgezahlt werden muss. Um eine Unterfinanzierung bei Leistungen mit einem sehr hohen Sachkostenanteil zu vermeiden, wird den Vertragsparteien die Möglichkeit gegeben, für diese abweichende Mehrerlösquoten zu vereinbaren.

Satz 3 gibt vor, dass Mehrerlöse aus Fallpauschalen, die in Folge einer **veränderten Kodierung** von Diagnosen und Prozeduren entstehen, vollständig auszugleichen sind. Die Regelung stellt eine verursachungsgerechte Berücksichtigung von so genannten Right- und Upcoding-Effekten im einzelnen Krankenhaus sicher. Sie ist eine notwendige Ergänzung zu der bei der Vereinbarung des landesweiten Basisfallwerts vorzunehmenden Bereinigung, die eine ungerechtfertigte Erlös- und damit auch Ausgabensteigerung vermeidet. Zur Ermittlung der sonstigen (normalen) Mehrerlöse im Bereich der Fallpauschalen bestimmt Satz 6 ein pauschaliertes Berechnungsverfahren, bei dem die zusätzlichen Fälle multipliziert werden mit dem fallbezogenen Mittelwert der Bewertungsrelationen, die der prospektiven Vereinbarung zu Grunde liegen.

Für den Fall, dass diese **vereinfachte Berechnung im Fallpauschalenbereich** dazu führt, dass tatsächlich eingetretene **Veränderungen der Leistungsstruktur** in ihrer Gesamtsumme nicht sachgerecht erfasst und damit Mehrerlösanteile unberechtigt vollständig ausgeglichen werden, kann das Krankenhaus *oder eine andere Vertragspartei [BT-Drucks. 14/7862]* nach Satz 7 unter Vorlage entsprechender Unterlagen eine individuellere Ermittlung verlangen; dabei sind auch gegenläufige Veränderungen einzubeziehen. Nach Satz 8 werden die vollständig auszugleichenden Mehrerlösanteile auf Grund von Kodiereffekten als Differenz zwischen den gesamten Mehrerlösen im Fallpauschalbereich und den pauschaliert ermittelten sonstigen Mehrerlösen aus Fallpauschalen bestimmt.

Satz 9 stellt klar, dass Erlösabweichungen bei Zusatzentgelten für die Behandlung von Blutern mit Blutgerinnungsfaktoren sowie Mindererlöse auf Grund von Qualitätssicherungsabschlägen nicht ausgeglichen werden.

Um die Umsetzung der Vorgaben zu den Mehr- und Mindererlösausgleichen abzusichern und auf Grund einiger derzeit vor Gericht anhängiger Verfahren bestimmt ... Satz 10 ..., dass die dem Ausgleich unterliegenden Erlössummen von neutraler Stelle zu bestätigen sind [BT-Drucks. 14/7862].

Hinweis: Vgl. ergänzend die amtl. Begründung zum Erlösausgleich nach § 4 Abs. 9, der inhaltlich gleich aufgebaut ist.

ERLÄUTERUNGEN

Seit der Einführung der **flexiblen Budgetierung** im Jahr 1985 ist in der Regel jährlich im Herbst des Jahres prospektiv ein Krankenhausbudget für das folgende Kalenderjahr zu vereinbaren. Dieses vereinbarte Budget ist jedoch keine starre Vorgabe, sondern wird entsprechend der tatsächlichen Entwicklung der erbrachten Krankenhausleistungen und der sich daraus ergebenden tatsächlich erzielten Erlöse verändert (angepasst). Diese Budgetanpassung erfolgte bis zum Jahr 1992 in Höhe der durchschnittlichen variablen Kosten, deren Anteil mit 25 % angenommen wurde. Mehr- oder Mindererlöse gegenüber diesem angepassten Budget wurden ausgeglichen. Ab dem Jahr 1993 wurden die Prozentsätze in Abhängigkeit von politischen Vorgaben verändert. Nähere Erläuterungen werden in **Kapitel 5 der Einführung** gegeben.

Auch nach § 3 KHEntgG werden der prospektiv vereinbarte **Gesamtbetrag** (Krankenhausbudget) an einen veränderten Leistungsumfang angepasst und dem entsprechend die entstandenen Mehr- oder Mindererlöse anteilig mit bestimmten Quoten ausgeglichen.

Zu dem Mehr- oder Mindererlösausgleich nach § 3 Abs. 6 hat das **Bundesministerium** für Gesundheit und Soziale Sicherung mit Schreiben vom 3. Juli 2003 **Stellung genommen**. Eine entsprechender Beitrag mit weiter gehenden Erläuterungen, Beispielen und einer schematischen Darstellung der Erlösausgleiche wurde von **Tuschen/Braun** in „das Krankenhaus" 10/2003, a. a. O., veröffentlicht.

Zu Absatz 6 Satz 1

Nach Satz 1 ist entweder ein Mehrerlös oder ein Mindererlös anteilig auszugleichen. Ob ein Mehrerlös oder ein Mindererlös vorliegt, ist anhand eines **Gesamtsummenvergleichs** zu ermitteln, bei dem die Summe der tatsächlich auf das Kalenderjahr entfallenden – also tatsächlich angefallenen – Erlöse verglichen wird mit dem prospektiv vereinbarten Gesamtbetrag, genauer dem „veränderten Gesamtbetrag nach Absatz 3 Satz 5. Der Gesetzestext zum Gesamtsummenvergleich ist eindeutig. Entsprechend wird auch in der amtl. Begründung zum Änderungsantrag zu § 17b Abs. 4 Satz 8 KHG durch das FPÄndG ausgeführt: „Dabei ist für die Frage, ob ein Mehr- oder Mindererlös vorliegt eine Gesamtbetrachtung anzustellen, bei der das gesamte Krankenhausbudget (Gesamtbetrag) den Gesamterlösen des Krankenhauses gegenüber gestellt wird."; vgl. BT-Drucks. 15/994; zu Artikel 1 Nr. 2 Ziff. a1.

Vom Text des Satzes 1 her ist eigentlich die **Bezugsgröße** für den Gesamtsummenvergleich eindeutig. Danach ist die Berechnung der Mehr- oder Mindererlöse in Bezug auf den „veränderten Gesamtbetrag nach Absatz 3 Satz 5" durchzuführen. Allerdings wurde mit dem Fallpauschalenänderungsgesetz vom 17. Juli 2003 (BGBl. I S. 1461) **eine wesentliche Neuregelung** eingeführt, die sich auch auf die Bezugsgröße nach Satz 1 auswirkt. Im Zusammenhang mit den erweiterten oder neu eingeführten Öffnungsklauseln nach § 6 Abs. 1, die in wesentlich größerem Umfang eine Vereinbarung krankenhausindividueller Entgelte zulassen, wurde ein **neuer § 6 Abs. 3** eingefügt. Dieser schreibt zur Vermeidung fehlsteuernder Anreize vor, dass für die nach § 6 Abs. 1 vom DRG-Vergütungssystem ausgenommenen Leistungen eine gesonderte Erlössumme zu bilden ist, die den Verhandlungsregeln und den Mehr- und Mindererlösausgleichen nach der BPflV unterliegen. Diese Entgelte, die im Jahr 2004 noch zum Gesamtbetrag (vgl. Absatz 3 Satz 4 und 5) gehören, können jedoch nicht gleichzeitig zwei unterschiedlichen Ausgleichen unterliegen. Eine entsprechende gesetzliche Klarstellung fehlt. Insoweit ist zu klären, welche gesetzliche Vorschrift vorrangig ist und welche Vorschrift bei der Umsetzung in der Praxis entsprechend angepasst werden muss. Da bei der **Auslegung von Gesetzen** eine speziellere Regelung einer allgemeineren und eine neuere Regelung einer älteren vorgeht, ist die Vorgabe des § 6 Abs. 3 vorrangig. Bei der Anwendung des Mehr- oder Mindererlösausgleichs nach Absatz 6 muss Satz 1 insoweit wie folgt umgesetzt werden.

Beispiel: Bereinigung des Gesamtbetrags infolge von § 6 Abs. 3

Veränderter Gesamtbetrag nach Absatz 3 Satz 5
./. abzügl. Erlössumme nach § 6 Abs. 3
(entsprechend § 3 Abs. 3 Satz 4 Nr. 3)
= Bezugsgröße für die Berechnung der Mehr- oder Mindererlöse
(bereinigter Gesamtbetrag)

Diese Bereinigung ist nur bei den Krankenhäusern durchzuführen, bei denen bestimmte Leistungen oder besondere Einrichtungen im Jahr 2004 noch nicht nach den Entgelten des DRG-Vergütungssystems, sondern krankenhausindividuell nach § 6 Abs. 1 vereinbart werden. Dem ggf. so bereinigten Gesamtbetrag sind im Rahmen des Gesamtsummenvergleichs die Erlöse gegenüberzustellen, die sich aus den Entgelten nach den bundeseinheitlichen Entgeltkatalogen nach § 17b KHG ergeben. Das sind

Erl. § 3 KHEntgG · II

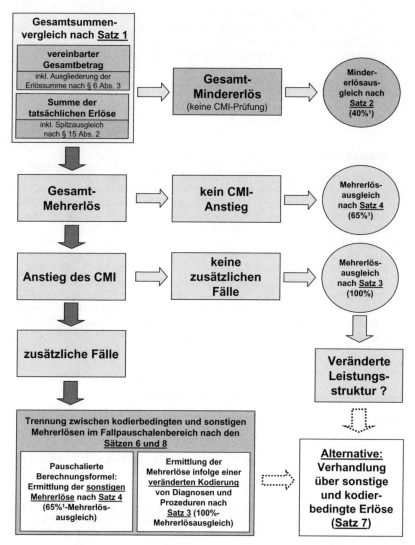

[1] Für das Jahr 2003 sind ein Mindererlös-Ausgleich von 95 Prozent und ein Mehrerlös-Ausgleich von 75 Prozent vorgegeben (§ 3 Abs. 6 Satz 2 und 4 KHEntgG).

Abbildung 21: Erlösausgleiche nach dem KHEntgG (Quelle: Tuschen/Braun, Erlösausgleiche nach dem KHEntgG – aus der Sicht des Gesetzgebers, das Krankenhaus, 10/2003, 776)

- die DRG-Fallpauschalen einschließlich der nach den Abrechnungsbestimmungen (KFPV) zu berücksichtigenden Abschläge bei Verlegungen oder bei Unterschreitung der unteren Grenzverweildauer und der zusätzlichen tagesbezogenen Entgelte nach Überschreitung der oberen Grenzverweildauer sowie
- die bundeseinheitlichen Zusatzentgelte.

Einen Überblick über die Systematik des Mehr- oder Mindererlösausgleichs nach Absatz 6 gibt **Abbildung 21**.

Zu Absatz 6 Satz 2

Ergibt sich bei dem Vergleich der Gesamtsumme der eingetretenen Erlöse mit dem prospektiv vereinbarten Gesamtbetrag ein **Mindererlös**, so bestimmt **Satz 2**, dass dieser Mindererlös im Jahr 2003 zu 95% auszugleichen ist. Mit dieser Vorgabe sollen Krankenhäuser, die auf einer noch recht unsicheren Datengrundlage bereits im Jahr 2003 freiwillig in das neue DRG-Vergütungssystem umsteigen (Optionsmodell 2003) gegen Schätzfehler bei der Budgetermittlung und -vereinbarung abgesichert werden. Im Jahr 2004 sinkt dieser Prozentsatz wieder auf die Höhe von 40 %, die auch für den Bereich der BPflV gilt. Der Ausgleich von Mindererlösen wird ausschließlich durch Satz 2 geregelt, also nicht durch die Sätze 3 bis 8! Da die Tatbestände der Fallzahlerhöhungen und der Veränderungen der Leistungsstruktur einerseits und einer veränderten Kodierung (vgl. die Sätze 3 bis 8) andererseits nur schwer zu trennen sind und Streitfälle möglichst vermieden werden sollten, wurde für den Fall von Mindererlösen auf eine Korrektur von Kodiereffekten verzichtet, weil das Krankenhaus ohnehin weniger als das vereinbarte Budget abgerechnet hat.

Beispiel: Mindererlösausgleich ab dem Jahr 2004

Annahme: Keine krankenhausindividuell vereinbarten Entgelte nach § 6 Abs. 1 und 3.

- prospektiv vereinbarter „veränderter Gesamtbetrag"
(Abs. 3 Satz 5)   30 000 000 €
- abzügl. tatsächliche Erlöse des Krankenhauses (Abs. 3 Satz 4)   29 000 000 €
- **Mindererlös**   **1 000 000 €**
- Mindererlösausgleich von 40 %   400 000 €

Dem Krankenhaus steht ein Mindererlösausgleich in Höhe von 400 000 € zu. Dieser Betrag wird nicht direkt von den Krankenkassen nachgezahlt, sondern wird über das nächste zu vereinbarende Budget verrechnet. Dieses wird somit einmalig um 400 000 € erhöht; vgl. Absatz 3 Satz 5.

Zu Absatz 6 Sätze 3 bis 8 – Überblick

Ergibt sich bei dem Vergleich der Gesamtsumme der Erlöse mit dem vereinbarten Gesamtbetrag ein **Mehrererlös**, so bestimmt sich die Höhe des Ausgleichs nach den Vorgaben der Sätze 3 bis 8. Generell gilt, dass der Ausgleich – unabhängig von der Höhe des pauschaliert ermittelten Mehrerlösausgleichs bei veränderter Kodierung nach Satz 8 – nur bis zu der Höhe durchgeführt werden kann, in der überhaupt ein Gesamt-Mehrerlös nach Satz 1 vorliegt, d. h. höchstens zu 100 Prozent. Die Sätze 3 und 4 geben die Ausgleichsquoten vor, die auf die ermittelte Mehrerlössumme oder Teile davon anzuwendenden sind.

Mit den Vorgaben der Sätze 3 und 6 bis 8 versucht der Gesetzgeber zu verhindern, dass eine **veränderte Kodierung** von Diagnosen und Prozeduren **im Bereich der Fallpauschalen** zu unberechtigten Mehrerlösen der Krankenhäuser führt, die insbesondere die Ausgaben der gesetzlichen Krankenkassen erhöhen und somit die Beitragssatzstabilität gefährden würden. Dabei muss es sich nicht um eine Manipulation mit dem Ziel einer unberechtigten Erlösmaximierung handeln (sog. Upcoding). Vielmehr wurde bei der Einführung von DRG-Systemen im Ausland (z.B. USA, Australien) beobachtet, dass es etwa 4 bis 6 Jahre dauert, bis die Krankenhäuser gelernt haben, z.B. auch die erforderlichen Nebendiagnosen in dem erforderlichen Umfang anzugeben. Es handelt sich somit um einen erwünschten Lerneffekt (sog. Rightcoding). Aber auch dies darf nicht dazu führen, dass bei gleich bleibenden Leistungen und einer lediglich verbesserten Kodierung (höherer Case-Mix-Index, CMI) die Ausgaben für Krankenhausbehandlung steigen.

Zu Absatz 6 Satz 3

Ziel der flexiblen Budgetierung (vgl. Kapitel 5.2.3 der Einführung) ist es, das prospektiv vereinbarte Budget an ein erhöhtes oder ein vermindertes Gesamt-Leistungsvolumen anzupassen. Mehr- oder Mindererlöse werden deshalb grundsätzlich nur anteilig zu einem bestimmten Prozentsatz ausgeglichen. Von diesem Grundsatz des anteiligen Ausgleichs weicht der Gesetzgeber im Falle von **kodierbedingten Mehrerlösen** ab. Um das System vor Manipulationen zu schützen, gibt Satz 3 für den Bereich der Mehrerlöse **aus Fallpauschalen** vor, dass kodierbedingten Mehrerlöse vollständig, also zu 100 Prozent, vom Krankenhaus auszugleichen, d.h. über die Budgets der Folgejahre zu verrechnen (zurückzuzahlen) sind. Die Ermittlung dieser Mehrerlöse gibt Satz 8 vor. Auch wenn die pauschalierte Ermittlung nach Satz 8 einen Betrag ergeben sollte, der höher ist als der Mehrerlösbetrag nach Satz 1, ist sowohl auf Grund der eindeutigen Vorgabe des Satzes 1 als auch der Systematik der flexiblen Budgetierung höchstens der Mehrerlösbetrag auszugleichen, der sich aus dem Gesamtsummenvergleich nach Satz 1 ergibt. Insoweit geht die Vorgabe des Satzes 1 der Vorgabe zur – mangels besserer Berechnungsmöglichkeiten – pauschalierten Ermittlung nach Satz 8 vor.

Zu Absatz 6 Satz 4

Die Vorschrift gibt für „**sonstige Mehrerlöse**" niedrigere Mehrerlösausgleiche und somit geringere Rückzahlungsquoten vor. Sonstige Mehrerlöse sind alle Mehrerlöse mit Ausnahme der kodierbedingten Mehrerlöse aus DRG-Fallpauschalen, also die Mehrerlöse

– aus DRG-Fallpauschalen infolge zusätzlicher Fallzahlen oder einer veränderten Leistungsstruktur und

– aus Zusatzentgelten.

Auch bei einem insgesamt vorliegenden Mehrerlös nach Satz 1 (Gesamtsummenvergleich) können sich einzelne Entgeltarten durchaus negativ entwickelt haben.

Ausgeglichen werden darf jedoch höchstens der nach Satz 1 ermittelte Gesamt-Mehrerlös. Insoweit ist es erforderlich, die sonstigen Mehrerlöse als **Restsumme** zu ermitteln:

Gesamt-Mehrerlös nach Satz 1
(ohne Erlöse nach § 6 Abs. 3)
abzüglich vollständig auszugleichende Mehrerlöse
aus Fallpauschalen nach Satz 3 (veränderte Kodierung)
= Restsumme: sonstige Mehrerlöse nach Satz 4
(65 % Mehrerlösausgleich)

Diese sonstigen Mehrerlöse nach Satz 4 beinhalten
- die sonstigen Mehrerlöse im Bereich der Fallpauschalen nach Satz 6 und
- die sonstigen Mehrerlöse außerhalb des Fallpauschalenbereichs.

Die ab dem Jahr 2004 anzuwendende Rückzahlungsquote von 65 % bedeutet, dass das Krankenhaus 35 % der erzielten Mehrerlöse behalten kann. Der Prozentsatz entspricht einer angenommenen durchschnittlichen Höhe der variablen Kosten. Variable Kosten (bzw. Grenzkosten) sind die Kosten, die für zusätzliche Leistungen zusätzlich entstehen. Mit ihnen müssen bei zusätzlichen Behandlungsfällen u. a. auch teuere Medikamente (z. B. zur Behandlung von Krebserkrankungen) oder Implantate (z. B. künstliche Gelenke, Herzschrittmacher oder Defibrillatoren) finanziert werden, soweit hierfür nach Satz 5 nicht abweichende Prozentsätze vereinbart werden.

Zu Absatz 6 Satz 5

Satz 5 ermöglicht, dass die Vertragsparteien bei der prospektiven Budgetvereinbarung **abweichende Prozentsätze** vereinbaren, insbesondere für Leistungen (DRG-Fallpauschalen) mit einem sehr hohen Sachkostenanteil. Somit besteht die Möglichkeit einer sachgerechten Regelung für den Fall, dass ein Krankenhaus in größerem Umfang teuere Leistungen zusätzlich erbringt. Welche Leistungen einen sehr hohen Sachkostenanteil haben, lässt sich anhand der Kalkulationsdaten für den DRG-Katalog ermitteln. Für den DRG-Katalog 2003 wurden diese Daten für jede DRG veröffentlicht (vgl. www.g-drg.de). Nach § 17b Abs. 2 Satz 7 KHG sind die Ergebnisse der Kostenerhebungen und Kalkulationen auch für die Folgejahre zu veröffentlichen.

Zu Absatz 6 Sätze 6 bis 8

Die **Mehrerlöse im Bereich der Fallpauschalen** sind nach den Vorgaben der Sätze 6 bis 8 aufzuteilen in einen Mehrerlösanteil infolge einer veränderten Kodierung (höherer CMI-Wert; 100 % Ausgleich) und in einen Anteil sonstiger Mehrerlös im Bereich der Fallpauschalen (65 % Ausgleich).

- Liegt ein **höherer CMI** vor als vereinbart, ist das **pauschalierte Ermittlungsverfahren** nach den Sätzen 6 bis 8 anzuwenden. Dabei wird zunächst anhand einer pauschalierenden Formel der Anteil der „sonstigen Mehrerlöse im Bereich der Fallpauschalen" ermittelt (Satz 6). Die „Mehrerlöse aus Fallpauschalen infolge einer veränderten Kodierung" werden anschließend im Wege einer

Differenzrechnung ermittelt, indem von der „Gesamtsumme der Mehrerlöse im Fallpauschalenbereich" die „sonstigen Mehrerlöse im Fallpauschalenbereich" abgezogen werden (Satz 8). Die Mehrerlöse aus Fallpauschalen infolge veränderter Kodierung ergeben sich somit als Restsumme. Soweit das Krankenhaus oder eine andere Vertragspartei (Krankenkassen) nachweist, dass das Ergebnis dieser pauschalierten Berechnung zur Ermittlung von kodierbedingten Mehrerlösen nicht richtig ist, ist dieses Ergebnis entsprechend durch Verhandlungen zu korrigieren (Satz 7).

– Ist der tatsächlich eingetretene **CMI niedriger** als der vereinbarte, kann eine Mehrerlössumme nach Satz 1 weder ganz noch anteilig durch eine „veränderte Kodierung" (Rightcoding, Upcoding) entstanden sein. Es fehlt also die Voraussetzung für die Anwendung der Sätze 6 bis 8. Somit entfällt in diesem Falle die gesonderte Berechnung der „sonstigen Mehrerlöse" nach Satz 6 und der Mehrerlösanteile infolge veränderter Kodierung nach Satz 8. In diesem Fall handelt es sich bei der Gesamtsumme der Mehrerlöse nach Satz 1 insgesamt um „sonstige Mehrerlöse", auf die der Ausgleichssatz nach Satz 4 anzuwenden ist, d. h. 75 % für 2003 und 65 % ab 2004.

Da eine Ermittlung der kodierbedingten Mehrerlöse gerade in der Einführungsphase des DRG-Systems schwierig ist, hat der Gesetzgeber mit den Sätzen 6 bis 8 eine **Beweislastumkehr** eingeführt. In der Regel hat das Krankenhaus die detaillierteren Kenntnisse über eingetretene Veränderungen der Leistungsstruktur und der Fallzahlen. Die pauschalierte Formel nach Satz 6 (vgl. unten) benachteiligt deshalb zunächst das Krankenhaus insoweit, als die Erbringung höherwertiger Leistungen (CMI höher als der prospektiv vereinbarte durchschnittlich CMI) pauschal als „kodierbedingte Mehrerlöse" ausgewiesen werden. Das Krankenhaus muss nun entsprechende Unterlagen (z.B. DRG-Statistik) vorlegen und nachweisen, dass es sich nicht um kodierbedingte Mehrerlöse sondern um echte Mehrleistungen (höherwertige Leistungen) handelt (Satz 7). Den Krankenkassen steht dieses Recht ebenfalls zu. Sie werden es bei Fallkonstellationen, bei denen die pauschalierte Formel sich zu ihrem Nachteil auswirkt, entsprechend nutzen.

Satz 6 gibt für die Ermittlung der **sonstigen Mehrerlöse im Bereich der Fallpauschalen** (vgl. Satz 4) ein pauschaliertes Ermittlungsverfahren vor. Dabei ist zur Ermittlung des Mehrerlöses grundsätzlich die folgende Formel anzuwenden; die genauen Definitionen geben die Nummern 1 bis 3 vor:

zusätzliche DRG-Fälle × durchschnittl. CMI aus Budgetvereinbarung × Basisfallwert

Diese Formel führt jedoch dazu, dass die zusätzlich abgerechneten DRG-Fallpauschalen **pauschal** mit dem der Budgetvereinbarung zu Grunde liegenden Case-Mix-Index (CMI) bewertet werden, d. h. mit einer durchschnittlichen Fallgewichtung. Dabei wird eine Veränderung des CMI infolge einer Veränderung der Leistungsstruktur nicht berücksichtigt. Beispielsweise werden tatsächlich erbrachte höherwertige Leistungen nur mit dem durchschnittlichen vereinbarten CMI bewertet. Diese zu niedrige Bewertung führt bei der Differenzrechnung nach Satz 8 zu einem zu hohen Mehrerlös infolge veränderter Kodierung. Im Ergebnis (vgl. Satz 8) wird die höherwertige Leistung nicht erkannt (weil in der Formel nicht berücksichtigt) und fälschlicherweise als Folge einer veränderten Kodierung gewertet. Das Krankenhaus müsste die Mehrerlöse vollständig zurückzahlen. Diese Fehlbewertung auf Grund der pauschalen Ermittlung benachteiligt in diesem Fall das Krankenhaus.

Da die Verbesserung der Leistungsstruktur im Rahmen einer formelhaften Ermittlung nicht besser ermittelt werden kann, gibt **Satz 7** dem Krankenhaus die Möglichkeit, Veränderungen der Leistungsstruktur nachzuweisen und in den Budgetverhandlungen ein anderes Ergebnis durchzusetzen. Das Krankenhaus kennt seine Leistungsdaten sowie die eingetretenen Veränderungen der Leistungsstruktur (neue Schwerpunkte, zusätzliches Leistungsangebot u. a.). Allerdings erfasst die Formel nach Satz 6 auch eine Verschlechterung der Leistungsstruktur nicht, bei der die zusätzlich erbrachten Fälle niedriger bewertet sind als der bei der Budgetvereinbarung unterstellte (durchschnittliche) CMI. Satz 7 gibt deshalb bei Vorliegen von Mehrerlösen nach Satz 1 auch den Krankenkassen das Recht, eine solche Entwicklung nachzuweisen und das Formelergebnis im Verhandlungswege zu ändern.

Auch die vom Krankenhaus vollständig zurückzuzahlenden **Mehrerlöse aus Fallpauschalen** infolge einer veränderten Kodierung (Satz 3) werden vereinfacht ermittelt, indem von den „insgesamt angefallenen Mehrerlösen im Fallpauschalenbereich" die „sonstigen Mehrerlöse im Fallpauschalenbereich" (Satz 6) abgezogen werden. Diese Vorgabe des **Satzes 8** kann jedoch nur den Rechenweg angeben. Soweit eine Verhandlung nach Satz 7 zu einer von dem Formelergebnis nach Satz 6 abweichenden Höhe der „sonstigen Mehrerlöse im Bereich der Fallpauschalen" führt, muss zwangsläufig auch ein entsprechend abweichendes Ergebnis nach Satz 8 ermittelt werden. Ein entsprechender Verweis auf Satz 7 fehlt zwar in Satz 8; eine entsprechende übergreifende Sichtweise wird jedoch in der amtl. Begründung deutlich, in der die Sätze 6 und 8 zusammen erläutert werden und sich Satz 7 danach auf beide bezieht.

Beispiel: Mehrerlösausgleich ab 2004

Annahme: Keine krankenhausindividuell vereinbarten Entgelte nach § 6 Abs. 1 und 3.

1. Ermittlung des Gesamt-Mehrerlöses nach Satz 1

– prospektiv vereinbarter „veränderter Gesamtbetrag" (Abs. 3 Satz 5)	30 000 000 €
– abzügl. Summe der tatsächlichen Erlöse (Abs. 3 Satz 4)	32 000 000 €
Gesamt-Mehrerlös	**2 000 000 €**
davon: Mehrerlöse aus DRG-Fallpauschalen (s. Pkte. 2 und 3)	1 600 000 €
davon: Sonstige Mehrerlöse außerhalb der DRG-Fallpauschalen (s. Pkt. 4)	400 000 €

2. Ermittlung der sonstigen Mehrerlöse im Fallpauschalenbereich (Satz 6)

– Im Vergleich zur Budgetvereinbarung zusätzlich erbrachte Behandlungsfälle	300 Fälle
– Mittelwert der vereinbarten Bewertungsrelationen (der Budgetvereinbarung zu Grunde liegender CMI)	1,5
– vereinbarter krankenhausindividueller Basisfallwert	2 500 €
„Sonstige Mehrerlöse" = Multiplikation der Werte (300 × 1,5 × 2500)	1 125 000 €

Die „sonstigen Mehrerlöse im Bereich der Fallpauschalen" werden hier anhand der mit Satz 6 vorgegebenen Formel pauschal in Höhe von 1 125 000 € ermittelt. Dabei werden die zusätzlich erbrachten Fälle mit dem CMI-Wert gewichtet, der der Budgetvereinbarung zu Grunde lag. Hatten die **zusätzlich** erbrachten Fälle tatsächlich einen höheren oder niedrigeren Fallwert, so kann das hier pauschal ermittelte Rechenergebnis im Verhandlungswege verändert werden; vgl. hierzu die Erläuterungen zu den Sätzen 6 bis 8.

Allgemeine Hinweise:

- Mehrerlöse können unter Punkt 2 rechnerisch nur ermittelt werden, soweit zusätzliche Fälle erbracht wurden. Deshalb darf unter „Fälle" nur eine „0" oder ein höherer positiver Wert eingetragen werden.

- Mehrerlöse, die bei **gleich bleibender Fallzahl** durch eine Veränderung der Leistungsstruktur (**höherer CMI-Wert**) entstehen, müssen von den Mehrerlösen infolge veränderter Kodierung (Pkt. 3) unterschieden werden. Hierzu wird eine Verhandlung nach Satz 7 erforderlich sein, in der ein entsprechender Wert für diese „sonstigen Mehrerlöse im Fallpauschalenbereich" vereinbart wird.

- Ist der **CMI-Wert** gegenüber der Budgetvereinbarung **gesunken** (Veränderung der Leistungsstruktur), können bei dem vom Gesetzgeber vorgegebenen Gesamtsummenvergleich nach Satz 1 keine Mehrerlöse infolge einer veränderten Kodierung (Upcoding, Rightcoding) entstanden sein; Satz 3 kann nicht angewendet werden. Der Mehrerlös ist somit Folge zusätzlicher Behandlungsfälle. Diese zusätzlichen Behandlungsfälle dürfen bei einem gesunkenen CMI jedoch nicht mit dem höheren vereinbarten CMI aus der Budgetvereinbarung multipliziert werden. Das Ergebnis wäre sonst höher als der entstandene Mehrerlös. Deshalb sollte in diesem Falle unter Pkt. 2 die Summe der tatsächlich entstandenen Mehrerlöse eingetragen werden. Als Folge daraus ergibt sich bei der Rechnung unter Pkt. 3 ein kodierbedingter Mehrerlös in Höhe von „0".

3. **Ermittlung der Mehrerlöse infolge veränderter Kodierung im Fallpauschalenbereich (Satz 8)**

   - Summe der Mehrerlöse aus Fallpauschalen   1 600 000 €
   - abzügl. „sonstige Mehrerlöse im Fallpauschalenbereich" nach Pkt. 2   –1 125 000 €

   Mehrerlöse infolge einer veränderten Kodierung   475 000 €

   Diese Mehrerlöse, die vollständig zurückzuzahlen sind, werden mit den Rechnungen unter Pkt. 2 und Pkt. 3 pauschaliert ermittelt. Zur Möglichkeit einer Veränderung des Rechenergebnisses im Verhandlungswege vgl. die Erläuterungen zu den Sätzen 6 bis 8 sowie zu Pkt. 2.

4. **Ermittlung der sonstigen Mehrerlöse außerhalb des Fallpauschalenbereiches**

   Auch bei einem insgesamt vorliegenden Mehrerlös (Gesamtsummenvergleich nach Satz 1) können sich einzelne Entgeltarten durchaus negativ entwickelt haben. Ausgeglichen werden darf jedoch höchstens der nach Satz 1 ermittelte Gesamt-Mehrerlös. Insoweit ist es erforderlich, die sonstigen Mehrerlöse außerhalb des DRG-Fallpauschalenbereichs als Restsumme zu ermitteln.

– Gesamt-Mehrerlös nach Satz 1	2 000 000 €
– abzügl. Mehrerlöse aus Fallpauschalen	–1 600 000 €
Sonstige Mehrerlöse außerhalb des FP-Bereichs (Teilsumme n. Satz 4)	400 000 €

5. Ermittlung des Gesamt-Mehrerlösausgleichs

a) Mehrerlöse infolge veränderter Kodierung bei Fallpauschalen (Pkt. 3);
   100% Ausgleich von 475 000 €   =   475 000 €

b) Sonstige Mehrerlöse (65% Mehrerlösausgleich ab 2004):
   – im Fallpauschalenbereich (s. Pkt. 2)   1 125 000 €
   – außerhalb des Fallpauschalenbereichs (s. Pkt. 4)   400 000 €
   65% Ausgleich von   1 525 000 €   =   991 250 €

Gesamt-Mehrerlösausgleich nach Absatz 6 Satz 3 bis 8   **1 466 250 €**

Das Krankenhaus muss in diesem Beispiel einen Betrag von 1 466 250 € zurückzahlen. Dieser Betrag wird mit dem nächsten zu vereinbarenden **Budget** verrechnet, vermindert dieses also entsprechend. Der nicht zurückzuzahlende Anteil der Mehrerlöse in Höhe von 533 750 € steht dem Krankenhaus also über das vereinbarte Budget hinaus für die Finanzierung der zusätzlich erbrachten Leistungen zusätzlich zur Verfügung (Budgetanpassung im Rahmen der flexiblen Budgetierung).

Anhand des oben gezeigten Beispiels wurde die Vorgehensweise für Mehrerlösausgleiche unter Bezug auf die detaillierten Vorgaben des Absatzes 6 erläutert. Als Ergebnis sind folgende **Grundsätze** festzuhalten:

– Der Mehrerlös nach Absatz 6 Satz 1 ist ein Gesamtsummenvergleich, also ein Saldo aus ggf. positiven und negativen Entwicklungen bei einzelnen Entgeltarten.
– Ein Ausgleich der Mehrerlöse kann maximal den gesamten Mehrerlös nach Satz 1 ausgleichen.
– Nur die Mehrerlöse im Fallpauschalenbereich, die infolge einer veränderte Kodierung von Diagnosen und Prozeduren entstehen, werden zu 100% ausgeglichen.
– Ist dieser Betrag ermittelt oder nach Satz 7 verhandelt (korrigiert) worden, so kann die verbleibende Restsumme des Mehrerlöses nach Satz 1 zu 65% ausgeglichen werden.

Zu Absatz 6 Satz 9

Auf Grund der sehr hohen Kosten einer **Behandlung von Blutern** mit Blutgerinnungsfaktoren werden seit dem Jahr 1985 diese Kosten durch zusätzlich zu zahlende Entgelte (damals Sonderentgelte) gedeckt und außerhalb der Krankenhausbudgets finanziert. Satz 9 bestimmt dem entsprechend, dass Mehrerlöse aus Zusatzentgelten für die Behandlung von Blutern nicht ausgeglichen werden.

Diese Zusatzentgelte werden für eine bestimmte Anzahl von Einheiten der Blutgerinnungsfaktoren vereinbart. Sie enthalten somit nur die Arzneimittelkosten, die bei der Behandlung des Bluters zusätzlich entstehen und dürfen deshalb nicht ausgeglichen werden. Darüber hinaus gibt Satz 9 vor, dass auch die Abschläge nach § 8 Abs. 4 nicht ausgeglichen werden. Dies sind Straf-Abschläge, um die das Krankenhaus seine Fallpauschalen und Zusatzentgelte mindern muss, wenn es seine Verpflichtungen zur Qualitätssicherung nicht einhält.

Zu Absatz 6 Satz 10

Dem Krankenhaus steht als Vergütung für seine Leistungen grundsätzlich das prospektiv vereinbarte Budget (Gesamtbetrag) zu. Die Pflegesätze (Fallpauschalen, Zusatzentgelte, tagesbezogene Entgelte), die das Krankenhaus den Krankenkassen oder den selbstzahlenden Patienten in Rechnung stellt, haben lediglich die Funktion von Abschlagszahlungen auf dieses Budget. Weichen die Abschlagszahlungen, die das Krankenhaus erhalten hat, von dem vereinbaren Budget ab, sind die entstandenen Mehr- oder Mindererlöse anteilig auszugleichen. Der dem Krankenhaus verbleibende Anteil der Mehrerlöse erhöht das vereinbarte Budget, der nicht auszugleichende und vom Krankenhaus zu tragende Anteil der Mindererlöse vermindert das vereinbarte Budget (angepasstes Budget; vgl. oben). Für diese flexible Budgetierung (vgl. Kapitel 5.2.3 der Einführung) ist die Höhe der tatsächlich erzielten Erlöse des Krankenhauses die entscheidende Größe. Diese Größe ist den Krankenkassen jedoch nicht bekannt, weil das Krankenhaus seine Leistungen einer Vielzahl von Krankenkassen oder Patienten in Rechnung stellt. **Satz 10** bestimmt deshalb, dass der Jahresabschlussprüfer des Krankenhauses die **Höhe der Erlöse bestätigt.** Damit liegt eine zwischen den Vertragsparteien unstreitige Ausgangsbasis für die Ermittlung der Mehr- oder Mindererlösausgleiche vor.

Amtl. Begründung zum KHEntgG

Zu Absatz 7

Leistungen für bestimmte **ausländische Patienten** können aus dem Gesamtbetrag und damit aus der Budgetvereinbarung mit den Krankenkassen und den Mehrerlösausgleichen herausgenommen werden. Die Vorschrift entspricht dem bisherigen § 3 Abs. 4 Satz 1 BPflV.

Amtl. Begründung zur 5. BPflV-ÄndV

(Zu § 3 Abs. 4 BPflV)

Die Vorschrift führt ein Wahlrecht des Krankenhauses ein, Leistungen für ausländische Patienten, die zum Zwecke der Krankenhausbehandlung in die Bundesrepublik Deutschland einreisen, außerhalb des Budgets nach § 12 BPflV abzurechnen. Bei Ausübung dieses Wahlrechts werden die Kosten und die Erlöse für die Behandlung dieser Patienten aus dem Budgetbereich und damit auch aus dem Verhandlungsbereich der Krankenkassen herausgenommen. Entsprechende Änderungen werden durch Nummer 4 Buchstabe b, Nummer 6 Buchstabe d Doppelbuchstabe dd und Nummer 7 Buchstabe c vorgenommen. Der Grundsatz der Einheitlichkeit der Pflegesätze wird durch diese Regelung jedoch nicht außer Kraft gesetzt (§ 17 Abs. 1 Satz 1 KHG). Das Krankenhaus muss die Behandlungskosten durch die Erlöse aus den mit den Krankenkassen verhandelten Pflegesätzen oder den Fallpauschalen und Sonderentgelten sowie aus Wahlleistungserlösen decken. Die Mehr- oder Mindererlös-Ausgleiche nach § 11 Abs. 8 und § 12 Abs. 4 entfallen. Mehrerlöse auf Grund einer höheren Zahl von Patienten verbleiben somit in vollem Umfang dem Krankenhaus. Erläuterungen zur Kostenausgliederung werden zu Nummer 4 Buchstabe b gegeben. Ziel dieser Regelung ist die Schaffung von Anreizen, die internationale Nachfrage nach deutschen Krankenhausleistungen besser zu nutzen und auf diesem Wege vorhandene Kapazitäten besser auszulasten, Arbeitsplätze zu sichern und neue Finanzquellen zu erschließen Nicht unter diese Regelung fallen Ausländer, die z. B. während einer Geschäftsreise oder eines Urlaubs erkranken oder die in der Bundesrepublik wohnen oder versichert sind.

ERLÄUTERUNGEN

Die Regelung des Absatzes 7 entspricht der des bisherigen § 3 Abs. 4 Satz 1 BPflV. Das Krankenhaus hat ein einseitiges Wahlrecht. Es entscheidet somit allein darüber, ob es Leistungen für **ausländische Patienten**, die mit dem Ziel einer Krankenhausbehandlung in die Bundesrepublik Deutschland einreisen, aus der Budgetfinanzierung und damit aus dem Verhandlungsbereich der Krankenkassen herausnimmt. Die Schiedsstelle kann somit nicht darüber entscheiden, ob das Krankenhaus sein Wahlrecht ausüben kann. Sie entscheidet lediglich über streitige Einzelheiten der Umsetzung. Zur Abgrenzung des Patientenkreises vgl. die amtl. Begründung zu § 3 Abs. 4 BPflV.

Die mit der Ausübung des Wahlrechts verbundenen pflegesatzrechtlichen Folgen sind für die Jahre 2003 und 2004, in denen noch nach altem Recht verhandelt wird:

– Herausnahme der Kosten und Leistungen für diese Patienten aus den Verhandlungsunterlagen für die Budgetverhandlung.

– einmalige Kostenausgliederung für wahlärztliche Leistungen und gesondert berechenbare Unterkunft,

– Herausnahme der mit dieser Patientengruppe erzielten Erlöse aus den Erlösausgleichen für das Krankenhausbudget bzw. den Gesamtbetrag.

Die entsprechenden Tatbestände können nur in dem Umfang herausgenommen werden, in dem sie in dem zuletzt vereinbarten Budget berücksichtigt wurden (einbezogen waren).

Adressat des Verlangens sind die Vertragsparteien im Sinne von § 18 Abs. 2 KHG (Dietz/Quaas, f&w 1998, 353). Es erfolgt mit der Aufforderung zur Pflegesatzverhandlung und kann einmalig auch für künftige Pflegesatzzeiträume erklärt werden. Das Krankenhaus kann eine Rücknahme des Verlangens erklären, allerdings nur für zukünftige Zeiträume.

Absatz 7 enthält nicht mehr wie § 3 Abs. 4 Satz 2 BPflV einen Verweis auf § 14 Abs. 1 Satz 1 BPflV. Damit ist das Gebot, für alle Benutzer des Krankenhauses einheitliche Entgelte zu berechnen, im Hinblick auf ausländische Patienten, die mit dem Ziel einer Krankenhausbehandlung in die Bundesrepublik Deutschland einreisen, zweifelhaft geworden. Allerdings ist zu berücksichtigen, dass § 8 Abs. 1 Satz 1 und – insoweit unverändert – § 17 Abs. 1 Satz 1 KHG die Einheitlichkeit der Entgelte gebieten. Der Wortlaut der gesetzlichen Regelungen spricht demnach weiterhin gegen die Annahme, von der in Absatz 7 näher bezeichneten Gruppe der ausländischen Patienten dürften höhere Entgelte als von den übrigen Patienten verlangt werden. Es ist auch kaum erklärlich, warum Krankenhäuser im Anwendungsbereich des KHEntgG insoweit in ihrer Preisgestaltungsfreiheit freier sein sollten als Krankenhäuser, welche weiterhin dem Anwendungsbereich der BPflV unterliegen.

Jedoch bestehen rechtliche Zweifel, ob das Gebot der Einheitlichkeit der Entgelte insoweit verfassungsrechtlich Bestand haben kann. Hierbei ist zu bedenken, dass die Freiheit, einen Beruf auszuüben, untrennbar mit der Freiheit verbunden ist, eine angemessene Vergütung zu fordern (vgl. BVerfG, Beschluss vom 13.1.1999, NJW 1999, 1621, 1622). Soweit aber pflegesatzrechtliche Vorschriften die Preisgestaltungsfreiheit des Krankenhauses auch bei der Behandlung von ausländischen Patienten begrenzen, welche mit dem Ziel einer Krankenhausbehandlung in die Bundesrepublik Deutschland einreisen, dürfte es an der erforderlichen verfassungsrechtlichen Rechtfertigung fehlen. Die Zulässigkeit der Reglementierung der Entgelthöhe für Krankenhausbehandlung durch pflegesatzrechtliche Vorschriften ergibt sich im Lichte des Art. 12 Abs. 1 GG aus ihrem Zweck, zu einer bedarfsgerechten Krankenhausversorgung der Bevölkerung mit sozial tragbaren Pflegesätzen beizutragen (vgl. § 1 KHG). Unter den Begriff der Bevölkerung im Sinne der Vorschrift kann aber kaum die in Absatz 7 und § 4 Abs. 10 erwähnte Patientengruppe subsumiert werden.

Amtl. Begründung

Zu Absatz 8

Die Vorschrift ermöglicht bei wesentlichen Änderungen die **Neuvereinbarung des Gesamtbetrags**. Sie entspricht grundsätzlich dem Gedanken des Wegfalls der Geschäftsgrundlage. Die Regelung wurde aus dem bisherigen § 12 Abs. 7 BPflV übernommen.

ERLÄUTERUNGEN

Nach **Satz 1** sind die Vertragsparteien grundsätzlich an das prospektiv vereinbarte Budget gebunden.

Nach **Satz 2** kann das Budget nur während des noch laufenden Vereinbarungszeitraums (§ 11 Abs. 2 KHEntgG) neu vereinbart werden. Vereinbarungen nach Ablauf des Vereinbarungszeitraums über rückwirkende Berichtigungen oder Ausgleiche sind nicht zulässig. Sie würden gegen das prospektive Verhandlungsprinzip verstoßen. Eine Vertragspartei kann die **Neuvereinbarung** einseitig verlangen. In diesem Fall muss das Budget grundsätzlich für den ganzen bereits laufenden Vereinbarungszeitraum, in der Regel das Kalenderjahr, neu vereinbart werden. Die Vertragsparteien nach § 11 können nach **Satz 3** bei der Budgetvereinbarung im Voraus festlegen, dass im Falle einer Neuvereinbarung nicht der ganze Gesamtbetrag zur Disposition steht, sondern dass in bestimmten Fällen der Gesamtbetrag nur teilweise neu vereinbart wird, z.B. bei besonderen Risiken wie z.B. unvorhersehbaren Energiepreissteigerungen.

Die Vorschrift ist eine Ausnahmeregelung zu dem Grundsatz, dass die Vertragsparteien an den Gesamtbetrag gebunden sind (Satz 1). Voraussetzung für diese Ausnahme ist, dass die Grundlagen der getroffenen Vereinbarung sich „**wesentlich**" geändert haben. Eine Vertragspartei soll dann von der Vereinbarung entbunden werden, wenn ein Festhalten an dem vereinbarten Gesamtbetrag fairerweise dem betroffenen Vertragspartner nicht zugemutet werden kann. Die Regelung folgt dem Gedanken des „Wegfalls der Geschäftsgrundlage", vermeidet jedoch eine direkte Übernahme entsprechender Regelungen aus anderen Rechtsgebieten. „Wesentlich" ist ein wertender Begriff, der einen Bezugspunkt benötigt. Bei der Frage, ob Änderungen wesentlich sind, muss deshalb die Auswirkung auf die ggf. zu lösende Vereinbarung beurteilt werden. Entscheidend ist somit die Auswirkung auf den Gesamtbetrag insgesamt.

In seinem Urteil vom 16.11.1995 hat das Bundesverwaltungsgericht ausgeführt (BVerwG 3 C 32.94; Leitsatz): „Eine wesentliche Änderung der der Kalkulation des Budgets zu Grunde gelegten Annahmen liegt nicht vor, wenn die belastete Partei die tatsächlich eingetretene Entwicklung vorhergesehen hat und feststeht, dass sie die Vereinbarung auch auf dieser Grundlage abgeschlossen haben würde."

Bei wesentlichen **Belegungsabweichungen** stellt sich die Frage, ob die Neuvereinbarung nach Absatz 7 neben dem Belegungsausgleich nach Absatz 4 Satz 1 (flexible Budgetierung) angewendet werden kann. Bei Einführung der flexiblen Budgetierung mit der BPflV-1986 führte die amtliche Begründung (BR-Drucks. 224/85 vom 8.5.1985) hierzu aus:

Der Mehr- oder Minderlösausgleich (Anmerkung: nach Absatz 4) ist ein „Ausgleich für **normale Abweichungen**, deren Eintreten und Ausmaß bei Abschluss der Pflegesatzvereinbarung von den Vertragsparteien nicht abgeschätzt werden kann. ... Für wesentliche – das sind **außergewöhnliche** – **Abweichungen**, die den Rahmen der normalen Fehlerquote bei der Vorauskalkulation überschreiten (z.B. nicht vorhergesehene erhebliche Abweichungen in der Entwicklung der durchschnittlichen Verweildauer oder gravierende Veränderungen der Patienten- oder Abteilungsstruktur), sieht" Absatz 3 (Anmerkung: jetzt Absatz 7) zusätzlich die Möglichkeit der Neuverhandlung des Budgets vor.

Entsprechend hat das Bundesverwaltungsgericht mit vorbezeichnetem Urteil entschieden. Ein Leitsatz des Urteils führt dazu aus: „Bei einer wesentlichen Abweichung der tatsächlichen Belegung von den in der Pflegesatzvereinbarung zu Grunde gelegten Berechnungstagen wird der Anspruch auf Neuvereinbarung nicht durch die Ausgleichsregelung des § 4 Abs. 1 Satz 2 (Anmerkung: des Absatzes 4 Satz 1 BPflV-1995) ausgeschlossen."

Nach **Satz 4** ist der Unterschiedsbetrag zwischen dem alten und dem neuen Gesamtbetrag über den neu vereinbarten Gesamtbetrag, d.h. noch im laufenden Vereinbarungszeitraum abzurechnen. Würden die Entgelte des Krankenhauses, insbesondere die Fallpauschalen und Zusatzentgelte, durch diese Verrechnung um mehr als 30 v.H. erhöht, sind übersteigende Beträge im nachfolgenden Budget zu berücksichtigen; vgl. hierzu § 15 Abs. 2 Satz 2 KHEntgG.

§ 4 Vereinbarung eines Erlösbudgets für die Jahre 2005 und 2006

(1) Jeweils zum 1. Januar 2005, 2006 und 2007 werden der krankenhausindividuelle Basisfallwert und das Erlösbudget des Krankenhauses (§ 3 Abs. 3 Satz 4 Nr. 1) stufenweise an den landesweit geltenden Basisfallwert nach § 10

und das sich daraus ergebende DRG-Erlösvolumen angeglichen. Zur Berücksichtigung von Leistungsveränderungen bei der Vereinbarung des Erlösbudgets können Krankenhausvergleiche auf der Grundlage von DRG-Leistungsdaten herangezogen werden.

(2) Ausgangswert für die Ermittlung des Erlösbudgets für das Jahr 2005 ist das vereinbarte Erlösbudget nach § 3 Abs. 3 Satz 4 Nr. 1 für das Jahr 2004, dessen Basis nach § 3 Abs. 3 Satz 5 berichtigt ist; dieses wird

1. vermindert um

   a) die Kosten der ab dem 1. Januar 2005 über sonstige Zuschläge nach § 7 Satz 1 Nr. 4 zu finanzierenden Tatbestände,

   b) voraussichtliche Erlöse für neue Untersuchungs- und Behandlungsmethoden, soweit diese Leistungen in dem Erlösbudget 2004 enthalten sind und im Jahr 2005 nach § 6 Abs. 2 vergütet werden,

   c) Finanzierungsbeträge nach § 18b des Krankenhausfinanzierungsgesetzes in der bis zum 31. Dezember 2003 geltenden Fassung, soweit deren Finanzierungsgrund entfallen ist,

   d) anteilige Kosten für Leistungen, die im Vereinbarungszeitraum in andere Versorgungsbereiche verlagert werden,

   e) Kosten für Leistungen, die im Vereinbarungszeitraum erstmals im Rahmen von Modellvorhaben nach § 63 des Fünften Buches Sozialgesetzbuch vergütet werden,

   f) die nach Absatz 10 auszugliedernden Leistungen für ausländische Patienten, soweit diese in dem Gesamtbetrag für das Jahr 2004 enthalten sind,

   g) die Zahlungen nach § 17a Abs. 5 Satz 4 des Krankenhausfinanzierungsgesetzes für Ausbildungsstätten und anteilige Ausbildungsvergütungen; steht bei der Budgetvereinbarung die Höhe der Zahlungen noch nicht endgültig fest, sind diese in der voraussichtlich zu erwartenden Höhe abzuziehen; eine Abweichung zu der dem Krankenhaus zustehenden Höhe der Zahlungen ist bei der Budgetvereinbarung für das Jahr 2006 als Berichtigung des Erlösbudgets 2005 und mit entsprechender Ausgleichszahlung für das Jahr 2005 zu berücksichtigen,

2. bereinigt um darin enthaltene Ausgleiche und Ausgleichszahlungen auf Grund von Berichtigungen für Vorjahre,

3. erhöht um den Erlösbetrag nach § 3 Abs. 3 Satz 4 Nr. 3,

4. erhöht um Mehrkosten auf Grund der Umsetzung des Gesetzes über die Berufe in der Krankenpflege und zur Änderung anderer Gesetze.

(3) Ausgangswert für die Ermittlung des Erlösbudgets für das Jahr 2006 ist das Erlösbudget 2005 nach Absatz 5 Satz 2; dieses wird

1. vermindert um die Tatbestände nach Absatz 2 Nr. 1 Buchstabe b bis f,

2. erhöht um die voraussichtlichen Erlöse aus Entgelten nach § 7 Satz 1 Nr. 1 und 2, soweit bisher nach § 6 Abs. 2 vergütete Leistungen in das DRG-Vergütungssystem einbezogen werden.

(4) Als Zielwert für die Angleichung nach Absatz 1 wird für die Jahre 2005 und 2006 jeweils ein DRG-Erlösvolumen für das Krankenhaus vereinbart, indem Art und Menge der voraussichtlich zu erbringenden Fallpauschalen mit dem je-

weils geltenden Basisfallwert nach § 10 bewertet werden und die ermittelte Erlössumme um die voraussichtliche Erlössumme aus Zusatzentgelten erhöht wird; Zusatzentgelte für die Behandlung von Blutern werden nicht einbezogen. Der Betrag nach Satz 1 ist um die Abschläge nach § 17b Abs. 1 Satz 4 des Krankenhausfinanzierungsgesetzes zu vermindern.

(5) Der für die Angleichung nach Absatz 1 maßgebliche Angleichungsbetrag für das Jahr 2005 wird ermittelt, indem der Ausgangswert nach Absatz 2 von dem Zielwert 2005 nach Absatz 4 abgezogen und das Ergebnis durch drei geteilt wird. Zur Ermittlung des Erlösbudgets für das Jahr 2005 werden der Ausgangswert nach Absatz 2 und der Angleichungsbetrag nach Satz 1 unter Beachtung des Vorzeichens addiert; in den in Artikel 1 Abs. 1 des Einigungsvertrages genannten Ländern sind die Auswirkungen einer Angleichung der Höhe der Vergütung nach dem Bundes-Angestelltentarifvertrag an die im übrigen Bundesgebiet geltende Höhe hinzuzurechnen.

(6) Der für die Angleichung nach Absatz 1 maßgebliche Angleichungsbetrag für das Jahr 2006 wird ermittelt, indem der Ausgangswert nach Absatz 3 von dem Zielwert 2006 nach Absatz 4 abgezogen und das Ergebnis durch zwei geteilt wird. Zur Ermittlung des Erlösbudgets für das Jahr 2006 werden der Ausgangswert nach Absatz 3 und der Angleichungsbetrag nach Satz 1 unter Beachtung des Vorzeichens addiert; Absatz 5 Satz 2 zweiter Halbsatz gilt entsprechend.

(7) Zur Ermittlung der in den Jahren 2005 und 2006 geltenden krankenhausindividuellen Basisfallwerte ist das Erlösbudget nach Absatz 5 Satz 2 oder Absatz 6 Satz 2

1. zu vermindern um die voraussichtlichen Erlöse aus Zusatzentgelten und

2. zu verändern um noch durchzuführende, vorgeschriebene Ausgleiche und Berichtigungen für Vorjahre; bei einer Berichtigung ist zusätzlich zu der Berichtigung des bisherigen Budgets (Basisberichtigung) ein entsprechender Ausgleich durchzuführen.

Das veränderte Erlösbudget nach Satz 1 wird durch die Summe der Bewertungsrelationen der vereinbarten Behandlungsfälle dividiert. Der sich ergebende Basisfallwert ist der Abrechnung der Fallpauschalen zu Grunde zu legen.

(8) Bei einem Krankenhaus oder Teilen eines Krankenhauses, dessen Investitionskosten weder nach dem Krankenhausfinanzierungsgesetz noch nach dem Hochschulbauförderungsgesetz gefördert werden und dessen krankenhausindividueller Basisfallwert niedriger ist als der Basisfallwert nach § 10, sind auf Antrag des Krankenhauses für neue Investitionsmaßnahmen in dem Erlösbudget zusätzlich Investitionskosten nach § 8 der Bundespflegesatzverordnung bis zur Höhe des festgelegten Basisfallwerts zu berücksichtigen. Dies gilt entsprechend für Krankenhäuser oder Teile von Krankenhäusern, die auf Grund einer Vereinbarung nach § 8 Abs. 1 Satz 2 des Krankenhausfinanzierungsgesetzes nur teilweise gefördert werden.

(9) Weicht die Summe der auf das Kalenderjahr entfallenden Erlöse des Krankenhauses aus Fallpauschalen und Zusatzentgelten nach § 7 Satz 1 Nr. 1 und 2 von dem Erlösbudget nach Absatz 5 Satz 2 oder Absatz 6 Satz 2, das um Ausgleiche und Berichtigungen nach Absatz 7 Satz 1 Nr. 2 verändert worden ist, ab, werden die Mehr- oder Mindererlöse nach Maßgabe der folgenden Sätze ausgeglichen. Mindererlöse werden zu 40 vom Hundert ausgeglichen. Mehrerlöse aus Fallpauschalen, die infolge einer veränderten Kodierung von Diagno-

sen und Prozeduren entstehen, werden vollständig ausgeglichen. Sonstige Mehrerlöse werden zu 65 vom Hundert ausgeglichen. Die Vertragsparteien können im Voraus einen von Satz 4 abweichenden Ausgleich vereinbaren, insbesondere für Leistungen mit einem sehr hohen Sachkostenanteil. Für den Bereich der Fallpauschalen werden die sonstigen Mehrerlöse nach Satz 4 vereinfacht ermittelt, indem folgende Faktoren miteinander multipliziert werden:

1. zusätzlich erbrachte Behandlungsfälle gegenüber den bei der Ermittlung des DRG-Erlösvolumens nach Absatz 4 Satz 1 zu Grunde gelegten Behandlungsfällen,

2. Mittelwert der vereinbarten Bewertungsrelationen je Fall; dieser wird ermittelt, indem die Summe der Bewertungsrelationen nach Absatz 7 Satz 2 durch die vereinbarten Behandlungsfälle im Fallpauschalenbereich dividiert wird, und

3. krankenhausindividueller Basisfallwert nach Absatz 7 Satz 3.

Soweit das Krankenhaus oder eine andere Vertragspartei nachweist, dass die sonstigen Mehrerlöse nach Satz 4 infolge von Veränderungen der Leistungsstruktur mit der vereinfachten Ermittlung nach Satz 6 zu niedrig oder zu hoch bemessen sind, ist der Betrag der sonstigen Mehrerlöse entsprechend anzupassen. Die Mehrerlöse nach Satz 3 infolge einer veränderten Kodierung von Diagnosen und Prozeduren werden ermittelt, indem von den insgesamt angefallenen Mehrerlösen im Fallpauschalenbereich die Mehrerlöse nach Satz 6 abgezogen werden. Mehr- oder Mindererlöse aus Zusatzentgelten für die Behandlung von Blutern sowie auf Grund von Abschlägen nach § 8 Abs. 4 werden nicht ausgeglichen. Zur Ermittlung der Mehr- oder Mindererlöse hat der Krankenhausträger eine vom Jahresabschlussprüfer bestätigte Aufstellung über die Erlöse nach § 7 Satz 1 Nr. 1 und 2 vorzulegen.

(10) Auf Verlangen des Krankenhauses werden Leistungen für ausländische Patienten, die mit dem Ziel einer Krankenhausbehandlung in die Bundesrepublik Deutschland einreisen, nicht im Rahmen des Erlösbudgets vergütet.

(11) Die Vertragsparteien nach § 11 sind an das Erlösbudget gebunden. Auf Verlangen einer Vertragspartei ist bei wesentlichen Änderungen der der Vereinbarung des Erlösbudgets zu Grunde gelegten Annahmen das Erlösbudget für das laufende Kalenderjahr neu zu vereinbaren. Die Vertragsparteien können im Voraus vereinbaren, dass in bestimmten Fällen das Erlösbudget nur teilweise neu vereinbart wird. Der Unterschiedsbetrag zum bisherigen Erlösbudget ist über das neu vereinbarte Erlösbudget abzurechnen; § 15 Abs. 2 Satz 2 gilt entsprechend.

(12) Falls für den Zeitraum ab dem Jahr 2007 eine andere gesetzliche Regelung nicht in Kraft getreten ist, sind für die Ermittlung des Erlösbudgets Absatz 4 und für die Berücksichtigung von Ausgleichen und Berichtigungen für Vorjahre Absatz 7 Satz 1 entsprechend anzuwenden. Die Absätze 9 und 10 sind anzuwenden.

(13) Zur Verbesserung der Arbeitszeitbedingungen vereinbaren die Vertragsparteien für die Jahre 2003 bis 2009 jährlich einen zusätzlichen Betrag bis zur Höhe von 0,2 vom Hundert des Erlösbudgets und der Erlössumme nach § 6 Abs. 3 Satz 1. Wurde für ein Kalenderjahr ein Betrag nicht vereinbart, kann für das Folgejahr ein zusätzlicher Betrag bis zur Höhe von 0,4 vom Hundert vereinbart werden. Voraussetzung ist, dass das Krankenhaus nachweist, dass auf Grund einer schriftlichen Vereinbarung mit der Arbeitnehmervertretung, die eine Verbesserung der Arbeitszeitbedingungen zum Gegenstand hat, zusätzli-

che Personalkosten zur Einhaltung der Regelungen des Arbeitszeitrechts zu finanzieren sind. Ist bereits für ein Kalenderjahr ein Betrag vereinbart worden, wird dieser um einen für das Folgejahr neu vereinbarten Betrag kumulativ erhöht. Der dem Krankenhaus nach den Sätzen 1 bis 4 insgesamt zustehende Betrag wird außerhalb des Erlösbudgets und der Erlössumme nach § 6 Abs. 3 durch einen Zuschlag auf die abgerechnete Höhe der DRG-Fallpauschalen und die Zusatzentgelte (§ 3 Abs. 3 Satz 4 Nr. 1) sowie auf die sonstigen Entgelte nach § 6 Abs. 1 Satz 1 finanziert und gesondert in der Rechnung ausgewiesen. Die Höhe des Zuschlags ist anhand eines Vomhundertsatzes zu berechnen, der aus dem Verhältnis der für die Verbesserung der Arbeitszeitbedingungen insgesamt vereinbarten Beträge einerseits sowie der Summe aus Erlösbudget und Erlössumme nach § 6 Abs. 3 andererseits zu ermitteln und von den Vertragsparteien zu vereinbaren ist. Soweit für die Jahre 2003 und 2004 entsprechende Beträge nach § 6 Abs. 5 der Bundespflegesatzverordnung vereinbart wurden, sind diese aus dem Erlösbudget auszugliedern und ab dem Jahr 2005 durch den Zuschlag nach Satz 5 zu finanzieren. Kommt eine Vereinbarung nicht zu Stande, entscheidet die Schiedsstelle nach § 13 auf Antrag einer Vertragspartei. Soweit die in der Betriebsvereinbarung festgelegten und mit dem zusätzlichen Betrag finanzierten Maßnahmen nicht umgesetzt werden, ist der Betrag ganz oder teilweise zurückzuzahlen.

(14) Mehrkosten im Falle der Abschaffung des Arztes im Praktikum werden in den Jahren 2004 bis 2006 außerhalb des Erlösbudgets und der Erlössumme nach § 6 Abs. 3 durch einen Zuschlag auf die abgerechnete Höhe der DRG-Fallpauschalen und die Zusatzentgelte (§ 3 Abs. 3 Satz 4 Nr. 1) sowie auf die sonstigen Entgelte nach § 6 Abs. 1 Satz 1 finanziert. Die Höhe des Zuschlags ist anhand eines Vomhundertsatzes zu berechnen, der aus dem Verhältnis der Mehrkosten einerseits sowie der Summe aus Erlösbudget und Erlössumme nach § 6 Abs. 3 andererseits zu ermitteln und von den Vertragsparteien zu vereinbaren ist. Kommt eine Vereinbarung nicht zu Stande, entscheidet die Schiedsstelle nach § 13 auf Antrag einer Vertragspartei. Der Zuschlag ist in der Rechnung des Krankenhauses mit dem Zuschlag nach Absatz 13 zusammenzufassen.

Amtl. Begründung

Zu § 4

Zum 1. Januar 2005 wird erstmals ein landesweit gültiger Basisfallwert vereinbart (§ 10) und damit die Orientierungsgröße für die künftige Finanzierung und die entsprechende Angleichung der Krankenhausbudgets festgelegt. Der bisher auf das einzelne Krankenhaus bezogene Grundsatz der Beitragssatzstabilität entfällt. Er wird ersetzt durch eine entsprechende Vorgabe für die Vereinbarung des Basisfallwerts auf der Landesebene (§ 10).

Zum 1. Januar 2005 wird die **Verhandlung des Erlösbudgets** auf die neue DRG-Systematik umgestellt. Grundsätzlich gilt die Formel „Menge × Preis". Bei einem Einheitspreissystem (Festpreis), wie es vorgeschrieben wird, ist demnach hauptsächlich über die Leistungsmengen zu verhandeln. Allerdings wird das so ermittelte DRG-Erlösvolumen nicht sofort für die Krankenhäuser wirksam. Um Krankenhäusern, deren Basisfallwert im Jahr 2005 noch über dem landesweiten Basisfallwert liegt, mehr Zeit für eine Anpassung ihrer Leistungs- und Kostenstrukturen zu geben, werden die Erlösbudgets in den Jahren 2005 und 2006 nur schrittweise auf das neue, einheitliche DRG-Preisniveau abgesenkt (sog. **Konvergenzphase**). Entsprechend werden die Erlösbudgets der Krankenhäuser, deren Basisfallwert unter dem landesweiten Basisfallwert liegt, nur stufenweise angehoben. Für die Angleichung der Basisfallwerte und der Erlösbudgets wird mit den Absätzen 2 bis 6 eine einfache Formel vorgegeben. Das nach der Formel „Menge × Preis" ermittelte DRG-Erlösvolumen als Zielgröße wird dem zuletzt vereinbarten Erlösbudget gegenübergestellt. Die sich ergebende Differenz wird durch die noch durchzuführenden Angleichungsstufen dividiert; es ergibt sich der positive oder negative Betrag um den das letzte Erlösbudget des Krankenhauses verändert wird.

Dieser Angleichungsmechanismus bewirkt auch eine nur teilweise Vergütung für neue Leistungsmengen. Im Jahr 2005 geht ein höheres Leistungsvolumen nur zu 1/3 des DRG-Preises in das Erlösbudget des Krankenhauses ein, im Jahr 2006 gehen sie zu 1/2 des DRG-Preises ein. Grundsätzlich entspricht dieser pauschalierte Ansatz der bisherigen Vorgehensweise bei der Vereinbarung der Erlösbudgets, bei der neue Leistungen grundsätzlich nur in Höhe der variablen Kosten berücksichtigt wurden. Diese Begrenzung auf der Ebene des einzelnen Krankenhauses entlastet die Vertragsparteien auf der Landesebene bei der Vereinbarung des Basisfallwerts, bei der der Grundsatz der Beitragssatzstabilität zu beachten ist (§ 10 Abs. 1 und 2).

ERLÄUTERUNGEN

§ 4 regelt die **Konvergenzphase** vom 1.1.2005 bis zum 1.1.2007 und damit insbesondere die stufenweise Angleichung des Erlösbudgets des Krankenhauses an das ab dem 1.1.2007 geltende landeseinheitliche DRG-Preisniveau (Einheitspreissystem).

Die **Verhandlungsweise** zwischen Krankenkassen und Krankenhäusern wird ab dem 1. Januar 2005 grundlegend umgestellt. Es wird nicht mehr über Kosten und Leistungen verhandelt, sondern grundsätzlich nur noch leistungsorientiert über Art und Anzahl der vom Krankenhaus voraussichtlich zu erbringenden DRG-Leistungen (vgl. die amtl. Begründung).

An Stelle des bisherigen Gesamtbetrags wird über das **Erlösbudget** nach § 3 Abs. 3 Satz 4 Nr. 1 verhandelt, welches nur die Erlöse aus Fallpauschalen und Zusatzentgelten umfasst, die sich aus der Anwendung der bundesweit geltenden Fallpauschalen- und Zusatzentgelt-Kataloge ergibt. Während des Kalenderjahres sich ergebende Mehr- oder Mindererlöse gegenüber diesem prospektiv vereinbarten Erlösbudget sind anteilig auszugleichen; vgl. Absatz 9. Für Fallpauschalen, Zusatzentgelte und tagesbezogene Entgelte, die nach § 6 Abs. 1 krankenhausindividuell verhandelt werden, ist eine gesonderte Erlössumme zu vereinbaren, auf die die Vorgaben der BPflV anzuwenden sind; vgl. die Erläuterungen zu § 6.

Andere Entgelte des Krankenhauses werden nicht mehr in das Budget einbezogen. Sie werden leistungsbezogen als Preise abgerechnet und unterliegen keiner prospektiven Budgetvereinbarung und keinen Mehr- oder Mindererlösausgleichen mehr. Bei diesen Entgelten hat der Gesetzgeber in einem ersten Schritt für einen Teilbereich ein freies und leistungsorientiertes Preissystem eingeführt. **Abbildung 15** gibt einen Überblick über diese neue Vergütungsstruktur.

Zu diesen anderen Entgelten gehören auch die **Zuschläge**, die zusätzlich zu den DRG-Fallpauschalen abgerechnet und gezahlt werden (§ 17b Abs. 1 Satz 4 bis 7 KHG). Die Vertragsparteien auf der Bundesebene vereinbaren diese Zuschläge für bestimmte Finanzierungstatbestände, die nicht in allen Krankenhäusern vorliegen und deshalb nicht in die Fallpauschalen einbezogen werden können. Darüber hinaus können die Vertragsparteien auf der örtlichen Ebene unter bestimmten Voraussetzungen für ein einzelnes Krankenhaus einen krankenhausindividuellen Zuschlag vereinbaren, um die Versorgung der Bevölkerungen mit bestimmten Leistungen sicherzustellen, z.B. im ländlichen Raum oder bei spezialisierten Leistungsangeboten (§ 17b Abs. 1 Satz 6 und 7 KHG i.V. mit § 5 Abs. 2 KHEntgG).

Amtl. Begründung

Zu Absatz 1

Jeweils zum 1. Januar der Jahre 2005, 2006 und 2007 wird das Krankenhausbudget stufenweise an den landesweit geltenden Basisfallwert angeglichen. Zum 1. Januar 2007 gilt dann für alle Krankenhäuser ein landesweiter einheitlicher Basisfallwert und damit ein einheitliches DRG-Preisniveau. Das Erlösbudget wird wie bisher auf der Grundlage der voraussichtlich zu erbringenden Leistungen vereinbart. Satz 2 ermöglicht es, dabei DRG-Leistungsinformationen anderer Krankenhäuser einzubeziehen.

ERLÄUTERUNGEN

Satz 1 schreibt für die Konvergenzphase eine **stufenweise Budgetangleichung** an das landeseinheitliche DRG-Preisniveau vor. Ausführliche Erläuterungen werden in Kapitel 6.5.3 der Einführung und nachfolgend zu den Einzelvorschriften des § 4 gegeben. Sie können darüber hinaus auch der oben und nachfolgend wiedergegebenen amtlichen Begründung entnommen werden.

Satz 2 lässt **Krankenhausvergleiche** auf der Grundlage von DRG-Leistungsdaten zu. Er begrenzt ihren Einsatz jedoch auf die Ermittlung und Berücksichtigung von Leistungsveränderungen, die zu einer entsprechenden Erhöhung oder Verminderung des Erlösbudgets führen. Die Ergebnisse der Krankenhausvergleiche dürfen nicht zur Ermittlung der Wirtschaftlichkeit des Krankenhauses und einer daraus abgeleiteten Budgetabsenkung genutzt werden. Dies würde das zum Schutz der Krankenhäuser gesetzlich vorgegebene stufenweise Überleitungsverfahren unterlaufen (Satz 1 i.V. mit den Absätzen 5 und 6).

Amtl. Begründung

Zu Absatz 2

Ausgangswert für die Ermittlung des Erlösbudgets 2005 ist das berichtigte Erlösbudget 2004. Es ist nach Nummer 1 zu vermindern um Kostenanteile für Tatbestände, die in diesem Budget enthalten, jedoch ab dem Jahr 2005 außerhalb des Erlösbudgets finanziert werden. Nummer 2 ermöglicht die Durchführung vorgeschriebener periodenfremder Verrechnungen auf Grund von Rechtsansprüchen.
Nummer 3 stellt sicher, dass der Erlösbetrag für Leistungen nach § 6 Abs. 1, die im Jahr 2004 noch nicht von den Fallpauschalen und Zusatzentgelten erfasst wurden, im Jahr 2005 in das Erlösbudget eingegliedert wird [BT-Drucks. 14/7862].

ERLÄUTERUNGEN

Absatz 2 enthält die Vorgaben für die Ermittlung des Ausgangswerts, von dem bei den Budgetverhandlungen für das Jahr 2005 auszugehen ist. Die Vorgaben gelten grundsätzlich auch für die Verhandlungen für das Jahr 2006 (vgl. Absatz 3).

Ausgangswert für die nachfolgenden Berechnungen ist nach **Satz 1 erster HS** die Summe aus dem vereinbarten Erlösbudget nach § 3 Abs. 3 Satz 4 Nr. 1 für das Jahr 2004 und der Basisberichtigung nach § 3 Abs. 3 Satz 5 infolge eines anteiligen BAT-Ausgleichs für das Vorjahr (§ 6 Abs. 3 bzw. Abs. 2 BPflV). Diese Basisberichtigung wirkt sich auf die Höhe des Erlösbudgets im Folgejahr aus; vgl. die Erläuterungen zu § 3 Abs. 3 Satz 5.

Satz 1 zweiter HS bestimmt weitere Veränderungen dieses Ausgangswerts mit dem Ziel, diese Basis für die Vereinbarung des Folgebudgets richtig abzugrenzen:

Zu Nummer 1

Das ggf. nach § 3 Abs. 3 Satz 5 berichtigte Erlösbudget des Vorjahres ist zu vermindern um verschiedene Finanzierungstatbestände, die in ihm enthalten sind, die im neuen Jahr jedoch nicht mehr Gegenstand des neuen Erlösbudgets sein dürfen.

Zu Buchstabe a

Mit dem Erlösbudget werden ab dem Jahr 2005 keine Tatbestände mehr vergütet, für die nach § 17b Abs. 1 Satz 4 und 6 KHG eigenständig abzurechnende **Zuschläge** festzulegen sind. Buchstabe a schreibt vor, dass die krankenhausindividuellen Kosten für diese Tatbestände zu ermitteln und von dem Erlösbudget 2004 (Ausgangswert) abzuziehen sind. Dies sind insbesondere die Kosten der Notfallversorgung und der Aufnahme von Begleitpersonen. Dazu gehören auch die erhöhten Kosten der Leistungen, die zur Sicherstellung der Versorgung der Bevölkerung vorgehalten und erbracht werden müssen, obwohl das Krankenhaus diese erhöhten Kosten mit den Fallpauschalen nicht decken kann; diese erhöhten Kosten werden über einen zusätzlich zu den Fallpauschalen zu zahlenden Zuschlag finanziert. Die Selbstverwaltungspartner auf der Bundesebene können für weitere Tatbestände Zuschläge vereinbaren.

Zu Buchstabe b

Neue Untersuchungs- und Behandlungsmethoden, die noch nicht in größerem Umfang verbreitet sind, werden zum Teil mit den DRG-Fallpauschalen noch nicht sachgerecht vergütet werden können. Insbesondere eine geringe Fallzahl oder eine Konzentration auf spezialisierte Einrichtungen wird in der Einführungsphase der neuen Methoden eine sachgerechte Berücksichtigung in einer DRG-Fallpauschale nicht immer möglich machen. In diesen Fällen sollen die Vertragsparteien vor Ort gesonderte, zeitlich befristete Entgelte krankenhausindividuell vereinbaren (§ 6 Abs. 2). Wurden solche neuen Untersuchungs- und Behandlungsmethoden z. B. im Jahr 2004 mit dem Erlösbudget finanziert und sind diese Methoden im Jahr 2005 mit gesonderten Entgelten nach § 6 Abs. 2 zu vergüten, so müssen diese Entgelte aus dem Erlösbudget ausgegliedert, d.h. von ihm abgezogen werden. Buchstabe b bestimmt, dass in diesem Falle die **voraussichtlich zu erzielende Erlössumme** von dem Erlösbudget 2004 abzuziehen ist. Im Rahmen der Bereinigung des Ausgangswertes 2004 ist es sachlich nur gerechtfertigt, die zu erzielende Erlössumme insoweit abzuziehen als sie den Leistungen entspricht, die im Erlösbudget 2004 enthalten waren und mit ihm vergütet wurden. Erlöse, die im Jahr 2005 voraussichtlich zusätzlich anfallen, weil nicht im Ausgangswert berücksichtigte neue Methoden hinzukommen oder mehr Fälle behandelt werden, dürfen nicht abgezogen werden.

Zu Buchstabe c

Enthält das Erlösbudget des Vorjahres einen Finanzierungsbetrag auf Grund eines **Investitionsvertrags nach § 18b KHG** in der bis zum 31. Dezember 2003 geltenden Fassung und verringert sich dieser Finanzierungsbetrag im neuen Kalenderjahr, so ist das neue Erlösbudget entsprechend zu vermindern.

Zu Buchstabe d

Die Vorschrift gibt eine Grundregel pflegesatzrechtlicher Verhandlungen wieder. Im Rahmen des prospektiven Verhandelns ist auf die voraussichtlichen Leistungen des Krankenhauses im folgenden Kalenderjahr abzustellen. Werden Leistungen, die das Krankenhaus bisher stationär erbracht hat und die im bisherigen Krankenhausbudget enthalten sind, künftig in einen **anderen Leistungsbereich** (z.B. ambulanter Bereich, Vorsorge- und Rehabilitationsbereich) „verlagert", so ist das Erlösbudget entsprechend zu vermindern. Die Leistungen werden also künftig nicht mehr vom Krankenhaus stationär erbracht, sondern z.B. ambulant von einem niedergelassenen Arzt, einem ermächtigten Arzt des Krankenhauses oder im Rahmen des ambulanten Operierens nach § 115b SGB V. Entscheidend ist allein, dass die mit dem zu Budget finanzierenden Leistungen geringer werden. Das Budget ist um die „**anteiligen Kosten**" für diese Leistungen zu vermindern. Dies bedeutet, dass bei der Ermittlung des Abzugsbetrags nicht die Vollkosten der entfallenden Leistungen anzusetzen sind, sondern ein niedrigerer Betrag. Entsprechend jahrzehntelanger Verhandlungsweisen und -vorschriften, nach denen zusätzliche Leistungen meist nur in Höhe variabler Kosten zusätzlich im Budget berücksichtigt wurden, sollen bei der gegenläufigen Herausnahme von Leistungen aus dem Budget, grundsätzlich ebenfalls nur variable Kosten abgezogen werden (vgl. die amtl. Begründung zu § 3 Abs. 3). Der Abzug ist jeweils nur einmalig bei Ausgliederung bestimmter Leistungen vorzunehmen.

Zu Buchstabe e

Das Erlösbudget nach dem KHG/KHEntgG ist ebenso zu vermindern, wenn bisher im Rahmen des Budgets erbrachte und mit ihm vergütete Leistungen künftig nach anderen Finanzierungsregeln – also außerhalb des KHG-Anwendungsbereiches – vergütet werden. Das Krankenhaus erbringt die Leistungen – anders als bei Buchstabe d – weiterhin selbst als stationäre Krankenhausleistungen. Diese werden aber nicht nach den Regeln des KHG/KHEntgG, sondern z.B. nach den Finanzierungsvorschriften des SGB V für **Modellvorhaben** nach

§ 63 vergütet. Weil das Krankenhaus nach diesen Vorschriften grundsätzlich eine volle Vergütung seiner Leistungen erhält, muss das Budget entsprechend vermindert werden, um eine Doppelfinanzierung zu vermeiden. Es sind deshalb die Vollkosten für diese Leistungen zu ermitteln und abzuziehen („Kosten für Leistungen"; vgl. die amtliche Begründung). Der Abzug nach Buchstabe e ist jeweils für das Jahr vorzunehmen, in dem bestimmte Leistungen voraussichtlich „erstmals" nach anderen Vorschriften vergütet werden. Diese Ausgliederung wird für die jeweiligen Leistungen einmalig vorgenommen, in den Folgejahren also nicht wiederholt.

Zu Buchstabe f

Im Regelfall werden auch Leistungen gegenüber **ausländischen Patienten**, die mit dem Ziel einer Krankenhausbehandlung in die Bundesrepublik Deutschland einreisen, mit dem Krankenhausbudget vergütet (§ 17 Abs. 1 Satz 1 KHG). Nach Absatz 10 kann das Krankenhaus jedoch einseitig verlangen, dass diese Leistungen aus der Budgetfinanzierung herausgenommen werden. In diesem Falle ist das Budget entsprechend zu vermindern. Der Abzugsbetrag ist in Höhe der Vollkosten zu ermitteln („Kosten für Leistungen"), weil das Krankenhaus eine entsprechende vollständige Vergütung weiterhin von den Patienten oder ihren Versicherungen erhält, diese Erlöse jedoch nicht mehr mit dem Budget verrechnen muss. Da die Patientengruppe mit dem Abzug endgültig aus dem Budget ausgegliedert wird, ist dieser Abzug nur in dem Jahr vorzunehmen, in dem das Krankenhaus die Ausgliederung nach Absatz 7 verlangt. Der Abzugsbetrag ist anhand der Patientenzahlen zu ermitteln, deren Leistungen mit dem Gesamtbetrag 2004 vergütet wurde.

Zu Buchstabe g

Die Vorschrift bestimmt, dass die Finanzierung der in § 2 Nr. 1a KHG genannten **Ausbildungsstätten** und der Mehrkosten der Ausbildungsvergütungen zum 1. Januar 2005 aus dem Gesamtbetrag ausgegliedert wird. Nach § 17b Abs. 1 Satz 4 KHG in Verbindung mit § 17a KHG werden ab diesem Zeitpunkt diese Ausbildungskosten durch pauschalierte Beträge außerhalb des DRG-Systems finanziert. Diese neue Ausbildungsfinanzierung wird in Kapitel 6.10 der Einführung beschrieben. Buchstabe g gibt außerdem vor, wie zu verfahren ist, wenn zum Zeitpunkt der Budgetvereinbarung (Gesamtbetrag) die von den Selbstverwaltungspartnern auf der Bundesebene zu vereinbarenden Finanzierungsbeträge noch nicht feststehen. In diesem Falle ist der Abzugsbetrag zu schätzen. Abweichungen des Schätzbetrags zum tatsächlich maßgeblichen Betrag werden über das Budget des Folgejahres verrechnet. Dabei sind zu viel oder zu wenig gezahlte (berücksichtigte) Beträge zurückzuzahlen oder nachzuzahlen. Zusätzlich zu dieser einmaligen Zahlung ist das Erlösbudget für das Jahr 2005 zu „berichtigen", d.h. es ist entsprechend zu korrigieren. Diese dauerhaft Erhöhung des Ausgangsbetrags 2005 (Basiskorrektur) führt zu einer entsprechenden Erhöhung des Erlösbudgets für das Jahr 2005 und wirkt sich auch noch auf die Folgejahre aus. Zum Begriff der „Berichtigung" siehe die Erläuterungen zu § 3 Abs. 3 Satz 5.

Beispiel:

– geschätzter Finanzierungsbetrag 2005 für Ausbildung, der vom Gesamtbetrag abgezogen wird.	500 000 Euro
– tatsächlich dem Krankenhaus zustehender Betrag 2005:	520 000 Euro
– Differenz	– 20 000 Euro

Das Krankenhaus hat bei seiner Schätzung zur Ausgliederung der Ausbildungsfinanzierung 20 000 Euro zu wenig vom Gesamtbetrag 2005 abgezogen und damit ein um 20 000 Euro zu hohes Krankenhausbudget 2005 erhalten.

Dies hat folgende Korrekturen zur Folge:

– zusätzliche nachträgliche Berichtigung (Absenkung) des Gesamtbetrags 2005 (sog. Basiskorrektur) mit der Folge einer entsprechend niedrigeren Ausgangsbasis für die Vereinbarung des Gesamtbetrags 2006	– 20 000 Euro
– einmalige Ausgleichszahlung (Rückzahlung) des Krankenhauses im Jahr 2006:	– 20 000 Euro

Die Fehlschätzung für das Jahr 2005 wirkt sich – im Vergleich zum Gesamtbetrag 2005 – im Gesamtbetrag 2006 somit in doppelter Höhe aus.

Zu Nummer 2

Nach der Systematik des Pflegesatzrechts führen nachträgliche Korrekturen des Krankenhausbudgets und der Höhe der Pflegesätze nicht zu einer sehr aufwändigen rückwirkenden Korrektur bereits bezahlter Krankenhausrechnungen, sondern zu einer Verrechnung der Korrekturbeträge gegen den Gesamtbetrag des Folgejahres oder der Folgejahre. Dies gilt z.B. für den anteiligen Ausgleich bei höheren BAT-Tarifabschlüssen nach § 6 Abs. 3 BPflV (vgl. auch § 3 Abs. 1 Satz 4 KHEntgG) sowie für die Mehr- oder Mindererlösausgleiche nach den §§ 11 Abs. 8 und 12 Abs. 4 BPflV und § 3 Abs. 4 KHEntgG. Diese **periodenfremden Verrechnungsbeträge** haben das vereinbarte Erlösbudget abgesenkt oder erhöht. Zur Ermittlung des korrekten Ausgangsbetrags für die Budgetverhandlungen müssen diese Verfälschungen des Erlösbudgets zurückgenommen werden. Nummer 2 bestimmt deshalb, dass das zuletzt vereinbarte Erlösbudget um verrechnete „Ausgleiche" bereinigt wird. Wenn das Erlösbudget außerdem „berichtigt" wurde, ist nur die „Ausgleichszahlung" zu bereinigen; die parallel durchgeführte Basiskorrektur bleibt bestehen, wird also nicht korrigiert (vgl. Absatz 3 Satz 5 zweiter Halbsatz). Der Begriff **„bereinigt"** wird im Pflegesatzrecht als neutrale Wortwahl immer dann verwendet, wenn eine solche Korrektur je nach Sachverhalt entweder mit positivem oder negativem Vorzeichen durchzuführen ist. Die Bereinigungen sind in der Höhe durchzuführen, in der die Beträge das zuletzt vereinbarte Erlösbudget verändert haben. Sie können bei der Budgetverhandlung für das Jahr 2005 aus Blatt B1 lfd. Nr. 12 der Verhandlungsunterlage AEB für das Jahr 2004 oder bei der Verhandlung für das Jahr 2006 aus Blatt B2 lfd. Nr. 24 der AEB für das Jahr 2005 entnommen werden.

Zu Nummer 3

Soweit Leistungen des Krankenhauses bisher nicht mit dem DRG-Fallpauschalenkatalog und den Zusatzentgelten, sondern nach § 6 Abs. 1 mit krankenhausindividuell vereinbarten Entgelten vergütet wurden, sind diese Entgelte nicht im Erlösbudget enthalten. Werden diese Leistungen im neuen Vereinbarungszeitraum (Kalenderjahr) erstmals in das DRG-Vergütungssystem einbezogen, muss das Erlösbudget entsprechend erhöht werden. Eine entsprechende Vorschrift enthält § 6 Abs. 4 für die Leistungen, die übergangsweise weiterhin den Regeln der Bundespflegesatzverordnung unterliegen.

Zu Nummer 4

Mit dem Gesetz über die Berufe in der Krankenpflege und zur Änderung anderer Gesetze (BGBl. I S. 1442) wurde der Anrechnungsschlüssel für Pflegekräfte von 7:1 auf das Verhältnis 9,5:1 verbessert. Dies bedeutet, dass den Krankenhäusern für die Schüler weniger Pflegekräfte angerechnet (abgezogen) werden.

Beispiel: Anrechnung von Schülern auf die Zahl der Pflegekräfte

<u>Annahmen:</u> Das Krankenhaus bildet 35 Personen in der Krankenpflege und Kinderkrankenpflege aus.

	anzurechnende Vollzeit-Pflegekräfte
– **Regelung bis 2004:** Anrechnungsverhältnis 7:1, d.h. für 7 Auszubildende wird 1 Pflegekraft abgezogen: 35:7 =	5
– **Regelung ab 2005:** Anrechnungsverhältnis 9,5:1, d.h. für 9,5 Auszubildende wird 1 Pflegekraft abgezogen: 35:9,5 =	3,7
Zusätzliche Vollzeit-Pflegekräfte	1,3

Das Krankenhaus kann somit bei gleich bleibender Schülerzahl auf Grund des verbesserten Anrechnungsschlüssel 1,3 Pflegekräfte zusätzlich finanzieren.

Die Krankenhäuser erhalten somit mehr Pflegekräfte finanziert. Die hierdurch entstehenden Mehrkosten sowie sonstige durch das Gesetz entstehende Mehrkosten werden in den Erlösbudgets ab dem Jahr 2005 zusätzlich berücksichtigt. Es ist davon auszugehen, dass diese Mehrkosten entsprechend der schrittweisen Einführung der veränderten Ausbildung in einem Zeitraum von rd. 3 Jahren entstehen.

Amtl. Begründung

Zu Absatz 3

Ausgangswert für die Ermittlung des Erlösbudgets 2006 ist das Erlösbudget für das Jahr 2005. Es ist nach Nummer 1 zu vermindern um die in Absatz 2 Nr. 1 Buchstaben b bis f genannten Tatbestände. Es ist nach Nummer 2 zu erhöhen um die Fallpauschalen und Zusatzentgelte, die an Stelle der im Vorjahr nach § 6 Abs. 2 gezahlten Entgelte für neue Untersuchungs- und Behandlungsmethoden gezahlt werden.

ERLÄUTERUNGEN

Für die Ermittlung des bereinigten Erlösbudgets 2005, das **Ausgangswert** für die Budgetverhandlungen für das Jahr 2006 ist, gelten nach **Nummer 1** die Vorgaben des Absatzes 2 Nr. 1 Buchstabe b bis f entsprechend. Die Vorgabe des Absatzes 2 Nummer 2 für die Verhandlungen 2005 wurde nicht in den Absatz 3 für die Verhandlungen 2006 übernommen. Auf Grund einer veränderten Systematik werden die durchzuführenden Ausgleiche und Berichtigungen für Vorjahre ab dem Jahr 2005 nicht mehr in das „Erlösbudget" nach den Absätzen 5 und 6 eingerechnet, sondern erst bei der Ermittlung des Basisfallwerts nach Absatz 7 berücksichtigt. Eine entsprechende Bereinigung des Erlösbudgets 2005 braucht deshalb bei den Verhandlungen für das Jahr 2006 nicht durchgeführt werden.

Nach **Nummer 2** ist der nach Nummer 1 verminderte Ausgangswert um die voraussichtlich im Jahr 2006 zusätzlich zu erzielenden Erlöse aus Fallpauschalen und Zusatzentgelten zu erhöhen, soweit diese Entgelte an die Stelle bisheriger Entgelte nach § 6 Abs. 2 treten. Dies ist dann der Fall, wenn krankenhausindividuelle Entgeltvereinbarungen für die Vergütung neuer Untersuchungs- und Behandlungsmethoden auslaufen, weil diese Methoden künftig nach den bundesweit geltenden DRG-Fallpauschalen- und Zusatzentgelt-Katalogen sachgerecht vergütet werden können.

Amtl. Begründung

Zu Absatz 4

Ab dem Jahr 2005 wird das Erlösbudget nach der neuen DRG-Systematik verhandelt. Grundsätzlich gilt die Formel „Menge × Preis". *Satz 1 [BT-Drucks. 14/7862]* bezieht die Zusatzentgelte in das „DRG-Erlösvolumen" ein, weil diese in der Vergleichsgröße für die Budgetangleichung in der Konvergenzphase ebenfalls enthalten sind (Ausgangswert; Absatz 5 Satz 1 und Absatz 6 Satz 1). Das so ermittelte DRG-Erlösvolumen wird jedoch nicht sofort für die Krankenhäuser wirksam, wenn es von dem zuletzt vereinbarten Erlösbudget abweicht. Vielmehr wird das krankenhausindividuelle Erlösbudget nach den Vorgaben der Absätze 5 und 6 jeweils zum 1. Januar 2005, 2006 und 2007 schrittweise an das neue DRG-Erlösvolumen und damit an das landeseinheitliche Preisniveau angeglichen.

ERLÄUTERUNGEN

Ab dem Jahr 2005 wird die Ermittlung des Erlösbudgets und damit auch die Verhandlungssystematik grundlegend umgestellt. Das Budget soll künftig ermittelt werden, indem Art und Anzahl der Leistungen (DRG-Fallpauschale oder Zusatzentgelt) jeweils mit ihrem Preis multipliziert werden (Menge × Preis); vgl. die Abschnitte E1 und E2 der Verhandlungsunterlage AEB nach Anlage 1.

Die so ermittelte Erlössumme ist in den Jahren 2005 und 2006 jedoch noch nicht das Erlösbudget des Krankenhauses, sondern lediglich ein **Zielwert**, der als „**DRG-Erlösvolumen**" bezeichnet wird. Das DRG-Erlösvolumen stellt die Erlössumme dar, die das Krankenhaus erhalten würde, wenn die stufenweise Budgetangleichung bereits abgeschlossen wäre (ab 1.1.2007). Das Erlösbudget des Krankenhauses ergibt sich in den Jahren 2005 und 2006 erst nach Anwendung des gesetzlich vorgeschriebenen, stufenweisen Angleichungsverfahrens, mit dem der höhere oder niedrigere Basisfallwert des Krankenhauses bis zum 1.1.2007 an den geltenden landesweiten Basisfallwert angepasst wird; vgl. **Abbildung 13**. Wie im Einzelnen vorzugehen ist, geben die Absätze 4 bis 7 vor. Ein Beispiel gibt **Übersicht 12** wieder.

Übersicht 12: Ermittlung von Erlösbudget und Basisfallwert nach § 4 KHEntgG

1. Ermittlung des Angleichungsbetrags (Absatz 4; Abs. 5 und Abs. 6, Satz 1)		
– Art und Menge der DRG-Fallpauschalen × Preis = Erlössumme Fallpauschalen	=	46 000 000 €
– Art und Menge der Zusatzentgelte × Preis = Erlössumme Zusatzentgelte	=	+ 4 000 000 €
– **Zielwert** nach Absatz 4 (**DRG-Erlösvolumen**)	=	50 000 000 €
– abzüglich Abschläge nach § 17b Abs. 1 Satz 4	=	– 0 €
– abzüglich **Ausgangswert** nach Absatz 2 (etwa: „zuletzt vereinbartes Budget")	=	– 47 000 000 €
– Angleichungsbetrag insgesamt (vgl. Abs. 5)	=	+ 3 000 000 €
– Ermittlung des Angleichungsbetrags 2005 (Abs. 5 S. 1) (im Jahr 2005 ein Drittel; im Jahr 2006 ein Halb)	=	: 3
– **Angleichungsbetrag**	=	1 000 000 €
2. Ermittlung des Erlösbudgets (Absatz 5 und 6, Satz 2)		
– zuletzt vereinbartes Budget (Ausgangswert; vgl. oben)	=	47 000 000 €
– zuzüglich Angleichungsbetrag 2005	=	1 000 000 €
– **Erlösbudget**	=	48 000 000 €
3. Ermittlung des Basisfallwerts (Absatz 7)		
– Erlösbudget	=	48 000 000 €
– abzüglich Summe der Zusatzentgelte	=	– 4 000 000 €
– Summe Fallpauschalen	=	44 000 000 €
– +/– Ausgleiche und Berichtigungen für Vorjahre	=	– 200 000 €
– Zwischensumme für Divisionskalkulation	=	43 800 000 €
– dividiert durch die Summe der Bewertungsrelationen	=	16 912 €
– **Basisfallwert**	=	2 590 €

Das Krankenhaus hatte zuletzt ein Erlösbudget in Höhe von 47 Mio. Euro vereinbart. Auf Grund der von ihm voraussichtlich zu erbringenden Leistungen könnte das Krankenhaus mit dem landeseinheitlich geltenden Basisfallwert ein DRG-Erlösvolumen von 50 Mio. Euro abrechnen. Dies würde eine Anhebung des Erlösbudgets um 3 Mio. Euro bedeuten. Nach dem mit § 4 vorgegebenen stufenweisen Angleichungsmechanismus wird diese Erhöhung auf drei Stufen, jeweils zum 1.1.2005, 2006 und 2007 verteilt. Im Jahr 2005 kann das Krankenhaus somit ein Drittel der Differenz zwischen bisherigem Erlösbudget und neuem DRG-Erlösvolumen als Erhöhung des Erlösbudgets realisieren. Sein Erlösbudget 2005 wird um 1 Mio. Euro erhöht.

Absatz 4 **Satz 1** schreibt zur Ermittlung des Zielwerts „DRG-Erlösvolumen" die oben beschriebene Multiplikation von Menge × Preis bei Fallpauschalen und Zusatzentgelten vor. Dabei werden die Bewertungsrelationen der DRG-Fallpauschalen mit dem landesweit geltenden Basisfallwert multipliziert. Die Höhe der Zusatzentgelte ergibt sich direkt aus dem bundesweit geltenden Katalog für Zusatzentgelte. Wie bereits in der Vergangenheit bleiben die Zusatzentgelte für die Behandlung von Blutern mit Blutgerinnungsfaktoren außerhalb des Erlösbudgets.

Soweit ein Krankenhaus **Abschläge** von den DRG-Fallpauschalen hinnehmen muss, z.B. weil es sich nicht an der Notfallversorgung beteiligt, sind diese Abschläge nach **Satz 2** vom DRG-Erlösvolumen abzuziehen.

Amtl. Begründung

Zu den Absätzen 5 und 6

Abweichungen zwischen zuletzt vereinbartem Erlösbudget und neu ermitteltem DRG-Erlösvolumen werden in der **Konvergenzphase** in drei Stufen abgebaut. Das bisherige Erlösbudget wird schrittweise an das später einheitliche DRG-Preisniveau angeglichen. Deshalb ist zunächst die Differenz zwischen dem zuletzt vereinbarten Erlösbudget und dem DRG-Erlösvolumen zu ermitteln. Diese Differenz wird durch die Zahl der noch durchzuführenden Angleichungsstufen dividiert. Es ergibt sich der Teilbetrag der Differenz, um den das zuletzt vereinbarte Erlösbudget zu erhöhen oder abzusenken ist. Ergebnis der Rechnung ist das neue Erlösbudget des Krankenhauses. Dieser formelhafte Angleichungsmechanismus bewirkt auch, dass **neue Leistungen** im Jahr 2005 nur zu einem Drittel und im Jahr 2006 nur zur Hälfte des DRG-Preises berücksichtigt werden.

ERLÄUTERUNGEN

Die Vorgaben der Absätze 5 und 6 für die Jahre 2005 und 2006 sind inhaltlich weitgehend gleich. Es wird lediglich auf andere Rechengrößen zugegriffen. Zielsetzung und Vorgehensweise werden durch die amtl. Begründung, die oben bereits gegebenen Erläuterungen und die **Übersicht 12** erläutert.

Nach **Satz 1** wird der Differenzbetrag zwischen Ausgangswert (das bereinigte letzte Erlösbudget) und Zielwert (DRG-Erlösvolumen) ermittelt. Dieser Differenzbetrag wird entsprechend der noch durchzuführenden Budget-Angleichungsstufen im Jahr 2005 durch die Zahl „Drei", im Jahr 2006 durch die Zahl „Zwei" dividiert. Es ergibt sich der **Angleichungsbetrag**, d.h. die in dem jeweiligen Jahr umzusetzende Erhöhung oder Absenkung des Erlösbudgets, mit der eine stufenweise Angleichung an das landeseinheitliche DRG-Preisniveau und damit an das DRG-Erlösvolumen bis zum 1.1.2007 erreicht wird; vgl. Abbildung 13. Die Division durch „Drei" oder „Zwei" bewirkt auch, das **zusätzliche Leistungen** des Krankenhauses im neuen Erlösbudgets nur anteilig berücksichtigt werden. Im Jahr 2005 erhöhen zusätzliche Leistungen das Erlösbudget zu einem Drittel der Fallpauschale oder eines Zusatzentgelts; dies entspricht etwa dem Anteil, der früher durchschnittlich für variable Kosten angenommen wurde. Im Jahr 2006 wird das Erlösbudget bei zusätzlichen Leistungen um die Hälfte des Wertes der Fallpauschale oder des Zusatzentgelts erhöht. Im Jahr

2007 wirken sich die Entgelte dann in voller Höhe aus, falls mit dem geplanten neuen Gesetz zum langfristigen ordnungspolitischen Rahmen für das DRG-Vergütungssystem nicht noch eine Änderung beschlossen wird; vgl. die Erläuterungen zu Absatz 12.

Satz 2 erster HS gibt die Ermittlung des neuen Erlösbudgets als Addition von Ausgangswert (das bereinigte letzte Erlösbudget) und Angleichungsbetrag vor. Ein Angleichungsbetrag m3it negativem Vorzeichen führt auch bei einer Addition zu einer Absenkung des Erlösbudgets. Der **zweite HS** gibt vor, dass eine Angleichung des BAT-Tarifs in den neuen Bundesländern an den Tarif im übrigen Bundesgebiet budgeterhöhend zu berücksichtigen ist.

Amtl. Begründung

Zu Absatz 7

Der krankenhausindividuelle Basisfallwert wird ermittelt, indem der auf die Fallpauschalen entfallende Teil des Erlösbudgets (Satz 1) durch die Summe der Bewertungsrelationen *der vereinbarten [BT-Drucks. 14/7824]* Behandlungsfälle (gewichtete Fallzahl) dividiert wird. Wird dieser Basisfallwert mit dem Relativgewicht der DRG-Fallpauschale aus dem Entgeltkatalog multipliziert, ergibt sich der abzurechnende Fallpauschalenbetrag.

ERLÄUTERUNGEN

Absatz 7 enthält die Vorgaben zur Ermittlung des **krankenhausindividuellen Basisfallwerts**. Zum Rechenvorgang siehe die Übersicht 12.

Nach Satz 1 Nr. 1 ist die auf die **Fallpauschalen** entfallende Erlössumme zu ermitteln, indem von dem nach Absatz 5 bzw. 6 Satz 2 ermittelten Erlösbudget die voraussichtliche Erlössumme der Zusatzentgelte abgezogen wird. Anschließend sind nach Nummer 2 die **periodenfremden Verrechnungen** durchzuführen. Diese erhöhen oder vermindern somit die auf Fallpauschalen entfallende Erlössumme. Nähere Erläuterungen zu diesen Ausgleichen und Berichtigungen wurden zu § 3 Abs. 3 Satz 5 gegeben.

Satz 2 gibt die Ermittlung des krankenhausindividuellen Basisfallwerts durch **Divisionskalkulation** vor. Die als Divisor verwendete Summe der Bewertungsrelationen ergibt sich durch Multiplikation von Art und Anzahl der Fallpauschalen mit den jeweiligen Bewertungsrelationen nach dem bundeseinheitlichen Fallpauschalenkatalog nach § 17b KHG und anschließender Addition über alle Fallpauschalen. Dabei sind die Bewertungsrelationen für die Vergütungen nach Überschreitung der oberen Grenzverweildauer, die Abschläge bei Unterschreitung der unteren Grenzverweildauer und die Abschläge bei Verlegungen einzubeziehen.

Beispiel: Ermittlung des krankenhausindividuellen Basisfallwerts

– Vereinbartes Erlösbudget (§ 3 Abs. 3 Satz 4 Nr. 1)	30 000 000 €
– abzüglich Zusatzentgelte	– 4 000 000 €
Anteil Fallpauschalenbereich	26 000 000 €
– dividiert durch die Summe der Bewertungsrelationen	11 304
krankenhausindividueller Basisfallwert	2 300 €

Satz 3 schreibt vor, dass der so ermittelte krankenhausindividuelle Basisfallwert bei der Abrechnung der Fallpauschalen dieses Krankenhauses zu Grunde zu legen ist.

Amtl. Begründung
Zu Absatz 8

Entsprechend der Vorgabe des § 17 Abs. 5 KHG ermöglicht Absatz 8 bei nicht oder nur teilweise staatlich geförderten Krankenhäusern, bei denen der krankenhausindividuelle Basisfallwert niedriger als der auf Landesebene vereinbarte Basisfallwert ist, die zusätzliche Finanzierung von **Investitionskosten**. Dabei ist der auf Landesebene vereinbarte Fallwert die Obergrenze, die nicht überschritten werden darf. Zusätzlich berücksichtigt werden können nur Investitionskosten für neue Investitionsmaßnahmen. Es wird davon ausgegangen, dass die Kosten für bereits abgeschlossene oder noch laufende Investitionsmaßnahmen bereits bei den bisherigen Budget- und Pflegesatzvereinbarungen verhandelt worden sind.

ERLÄUTERUNGEN

Die Vorgaben von Absatz 8 zur zusätzlichen Berücksichtigung von **Investitionskosten** nicht oder teilweise **nicht geförderter Krankenhäuser** entsprechen denen des § 3 Abs. 5 für die Jahre 2003 und 2004. Da erstmals für das Jahr 2005 ein landesweiter Basisfallwert nach § 10 zu vereinbaren ist, können zusätzliche Investitionskosten ab dem Jahr 2005 nur berücksichtigt werden, wenn der krankenhausindividuelle Basisfallwert niedriger ist als dieser landesweit geltende Basisfallwert. In diesem Falle hat das Krankenhaus einen Rechtsanspruch nach § 17 Abs. 5 KHG auf Finanzierung von Investitionskosten, allerdings nur soweit, als dadurch der landesweit geltende Basisfallwert nicht überschritten wird. Bei teilweise nicht geförderten Krankenhäusern gilt dies entsprechend für den nicht geförderten Teil. Es können nur Investitionskosten für neue Investitionsmaßnahmen berücksichtigt werden. Nähere Erläuterungen wurden zu § 3 Abs. 5 gegeben; vgl. dort.

Amtl. Begründung
Zu Absatz 9

Entsprechend den bisherigen Regelungen der §§ 11 Abs. 8 und 12 Abs. 4 BPflV gibt die Vorschrift die **Mehr- oder Mindererlös-Ausgleichsquoten** für den Fall vor, dass die tatsächlich eintretenden Erlöse aus Fallpauschalen und Zusatzentgelten von den prospektiv vereinbarten Erlösen abweichen. Für Mindererlöse ist die bereits heute geltende Ausgleichsquote in Höhe von 40 vom Hundert anzuwenden. Für Mehrerlöse wird eine pauschalierte Regelung vorgegeben, nach der etwa der durchschnittliche Personalkostenanteil zurückgezahlt werden muss. Um eine Unterfinanzierung bei Leistungen mit einem sehr hohen Sachkostenanteil zu vermeiden, wird den Vertragsparteien die Möglichkeit gegeben, für diese abweichende Mehrerlösquoten zu vereinbaren.

Mehrerlöse aus Fallpauschalen, die in Folge einer veränderten Kodierung von Diagnosen und Prozeduren entstehen, sind vollständig auszugleichen. Die Sätze 6 und 8 geben hierzu eine Berechnungsformel vor. Nähere Erläuterungen dazu werden in der Begründung zu § 3 Abs. 6 KHEntgG gegeben.

Satz 7 ermöglicht für beide Vertragsparteien, bei nicht zutreffender Ermittlung der auszugleichenden Kodiereffekte durch das pauschalierte Ermittlungsverfahren, eine krankenhausindividuelle Korrektur der Mehrerlösausgleiche zu veranlassen (BT-Drucks. 14/7862).

Satz 9 stellt klar, dass Erlösabweichungen bei Zusatzentgelten für die Behandlung von Blutern mit Blutgerinnungsfaktoren sowie Mindererlöse auf Grund von Qualitätssicherungsabschlägen nicht ausgeglichen werden.

Um die Umsetzung der Vorgaben zu den Mehr- und Mindererlösausgleichen abzusichern und auf Grund einiger derzeit vor Gericht anhängiger Verfahren bestimmt ... Satz 10 ..., dass die dem Ausgleich unterliegenden Erlössummen von neutraler Stelle zu bestätigen sind (BT-Drucks. 14/7862).

ERLÄUTERUNGEN

Im Rahmen der flexiblen Budgetierung wird auch das prospektiv vereinbarte **Erlösbudget** an einen abweichenden tatsächlichen Leistungsumfang angepasst. Dem entsprechend werden die entstandenen Mehr- oder Mindererlöse anteilig mit bestimmten Quoten ausgeglichen; vgl. Kapitel 5.2.3 der Einführung.

Einen Überblick über die Systematik des Mehr- oder Mindererlösausgleichs nach Absatz 9 gibt **Abbildung 20**. Zu dem Mehr- oder Mindererlösausgleich hat das **Bundesministerium** für Gesundheit und Soziale Sicherung mit Schreiben vom 3. Juli 2003 **Stellung genommen**. Ein entsprechender Beitrag mit weiter gehenden Erläuterungen, Beispielen und einer schematischen Darstellung der Erlösausgleiche wurde von **Tuschen/Braun in „das Krankenhaus" 10/2003**, a. a. O., veröffentlicht.

Zu Absatz 9 Satz 1

Dem anteiligen Mehr- oder Mindererlösausgleich nach Absatz 9 unterliegen nur die dem Erlösbudget nach § 4 zuzurechnenden Erlöse aus den auf Bundesebene vereinbarten DRG-Fallpauschalen und Zusatzentgelten (Entgeltkataloge nach § 17b KHG). Von diesen strikt zu trennen sind die krankenhausindividuell nach § 6 Abs. 1 vereinbarten Entgelte; diese unterliegen einem gesonderten Mehr- oder Mindererlösausgleich nach den Regeln der BPflV; vgl. die Erläuterungen zu § 6 Abs. 3.

Nach Satz 1 ist entweder ein Mehrerlös oder ein Mindererlös anteilig auszugleichen. Ob ein Mehrerlös oder ein Mindererlös vorliegt, ist anhand eines **Gesamt-**

summenvergleichs zu ermitteln, bei dem die Summe der tatsächlich auf das Kalenderjahr entfallenden – also tatsächlich angefallenen – Erlöse verglichen wird mit dem prospektiv vereinbarten Erlösbudget. Der Gesetzestext zum Gesamtsummenvergleich ist eindeutig. Entsprechend hat der Gesetzgeber auch in der amtl. Begründung zum Änderungsantrag zu § 17b Abs. 4 Satz 8 KHG durch das FPÄndG ausgeführt: „Dabei ist für die Frage, ob ein Mehr- oder Mindererlös vorliegt eine Gesamtbetrachtung anzustellen, bei der das gesamte Krankenhausbudget (Gesamtbetrag) den Gesamterlösen des Krankenhauses gegenüber gestellt wird."; vgl. BT-Drucks. 15/994; zu Artikel 1 Nr. 2 Ziff. a1.

Zu Absatz 9 Satz 2

Ergibt sich bei dem Vergleich der Gesamtsumme der eingetretenen Erlöse mit dem prospektiv vereinbarten Erlösbudget ein **Mindererlös**, so bestimmt **Satz 2**, dass dieser Mindererlös zu 40% auszugleichen ist. Der Ausgleich von Mindererlösen wird ausschließlich durch Satz 2 geregelt, also nicht durch die Sätze 3 bis 8. Da die Tatbestände der Fallzahlerhöhungen und der Veränderungen der Leistungsstruktur einerseits und einer veränderten Kodierung (vgl. die Sätze 3 bis 8) andererseits nur schwer zu trennen sind und Streitfälle möglichst vermieden werden sollten, wurde für den Fall von Mindererlösen auf eine Korrektur von Kodiereffekten verzichtet, weil das Krankenhaus ohnehin weniger als das vereinbarte Budget abgerechnet hat.

Beispiel: Mindererlösausgleich ab dem Jahr 2004

- prospektiv vereinbartes Erlösbudget (Abs. 5 bzw. 6 Satz 2)   30 000 000 €
- abzügl. tatsächliche Erlöse des Krankenhauses aus DRG-FP und ZE   29 000 000 €
- **Mindererlös**   **1 000 000 €**
- Mindererlösausgleich von 40%   400 000 €

Dem Krankenhaus steht ein Mindererlösausgleich in Höhe von 400 000 € zu. Dieser Betrag wird nicht direkt von den Krankenkassen nachgezahlt, sondern führt zu einer entsprechenden Erhöhung des nächsten zu vereinbarenden **Basisfallwerts** (Absatz 7 Satz 1 Nr. 2). Das Krankenhaus erhält auf diesem Wege die erforderliche Nachzahlung in Höhe von 400 000 €.

Zu Absatz 9 Sätze 3 bis 8 – Überblick

Ergibt sich bei dem Vergleich der Gesamtsumme der Erlöse mit dem vereinbarten Gesamtbetrag ein **Mehrerlös**, so bestimmt sich die Höhe des Ausgleichs nach den Vorgaben der Sätze 3 bis 8. Generell gilt, dass der Ausgleich – unabhängig von der Höhe des pauschaliert ermittelten Mehrerlösausgleichs bei veränderter Kodierung nach Satz 8 – nur bis zu der Höhe durchgeführt werden kann, in der überhaupt ein Mehrerlös vorliegt, d.h. höchstens zu 100 Prozent; vgl. Satz 1. Die Sätze 3 und 4 geben die Ausgleichsquoten vor, die auf die ermittelte Mehrerlössumme oder Teile davon anzuwenden sind.

Mit den Vorgaben der Sätze 3 und 6 bis 8 versucht der Gesetzgeber zu verhindern, dass eine **veränderte Kodierung** von Diagnosen und Prozeduren **im Be-**

reich der **Fallpauschalen** zu unberechtigten Mehrerlösen der Krankenhäuser führt, die insbesondere die Ausgaben der gesetzlichen Krankenkassen erhöhen und somit die Beitragssatzstabilität gefährden würden. Dabei muss es sich nicht um eine Manipulation mit dem Ziel einer unberechtigten Erlösmaximierung handeln (sog. Upcoding). Vielmehr wurde bei der Einführung von DRG-Systemen im Ausland (z.B. USA, Australien) beobachtet, dass es etwa 4 bis 6 Jahre dauert, bis die Krankenhäuser gelernt haben, z.B. auch die erforderlichen Nebendiagnosen in dem erforderlichen Umfang anzugeben. Es handelt sich somit um einen erwünschten Lerneffekt (sog. Rightcoding). Aber auch dies darf nicht dazu führen, dass bei gleich bleibenden Leistungen und einer lediglich verbesserten Kodierung (höherer Case-Mix-Index, CMI) die Ausgaben für Krankenhausbehandlung steigen.

Zu Absatz 9 Satz 3

Ziel der flexiblen Budgetierung (vgl. Kapitel 5.2.3 der Einführung) ist es, das prospektiv vereinbarte Budget an ein erhöhtes oder ein vermindertes Gesamt-Leistungsvolumen anzupassen. Mehr- oder Mindererlöse werden deshalb grundsätzlich nur anteilig zu einem bestimmten Prozentsatz ausgeglichen. Von diesem Grundsatz des anteiligen Ausgleichs weicht der Gesetzgeber im Falle von **kodierbedingten Mehrerlösen** ab. Um das System vor Manipulationen zu schützen gibt Satz 3 für den Bereich der Mehrerlöse **aus Fallpauschalen** vor, dass kodierbedingten Mehrerlöse vollständig, also zu 100 Prozent, vom Krankenhaus auszugleichen, d.h. über die Budgets der Folgejahre zu verrechnen (zurückzuzahlen) sind. Die Ermittlung dieser Mehrerlöse gibt Satz 8 vor. Auch wenn die pauschalierte Ermittlung nach Satz 8 einen Betrag ergeben sollte, der höher ist als der Mehrerlösbetrag nach Satz 1, ist sowohl auf Grund der eindeutigen Vorgabe des Satzes 1 als auch der Systematik der flexiblen Budgetierung höchstens der Mehrerlösbetrag auszugleichen, der sich aus dem Gesamtsummenvergleich nach Satz 1 ergibt. Insoweit geht die Vorgabe des Satzes 1 der Vorgabe zur – mangels besserer Berechnungsmöglichkeiten – pauschalierten Ermittlung nach Satz 8 vor.

Zu Absatz 9 Satz 4

Die Vorschrift gibt für „**sonstige Mehrerlöse**" niedrigere Mehrerlösausgleiche und somit geringere Rückzahlungsquoten vor. Sonstige Mehrerlöse sind alle Mehrerlöse mit Ausnahme der kodierbedingten Mehrerlöse aus DRG-Fallpauschalen, also die Mehrerlöse

– aus DRG-Fallpauschalen infolge zusätzlicher Fallzahlen oder einer veränderten Leistungsstruktur und

– aus Zusatzentgelten.

Auch bei einem insgesamt vorliegenden Mehrerlös nach Satz 1 (Gesamtsummenvergleich) können sich einzelne Entgeltarten durchaus negativ entwickelt haben. Ausgeglichen werden darf jedoch höchstens der nach Satz 1 ermittelte Gesamt-Mehrerlös. Insoweit ist es erforderlich, die sonstigen Mehrerlöse als **Restsumme** zu ermitteln:

Gesamt-Mehrerlös nach Satz 1
abzüglich vollständig auszugleichende Mehrerlöse
aus Fallpauschalen nach Satz 3 (veränderte Kodierung)
= Restsumme: sonstige Mehrerlöse nach Satz 4
 (65 % Mehrerlösausgleich)

Diese sonstigen Mehrerlöse nach Satz 4 beinhalten
– die sonstigen Mehrerlöse im Bereich der Fallpauschalen nach Satz 6 und
– die sonstigen Mehrerlöse außerhalb des Fallpauschalenbereichs.

Die ab dem Jahr 2004 anzuwendende Rückzahlungsquote von 65 % bedeutet, dass das Krankenhaus 35 % der erzielten Mehrerlöse behalten kann. Der Prozentsatz entspricht einer angenommenen durchschnittlichen Höhe der variablen Kosten. Variable Kosten (bzw. Grenzkosten) sind die Kosten, die für zusätzliche Leistungen zusätzlich entstehen. Mit ihnen müssen bei zusätzlichen Behandlungsfällen u. a. auch teure Medikamente (z. B. zur Behandlung von Krebserkrankungen) oder Implantate (z. B. künstliche Gelenke, Herzschrittmacher oder Defibrillatoren) finanziert werden, soweit hierfür nach Satz 5 nicht abweichende Prozentsätze vereinbart werden.

Zu Absatz 9 Satz 5

Satz 5 ermöglicht, dass die Vertragsparteien bei der prospektiven Vereinbarung des Erlösbudgets **abweichende Prozentsätze** vereinbaren, insbesondere für Leistungen (DRG-Fallpauschalen) mit einem sehr hohen Sachkostenanteil. Somit besteht die Möglichkeit einer sachgerechten Regelung für den Fall, dass ein Krankenhaus in größerem Umfang teuere Leistungen zusätzlich erbringt. Welche Leistungen einen sehr hohen Sachkostenanteil haben, lässt sich anhand der Kalkulationsdaten für den DRG-Katalog ermitteln. Für den DRG-Katalog 2003 wurden diese Daten für jede DRG veröffentlicht (vgl. www.g-drg.de). Nach § 17b Abs. 2 Satz 7 KHG sind die Ergebnisse der Kostenerhebungen und Kalkulationen auch für die Folgejahre zu veröffentlichen.

Zu Absatz 9 Sätze 6 bis 8

Die **Mehrerlöse im Bereich der Fallpauschalen** sind nach den Vorgaben der Sätze 6 bis 8 aufzuteilen in einen Mehrerlösanteil infolge einer veränderten Kodierung (höherer CMI-Wert) und in einen Anteil sonstiger Mehrerlös im Bereich der Fallpauschalen.

– Liegt ein **höherer CMI** vor als vereinbart, ist das pauschalierte Ermittlungsverfahren nach den Sätzen 6 bis 8 anzuwenden. Dabei wird zunächst anhand einer pauschalierenden Formel der Anteil der „sonstigen Mehrerlöse im Bereich der Fallpauschalen" ermittelt (Satz 6). Die „Mehrerlöse aus Fallpauschalen infolge einer veränderten Kodierung" werden anschließend im Wege einer Differenzrechnung ermittelt, indem von der „Gesamtsumme der Mehrerlöse im Fallpauschalenbereich" die „sonstigen Mehrerlöse im Fallpauschalenbereich" abgezogen werden (Satz 8). Die Mehrerlöse aus Fallpauschalen infolge veränderter Kodierung ergeben sich somit als Restsumme. Soweit das Krankenhaus oder eine andere Vertragspartei (Krankenkassen) nachweist, dass das Ergebnis dieser pauschalierten Berechnung zur Ermittlung von kodierbedingten Mehrerlösen nicht richtig ist, ist dieses Ergebnis entsprechend durch Verhandlungen zu korrigieren (Satz 7).

- Ist der tatsächlich eingetretene **CMI niedriger** als der vereinbarte, kann eine Mehrerlössumme nach Satz 1 weder ganz noch anteilig durch eine „veränderte Kodierung" (Rightcoding, Upcoding) entstanden sein. Es fehlt also die Voraussetzung für die Anwendung der Sätze 6 bis 8. Somit entfällt in diesem Falle die gesonderte Berechnung der „sonstigen Mehrerlöse" nach Satz 6 und der Mehrerlösanteile infolge veränderter Kodierung nach Satz 8. In diesem Fall handelt es sich bei der Gesamtsumme der Mehrerlös nach Satz 1 insgesamt um „sonstige Mehrerlöse", auf die der Ausgleichssatz nach Satz 4 anzuwenden ist, d.h. 75% für 2003 und 65% ab 2004.

Da eine Ermittlung der kodierbedingten Mehrerlöse gerade in der Einführungsphase des DRG-Systems schwierig ist, hat der Gesetzgeber mit den Sätzen 6 bis 8 eine **Beweislastumkehr** eingeführt. In der Regel hat das Krankenhaus die detaillierteren Kenntnisse über eingetretene Veränderungen der Leistungsstruktur und der Fallzahlen. Die pauschalierte Formel nach Satz 6 (vgl. unten) benachteiligt deshalb zunächst das Krankenhaus insoweit, als die Erbringung höherwertiger Leistungen (CMI höher als der prospektiv vereinbarte durchschnittlich CMI) pauschal als „kodierbedingte Mehrerlöse" ausgewiesen werden. Das Krankenhaus muss nun entsprechende Unterlagen (z.B. DRG-Statistik) vorlegen und nachweisen, dass es sich nicht um kodierbedingte Mehrerlöse sondern um echte Mehrleistungen (höherwertige Leistungen) handelt (Satz 7). Den Krankenkassen steht dieses Recht ebenfalls zu. Sie werden es bei Fallkonstellationen, bei denen die pauschalierte Formel sich zu ihrem Nachteil auswirkt, entsprechend nutzen.

Satz 6 gibt für die Ermittlung der **sonstigen Mehrerlöse im Bereich der Fallpauschalen** (vgl. Satz 4) ein pauschaliertes Ermittlungsverfahren vor. Dabei ist zur Ermittlung des Mehrerlöses grundsätzlich die folgende Formel anzuwenden; die genauen Definitionen geben die Nummern 1 bis 3 vor:

zusätzliche DRG-Fälle × durchschnittl. CMI aus Budgetvereinbarung × Basisfallwert

Diese Formel führt jedoch dazu, dass die zusätzlich abgerechneten DRG-Fallpauschalen **pauschal** mit dem der Budgetvereinbarung zu Grunde liegenden Case-Mix-Index (CMI) bewertet werden, d.h. mit einer durchschnittlichen Fallgewichtung. Dabei wird eine Veränderung des CMI infolge einer Veränderung der Leistungsstruktur nicht berücksichtigt. Beispielsweise werden tatsächlich erbrachte höherwertige Leistungen nur mit dem durchschnittlichen vereinbarten CMI bewertet. Diese zu niedrige Bewertung führt bei der Differenzrechnung nach Satz 8 zu einem zu hohen Mehrerlös infolge veränderter Kodierung. Im Ergebnis (vgl. Satz 8) wird die höherwertige Leistung nicht erkannt (weil in der Formel nicht berücksichtigt) und fälschlicherweise als Folge einer veränderten Kodierung gewertet. Das Krankenhaus müsste die Mehrerlöse vollständig zurückzahlen. Diese Fehlbewertung auf Grund der pauschalen Ermittlung benachteiligt in diesem Fall das Krankenhaus.

Da die Verbesserung der Leistungsstruktur im Rahmen einer formelhaften Ermittlung nicht besser ermittelt werden kann, gibt **Satz 7** dem Krankenhaus die

Möglichkeit, Veränderungen der Leistungsstruktur nachzuweisen und in den Budgetverhandlungen ein anderes Ergebnis durchzusetzen. Das Krankenhaus kennt seine Leistungsdaten sowie die eingetretenen Veränderungen der Leistungsstruktur (neue Schwerpunkte, zusätzliches Leistungsangebot u. a.). Allerdings erfasst die Formel nach Satz 6 auch eine Verschlechterung der Leistungsstruktur nicht, bei der die zusätzlich erbrachten Fälle niedriger bewertet sind als der bei der Budgetvereinbarung unterstellte (durchschnittliche) CMI. Satz 7 gibt deshalb bei Vorliegen von Mehrerlösen nach Satz 1 auch den Krankenkassen das Recht, eine solche Entwicklung nachzuweisen und das Formelergebnis im Verhandlungswege zu ändern.

Auch die vom Krankenhaus vollständig zurückzuzahlenden **Mehrerlöse aus Fallpauschalen** infolge einer veränderten Kodierung (Satz 3) werden vereinfacht ermittelt, indem von den „insgesamt angefallenen Mehrerlösen im Fallpauschalenbereich" die „sonstigen Mehrerlöse im Fallpauschalenbereich" (Satz 6) abgezogen werden. Diese Vorgabe des **Satzes 8** kann jedoch nur den Rechenweg angeben. Soweit eine Verhandlung nach Satz 7 zu einer von dem Formelergebnis nach Satz 6 abweichenden Höhe der „sonstigen Mehrerlöse im Bereich der Fallpauschalen" führt, muss zwangsläufig auch ein entsprechend abweichendes Ergebnis nach Satz 8 ermittelt werden. Ein entsprechender Verweis auf Satz 7 fehlt zwar in Satz 8; eine entsprechende übergreifende Sichtweise wird jedoch in der amtl. Begründung deutlich, in der die Sätze 6 und 8 zusammen erläutert werden und sich Satz 7 danach auf beide bezieht.

Beispiel: Mehrerlösausgleich ab 2004

1. **Ermittlung des Gesamt-Mehrerlöses nach Satz 1**

– prospektiv vereinbartes Erlösbudget (Abs. 5 oder 6 Satz 2)	30 000 000 €
– abzügl. Summe der tatsächlichen Erlöse aus DRG-FP und ZE	32 000 000 €
Gesamt-Mehrerlös	2 000 000 €
davon Mehrerlöse aus Fallpauschalen	1 600 000 €

2. **Ermittlung der sonstigen Mehrerlöse im Fallpauschalenbereich (Satz 6)**

– Zusätzlich erbrachte Behandlungsfälle	300 Fälle
– Mittelwert der vereinbarten Bewertungsrelationen (der Budgetvereinbarung zu Grunde liegender CMI)	1,5
– vereinbarter krankenhausindividueller Basisfallwert	2 500 €
„Sonstige Mehrerlöse" = Multiplikation der Werte (300 × 1,5 × 2500)	1 125 000 €

Die „sonstigen Mehrerlöse im Bereich der Fallpauschalen" sind anhand der mit Satz 6 vorgegebenen Formel pauschal in Höhe von 1 125 000 € ermittelt worden. Dabei werden die zusätzlich erbrachten Fälle mit dem CMI-Wert gewichtet, der der Budgetvereinbarung zu Grunde lag. Hatten die zusätzlich erbrachten Fälle tatsächlich einen höheren oder niedrigeren Fallwert, so kann das hier pauschal ermittelte Rechenergebnis im Verhandlungswege verändert werden; vgl. hierzu die Erläuterungen zu den Sätzen 6 bis 8.

Allgemeine Hinweise:

– Mehrerlöse können unter Punkt 2 rechnerisch nur ermittelt werden, soweit zusätzliche Fälle erbracht wurden. Deshalb darf unter „Fälle" nur eine „0" oder ein höherer positiver Wert eingetragen werden.

– Mehrerlöse, die bei **gleich bleibender Fallzahl** durch eine Veränderung der Leistungsstruktur (**höherer CMI-Wert**) entstehen, müssen von den Mehrerlösen infolge veränderter Kodierung (Pkt. 3) unterschieden werden. Hierzu wird eine Verhandlung nach Satz 7 erforderlich sein, in der ein entsprechender Wert für diese „sonstigen Mehrerlöse im Fallpauschalenbereich" vereinbart wird.

– Ist der **CMI-Wert** gegenüber der Budgetvereinbarung **gesunken** (Veränderung der Leistungsstruktur), können bei dem vom Gesetzgeber vorgegebenen Gesamtsummenvergleich nach Satz 1 keine Mehrerlöse infolge einer veränderten Kodierung (Upcoding, Rightcoding) entstanden sein; Satz 3 kann nicht angewendet werden. Der Mehrerlös ist somit Folge zusätzlicher Behandlungsfälle. Diese zusätzlichen Behandlungsfälle dürfen bei einem gesunkenen CMI jedoch nicht mit dem höheren vereinbarten CMI aus der Budgetvereinbarung multipliziert werden. Das Ergebnis wäre sonst höher als der entstandene Mehrerlös. Deshalb sollte in diesem Falle unter Pkt. 2 die Summe der tatsächlich entstandenen Mehrerlöse eingetragen werden. Als Folge daraus ergibt sich bei der Rechnung unter Pkt. 3 ein kodierbedingter Mehrerlös in Höhe von „0".

3. **Ermittlung der Mehrerlöse infolge veränderter Kodierung im Fallpauschalenbereich (Satz 8)**

   – Summe der Mehrerlöse aus Fallpauschalen   1 600 000 €

   – abzügl. „sonstige Mehrerlöse im Fallpauschalenbereich"
   nach Pkt. 2   – 1 125 000 €

   Mehrerlöse infolge einer veränderten Kodierung   475 000 €

   Diese Mehrerlöse, die vollständig zurückzuzahlen sind, werden mit den Rechnungen unter Pkt. 2 und Pkt. 3 pauschaliert ermittelt. Zur Möglichkeit einer Veränderung des Rechenergebnisses im Verhandlungswege vgl. die Erläuterungen zu den Sätzen 6 bis 8 sowie zu Pkt. 2.

4. **Ermittlung der sonstigen Mehrerlöse außerhalb des Fallpauschalenbereiches**

   Auch bei einem insgesamt vorliegenden Mehrerlös (Gesamtsummenvergleich nach Satz 1) können sich einzelne Entgeltarten durchaus negativ entwickelt haben. Ausgeglichen werden darf jedoch höchstens der nach Satz 1 ermittelte Gesamt-Mehrerlös. Insoweit ist es erforderlich, die sonstigen Mehrerlöse außerhalb des DRG-Fallpauschalenbereichs als Restsumme zu ermitteln.

   – Gesamt-Mehrerlös nach Satz 1   2 000 000 €

   – abzügl. Mehrerlöse aus Fallpauschalen   – 1 600 000 €

   Sonstige Mehrerlöse außerhalb des FP-Bereichs
   (Teilsumme n. Satz 4)   400 000 €

5. Ermittlung des Gesamt-Mehrerlösausgleichs

a) Mehrerlöse infolge <u>veränderter Kodierung</u> bei Fallpauschalen
(Pkt. 3); 100% Ausgleich von 475 000 € =   475 000 €

b) <u>Sonstige Mehrerlöse</u> (65% Mehrerlösausgleich ab 2004):
- im Fallpauschalenbereich (s. Pkt. 2)   1 125 000 €
- außerhalb des Fallpauschalenbereichs
  (s. Pkt. 4)   400 000 €

65% Ausgleich von   1 525 000 €   =   991 250 €

Gesamt-Mehrerlösausgleich nach Absatz 6 Satz 3 bis 8   **1 466 250 €**

Das Krankenhaus muss in diesem Beispiel einen Betrag von 1 466 250 € zurückzahlen. Der Betrag wird jedoch nicht direkt an die Krankenkassen ausgezahlt, sondern führt zu einer entsprechenden Absenkung des nächsten zu vereinbarenden **Basisfallwerts** (Absatz 7 Satz 1 Nr. 2). Das Krankenhaus erhält auf diesem Wege entsprechend niedrigere Erlöse, d.h. die Krankenkassen zahlen entsprechend weniger. Der nicht zurückzuzahlende Anteil der Mehrerlöse in Höhe von **533 750 €** steht dem Krankenhaus über das vereinbarte Erlösbudget hinaus für die Finanzierung der zusätzlich erbrachten Leistungen zusätzlich zur Verfügung (Budgetanpassung im Rahmen der flexiblen Budgetierung).

Anhand des oben gezeigten Beispiels wurde die Vorgehensweise für Mehrerlösausgleiche unter Bezug auf die detaillierten Vorgaben des Absatzes 9 erläutert. Als Ergebnis sind folgende **Grundsätze** festzuhalten:

- Der Mehrerlös nach Absatz 9 Satz 1 ist ein Gesamtsummenvergleich, also ein Saldo aus ggf. positiven und negativen Entwicklungen bei einzelnen Entgeltarten.
- Ein Ausgleich der Mehrerlöse kann maximal den gesamten Mehrerlös nach Satz 1 ausgleichen.
- Nur die Mehrerlöse im Fallpauschalenbereich, die infolge einer veränderte Kodierung von Diagnosen und Prozeduren entstehen, werden zu 100% ausgeglichen.
- Ist dieser Betrag ermittelt oder nach Satz 7 verhandelt (korrigiert) worden, so kann die verbleibende Restsumme des Mehrerlöses nach Satz 1 zu 65% ausgeglichen werden.

Zu Absatz 9 Satz 9

Auf Grund der sehr hohen Kosten einer **Behandlung von Blutern** mit Blutgerinnungsfaktoren werden seit dem Jahr 1985 diese Kosten durch zusätzlich zu zahlende Entgelte (damals Sonderentgelte) gedeckt und außerhalb der Krankenhausbudgets finanziert. **Satz 9** bestimmt dem entsprechend, dass Mehrerlöse aus Zusatzentgelten für die Behandlung von Blutern nicht ausgeglichen werden. Diese Zusatzentgelte werden für eine bestimmte Anzahl von Einheiten der Blutgerinnungsfaktoren vereinbart. Sie enthalten somit nur die Arzneimittelkosten, die bei der Behandlung des Bluters zusätzlich entstehen und dürfen deshalb nicht ausgeglichen werden. Darüber hinaus gibt Satz 9 vor, dass auch die Abschläge nach § 8 Abs. 4 nicht ausgeglichen werden. Dies sind Straf-Abschläge, um die das Krankenhaus seine Fallpauschalen und Zusatzentgelte mindern muss, wenn es seine Verpflichtungen zur Qualitätssicherung nicht einhält.

Zu Absatz 9 Satz 10

Dem Krankenhaus steht als Vergütung für seine Leistungen grundsätzlich das prospektiv vereinbarte Budget (Erlösbudget) zu. Die Pflegesätze (z.B. Fallpauschalen, Zusatzentgelte, tagesbezogene Entgelte), die das Krankenhaus den Krankenkassen oder den selbstzahlenden Patienten in Rechnung stellt, haben lediglich die Funktion von Abschlagszahlungen auf dieses Budget. Weichen die Abschlagszahlungen, die das Krankenhaus erhalten hat, von dem vereinbaren Budget ab, sind die entstandenen Mehr- oder Mindererlöse anteilig auszugleichen. Der dem Krankenhaus verbleibende Anteil der Mehrerlöse erhöht das vereinbarte Budget, der nicht auszugleichende und vom Krankenhaus zu tragende Anteil der Mindererlöse vermindert das vereinbarte Budget (angepasstes Budget; vgl. oben). Für diese flexible Budgetierung (vgl. Kapitel 5.2.3 der Einführung) ist die Höhe der tatsächlich erzielten Erlöse des Krankenhauses die entscheidende Größe. Diese Größe ist den Krankenkassen jedoch nicht bekannt, weil das Krankenhaus seine Leistungen einer Vielzahl von Krankenkassen oder Patienten in Rechnung stellt. Satz 10 bestimmt deshalb, dass der **Jahresabschlussprüfer** des Krankenhauses die **Höhe der Erlöse bestätigt**. Damit liegt eine zwischen den Vertragsparteien unstreitige Ausgangsbasis für die Ermittlung der Mehr- oder Mindererlösausgleiche vor.

Amtl. Begründung

Zu Absatz 10

Leistungen für bestimmte ausländische Patienten können aus dem Gesamtbetrag und damit aus der Budgetvereinbarung mit den Krankenkassen und den Mehrerlösausgleichen herausgenommen werden. Die Vorschrift entspricht dem bisherigen § 3 Abs. 4 Satz 1 BPflV.

ERLÄUTERUNGEN

Die Leistungen für ausländische Patienten, die mit dem Ziel einer Krankenhausbehandlung in die Bundesrepublik Deutschland einreisen, können auf Verlangen des Krankenhauses aus dem Erlösbudget ausgegliedert werden. Vgl. hierzu die Erläuterungen zu § 3 Abs. 7.

Amtl. Begründung

Zu Absatz 11

Die Vorschrift ermöglicht bei wesentlichen Änderungen die Neuvereinbarung des Gesamtbetrags. Sie entspricht grundsätzlich dem Gedanken des Wegfalls der Geschäftsgrundlage. Die Regelung wurde aus dem bisherigen § 12 Abs. 7 BPflV übernommen.

ERLÄUTERUNGEN

Die Vorschrift entspricht der des § 12 Abs. 3 BPflV in der ab 1.1.2004 geltenden Fassung und der des § 3 Abs. 8. Vgl. die Erläuterungen zu § 3 Abs. 8.

Amtl. Begründung

Zu Absatz 12

Absatz 12 ... übernimmt eine in der Stellungnahme des Bundesrates geforderte Regelung. Falls für den Zeitraum 2007 das angekündigte Gesetz zum endgültigen ordnungspolitischen Rahmen für das neue Fallpauschalensystem wider Erwarten nicht rechtzeitig in Kraft treten kann, vereinbaren die örtlichen Vertragsparteien das Erlösbudget ab dem Jahr 2007 nach den Vorgaben für die Vereinbarung des Zielwertes in den Jahren 2005 und 2006 (Menge × Preis). Im Übrigen gelten die Vorgaben zu den Ausgleichen und Berichtigungen für Vorjahre (BT-Drucks. 14/7824).

ERLÄUTERUNGEN

Der Gesetzgebern hat geplant, den ordnungspolitischen Rahmen für die Krankenhausfinanzierung ab dem Jahr 2007 mit einem gesonderten Gesetz voraussichtlich im Frühjahr 2006 festzulegen. Bis dahin können von allen Beteiligten in Bund, Ländern und Verbänden Erfahrungen mit der Einführung des DRG-Vergütungssystems gesammelt und bisherige Positionen überprüft und ggf. auch verändert werden. Erfahrungen mit Gesetzgebungsverfahren, die einer Zustimmung des Bundesrates bedürfen, zeigen jedoch, dass Einigungen in wesentlichen Grundsatzfragen häufig schwierig sind. Dies könnte auch zu Beginn des Wahljahres 2006 der Fall sein. Absatz 12 gibt deshalb vor, wie ab dem Jahr 2007 zu verfahren ist, falls das geplante Gesetzgebungsvorhaben nicht rechtzeitig durchgeführt oder beendet werden kann.

Nach Satz 1 ist das **Erlösbudget** des Krankenhauses entsprechend der Vorgaben des Absatzes 4 zu vereinbaren. Nach der Grundformel Menge × Preis erhält das Krankenhaus ein Erlösbudget, dass in seiner Höhe dem Preisniveau entspricht, wie es mit dem **landesweit geltenden Basisfallwert** nach § 10 vorgegeben ist. Damit wird zum 1.1.2007 der letzte Angleichungsschritt der Konvergenzphase abgeschlossen. Das DRG-Vergütungssystem ist eingeführt. Bei der Verhandlung des Erlösbudgets sind weiterhin Art und Menge der DRG-Fallpauschalen und Zusatzentgelte mit den Krankenkassen zu vereinbaren. Zusätzliche Leistungen erhöhen das Erlösbudget um die volle Höhe der Fallpauschalen und Zusatzentgelte. Bei Nichteinigung entscheidet die Schiedsstelle. Weicht die tatsächliche Leistungserbringung des Krankenhauses von der prospektiven Vereinbarung ab, sind nach Satz 2 Mehr- oder Mindererlöse gegenüber dem vereinbarten Erlösbudget weiterhin auszugleichen.

Mit dem geplanten Gesetzgebungsverfahren zum ordnungspolitischen Rahmen ab dem Jahr 2007 wird der Gesetzgeber u. a. die Frage zu entscheiden haben, ob weiterhin Erlösbudgets verhandelt werden sollen oder ob auf ein freies Preissystem übergegangen wird, bei dem auf Erlösbudgetverhandlungen, d.h. auf die Vereinbarung von Art und Menge der Leistungen, und auf Mehr- oder Mindererlösausgleiche verzichtet wird.

Amtl. Begründung

Zu Absatz 13

Der neue Absatz 13 zur Finanzierung der **Verbesserung der Arbeitszeitbedingungen** entspricht grundsätzlich den Vorgaben des § 6 Abs. 5 BPflV; vgl. Begründung zu § 6 Abs. 5 BPflV. Ab dem Jahr 2005 werden die zusätzlich nach diesem Programm vereinbarten Finanzierungsbeträge jedoch nicht mehr im Rahmen des Krankenhausbudgets, sondern gesondert durch einen prozentualen Zuschlag zu den DRG-Fallpauschalen einschließlich der Entgelte bei Überschreitung der oberen Grenzverweildauer sowie der Abschläge bei Unterschreitung der unteren Grenzverweildauer und bei Verlegungen, zu den Zusatzentgelten und zu den sonstigen Entgelten nach § 6 Abs. 1 Satz 1 KHEntgG finanziert. Diese zusätzlichen Finanzmittel unterliegen somit nicht der schrittweisen Angleichung der Basisfallwerte vom 1. Januar 2005 bis zum 1 Januar 2007. Über die Form der Überführung dieser krankenhausindividuellen Zuschläge in die DRG-Regelfinanzierung ab dem Jahr 2007 wird mit einem nachfolgenden Gesetz entschieden. Bei der erstmaligen Vereinbarung des landeseinheitlichen Basisfallwertes nach § 10 Abs. 2 KHEntgG für das Jahr 2005 ist zu berücksichtigen, dass die bis zum Jahr 2004 in den Gesamtbeträgen nach § 6 Abs. 1 BPflV enthaltenen Finanzierungsbeträge zur Verbesserung der Arbeitszeitbedingungen aus den Gesamtbeträgen 2004 und damit aus dem für die Basisfallwertermittlung zur Verfügung stehenden Finanzierungsvolumen auszugliedern sind, weil sie künftig gesondert finanziert werden. Ein Mehr- oder Mindererlösausgleich für die Zuschläge ist nicht vorgesehen.

ERLÄUTERUNGEN

– keine –

Amtl. Begründung

Zu Absatz 14

Zum 1. Oktober 2004 soll der **Arzt im Praktikum** durch das Gesetz zur Änderung der Bundesärzteordnung und anderer Gesetze abgeschafft werden. Die Ärztinnen und Ärzte erhalten infolge dessen auch eine höhere Vergütung. Nach Absatz 14 werden die dadurch entstehenden Mehrkosten bei Krankenhäusern, die dem Krankenhausentgeltgesetz unterliegen, in den Jahren 2004 bis 2006 außerhalb der Budgets durch einen gesonderten Zuschlag finanziert. Ab dem Jahr 2007 werden diese Kosten im landeseinheitlich geltenden Basisfallwert berücksichtigt; der Zuschlag entfällt (vgl. § 10 Abs. 7 KHEntgG). Unter diese Regelungen fällt nicht die Finanzierung zusätzlich geschaffener Stellen.

Auf Grund der Zuschlagsregelungen nach den Absätzen 13 und 14 werden die entsprechenden Finanzierungsbeträge auch bei **besonderen Einrichtungen** nach § 6 Abs. 1 KHEntgG nicht in die Erlössumme nach § 6 Abs. 3 KHEntgG einbezogen.

ERLÄUTERUNGEN

Zum dem Zeitpunkt, in dem diese Regelung mit dem GKV-Modernisierungsgesetz verabschiedet wurde, war das Gesetzgebungsverfahren für das Gesetz zur Änderung der Bundesärzteordnung und anderer Gesetze noch nicht beendet.

Satz 1 knüpft deshalb die Umsetzung des Absatzes 14 an die Mehrkosten „im Falle" der Abschaffung des Arztes im Praktikum. Voraussetzung für die Umsetzung dieser Regelungen ist somit, dass das Gesetz in Kraft tritt und der Arzt im Praktikum tatsächlich abgeschafft wird.

§ 5 Vereinbarung von Zu- und Abschlägen

(1) Die nach § 9 Abs. 1 Satz 1 Nr. 3 vereinbarten Regelungen für bundeseinheitliche Zu- und Abschläge nach § 17b Abs. 1 Satz 4 und 5 des Krankenhausfinanzierungsgesetzes sind für die Vertragsparteien nach § 11 verbindlich. Auf Antrag einer Vertragspartei ist zu prüfen, ob bei dem Krankenhaus die Voraussetzungen für einen Zu- oder Abschlag vorliegen. Wurde für einen Tatbestand ein bundeseinheitlicher Zu- oder Abschlagsbetrag festgelegt, der für die Zwecke der Berechnung gegenüber den Patienten oder den Kostenträgern auf eine krankenhausindividuelle Bezugsgröße, beispielsweise die Fallzahl oder eine Erlössumme, umgerechnet werden muss, so vereinbaren die Vertragsparteien gemäß den bundeseinheitlichen Vereinbarungen den sich daraus ergebenden krankenhausindividuellen Abrechnungsbetrag oder -prozentsatz.

(2) Für die Vorhaltung von Leistungen, die auf Grund des geringen Versorgungsbedarfs mit den Fallpauschalen nicht kostendeckend finanzierbar und zur Sicherstellung der Versorgung der Bevölkerung bei einem Krankenhaus notwendig ist, vereinbaren die Vertragsparteien nach § 11 unter Anwendung der Maßstäbe und Einhaltung der Vorgaben nach § 17b Abs. 1 Satz 6 bis 8 des Krankenhausfinanzierungsgesetzes Sicherstellungszuschläge. Sie haben dabei zu prüfen, ob die Leistung durch ein anderes geeignetes Krankenhaus, das diese Leistungsart bereits erbringt, ohne Zuschlag erbracht werden kann. Kommt eine Einigung nicht zu Stande, entscheidet die für die Krankenhausplanung zuständige Landesbehörde. Die Vertragsparteien nach § 11 vereinbaren die Höhe des Zuschlags.

Amtl. Begründung

Zu Absatz 1

Die Selbstverwaltungspartner nach § 17b KHG vereinbaren **Regelungen** für bundeseinheitliche Zu- und Abschläge. Mit diesen Regelungen können die Voraussetzungen für Zuschläge bestimmt werden und, soweit möglich, auch die konkrete Höhe des gegenüber den Krankenkassen abzurechnenden Zuschlags. In diesem Fall ist von den Vertragsparteien „vor Ort" zu prüfen, ob bei dem einzelnen Krankenhaus die Voraussetzungen für einen Zuschlag vorliegen. In anderen Fällen wird zwar ein Finanzierungsbetrag für einen bestimmten Tatbestand vereinbart werden können, jedoch muss die genaue Höhe des abzurechnenden Zuschlags auf eine bestimmte, krankenhausindividuelle Bezugsgröße umgerechnet werden (z.B. Zahl der Fälle). Dies können nur die Vertragsparteien „vor Ort"; sie sind dabei an die bundeseinheitliche Vorgabe gebunden.

ERLÄUTERUNGEN

Für Finanzierungstatbestände, die nicht in allen Krankenhäusern vorliegen und deshalb nicht sachgerecht in die Fallpauschalen einbezogen werden können, haben die Selbstverwaltungspartner auf der Bundesebene Zu- oder Abschläge zu vereinbaren, die zusätzlich zu den Fallpauschalen in Rechnung gestellt werden. Auf Grund der sehr unterschiedlichen Tatbestände, für die zusätzliche Zahlungen erforderlich werden könnten, hat der Gesetzgeber den Selbstverwaltungspartner Spielräume gelassen, indem er lediglich vorgegeben hat, dass „Regelungen für Zu- oder Abschläge" zu vereinbaren sind (§ 17b Abs. 1 Satz 4 KHG). Wie auch der amtl. Begründung zu entnehmen ist, kann auf der Bundesebene z. B.

– der je Fall abzurechnende Zu- und Abschlag und seine konkrete Höhe festgelegt werden,

– eine Regelung vorgegeben werden, welcher Geldbetrag dem Krankenhaus für einen bestimmten Tatbestand zusteht und wie dieser Betrag z. B. in Abhängigkeit von der Fallzahl des Krankenhauses oder einer Abteilung in einen abrechnungsfähigen Zuschlag je Fall umzurechnen ist, oder

– lediglich allgemeine Regelungen vorgesehen werden, wenn aus sachlichen Gründen in Ausnahmefällen auf der Bundesebene keine Beträge festgelegt werden können.

Satz 1 bestimmt, dass die auf der Bundesebene getroffenen Regelungen für die Vertragsparteien auf der örtlichen Ebene verbindlich und somit von ihnen umzusetzen sind. Nach Satz 2 wird in den Budgetverhandlungen auf der örtlichen Ebene geprüft, ob die Voraussetzungen für einen Zu- oder Abschlag beim einzelnen Krankenhaus vorliegen. Soweit anhand der Regelungen (Vorgaben) der Bundesebene ein abrechnungsfähiger Betrag erst ermittelt werden muss, ist nach Satz 3 auch dies Aufgabe der örtlichen Vertragsparteien.

Amtl. Begründung

Zu Absatz 2

In Folge der Einführung des DRG-Fallpauschalensystems wird das Leistungsangebot sowohl der einzelnen Krankenhäuser als auch in der Region transparenter werden. Veränderungs- und Optimierungsbedarf wird deutlich werden. Bestimmte Leistungsangebote werden sich für einzelne Krankenhäuser wirtschaftlich nicht mehr lohnen. Entsprechende Veränderungen der Leistungsstrukturen sind notwendig und erwünscht. Gleichwohl muss an dem **Grundsatz der flächendeckenden Versorgung** festgehalten werden. Die Frage, ob ein bestimmtes Versorgungsangebot auch bei geringer Nachfrage in einem bürgernahen Krankenhaus vorgehalten werden soll, wird sich nicht mehr auf ganze Abteilungen richten, sondern für einzelne **Leistungen oder Leistungspakete** gestellt werden. Leistungen der Notfallversorgung sowie beispielsweise die häufigsten Leistungen der Chirurgie oder Inneren Medizin werden immer bürgernah vorgehalten werden müssen. Dagegen stellt sich bei weniger häufigen, aufwändigen und komplikationsanfälligen Leistungen die Frage, ob diese Leistungen nicht besser schwerpunktmäßig an bestimmten Krankenhäusern zusammengefasst werden. So ist heute weitgehend unbestritten, dass auch aus Gründen der **Qualitätssicherung** bei vielen Leistungen bestimmte **Mindestmengen** erbracht werden sollten. Der Gesetzgeber gibt deshalb mit Artikel 1 Nummer 5 den nach § 137 SGB V für die Qualitätssicherung zuständigen Selbstverwaltungspartnern den Auftrag, solche Leistungen und die erforderlichen Mindestmengen zu benennen. Eine Schwerpunktbildung bei bestimmten Leistungsangeboten bedeutet nicht zwangsläufig eine Konzentration bei großen Krankenhäusern. Schwerpunkte können auch bei kleineren Krankenhäusern gebildet werden, z. B. auch, wenn sich benachbarte Krankenhäuser auf unterschiedliche Schwerpunkte einigen.

Nach § 17b Abs. 1 Satz 4 KHG sind für Leistungen, die in einem Krankenhaus auf Grund geringer Fallzahlen mit den DRG-Fallpauschalen nicht wirtschaftlich erbracht werden können, Zuschläge für die Vorhaltung dieser Leistungen zu zahlen, soweit dies zur **Sicherstellung der Versorgung der Bevölkerung** notwendig ist. Die für das DRG-System zuständigen Selbstverwaltungspartner auf Bundesebene vereinbaren Maßstäbe *[Hinweis: durch den Vermittlungsausschuss geändert in „Empfehlungen für Maßstäbe]*, in welchen Fällen solche Zuschläge gezahlt werden sollten und wie die Höhe der Zuschläge grundsätzlich bemessen werden sollte. Die Prüfung, ob ein entsprechender Tatbestand vorliegt und welche Zuschlagshöhe zu zahlen ist, ist Aufgabe der Vertragsparteien „vor Ort".

Absatz 2 Satz 1 bestimmt ergänzend zu der Grundvorschrift des § 17b Abs. 1 KHG, dass ein Zuschlag für die Vorhaltung von Leistungen nicht gezahlt werden darf, wenn ein anderes geeignetes Krankenhaus – ggf. im gleichen Ort – diese Leistungen ohne Zuschlag erbringen kann *[Hinweis: geändert durch den Vermittlungsausschuss]*. Mit dieser Vorgabe sollen die Zuschläge begrenzt und eine Wettbewerbsverzerrung zwischen Krankenhäusern ausgeschlossen werden. Welches andere Krankenhaus für die Leistungserbringung in Frage kommt, ist u. a. anhand von Entfernungen und Verkehrsverbindungen zu entscheiden. Maßgeblich sind hierbei die Maßstäbe der Vertragsparteien auf Bundesebene *[Hinweis: geändert durch den Vermittlungsausschuss]*. Kommt eine Einigung zwischen den Krankenkassen und Krankenhaus nicht zu Stande, entscheidet die für die Krankenhausplanung zuständige Landesbehörde darüber, ob die Erbringung der Leistung bei diesem Krankenhaus erforderlich ist *[Hinweis: geändert durch den Vermittlungsausschuss]*. Dabei hat sie auch die Interessen anderer Krankenhäuser, die keinen Zuschlag erhalten, zu beachten.

Amtl. Begründung zum Änderungsantrag (BT-Drucks. 14/7862, Pkt. 2.13)

Zu Absatz 2

Zu § 17b Abs. 1 Satz 4 bis 8 KHG

Der **Bundesrat** hat in seiner Stellungnahme vom 9. November 2001 (BR-Drucks. 701/01 – Beschluss) eine stärkere Berücksichtigung der Belange der Krankenhausplanung der Länder gefordert. Die Neufassung von § 17b Abs. 1 Satz 4 bis 8 KHG durch Nummer 1 greift diese Forderung auf. Satz 7 lässt für die Vereinbarung eines Zuschlags zur Sicherstellung der Versorgung der Bevölkerung **Vorgaben der Länder** zu, die die Vereinbarungen der Selbstverwaltungspartner auf Bundesebene ergänzen oder von ihnen abweichen können. Damit können landesspezifische Belange der Krankenhausplanung eingebracht und berücksichtigt werden. Es wird jedoch an einer leistungsbezogenen Entscheidungsfindung festgehalten. Auch sind die **Interessen anderer Krankenhäuser**, die im Wettbewerb stehen und ggf. die Leistungen ohne Zuschlag erbringen könnten, zu berücksichtigen.

Zu § 5 Abs. 2 KHEntgG

Die Regelungen stellen sicher, dass für notwendige Versorgungsangebote, die auf Grund geringer Fallzahlen mit den vorwiegend aus Fallpauschalen erzielten Erlösen allein nicht finanzierbar sind, Zuschläge vereinbart werden können. § 5 Abs. 2 KHEntgG gibt dementsprechend vor, dass von den Vertragsparteien „vor Ort" zu prüfen ist, ob ein anderes geeignetes Krankenhaus diese Leistungen ohne Zuschlag erbringen kann.

Die Entscheidung über einen Zuschlag ist anhand der Maßstäbe und Vorgaben nach § 17b Abs. 1 Satz 6 und 7 KHG zu treffen. Im Konfliktfall entscheidet die für die Krankenhausplanung zuständige Landesbehörde. Die Regelungen insgesamt geben den Ländern ausreichend Möglichkeiten, die Besonderheiten der Krankenhausplanung zur Geltung zu bringen sowie im Einzelfall sachgerechte Entscheidungen zu treffen.

ERLÄUTERUNGEN

zu Absatz 2

Bei einem leistungsorientierten, fallbezogenen DRG-Vergütungssystem entscheidet grundsätzlich die Anzahl der behandelten Patienten (abgerechnete Fälle) über die Einnahmen eines Krankenhauses. Kleine Krankenhäuser oder Abteilungen mit geringen Fallzahlen werden unter bestimmten Bedingungen, z.B. wegen relativ hoher **Vorhaltekosten** (24-Stunden-Bereitschaft, Mindestbesetzung), die Kosten mit der normalen Fallpauschalen-Vergütung nicht finanzieren können. Im Normalfall wird dies zu Umstrukturierungen oder zu einer Aufgabe dieses Leistungsangebots und damit zu den gesamtwirtschaftlich erforderlichen Strukturveränderungen führen. Die Leistungen werden von anderen Krankenhäusern erbracht. Insgesamt führt eine solche Veränderung des Leistungsangebots zu wirtschaftlicheren Versorgungsstrukturen, aber auch zu einer unter **Qualitätsanforderungen** sinnvollen und notwendigen Schwerpunktbildung. Bei vielen Leistungen hängt die Qualität der Leistungserbringung auch mit der Erfahrung z.B. des Operateurs und im Umgang mit Komplikationen zusammen. Der Gesetzgeber hat deshalb die Vorgaben des § 137 Abs. 1 SGB V erheblich verschärft. Das Krankenhaus muss künftig Qualitätsberichte vorlegen, in denen auch Art und Anzahl der Leistungen ausgewiesen sind. Die erstmals für das Jahr 2004 zu erstellenden Berichte werden von den Landesverbänden der Krankenkassen im Internet veröffentlicht. Es entsteht eine neue **Leistungstransparenz**. Patienten können sich somit künftig informieren, welches Krankenhaus z.B. wie viele Knieoperationen im Jahr durchführt, und sich u.a. auch anhand dieser Information für ein bestimmtes Krankenhaus entscheiden. Nach § 137 Abs. 1 Satz 4 SGB V dürfen Krankenhäuser ab dem Jahr 2004 Leistungen, bei denen von der Selbstverwaltung auf Bundesebene festgelegte Mindestmengen nicht erreicht werden, nicht mehr erbringen.

Aber auch unter diesen Bedingungen soll die **flächendeckende Versorgung der Bevölkerung** sichergestellt werden. Allerdings wird sich auf Grund der mit dem DRG-Fallpauschalensystem entstehenden drastisch verbesserten Leistungs- und Kostentransparenz sowie der Anforderungen der Qualitätssicherung die Frage, welche Leistungen wirklich auf kurzem Wege „vor Ort" benötigt werden, schärfer stellen. Wohnortnah werden wohl auch künftig die gängigen Leistungen der Grundversorgung (z.B. Blinddarm-, Leistenbruch- und HNO-Operationen) erbracht werden. Für andere Eingriffe (z.B. Gelenk-, Prostata- und Herz-OP) wird man dagegen, wie bereits heute schon häufig praktiziert, weitere Wege in Kauf nehmen müssen. Dabei kann die notwendige Schwerpunktbildung bei vielen Leistungen auch durch eine Umstrukturierung des Leistungsangebots an kleineren Krankenhäusern stattfinden. Mehrere kleine Krankenhäuser in einer Region können untereinander Leistungsschwerpunkte abstimmen. Schwerpunktbildung ist somit nicht mit einer Konzentration an großen Krankenhäusern gleichzusetzen.

Gleichwohl wird die Notwendigkeit bestehen, bestimmte Versorgungsangebote an bestimmten Krankenhäusern vorzuhalten, um die Versorgung der Bevölkerung sicherzustellen. Soweit dies mit den DRG-Fallpauschalen nicht finanzierbar ist, sind sog. **Sicherstellungszuschläge** von den Krankenkassen zu vereinbaren und zu zahlen. Die Frage, unter welchen Voraussetzungen ein Sicherstellungszuschlag zu zahlen ist und wer über die Notwendigkeit einer Zahlung im Einzelfall entscheidet, berührt ein Kernthema des neuen DRG-Vergütungssystems, bei dem letztlich über das Ausmaß der grundsätzlich gewünschten Veränderungen im Krankenhausbereich entschieden wird. Dieses Kernthema wurde nicht nur von Krankenhäusern und Krankenkassen, sondern insbesondere zwischen Bundesregierung und regierungsnahen Bundestagsfraktionen einerseits und etlichen Bundesländern im Bundesrat andererseits heftig diskutiert. Dies wundert nicht im Hinblick auf die Auswirkungen der neuen gesetzlichen Vorgaben auf die Krankenhausplanung der Bundesländer. Die jetzige Fassung des § 17b Abs. 1 Satz 6 bis 9 KHG ist deshalb ein Kompromiss, der letztlich erst im **Vermittlungsausschuss** von Bundestag und Bundesrat zu Stande kam. Insoweit stimmt die amtliche Begründung, die üblicherweise im Gesetzgebungsverfahren nicht mehr angepasst wird, nicht in allen Punkten mit der Fassung des Gesetzes im Bundesgesetzblatt überein; vgl. die entsprechenden Hinweise. Nach den Vorgaben von § 17 Abs. 1 KHG i.V. mit § 5 Abs. 2 KHEntgG ergibt sich folgendes Verfahren für die Vereinbarung von Sicherstellungszuschlägen:

– Nach der grundlegenden Vorschrift des § 17b Abs. 1 Satz 6 bis 9 KHG vereinbaren die für das DRG-Fallpauschalensystem zuständigen Selbstverwaltungspartner auf der Bundesebene **bundeseinheitliche Empfehlungen**, unter welchen Voraussetzungen der Tatbestand einer notwendigen Vorhaltung vorliegt sowie in welchem Umfang grundsätzlich zusätzliche Zahlungen zu leisten sind. Dabei werden voraussichtlich Kriterien wie Entfernung, Erreichbarkeit durch öffentliche Verkehrsmittel u. a. herangezogen werden.

– Die für die **Krankenhausplanung** des jeweiligen Bundeslandes zuständige Behörde kann „**ergänzende oder abweichende Vorgaben**" erlassen. Sie ist dabei jedoch nicht völlig frei, sondern muss die Interessen benachbarter, d.h. konkurrierender, Krankenhäuser berücksichtigen. Soweit die Landesbehörde abweichende Vorgaben nicht erlässt, sind die Empfehlungen der Selbstverwaltungspartner verbindlich anzuwenden.

– Die Vertragsparteien nach § 11 KHEntgG prüfen auf der örtlichen Ebene, ob die Voraussetzungen im Fall des einzelnen Krankenhauses vorliegen.

– Im Konfliktfall entscheidet die Planungsbehörde des Landes, ob bei einem bestimmten Krankenhaus ein Zuschlag zu zahlen ist.

– Über die Höhe des Zuschlags entscheiden jedoch die Vertragsparteien nach § 11. Können diese sich über die Höhe nicht einigen, entscheidet die Schiedsstelle.

Vor diesem Hintergrund verpflichten die **Sätze 1 und 2** die Vertragsparteien der Budgetvereinbarung, die Voraussetzungen für einen Sicherstellungszuschlag zu prüfen und ggf. einen solchen Zuschlag zu vereinbaren. **Voraussetzungen** für einen Zuschlag sind:

- Die „Vorhaltung von Leistungen" ist auf „Grund des geringen Versorgungsbedarfs" mit den Fallpauschalen nicht kostendeckend finanzierbar. Dies bedeutet, dass das Krankenhaus ein Leistungsangebot vorhält, dass nur in geringem Umfang (niedrige Fallzahlen) oder unregelmäßig (z.B. Betten für Schwerbrandverletzte oder Infektionsstationen) genutzt wird. Durch die Vorhaltung nicht normal ausgelasteter Kapazitäten entstehen Personal- und Sachkosten, die grundsätzlich nicht in die Fallpauschalen einkalkuliert sind. Darüber hinaus erreicht das Krankenhaus nicht die Fallzahlen, die bei einem leistungsorientierten fallbezogenen Vergütungssystem erforderlich sind, um ein Leistungsangebot oder eine Leistungseinheit (z.B. Station, OP-Raum) auch bei wirtschaftlichem Betrieb ohne Verluste betreiben zu können.

- Das Angebot muss „zur Sicherstellung der Versorgung der Bevölkerung bei einem Krankenhaus notwendig" sein. Dies ist z.B. nicht der Fall, wenn ein benachbartes Krankenhaus (oder mehrere) in der gleichen Stadt oder in zumutbarer Entfernung diese Leistungen zusätzlich übernehmen kann. Ob diese Voraussetzung vorliegt, ist anhand der auf Bundesebene empfohlenen Maßstäbe und ggf. der ergänzenden oder abweichenden Vorgaben der Landesbehörde sowie der tatsächlichen Situation vor Ort zu entscheiden (vgl. oben).

Bei Vorliegen dieser Voraussetzungen haben die Vertragsparteien nach § 11 **darüber hinaus zu prüfen,** ob die Leistung durch ein anderes geeignetes Krankenhaus, das diese Leistungsart bereits erbringt, ohne Zuschlag erbracht werden kann. Der Regelung des Satzes 2 kann entnommen werden, dass die Vereinbarung eines Sicherstellungszuschlags dann ausscheiden soll, wenn bereits bestehende, aber nicht ausgelastete Kapazitäten eines anderen Krankenhauses dazu geeignet sind, diese Leistungen zu erbringen. Es wäre auch kaum zu vermitteln, weshalb bei einem Einheitspreissystem ein Krankenhaus einen Zuschlag für die Vorhaltung nicht wirtschaftlich zu betreibender Leistungsangebote erhalten soll, wenn ein geeignetes benachbartes Krankenhaus, ggf. in der gleichen Stadt, noch nicht ausgelastet ist und die Leistung ohne Zuschlag erbringen kann.

Die Vorschriften zu den Sicherstellungszuschlägen zielen in erster Linie auf die Vorhaltung bestimmter Leistungspakete oder Leistungseinheiten, z.B. die Geburtshilfe. Sie zielen grundsätzlich nicht auf einzelne Leistungen aus einem sinnvollen Leistungspaket, die sich nach Auffassung des Krankenhauses „nicht rechnen". Ob sich eine einzelne Leistung rechnet, ist sicherlich von einer Vielzahl von Faktoren abhängig, u.a. auch der verwendeten Kostenrechnungsmethode und der Bedeutung dieser Leistung für das Krankenhaus. In vielen Unternehmen wird es einzelne Leistungen geben, die für sich genommen nicht wirtschaftlich zu erbringen sind, sondern erst als Teil eines Gesamtangebots, das von den Kunden erwartet wird, unverzichtbar sind. Üblicherweise werden solche Leistungen im Rahmen des Gesamtergebnisses eines Unternehmens mitgetragen, weil auf sie aus Gründen eines sinnvollen und erwarteten Leistungsangebots nicht verzichtet werden kann. Dafür wird es andere Leistungen geben, bei denen höhere Überschüsse verbleiben. Entscheidend ist das wirtschaftliche Gesamtergebnis, z.B. für Abteilungen, Einheiten oder Leistungspakete. Über einen Sicherstellungszuschlag für einzelne Leistungen wird wohl nur bei besonders bedeutsamen oder speziellen Leistungen, die Verlustbringer sind, aber vom Krankenhaus auf Grund seines Versorgungsauftrags und des Sicherstellungsauftrags gleichwohl zu erbringen sind, verhandelt werden.

Nach **Satz 3** entscheidet die für die Krankenhausplanung zuständige **Landesbehörde** im Konfliktfall, **ob** für ein bestimmtes Krankenhaus ein Sicherstellungszuschlag zu zahlen ist. Sie ist nach § 17 Abs. 1 Satz 7 KHG verpflichtet, dabei die Interessen anderer (konkurrierender) Krankenhäuser zu berücksichtigen. Darüber hinaus wird sie auch die Qualitätssicherungsvorgaben des § 137 Abs. 1 Satz 4 und 5 SGB V zu den Mindestmengen berücksichtigen, auch wenn sie bei bestimmten Leistungen von den Vorgaben abweichen kann. Die mit der Vereinbarung des Sicherstellungszuschlags verbundenen Abläufe werden die Vorgänge öffentlich transparent machen und es der Landesbehörde erschweren, die Entscheidung nach sachfremden Erwägungen zu treffen. Die Vorschrift des § 17b Abs. 1 Satz 7, zweiter HS KHG („dabei sind die Interessen anderer Krankenhäuser zu berücksichtigen") deutet darauf hin, dass den konkurrierenden Krankenhausträgern insoweit Rechtsschutzmöglichkeiten zustehen. Auch das Spannungsverhältnis von wohnortnaher Versorgung und den für eine qualitativ gute Versorgung erforderlichen und vereinbarten Mindestmengen wird künftig öffentlich diskutiert werden. Politisch motivierte Entscheidungen werden wesentlich schwieriger durchzusetzen sein.

Satz 4 bestimmt, dass die Vertragsparteien nach § 11 – ggf. nach der Grundsatzentscheidung der Landesbehörde – die Höhe des Zuschlags vereinbaren.

§ 6 Vereinbarung sonstiger Entgelte

(1) Für Leistungen, die

1. **in den Jahren 2003 und 2004 noch nicht von den DRG-Fallpauschalen und Zusatzentgelten erfasst werden oder**
2. **in den Jahren 2005 und 2006 noch nicht mit den DRG-Fallpauschalen und Zusatzentgelten sachgerecht vergütet werden können,**

und für besondere Einrichtungen nach § 17b Abs. 1 Satz 15 des Krankenhausfinanzierungsgesetzes vereinbaren die Vertragsparteien nach § 11 fall- oder tagesbezogene Entgelte oder in eng begrenzten Ausnahmefällen Zusatzentgelte, sofern die Leistungen oder besonderen Einrichtungen nach Feststellung der Vertragsparteien nach § 9 oder in einer Verordnung nach § 17b Abs. 7 Satz 1 Nr. 3 des Krankenhausfinanzierungsgesetzes von der Anwendung der DRG-Fallpauschalen und Zusatzentgelte ausgenommen sind. Die Entgelte sind sachgerecht zu kalkulieren; die Empfehlungen nach § 9 Abs. 1 Satz 1 Nr. 4 sind zu beachten.

(2) Für die Vergütung neuer Untersuchungs- und Behandlungsmethoden, die mit den Fallpauschalen und Zusatzentgelten nach § 7 Satz 1 Nr. 1 und 2 noch nicht sachgerecht vergütet werden können und die nicht gemäß § 137c des Fünften Buches Sozialgesetzbuch von der Finanzierung ausgeschlossen worden sind, sollen die Vertragsparteien nach § 11 erstmals für das Kalenderjahr 2005 zeitlich befristete, fallbezogene Entgelte oder Zusatzentgelte vereinbaren. Die Entgelte sind sachgerecht zu kalkulieren; die Empfehlungen nach § 9 Abs. 1 Satz 1 Nr. 4 sind zu beachten. Vor der Vereinbarung einer gesonderten Vergütung hat das Krankenhaus bis zum 31. Oktober von den Vertragsparteien nach § 9 eine Information einzuholen, ob die neue Methode mit den bereits vereinbarten Fallpauschalen sachgerecht abgerechnet werden kann. Nach Vereinbarung eines Entgelts melden die Vertragsparteien Art und Höhe an die Vertragsparteien nach § 9. Diese können eine Bewertung der Untersuchungs- und Behandlungsmethode nach § 137c des Fünften Buches Sozialgesetzbuch ver-

anlassen; § 137c Abs. 1 Satz 1 des Fünften Buches Sozialgesetzbuch bleibt unberührt. Für das Schiedsstellenverfahren nach § 13 kann eine Stellungnahme des Gemeinsamen Bundesausschusses nach § 137c des Fünften Buches Sozialgesetzbuch eingeholt werden.

(3) Werden krankenhausindividuelle Entgelte für Leistungen oder besondere Einrichtungen nach Absatz 1 Satz 1 vereinbart, ist für diese Entgelte eine Erlössumme zu bilden. Für die Vereinbarung dieser Erlössumme gilt die Bundespflegesatzverordnung entsprechend, insbesondere die Vorschriften für die Vereinbarung eines Gesamtbetrags nach § 6, die Mehr- und Mindererlösausgleiche nach § 12 und die vorzulegenden Verhandlungsunterlagen nach § 17 Abs. 4; dabei entscheidet im Falle des § 6 Abs. 1 Satz 4 Nr. 1 die Schiedsstelle nicht. Soweit Fallpauschalen oder Zusatzentgelte vereinbart werden, gelten die Mehr- oder Mindererlösausgleiche nach § 11 Abs. 8 und die Verhandlungsunterlagen nach § 17 Abs. 4 in Verbindung mit den Anlagen 1 und 2 in der bis zum 31. Dezember 2003 geltenden Fassung der Bundespflegesatzverordnung. Das Bundesministerium für Gesundheit und Soziale Sicherung kann in einer Rechtsverordnung nach § 17b Abs. 7 Satz 1 des Krankenhausfinanzierungsgesetzes abweichende Regelungen treffen.

(4) Sind Erlösanteile nach Absatz 3 bei der letzten Budgetvereinbarung noch in dem Erlösbudget nach § 3 Abs. 3 Satz 4 Nr. 1 oder § 4 enthalten gewesen, ist das Erlösbudget entsprechend zu vermindern. Werden Erlösanteile nach Absatz 3 bei der nächsten Budgetvereinbarung nicht mehr vereinbart, ist das Erlösbudget entsprechend zu erhöhen.

Amtl. Begründung zum FPG

Zu Absatz 1

Es kann derzeit nicht ausgeschlossen werden, dass der Fallpauschalen-Katalog in den Jahren 2003 und 2004 nicht sämtliche Krankenhausleistungen erfasst. Soweit die zuständigen Vertragsparteien auf Bundesebene feststellen, dass bestimmte Leistungen oder Leistungsbereiche nicht abgedeckt sind, erlaubt die Übergangsvorschrift die Vereinbarung von krankenhausindividuellen Entgelten. Diese Entgelte sind krankenhausindividuell zu verhandeln. Ein vereinfachtes Erlösabzugsverfahren, wie es bei den bisherigen Fallpauschalen und Zusatzentgelten angewandt wurde, ist bei dem neuen, fast vollständigen Fallpauschalensystem nicht mehr möglich; bei allen Krankenhäusern mit niedrigeren Basisfallwerten würden negative Restbudgets entstehen. ...

Amtl. Begründung zum FPÄndG

Das DRG-Vergütungssystem wird als lernendes System eingeführt. Ausgehend von der australischen DRG-Klassifikation wird das System jedes Jahr stufenweise weiterentwickelt. Dabei werden sowohl die ständig verbesserte Diagnosen- und Prozeduren-Kodierung und die immer differenziertere Kalkulation in den Krankenhäusern als auch die zunehmende Erfahrung aller Beteiligter zu einer immer besseren Abbildung der Krankenhausleistungen und damit zur Entwicklung einer leistungsorientierten Vergütung beitragen. Bereits heute zeichnet sich ab, dass bestimmte medizinische Leistungsbereiche mit den DRG-Fallpauschalen noch nicht sachgerecht vergütet werden können. Das DRG-Institut der Selbstverwaltungspartner hat im Dezember 2002 dazu aufgerufen, den Änderungsbedarf möglichst genau zu benennen, damit eine entsprechende Prüfung vorgenommen werden kann (www.g-drg.de). Eine sachgerechte Differenzierung der Vergütung kann grundsätzlich durch eine

Splittung einzelner DRG, die Einführung weiterer Schweregrade oder in Ausnahmefällen die zusätzliche Vergütung über ergänzende Zusatzentgelte vorgenommen werden. § 17b Abs. 1 Satz 14 und 15 KHG enthält für die Einführungsphase des DRG-Vergütungssystems die notwendigen Öffnungsklauseln, die es erlauben, bestimmte Leistungen oder Einrichtungen zeitlich befristet aus dem DRG-Vergütungssystem auszunehmen. Die Entgelte für diese Krankenhausleistungen sind krankenhausindividuell zu vereinbaren.

Zu Satz 1

Die Erstkalkulation des DRG-Fallpauschalen-Katalogs für das Jahr 2003 hat gezeigt, dass fast alle Leistungen nach der DRG-Systematik über Diagnosen- und Prozeduren-Kodes „erfasst" werden können. Nummer 1 bestimmt wie die bisherige Vorgabe des Satzes 1, dass Leistungen, die in die bundesweit geltenden Fallpauschalen- oder Zusatzentgeltkataloge aufgenommen worden sind, in den Jahren 2003 und 2004 auch dann abgerechnet werden, wenn diese Entgelte noch keine sachgerechte Vergütung darstellen. In diesen budgetneutralen Jahren wird das Krankenhausbudget (Gesamtbetrag) noch nicht durch die Höhe der DRG-Fallpauschalen bestimmt, sondern herkömmlich nach den Regeln der Bundespflegesatzverordnung verhandelt. Die Fallpauschalen stellen grundsätzlich lediglich Abschlagszahlungen auf dieses Budget dar. Ungenauigkeiten bei der Höhe der Fallpauschalen können somit hingenommen werden.

Ab dem Jahr 2005 werden die Krankenhausbudgets in drei Schritten an das landeseinheitliche DRG-Preisniveau angeglichen (§ 4 Abs. 5 und 6 KHEntgG). Sie beginnen unmittelbar ökonomisch zu wirken. Nummer 2 ermöglicht deshalb die Abrechnung krankenhausindividueller Entgelte dann, wenn eine „sachgerechte Vergütung" noch nicht möglich ist. Sie verlängert die bestehende Öffnungsklausel bis zum Jahr 2006.

Krankenhausindividuelle Entgelte können darüber hinaus für besondere, z.B. spezialisierte Einrichtungen vereinbart werden, deren Leistungen mit den Entgeltkatalogen noch nicht sachgerecht vergütet werden können (vgl. Artikel 1 Nr. 2 Buchstabe a Doppelbuchstabe bb).

Die Leistungen oder Einrichtungen, die nicht mit dem DRG-System vergütet werden und für die deshalb krankenhausindividuelle Vereinbarungen getroffen werden können, bestimmen die Selbstverwaltungspartner nach § 17b Abs. 2 KHG oder z.B. im Falle einer Konfliktlösung durch Rechtsverordnung das Bundesministerium für Gesundheit und Soziale Sicherung durch Rechtsverordnung; vgl. Anlage 2 der Verordnung zum Fallpauschalensystem für Krankenhäuser (KFPV) vom 19. September 2002.

Neben der Vereinbarung von fall- oder tagesbezogenen Entgelten wird auch die Vereinbarung von Zusatzentgelten zugelassen. Die Notwendigkeit einer solchen Öffnungsklausel hat sich bei der Konfliktlösung durch Rechtsverordnung des Bundesministeriums für Gesundheit im Jahr 2002 gezeigt, bei der für die Zusatzentgelte für die Dialyse und die Behandlung von Blutern mit Blutgerinnungsfaktoren mangels einer entsprechenden Öffnungsklausel auf die Vorjahresentgelte zurückgegriffen werden musste (vgl. § 4 KFPV).

Zu Absatz 2

§ 6 Abs. 2 KHEntgG enthält eine Öffnungsklausel, nach der zeitlich befristet krankenhausindividuelle Entgelte vereinbart werden können, soweit neue Untersuchungs- und Behandlungsmethoden mit den Fallpauschalen und Zusatzentgelten nach den bundeseinheitlichen Entgeltkatalogen noch nicht sachgerecht vergütet werden können. Doppelbuchstabe aa [Satz 1] sieht neben fallbezogenen Entgelten nun auch die Vereinbarung von krankenhausindividuellen Zusatzentgelten vor. Voraussetzung für die Vereinbarung solcher Entgelte ist, dass die Selbstverwaltungspartner auf der Bundesebene oder ihr DRG-Institut bestätigen, dass die neue Methode mit dem DRG-Fallpauschalen-Katalog noch nicht vergütet werden kann. Da die überarbeiteten DRG-Fallpauschalen- und Zusatzentgeltkataloge voraussichtlich erst im September jeden Jahres veröffentlicht werden, verschiebt Doppelbuchstabe bb den Termin für die Einholung dieser Information vom 30. September auf den 31. Oktober.

Amtl. Begründung zum Änderungsantrag (BT-Drucks. 14/7862, Pkt. 2.13)

Zu Abs. 1 Satz 2

Die Kalkulationsempfehlungen der Selbstverwaltungspartner auf der Bundesebene sollen ... nicht nur bei den krankenhausindividuell zu vereinbarenden Entgelten für neue Untersuchungs- und Behandlungsmethoden, sondern auch bei den Entgelten für Leistungen, die noch nicht in den DRG-Fallpauschalenkatalog aufgenommen worden sind, beachtet werden.

ERLÄUTERUNGEN

Grundsätzlich entscheiden die für die Einführung des DRG-Vergütungssystems zuständigen Selbstverwaltungspartner auf der Bundesebene (§ 17 Abs. 2 KHG) oder ersatzweise das Bundesministerium für Gesundheit und Soziale Sicherung, welche einzelnen DRG-Leistungen oder welche Leistungen besonderer Einrichtungen nicht mit dem DRG-Fallpauschalenkatalog vergütet werden (§ 17b Abs. 1 Satz 14 und 15 KHG).

Für das Jahr 2003 musste das Bundesministerium für Gesundheit im Wege einer Ersatzvornahme an Stelle der Selbstverwaltungspartner den Fallpauschalenkatalog durch Rechtsverordnung vorgeben, nachdem die Deutsche Krankenhausgesellschaft das Scheitern der Verhandlungen erklärt hatte. Dabei hat das Bundesministerium mit Anlage 2 der Verordnung zum Fallpauschalensystem für Krankenhäuser (KFPV) vom 19. September 2002 die nicht erfassten und damit nicht mit DRG-Fallpauschalen vergüteten **Leistungen** bestimmt. Diese Entscheidung wird für die Kataloge ab dem Jahr 2004 entsprechend der jährlichen Überarbeitung der Fallpauschalenklassifikation und der Neukalkulation der Bewertungsrelationen jährlich neu zu treffen sein. Dabei haben die für den DRG-Katalog zuständigen Selbstverwaltungspartner auf der Bundesebene die Abstufung nach den **Nummern 1 und 2** zu beachten. Grundsätzlich sind im Hinblick auf die Absicherung der Krankenhäuser durch die budgetneutrale Einführung des Vergütungssystems (§ 3 Abs. 1 Satz 1 KHEntgG) die Ausnahmen im Jahr 2004 in geringerem Umfang vorzunehmen als im Jahr 2005, in dem der erste Angleichungsschritt der Krankenhausbudgets an das landeseinheitliche DRG-Preisniveau durchgeführt wird und somit die DRG zu rd. einem Drittel direkt ökonomisch zu wirken beginnen. Da insbesondere mit den Fallpauschalenkatalogen 2004 und 2005 die erforderlichen Anpassungen der australischen DRG-Klassifikation an die besonderen Versorgungsstrukturen und Behandlungsweisen in der Bundesrepublik Deutschland vorgenommen werden, wird der Fallpauschalenkatalog 2005 eine realistischere Entscheidungsgrundlage für die Frage sein, welche Leistungen oder besonderen Einrichtungen unter dem Gesichtspunkt einer sachgerechten Vergütung zeitlich begrenzt aus der DRG-Vergütung ausgenommen werden müssen. Nähere Erläuterungen hierzu enthält die amtliche Begründung. Das einzelne Krankenhaus hat die DRG-Leistungen abzurechnen, die im DRG-Fallpauschalenkatalog vorgegeben, somit von der DRG-Vergütung nicht ausgenommen sind. Der DRG-Grouper weist für den abzurechnenden Fall eine Fallpauschale aus.

Darüber hinaus können nach § 17b Abs. 1 Satz 15 KHG auch **besondere Einrichtungen,** „deren Leistungen insbesondere aus medizinischen Gründen, wegen einer Häufung von schwer kranken Patienten oder aus Gründen der Versorgungsstruktur mit den Entgeltkatalogen noch nicht *sachgerecht vergütet* werden, ... zeitlich befristet aus dem Vergütungssystem ausgenommen werden". Hierzu wurde in der amtlichen Begründung ausgeführt:

Es zeigt sich zunehmend, dass die von den Selbstverwaltungspartnern als Ausgangsbasis für die DRG-Einführung ausgewählte australische DRG-Klassifikation in einer Reihe von Leistungsbereichen noch an die speziellen Versorgungsstrukturen und Behandlungsweisen in der Bundesrepublik Deutschland angepasst werden muss. Dies ist insbesondere für die Bereiche Dermatologie, Epilepsie, Frührehabilitation, Geriatrie, HIV, Pädiatrie, Multiple Sklerose, Rheuma und Unfallchirurgie und für die Behandlung von schwerstbehinderten Menschen zu prüfen. Soweit die DRG-Fallpauschalen im Rahmen der jährlichen Weiterentwicklung des Fallpauschalen-Katalogs besondere Versorgungsstrukturen noch nicht ausreichend berücksichtigen und deshalb eine Beeinträchtigung der Versorgung der Patienten zu befürchten ist, müssen Leistungsbereiche oder auch spezialisierte Einrichtungen kurzfristig aus dem Fallpauschalensystem ausgeklammert werden können. Doppelbuchstabe bb ermöglicht den Selbstverwaltungspartnern und in Verbindung mit Absatz 7 (vgl. Buchstabe c) auch dem Bundesministerium für Gesundheit und Soziale Sicherung die zeitlich befristete Ausklammerung solcher Einrichtungen. Für diese Einrichtungen sind krankenhausindividuelle Entgelte zu vereinbaren. Die Einrichtungen verhandeln – wie die aus dem DRG-Fallpauschalensystem ausgenommenen psychiatrischen Krankenhäuser – weiterhin nach den Vorgaben der Bundespflegesatzverordnung; ....

Die Entscheidungen über Ausnahmen werden auch bei den besonderen Einrichtungen auf der Bundesebene getroffen. Dabei stellt der Gesetzgeber bei diesen Einrichtungen, die in besonderem Maße von dem noch nicht vollständig an die deutsche Versorgungssituation angepassten DRG-Katalog betroffen sind, von vornherein auf das Kriterium „nicht sachgerecht vergütet" ab. Die Formulierung in der amtlichen Begründung zeigt, dass der Gesetzgeber davon ausgegangen ist, dass die Ausnahmen grundsätzlich allgemein für DRG-Leistungsbereiche oder medizinischen Fachbereiche definiert werden. Eine Entscheidung auf der Bundesebene über einzelne Einrichtungen wäre für die Selbstverwaltungspartner grundsätzlich zu aufwändig und ist als Ersatzvornahme des Bundesministeriums durch Rechtsverordnung nicht praktikabel. Der Gesetzestext enthält jedoch keine Vorgaben hinsichtlich der Vereinbarung eines konkreten Verfahrens durch die Selbstverwaltungspartner.

Satz 1 verpflichtet die Vertragsparteien vor Ort, für ausgenommene DRG-Leistungen oder besondere Einrichtungen **fall- oder tagesbezogene Entgelte** oder in eng begrenzten Ausnahmefällen auch **Zusatzentgelte** (frühere Sonderentgelte) zu vereinbaren.

Satz 2 gibt vor, dass die krankenhausindividuell zu vereinbarenden Entgelte **sachgerecht zu kalkulieren** sind und dabei die Empfehlungen der Selbstverwaltungspartner auf der Bundesebene zu beachten sind. Sollten solche gesonderten

Empfehlungen fehlen, dürften die von den Selbstverwaltungspartnern vereinbarten Vorgaben des Kalkulationshandbuchs für die DRG-Fallpauschalen eine sachgerechte Orientierung darstellen. Sie sehen, je nach Stand des Rechnungswesens in den Krankenhäusern, unterschiedliche Kalkulationsmethoden vor.

Amtl. Begründung

Zu Absatz 2

In den Krankenhäusern der Spitzenversorgung werden immer wieder **neue Untersuchungs- und Behandlungsmethoden** in den Klinikalltag eingeführt. Soweit innovative Leistungen mit den bestehenden Fallpauschalen nicht sachgerecht vergütet werden können, z. B. weil eine neue Methode oder ein neues medikamentöses Behandlungsschema im Fallpauschalenkatalog und in der diesem zu Grunde liegenden Kalkulation nicht abgebildet ist, lässt Absatz 2 die zeitlich befristete Vereinbarung gesonderter Entgelte zu. Diese Entgelte werden zwischen dem einzelnen Krankenhaus und den Krankenkassen „vor Ort" vereinbart. Somit ist eine Begrenzung auf ausgesuchte Schwerpunktkrankenhäuser möglich. Mit der Aufnahme in den DRG-Fallpauschalenkatalog würden die neuen Untersuchungs- und Behandlungsmethoden von allen Krankenhäusern mit entsprechendem Versorgungsauftrag erbracht und abgerechnet werden können. ... Um die Vergleichbarkeit der vom Krankenhaus vorzulegenden Kalkulation sicherzustellen, beauftragt § 9 Abs. 1 Satz 1 Nr. 4 die Selbstverwaltungspartner auf der Bundesebene, Empfehlungen für die Kalkulation und Vergütung dieser Entgelte zu vereinbaren. ... Das gesonderte Entgelt kann vereinbart und abgerechnet werden, bis die Untersuchungs- oder Behandlungsmethode über den bundesweit gültigen Katalog für Fallpauschalen oder Zusatzentgelte vergütet wird oder bis nach § 137c Abs. 1 Satz 2 SGB V entschieden wird, dass sie im Rahmen der Krankenhausbehandlung zu Lasten der Krankenkassen nicht erbracht werden darf.

ERLÄUTERUNGEN

Absatz 2 enthält eine Öffnungsklausel, die eine sachgerechte **Finanzierung neuer Untersuchungs- und Behandlungsmethoden** und damit des medizinischen Fortschritts sicherstellen soll. Die Zielsetzungen werden in der amtlichen Begründung dargelegt (vgl. oben).

Neue Methoden, die noch nicht in größerem Umfang verbreitet sind, werden zum Teil mit den DRG-Fallpauschalen noch nicht sachgerecht vergütet werden können. In den USA dauert es etwa zwei Jahre, bis neue Untersuchungs- und Behandlungsmethoden mit Fachgesellschaften diskutiert, kalkuliert und in den DRG-Katalog aufgenommen werden. Während dieses Zeitraums zeigt sich hin und wieder auch, dass eine neue Methode zunächst überschätzt wurde und letztlich doch nicht die Kriterien für eine gesonderte DRG-Berücksichtigung erfüllt. § 6 Abs. 2 soll sowohl eine Finanzierung solcher neuer Methoden bis zu ihrer Aufnahme in den DRG-Katalog ermöglichen und gleichzeitig diese Finanzierung möglichst auf bestimmte Kliniken oder Zentren begrenzen.

Nach **Satz 1 „sollen"** die Vertragsparteien auf der Ortsebene für neue Methoden fall- oder tagesbezogene Entgelte oder in eng begrenzten Ausnahmefällen Zusatzentgelte vereinbaren. Damit haben diese Parteien bei Vorliegen der normativen Voraussetzungen den gesetzlichen Auftrag, diese Entgelte zu regeln.

Eine Vereinbarung solcher Entgelte und damit eine Finanzierung außerhalb des Erlösbudgets des Krankenhauses (vgl. Abbildung 15) ist erstmals für das Kalenderjahr 2005 möglich, in dem eine erste teilweise Anpassung der Krankenhausbudgets in Richtung auf ein landeseinheitliches Preisniveau (Basisfallwert) vorgenommen wird; vgl. Abbildung 13). Für die Jahre 2003 und 2004, in denen das DRG-Vergütungssystem budgetneutral eingeführt wird, konnte auf eine solche Regelung verzichtet werden, weil in diesen Jahren die Finanzierung neuer Methoden wie zuvor mit den Krankenkassen verhandelt wird und die entsprechenden Kosten in das Krankenhausbudget einbezogen werden.

Folgende **Voraussetzungen** müssen für eine Vereinbarung nach Absatz 2 erfüllt sein:

– Die neue Methode kann mit den Fallpauschalen oder Zusatzentgelten der bundeseinheitlichen Kataloge noch nicht „sachgerecht vergütet" werden. Im Gegensatz zu den Entgelten nach Absatz 1 ordnen der Grouper oder die Abrechnungsprogramme dem abzurechnenden Fall zwar entsprechende Entgelte zu, diese bilden jedoch die neuen Untersuchungs- und Behandlungsmethoden noch nicht sachgerecht ab, so dass die Methode mit dem Entgelt nicht sachgerecht vergütet wird.

– Die Finanzierung dieser Methode ist nicht nach § 137 c SGB V ausgeschlossen worden. Nach dieser Vorschrift überprüft der „**Gemeinsame Bundesausschuss**", der von der Selbstverwaltung auf der Bundesebene gebildet wird, ob „Untersuchungs- und Behandlungsmethoden, die zu Lasten der gesetzlichen Krankenkassen im Rahmen einer Krankenhausbehandlung angewandt werden sollen, ... für eine ausreichende, zweckmäßige und wirtschaftliche Versorgung der Versicherten unter Berücksichtigung des allgemein anerkannten Standes der medizinischen Erkenntnisse erforderlich sind. Ergibt die Überprüfung, dass die Methode nicht den Kriterien nach Satz 1 entspricht, darf sie im Rahmen einer Krankenhausbehandlung zu Lasten der Krankenkassen nicht erbracht werden; die Durchführung klinischer Studien bleibt unberührt". Im Unterschied zur ambulanten Versorgung (§ 135 SGB V) darf im Krankenhausbereich eine neue Methode so lange erbracht werden, bis der Ausschuss Krankenhaus sich auf Grund einer Überprüfung gegen die Methode ausspricht.

Die Entgelte nach § 6 Abs. 2 sind **zeitlich befristet** zu vereinbaren, weil grundsätzlich eine möglichst zeitnahe Übernahme der Leistungen in den DRG-Fallpauschalen- oder den Zusatzentgelte-Katalog anzustreben ist oder die Methode vom Krankenhaus-Ausschuss überprüft werden sollte. Satz 1 lässt nur die Vereinbarung von fallbezogenen Entgelten oder Zusatzentgelten zu, nicht dagegen die Vereinbarung tagesbezogener Entgelte.

Nach **Satz 2** sind die Entgelte **sachgerecht zu kalkulieren** unter Beachtung der entsprechenden Empfehlungen der Selbstverwaltungspartner auf der Bundesebene. Sollten solche gesonderten Empfehlungen fehlen, dürften die von den Selbstverwaltungspartnern vereinbarten Vorgaben des Kalkulationshandbuchs für die DRG-Fallpauschalen eine sachgerechte Orientierung darstellen. Sie sehen, je nach Stand des Rechnungswesens in den Krankenhäusern, unterschiedliche Kalkulationsmethoden vor.

Für die Vertragsparteien vor Ort kann eine Beurteilung, ob eine neue Methode von den Entgeltkatalogen erfasst oder sachgerecht vergütet wird, durchaus schwierig sein. **Satz 3** verpflichtet deshalb die Vertragsparteien bzw. das Krankenhaus, von den für das DRG-Vergütungssystem zuständigen Selbstverwaltungspartnern auf der Bundesebene oder ihrem DRG-Institut eine **Information einzuholen**, ob die neue Methode mit den bereits vereinbarten Entgeltkatalogen „sachgerecht abgerechnet" werden kann. Es ist somit zu prüfen, ob die Abrechnung trotz formal vorliegender Abrechenbarkeit, d.h. der Zuordnung des Falles zu einer Fallpauschale durch den DRG-Grouper, sachgerecht wäre. Der Maßstab für diese Prüfung ist nach Satz 1 die „sachgerechte Vergütung".

Vereinbaren die Vertragspartner auf der Ortsebene ein krankenhausindividuelles Entgelt, haben sie nach **Satz 4** Art und Höhe des Entgelts an die Bundesebene zu melden. Diese kann nach **Satz 5** eine entsprechende Aufnahme der neuen Methode in die Entgeltkataloge vorbereiten oder bei Zweifeln eine Bewertung der Methode durch den Ausschuss Krankenhaus veranlassen.

Können sich die Vertragspartner auf der Ortsebene über ein krankenhausindividuelles Entgelt nach § 6 Abs. 2 nicht einigen, entscheidet die Schiedsstelle nach § 13. Da eine Beurteilung des Sachverhalts schwierig sein kann, ermöglicht **Satz 6**, dass die Schiedsstelle eine Stellungnahme des Ausschusses Krankenhaus einholt, bevor sie entscheidet.

Amtl. Begründung zum FPÄndG

Zu Absatz 3

Nach § 17b Abs. 1 Satz 15 KHG können besondere Einrichtungen, deren Leistungen noch nicht sachgerecht mit dem DRG-Vergütungssystem vergütet werden können, zeitlich befristet aus dem System ausgenommen werden; vgl. Artikel 1 Nr. 2 Buchstabe a Doppelbuchstabe bb. Für diese Einrichtungen können krankenhausindividuelle Entgelte vereinbart werden; vgl. Buchstabe a. Im Hinblick auf die Zielsetzung, ein möglichst durchgängiges pauschalierendes Vergütungssystem einzuführen (vgl. § 17b Abs. 1 Satz 1 KHG), müssen ökonomische Fehlanreize vermieden werden. Es wird deshalb bestimmt, dass für die ausgenommenen Einrichtungen weiterhin die Vergütungsregelungen der Bundespflegesatzverordnung anzuwenden sind. Für diese Einrichtungen gelten deshalb insbesondere die Vorgaben zur Budgetbegrenzung nach § 6 BPflV weiter. Ebenso werden an Stelle der verbesserten Mehrerlösausgleiche nach dem Krankenhausentgeltgesetz die entsprechenden Regelungen der Bundespflegesatzverordnung angewendet. Eine solche Vorgabe ist erforderlich, weil krankenhausindividuell vereinbarte Entgelte nach § 6 Abs. 1 KHEntgG ab dem Jahr 2005 weder einer Budgetbegrenzung noch den Mehrerlösausgleichen unterliegen. Ausgenommene Einrichtungen würden somit besser gestellt als die Krankenhäuser, die den Vorgaben des Krankenhausentgeltgesetzes unterliegen.

Amtl. Begründung zu den Änderungsanträgen zum FPÄndG

Zu Absatz 3 (BT-Drucks. 15/994, zu Artikel 2 Nr. 4 Buchst. c)

… Leistungen besonderer Einrichtungen, die aus dem DRG-Vergütungssystem ausgenommen sind, werden weiterhin nach den Regeln der Bundespflegesatzverordnung verhandelt. Satz 1 bestimmt nun, dass auch die aus dem DRG-Vergütungssystem ausgenommenen Leistungen nach Absatz 1 Satz 1 Nr. 1 nach der BPflV zu verhandeln sind. Zu diesem Zweck werden die Erlöse der ausgenommenen Einrichtungen und die Erlöse der Leistungen in einer gemeinsamen Erlössumme zusammengefasst.

ERLÄUTERUNGEN

Satz 1 schreibt vor, für den Bereich der nach § 6 Abs. 1 krankenhausindividuell zu verhandelnden Entgelte eine gesonderte **Erlössumme** zu bilden, für die weiterhin die Vorschriften der Bundespflegesatzverordnung gelten.

Satz 2 bestimmt, dass diese Erlössumme die Funktion des **Gesamtbetrags** nach § 6 Abs. 1 BPflV übernimmt. Sie ist somit eine gesetzlich vorgegebene Budgetobergrenze, die nur unter den engen Vorgaben des § 6 Abs. 1 BPflV erhöht werden darf. Die Erlössumme darf für das Folgejahr grundsätzlich nur bis zur Höhe der nach § 71 Abs. 3 SGB V vorgegebenen Veränderungsrate erhöht werden, ist somit an die Entwicklung der Einnahmen in der gesetzlichen Krankenversicherung gekoppelt. Eine über diese Veränderungsrate hinausgehende Erhöhung ist nur auf Grund der Tatbestände möglich, die in § 6 Abs. 1 Satz 4 BPflV abschließend genannt sind. Ausdrücklich wird mit Satz 2 zweiter Halbsatz bestimmt, dass auch für die Verhandlung der Erlössumme gilt, dass eine Erhöhung wegen Änderungen der medizinischen Leistungsstruktur oder wegen einer Erhöhung der Fallzahlen vom Krankenhaus nicht vor der Schiedsstelle durchgesetzt werden kann. Die mit § 6 Abs. 1 BPflV vorgegebene Budgetobergrenze ist eine „Kappungsgrenze". Die Erlössumme kann – bei Vorliegen entsprechender Sachverhalte – jederzeit unterhalb dieser Grenze vereinbart werden. Dagegen sind Kostenerhöhungen nur bis zur Höhe der Veränderungsrate verhandelbar und damit durchsetzbar. Die Vergütung höherer Kosten wird gesetzlich abgeschnitten.

Soweit nach § 6 Abs. 1 KHEntgG **tagesbezogene Entgelte** vereinbart werden, sind für den Anteil der Erlössumme, der auf diese Entgelte entfällt, die Vorgaben des § 12 BPflV zum flexiblen Budget (vgl. Kapitel 5.2.3 der Einführung) anzuwenden. Werden Mehr- oder Mindererlöse gegenüber dem vereinbarten Wert erzielt, sind diese anteilig auszugleichen. Als Unterlage für die Verhandlung der Erlössumme ist den Krankenkassen die Leistungs- und Kalkulationsaufstellung (LKA) nach § 17 Abs. 4 BPflV (Anlage 1 zur BPflV) in der jeweils geltenden Fassung vorzulegen.

Die Vorschriften der BPflV gelten „**entsprechend**". Dies bedeutet, dass eine Vorgabe der BPflV, deren Wortlaut nicht direkt auf die Verhandlung der Erlössumme nach § 6 Abs. 3 KHEntgG anwendbar ist, entsprechend ihrer Zielsetzung und ihres Regelungsinhaltes sachgerecht auf den neuen Sachverhalt zu übertragen und anzuwenden ist.

Soweit nach § 6 Abs. 1 KHEntgG krankenhausindividuelle **Fallpauschalen und Zusatzentgelte** (in der BPflV „Sonderentgelte) vereinbart werden, gelten nach **Satz 3** die sich darauf beziehenden Vorschriften der BPflV in der bis zum 31. Dezember 2003 geltenden Fassung. [Anmerkung: Ab dem 1. Januar 2004 wurden diese Vorschriften der BPflV aufgehoben, weil sie für die Krankenhäuser, die noch direkt der BPflV unterliegen (insbesondere psychiatrische Krankenhäuser), nicht mehr benötigt werden.] Für den Anteil der Erlössumme, der auf Fallpauschalen und Zusatzentgelte entfällt, sind die Vorgaben zum Mehr- und Mindererlösausgleich nach § 11 Abs. 8 BPflV entsprechend anzuwenden. Ebenso sind die für diese Entgeltformen vorgesehenen Blätter der Verhandlungsunterlage LKA vorzulegen.

Satz 4 ermächtigt das Bundesministerium für Gesundheit und Soziale Sicherung, mit einer Rechtsverordnung abweichende Regelungen vorzugeben. Damit können die Vorgaben des Absatzes 3 ohne erneutes Gesetzgebungsverfahren angepasst werden, wenn sich dies als notwendig erweisen sollte.

Detaillierte Erläuterungen zu den Vorschriften der BPflV gibt der **Kommentar Tuschen/Quaas**, Bundespflegesatzverordnung, 5. Auflage, a.a.O.

Amtl. Begründung zu den Änderungsanträgen zum FPÄndG

Zu Absatz 4 (BT-Drucks. 15/994, zu Artikel 2 Nr. 4 Buchst.c)

Für den Fall, dass Erlösanteile aus dem DRG-Bereich im Folgejahr in den Bereich verlagert werden, der nach BPflV-Regeln zu verhandeln ist, gibt Absatz 4 vor, dass die Erlössummen beider Bereiche entsprechend verändert werden. Gleiches gilt auch für den Fall einer Verlagerung von nach BPflV-Regeln zu verhandelnden Erlösanteilen in den DRG-Bereich.

ERLÄUTERUNGEN

Ein Krankenhaus, dessen Leistungen nicht vollständig über das DRG-System sondern teilweise über krankenhausindividuell verhandelte Entgelte nach Absatz 1 Satz 1 vergütet werden, hat somit zwei getrennte Budgetsummen zu vereinbaren. Einerseits für den DRG-Bereich den Gesamtbetrag nach § 3 für das Jahr 2004 oder das Erlösbudget nach § 4 KHEntgG ab dem Jahr 2005. Andererseits für die krankenhausindividuellen Entgelte die Erlössumme nach Absatz 3, die nach der BPflV geregelt wird. Da das DRG-Vergütungssystem als lernendes System eingeführt wird, bei dem insbesondere der DRG-Fallpauschalenkatalog jährlich weiterentwickelt und neu kalkuliert wird, ist eine Verschiebung von Erlösbestandteilen zwischen diesen Budgetsummen zu erwarten. Voraussichtlich wird die Erlössumme nach Absatz 3 in den Jahren 2004 oder 2005 den höchsten Betrag ausweisen. In den Folgejahren werden dann immer mehr krankenhausindividuell verhandelte Entgelte durch DRG-Fallpauschalen ersetzt werden. Absatz 4 schreibt vor, dass die beiden Budgetbereiche entsprechend zu verändern sind, wenn die Vergütung bestimmter Leistungen im Folgejahr dem anderen Budgetbereich zuzuordnen ist. Eine solche Korrektur ist erforderlich, weil die gesetzlichen Vorgaben für beide Bereiche nur dann zu sachgerechten Ergebnissen führen können, wenn von der richtigen Basis ausgegangen wird.

Beispiel:

	2004	2005
DRG-Bereich	30 Mio. €	31 Mio. €
khs-individuelle Entgelte	2 Mio. €	1 Mio. €

DRITTER ABSCHNITT: Entgeltarten und Abrechnung

§ 7 Entgelte für allgemeine Krankenhausleistungen

Die allgemeinen Krankenhausleistungen werden gegenüber den Patienten oder ihren Kostenträgern mit folgenden Entgelten abgerechnet:

1. Fallpauschalen nach dem auf Bundesebene vereinbarten Entgeltkatalog (§ 9),
2. Zusatzentgelte nach dem auf Bundesebene vereinbarten Entgeltkatalog (§ 9),
3. ergänzende Entgelte bei Überschreitung der Grenzverweildauer der Fallpauschale (§ 9 Abs. 1 Satz 1 Nr. 1),
4. der Zuschlag für Ausbildungsstätten und Ausbildungsvergütungen und sonstige Zu- und Abschläge ab dem 1. Januar 2005 (§ 17 b Abs. 1 Satz 4 und 6 des Krankenhausfinanzierungsgesetzes),
5. Entgelte für Leistungen, die noch nicht von den auf Bundesebene vereinbarten Fallpauschalen und Zusatzentgelten erfasst werden (§ 6 Abs. 1),
6. Entgelte für neue Untersuchungs- und Behandlungsmethoden, die noch nicht in die Entgeltkataloge nach § 9 Abs. 1 Satz 1 Nr. 1 und 2 aufgenommen worden sind (§ 6 Abs. 2),
7. Qualitätssicherungszuschläge nach § 17 b Abs. 1 Satz 5 des Krankenhausfinanzierungsgesetzes sowie Qualitätssicherungsabschläge nach § 8 Abs. 4,
8. der DRG-Systemzuschlag nach § 17 b Abs. 5 des Krankenhausfinanzierungsgesetzes.

Mit diesen Entgelten werden alle für die Versorgung des Patienten erforderlichen allgemeinen Krankenhausleistungen vergütet.

Amtl. Begründung

Zu § 7

Die Vorschrift zeigt die Entgelte auf, die bei voll- oder teilstationärer Behandlung in Rechnung gestellt werden können.

ERLÄUTERUNGEN

Einen Überblick über die Vergütung von Krankenhausleistungen insgesamt gibt Abbildung 1.

In § 7 sind lediglich die Entgelte aufgelistet, die für **allgemeine Krankenhausleistungen** nach § 2 Abs. 2 abgerechnet werden können. Der Begriff „allgemeine Krankenhausleistungen wird in § 2 Abs. 2 definiert und abgegrenzt.

Mit den in § 7 aufgeführten Entgelten werden alle für die Versorgung des Patienten erforderlichen allgemeinen Krankenhausleistungen vergütet. Zusätzliche Vergütungen dürfen nur für gesondert vereinbarte Leistungen in Rechnung gestellt werden, z. B. für die **Wahlleistung** Arzt (sog. Chefarztbehandlung) oder die Wahlleistungen Ein- oder Zweibettzimmer, Fernseher, Telefon. Diese Wahlleistungen sind nicht Bestandteil der allgemeinen Krankenhausleistungen. Es handelt sich um **Zusatzleistungen**, die der Patient in einem gesonderten Vertrag mit dem Krankenhaus vereinbart (nicht mit den Krankenhausärzten, wenngleich die Rechtsprechung bei der Chefarztbehandlung einen Arztzusatzvertrag konstruiert; vgl. die Erläuterungen zu § 17 Abs. 3) Der Patient muss die Vergütungen für Wahlleistungen zusätzlich zu den Entgelten für die allgemeine Krankenhausleistung zahlen. Nähere Erläuterungen zu diesem Thema werden zu § 17 gegeben. Jeder Patient – auch ein selbstzahlender Patient (sog. Privatpatient) – muss im Krankenhaus ohne Vereinbarung von Zusatzleistungen behandelt werden. Er zahlt dann lediglich die für alle Patienten einheitliche Vergütung für die allgemeinen Krankenhausleistungen; vgl. § 8 Abs. 1 Satz 1.

Zu den meisten der aufgeführten Entgelte sind Erläuterungen bereits an anderer Stelle dieses Kommentars gegeben worden, entweder in der Einführung oder in den Erläuterungen zu den entsprechenden Paragraphen. Nachfolgend werden deshalb nur noch einige kurze Hinweise gegeben.

- **Zu den Nummern 1 bis 3:** Die Kataloge für Fallpauschalen und Zusatzentgelte werden von den Selbstverwaltungspartnern auf der Bundesebene vereinbart. Der Fallpauschalen-Katalog enthält die Leistungsabgrenzungen der Entgelte, die Kostengewichtung der Leistungen als Grundlage für die Entgelthöhe (Bewertungsrelationen), Zu- oder Abschläge bei besonders langer oder besonders kurzer Verweildauer (obere und untere Grenzverweildauer) sowie Abschläge bei Patienten, die von einem Krankenhaus in ein anderes verlegt werden. Das Preisniveau der Fallpauschalen wird mit Hilfe eines „Basisfallwerts" auf der Landesebene festgelegt (§ 10). Die Höhe der Fallpauschalen ist somit je nach Bundesland unterschiedlich. Die Höhe der Zusatzentgelte kann dem Katalog direkt entnommen werden. Die Entgeltkataloge werden vom DRG-Institut der Selbstverwaltungspartner (InEK, www.g-drg.de) oder ggf. von der Deutschen Krankenhausgesellschaft (www.dkgev.de) im Internet veröffentlicht.

- **Zu Nummer 4:** Bis zum 31.12.2004 werden die Kosten bestimmter Ausbildungsstätten an Krankenhäusern im Rahmen des Krankenhausbudgets mit den normalen Pflegesätzen finanziert. Zum 1.1.2005 wird die Finanzierung der Ausbildung aus dem Budget und den Pflegesätzen herausgenommen und künftig mit Ausbildungszuschlägen gesondert in Rechnung gestellt. Insgesamt entstehen infolge dieser Änderung keine höheren Belastungen der Krankenkassen oder der Patienten.

- **Zu Nummer 5:** Soweit der DRG-Fallpauschalenkatalog oder der Katalog der Zusatzentgelte in der Einführungsphase des neuen DRG-Vergütungssystems noch Lücken enthält, sind für die betroffenen Krankenhausleistungen krankenhausindividuelle Fallpauschalen oder tagesbezogene Entgelte sowie in eng begrenzten Ausnahmefällen auch Zusatzentgelte mit den Krankenkassen zu vereinbaren.

- **Zu Nummer 6:** Solange neue Untersuchungs- und Behandlungsmethoden noch nicht in den DRG-Fallpauschalenkatalog oder in den Katalog der Zusatzentgelte aufgenommen worden sind, vereinbart das Krankenhaus mit den Krankenkassen individuelle Entgelte für diese Leistungen.

- **Zu Nummer 7:** Bestimmte Mehrkosten, die durch Qualitätssicherungsmaßnahmen entstehen, werden mit Qualitätssicherungszuschlägen finanziert und gesondert in Rechnung gestellt.

- **Zu Nummer 8:** Die bei der Einführung und laufenden Weiterentwicklung des DRG-Vergütungssystems bei den Selbstverwaltungspartnern auf der Bundesebene und bei ihrem DRG-Institut entstehenden Personal- und Sachkosten werden mit einem bundeseinheitlichen DRG-Systemzuschlag finanziert und gesondert in Rechnung gestellt.

§ 8 Berechnung der Entgelte

(1) Die Entgelte für allgemeine Krankenhausleistungen sind für alle Benutzer des Krankenhauses einheitlich zu berechnen; § 17 Abs. 5 des Krankenhausfinanzierungsgesetzes bleibt unberührt. Bei Patienten, die im Rahmen einer klinischen Studie behandelt werden, sind die Entgelte für allgemeine Krankenhausleistungen nach § 7 zu berechnen. Die Entgelte dürfen nur im Rahmen des Versorgungsauftrags berechnet werden; dies gilt nicht für die Behandlung von Notfallpatienten. Der Versorgungsauftrag des Krankenhauses ergibt sich

1. bei einem Plankrankenhaus aus den Festlegungen des Krankenhausplans in Verbindung mit den Bescheiden zu seiner Durchführung nach § 6 Abs. 1 in Verbindung mit § 8 Abs. 1 Satz 3 des Krankenhausfinanzierungsgesetzes sowie einer ergänzenden Vereinbarung nach § 109 Abs. 1 Satz 4 des Fünften Buches Sozialgesetzbuch,

2. bei einer Hochschulklinik aus der Aufnahme der Hochschule in das Hochschulverzeichnis nach § 4 des Hochschulbauförderungsgesetzes und dem Krankenhausplan nach § 6 Abs. 1 des Krankenhausfinanzierungsgesetzes sowie einer ergänzenden Vereinbarung nach § 109 Abs. 1 Satz 4 des Fünften Buches Sozialgesetzbuch,

3. bei anderen Krankenhäusern aus dem Versorgungsvertrag nach § 108 Nr. 3 des Fünften Buches Sozialgesetzbuch.

(2) Fallpauschalen werden für die Behandlungsfälle berechnet, die in dem Fallpauschalen-Katalog nach § 9 Abs. 1 Satz 1 Nr. 1 bestimmt sind. Für die Patienten von Belegärzten werden gesonderte Fallpauschalen berechnet. Zusätzlich zu einer Fallpauschale dürfen berechnet werden:

1. Zusatzentgelte nach dem Katalog nach § 9 Abs. 1 Satz 1 Nr. 2, insbesondere für die Behandlung von Blutern mit Blutgerinnungsfaktoren sowie für eine Dialyse, wenn die Behandlung des Nierenversagens nicht die Hauptleistung ist,

2. Zu- und Abschläge nach § 5 und ein Zuschlag nach § 4 Abs. 13 und 14,

3. ein in dem Fallpauschalen-Katalog festgelegtes Entgelt für den Fall der Überschreitung der Grenzverweildauer,

4. eine nachstationäre Behandlung nach § 115a des Fünften Buches Sozialgesetzbuch, soweit die Summe aus den stationären Belegungstagen und den vor- und nachstationären Behandlungstagen die Grenzverweildauer der Fallpauschale übersteigt; eine vorstationäre Behandlung ist neben der Fallpauschale nicht gesondert berechenbar; dies gilt auch für eine entsprechende Behandlung von Privatpatienten als allgemeine Krankenhausleistung,

Erl. § 8 KHEntgG · II

5. Zuschläge nach § 139c und § 91 Abs. 2 Satz 6 des Fünften Buches Sozialgesetzbuch.

(3) Krankenhäuser in dem in Artikel 3 des Einigungsvertrages genannten Gebiet berechnen bis zum 31. Dezember 2014 für jeden Tag des Krankenhausaufenthalts mit Ausnahme des Entlassungstags (Belegungstage) den Investitionszuschlag nach Artikel 14 Abs. 3 des Gesundheitsstrukturgesetzes. Bei teilstationärer Behandlung wird der Zuschlag auch für den Entlassungstag berechnet.

(4) Hält das Krankenhaus seine Verpflichtungen zur Qualitätssicherung nicht ein, sind von den Fallpauschalen und Zusatzentgelten Abschläge nach § 137 Abs. 1 Satz 3 Nr. 5 des Fünften Buches Sozialgesetzbuch vorzunehmen.

(5) Wird ein Patient, für den zuvor eine Fallpauschale berechnet wurde, im Zeitraum von der Entlassung bis zur Grenzverweildauer der abgerechneten Fallpauschale wegen einer Komplikation im Zusammenhang mit der durchgeführten Leistung wieder in dasselbe Krankenhaus aufgenommen, darf eine Fallpauschale nicht erneut berechnet werden; nach Überschreitung der oberen Grenzverweildauer dürfen die entsprechenden belegungstagesbezogenen Entgelte berechnet werden. Wurden bei der Abrechnung der Fallpauschale Abschläge wegen Unterschreitung der unteren Grenzverweildauer vorgenommen, darf für jeden Belegungstag ab Wiederaufnahme ein Betrag in Höhe des Abschlagsbetrags nachberechnet werden, höchstens jedoch bis zur Summe der beim ersten Aufenthalt vorgenommenen Abschläge. Wird ein Patient beurlaubt, ist dies im Falle der Überschreitung der Grenzverweildauer auf der Rechnung auszuweisen. Die Regelungen der Sätze 1 bis 3 können durch eine abweichende Vereinbarung der Vertragsparteien nach § 17b Abs. 2 Satz 1 des Krankenhausfinanzierungsgesetzes oder eine abweichende Vorgabe durch eine Rechtsverordnung nach § 17b Abs. 7 des Krankenhausfinanzierungsgesetzes ersetzt werden.

(6) Werden die mit einer Fallpauschale vergüteten Leistungen ohne Verlegung des Patienten durch mehrere Krankenhäuser erbracht, wird die Fallpauschale durch das Krankenhaus berechnet, das den Patienten stationär aufgenommen hat.

(7) Das Krankenhaus kann eine angemessene Vorauszahlung verlangen, wenn und soweit ein Krankenversicherungsschutz nicht nachgewiesen wird. Ab dem achten Tag des Krankenhausaufenthalts kann das Krankenhaus eine angemessene Abschlagszahlung verlangen, deren Höhe sich an den bisher erbrachten Leistungen in Verbindung mit der Höhe der voraussichtlich zu zahlenden Entgelte zu orientieren hat. Die Sätze 1 bis 2 gelten nicht, soweit andere Regelungen über eine zeitnahe Vergütung der allgemeinen Krankenhausleistungen in für das Krankenhaus verbindlichen Regelungen nach den §§ 112 bis 114 des Fünften Buches Sozialgesetzbuch oder in der Vereinbarung nach § 11 Abs. 1 getroffen werden.

(8) Das Krankenhaus hat dem selbstzahlenden Patienten oder seinem gesetzlichen Vertreter die für ihn voraussichtlich maßgebenden Entgelte so bald wie möglich schriftlich bekannt zu geben, es sei denn, der Patient ist in vollem Umfang für Krankenhausbehandlung versichert. Im Übrigen kann jeder Patient verlangen, dass ihm unverbindlich die voraussichtlich abzurechnende Fallpauschale und deren Höhe sowie voraussichtlich zu zahlende, ergänzende Entgelte mitgeteilt werden. Stehen bei der Aufnahme eines selbstzahlenden Patienten die Entgelte noch nicht endgültig fest, ist hierauf hinzuweisen. Dabei

ist mitzuteilen, dass das zu zahlende Entgelt sich erhöht, wenn das neue Entgelt während der stationären Behandlung des Patienten in Kraft tritt. Die voraussichtliche Erhöhung ist anzugeben.

Amtl. Begründung

Zu Absatz 1

Satz 1 und 3 entsprechen dem § 14 Abs. 1, die Beschreibung des Versorgungsauftrags des Krankenhauses dem § 4 der BPflV. Satz 2 stellt klar, dass bei Patienten, die im Rahmen einer klinischen Studie behandelt werden, der Versorgungsanteil mit den normalen Entgelten für die allgemeinen Krankenhausleistungen vergütet wird. Mehrkosten der Behandlung in Folge der Studien sind über Finanzmittel für Forschung und Lehre oder Drittmittel zu finanzieren.

ERLÄUTERUNGEN

Zu Absatz 1 Satz 1

Satz 1 erster HS enthält, entsprechend der gesetzlichen Vorgabe des § 17 Abs. 1 Satz 1 KHG, einen wesentlichen Grundsatz der Krankenhausvergütung in der Bundesrepublik Deutschland. Die Entgelte für allgemeine Krankenhausleistungen (§ 2 Abs. 2) sind **für alle Benutzer einheitlich** zu berechnen. Die Entgelte dürfen nicht nach einzelnen Krankenkassen, Versicherungen oder Personen differenziert werden. Sie gelten auch für selbstzahlende Patienten (sog. Privatpatienten). Die selbstzahlenden Patienten sind nicht verpflichtet einen Zusatzvertrag über die „Wahlleistung Arzt" (sog. Chefarztbehandlung) oder die Wahlleistung „Ein- oder Zweibettzimmer" abzuschließen.

Satz 1 zweiter HS verweist auf den § 17 Abs. 5 KHG. Dieser lässt bei Krankenhäusern, deren Investitionskosten nicht staatlich gefördert werden, die Abrechnung höherer Entgelte zu. Dies gilt allerdings nicht gegenüber Sozialleistungsträgern und sonstigen öffentlich-rechtlichen Kostenträgern.

Zu Absatz 1 Satz 2

Klinische Studien werden meist im Auftrag der Industrie zur Erprobung oder Weiterentwicklung von Produkten, insbesondere Arzneimitteln, durchgeführt. Der Gesetzgeber geht davon aus, dass die Patienten wegen ihrer Erkrankung auch ohne Teilnahme an einer Studie im Krankenhaus behandelt werden müssten; zur Prüfungspflicht des Krankenhauses vgl. § 39 Abs. 1 Satz 2 SGB V. Die Vorschrift bestimmt deshalb, dass auch die Behandlung im Rahmen von klinischen Studien mit den normalen Entgelten für die allgemeinen Krankenhausleistungen abgerechnet wird. Die durch die klinische Studie ggf. zusätzlich entstehenden Kosten sind vom Auftraggeber der Studie zu tragen.

Zu Absatz 1 Satz 3 und 4

Das Krankenhaus darf Leistungen nur abrechnen, wenn es diese innerhalb seines **Versorgungsauftrags** erbracht hat. Dieser ergibt sich nach Satz 4 aus der Krankenhausplanung der Landes oder aus einem Versorgungsvertrag mit den Landesverbänden der Krankenkassen sowie bei Hochschulkliniken auch aus der Aufnahme in das Hochschulverzeichnis. Überschreitet das Krankenhaus seinen Versorgungsauftrag, dürfen die Leistungen nicht abgerechnet werden. Die Begrenzung auf den Versorgungsauftrag gilt nicht für die Behandlung von Notfallpatienten.

Amtl. Begründung

Zu Absatz 2

In einem DRG-Vergütungssystem wird grundsätzlich eine Fallpauschale je Krankenhausaufenthalt gezahlt. Allerdings ist für verschiedene Besonderheiten des Einzelfalls die zusätzliche Abrechnung ergänzender Vergütungsbestandteile möglich. Absatz 2 führt diese Abrechnungsmöglichkeiten auf. Sie entsprechen weitgehend den bisherigen Abrechnungsmöglichkeiten.

ERLÄUTERUNGEN

Grundsätzlich wird für jeden Krankenhausaufenthalt eine Fallpauschale abgerechnet; eine Ausnahme regelt Absatz 5. Soweit Belegärzte den Patienten behandeln, wird eine um den Arztkostenanteil ermäßigte Fallpauschale berechnet, weil der Belegarzt sein Honorar gesondert nach den Gebührenordnungen für den ambulanten Bereich in Rechnung stellt.

Zusätzlich zu einer Fallpauschale können für besondere Tatbestände die in den Nummern 1 bis 4 genannten Entgelte in Rechnung gestellt werden:

- **Zusatzentgelte** sind Vergütungen für Leistungskomplexe, die in die DRG-Fallpauschalen nicht eingerechnet werden können, weil sie z.B. nur bei wenigen Patienten zusätzlich erbracht werden. Ein Beispiel sind interkurrente Dialysen. Für einen Patienten, der z.B. wegen eines Beinbruchs im Krankenhaus liegt, wird die Fallpauschale für die Behandlung des Beinbruchs (Hauptleistung) abgerechnet. Ist dieser Patient zufällig auch noch dialysepflichtig, werden die während des Krankenhausaufenthalts erforderlichen Dialysebehandlungen zusätzlich mit Zusatzentgelten in Rechnung gestellt. Ein weiteres Beispiel ist die Behandlung von Blutern mit Blutgerinnungsfaktoren.

- **Zuschläge** zur Fallpauschale werden z.B. für die Finanzierung der Ausbildungsstätten und der Mehrkosten der Ausbildungsvergütungen, für die Mitaufnahme von Begleitpersonen sowie für die Sicherstellung der Versorgung im ländlichen Raum oder bei spezialisierten Leistungen erhoben. Ein **Abschlag** von der Fallpauschale kann vorgenommen werden, wenn sich ein Krankenhaus z.B. nicht an der Notfallversorgung oder bestimmten Qualitätssicherungsmaßnahmen beteiligt.

- Die Fallpauschalen vergütet nur eine im Fallpauschalenkatalog bestimmte Zeitspanne des Krankenhausaufenthalts. Muss ein Patient länger behandelt werden, wird also die sog. obere **Grenzverweildauer überschritten**, sind für die weiteren Tage des Aufenthalts zusätzliche Vergütungen zu zahlen. Diese sind ebenfalls im Fallpauschalenkatalog ausgewiesen.

- Grundsätzlich deckt die Fallpauschale die gesamte Krankenhausbehandlung ab. Dazu gehören z.B. auch bestimmte Untersuchungen, die zur Vorbereitung einer Operation oft am Vortag durchgeführt werden. Werden diese Leistungen nicht vollstationär, sonder **vorstationär** durchgeführt, darf in diesen Fällen keine zusätzliche Vergütung abgerechnet werden. Entsprechendes gilt grundsätzlich, wenn bestimmte mit der Fallpauschale vergütete Leistungen **nachstationär** erbracht werden. Eine nachstationäre Vergütung darf deshalb erst abgerechnet werden, wenn die Behandlung so lange dauert, dass die Grenzverweildauer der Fallpauschale überschritten wird.

Amtl. Begründung

Zu Absatz 3

Die Vorschrift übernimmt die Abrechnungsvorschrift des Artikel 14 Abs. 3 Satz 1 des Gesundheitsstrukturgesetzes in Verbindung mit dem bisherigen § 14 Abs. 8 BPflV zur Finanzierung der Investitionskosten in den neuen Ländern.

ERLÄUTERUNGEN

Nach der Wiedervereinigung mussten die Krankenhäuser in den **neuen Bundesländern** renoviert und zum Teil neu gebaut sowie z. B. mit neuen medizinischen Geräten ausgestattet werden. Die erheblichen Investitionskosten konnten die neuen Bundesländer nicht allein aus Steuermitteln aufbringen. Mit Artikel 14 Abs. 3 des Gesundheitsstrukturgesetzes vom 21.12.1992 wurde deshalb ein gesondertes Investitionsprogramm beschlossen. Die dafür benötigten Mittel werden bis zum Jahr 2014 durch einen **Investitionszuschlag** je Krankenhaustag aufgebracht, der von den Krankenkassen oder selbstzahlenden Patienten zu bezahlen ist. Er wird in der Rechnung des Krankenhauses gesondert ausgewiesen und beträgt zurzeit 5,62 Euro je Tag (ohne Entlassungstag).

Amtl. Begründung

Zu Absatz 4

Wenn das Krankenhaus seiner Verpflichtung zur Qualitätssicherung nach § 137 SGB V nicht nachkommt, sind Vergütungsabschläge von den Fallpauschalen vorzunehmen. Die Vorgabe entspricht dem bisherigen § 14 Abs. 13 BPflV.

ERLÄUTERUNGEN

Absatz 4 gibt die **Sanktionsvorschrift** des § 137 Abs. 1 Satz 3 Nr. 5 SGB V wieder. Diese schreibt Vergütungsabschläge für zugelassene Krankenhäuser vor, die ihre Verpflichtungen zur **Qualitätssicherung** nicht einhalten.

Amtl. Begründung zum Änderungsantrag zum FPÄndG (BT-Drucks. 15/994, zu Artikel 2 Nr. 5a neu)

Zu Absatz 5

Satz 1 fasst die Vorgabe des geltenden § 8 Abs. 5 KHEntgG klarer. Zielsetzung ist es, im Hinblick auf mögliche Komplikationen zu frühe Entlassungen der Patienten zu vermeiden, zumindest keinen finanziellen Anreiz in diese Richtung zu geben. Da mit der Fallpauschale die Behandlung eines Patienten bis zur festgelegten Grenzverweildauer vergütet wird, muss das Krankenhaus auch bei der Wiederaufnahme eines Patienten wegen einer Komplikation in diesem Zeitraum seine Leistungen grundsätzlich ohne zusätzliche Vergütung erbringen. Das Krankenhaus trägt somit das Risiko von auftretenden Komplikationen.

Wurden bei einem ersten Aufenthalt nach den Vorgaben der Abrechnungsbestimmungen Abschläge von der Fallpauschale vorgenommen, kann nach Satz 2 bei einer Fortsetzung der Behandlung nach Wiederaufnahme eine Nachberechnung erfolgen. Es wird somit für den gesamten Behandlungsfall bis zur Grenzverweildauer höchstens die vollstationäre Fallpauschale gezahlt. Wird nach der Wiederaufnahme die Grenzverweildauer überschritten, können zusätzlich die entsprechenden belegungstagesbezogenen Entgelte berechnet werden. Wird ein Patient nach Ablauf des Zeitraums bis zur Grenzverweildauer der abgerechneten Fallpauschalen wegen Komplikationen wieder aufgenommen, kann eine neue Fallpauschale nach den Regeln des DRG-Systems berechnet werden.

Satz 3 zum Ausweis von Beurlaubungstagen entspricht der bisherigen Vorgabe.

Satz 4 ermächtigt die für das DRG-Vergütungssystem zuständigen Selbstverwaltungspartner und ersatzweise das Bundesministerium für Gesundheit und Soziale Sicherheit, im Rahmen der Abrechnungsbestimmungen für das DRG-System abweichende Regelungen festzulegen und somit das System weiter zu entwickeln.

ERLÄUTERUNGEN

Fallpauschalen geben den Krankenhäusern einen finanziellen Anreiz, Patienten so früh zu entlassen, wie dies medizinisch möglich ist. Andererseits dürfen die Patienten nicht zu früh entlassen werden. Satz 1 untersagt deshalb die erneute Abrechnung einer Fallpauschale, wenn ein Patient von einem Krankenhaus entlassen wurde und innerhalb einer bestimmten Frist wegen **Komplikationen** wieder aufgenommen werden muss. Allerdings gilt dies nur für Komplikationen, die „im Zusammenhang mit der durchgeführten Leistung" auftreten. Darüber hinaus gibt es keine Legaldefinition für „Komplikationen".

Der **Zeitraum**, in dem das Krankenhaus für Komplikationen in der Weise haftet, dass es eine weitere Fallpauschale nicht berechnen darf, kann anhand der im Fallpauschalenkatalog ausgewiesenen „oberen Grenzverweildauer" wie folgt ermittelt werden. Das Beispiel bezieht sich auf den Fallpauschalenkatalog 2003 und den dafür mit der KFPV festgelegten Ausweis der Zahl der Tage; in den Folgejahren ist zu prüfen, ob die Definition von den Selbstverwaltungspartnern beibehalten oder inzwischen geändert wurde.

Beispiel: Wiederaufnahme wegen Komplikationen

- Ein Patient wird zur Operation eines Leistenbruchs (Hernie) aufgenommen (1. Kalendertag).
- Der Patient wird operiert und am 4. Kalendertag entlassen (Verweildauer = 3 Belegungstage). Es wird nach dem Fallpauschalenkatalog 2003 die Fallpauschale G09Z abgerechnet (mittlere Verweildauer = 4,7 Belegungstage; erster Tag mit zusätzlichem Entgelte = 16. Tag abzügl. 1 Tag = 15 Tage obere Grenzverweildauer).

II · KHEntgG Erl. § 8

- Der Patient muss am 7. Kalendertag wegen Komplikationen im Zusammenhang mit der durchgeführten Leistung wieder aufgenommen werden.
- Der **Zeitraum**, in dem eine weitere Fallpauschale nicht berechnet werden kann, ergibt sich wie folgt: Für die abgerechnete Fallpauschale im DRG-Katalog unter der Überschrift „obere Grenzverweildauer" ausgewiesene Zahl der Tage minus 1 Tag. Für Fallpauschale G09Z sind dies 16 Tage abzügl. 1 Tag = 15 Tage. Eine weitere Fallpauschale kann somit nicht berechnet werden, wenn der Patient im Zeitraum von der Aufnahme zum ersten Krankenhausaufenthalt (1. Tag) bis einschließlich des 15. Kalendertages erneut aufgenommen wird. Die Behandlung der Komplikation ist in diesem Beispiel somit bereits mit der abgerechneten Fallpauschale vergütet.
- Erst bei einer Aufnahme wegen Komplikationen am 16. Tag wäre die Abrechnung einer weiteren DRG-Fallpauschale möglich gewesen. § 6 Abs. 1 Satz 4 für den Fallpauschalenkatalog 2003 führt zur oberen Grenzverweildauer aus: „Im Fallpauschalenkatalog ist der erste Tag, für den ein zusätzliches Entgelt abgerechnet werden kann, auszuweisen".

Satz 2 regelt den Fall, dass beim ersten Krankenhausaufenthalt des Patienten nicht die volle Fallpauschale abgerechnet wurde. Dies ist dann der Fall, wenn die Verweildauer des Patienten so kurz war, dass sie unterhalb der unteren Grenzverweildauer lag. In diesem Fall ist für jeden Tag, der bis zur unteren Grenzverweildauer fehlt, ein hoher Abschlag von der Fallpauschale vorzunehmen. Erläuterungen zu den **Abrechnungsbestimmungen** werden unter Kapitel 7.4, durch Abbildung 18 und Übersicht 10 (Formeln) gegeben. Der Abschlagsbetrag ist in Form einer entsprechenden Bewertungsrelation im Fallpauschalenkatalog ausgewiesen. Wird nun der Patient innerhalb des nach Satz 1 bestimmten Zeitraums wegen Komplikationen wieder in das Krankenhaus aufgenommen und darf dieses somit keine weitere Fallpauschale abrechnen, darf das Krankenhaus für jeden Tag des weiteren Krankenhausaufenthalts einen Betrag in Höhe des Abschlags in Rechnung stellen (nachberechnen) bis für beide Aufenthalte zusammen die ungekürzte Höhe der DRG-Fallpauschale erreicht ist.

Beispiel: Fallpauschale G09Z „Leistenhernie"

- Der Patient wird am Tag nach der Operation entlassen. Da der Entlassungstag nicht mitgezählt wird, ergibt sich eine Verweildauer von 1 Belegungstag.
- Die Grenzverweildauer für Fallpauschale G09Z beträgt 2 Belegungstage. Bei einer kürzeren Verweildauer des Patienten sind Abschläge vorzunehmen. Der DRG-Katalog 2003, Spalte 7 weist nicht die untere Grenzverweildauer, sondern den ersten Tag unterhalb der Grenzverweildauer aus, für den ein Abschlag von der Fallpauschale vorgenommen werden muss. Für G09Z ist dies der 1. Belegungstag.

Für die **Berechnung der Abschlagstage** hat das Bundesministerium für Gesundheit und Soziale Sicherung folgende Formel für den DRG-Fallpauschalenkatalog 2003 bekannt gegeben (vgl. www.g-drg.de):

$$\left(\begin{array}{c} \text{Erster Tag mit Abschlag} \\ \text{lt. Katalog} \end{array} - \begin{array}{c} \text{tatsächliche} \\ \text{Verweildauer} \end{array} \right) + 1 = \text{Zahl der Abschlagstage}$$

Für das Beispiel somit: (1 − 1) = 0 + 1 = 1 Abschlagstag. Somit muss in diesem Beispiel für 1 Tag ein Abschlag vorgenommen werden. Als Bewertungsrelation für den Abschlag ist in Spalte 8 des DRG-Katalogs der Wert von 0,209 ausgewiesen.

- **Rechnung** des Krankenhauses für den ersten Krankenhausaufenthalt:

  Fallpauschale G09Z: Relation 0,811

  abzügl. 1 Abschlagstag: Relation −0,209

  Rechnungsbetrag: Relation 0,602 × Basisfallwert: 2 500 € = 1 505 €

- **Wiederaufnahme wegen Komplikationen:**

  Bei Wiederaufnahme wegen Komplikationen kann das Krankenhaus in diesem Beispielfall eine weitere Fallpauschale nicht abrechnen (s.o.).

  Es darf allerdings den beim ersten Krankenhausaufenthalt abgezogenen Abschlag nachberechnen, d.h. den Krankenkassen oder dem Patienten eine Betrag in Höhe von 0,209 × 2 500 € in Rechnung stellen; dies sind 522,50 €.

  Demnach erhält das Krankenhaus für beide Krankenhausaufenthalte insgesamt die vollständige Fallpauschale in Höhe von 0,811 × 2 500 € = 2 027,50 €.

Satz 3 schreibt vor, dass im Falle einer Überschreitung der Grenzverweildauer eine zwischenzeitig erfolgte **Beurlaubung** eines Patienten auf der Rechnung auszuweisen ist. Tage der Beurlaubung sind keine Behandlungstage und dürften bei der Frage, ob die Grenzverweildauer der Fallpauschale erreicht ist, nicht mitgezählt werden. Zu den Beurlaubungen gibt es besondere Regelungen in den zweiseitigen Verträgen nach § 112 SGB V, die zwischen den Landesverbänden der Krankenkassen und der Landeskrankenhausgesellschaft vereinbart wurden. Diese enthalten jedoch in der Regel hierzu keine Aussagen.

Die für das DRG-Vergütungssystem zuständigen Selbstverwaltungspartner nach § 17b KHG legen grundsätzlich auch die Abrechnungsbestimmungen für die Fallpauschalen und Zusatzentgelte fest. **Satz 4** ermöglicht es, die gesetzlichen Vorgaben des Absatzes 5 durch Vereinbarungen der Selbstverwaltungspartner oder durch eine Vorgabe einer Rechtsverordnung zu ersetzen. Dies hat das BMGS für das Jahr 2004 mit **§ 2 Abs. 3 KFPV 2004** getan.

Amtl. Begründung

Zu Absatz 6

Die Vorschrift entspricht der Regelung des bisherigen § 14 Abs. 4 Satz 2 BPflV.

ERLÄUTERUNGEN

Die Vorschrift regelt den Fall, dass der Patient eines Krankenhauses durch ein anderes Krankenhaus ergänzend behandelt wird. In diesem Fall wird der Patient nicht endgültig in das andere Krankenhaus verlegt, sondern dort nur zwischenzeitlich behandelt oder z.B. mit einem Großgerät untersucht (sog. **Verbringung**; vgl. die Erläuterungen zu § 2 Abs. 2 Satz 2 Nr. 2 KHEntgG). Er bleibt Patient des erstbehandelnden Krankenhauses, das ihn zur stationären Behandlung formal aufgenommen hat. Dieses Krankenhaus rechnet auch die Fallpauschale ab. Das oder die Krankenhäuser, die an der Leistungserbringung ergänzend beteiligt sind, stellen ihre Leistungen nicht dem Patienten oder der Krankenkasse, sondern dem hauptbehandelnden Krankenhaus in Rechnung.

Amtl. Begründung

Zu Absatz 7

Satz 1 bestimmt, dass eine angemessene Vorauszahlung vom Krankenhaus verlangt werden kann, wenn der Patient nicht nachweisen kann, dass ein Krankenversicherungsschutz besteht. Das Krankenhaus besitzt nach Satz 2 einen Anspruch auf eine Abschlagszahlung als Zahlung auf bereits erbrachte Teilleistungen; die Vorschrift dient der Sicherung der Liquidität des Krankenhauses. Nach Satz 3 können diese Regelungen durch Vereinbarungen der Selbstverwaltung ersetzt werden.

ERLÄUTERUNGEN

Die Vorschrift tritt im Rahmen des neuen Vergütungssystems an die Stelle des § 14 Abs. 11 BPflV. Nach **Satz 1** kann das Krankenhaus von den Patienten eine angemessene **Vorauszahlung** verlangen, wenn und soweit ein Krankenversicherungsschutz nicht nachgewiesen wird. Liegt eine Kostenübernahmeerklärung eines Sozialleistungsträgers oder eine Kostenzusage eines privaten Krankenversicherungsunternehmens vor, so scheidet die Anforderung einer Vorauszahlung aus. Dasselbe gilt, wenn dem Krankenhaus der Krankenversicherungsschutz des Patienten bekannt ist. Die Höhe der Teilzahlung muss angemessen sein. Eine Vorauszahlung in der voraussichtlich vollen Höhe der im Behandlungszeitraum anfallenden Vergütung dürfte nur ausnahmsweise zulässig sein. Regelungen über die Vorauszahlungen enthalten oftmals auch die Behandlungsverträge, meist in Form von Bestimmungen in den Allgemeinen Vertragsbedingungen (AVB). Nach **Satz 2** kann das Krankenhaus ab dem achten Tag des Krankenhausaufenthalts eine Abschlagszahlung verlangen. Aus dem Zusammenhang der Vorschrift mit Satz 1 ergibt sich, dass sich auch dieser Anspruch des Krankenhauses auf Teilzahlung nur dann gegen den Patienten richten kann, wenn kein Krankenversicherungsschutz besteht. Die Höhe der Abschlagszahlung hat sich an den bisher erbrachten Leistungen und an der Höhe der voraussichtlich zu zahlenden Entgelte zu orientieren. Regelungen über zeitnahe Zahlungen in den Landesverträgen nach § 112 SGB V und in der Vereinbarung nach § 11 KHEntgG haben nach **Satz 3** Vorrang. Demnach können die Regelungen der Sätze 1 und 2 durch Vereinbarungen der Selbstverwaltung ersetzt werden.

Amtl. Begründung

Zu Absatz 8

Die bisherige Regelung in § 14 Abs. 12 BPflV zur **Unterrichtung der Patienten** über die voraussichtlich maßgebenden Pflegesätze wird an die Abrechnung der in § 7 genannten neuen Entgelte angepasst. Insbesondere die maßgebliche Fallpauschale steht häufig im Zeitpunkt der Krankenhausaufnahme noch nicht fest, u.a. weil sie auch maßgeblich durch spätere Nebendiagnosen bestimmt wird, die in Folge von Begleiterkrankungen und Komplikationen erst während des Krankenhausaufenthaltes gestellt werden. Entscheidend für den Vergütungsanspruch des Krankenhauses ist freilich, welche Fallpauschale auf Grund der tatsächlich erbrachten Leistungen im DRG-System abzurechnen ist, auch wenn das Krankenhaus seine Mitteilungspflichten verletzt hat.

ERLÄUTERUNGEN

Absatz 8 passt den Regelungsinhalt des § 14 Abs. 12 BPflV dem neuen Recht an. Während § 17 Abs. 2 Satz 1 zweiter HS die Unterrichtung des Wahlleistungspatienten verlangt, regelt die Vorschrift die Informationspflicht für den Bereich der allgemeinen Krankenhausleistungen. Ob die Vorschrift – wie von der Bundesregierung erhofft – tatsächlichen den Verbraucherschutz auf Seiten des Patienten stärkt, ist zweifelhaft. Die Erreichung dieses Ziels erscheint schon vom Ansatz her fraglich, da die Information des Patienten über die für ihn voraussichtlich maßgebenden Entgelte erst nach dessen Aufnahme erfolgt und er auf Grund dieser Kenntnis wohl kaum die Verlegung in ein anderes, entgeltmäßig ihm ebenso unbekanntes Krankenhaus beantragen wird. Wen die Entgelte für allgemeine Krankenhausleistungen interessieren (der gesetzliche Regelleistungspatient hat hierzu wenig Veranlassung), wird möglichst vor Einweisung in das Krankenhaus einen Preisvergleich anstellen und außerhalb des Abs. 8 seine Informationen einholen (Tuschen/Quaas, Erl. zu § 14 Abs. 12).

Bei der Vorschrift handelt es sich um eine Ordnungsvorschrift (zu § 14 Abs. 12 BPflV: Tuschen/Quaas, Erl. zu § 14 Abs. 12, a. A. Uleer/Miebach/Patt, § 14 BPflV Erl. 6.1). Unterbleibt die Unterrichtung, ist sie unzureichend oder nicht rechtzeitig, so hat dies pflegesatzrechtlich keine Folgen (vgl. Dietz/Bofinger, § 14 BPflV, Erl. XII 2.).

Den selbstzahlenden Patienten, welche nicht in vollem Umfang versichert sind, hat das Krankenhaus nach **Satz 1** die maßgebenden Entgelte so bald wie möglich schriftlich bekannt zu geben. Andere Patienten können nach **Satz 2** Informationen zu den voraussichtlich abzurechnenden Entgelten verlangen. Die Regelungen sind in der Praxis für Krankenhäuser nur schwer umzusetzen, weil naturgemäß bei Aufnahme des Patienten die für ihn maßgeblichen Entgelte ungewiss sind und auch ein voraussichtliches für die konkret anstehende Krankenhausbehandlung kaum bestimmbar ist. Soweit Krankenhäuser aus diesen Gründen auf eine patientenindividuelle Information über die voraussichtlichen Entgelte verzichten, sollten sie jedenfalls im Rahmen des Abschlusses des Behandlungsvertrags den Patienten eine Auflistung über sämtliche in Betracht kommende Tarife in Form eines krankenhausindividuellen Entgelttarifs vorlegen. Die **Sätze 3** und **4** treffen eine Regelung für den Sachverhalt, dass bei Aufnahme des Patienten die endgültigen Entgelte noch nicht feststehen. In diesem Fall ist der Patient darauf hinzuweisen, dass sich das zu zahlende Entgelt erhöht, wenn das neue Entgelt noch während der stationären Behandlung in Kraft tritt. Nach **Satz 5** hat das Krankenhaus die voraussichtliche Erhöhung anzugeben.

VIERTER ABSCHNITT: Vereinbarungsverfahren

§ 9 Vereinbarung auf Bundesebene

(1) Die Spitzenverbände der Krankenkassen und der Verband der privaten Krankenversicherung gemeinsam vereinbaren mit der Deutschen Krankenhausgesellschaft (Vertragsparteien auf Bundesebene) mit Wirkung für die Vertragsparteien nach § 11 insbesondere

1. einen Fallpauschalen-Katalog nach § 17b Abs. 1 Satz 10 des Krankenhausfinanzierungsgesetzes einschließlich der Bewertungsrelationen sowie Regelungen zur Grenzverweildauer und der in Abhängigkeit von diesen zusätzlich zu zahlenden Entgelte oder vorzunehmenden Abschläge,

2. einen Katalog ergänzender Zusatzentgelte nach § 17b Abs. 1 Satz 12 des Krankenhausfinanzierungsgesetzes einschließlich der Vergütungshöhe,

3. die Abrechnungsbestimmungen für die Entgelte nach den Nummern 1 und 2 sowie die Regelungen über Zu- und Abschläge,

4. Empfehlungen für die Kalkulation und Vergütung neuer Untersuchungs- und Behandlungsmethoden, für die nach § 6 gesonderte Entgelte vereinbart werden können,

5. für das Jahr 2003 die Berichtigungsrate nach § 6 Abs. 3 Satz 1 der Bundespflegesatzverordnung und für das Jahr 2004 die Berichtigungsrate nach § 6 Abs. 2 Satz 1 der Bundespflegesatzverordnung.

6. bis zum 31. August 2003 den einheitlichen Aufbau der Datensätze und das Verfahren für die Übermittlung der Daten nach § 11 Abs. 4 Satz 1.

Die Vertragsparteien auf Bundesebene vereinbaren Empfehlungen an die Vertragsparteien auf Landesebene zur Vereinbarung der Basisfallwerte und geben vor, welche Tatbestände, die bei der Weiterentwicklung der Bewertungsrelationen nicht umgesetzt werden können und deshalb nach § 10 Abs. 3 Satz 1 Nr. 1 und Satz 3 bei der Vereinbarung des Basisfallwerts umzusetzen sind, in welcher Höhe zu berücksichtigen oder auszugleichen sind.

(2) Kommt eine Vereinbarung zu Absatz 1 Satz 1 Nr. 4 bis 6 und Satz 2 ganz oder teilweise nicht zu Stande, entscheidet auf Antrag einer Vertragspartei die Schiedsstelle nach § 18a Abs. 6 des Krankenhausfinanzierungsgesetzes; in den übrigen Fällen gilt § 17b Abs. 7 des Krankenhausfinanzierungsgesetzes.

Amtl. Begründung

Zu § 9

Die Vorschrift stellt die Vereinbarungen dar, die nach § 17b KHG von den Selbstverwaltungspartnern auf Bundesebene zu treffen sind, und erweitert diese mit Nummer 4 um Empfehlungen für die Kalkulation und Vergütung neuer Untersuchungs- und Behandlungsmethoden, die von den Vertragsparteien „vor Ort" vereinbart werden. Die bereits bisher zu vereinbarende BAT-Berichtigungsrate ist auch für die Jahre 2003 und 2004 noch zu vereinbaren, in denen noch nach herkömmlichem Recht verhandelt wird (§ 6 Abs. 3 BPflV).

Amtl. Begründung zum Änderungsantrag (BT-Drucks. 14/7862, Pkt. 2.21)
Zu § 9 Abs. 1 Satz 1 Nr. 4

Die Änderung ... gibt vor, dass die Vertragsparteien auf der Bundesebene nicht nur Kalkulationsempfehlungen für die nach § 6 Abs. 2 KHEntgG krankenhausindividuell zu verhandelnden Entgelte für neue Untersuchungs- und Behandlungsmethoden vereinbaren, sondern auch für die Leistungen, die nach § 6 Abs. 1 KHEntgG in den Jahren 2003 und 2004 noch nicht mit dem DRG-Katalog abgedeckt sind.

ERLÄUTERUNGEN

Zu Absatz 1

Satz 1 fasst die von den Selbstverwaltungspartnern auf der Bundesebene nach § 17b KHG zu treffenden Vereinbarungen für die Zwecke dieses Gesetzes zusammen. Er definiert außerdem für diese Selbstverwaltungspartner den Begriff „Vertragsparteien auf Bundesebene", um eine klare Unterscheidung zu den „Vertragsparteien auf Landesebene" (§ 10) und den „Vertragsparteien" der Budgetvereinbarung auf der Ortsebene (§ 11) zu schaffen. Vertragspartner sind die Spitzenverbände der Krankenkassen und der Verband der privaten Krankenversicherung (PKV) auf der einen Seite und die Deutsche Krankenhausgesellschaft auf der anderen Seite. Die Krankenkassenseite stimmt gemeinsam ab. Soweit sie keine Einigkeit untereinander erzielen kann, kommt das Abstimmungsverfahren nach § 213 Abs. 2 SGB V zur Anwendung. Für einen Mehrheitsbeschluss auf der Krankenkassenseite sind 7 von 10 Stimmen einschl. PKV erforderlich.

Hauptaufgabe ist die Einführung und ständige Weiterentwicklung des DRG-**Fallpauschalenkatalogs** und des Katalogs der **Zusatzentgelte** (Nummern 1 und 2).

Die Vorschrift stellt darüber hinaus mit Nummer 3 klar, dass zu den Aufgaben der Vertragsparteien auf der Bundesebene auch die Vereinbarung der **Abrechnungsregeln** für das DRG-Vergütungssystem gehört.

Nummer 4 verpflichtet die Vertragsparteien außerdem, Empfehlungen zur Kalkulation der nach § 6 **krankenhausindividuell** zu verhandelnden **Entgelte** zu vereinbaren.

Die nach Nummer 5 zu vereinbarende **BAT-Berichtigungsrate** ist letztmalig für das Jahr 2004 zu vereinbaren, für das noch nach den Vorgaben des § 6 BPflV verhandelt wird. Eine entsprechende BAT-Ausgleichsvorgabe gibt es im KHEntgG ab dem Jahr 2005 nicht mehr.

Nummer 6 verpflichtet die Vertragsparteien auf Bundesebene, bis zum 31. August 2003 die Voraussetzungen dafür zu schaffen, dass die Unterlagen für die Budgetverhandlungen auf **maschinenlesbaren Datenträgern** vorgelegt werden können. Entsprechende Vereinbarungen gab es bereits bisher für den Bereich der BPflV.

Satz 2 verpflichtet die Vertragsparteien auf Bundesebene, **Empfehlungen** zur Vereinbarung der Basisfallwerte auf der Landesebene zu vereinbaren (§ 10). Zielsetzung einer solchen Empfehlung muss es sein, möglichst einheitliche Verfahrensweisen in den 16 Bundesländern zu erreichen. Die Vertragsparteien auf Bundesebene lassen durch ihr DRG-Institut (InEK) jährlich die DRG-Fallpauschalen neu kalkulieren und legen auf dieser Basis neue Bewertungsrelationen fest. Voraussichtlich werden bestimmte Tatbestände, die zur Veränderung der Höhe der Fallpauschalen beitragen, auf Bundesebene nicht oder nicht vollständig durch eine Veränderung der Bewertungsrelationen berücksichtigt werden können. Bewertungsrelationen zeigen nur die Unterschiede zwischen der einzelnen DRG-Fallpauschale und einer Bezugsleistung an. Die Vertragsparteien haben sich darauf geeinigt, für die deutschen DRG als Bezugsleistung nicht eine konkrete Leistung zu nehmen, wie z.B. in Frankreich die Geburts-Fallpauschale, sondern den Durchschnitt aller DRG-Leistungen wie in Australien. Dieser Durchschnitt wird mit der **Bewertungsrelation 1,0** versehen. Die Bewertungsrelationen aller anderen Leistungen ergeben sich, indem die Kosten einer DRG-Leistung in Relation zu den durchschnittlichen Kosten dieser Bezugsleistung gesetzt werden. Beispielsweise bedeutet die Relation 3,0 bei einer DRG, dass diese DRG 3-mal so aufwändig ist wie die DRG-Durchschnittsleistung (Bewertungsrelation 1,0). Es ist durchaus denkbar, dass z.B. Verweildauerverkürzungen bei allen DRG eintreten und entsprechend die Höhe der kalkulierten Kosten absenken, jedoch diese Absenkung nur ungenügend in den Bewertungsrelationen wiedergegeben wird. Deutlich wird dies an einem gedachten Extremfall: Die Kosten aller Bewertungsrelationen werden auf Grund von Verweildauerverkürzungen um durchschnittlich 10% abgesenkt, die Bewertungsrelationen der Leistungen zueinander ändern sich jedoch mit kleineren Abweichungen durchschnittlich nicht. Die oben beispielhaft genannte DRG ist immer noch 3-mal so teuer wie die Durchschnittsleistung (Bezugsleistung 1,0). Dies bedeutet, dass die in der Kalkulation ermittelte durchschnittliche Kostensenkung je Fall ganz oder teilweise nicht durch die Bewertungsrelationen in entsprechende Preissenkungen umgesetzt werden kann. Vielmehr ist eine entsprechende Absenkung des Basisfallwerts erforderlich.

Da also zumindest die Möglichkeit besteht, dass in bestimmten Situationen Veränderungen, die sich auf die Höhe der DRG-Fallpauschale auswirken müssten, mit den Bewertungsrelationen allein nicht umgesetzt werden können, hat der Gesetzgeber die Vertragsparteien auf Bundesebene beauftragt, entsprechende Tatbestände zur Umsetzung auf der Landesebene vorzugeben, d.h. zu bestimmen, welche Tatbestände umzusetzen sind und in welcher Höhe dies zu erfolgen hat. Die Vertragsparteien auf Landesebene sind verpflichtet, diese Vorgaben bei der Vereinbarung des landesweit geltenden Basisfallwerts umzusetzen; vgl. § 10 Abs. 3 Satz 1 Nr. 1.

Zu Absatz 2

Soweit sich die Vertragsparteien auf Bundesebene bei dem Fallpauschalenkatalog, dem Katalog der Zusatzentgelte oder den Abrechnungsregeln nicht einigen können, kann das Bundesministerium für Gesundheit und Soziale Sicherung entsprechende Entscheidungen treffen und sowohl die Kataloge als auch die Abrechnungsregeln durch Ministerverordnung ohne Zustimmung des Bundesrates verbindlich vorgeben (§ 17b Abs 7 KHG). Es wird somit im Rahmen einer Ersatzvornahme an Stelle der eigentlich zuständigen Vertragsparteien tätig. Dieser Fall ist bereits für das Jahr 2003, dem ersten Jahr der DRG-Einführung, eingetreten. Das Bundesministerium kann eigenständig entscheiden, ob oder inwieweit es tätig wird (vgl. die amtl. Begründung zu § 17b Abs. 7 KHG). Bei einer Nichteinigung über die Tatbestände nach den Nummern 4 bis 6 sowie Satz 2 entscheidet die Bundesschiedsstelle nach § 18a Abs. 6 KHG.

§ 10 Vereinbarung auf Landesebene

(1) Zur Bestimmung der Höhe der Fallpauschalen nach § 9 Abs. 1 Satz 1 Nr. 1 vereinbaren die in § 18 Abs. 1 Satz 2 des Krankenhausfinanzierungsgesetzes genannten Beteiligten (Vertragsparteien auf Landesebene) mit Wirkung für die Vertragsparteien nach § 11 jährlich einen landesweit geltenden Basisfallwert für das folgende Kalenderjahr. Dabei sind die nach Überschreitung der Grenzverweildauer zu zahlenden Entgelte zu berücksichtigen.

(2) Bei der erstmaligen Vereinbarung für das Jahr 2005 haben die Vertragsparteien den Basisfallwert so festzulegen, dass Beitragserhöhungen ausgeschlossen werden, es sei denn, die notwendige medizinische Versorgung ist auch nach Ausschöpfung von Wirtschaftlichkeitsreserven ohne Beitragssatzerhöhungen nicht zu Gewähr leisten. Maßstab dafür ist die Veränderungsrate nach § 71 Abs. 3 Satz 1 in Verbindung mit Abs. 2 Satz 3 des Fünften Buches Sozialgesetzbuch. Die Vertragsparteien haben sich an dem voraussichtlichen Ausgabenvolumen für die mit dem Basisfallwert zu vergütenden Leistungen oder an den für das Jahr 2004 vereinbarten, gewichteten Basisfallwerten der Krankenhäuser im Lande zu orientieren. In diesem Rahmen sind die Vorgaben nach Absatz 3 zu berücksichtigen.

(3) In den Folgejahren sind bei der Vereinbarung insbesondere zu berücksichtigen:

1. der von den Vertragsparteien nach § 9 Abs. 1 Satz 2 vorgegebene Veränderungsbedarf auf Grund der jährlichen Kostenerhebung und Neukalkulation, der nicht mit den Bewertungsrelationen umgesetzt werden kann,

2. voraussichtliche allgemeine Kostenentwicklungen,

3. Möglichkeiten zur Ausschöpfung von Wirtschaftlichkeitsreserven, soweit diese nicht bereits durch die Weiterentwicklung der Bewertungsrelationen erfasst worden sind,

4. die allgemeine Kostendegression bei Fallzahlsteigerungen,

5. die Ausgabenentwicklung insgesamt bei den Leistungsbereichen, die nicht mit Fallpauschalen vergütet werden, soweit diese die Veränderungsrate nach § 71 Abs. 3 Satz 1 in Verbindung mit Abs. 2 des Fünften Buches Sozialgesetzbuch überschreiten; dabei werden die Zuschläge zur Finanzierung der Ausbildungsstätten und Ausbildungsvergütungen nicht einbezogen.

Bei der Anwendung von Satz 1 Nr. 4 ist sicherzustellen, dass zusätzliche Fälle bei der Vereinbarung des Basisfallwerts absenkend berücksichtigt werden. Soweit infolge einer veränderten Kodierung der Diagnosen und Prozeduren Ausgabenerhöhungen entstehen, sind diese vollständig durch eine entsprechende Absenkung des Basisfallwerts auszugleichen.

(4) Die nach Absatz 3 vereinbarte Veränderung des Basisfallwerts darf die sich bei Anwendung der Veränderungsrate nach § 71 Abs. 3 Satz 1 in Verbindung mit Abs. 2 Satz 3 des Fünften Buches Sozialgesetzbuch ergebende Veränderung des Basisfallwerts nicht überschreiten.

(5) Soweit in dem in Artikel 3 des Einigungsvertrages genannten Gebiet die Höhe der Vergütung nach dem Bundes-Angestelltentarifvertrag unter der im übrigen Bundesgebiet geltenden Höhe liegt, ist dies bei der Vereinbarung des Basisfallwerts zu beachten. Die Veränderungsrate nach Absatz 4 darf überschritten werden, soweit eine Angleichung dieser Vergütung an die im übrigen Bundesgebiet geltende Höhe dies erforderlich macht.

(6) Die Vereinbarung ist bis zum 31. Oktober jeden Jahres zu schließen. Die Vertragsparteien auf Landesebene nehmen die Verhandlungen unverzüglich auf, nachdem eine Partei dazu schriftlich aufgefordert hat. Die Vereinbarung kommt durch Einigung zwischen den Parteien zustande, die an der Verhandlung teilgenommen haben; sie ist schriftlich abzuschließen. Kommt eine Vereinbarung bis zu diesem Zeitpunkt nicht zu Stande, setzt die Schiedsstelle nach § 13 den Basisfallwert auf Antrag einer Vertragspartei auf Landesebene unverzüglich fest.

(7) In den ab dem 1. Januar 2007 geltenden Basisfallwert sind Mehrkosten im Falle der Abschaffung des Arztes im Praktikum in Höhe der von den Krankenhäusern im Lande nach § 4 Abs. 14 insgesamt abgerechneten Zuschläge einzurechnen. Absatz 4 gilt insoweit nicht.

Amtl. Begründung

Zu § 10

Das Preisniveau der DRG-Fallpauschalen wird mit der Vereinbarung des Basisfallwerts auf der Landesebene bestimmt. Aus der Multiplikation von bundeseinheitlich festgelegtem Relativgewicht (Fallpauschalen-Katalog) und dem landesspezifischem Basisfallwert ergibt sich die Höhe der einzelnen Fallpauschale.

Amtl. Begründung

Zu Absatz 1

Die Vertragsparteien auf Landesebene vereinbaren wie bisher die Höhe der Fallpauschalen, indem sie den Basisfallwert (bisher Punktwert) festlegen. Bei der Vereinbarung sind auch die bei Überschreitung der Grenzverweildauer zu zahlenden Entgelte zu berücksichtigen, z. B. im Rahmen einer Äquivalenzziffernrechnung.

ERLÄUTERUNGEN

Zu § 10

Mit dem Fallpauschalengesetz ist ein **Einheitspreissystem** beschlossen worden; vgl. Kapitel 6.2 der Einführung. Die Höhe der einzelnen DRG-Fallpauschale ergibt sich aus der Multiplikation ihrer DRG-Bewertungsrelation nach dem bundeseinheitlichen Fallpauschalenkatalog mit einem Basisfallwert, der auf der Landesebene vereinbart wird. Dieser Basisfallwert gilt ab dem Jahr 2007 landesweit einheitlich und gibt damit die Höhe der Fallpauschalen landeseinheitlich vor. In den Jahren 2005 und 2006, in denen die Krankenhausbudgets in drei Stufen an das landesweite Preisniveau angepasst werden (Konvergenzphase), gilt allerdings zunächst noch ein krankenhausindividueller Basisfallwert, der jedoch zunehmend von dem landeseinheitlichen Basisfallwert mitbestimmt wird; vgl. Kapitel 6.5.3 der Einführung.

Der landeseinheitliche Basisfallwert bestimmt somit das **Preisniveau** der abzurechnenden DRG-Fallpauschalen für das jeweilige Bundesland. Da der Basisfallwert im Jahr 2005 anhand der bisherigen Ausgaben der Krankenkassen für die Krankenhausversorgung im jeweiligen Bundesland zu vereinbaren ist (vgl. Absatz 2), wird der Basisfallwert **von Bundesland zu Bundesland unterschiedlich** sein. Die Abweichungen werden zum Teil erheblich und teilweise nur durch historisch unterschiedliche Entwicklungen erklärbar sein. Auf Grund der hohen Leistungstransparenz, die mit der Einführung der DRG-Vergütung entsteht, wird künftig die berechtigte Frage gestellt werden, warum die Krankenkassen in einigen Ländern überdurchschnittliche oder sogar sehr hohe Basisfallwerte für die gleiche Leistung bezahlen sollen, während in anderen Bundesländer unterdurchschnittliche Basisfallwerte gelten. Krankenhäusern in Bundesländern mit einem niedrigen Basisfallwert wird man erklären müssen, warum ihr bereits „preiswertes" Krankenhausbudget auf den noch niedrigeren Landesdurchschnitt (Basisfallwert) abgesenkt werden soll, während vergleichsweise höhere Krankenhausbudgets z. B. im Land Berlin auf einen noch höheren Landesdurchschnitt angehoben werden dürfen. Dies wird voraussehbar zu einer Diskussion über die Einführung von bundeseinheitlichen Basisfallwerten oder zumindest einer stärkeren Angleichung der Basisfallwerte führen. Eine entsprechende Regelung konnte mit dem Fallpauschalengesetz (noch) nicht eingeführt werden, da die Bundesländer im Bundesrat einer solchen Angleichung mehrheitlich nicht zugestimmt hätten. Aber auch auf Seiten der Krankenkassen würden bei regional tätigen Krankenkassen Probleme bei der Einführung bundeseinheitlicher Basisfallwert entstehen, nämlich dann, wenn Krankenkassen in Ländern mit einem geringeren Beitragsaufkommen höhere Vergütungen als bisher zahlen und deshalb ihre Beitragssätze anheben müssten.

Zum 1. Januar 2005 wird die **Begrenzung der einzelnen Krankenhausbudgets** (sog. Deckelung) **aufgehoben**. Bei einem leistungsorientierten Vergütungssystem – insbesondere bei einem Einheitspreissystem – würde eine weitere Begrenzung des Krankenhausbudgets (Erlösbudgets) durch die Veränderungsrate nach § 71 SGB V (Einnahmenentwicklung der Krankenkassen) zu einer Begrenzung von Fallzahlerhöhungen beim einzelnen Krankenhaus führen. Der Wettbewerb der Krankenhäuser um zusätzliche Patienten und damit die erforderlichen Strukturveränderungen im Krankenhausbereich würden behindert.

Eine Begrenzung der Krankenkassenausgaben – und damit auch der Erlöse der Krankenhäuser – durch den **Grundsatz der Beitragssatzstabilität** kann deshalb nur auf der **Landesebene** durchgeführt werden, so wie dies z. B. im ambulanten vertragsärztlichen Bereich auch geschieht. Der Gesetzgeber hat für den Krankenhausbereich jedoch **kein Landesbudget** definiert und in seiner Höhe formal vorgegeben. Vielmehr wurde eine **offene Verhandlungslösung** vorgeschrieben, die in begründeten Fällen, z. B. bei Fallzahlerhöhungen auf Grund von demographischen Entwicklungen oder infolge des medizinischen Fortschritts, eine Erhöhung der Krankenkassenausgaben über die Veränderungsrate hinaus erlaubt; vgl. die Erläuterungen zu den Absätzen 3 und 4.

Zu Absatz 1

Satz 1 verpflichtet die Landeskrankenhausgesellschaft, die Landesverbände der Krankenkassen, die Verbände der Ersatzkassen und den Landesausschuss des Verbandes der privaten Krankenversicherung (Vertragsparteien auf Landesebene), jährlich einen landesweit geltenden Basisfallwert für das folgende Kalenderjahr zu vereinbaren.

Nach **Satz 2** ist bei der Vereinbarung des Basisfallwerts nach den Absätzen 2 und 3 zu berücksichtigen, dass neben den Fallpauschalen auch noch gesonderte Entgelte bei Überschreitung der oberen **Grenzverweildauer** zu zahlen sind. Diese Vorgabe muss in erweitertem Umfang ausgelegt und angewendet werden. Mit den Abrechnungsbestimmungen für das Jahr 2003, die mit der Verordnung zum Fallpauschalensystem für Krankenhäuser (KFPV) vorgegeben wurden und nach Vereinbarung der Selbstverwaltungspartner nach § 17b Abs. 2 KHG auch für das Jahr 2004 gelten sollen, wurden neben diesen zusätzlichen Entgelten auch noch Abschläge bei Verlegungen und bei Unterschreitung einer unteren Grenzverweildauer vorgegeben. Mit dem FPÄndG vom Juni 2003 hat der Gesetzgeber deshalb durch eine Änderung des § 3 Abs. 3 Satz 4 Nr. 1 sowie entsprechende Änderungen der Blätter B1 und B2 der Verhandlungsunterlagen nach Anlage 1 des KHEntgG bestimmt, dass diese gesonderten Entgelte und die Abschläge zu dem Bereich der Fallpauschalen gehören. Sie werden in den DRG-Fallpauschalenkatalogen nicht in Euro-Beträgen, sondern in Form von Bewertungsrelationen ausgewiesen. Sie gehen in die Ermittlung der Bewertungsrelation für die Abrechnung gegenüber den Krankenkassen ein (sog. effektive Bewertungsrelation). Die Summe der effektiven Bewertungsrelationen wird auf der Landesebene für die Vereinbarung des Basisfallwerts nach § 10 genutzt. Damit werden die genannten Tatbestände automatisch berücksichtigt.

Amtl. Begründung

Zu Absatz 2

Mit der erstmaligen Vereinbarung der Basisfallwerte werden wesentliche Festlegungen für die Höhe der Vergütung der Krankenhausleistungen und damit für das Ausgabenvolumen der Krankenversicherungen getroffen. Es muss sichergestellt werden, dass die Krankenhausausgaben der Krankenversicherungen durch den bloßen Wechsel von den bis dahin krankenhausindividuell vereinbarten Basisfallwerten zu landeseinheitlichen Basisfallwerten nicht erhöht werden. Satz 2 gibt als Maßstab für die Entwicklung der Krankenhausausgaben im Jahr 2005 die Grundlohnrate nach § 71 SGB V vor. Damit ist bei der prospektiven Festlegung des Basisfallwerts der Grundsatz der Beitragssatzstabilität in diesem Einstiegsjahr streng umzusetzen. Das tatsächliche Ausgabenvolumen ergibt sich jedoch aus der tatsächlich erbrachten Art und Anzahl der Leistungen in den Krankenhäusern. Fallzahlsteigerungen werden nach Abs. 3 Nr. 4 bei der Fortentwicklung der Basisfallwerte für das folgende Jahr absenkend berücksichtigt.

Satz 3 stellt den Vertragsparteien anheim, sich entweder am voraussichtlichen Ausgabenvolumen für die durch die DRG-Fallpauschalen vergüteten Leistungen oder an den im Jahr 2004 krankenhausindividuell vereinbarten, gewichteten Basisfallwerten zu orientieren. Dies ermöglicht, in Abhängigkeit von der Datenlage im Jahre 2004 ein zweckmäßiges Verfahren auszuwählen. Bei der erstmaligen Vereinbarung sind im Jahr 2004 bereits eingetretene und durch das DRG-System im Jahr 2005 zu erwartende Kostensenkungen zu berücksichtigen. Satz 4 konkretisiert die dabei zu berücksichtigen Tatbestände und verweist dazu auf Absatz 3.

ERLÄUTERUNGEN

Für das Jahr 2005 wird erstmals ein Basisfallwert auf Landesebene vereinbart. **Satz 1** verpflichtet die Vertragsparteien, dabei den Grundsatz der **Beitragssatzstabilität** anzuwenden und einzuhalten: „haben ... so festzulegen, dass Beitragssatzerhöhungen ausgeschlossen werden". Auch mit der amtl. Begründung zu Satz 2 wird darauf verwiesen, dass der Grundsatz der Beitragssatzstabilität „streng umzusetzen" sei. In Folge der Umstellung auf die Fallpauschalen-Abrechnung soll es nicht zu Mehrausgaben in der gesetzlichen Krankenversicherung kommen. Im Übrigen definiert Satz 1 den Grundsatz der Beitragssatzstabilität mit den gleichen Worten wie § 71 Abs. 1 SGB V. Er lässt eine Vereinbarung oberhalb der Veränderungsrate nur zu, soweit „die notwendige medizinische Versorgung ... auch nach Ausschöpfung von Wirtschaftlichkeitsreserven ohne Beitragssatzerhöhungen nicht zu Gewähr leisten" ist. Können die Vertragsparteien sich nicht einigen, entscheidet nach der Vorschrift des Absatzes 6 die Schiedsstelle auf Landesebene.

Die erstmalige Vereinbarung für das Jahr 2005 ist für die gesetzliche Krankenversicherung besonders kritisch, weil ggf. die **Datengrundlage** für die Vereinbarung noch nicht hinreichend genau sein könnte und deshalb Schätzrisiken bestehen. Benötigt werden Angaben dazu, wie häufig die einzelnen DRG-Fallpauschalen voraussichtlich im Jahr 2005 abgerechnet werden sowie welche Abrechnungssummen auf die zusätzlichen Entgelte bei Überschreitung der Grenzverweildauer und die Abschläge bei Verlegungen oder Unterschreitung der unteren Grenzverweildauer entfallen. Angaben hierzu müssen insbesondere durch Auswertung der Leistungsdaten je Krankenhausfall gewonnen werden, die nach § 21 von den Krankenhäusern an die DRG-Datenstellen auf Bundesebene zu liefern sind. Darüber hinaus können Informationen auch durch Auswertung der den Krankenkassen vorliegenden Abrechnungsdaten nach § 301 SGB V sowie aus den Entgeltaufstellungen nach den Abschnitten E1 und E2 der Budget-Verhandlungsunterlage AEB nach Anlage 1 des KHEntgG gewonnen werden. Diese Daten stellen jedoch lediglich die Situation in einem abgelaufenen Kalenderjahr dar. Sie müssen durch begründete Schätzungen so fortgeschrieben werden, dass Sie der voraussichtlichen Situation im Jahr 2005 entsprechen. Jede Fehlschätzung über die Entwicklung von Art und Menge der Leistungen führt zu entsprechenden Abweichungen bei den Ausgaben der Krankenkassen.

Satz 2 gibt als Maßstab dafür, „dass **Beitragserhöhungen ausgeschlossen werden**", die Veränderungsrate nach § 71 SGB V vor. Diese wird bis zum 15. September eines jeden Jahres vom Bundesministerium für Gesundheit und Soziale Sicherung ermittelt und bekannt gegeben (§ 71 Abs. 3 SGB V). Die amtl. Begründung weist in diesem Zusammenhang darauf hin, dass für das „Einstiegsjahr" 2005 der Grundsatz der Beitragssatzstabilität „streng umzusetzen" sei. Die Ausgaben der Krankenkassen für den Krankenhausbereich sollen also grundsätzlich nicht stärker steigen als die Einnahmen der Krankenkassen.

Satz 3 gibt den Vertragsparteien vor, sich an „dem **voraussichtlichen Ausgabenvolumen** für die mit dem Basisfallwert zu vergütenden Leistungen" zu orientieren. Der Gesetzgeber ist dabei offensichtlich – auch wenn formal kein landesweiter Gesamtbetrag (Landesbudget) vorgeschrieben wurde – von dem Gedanken eines prospektiv vereinbarten Gesamtbetrags ausgegangen, der durch die Summe der Bewertungsrelationen dividiert wird (Divisionskalkulation). Alternativ sollen sich die Vertragsparteien an den Basisfallwerten orientieren, die für das Jahr 2004 krankenhausindividuell für jedes Krankenhaus vereinbart wurden. Bei einem solchen Vorgehen, müssen die Basisfallwerte „gewichtet" werden, z. B. mit der Anzahl der Fälle für das jeweilige Krankenhaus. Ggf. können auch beide Methoden kombiniert angewendet werden, um diese erstmalige Vereinbarung eines landesweit geltenden Basisfallwerts vor dem Hintergrund einer nicht optimalen Datengrundlage besser abzusichern.

Nach **Satz 4** sind die näheren **Vorgaben des Absatzes 3** auch bei der Verhandlung des Basisfallwerts für das Jahr 2005 zu berücksichtigen. Dies allerdings nur „in diesem Rahmen", also wohl im Rahmen der für 2005 strengen Begrenzungen durch die Vorgaben des Absatzes 2.

Amtl. Begründung

Zu Absatz 3

Für die jährliche Vereinbarung des Basisfallwerts in den **Folgejahren** gibt Absatz 3 Tatbestände vor, die zu berücksichtigen sind.

Nummer 1 schreibt vor, dass der von den Vertragsparteien auf der Bundesebene ermittelte Umsetzungsbedarf zu berücksichtigen ist. Mit dem DRG-System der Relativgewichte, bei dem die Höhe der einzelnen Fallpauschale nicht mit festen Punktzahlen, sondern als Relation zur Höhe einer Bezugsleistung festgelegt wird, können bei veränderten Kalkulationsfaktoren nur die Einflussfaktoren umgesetzt werden, die sich bei bestimmten Fallpauschalen auswirken und damit deren Relation zur Bezugsleistung verändern. Allgemeine Kostenänderungen, die sich recht gleichmäßig bei allen oder sehr vielen Fallpauschalen auswirken, verändern zwar das Kalkulationsergebnis, ggf. jedoch nicht oder nicht in vollem Umfang die Bewertungsrelationen und damit nicht die Höhe der Fallpauschalen. So führen z. B. Verweildauerverkürzungen oder Kostensenkungen in Folge verbesserter Wirtschaftlichkeit, soweit sie sich über alle Fallpauschalen auswirken, zwar zu einer Absenkung der Kalkulationsergebnisse, aber ggf. nicht oder nicht in vollem Umfang zu einer Veränderung der Relativgewichte, weil auch die Bezugsleistung entsprechend abgesenkt wird; die Relation von Bezugsleistung zur jeweiligen Fallpauschale bleibt trotz abgesenkter Kalkulationsergebnisse gleich. Sich allgemein auswirkende Veränderungen der Kalkulationsergebnisse können somit nur durch eine Veränderung des Grundpreises, d. h. des Basisfallwerts, umgesetzt werden.

Nach Nummer 2 sind bei der Verhandlung voraussichtliche Entwicklungen bei den Personal- und Sachkosten zu berücksichtigen. Nummer 3 ermöglicht auch Verhandlungen über die Berücksichtigung von Wirtschaftlichkeitsreserven, die noch nicht von den Kalkulationsergebnissen auf der Bundesebene erfasst worden sind; diese können auch landesspezifisch sein.

In einem System fester Fallpauschalenpreise (Einheitspreise) müssen Fallzahlsteigerungen auch bei Berücksichtigung zusätzlicher variabler Kosten zu einer rechentechnischen Absenkung bei der jährlichen Fortschreibung des Basisfallwertes führen (Kostendegression). Nummer 4 gibt deshalb in Verbindung mit Satz 2 vor, dass zu erwartende Fallzahlsteigerungen, z. B. auf Grund des medizinischen und medizinisch-technischen Fortschritts und der demographischen Entwicklung, das Finanzierungssystem der Krankenversicherung grundsätzlich nicht mit ihrem gesamten Fallwert, sondern nur in Höhe der zusätzlich entstehenden, variablen Fallkosten (anteilige Personal- und Sachkosten) belasten dürfen. Zusätzliche Fälle sollen somit anteilig auch zusätzlich vergütet werden. Allerdings muss sich eine anteilige Berücksichtigung, die immer unterhalb des abzurechnenden vollen Fallpauschalenbetrags liegt, rechnerisch in Richtung auf eine Absenkung des Basisfallwerts auswirken. Diese Absenkungstendenz wirkt z. B. der Erhöhungstendenz allgemeiner Kostenentwicklungen (Nummer 2) entgegen. Die Umsetzung könnte durch eine pauschale Absenkungsquote, die durch die Selbstverwaltungspartner auf der Bundesebene im Rahmen einer Empfehlungsvereinbarung vorgegeben wird, erfolgen.

Nach Satz 3 sind die finanziellen Auswirkungen einer verbesserten Kodierung der Abrechnungsfälle zu neutralisieren. Derzeit werden in den Krankenhäusern noch weniger Nebendiagnosen erfasst, als dies bei richtiger Kodierung für das Fallpauschalensystem erforderlich ist. Auf Grund internationaler Erfahrungen ist damit zu rechnen, dass sich etwa in den ersten vier Jahren nach Einführung des DRG-Systems das Kodierverhalten in den Krankenhäusern ändert und mehr Nebendiagnosen erfasst werden als bisher. Es wird zur Abrechnung höherwertiger Fallpauschalen oder höherer Schweregrade kommen, ohne dass sich das Leistungsgeschehen entsprechend verändert. Um zu vermeiden, dass solche Effekte die Ausgaben erhöhen, ohne dass eine entsprechende Leistungssteigerung dahinter steht, bestimmt Satz 3 deshalb in Übereinstimmung mit einem entsprechenden Vorgehen in ausländischen DRG-Systemen, dass diese Effekte durch eine entsprechende Absenkung des Basisfallwerts auszugleichen sind. Eine entsprechende Bereinigung ist auch für Mehrerlöse bei Überschreitung der Krankenhausbudgets vorgesehen (§ 3 Abs. 6 und § 4 Abs. 9 KHEntgG).

Amtl. Begründung zum Änderungsantrag (BT-Drucks. 14/7862, Pkt. 2.22)

Zu § 10 Abs. 3 Satz 1 Nr. 5

Zur Absicherung des Grundsatzes der Beitragssatzstabilität wird vorgegeben, dass Ausgabenentwicklungen oberhalb der Veränderungsrate in den nicht oder noch nicht von den **DRG-Fallpauschalen** erfassten Leistungsbereichen bei der Vereinbarung des Basisfallwerts auf Landesebene absenkend zu berücksichtigen sind. Zu diesen Bereichen gehören die Zuschläge nach § 5, sonstige Entgelte nach § 6, Zusatzentgelte z. B. für die Dialyse oder die Behandlung von Blutern sowie die Entgelte nach Überschreitung der Grenzverweildauer.

ERLÄUTERUNGEN

Absatz 3 enthält die **Vorschriften für die Verhandlungen ab dem Jahr 2006** und damit für das neue, leistungsorientierte DRG-Vergütungssystem. Im Gegensatz zu Absatz 2 für das Jahr 2005, für das erstmals landesweite Basisfallwerte zu vereinbaren sind, gibt es keine direkte Anbindung des Grundsatzes der Beitragssatzstabilität an ein Ausgabenvolumen. Es gibt keinen landesweiten Gesamtbetrag, d.h. kein Landesbudget. Der Grundsatz der Beitragssatzstabilität bezieht sich nach Absatz 4 nur auf die Höhe des Basisfallwerts, bezieht also Fallzahlsteigerungen nicht ein. Auf die bisherigen Ausnahmetatbestände nach § 6 Abs. 1 Satz 4 BPflV wurde vor diesem Hintergrund verzichtet. Zusätzlich zu erbringende Leistungsmengen (Fallzahlerhöhungen) können zusätzlich finanziert werden, allerdings nur mit anteiligen Fallkosten (vgl. Nummer 4 i.V. mit Satz 2).

Über allgemeine Kostenentwicklungen sowie Möglichkeiten zur Ausschöpfung von Wirtschaftlichkeitsreserven wird verhandelt (vgl. die Nummern 2 und 3). Es handelt sich somit um ein weitgehend offenes Verhandlungssystem.

Zu Absatz 3 Satz 1

Bei der Kalkulation und Vereinbarung der DRG-Fallpauschalen auf der Bundesebene können notwendige Veränderungen der Höhe der Fallpauschalen voraussichtlich nicht immer oder zum Teil nicht vollständig durch eine Veränderung der Bewertungsrelationen umgesetzt werden. In diesen Fällen wird eine Umsetzung nur durch eine entsprechende Anpassung des Basisfallwerts auf der Landesebene möglich sein. § 9 Abs. 1 Satz 2 verpflichtet die Vertragsparteien auf Bundesebene deshalb, den notwendigen Änderungsbedarf als Empfehlung an die Vertragsparteien auf der Landesebene zu melden. **Nummer 1** weist ergänzend die Vertragsparteien auf der Landesebene an, diesen **von der Bundesebene zu meldenden Veränderungsbedarf** zu berücksichtigen. Nähere Erläuterungen werden in der amtl. Begründung zu Nummer 1 (vgl. oben) und den Erläuterungen zu § 9 Abs. 2 Satz 2 gegeben.

Nach **Nummer 2** sind bei den Verhandlungen auch Kostenentwicklungen im folgenden Kalenderjahr zu berücksichtigen. Wie mit dem Begriff „**allgemeine Kostenentwicklungen**" deutlich gemacht wird, kann es auf der Landesebene nicht um die Berücksichtigung der Kostenentwicklung einzelner Krankenhäuser oder einzelner DRG-Fallpauschalen gehen, sondern nur um Kostenentwicklungen, die allgemein zu erwarten sind und sich im Preisniveau niederschlagen. Hierzu zählen z. B. die voraussichtliche Erhöhung der Tariflöhne und -gehälter, die Erhöhung von Einkaufspreisen, öffentlichen Abgaben, Gebühren und Steuern. Dabei sind Zusammenhang und Inhalt der Regelungen auf Bundes- und Landesebene zu beachten.

– Grundsätzlich werden bei der Kalkulation der einzelnen DRG auf der Bundesebene (Bewertungsrelationen) die Ist-Kosten eines bereits abgelaufenen Zeitraums, also Vergangenheitswerte, erfasst. Wohl nur in Ausnahmefällen werden prospektiv absehbare Veränderungen berücksichtigt werden, falls die Vertragsparteien auf Bundesebene sich hierauf einigen können. Selbst wenn prospektive Entwicklungen in die Bewertungsrelationen einbezogen würden, würden diese zwar ggf. einzelne Bewertungsrelationen und damit das Kostenverhältnis der Fallpauschalen untereinander verändern, jedoch nicht immer dazu führen, dass insgesamt die benötigten Finanzmittel bereit gestellt werden. Grund dafür ist, dass die Bewertungsrelationen als Relativgewichte ermittelt werden, die alle auf ein Bezugsgewicht von 1,0 bezogen werden. Dieser Wert 1,0 wird als gewichteter Durchschnitt aller DRGs ermittelt und jedes Jahr neu berechnet. Kostenveränderungen, die sich auf alle oder viele DRG-Fallpauschalen auswirken, verändern zwangsläufig auch den Durchschnittswert 1,0 mit der Folge, dass ggf. die Bewertungsrelationen trotz größerer allgemeiner Kostenänderungen insgesamt kaum verändert werden.

– Voraussichtliche allgemeine Kostenentwicklungen im folgenden Kalenderjahr, die zu einer Erhöhung der bereitgestellten Finanzmittel und damit zu einer Erhöhung des Preisniveaus führen sollen, müssen somit ggf. im Basisfallwert berücksichtigt werden. Entsprechende Berechnungen müssen die Vertragsparteien auf Bundesebene oder deren DRG-Institut durchführen.

In jedem Unternehmen wird versucht, eintretenden Kostenerhöhungen durch eine Verbesserung der Wirtschaftlichkeit (Produktivität) zu bekämpfen. Dies gilt auch für Volkswirtschaften, wenn ihre Unternehmen wettbewerbsfähig bleiben sollen. Ebenso wie die Krankenhäuser nach Nummer 2 in den prospektiv zu führenden Verhandlungen auf voraussichtliche Kostenentwicklungen hinweisen können, gibt **Nummer 3** den Krankenkassen das Recht, auf weitere Möglichkeiten zur **Ausschöpfung von Wirtschaftlichkeitsreserven** und damit zur Kostensenkung zu verweisen. Dies gilt allerdings nur insoweit, als solche Möglichkeiten nicht bereits im Rahmen der jährlich Erhebung der Ist-Kosten und der Vereinbarung der Bewertungsrelationen auf Bundesebene erfasst und ausgeschöpft worden sind. Wie bereits zu Nummer 2 ausgeführt, sind diese Möglichkeiten auf der Bundesebene jedoch begrenzt.

Nummer 4 bestimmt, dass „die allgemeine **Kostendegression bei Fallzahlsteigerungen**" zu berücksichtigen ist, vgl. die Ausführungen in der amtl. Begründung. Die Vorschrift ist im Zusammenhang mit Satz 2 zu sehen. Wie bereits oben erläutert, gibt es keinen landesweiten Gesamtbetrag, d.h. kein Landesbudget für Krankenhäuser. Fallzahlsteigerungen können – bezogen auf die GKV-Ausgaben für alle Krankenhäuser im jeweiligen Bundesland – leistungsorientiert bezahlt werden, allerdings nicht zum vollen Fallwert. Wie in der Vergangenheit wird davon ausgegangen, dass die Vorhaltung der bestehenden Krankenhäuser grundsätzlich über die vereinbarten Krankenhausbudgets und damit auch über den von den Krankenkassen insgesamt gezahlten Ausgabenbetrag für die Krankenhäuser im jeweiligen Bundesland finanziert ist. Die von allen Krankenhäusern im Land zusätzlich zu erbringenden Leistungen sollen deshalb auf der Landesebene grundsätzlich nur in Höhe der zusätzlich entstehenden, **variablen Kosten** finanziert werden; vgl. die amtl. Begründung. Das einzelne Krankenhaus stellt den Krankenkassen dagegen immer die volle Höhe der Fallpauschale in Rechnung. Wird der lediglich um variable Kosten erhöhte Finanzierungsbetrag auf Landesebene durch die erhöhte Zahl der Fälle dividiert, muss dies zu einer **rechentechnischen Absenkung des Basisfallwerts** führen. Diese Absenkung entspricht dem betriebswirtschaftlichen Grundsatz, dass bei einer Fallzahlsteigerung im Regelfall eine (allgemeine) Kostendegression je Fall eintritt (Ausnahme bei Sondersituationen, z.B. sprungfixen Kosten o.ä.). Trotz abgesenktem Basisfallwert stehen den Krankenhäusern bei einer höheren Fallzahl insgesamt mehr Mittel zur Verfügung.

Beispiel: Landesweiter Basisfallwert bei Fallzahlerhöhungen

Um die Zusammenhänge vereinfacht darstellen zu können, wird in diesem Beispiel an Stelle der eigentlich zu verwendenden Summe der Bewertungsrelationen (gewichtete Fallzahl) die Anzahl der ungewichteten Fälle im Bundesland verwendet.

	Jahr 2005	Jahr 2006
– gedachter Landesbetrag für Fallpauschalen	3 000 000 000 €	
– Anzahl der Fälle	1 153 846 Fälle	
– zusätzliche Fälle		+ 46 154 Fälle
– zusätzliche variable Kosten in Höhe von 35%		42 000 000 €
– gedachter Landesbetrag für Fallpauschalen		3 042 000 000 €
– Anzahl der Fälle		1 200 000 Fälle
– rechentechnischer Basisfallwert	2 600 €	2 535 €

In diesem Beispiel erhalten die Krankenhäuser im Land die zusätzlichen Fälle mit 35 % variablen Kosten zusätzlich vergütet. Dies dürfte etwa die geschätzte Größenordnung sein, die die Krankenhäuser im Rahmen der bisherigen krankenhausindividuellen Budgetverhandlungen maximal erzielen konnten. Obwohl die Krankenhäuser in diesem Beispiel insgesamt nicht schlechter gestellt werden als bisher und der Landesbetrag infolge zusätzlicher Fälle steigt, sinkt der landesweite Basisfallwert infolge der Divisionskalkulation (erhöhter Landesbetrag dividiert durch erhöhte Fallzahl).

Soweit das einzelne Krankenhaus an der durchschnittlichen Fallzahlerhöhung teilnimmt, steigt auch das einzelne Krankenhausbudget entsprechend, weil der gesunkene Basisfallwert mit einer höheren Fallzahl abgerechnet wird.

Der hier aufgezeigte Zusammenhang wird durch andere Verhandlungsparameter überlagert, wie z. B. eine allgemeine Inflation, steigende Kosten, eine verbesserte Wirtschaftlichkeit und knappe Finanzmittel in der gesetzlichen Krankenversicherung; vgl. u. a. die Vorgaben der Nummern 1 bis 3. Die gleichen Zusammenhänge haben auch bei den bisherigen Budgetverhandlungen und der Ermittlung der tagesgleichen Pflegesätze nach der BPflV bestanden. Sie bestehen derzeit noch im Geltungsbereich der BPflV, d.h. bei den psychiatrischen Krankenhäusern.

Um eine allgemeine Absenkung des Basisfallwerts und damit – wie es die DKG ausdrückt – eine „Kollektivhaftung" zu vermeiden, können die Vertragsparteien auf der Bundesebene auch gezielt die Bewertungsrelationen einzelner DRG-Fallpauschalen absenken. Dies würde bewirken, dass z. B. eine Zunahme kardiologischer Leistungen zu einer Preisabsenkung bei diesen Leistungen führt und nicht die DRGs für die Geburtshilfe durch einen allgemein sinkenden Basisfallwert herabgesetzt werden. Der einschlägige § 17b Abs. 1 Satz 11 lautet:

„Die Bewertungsrelationen sind als Relativgewichte auf eine Bezugsleistung zu definieren; sie können für Leistungen, bei denen in erhöhtem Maße wirtschaftlich begründete Fallzahlsteigerungen eingetreten oder zu erwarten sind, gezielt abgesenkt oder in Abhängigkeit von der Fallzahl bei diesen Leistungen gestaffelt vorgegeben werden."

Nach **Nummer 5** sind bei der Vereinbarung des Basisfallwerts auch Ausgabenentwicklungen in anderen Leistungsbereichen, die nach dem KHG und dem KHEntgG finanziert werden, zu berücksichtigen. Diese Leistungsbereiche sind nicht Bestandteil des Erlösbudgets des Krankenhauses, sind also ausgegliedert worden. Sie unterliegen somit nicht mehr einer Budgetbegrenzung, sondern werden als Preise in einem freien Preissystem abgerechnet; vgl. **Abbildung 15**. Gleichwohl darf durch diesen Bereich die Beitragssatzstabilität in der gesetzlichen Krankenversicherung nicht gefährdet werden. Deshalb sind Ausgabenentwicklungen in diesen Bereichen bei der Vereinbarung des Basisfallwerts zu verrechnen, soweit sie die Veränderungsrate nach § 71 SGB V überschreiten. Ausgaben-Überschreitungen sonstiger Bereiche werden somit beim DRG-Bereich abgezogen. Insgesamt dürften die Auswirkungen solcher Abzüge gering sein, da mittelfristig mit einem sehr begrenzten Umsatzanteil zu rechnen ist, der nicht in das DRG-Vergütungssystem einbezogen ist. Für die Einführungsphase können diese Umsatzanteile jedoch durchaus höher sein, insbesondere nachdem der Gesetzgeber mit dem FPÄndG vom Juni 2003 die Möglichkeit solcher Ausnahmen bis Ende 2006 verlängert hat (vgl. § 17b Abs. 1 Satz 14 und 15 KHG i.V. mit § 6 Abs. 1 KHEntgG). Er hat deshalb ebenfalls mit dem FPÄndG bestimmt, dass für die aus dem DRG-System ausgenommenen Leistungen und besonderen Einrichtungen weiterhin die Vorgaben der BPflV gelten, insbesondere die Budgetbegrenzung und die Mehr- und Mindererlösausgleiche; vgl. § 6 Abs. 3 KHEntgG und die entsprechenden Erläuterungen. Diese Begrenzung beim einzelnen Krankenhaus wird dazu führen, dass der Bedarf für eine Berücksichtigung auf der Landesebene geringer wird. Gleichwohl sind auch in diesem Bereich eintretende Überschreitungen zu berücksichtigen.

Da mit dem FPÄndG die Definition des Fallpauschalenbereichs geändert und damit die zusätzlichen Entgelte nach Überschreitung der oberen Grenzverweildauer und die Abschläge bei Verlegungen und bei Unterschreitung der unteren Grenzverweildauer nun direkt mit den Bewertungsrelationen erfasst werden (vgl. die Erläuterungen zu Absatz 1 Satz 2), dürfen die Entgelte nach Überschreitung der oberen Grenzverweildauer – abweichend von der amtl. Begründung – nicht in die Regelung nach Nummer 5 einbezogen werden.

Zu Absatz 3 Satz 2

Die Vorschrift ist im Zusammenhang mit Satz 1 Nr. 4 zu sehen. Die Krankenhäuser im jeweiligen Bundesland können bei der Erbringung zusätzlicher Fälle insgesamt mehr Geld erhalten. Es gibt keinen landesweiten Gesamtbetrag (Landesbudget), der dies begrenzen würde. Aber auch wenn die Krankenhäuser für zusätzliche Fälle in Höhe der variablen Kosten zusätzliche Finanzmittel erhalten, führt dies zwangsläufig zu einer Absenkung des landesweiten Basisfallwertes; vgl. hierzu die Erläuterungen und das Beispiel zu Satz 1 Nr. 4.

Zu Absatz 3 Satz 3

Mit Satz 3 soll verhindert werden, dass eine **veränderte Kodierung** von Diagnosen und Prozeduren im Bereich der Fallpauschalen zu unberechtigten Mehrerlösen der Krankenhäuser führt, die insbesondere die Ausgaben der gesetzlichen Krankenkassen erhöhen und somit die Beitragssatzstabilität gefährden würden. Dabei muss es sich nicht um eine Manipulation mit dem Ziel einer unberechtigten Erlösmaximierung handeln (sog. Upcoding). Vielmehr wurde bei der Einführung von DRG-Systemen im Ausland (z.B. USA, Australien) beobachtet, dass es etwa 4 bis 6 Jahre dauert, bis die Krankenhäuser gelernt haben, z.B. auch die Nebendiagnosen in dem erforderlichen Umfang anzugeben. Es handelt sich somit auch um einen erwünschten Lerneffekt (sog. Rightcoding). Aber auch dies darf nicht dazu führen, dass bei gleich bleibenden Leistungen und einer lediglich verbesserten Kodierung (höherer Case-Mix-Index, CMI) die Ausgaben für Krankenhausbehandlung steigen.

Beim einzelnen Krankenhaus werden kodierbedingte Mehrerlöse abgeschöpft durch eine entsprechende Verpflichtung des Krankenhauses zur vollständigen Rückzahlung dieser im vergangenen Jahr (Budget) entstandenen Mehrerlöse (§ 3 Abs. 6 Satz 3 und § 4 Abs. 9 Satz 3). Diese Abschöpfung ist erforderlich, weil bei der Vereinbarung des krankenhausindividuellen Basisfallwerts das vereinbarte Krankenhausbudget durch die Summe der Bewertungsrelationen (alter Kodierstand) dividiert wird, das Krankenhaus jedoch bei einem fortgeschrittenen Kodierstand für die gleichen Leistungen höhere Erlöse erzielt. Bei der nachfolgenden Vereinbarung des Krankenhausbudgets und des krankenhausindividuellen

Basisfallwerts für das Folgejahr wird der jeweils erreichte – höhere – Kodierstand berücksichtigt. Diese einmalige rückwirkende Korrektur für das vergangen Jahr betrifft nur das einzelne Krankenhaus und seine Erlöse.

Bei der Vereinbarung des Basisfallwerts auf der Landesebene muss ebenfalls geprüft werden, ob die veränderte Kodierung von Diagnosen und Prozeduren berücksichtigt werden muss. Der Ermittlung des landesweit geltenden Basisfallwerts für das nächste Jahr muss jeweils der erreichte – höhere – Kodierstand zu Grunde gelegt werden; dies dürfte in der Regel zu einer Absenkung des Basisfallwerts führen. Beispiel: Bei gleichem „Landesbudget" führt eine höhere Summe der Bewertungsrelationen aller Krankenhäuser (Divisor) zu einem niedrigen Basisfallwert. Bei sachgerechter Handhabung tritt eine doppelte Berücksichtigung der veränderten Kodierung auf der Krankenhaus- und der Landesebene, wie sie von der DKG befürchtet wird, nicht ein.

Amtl. Begründung

Zu Absatz 4

Der Grundsatz der Beitragssatzstabilität, der bisher nach den Vorgaben des § 6 BPflV in Verbindung mit § 71 SGB V jeweils bei der Vereinbarung des Erlösbudgets für das einzelne Krankenhaus zu beachten war, ist im DRG-Vergütungssystem bei der Vereinbarung des Basisfallwerts auf der Landesebene zu beachten. Absatz 4 begrenzt die Erhöhung des Basisfallwerts auf die Veränderungsrate nach § 71 SGB V. Hierdurch werden die in Absatz 3 Satz 1 Nr. 2 genannten allgemeinen Kostenerhöhungen begrenzt. Demgegenüber wirken sich Kostenerhöhungen in Folge des medizinischen und medizinisch technischen Fortschritts grundsätzlich nicht auf den Basisfallwert, sondern auf die Bewertungsrelationen im DRG-Fallpauschalen-Katalog aus.

Die finanziellen Auswirkungen von Fallzahlsteigerungen werden nicht durch Absatz 2 begrenzt, sondern durch die Vorgabe in Absatz 3 Satz 1 Nr. 4 in Verbindung mit Satz 2, die die Berücksichtigung der Kostendegression vorschreibt.

ERLÄUTERUNGEN

Der **Grundsatz der Beitragssatzstabilität** bezieht sich ab dem Jahr 2006 nur noch auf die Höhe des Basisfallwerts auf Landesebene. Er begrenzt die Finanzierung zusätzlicher Fälle nicht. Deren Auswirkungen, eine zusätzliche Bereitstellung von Finanzmitteln bei gleichzeitiger rechentechnischer Absenkung des Basisfallwerts, sind im Verhandlungswege nach den Vorgaben des Absatzes 3 Satz 1 Nr. 4 i.V. mit Satz 2 zu berücksichtigen; vgl. die Erläuterungen dort.

Die Begrenzung von Erhöhungen des Basisfallwertes durch Absatz 4 wirkt als **Obergrenze**, die höhere Zuwächse abschneidet; sie ist also eine Kappungsgrenze. Somit stellt sich die Frage, in welchem Umfang durch die Begrenzung der Höhe des Basisfallwertes künftig allgemeine Kostenerhöhungen oder die Kosten des medizinischen Fortschritts in diesem Rahmen finanziert werden können. Der Gesetzgeber ist von der Annahme weiterhin steigender Fallzahlen für die stationäre Behandlung in Krankenhäusern ausgegangen. Auf Grund des medizinischen Fortschritts, der zunehmenden Alterung der Bevölkerung, der Zunahme von chronischen Erkrankungen, der Aufgliederung von bisher längeren Krankenhausaufenthalten in kürzere Behandlungsabschnitte (vgl. die Entwicklung bei der Chemotherapie) und der Anreize des DRG-Fallpauschalensystems selbst hat die Annahme „höhere Fallzahlen bei kürzerer Verweildauer" durchaus ihre Berechtigung. Sowohl kürzere Verweildauern (sinkende Kosten) als auch höhere Fallzahlen (höherer Divisor) führen zu einer rechentechnischen **Absenkung des Basisfallwerts.** Durch diese Absenkung entsteht ein Freiraum zu der Obergrenze nach Absatz 4, der zur Finanzierung zusätzlich entstandener Kosten genutzt werden kann. Wenn an Stelle einer erforderlichen rechentechnischen Absenkung des Basisfallwerts (vgl. zu Absatz 1 Nr. 4) ein unveränderter Basisfallwert vereinbart würde, bedeutet dies bei einem leistungsbezogenen Fallpauschalensystem, dass den Krankenhäusern insgesamt mehr Finanzmittel zufließen.

Beispiel: Finanzierungsfreiräume unter der Obergrenze nach Absatz 4

	Jahr 2005	Jahr 2006
– Basisfallwert 2005	2 600 €	
– Veränderungsrate n. § 71 SGB V		+ 2 %
– **Obergrenze nach § 10 Abs. 4**		**2 652 €**
– Entwicklung des Basisfallwerts infolge steigender Fallzahlen (s. Beispiel zu Absatz 3 Satz 1 Nr. 4)		2 535 €
– **Finanzierungsspielraum** unterhalb der Obergrenze		**117 €**

Unter den genannten Annahmen hat der Gesetzgeber somit erhebliche **Finanzierungsspielräume** eröffnet, die voraussichtlich eine zusätzliche Finanzierung des medizinischen Fortschritts und anderer Kostenfaktoren in ausreichendem Umfang ermöglichen werden. Deshalb kann die von einigen Krankenhausverbänden geäußerte Auffassung, mit § 10 sei eine „Quasideckelung" vorgegeben worden, auf Grund der rechtlichen Vorgaben nicht geteilt werden. Vorhandenen Bedenken der Krankenhausseite, sie könnten bei der vorgegebenen Verhandlungslösung insbesondere wegen der Nummer 3 keine ausreichenden Vereinbarungsergebnisse erzielen, stehen Bedenken der Krankenkassenseite gegenüber, die die vorhandenen Öffnungsklauseln im Hinblick auf die Beitragssatzstabilität für zu weitgehend hält. Erst die tatsächliche Entwicklung der nächsten Jahre infolge der Veränderungen, die durch das neue DRG-Vergütungssystem angestoßen werden, wird eine nähere Beurteilung zulassen. Bei der vorgegebenen **Verhandlungslösung** kommt den Vertragsparteien auf Landesebene und ggf. der Landesschiedsstelle nach § 13 KHEntgG eine hohe Verantwortung zu. Sollten sie dieser im Hinblick auf die erforderliche Beitragssatzstabilität nicht in dem notwendigen Umfang gerecht werden, ist zu erwarten, dass der Gesetzgeber eine Korrektur vornimmt und die gesetzliche Krankenversicherung durch strengere Vorgaben absichert.

Amtl. Begründung

Zu Absatz 5

In den neuen Ländern ist bei der Vereinbarung des Basisfallwerts die niedrigere Vergütung des Personals zu berücksichtigen, soweit die Vergütung noch nicht vollständig an die im übrigen Bundesgebiet geltende BAT-Höhe angeglichen ist. Die Vorschrift entspricht dem bisherigen § 16 Abs. 1 Satz 3 BPflV.

ERLÄUTERUNGEN

Soweit die Gehälter nach dem Bundes-Angestelltentarif (BAT) in den neuen Bundesländern noch nicht voll an die Höhe in den alten Bundesländern angeglichen worden ist, sind nach Satz 1 die Basisfallwerte in den neuen Bundesländern entsprechend niedriger zu vereinbaren. Eine in den nächsten Jahren erfolgende weitere Angleichung an den vollen BAT-Tarif wird nach Satz 2 durch die Vorgabe des Absatzes 4 und damit durch die Veränderungsrate nicht begrenzt.

Amtl. Begründung

Zu Absatz 6

Die Regelung entspricht dem bisherigen § 16 Abs. 5 BPflV.

ERLÄUTERUNGEN

Von der rechtzeitigen Vereinbarung des Basisfallwertes auf der Landesebene hängen zeitlich die Pflegesatzvereinbarungen auf der Ortsebene und deren Abschluss vor dem Jahresende ab. Der bereits durch das Krankenhaus-Neuordnungsgesetz vom 20.12.1984 eingeführte Grundsatz der prospektiven Budget- und Pflegesatzvereinbarung muss eingehalten werden (vgl. § 17 Abs. 1 Satz 2 KHG). Die Krankenhäuser sollen bereits zu Beginn des neuen Kalenderjahres wissen, mit welchem finanziellen Rahmen sie wirtschaften müssen und mit welchem Basisfallwert sie die Fallpauschalen in Rechnung stellen. Absatz 6 enthält deshalb Vorgaben, die auf möglichst **frühzeitige** und schnelle **Verhandlungen** abzielen.

Nach **Satz 1** müssen die Verhandlungen jährlich geführt werden („jeden Jahres") und bis zum **31. Oktober** beendet sein. Für die Berücksichtigung des vereinbarten Basisfallwerts bei den Verhandlungen für die einzelnen Krankenhäuser stehen dann weniger als zwei Monate zur Verfügung.

Satz 2 verpflichtet deshalb die Vertragsparteien auf Landesebene zur „**unverzüglichen**" Aufnahme der Vertragsverhandlungen, d. h. ohne schuldhaftes Zögern (§ 121 BGB).

Die Vereinbarung kommt nach **Satz 3** nur zu Stande, wenn die Vertragsparteien, die an der Verhandlung teilgenommen haben, zustimmen. Eine Vereinbarung ist an sich stets von allen Vertragsparteien – demnach hier von allen Vertragsparteien der Landesebene nach Abs. 1. i. V. mit § 18 Abs. 1 Satz 2 KHG – abzuschließen. Doch ist es nach dem ausdrücklichen Wortlaut der Vorschrift für das Zustandekommen des Vertrages ausreichend, wenn eine Einigung zwischen den Parteien erzielt werden kann, welche an der Verhandlung teilgenommen haben und diese die Vereinbarung schriftlich abschließen. Da das Abstellen lediglich auf die anwesenden Parteien weit reichende Folgen für die Partei hat, die an der

Verhandlung nicht teilgenommen hat, ist zu fordern, dass alle Vertragsparteien zu der Verhandlung auch rechtzeitig eingeladen worden sind.

Nach **Satz 4** kann eine Vertragspartei ab dem 1. November die **Schiedsstelle** anrufen. Die Sechswochenfrist nach § 18 Abs. 4 KHG ist in diesem Falle nicht einzuhalten. Die Schiedsstelle hat ebenfalls „unverzüglich" die Punktwerte festzusetzen. Somit ist auch ihr eine grundsätzlich kürzere Frist vorgegeben als nach § 19 Abs. 2. Auch insoweit handelt es sich jedoch „nur" um eine Ordnungsvorschrift, deren Verletzung keine rechtlichen Sanktionen nach sich zieht.

Amtl. Begründung

Zu Absatz 7

In den Jahren 2004 bis 2006 werden Mehrkosten infolge einer geplanten Abschaffung des Arztes im Praktikum durch einen gesonderten Zuschlag zu den Fallpauschalen in Rechnung gestellt; vgl. ... [§ 4] Absatz 14. Ab dem Jahr 2007 entfällt der Zuschlag. Die Kosten werden in den landesweit geltenden Basisfallwert und damit in die DRG-Fallpauschalen einbezogen.

ERLÄUTERUNGEN

– keine –

§ 11 Vereinbarung für das einzelne Krankenhaus

(1) Nach Maßgabe der §§ 3 bis 6 und unter Beachtung des Versorgungsauftrags des Krankenhauses (§ 8 Abs. 1 Satz 3 und 4) regeln die Vertragsparteien nach § 18 Abs. 2 des Krankenhausfinanzierungsgesetzes (Vertragsparteien) in der Vereinbarung den Gesamtbetrag, das Erlösbudget, die Summe der Bewertungsrelationen, den krankenhausindividuellen Basisfallwert, die Zu- und Abschläge, die sonstigen Entgelte und die Mehr- und Mindererlösausgleiche. Sie stellen auch Art und Anzahl der Ausbildungsplätze sowie die Höhe des zusätzlich zu finanzierenden Mehraufwands für Ausbildungsvergütungen fest. Die Vereinbarung ist für einen zukünftigen Zeitraum (Vereinbarungszeitraum) zu schließen. Die Vereinbarung muss Bestimmungen enthalten, die eine zeitnahe Zahlung der Entgelte an das Krankenhaus Gewähr leisten; hierzu sollen insbesondere Regelungen über angemessene monatliche Teilzahlungen und Verzugszinsen bei verspäteter Zahlung getroffen werden. Die Vereinbarung kommt durch Einigung zwischen den Vertragsparteien zu Stande, die an der Verhandlung teilgenommen haben; sie ist schriftlich abzuschließen.

(2) Der Vereinbarungszeitraum beträgt ein Kalenderjahr, wenn das Krankenhaus ganzjährig betrieben wird. Ein Zeitraum, der mehrere Kalenderjahre umfasst, kann vereinbart werden.

(3) Die Vertragsparteien nehmen die Verhandlung unverzüglich auf, nachdem eine Vertragspartei dazu schriftlich aufgefordert hat. Die Verhandlung soll unter Berücksichtigung der Sechswochenfrist des § 18 Abs. 4 des Krankenhausfinanzierungsgesetzes so rechtzeitig abgeschlossen werden, dass das neue Erlösbudget und die neuen Entgelte mit Ablauf des laufenden Vereinbarungszeitraums in Kraft treten können.

(4) Der Krankenhausträger übermittelt zur Vorbereitung der Verhandlung den anderen Vertragsparteien, den in § 18 Abs. 1 Satz 2 des Krankenhausfinanzierungsgesetzes genannten Beteiligten und der zuständigen Landesbehörde

1. für das Jahr 2003 die Leistungs- und Kalkulationsaufstellung nach den Anlagen 1 und 2 der Bundespflegesatzverordnung, mit Ausnahme der Bundeswehrkrankenhäuser und der Krankenhäuser der Träger der gesetzlichen Unfallversicherung, sowie die Abschnitte E1, E2 und B1 nach Anlage 1 dieses Gesetzes,

2. für das Jahr 2004 die Abschnitte E1 bis E3 und B1 nach Anlage 1 dieses Gesetzes sowie mit Ausnahme der Bundeswehrkrankenhäuser und der Krankenhäuser der Träger der gesetzlichen Unfallversicherung die Leistungs- und Kalkulationsaufstellung nach den Anlagen 1 und 2 der Bundespflegesatzverordnung in der bis zum 31. Dezember 2003 geltenden Fassung mit Ausnahme von Anlage 1 Abschnitt V2 Spalten 3 bis 6, Abschnitt V3 Spalten 3 bis 8 und Abschnitt K7; Krankenhäuser, die bereits im Jahr 2003 das DRG-Vergütungssystem angewendet haben, brauchen auch die Abschnitte V1 bis V3, L4, L5 und K6 nicht vorzulegen,

3. für die Jahre ab 2005 die Abschnitte E1 bis E3 und B2 nach Anlage 1 dieses Gesetzes.

Die Daten sind auf maschinenlesbaren Datenträgern vorzulegen; soweit dazu noch keine Vereinbarungen nach § 9 Abs. 1 Satz 1 Nr. 6 getroffen worden sind, gelten die Vereinbarungen nach § 15 Abs. 2 der Bundespflegesatzverordnung in der bis zum 31. Dezember 2003 geltenden Fassung. Soweit dies zur Beurteilung der Leistungen des Krankenhauses im Rahmen seines Versorgungsauftrags im Einzelfall erforderlich ist, hat das Krankenhaus auf gemeinsames Verlangen der anderen Vertragsparteien nach § 18 Abs. 2 Nr. 1 und 2 des Krankenhausfinanzierungsgesetzes zusätzliche Unterlagen vorzulegen und Auskünfte zu erteilen. Bei dem Verlangen nach Satz 2 muss der zu erwartende Nutzen den verursachten Aufwand deutlich übersteigen.

(5) Die Vertragsparteien sind verpflichtet, wesentliche Fragen zum Versorgungsauftrag und zur Leistungsstruktur des Krankenhauses sowie zur Höhe der Zu- und Abschläge nach § 5 so frühzeitig gemeinsam vorzuklären, dass die Verhandlung zügig durchgeführt werden kann.

Amtl. Begründung KHEntgG

Die Verfahrensvorschriften für die Vereinbarung der Erlösbudgets entsprechen weitestgehend den Regelungen des bisherigen § 17 BPflV. Nach Absatz 1 Satz 2 stellen die Vertragsparteien für das einzelne Krankenhaus Art und Anzahl der Ausbildungsplätze sowie der Ausbildungsvergütungen als Basis für die Finanzierung durch den Ausbildungsfonds fest. Nach Absatz 1 Satz 2 stellen die Vertragsparteien insbesondere die Anzahl der im Vereinbarungszeitraum voraussichtlich belegten Ausbildungsplätze als Grundlage für deren Finanzierung über den Ausbildungsfonds fest. Den Vertragsparteien steht also keine Vereinbarungskompetenz über die vorzuhaltenden Ausbildungsplätze zu (siehe auch Begründung zu § 17a Abs. 4 KHG).

ERLÄUTERUNGEN

Die Vorschrift regelt das Verfahren über die Verhandlung und Vereinbarung von Entgelten auf Ortsebene nach neuem Recht. § 11 steht in einem engen Zusammenhang mit den Vorgaben über das Pflegesatzverfahren in § 18 KHG. Der Regelungsinhalt entspricht weitgehend dem in § 17 BPflV. Auch im Vergütungssystem des KHEntgG ist das Verfahren **mehrstufig** ausgestaltet:

- Krankenhausträger und einzelne Sozialleistungsträger haben entgeltbestimmte Faktoren für die Vergütung des Krankenhauses zu vereinbaren (z. B. Gesamtbetrag, Erlösbudget, Summe der Bewertungsrelationen, krankenhausindividueller Basisfallwert).

- Kommt eine Vereinbarung nicht zu Stande, entscheidet auf Antrag eine paritätisch besetzte Schiedsstelle.

- Die Vereinbarung der Parteien oder die Festsetzung der Schiedsstelle bedarf der Genehmigung durch eine Landesbehörde.

Die Vereinbarung nach § 11 ist – wie auch die Pflegesatzvereinbarung nach § 17 BPflV – keine zivilrechtliche Preisvereinbarung, sondern ein **öffentlich-rechtlicher Vertrag** koordinationsrechtlicher Art. Der Vertragsinhalt, welcher weitgehend durch öffentlich-rechtliche Vorschriften vorgegeben wird und der Sachzusammenhang, in dem das Verfahren steht, sprechen für die Annahme einer Vereinbarung im Bereich des öffentlichen Rechts. Die Krankenkassen, die mit dem Rechtsträger des Krankenhauses den Vertrag schließen, handeln in Erfüllung der ihnen auferlegten sozialrechtlichen Verpflichtungen. Nach § 109 Abs. 4 Satz 3 SGB V sind sie verpflichtet, mit den zur Krankenhausbehandlung zugelassenen Krankenhäusern nach Maßgabe des KHG, des KHEntgG und der BPflV Pflegesatzverhandlungen zu führen. Hierdurch kommen die Krankenkassen ihrer gegenüber den Versicherten bestehenden öffentlich-rechtlichen Verpflichtung zur Gewährung von Krankenhausbehandlung als Sachleistung nach (Trefz, S. 37 ff.).

Den Vertragsparteien steht bei der Vereinbarung über die Entgelte ein **Gestaltungsspielraum** zu. Er ist gemeint, wenn das Bundesverwaltungsgericht von dem „gesetzlich geschützten Verhandlungsspielraum der Pflegesatzparteien" spricht (BVerwG, Urteil vom 21.1.1993, NJW 1993, 2391, 2392). Die Entscheidungsbefugnisse der Parteien über die Entgelte und die entgeltbestimmenden Faktoren gebieten es, dass sie selbst – allerdings im Rahmen des geltenden Rechts – festlegen, wie das Volumen der Erlöse des Krankenhauses ausfällt und welche Faktoren bei der Entgeltbestimmung mit welchem Gewicht Berücksichtigung finden. Sie behalten in der Sache gewissermaßen das „letzte Wort" (BVerwG, a. a. O.).

Allerdings sind die Gestaltungsmöglichkeiten der Vertragsparteien beim Abschluss der Vereinbarung nach § 11 begrenzt. Die vertraglichen Regelungsgegenstände müssen sich im Rahmen der gesetzlichen Vorgaben des KHEntgG bewegen. Vereinbarungen, welche dem formellen oder materiellen Entgeltrecht widersprechen, sind nach § 59 Abs. 1 VwVfG i.V.m. § 134 BGB nichtig. Insbesondere ist es den Vertragsparteien der Ortsebene **nicht gestattet, den Versorgungsauftrag des Krankenhauses zu regeln**. Eine dritte Planungsebene neben den krankenhausplanerischen Feststellungen des Landes und den Vereinbarungsmöglichkeiten nach § 109 SGB V ist abzulehnen (vgl. auch VG Arnsberg, Urteil vom 20.11.1998, Az.: 3 K 5479/97). Der Inhalt des Versorgungsauftrags ergibt sich abschließend aus den Regelungen des § 8 Abs. 1 Satz 4 Nr. 1 bis 3. Eine Kompetenz der Parteien nach § 18 Abs. 2 KHG, den Inhalt des Versorgungsauftrags zu bestimmen, ist rechtlich nicht vorgesehen und kann insbesondere auch nicht § 11 Abs. 5 entnommen werden. Nach dieser Vorschrift sind die Vertragsparteien verpflichtet, wesentliche Fragen zum Versorgungsauftrag und zur Leistungsstruktur des Krankenhauses sowie zur Höhe der Zu- und Abschläge so frühzeitig gemeinsam vorzuklären, dass die Verhandlung zügig durchgeführt werden kann. Die Parteien dürfen damit den Inhalt des bedarfsplanerisch festgelegten Versorgungsauftrags nicht vertraglich eingrenzen oder sonst verändern, sondern nur klären. Es soll also durch die Vertragsparteien gemeinsam der Inhalt des Versorgungsauftrags auf der Grundlage des Planfeststellungsbescheids sowie den Vereinbarungen nach § 109 SGB V geklärt werden. Von diesen Vorgaben abweichen dürfen die Pflegesatzparteien nicht.

Rechtlich weitgehend noch immer ungeklärt ist die Zulässigkeit von **Vorbehaltsregelungen** in Pflegesatzvereinbarungen oder in Vereinbarungen nach § 11. Für den Fall des Vorliegens einer rechtskräftigen Entscheidung über die Entgelte eines anderen Krankenhauses soll bei Eingreifen des Tatbestands der Vorbehaltsregelung eine Anpassung der vereinbarten Pflegesätze erfolgen. Ziel ist es, die Parteien so zu stellen, wie sie stehen würden, wenn sie selbst ein Klageverfahren über die streitige Angelegenheit geführt hätten. Die Verwendung einer Vorbehaltsregelung ist derzeit stets mit rechtlichen Unsicherheiten behaftet, weil bei ihrer Vereinbarung das Recht künftiger Pflegsatzzeiträume regelmäßig noch nicht feststeht. Steht aber ein Gesetz der späteren Anwendung der Vorbehaltsregelung entgegen, so ist ihr Eingreifen ausgeschlossen. So war in der Vergangenheit die Anwendung von Vorbehaltsregelungen problematisch, wenn das für den entsprechenden Zeitraum geltende Pflegesatzrecht eine Budgetobergrenze vorgeschrieben hat, die Pflegesätze des Krankenhauses in dieser Höhe vereinbart wurden und das Gesetz die „Einlösung solcher Vorbehalte" nicht vorsah. Unwirksam dürften Vorbehaltsregelungen in Vereinbarungen sein, wenn zum Zeitpunkt des Eingreifens des Tatbestands der Regelung zwischenzeitlich eine neue Partei Vertragspartei nach § 18 Abs. 2 KHG wurde. Die neue Pflegesatzpartei kann nicht durch eine Vereinbarung der Parteien der Vorjahre gebunden sein.

Zu Absatz 1

Zu Absatz 1 Satz 1

Für jedes dem KHEntgG unterliegende Krankenhaus ist eine Vereinbarung nach § 11 abzuschließen. Hierbei sind die §§ 3 – 6 sowie der krankenhausindividuelle Versorgungsauftrag zu beachten. Vertragsparteien der Vereinbarung sind die Parteien nach § 18 Abs. 2 KHG, demnach der Krankenhausträger und einzelne Sozialleistungsträger oder Arbeitsgemeinschaften von Sozialleistungsträgern.

Zwingende Regelungsgegenstände der Vereinbarung sind der Gesamtbetrag (Jahre 2003 und 2004), das Erlösbudget (Jahre 2005 und 2006), die Summe der Bewertungsrelationen, der krankenhausindividuelle Basisfallwert, etwaige Zu- und Abschläge auf Fallpauschalen (ab dem Jahr 2005), ggf. sonstige Entgelte nach §§ 6, 7 Satz 1 Nr. 5 und 6 und die Mehr- und Mindererlösausgleiche.

Zu Absatz 1 Satz 2

Die **Ausbildungsstätten** und die Mehrkosten der Ausbildungsvergütungen werden ab dem 1.1.2005 außerhalb des Krankenhausbudgets mit gesonderten pauschalierten Beträgen nach § 17a Abs. 3 Satz 1 KHG finanziert. Art und Höhe der Pauschalbeträge werden von den Vertragsparteien auf der Bundesebene vereinbart. Nach Satz 2 wird auf der Ortsebene lediglich gemeinsam „festgestellt", für welche Ausbildungsberufe das Krankenhaus im Vereinbarungszeitraum (Absatz 2) wie viele Ausbildungsplätze voraussichtlich belegen wird. Diese Feststellung ist Grundlage für den Anspruch des Krankenhauses auf Zahlung der entsprechenden Mittel aus dem Ausgleichsfonds nach § 17a Abs. 5 KHG, der bei der Landeskrankenhausgesellschaft verwaltet wird. Mit der Abweichung von der üblichen Vorgabe, dass etwas „zu vereinbaren ist", und der Wortwahl „stellen ... fest" hat der Gesetzgeber bestimmt, dass den Vertragsparteien keine Vereinbarungskompetenz über die vorzuhaltenden Ausbildungsplätze zusteht (vgl. die amtl. Begründung; oben). Entsprechend wird in der amtl. Begründung zu § 17a Abs. 4 KHG ausgeführt: „Dabei haben die Vertragsparteien nicht etwa eigene Bedarfsschätzungen vorzunehmen, sondern von der Zahl der voraussichtlich im folgenden Kalenderjahr vorgehaltenen Ausbildungsplätze auszugehen. Die etwaige Festlegung der bedarfsnotwendigen Ausbildungsplatzkapazitäten fällt in die alleinige Zuständigkeit der Länder" (BT-Drucks 14/6893, zu Artikel 3 Nr. 2).

Zu Absatz 1 Satz 3

Entsprechend der Vorgabe des § 17 Abs. 1 Satz 2, nach der die Pflegesätze „im Voraus" zu bemessen sind, bestimmt Satz 3, dass die Vereinbarung für einen zukünftigen Zeitraum zu schließen ist. An Stelle des früheren Begriffes „Pflegesatzzeitraum" wird der Begriff **„Vereinbarungszeitraum"** eingeführt. Nähere Vorgaben gibt Absatz 2.

Zu Absatz 1 Satz 4

Nach dieser Vorschrift muss die Vereinbarung auch Bestimmungen enthalten, die eine **zeitnahe Zahlung der Entgelte** an das Krankenhaus gewährleisten. Die in § 17 Abs. 8 BPflV enthaltene Regelung, dass dies nicht gilt, soweit für das Krankenhaus verbindliche Regelungen nach den §§ 112 bis 115 SGB V getroffen worden sind, wurde in § 11 nicht übernommen. Demnach bleibt die Verpflichtung der Parteien, Regelungen zur Sicherstellung einer zeitnahen Zahlung zu Gunsten des Krankenhauses zu treffen, auch dann bestehen, wenn entsprechende Vorschriften in den Landesverträgen enthalten sind. Allerdings ist es in diesen Fällen ausreichend, wenn die Vereinbarung auf diese Regelungen verweist, welche nach § 112 Abs. 2 Satz 2 SGB V und § 115 Abs. 2 Satz 2 SGB V ohnehin für Krankenkassen und zugelassene Krankenhäuser im Land verbindlich sind. Gerade durch die landesvertraglichen Regelungen über die Fälligkeit der Krankenhausrechnungen und die Verzugszinsen soll vermieden werden, dass der zugelassene Leistungserbringer in größerem Umfang längere Zeit abwarten muss, bis seine Forderungen durch Krankenkassen ausgeglichen werden (vgl. LSG Baden-Württemberg, Urteil vom 28.3.2003, Az.: L 4 KR 1516/01).

Zu Absatz 1 Satz 5

Die Pflegesatzvereinbarung ist ein **öffentlich-rechtlicher Vertrag**, der nach dem ersten HS durch Einigung zwischen den Vertragsparteien zu Stande kommt, die an der Pflegesatzverhandlung teilgenommen haben.

Nach dem 2. HS ist für die Wirksamkeit der Vereinbarung **Schriftform** vorgeschrieben. Entsprechend den Grundgedanken des § 126 BGB erfordert dies die eigenhändige Unterzeichnung von den vertretungsbefugten Personen grundsätzlich auf derselben Urkunde. Werden über die Vereinbarung mehrere gleich lautende Urkunden aufgenommen, genügt es, wenn jede Partei die für die andere Partei bestimmte Urkunde unterzeichnet.

Im Übrigen ist für die Wirksamkeit der Pflegesatzvereinbarung auf der Ortsebene die **Zustimmung der Landesverbände** der Krankenkassen und des Landesausschusses des Verbandes der privaten Krankenversicherung vorgeschrieben. Die Zustimmung gilt als erteilt, wenn die Mehrheit dieser Beteiligten der Vereinbarung nicht innerhalb von zwei Wochen nach Vertragsschluss widerspricht (§ 18 Abs. 1 Satz 3 und 4 KHG).

Zu Absatz 2

Gegenstand einer vertraglichen Regelung ist der **Vereinbarungszeitraum**; vgl. Absatz 1 Satz 3. Absatz 2 bestimmt, dass der Pflegesatzzeitraum jeweils ein Kalenderjahr ist. Ausnahmen hiervon sind nur möglich, soweit ein Krankenhaus unterjährig eröffnet oder geschlossen wird. Im Übrigen haben die Parteien nur die Möglichkeit zwischen einem Vereinbarungszeitraum von einem oder mehreren Kalenderjahren zu wählen. Ein mehrjähriger Vereinbarungszeitraum bringt jedoch zahlreiche praktische Probleme mit sich, so dass er in der Praxis nur in besonderen Ausnahmesituationen vereinbart wird.

Zu Absatz 3

Die Vorschrift regelt den Beginn und die zügige Durchführung der Pflegesatzverhandlungen. Der Gesetzgeber hat das Pflegesatzverfahren unter das Gebot größtmöglicher **Beschleunigung** gestellt, um zum Beginn des neuen Kalenderjahres die rechtzeitige (nicht rückwirkende) Inkraftsetzung geänderter Fallpauschalen und sonstiger Entgelte zu ermöglichen. Die Sechs-Wochen-Frist des § 18 Abs. 4 KHG ist eine Ordnungsvorschrift, deren Nichtbeachtung lediglich dazu führt, dass eine Vertragspartei die Schiedsstelle anrufen kann. Die Anrufung der Schiedsstelle selbst ist unter keine Frist gestellt. Im Übrigen besteht die Sanktion nach § 15 Abs. 2 Satz 3 (siehe dort).

Zu Absatz 4

Satz 1 gibt vor, dass der Krankenhausträger zur Vorbereitung der Verhandlung die Verhandlungsunterlagen unaufgefordert zu übermitteln hat. Die Regelung entspricht der Vorgabe des § 18 Abs. 3 Satz 2 KHG. Die Unterlagen sind zu übersenden an

– die anderen Vertragsparteien der Krankenkassenseite,

- die Landesverbände nach § 18 Abs 1 Satz 2 KHG. Die angestrebte Vereinbarung bedarf nach § 18 Abs. 1 Satz 3 KHG der Zustimmung der Landesverbände der Krankenkassen und des Landesausschusses der privaten Krankenversicherung;
- die für die Genehmigung nach § 14 zuständige Landesbehörde.

Krankenhäuser, die erstmals in das DRG-Vergütungssystem umsteigen, sind verpflichtet, neben der Verhandlungsunterlage AEB nach Anlage 1 des KHEntgG auch noch die Verhandlungsunterlage LKA nach der BPflV vorzulegen. Den Krankenkassen wird somit die Möglichkeit gegeben, in diesem Übergangsjahr die Angaben beider Unterlagen zu vergleichen, soweit dies auf Grund des Systemwechsels noch möglich ist. Krankenhäuser, die bereits im Jahr 2003 freiwillig in das DRG-Vergütungssystem umgestiegen sind, brauchen für das Jahr 2004 nur noch eine stark reduzierte LKA vorlegen. Ab dem Jahr 2005 ist nur noch die AEB vorzulegen. Das Nähere geben die Nummern 1 bis 3 vor.

Satz 2 verpflichtet die Krankenhäuser, die Daten der Verhandlungsunterlagen auf maschinenlesbaren Datenträgern vorzulegen. Den Aufbau der Datensätze und das Verfahren zur Übermittlung der Daten vereinbaren die Vertragsparteien auf Bundesebene (§ 11 Abs. 1 Satz 1 Nr. 6). Soweit dazu noch keine Vereinbarungen getroffen sind, gelten die Vereinbarungen nach § 15 Abs. 2 BPflV weiter, z.B. im Hinblick auf die parallel vorzulegende LKA nach der BPflV.

Satz 3 verpflichtet das Krankenhaus, zusätzliche Unterlagen vorzulegen und Auskünfte zu erteilen, soweit dies **erforderlich** ist

- zur „Beurteilung seiner Leistungen". Dabei kann es sich nur um für das Verhandlungsergebnis relevante Fragen handeln, die durch die vorgelegten Verhandlungsunterlagen nicht ausreichend dargestellt sind. Da Art und Menge der Fallpauschalen und Zusatzentgelte detailliert nachgewiesen werden, ist z.B. an Angaben zu den Entgelten bei Überschreitung der Grenzverweildauer oder die Abschläge bei Unterschreitung der Grenzverweildauer und bei Verlegungen sowie an die Verhandlung über Zu- und Abschläge nach § 17b Abs. 1 Satz 4 und 6 zu denken;
- „im Rahmen seines Versorgungsauftrags". Bei berechtigtem Anlass müssen die Krankenkassen prüfen, ob das Krankenhaus sich an die Begrenzung seines Versorgungsauftrags gehalten hat;

Voraussetzung ist auch, dass alle Vertragspartner des Krankenhauses **gemeinsam** die zusätzlichen Unterlagen oder Auskünfte verlangen. Der Wunsch einzelner Krankenkassen reicht somit nicht aus. Zur Begrenzung des Aufwandes dürfen die zusätzlichen Unterlagen nur angefordert werden, soweit dies „im **Einzelfall**", d.h. auf Grund einer besonderen Situation bei einem bestimmten Krankenhauses „erforderlich" ist. Diese Vorgabe darf grundsätzlich nicht dadurch unterlaufen werden, dass alle Krankenhäuser einzeln aufgefordert werden, bestimmte Unterlagen vorzulegen, z.B. – wie dies in der Praxis schon geschehen ist – mit dem Ziel der Gewinnung von Informationen für Planungszwecke oder Krankenhausvergleiche.

Weitere Voraussetzung ist nach **Satz 4**, dass der mit der Vorlage anzunehmende Nutzen den dadurch verursachten Aufwand deutlich übersteigen muss. Die Darlegungs- und Beweislast liegt bei den anderen Vertragsparteien, d.h. den

Krankenkassen. Entsprechendes gilt für die Erteilung von (schriftlichen oder mündlichen) Auskünften.

In allen Fällen bedarf das Verlangen von Seiten der Kostenträger einer stichhaltigen Begründung, d.h. der auslösende Grund muss darin liegen, dass über die nach Satz 1 vorzulegenden Unterlagen hinaus Informationen erforderlich sind, um eine sachgerechte Vereinbarung zu ermöglichen.

Zu Absatz 5

Die Vorschrift soll die zügige Durchführung der Pflegesatzverhandlungen erleichtern. Die Phase der **Vorklärung** selbst ist damit Vorstufe, nicht Beginn des Pflegesatzverfahrens (§ 18 KHG), d.h. des entsprechenden Vereinbarungsverfahrens nach den §§ 11 bis 14 KHEntgG. Der Inhalt der Vorklärung erstreckt sich ausschließlich auf Fragen zum Versorgungsauftrag und zur Leistungsstruktur des Krankenhauses sowie zur Höhe der Zu- und Abschläge nach § 5. Beispiele sind die Bildung neuer oder Teile neu entstehender Fachabteilungen, Änderungen in der Struktur des ärztlichen Dienstes, die Einführung neuer Leistungen und medizinisch-technischer Großgeräte oder Umbau- und Modernisierungsmaßnahmen.

§ 12 Vorläufige Vereinbarung

Können sich die Vertragsparteien insbesondere über die Höhe des Gesamtbetrags, des Erlösbudgets, des krankenhausindividuellen Basisfallwerts oder über die Höhe sonstiger Entgelte nicht einigen und soll wegen der Gegenstände, über die keine Einigung erzielt werden konnte, die Schiedsstelle nach § 13 angerufen werden, schließen die Vertragsparteien eine Vereinbarung, soweit die Höhe unstrittig ist. Die auf dieser Vereinbarung beruhenden Entgelte sind zu erheben, bis die endgültig maßgebenden Entgelte in Kraft treten. Mehr- oder Mindererlöse des Krankenhauses infolge der erhobenen vorläufigen Entgelte werden durch Zu- oder Abschläge auf die Entgelte des laufenden oder eines folgenden Vereinbarungszeitraums ausgeglichen.

Amtl. Begründung zu § 12 KHEntgG

Die Vorschrift entspricht dem bisherigen § 18 BPflV.

Amtl. Begründung BPflV 1995
Zu § 18 BPflV

Die Vorschrift verpflichtet die Vertragsparteien, im Falle einer Nichteinigung über das Gesamtbudget des Krankenhauses ein „vorläufiges Budget" in der zwischen ihnen unstrittigen Höhe zu vereinbaren. Hierdurch soll verhindert werden, dass das Krankenhaus auf Grund der verzögerten Vereinbarung oder Festsetzung der Pflegesätze in Liquiditätsschwierigkeiten gerät. …

Abs. 2 Satz 2 [§ 12 Satz 3 KHEntgG] regelt den Ausgleich der Mehr- oder Mindererlöse, die auf Grund der Abrechnung der zu dem vorläufigen Budget gehörenden Pflegesätze entstehen.

ERLÄUTERUNGEN

Für den Fall, dass die Vertragsparteien über Regelungsgegenstände der Vereinbarung nach § 11 keine Einigung erzielen können und deshalb die Schiedsstelle anrufen, sieht § 12 die vorläufige Vereinbarung über die unstrittige Höhe vor. Vorrangiger Zweck der Vorschrift ist es, Liquiditätsprobleme des Krankenhauses auf Grund noch ungeklärter Streitpunkte zu vermeiden. Die vorläufig geltenden Entgelte sollen zur Abrechnung kommen, bis die endgültig vereinbarten oder durch die Schiedsstelle festgesetzten nach Genehmigung in Kraft treten können. Mehr- oder Mindererlöse auf Grund des Erhebens des vorläufigen anstatt des – noch unbekannten – endgültigen Entgelts müssen ausgeglichen werden.

Zu Satz 1

§ 11 Abs. 1 Satz 1 erwähnt die notwendigen Regelungsgegenstände der Vereinbarung für das einzelne Krankenhaus. Es handelt sich hier um den Gesamtbetrag, das Erlösbudget, die Summe der Bewertungsrelationen, den krankenhausindividuellen Basisfallwert, die Zu- und Abschläge, die sonstigen Entgelte und die Mehr- und Mindererlösausgleiche. Dagegen erwähnt § 12 Satz 1 lediglich die Höhe des Gesamtbetrags, des Erlösbudgets, des krankenhausindividuellen Basisfallwerts und die Höhe sonstiger Entgelte. Durch die Verwendung des Wortes „insbesondere" wird verdeutlicht, dass die in Satz 1 angegebenen möglichen Streitpunkte nicht abschließend sind. Immer wenn zwischen den Parteien **Streit über einen entgeltrelevanten Faktor** der Vereinbarung für das einzelne Krankenhaus besteht und deshalb die Einigung scheitert, ist der Anwendungsbereich des § 12 angesprochen. So kann die vorläufige Vereinbarung auch dann in Betracht kommen, wenn sich die Parteien etwa über den Mehr- und Mindererlösausgleich oder die Zu- und Abschläge streiten.

Weitere Voraussetzung für den Abschluss einer vorläufigen Vereinbarung ist nach Satz 1 die Anrufung der Schiedsstelle. Es genügt insoweit, dass eine Partei beabsichtigt, den Antrag nach § 13 zu stellen. Auch dürfte das Vorliegen dieses Merkmals nicht zwingend sein. Die Vorschrift ist entsprechend anzuwenden, wenn sich die Parteien zunächst (noch) nicht einigen können, aber auf Grund weiterer anstehender Verhandlungen (noch) nicht die Schiedsstelle anrufen, sondern die Entgelte zunächst in unstrittiger Höhe vorläufig vereinbaren wollen. Auch kann der Anwendungsbereich der Vorschrift angesprochen sein, wenn ein Krankenhaus zum ersten Mal Entgelte nach § 11 vereinbart, etwa weil es erstmals in den Krankenhausplan aufgenommen wurde. In diesem Fall ist die vorläufige Finanzierung der allgemeinen Krankenhausleistungen besonders dringlich, weil es an weitergeltenden Pflegesätzen fehlt.

Der Wortlaut des § 12 deutet darauf hin, dass die Parteien zur Vereinbarung vorläufig geltender Entgelte verpflichtet sind, wenn die Voraussetzungen hierfür vorliegen. Die Rechtspflicht der Vertragsparteien wurde in der amtlichen Begründung zu § 18 BPflV 1995 ausdrücklich erwähnt („Die Vorschrift verpflichtet die Vertragsparteien ..."). Auf Grund der nahezu inhaltsgleichen Formulierung in § 12 Satz 1 kann für die vorläufige Vereinbarung nach dem KHEntgG nichts anderes gelten. Allerdings ist die Frage nach dem Bestehen und der Durchsetzbarkeit des Anspruchs einer Vertragspartei auf Abschluss einer vorläufigen Vereinbarung eher eine theoretische, als eine praktische. Denn die Partei, die eine vorläufige Vereinbarung in unstreitiger Höhe der Entgelte begehrt, wäre bei Weigerung der anderen, dazu gezwungen, die Schiedsstelle anzurufen. Der Gang zur Schiedsstelle soll aber für die Regelung der Entgelte in unstreitiger Höhe gerade vermieden werden. Müsste die Partei auch wegen den vorläufig geltenden Entgelten die Schiedsstelle anrufen, so würde sie im Regelfall „gleich im ersten Anlauf" die Festsetzung der endgültigen Entgelte beantragen. Gleichwohl steht der Anrufung der Schiedsstelle zur Festsetzung vorläufig geltender Entgelte rechtlich nichts entgegen (so auch Tuschen/Quaas, Erl. zu § 18 Abs. 1). Etwas anderes könnte nur dann gelten, wenn berechtigte Zweifel am Rechtsschutzbedürfnis der antragstellenden Partei bestünden, etwa weil neben der vorläufigen Festsetzung der Entgelte gleichzeitig schon die endgültige begehrt wird und nicht zu erwarten ist, dass das vorläufig festgesetzte Entgelt noch vor dem endgültigen in Kraft treten kann.

Soweit die vorläufige Vereinbarung Regelungen über den krankenhausindividuellen Basisfallwert, sonstige Entgelte oder über Zuschläge enthält, **bedarf sie einer Genehmigung** nach § 14. Die Genehmigung bezieht sich in diesem Fall nur auf die vereinbarten vorläufigen, nicht auf die noch nicht vereinbarten endgültigen Entgelte und insoweit abgetrennten Teilfragen oder Teilprobleme (OVG Münster, Urteil vom 26.5.1997, KRS 97.038). Die zuständige Landesbehörde muss sich darauf beschränken, allein die Regelungen der vorläufigen Vereinbarung daraufhin zu überprüfen, ob sie dem geltenden Recht entsprechen. Zwischen den Parteien noch strittige Einzelfragen sind nicht Gegenstand dieser Entscheidung (Tuschen/Quaas, Erl. zu § 18 Abs. 1).

Zu Satz 2

Die Regelung stellt lediglich klar, dass die auf der vorläufigen Vereinbarung beruhenden Entgelte zu erheben sind, bis die endgültig maßgebenden in Kraft treten. Nach dem oben Gesagten bedürfen auch die vorläufigen Entgelte der Genehmigung; sie treten nach Maßgabe des § 15 Abs. 1 in Kraft.

Zu Satz 3

Mehr- oder Mindererlöse, die sich aus der Erhebung der vorläufigen Entgelte ergeben, werden ausgeglichen. Die Regelung erlaubt den **Ausgleich** sowohl in dem noch laufenden wie auch in dem folgenden Vereinbarungszeitraum. Entgegen dem Wortlaut kann es sich lediglich um den Ausgleich von Minderlösen handeln, weil die Schiedsstelle lediglich befugt ist, höhere Entgelte als die vorläufig vereinbarten festzusetzen. Denn die Schiedsstelle hat die Höhe der zwischen den Parteien in der vorläufigen Vereinbarung unstreitig gestellten Entgelte zu beachten. Ihr ist es nicht gestattet, diese Entgelthöhe zu unterschreiten, weil sie nach § 13 Abs. 2 lediglich insoweit entscheidungsbefugt ist, als eine Einigung zwischen den Parteien noch nicht erreicht werden konnte (so im Ergebnis auch Dietz/Bofinger, § 18 BPflV, Erl. 7.).

§ 13 Schiedsstelle

(1) Kommt eine Vereinbarung nach § 11 ganz oder teilweise nicht zu Stande, entscheidet die Schiedsstelle nach § 18a Abs. 1 des Krankenhausfinanzierungsgesetzes auf Antrag einer der in § 10 oder § 11 genannten Vertragsparteien. Sie ist dabei an die für die Vertragsparteien geltenden Rechtsvorschriften gebunden.

(2) Die Schiedsstelle entscheidet innerhalb von sechs Wochen über die Gegenstände, über die keine Einigung erreicht werden konnte.

Amtl. Begründung zu § 13 KHEntgG

Die Vorschrift entspricht dem bisherigen § 19 Abs. 1 und 2 BPflV.

Amtl. Begründung BPflV 1995 zu § 19 BPflV

... Absatz 2 gibt nun auch der Schiedsstelle die für die Vertragsparteien bereits geltende Sechswochenfrist vor. Dies ist für Entscheidungen über eine auf Landesebene strittige Höhe der Punktwerte für Fallpauschalen und Sonderentgelte unabdingbar und im Hinblick auf das bereits seit dem Jahre 1986 geltende prospektive Vereinbarungsprinzip auch für Entscheidungen erforderlich, die das einzelne Krankenhaus betreffen....

ERLÄUTERUNGEN

Die Vorschrift verweist für den Fall der Nichteinigung zwischen den Parteien über den Abschluss einer Vereinbarung nach § 11 auf die Konfliktlösung durch die Schiedsstellen nach § 18a Abs. 1 KHG. Diese Einrichtungen wurden durch Gesetz errichtet, denn das Krankenhausneuordnungsgesetz vom 20.12.1984 hat ihre Bildung und ihr Bestehen angeordnet und ihnen eine bestimmte sachliche und örtliche Kompetenz zugewiesen. Sie wurden von den Landeskrankenhausgesellschaften und den Verbänden der Krankenkassen eingerichtet. Der Gesetzgeber hat diesen Selbstverwaltungsverbänden die Befugnis erteilt, durch Organisationsakt Schiedsstellen zu bilden (Trefz, S. 42). Die Schiedsstellen erstrecken sich in ihrer Zuständigkeit auf ein Bundesland oder Teile hiervon. In § 18a Abs. 1 KHG ist ausdrücklich die Möglichkeit eröffnet worden, mehrere Schiedsstellen in einem Land zu bilden. Hiervon wurde auch teilweise Gebrauch gemacht (so etwa in Nordrhein-Westfalen).

Die Schiedsstelle besteht kraft Gesetzes aus einem neutralen Vorsitzenden sowie aus Vertretern der Krankenhäuser und Krankenkassen in gleicher Zahl. Der Verband der privaten Krankenversicherung ist bei der Bildung der Schiedsstelle nicht zu beteiligen, weil er auch unter Berücksichtigung des § 27 KHG keine Kompetenzen in diesem Bereich hat. Jedoch gehört der Schiedsstelle auch ein vom Landesausschuss des Verbandes der privaten Krankenversicherung bestellter Vertreter an. Dieser wird auf die Zahl der Vertreter der Krankenkassen angerechnet. Die Mitglieder sind ehrenamtlich tätig und sind an Weisungen nicht gebunden. Sie sind nach dem Wortlaut des § 18a Abs. 3 Satz 1 KHG Vertreter der Krankenhäuser oder der Krankenkassen, also keine Vertreter der Organisationen, von denen sie bestellt wurden. Die Mitglieder auf der Krankenhausseite werden von der Landeskrankenhausgesellschaft und die Mitglieder auf der Krankenkassenseite von den Verbänden der Krankenkassen bestellt. Der Vorsitzende soll von der Landeskrankenhausgesellschaft und den Landesverbänden der Krankenkassen gemeinsam bestellt werden. Das nähere Verfahren über die Bestellung der Mitglieder wird weder im KHG, noch im KHEntgG, noch in der BPflV geregelt, sondern bleibt den Rechtsverordnungen der Landesregierungen nach § 18 a Abs. 4 Nr. 1 KHG vorbehalten.

Die Aufgabenwahrnehmung der Schiedsstelle ist als **streitschlichtende Tätigkeit** zu charakterisieren. In der Rechtsprechung wird die Schiedsstelle nach § 18 a Abs. 1 KHG als ein „Instrument der Streitschlichtung" (OVG Nordrhein-Westfalen, Urteil vom 26.5.1997, KRS 97.038, S. 4) oder als „Schlichtungsstelle" (BVerwG, Urteil vom 19.6.1997, KRS 97.008, S. 8) bezeichnet. Bei dem Schiedsstellenverfahren handelt es sich um ein obligatorisches Schlichtungsverfahren durch eine paritätisch besetzte Kommission zur Herbeiführung eines Interessenausgleichs zwischen den Parteien (vgl. VGH Baden-Württemberg, Urteil vom 6.6.1990, DVBl. 1990, 996, 997).

Über die dogmatische Einordnung des Tätigwerdens der Schiedsstelle gegenüber den Vertragsparteien herrscht weiterhin Unklarheit. Teilweise wird die Auffassung vertreten, die Schiedsstelle sei als Vertragshilfeorgan entsprechend der Leistungserbringung durch Dritte gem. § 317 Abs. 1 BGB anzusehen (Heinze, in: Heinze/Wagner, S. 61, 63; ders., SGb 1990, 173, 174 und 178; ders., SGb 1997, 397, 402). Wenngleich sich die Schiedsstelle aus formaler Sichtweise von der Person des „Dritten" nach § 317 Abs. 1 BGB unterscheidet, gibt es doch Berührungspunkte zu dem Modell des Vertragshilfeorgans. Gegen die von *Heinze* vertretene Auffassung spricht jedoch, dass den Vertragsparteien keine Befugnis zur autonomen Bestimmung des „Dritten", also der Schiedsstelle, zukommt. Denn die Schiedsstelle ist eine vom Gesetzgeber **staatlich vorgegebene Konfliktlösungsstelle.** Der für die Parteien, insbesondere für den Krankenhausträger begründete Zwang, sich einer Schiedsstellenentscheidung zu unterwerfen, lässt sich schwerlich als Ausdruck von Privatautonomie und einer freiwilligen Unterwerfung unter ein vertragliches Schlichtungsverfahren begreifen, da das Schiedsstellenverfahren nicht auf einer vertragsautonomen Entscheidung der Verfahrensbeteiligten, sondern auf staatlicher Setzung beruht (ähnlich BVerwG, Urteil vom 1.12.1998, NVwZ-RR 1999, 446 für die Schiedsstelle nach § 94 BSHG). Es erscheint daher auch nicht zutreffend, von einer „vertraglichen Schlichtungsstelle" (so aber BVerwG, Urteil vom 23.11.1993, NJW 1994, 2435) zu sprechen (Trefz, S. 68).

Der Schiedsspruch ist **kein Verwaltungsakt** und kann deshalb auch nicht angefochten werden. Da ihm jedenfalls das für den Verwaltungsaktsbegriff konstituierende Merkmal der „unmittelbaren Rechtswirkung nach außen" fehlt, kann insoweit offen bleiben, ob man die Schiedsstelle als Behörde nach § 1 Abs. 4 VwVfG ansieht (bejahend: Tuschen/Quaas, Erl. zu § 19; verneinend: OVG Nordrhein-Westfalen, Beschluss vom 24.9.2002, Az.: 13 A 2341/01; Trefz, S. 95 ff.; offen gelassen von BVerwG, Urteil vom 23.11.1993, NJW 1994, 2435). Die einem Verwaltungsakt kennzeichnende Außenwirkung kommt allein der Genehmigung zu, denn bei der Festsetzung der Schiedsstelle handelt es sich um einen **internen Mitwirkungsakt,** der dem maßgeblichen Genehmigungsakt vorgeschaltet ist (BVerwG, a. a. O.; Trefz, S. 71 ff.). Die – noch nicht genehmigte –

Festsetzung der Schiedsstelle ist für die Vertragsparteien rechtlich unverbindlich. Obwohl der Beschluss der Schiedsstelle den Parteien bekannt zu geben ist, damit sie die Genehmigung beantragen können, hat die Bekanntgabe keinerlei Rechtswirkung. Es bleibt den Parteien auch nach Ergehen der Festsetzung der Schiedsstelle unbenommen, keinen Antrag auf Genehmigung dieser Festsetzung zu stellen, sondern eine anderweitige Vereinbarung zu treffen (BVerwG, a. a. O.).

Zu Absatz 1

Satz 1 regelt die Festsetzungskompetenzen der Schiedsstellen unvollkommen. Nach dem Wortlaut der Regelung entscheidet die Schiedsstelle lediglich über **Regelungsgegenstände der Vereinbarung nach § 11.** Dagegen soll die Antragsbefugnis sowohl den in § 11 (Vertragsparteien auf Ortsebene), wie auch den in § 10 (Vertragsparteien auf Landesebene) genannten Parteien zustehen. Die amtliche Gesetzesbegründung erwähnt, die Vorschrift entspreche der bisherigen Regelung über die Schiedsstelle in § 19 Abs. 1 und 2 BPflV. Dort ergibt sich aus § 19 Abs. 1 in der Fassung bis zum 31.12.2003, dass die Schiedsstelle zuständig ist für Streitigkeiten über Regelungsgegenstände auf Orts- wie auch auf Landesebene. Wie sich aus § 18 Abs. 4 Satz 1 KHG und § 10 Abs. 6 Satz 4 ergibt, bleibt die Schiedsstelle auch im neuen Recht für **Festsetzungen auf Landesebene** zuständig. Kommt demnach eine Vereinbarung über den landesweit geltenden Basisfallwert ab dem Jahr 2005 nicht zu Stande, entscheidet hierüber auf Antrag einer Vertragspartei nach § 10 die Schiedsstelle. Dagegen sind die Parteien auf Landesebene – entgegen dem Wortlaut des § 13 Abs. 1 Satz 1 – nicht antragsbefugt über Regelungsgegenstände der Vereinbarung für das einzelne Krankenhaus.

Die Schiedsstelle entscheidet nur **auf Antrag** und nur über die Gegenstände, über die zwischen den Vertragsparteien keine Einigung erreicht werden konnte. Über den unstreitigen Teil kann die Schiedsstelle nicht befinden. Es empfiehlt sich daher im Antragsschriftsatz die geeinigten und die strittigen Punkte konkret zu bezeichnen, die Forderung zu beziffern und im Einzelnen zu begründen.

Das Unterschreiten der **6-Wochen-Frist** des § 18 Abs. 4 Satz 1 KHG führt grundsätzlich, jedoch nicht immer, zur Unzulässigkeit des Festsetzungsantrags. Diese Frist soll den Parteien hinreichend Zeit geben, sich im Verhandlungswege zu einigen, sie will aber gleichzeitig eine zügige Durchführung des Verfahrens fördern. Eine Anrufung der Schiedsstelle vor Ablauf der Frist ist dann zulässig, wenn ausnahmsweise ein Verweis auf das Erfordernis ihrer Einhaltung sich als bloßer Formalismus darstellen würde, weil eine Seite die Verhandlungen nachhaltig verweigert oder sich die Parteien aus sonstigen Gründen offensichtlich und eindeutig nicht einigen werden, und damit das Verstreichenlassen der Frist sich lediglich als sicherer Zeitverlust darstellen muss. Die Regelung über die 6-Wochen-Frist zählt nicht zu den dispositiven Bestimmungen. Die Parteien können daher auch nicht einvernehmlich die grundsätzlich einzuhaltende 6-Wochen-Frist, nach deren Ablauf die Schiedsstelle in zulässiger Weise angerufen werden kann, verkürzen (Trefz, S. 273 f.; a. A. Robbers, in Heinze/Wagner, S. 47, 40).

Nach **Satz 2** ist die Schiedsstelle an die für die Vertragsparteien geltenden Rechtsvorschriften gebunden. Demnach ist zunächst und insbesondere das formelle und materielle Entgeltrecht Entscheidungsmaßstab auch für die Schiedsstelle. Hierbei ist zu beachten, dass den Vertragsparteien bei der Vereinbarung der Entgelte ein Gestaltungsspielraum zusteht. Das BVerwG spricht in diesem Zusammenhang von dem „gesetzlich geschützten Verhandlungsspielraum der Pflegesatzparteien" (Urteil vom 21.1.1993, NJW 1993, 2391, 2392). Dagegen steht der Schiedsstelle kein deckungsgleicher Gestaltungsspielraum bei Festsetzung der Entgelte zu. Allerdings sind auch ihre Entscheidungen im Rahmen des Genehmigungs-, wie auch im Rahmen des verwaltungsgerichtlichen Verfahrens, nur eingeschränkt überprüfbar, weil ihr ein **Beurteilungsspielraum** einzuräumen ist (Trefz, S. 115 ff.). Für diese Annahme spricht auch die Rechtsprechung des BSG zur Überprüfung von Entscheidungen der vertragsärztlichen Schiedsämter (BSGE 20, 73, 77; 36, 151, 154) wie auch das Urteil des BVerwG vom 1.12.1998 (NVwZ-RR 1999, 446) zur Schiedsstelle nach § 94 BSHG. Zwischenzeitlich wurde auch der der Schiedsstelle nach § 18a Abs. 1 KHG zukommende Beurteilungsspielraum mit Urteil des Hessischen VGH vom 27.5.1999 (Az.: 11 UE 5014/96) ausdrücklich anerkannt. Demnach hat die Genehmigungsbehörde bei ihrer Überprüfung, ob die festgesetzten Entgelte dem geltenden Recht entsprechen (vgl. § 18 Abs. 5 Satz 1 KHG), den der Schiedsstelle zukommenden Beurteilungsspielraum zu achten. Sie hat insbesondere zu prüfen, ob die Schiedsstelle die zwingenden Verfahrensvorschriften beachtet hat, von einem zutreffenden Sachverhalt ausgegangen ist, alle wesentlichen entscheidungserheblichen Gesichtspunkte berücksichtigt hat und sich nicht von sachfremden Erwägungen hat leiten lassen (Trefz, S. 118).

Zu Absatz 2:

§ 13 Abs. 2 gibt der Schiedsstelle – ebenso wie § 19 Abs. 2 BPflV – eine Frist zur Entscheidung innerhalb von 6 Wochen vor. Demnach bleibt es im neuen Recht bei der für die Parteien geltenden Frist nach § 18 Abs. 4 Satz 1 KHG wie auch bei der für das Tätigwerden der Schiedsstelle geltenden Fristsetzung. **Das Gebot der Beschleunigung** des Verfahrens findet in weiteren Vorschriften seinen Niederschlag:

– Nach § 18 Abs. 3 Satz 1 KHG soll die Vereinbarung nur für künftige Zeiträume getroffen werden.
– Die Schiedsstelle hat auf Antrag einer Vertragspartei die Pflegesätze unverzüglich festzusetzen (§ 18 Abs. 4 Satz 1 KHG)
– Nach § 11 Abs. 3 nehmen die Vertragsparteien die Verhandlung unverzüglich auf, nachdem eine Vertragspartei hierzu schriftlich aufgefordert hat; die Verhandlung soll so rechtzeitig abgeschlossen werden, dass das neue Erlösbudget und die neuen Entgelte mit Ablauf des laufenden Vereinbarungszeitraums in Kraft treten können.
– Nach § 18 Abs. 5 Satz 1, 2. HS KHG hat die zuständige Landesbehörde die Genehmigung unverzüglich zu erteilen, wenn die vereinbarten oder festgesetzten Pflegesätze den Vorschriften des KHG und sonstigem Recht entsprechen.

Ein Verstoß gegen die 6-Wochenfrist des § 13 Abs. 2 macht die Schiedsstellenentscheidung nicht rechtswidrig, weil es sich bei der Bestimmung lediglich um eine **Ordnungsvorschrift** handelt. Entscheidet demnach die Schiedsstelle erst nach Ablauf der 6-Wochenfrist, so kann die Genehmigungsbehörde nicht schon deshalb die Genehmigung der Festsetzung versagen (Trefz, S. 119).

Gelegentlich lehnen Schiedsstellen eine Festsetzung ab und verweisen die Sache an die Vertragsparteien mit der Begründung zurück, die Voraussetzungen für eine Festsetzung würden noch nicht vorliegen, weil die Vertragsparteien (noch) nicht ernsthaft verhandelt oder nicht alle Möglichkeiten ausgeschöpft hätten, im Wege der Verhandlungen zu einer Vereinbarung zu kommen. In Einzelfällen mag ein solches Vorgehen aus Sicht der Schiedsstelle sachdienlich und nahe liegend erscheinen. Rechtlich ist hiergegen einzuwenden, dass Zulässigkeitsvoraussetzung für das Tätigwerden der Schiedsstelle nicht die vorausgehende Verhandlung an sich oder deren Qualität ist, sondern das Ergebnis des Nichteinigseins (Trefz, S. 276). Die Schiedsstelle erlangt nach Scheitern der Verhandlung im Rahmen der Festsetzungsanträge die volle Entscheidungskompetenz. Mit ihrer Anrufung ist das Vereinbarungsverfahren grundsätzlich abgeschlossen und die Vertragsparteien können nicht verpflichtet werden, es neu in Gang zu setzen (Tuschen/Quaas, Erl. zu § 19). Das Zurückverweisen der Angelegenheit ohne Sachentscheidung könnte auch zu einer erheblichen Verzögerung des Verfahrens führen und wäre mit dem pflegesatzrechtlichen Beschleunigungsgrundsatz unvereinbar (VG Neustadt, Urteil vom 12.2.1997, KRS 97.027, S. 8).

Von der Zurückverweisung der Angelegenheit durch die Schiedsstelle ohne Sachentscheidung ist die Teilfestsetzung mit Zurückverweisung zu unterscheiden. Oft wurden in der Vergangenheit durch die Schiedsstellen lediglich Teilregelungen getroffen, obwohl ein inhaltlich umfassender Festsetzungsantrag vorlag. Den Parteien wurde dann von der Schiedsstelle aufgegeben, auf der Grundlage dieser Teilfestsetzung erneut zu verhandeln oder die Pflegesätze auf der Grundlage ihrer Ausführungen rechnerisch zu ermitteln. Derartige Teilfestsetzungen mit Zurückverweisung können neben einer Verzögerung des Verfahrens zu einer Verunsicherung der Verfahrensbeteiligten führen. Die zuständige Landesbehörde weiß oft nicht, ob ihr festgesetzte oder vereinbarte Entgelte zur Genehmigung vorgelegt werden. Da aber die einer Teilfestsetzung der Schiedsstelle nachfolgende Vereinbarung das Rechtsschutzbedürfnis für eine Klage gegen die Genehmigung gefährden kann, ist in diesen Fällen stets zwischen einer lediglich rechnerischen Umsetzung der Entscheidung der Schiedsstelle durch die Vertragsparteien und einer „freien Vereinbarung" zu unterscheiden (im Einzelnen: Trefz, S. 281 ff.).

§ 14 Genehmigung

(1) Die Genehmigung der vereinbarten oder von der Schiedsstelle nach § 13 festgesetzten krankenhausindividuellen Basisfallwerte, der Entgelte nach § 6 und der Zuschläge nach § 5 ist von einer der Vertragsparteien bei der zuständigen Landesbehörde zu beantragen.

(2) Die Vertragsparteien und die Schiedsstellen haben der zuständigen Landesbehörde die Unterlagen vorzulegen und die Auskünfte zu erteilen, die für die Prüfung der Rechtmäßigkeit erforderlich sind. Im Übrigen sind die für die Vertragsparteien bezüglich der Vereinbarung geltenden Rechtsvorschriften entsprechend anzuwenden. Die Genehmigung kann mit Nebenbestimmungen verbunden werden, soweit dies erforderlich ist, um rechtliche Hindernisse zu beseitigen, die einer uneingeschränkten Genehmigung entgegenstehen.

(3) Wird die Genehmigung eines Schiedsspruches versagt, ist die Schiedsstelle auf Antrag verpflichtet, unter Beachtung der Rechtsauffassung der Genehmigungsbehörde erneut zu entscheiden.

Amtl. Begründung zu § 14 KHEntgG

Redaktionelle Anpassung.

Amtl. Begründung BPflV 1995 zu § 20 BPflV

... Absatz 2 Satz 3 grenzt nunmehr den Inhalt von Nebenbestimmungen klarstellend ein. Das Genehmigungserfordernis umfasst nicht die Befugnis zu einer von den Vereinbarungen der Pflegesatzparteien oder den Festsetzungen der Schiedsstelle abweichenden Gestaltung oder zur Erteilung einer Teilgenehmigung (BVerwG, Urteil vom 21. Januar 1993 – 3 C 66.90).

ERLÄUTERUNGEN

Die Genehmigung verleiht den Entgelten die Verbindlichkeit. Die Bindungswirkung wird in den Regelungen des KHEntgG nur unvollkommen zum Ausdruck gebracht. Nach § 3 Abs. 8 Satz 1 und § 4 Abs. 11 Satz 1 sind die Vertragsparteien in den Jahren 2003 und 2004 an den Gesamtbetrag und in den Jahren 2005 und 2006 an das Erlösbudget gebunden. Die Verbindlichkeit der vereinbarten oder festgesetzten und genehmigten Entgelte geht weit über diese Regelungen hinaus. Aus dem normativen Befund des KHG und KHEntgG ist zu schließen, dass die **Genehmigung in Form eines privatrechtsgestaltenden Verwaltungsaktes** die Entgelte für allgemein verbindlich erklärt, weil das Vereinbarungs-, Festsetzungs- und Genehmigungsverfahren ausschließlich öffentlich-rechtlich angelegt ist und die Vorschriften ein Abweichen von den in diesem Verfahren geregelten Entgelten nicht gestatten (Trefz, 135 ff.). Das Entgeltsystem ist unbeschadet der Selbstverwaltungsrechte der Vertragsparteien von einem staatlich vorgegebenen Preisermittlungsverfahren geprägt, welches im Bereich der allgemeinen Krankenhausleistungen keinen Raum für die freie Vereinbarung der Entgelte zwischen dem Krankenhausträger und den einzelnen Patienten oder deren Kostenträger lässt. In diesem Sinne bezweckt das Genehmigungsverfahren nach § 14 nicht nur die behördliche Rechtskontrolle über die Höhe der Entgelte für allgemeine Krankenhausleistungen, sondern gewährleistet auch die Einhaltung des Gebots der Einheitlichkeit der Entgelte nach § 8 Abs. 1 Satz 1 und § 17 Abs. 1 Satz 1 KHG. Die eintretende unmittelbare Verbindlichkeit der Pflegesätze durch Genehmigung wurde vom BGH mit Urteil vom 14.7.1988 (BGHZ 105, 160, 162) ausdrücklich bestätigt.

Für die Genehmigung der Entgelte gilt neben der Regelung des § 14 auch die des § 18 Abs. 5 KHG. Der dort verwandte Begriff des Pflegesatzes umfasst auch die Entgelte nach dem neuen Recht; auch insoweit handelt es sich um „Entgelte der Benutzer oder ihrer Kostenträger für stationäre und teilstationäre Leistungen des Krankenhauses" im Sinne des § 2 Nr. 4 KHG. Durch das FPÄndG wurde in § 1 Abs. 1 klargestellt, dass für Krankenhäuser, welche dem neuen DRG-Vergütungssystem unterliegen, neben dem KHEntgG auch das KHG Anwendung findet (vgl. Erl. zu § 1 Abs. 1).

Zu Absatz 1

Die Vorschrift sieht ein Genehmigungserfordernis für Regelungsgegenstände der Vereinbarung der einzelnen Krankenhäuser (§ 11) vor. Ausdrücklich erwähnt werden die krankenhausindividuellen Basisfallwerte, die sonstigen Entgelte sowie die Zuschläge. Die rechtliche Überprüfung der Genehmigungsbehörde geht aber über die genannten Regelungsgegenstände hinaus und erstreckt sich auf die gesamte Vereinbarung oder Festsetzung, die von dem BVerwG (Urteil vom 21.1.1993, NJW 1993, 2391) als **„Genehmigungssubstrat"** bezeichnet wird. Hiermit hat das Gericht zum Ausdruck gebracht, dass sich auch im bisherigen Recht die Genehmigung entgegen dem Wortlaut des § 20 Abs. 1 BPflV nicht nur auf die vereinbarten oder festgesetzten Pflegesätze bezogen hat. Im neuen Recht wird diese Feststellung auch durch § 15 Abs. 1 Satz 2 bestätigt, denn dort wird ausdrücklich von der genehmigten Vereinbarung gesprochen. Demnach hat sich die rechtliche Überprüfung der Genehmigungsbehörde auf alle **entgeltrelevanten Faktoren** der Vereinbarung oder Schiedsstellenentscheidung zu erstrecken.

Fraglich ist, ob auch die **Vereinbarungen auf Landesebene** über den landesweiten Basisfallwert nach § 10 Abs. 1 einer Genehmigung bedürfen. Hiergegen könnte sprechen, dass § 14 keine Regelungsgegenstände dieser Vereinbarungsebene (mehr) erwähnt. Demgegenüber erstreckt sich § 20 Abs. 1 BPflV zum Genehmigungserfordernis ausdrücklich auch auf die Landesvereinbarungen nach § 16 BPflV. Vom Wortlaut her bleibt offen, ob auch weitere in § 14 nicht genannte, für die Höhe der Vergütung relevante Tatbestände der Genehmigungspflicht unterliegen. In diesem Zusammenhang ist zu berücksichtigen, dass die Genehmigungstatbestände des § 18 Abs. 5 Satz 1 KHG weiterhin von Bedeutung sind. Nach dieser Vorschrift bedürfen die vereinbarten und festgesetzten Pflegesätze der Genehmigung. Schon nach dem bisherigen Recht zählten die Fallpauschalen zu den Pflegesätzen und Gegenstand der Genehmigung waren auch insoweit die vereinbarten oder festgesetzten Punktwerte als bestimmender Teil für die Höhe der pauschalierten Entgelte (vgl. BVerwG, Urteil vom 19.6.1997, KRS 97.008, S. 4). Der Gesetzgeber hat diese allgemeine Regelung zur Genehmigung unverändert gelassen. Ein Wille des Gesetzgebers, das Genehmigungserfordernis für den landesweit geltenden Basisfallwert sei entbehrlich, lässt sich dem Gesetz nicht entnehmen (siehe auch die amtliche Begründung zu § 14, welche lediglich von einer „redaktionellen Anpassung" der Vorschrift spricht). Die Abweichung vom bisherigen Wortlaut des § 20 Abs. 1 BPflV lässt demnach nicht zwingend den Schluss zu, dass § 18 Abs. 5 KHG keine selbstständige Bedeutung für die dem KHEntgG unterliegenden Krankenhäuser mehr haben soll, also durch § 14 Abs. 1 KHEntgG als lex spezialis nach dem Willen des Gesetzgebers verdrängt werden soll.

Die Genehmigung kann nur auf **Antrag** erteilt werden. Antragsberechtigt sind die Vertragsparteien nach § 11 Abs. 1 Satz 1 i.V.m. § 18 Abs. 2 KHG. Der Antrag auf Genehmigung des vereinbarten oder festgesetzten landesweit geltenden Basisfallwertes kann von einer Vertragspartei der Landesebene gestellt werden.

Eine Erteilung der Genehmigung von Amtswegen scheidet nach § 22 Satz 2 Nr. 2 VwVfG aus.

Obwohl § 14 dies nicht ausdrücklich ausspricht, kann auch die **Versagung der Genehmigung** beantragt werden (Tuschen/Quaas, Erl. zu § 20 Abs. 1 BPflV). Mit einem solchen Antrag auf Nichtgenehmigung verfolgt der Antragsteller das Begehren, die Genehmigungsbehörde möge durch Verwaltungsakt verbindlich feststellen, dass die Schiedsstellenfestsetzung rechtswidrig und damit nicht genehmigungsfähig ist (VG Braunschweig, Urteil vom 28.11.2000, KRS 00.091, S. 12). **Das Gebot des effektiven Rechtsschutzes** verlangt danach, dass der mit der Schiedsstellenentscheidung unzufriedenen Partei die Möglichkeit zugestanden wird, die Versagung der Genehmigung zu begehren. Es würde dem Verständnis des Genehmigungsverfahrens als einem antragsbedürftigen, verwaltungsbehördlichen Rechtskontrollverfahren widersprechen, wenn die Vertragspartei, die eine bestimmte Sachentscheidung anstrebt etwas gegenläufiges beantragen müsste zu dem was sie begehrt (Trefz, 138 f.). Auch würde die Verweigerung des Antragsrechts auf Versagung der Genehmigung den ggf. dem Verwaltungsverfahren nachfolgenden gerichtlichen Rechtsschutz gefährden, weil die Partei grundsätzlich nicht dasjenige anfechten kann, was zuvor von ihr zur Genehmigung beantragt wurde.

Nach einem Beschluss des OVG Nordrhein-Westfalen ist der Antrag an die Genehmigungsbehörde lediglich als Antrag auf rechtliche Überprüfung zu verstehen und die daraufhin erteilte Genehmigung beschwert (auch) die antragstellende Partei, wenn diese zuvor zum Ausdruck gebracht hat, die Schiedsstellenentscheidung nicht zu akzeptieren (OVG Nordrhein-Westfalen, Beschluss vom 24.9.2002, Az.: 13 A 2341/01).

Da für die Genehmigung neben § 14 auch § 18 Abs. 5 KHG zu beachten ist (s.o.), sind die im Rahmen dieser Regelung anerkannten Grundsätze zu berücksichtigen. Demnach hat sich die Genehmigungsbehörde bei der Überprüfung der Vereinbarung oder Festsetzung auf eine rechtliche Überprüfung zu beschränken. § 18 Abs. 5 Satz 1 KHG stellt als Voraussetzung für die Erteilung der Genehmigung allein auf die Übereinstimmung der Pflegesätze mit den Vorschriften des KHG und sonstigem Recht ab. Mit dem sonstigen Recht ist in diesem Zusammenhang in erster Linie das KHEntgG angesprochen. Aus Wortlaut, systematischem Zusammenhang und aus der Entstehungsgeschichte sowie aus dem Sinn und Zweck des Genehmigungserfordernisses nach § 18 Abs. 5 KHG folgt, dass es sich allein um einen Akt der gebundenen Verwaltung handelt, der sich ausschließlich auf eine **Rechtskontrolle** erstreckt (BVerwG, Urteil vom 21.1.1993, NJW 1993, 2391). Die zuständige Landesbehörde ist nicht befugt, von der Vereinbarung der Parteien oder von der Festsetzung der Schiedsstelle abweichend Entgelte zu genehmigen. Nach Auffassung des BVerwG lässt sich weder aus Wortlaut, Entstehungsgeschichte noch Systematik irgendeine Gestaltungsbefugnis der Genehmigungsbehörde ableiten. Auch eine Teilbarkeit der Genehmigungsentscheidung in dem Sinne, dass sich die Genehmigung nur auf Teile des vereinbarten oder festgesetzten Pflegesatzes erstreckt, ist mit § 18 Abs. 5 Satz 1 KHG nicht vereinbar (BVerwG, a.a.O., S. 2392). Die allein auf eine Rechtskontrolle beschränkte Genehmigungsbehörde darf nicht in den Gestaltungsspielraum der Parteien eingreifen. Sie kann nicht mehr genehmigen, als die Parteien vereinbart haben oder die Schiedsstelle festgesetzt hat. Der Genehmigungsbehörde ist es aber auch verwehrt, weniger zu genehmigen, als die Parteien vereinbart haben oder von der Schiedsstelle festgesetzt worden ist. Hält sie einzelne Positionen für nicht genehmigungsfähig, muss sie es den Parteien ermöglichen, über den neu eingetretenen Zustand erneut zu verhandeln. Der **Ausschluss der behördlichen Gestaltungsbefugnis** entspricht auch dem Sinn und Zweck des vom Vereinbarungs- und Verhandlungsgrundsatz geprägten Pflegesatzverfahrens, denn seit der Übertragung der Schlichtungskompetenz auf eine unabhängige Schiedsstelle ist die nach der älteren Rechtslage den Pflegesatzbehörden der Länder zugewiesene Festsetzungsbefugnis – und damit das ihnen allein zustehende pflegesatzregelnde Gestaltungsrecht – entfallen (Trefz, 122).

Zu Absatz 2

Nach **Satz 1** haben die Vertragsparteien und die Schiedsstelle der Genehmigungsbehörde die Unterlagen vorzulegen und die Auskünfte zu erteilen, die für die Prüfung der Rechtmäßigkeit erforderlich sind. **Satz 2** bleibt mit seinem Verweis auf die für die Vertragsparteien bezüglich der Vereinbarung geltenden Rechtsvorschriften unklar. Welche Vorschriften „im Übrigen" für das Genehmigungsverfahren entsprechend anzuwenden sein sollen, bleibt offen. Diese Regelung, die auf § 20 Abs. 2 Satz 2 BPflV zurückgeht, sollte künftig näher konkretisiert oder ersatzlos gestrichen werden. **Satz 3** erlaubt es, die Genehmigung unter bestimmten Voraussetzungen mit einer Nebenbestimmung zu versehen. Nach § 36 Abs. 1 VwVfG darf ein Verwaltungsakt, auf den ein Anspruch besteht, nur mit einer Nebenbestimmung versehen werden, wenn sie durch Rechtsvorschrift zugelassen ist oder wenn sie sicherstellen soll, dass die gesetzlichen Voraussetzungen des Verwaltungsaktes erfüllt werden. Die Nebenbestimmung muss nach Satz 3 erforderlich sein, um rechtliche Hindernisse zu beseitigen, die einer uneingeschränkten Genehmigung entgegenstehen. Damit lässt sich der Regelungsgehalt des Satzes 3 auch aus dem allgemeinen Verwaltungsrecht herleiten und die krankenhausentgeltrechtliche Regelung wäre insoweit nicht erforderlich gewesen. In der Sache ist die Vorschrift eng auszulegen, damit der Gestaltungsspielraum der Parteien nicht unnötig beschränkt wird. Sinn der Regelung ist es, dass die zuständige Landesbehörde die Genehmigung erteilen kann, wenn lediglich noch gegen einen oder mehrere untergeordnete Punkte Einwände bestehen. Legt aber die Auslegung der Erklärungen der Parteien oder der Schiedsstelle es nahe, dass die Beteiligten die uneingeschränkte Genehmigungsfähigkeit durch eine inhaltlich andere Regelung herstellen würden, so hat die Behörde im Zweifel die Genehmigung zu versagen, um damit den Parteien die Gelegenheit einzuräumen, selbst die Genehmigungsfähigkeit herzustellen (Trefz, 125 f.).

Zu Absatz 3

Da nach der höchstrichterlichen Rechtsprechung der Genehmigungsbehörde kein Gestaltungsspielraum bei ihrer Entscheidung eingeräumt ist, könnten Rechtsschutzlücken dann entstehen, wenn die Schiedsstelle bei erneuter Anrufung eine Versagung der Genehmigung über ihre vorausgegangene Festsetzung nicht beachten müsste. Im Anwendungsbereich der BPflV war es bis zur Einfügung des Absatzes 3 zu § 20 BPflV ungeklärt, wie der Träger eines Krankenhauses zu einem höheren Pflegesatz gelangen konnte, wenn sich die Schiedsstelle kontinuierlich weigerte, nach Versagung der Genehmigung und erneuter Anrufung höhere Pflegesätze festzusetzen. Weder eine einzelne Vertragspartei noch die Genehmigungsbehörde hatten die Möglichkeit, einen von der Auffassung der Schiedsstelle abweichenden Pflegesatz zu realisieren. Es war nicht ausgeschlossen, dass die Schiedsstelle ungeachtet der Versagungsentscheidung über den vorangegangenen Schiedsstellenbeschluss in der Sache nochmals gleich entschied. Das Verfahren konnte so zu einem „Pingpongspiel" zwischen Schiedsstelle und Genehmigungsbehörde führen (Tuschen/Quaas, Erl. zu § 20 Abs. 3).

In der Gesetzesbegründung wurde damals zu § 20 Abs. 3 BPflV wie folgt ausgeführt (BT-Drucks. 381/2/94, S. 10 f.):

„Das Bundesverwaltungsgericht hat mit seinem Urteil vom 21.1.1993 (Az.: 3 C 66.90) festgestellt, dass die Genehmigungsbehörde einen Pflegesatz nur entweder genehmigen kann, wenn er dem geltenden Recht entspricht, oder die Genehmigung versagen kann. Eine Korrekturbefugnis nach oben oder unten besteht nicht.

Dieses Urteil führt insbesondere dann zu praktischen Problemen, wenn das Krankenhaus einen höheren Pflegesatz begehrt, als von der Schiedsstelle festgesetzt worden ist. Hält die Genehmigungsbehörde dieses Begehren für berechtigt, ist sie nach der Rechtsprechung des Bundesverwaltungsgerichts gezwungen, die Genehmigung zu versagen. Falls die Krankenkassen und die Schiedsstelle ihre Entscheidung nicht modifzieren, ist offen, wie das Krankenhaus den ihm rechtmäßiger Weise zustehenden Pflegesatz erhalten soll.

Eine Klage auf Genehmigung eines höheren Pflegesatzes muss notwendigerweise abgewiesen werden, weil der Genehmigungsbehörde keine Gestaltungskompetenz zusteht. Auch eine Weisung der Behörde an die Schiedsstelle, den höheren Pflegesatz festzusetzen, verbietet sich nach § 18 Abs. 3 Satz 2 Krankenhausfinanzierungsgesetz, da danach die Mitglieder der Schiedsstelle in Ausübung ihres Amtes an Weisungen nicht gebunden sind.

Diese Rechtsschutzlücke wird geschlossen, wenn man die Schiedsstelle an die Rechtsauffassung der Genehmigungsbehörde bindet, wenn diese die Genehmigung des Schiedsspruches versagt hat. Soweit sich die Parteien nach der Verweigerung der Genehmigung nicht einvernehmlich einigen können, stellt der neue Absatz 3 sicher, dass die Schiedsstelle auf Antrag einen genehmigungsfähigen Pflegesatz festsetzt. Den Krankenkassen steht dann der Klageweg gegen den Genehmigungsbescheid offen. Der Gedanke der Bindung (der Vertragsparteien) an die Rechtsauffassung der Genehmigungsbehörde findet sich auch in dem zitierten Urteil des Bundesverwaltungsgerichts (S. 19 des Urteils)."

Die Regelung des Absatzes 3 betrifft einen Fall der normativ angeordneten Feststellungswirkung einer Verwaltungsentscheidung, denn durch die Vorschrift wird die Schiedsstelle an die rechtlichen Feststellungen der Genehmigungsbehörde in der Versagungsentscheidung gebunden. Die Vorschrift eröffnet einen besonderen Verfahrensweg, dessen Zweck darin liegt, in Fortsetzung des einmal begonnenen Schiedsverfahrens alsbald zu einem genehmigungsfähigen Schiedsspruch zu gelangen (VGH Baden-Württemberg, Urteil vom 7.11.2000, Az.: 9 S 2774/99).

Die in Absatz 3 angeordnete Bindungswirkung beschränkt sich in subjektiver Hinsicht auf die Schiedsstelle in ihrem internen Verhältnis zur Genehmigungsbehörde. Die Vorschrift bindet nicht die Pflegesatzparteien oder das Verwaltungsgericht (VGH Baden-Württemberg, a. a. O.).

Der erneuten Anrufung der Schiedsstelle muss keine nochmalige Pflegesatzverhandlung vorausgehen. Die 6-Wochen-Frist muss nicht erneut eingehalten werden (Trefz, 143). Demnach erlaubt die Vorschrift den Vertragsparteien, wenn einem ersten Schiedsspruch die Genehmigung versagt wurde, ohne weitere

Vertragsverhandlungen sofort einen erneuten Schiedsspruch zu beantragen, der das Genehmigungshindernis ausräumt (VGH Baden-Württemberg, a. a. O.).

Versagt die zuständige Landesbehörde einem Schiedsspruch die Genehmigung und lassen die Pflegesatzparteien den Versagungsbescheid unangefochten, so ist ein Rechtsstreit um die spätere Genehmigung eines bindungsgemäßen zweiten Schiedsspruchs inhaltlich nicht präjudiziert (VGH Baden-Württemberg, a. a. O.). Erst nach dem Vorliegen der genehmigten Pflegesätze kann eine abschließende Sachentscheidung konstatiert werden. Eine Vertragspartei, die nach erneuter Anrufung der Schiedsstelle die Genehmigungsentscheidung des zweiten Schiedsspruchs abwartet, verspielt nicht gleichsam den Rechtsschutz gegen die Versagung der Genehmigung. Denn die Versagungsentscheidung der Genehmigungsbehörde versetzt das Verfahren wieder zurück in das Verhandlungs- oder Schiedsstellenstadium; eine abschließende Regelung, die allein Grundlage der Rechtssicherheit sein könnte, liegt damit nicht vor. Demnach können sich die Vertragsparteien darauf beschränken, erst gegen die das Verfahren abschließende Genehmigungsentscheidung gerichtlichen Rechtsschutz in Anspruch zu nehmen. Das Gericht ist in seiner Entscheidung nicht an eine vorangegangene bestandskräftige Versagung der Genehmigung gebunden (Trefz, 170). Der VGH Baden-Württemberg (a. a. O.) nimmt in diesem Zusammenhang an, die Klage gegen den Versagungsbescheid könne nur mit dem Ziel verfolgt werden, die Behörde zu verpflichten, die versagte Genehmigung zu erteilen. Halte die Partei den Schiedsspruch selbst für rechtswidrig und daher für nicht genehmigungsfähig, so stehe ihr die Klage gegen die Versagung der Genehmigung nicht offen. Nach Auffassung des Gerichts hat sie vielmehr erst den „Vollzug" des Versagungsbescheids durch einen erneuten Schiedsspruch gem. § 20 Abs. 3 BPflV und dessen Genehmigung abzuwarten, um sich die Möglichkeit der (Anfechtungs-) Klage zu erschließen.

Wendet sich eine Partei im Klageverfahren gegen die Versagung der Genehmigung, so steht dies der sofortigen Entscheidung der Schiedsstelle bei Anrufung nicht entgegen. Denn durch die Erhebung der Klage wird die Vollziehung der Versagungsentscheidung nicht aufgeschoben. Die Schiedsstelle hat trotz Klageerhebung bei erneuter Anrufung sofort zu entscheiden, ohne das Verwaltungsstreitverfahren vor dem Verwaltungsgericht abwarten zu müssen (Trefz, 260 ff.). Denn die kombinierte Anfechtungs- und Verpflichtungsklage gegen den Versagungsbescheid hat keine aufschiebende Wirkung, die der erneuten Befassung der Schiedsstelle entgegenstehen würde. Dies wäre nach § 80 Abs. 1 VwGO nur bei einer isoliert erhobenen Anfechtungsklage der Fall (Tuschen/Quass, Erl. zu § 20 Abs. 3). Da sich die sofortige Vollziehbarkeit aus einer entsprechenden Anwendung des § 18 Abs. 5 Satz 3, 2. Halbs. KHG ergibt und es auch keine Norm im allgemeinen Verwaltungsprozessrecht gibt, die bei Einlegung eines Rechtsbehelfs auf Verpflichtung der Behörde zum Erlass eines Verwaltungsaktes eine aufschiebende Wirkung anordnet, scheidet der Suspensiveffekt aus, mithin hat die Schiedsstelle trotz Klageerhebung gegen die Versagungsentscheidung eine Festsetzung zu treffen.

Die Regelung des Absatz 3 ist entsprechend anzuwenden für den Fall, dass das Verwaltungsgericht den Bescheid, mit dem ein Schiedsspruch genehmigt wurde, auf Anfechtungsklage hin aufhebt (BVerwG, Urteil vom 26.9.2002, Az.: 3 C 49/01; VGH Baden-Württemberg, a. a. O.; Trefz, 159 ff.).

II · KHEntgG Erl. § 14

Die gerichtlichen Rechtsschutzmöglichkeiten gegen die Entscheidungen im Schieds- und Genehmigungsverfahren können wie folgt skizziert werden:

- Zunächst ist festzustellen, dass ein gerichtlicher Rechtsschutz unmittelbar gegen die Entscheidungen der Schiedsstellen im Verfahren auf Festsetzung für das einzelne Krankenhaus (§ 11) nicht möglich ist, denn insoweit handelt es sich bei der Schiedsstellenentscheidung um einen nicht anfechtbaren, internen Mitwirkungsakt, der dem maßgeblichen behördlichen Genehmigungsakt vorgeschaltet ist (BVerwG, Urteil vom 23.11.1993, NJW 1994, 2435).
- Nach § 18 Abs. 5 Satz 2 KHG ist gegen die Genehmigung der Verwaltungsrechtsweg gegeben. Nach Satz 3 der Regelung findet ein Widerspruchsverfahren nicht statt und die Klage hat keine aufschiebende Wirkung. Der Wegfall des Vorverfahrens dient der Verfahrensbeschleunigung; der Wegfall der aufschiebenden Wirkung liegt vorwiegend im Interesse des Krankenhauses, welches damit bis zu einer abweichenden gerichtlichen Entscheidung den neuen genehmigten Pflegesatz erhält (Tuschen/Quaas, Erl. zu § 20 Abs. 3 BPflV).
- Begehrt der Kläger von der Genehmigung abweichende Entgelte, so kann er eine Anfechtungsklage gegen die Entscheidung der Genehmigungsbehörde erheben. Durch das gerichtliche Urteil über die Aufhebung der Genehmigung wird die Schiedsstelle in entsprechender Anwendung des § 14 Abs. 3 gebunden (s.o.).
- Hat die Genehmigungsbehörde die Genehmigung versagt, so kann der Kläger entgegen dem Wortlaut des § 18 Abs. 5 Satz 2 KHG auch eine Verpflichtungsklage auf Erteilung der Genehmigung der vereinbarten oder festgesetzten Entgelte erheben.
- Klagebefugt im gerichtlichen Rechtsschutzverfahren gegen die Genehmigung der Festsetzung betreffend den Vereinbarungsgegenständen für das einzelne Krankenhaus (§ 11) sind in erster Linie die Vertragsparteien nach § 11 Abs. 1 Satz 1 i.V.m. § 18 Abs. 2 KHG. Im Übrigen eröffnet sich eine Klagebefugnis nur für Dritte, die durch die Genehmigung in geschützten Rechtspositionen beeinträchtigt sein können (Tuschen/Quaas, Erl. zu § 20 Abs. 3 BPflV; Trefz, 196 ff.). Dies sind nicht die Landesverbände der Krankenkassen, auch wenn sie nach § 18 Abs. 1 Satz 2 KHG am Pflegesatzverfahren beteiligt sind, auch nicht der Verband der privaten Krankenversicherung sowie die Landesausschüsse dieses Verbandes (BVerwG, Urteil vom 26.10.1995, KRS 95.071). Der Verband der Ersatzkassen ist ebenfalls nicht klagebefugt (VGH Baden-Württemberg, Urteil vom 17.1.1997, KRS 97.037). Dem Selbstzahler kommt nur unter eingeschränkten Voraussetzungen die Klagebefugnis zu (BVerwGE 100, 230, Urteil vom 21.12.1995).
- Die Vertragsparteien können auch vorläufigen Rechtsschutz in Anspruch nehmen. Insbesondere kommt effektiver Rechtsschutz im Eilverfahren für das Krankenhaus gegen ungerechtfertigte Budgetreduzierungen auf Grund einer Schiedsstellenfestsetzung und deren Genehmigung über das Verfahren nach § 80 Abs. 5 VwGO in Betracht (zu Einzelheiten des vorläufigen Rechtsschutzverfahrens: Trefz, 241 ff.).

§ 15 Laufzeit

(1) Die für das Kalenderjahr vereinbarte krankenhausindividuelle Höhe der Fallpauschalen und sonstiger Entgelte sowie erstmals vereinbarte Entgelte nach § 6 werden vom Beginn des neuen Vereinbarungszeitraums an erhoben. Wird die Vereinbarung erst nach diesem Zeitpunkt genehmigt, sind die Entgelte ab dem ersten Tag des Monats zu erheben, der auf die Genehmigung folgt, soweit in der Vereinbarung oder Schiedsstellenentscheidung kein anderer zukünftiger Zeitpunkt bestimmt ist. Bis dahin sind die bisher geltenden Entgelte weiter zu erheben; dies gilt auch für die Einführung des DRG-Vergütungssystems im Jahr 2003 oder 2004. Sie sind jedoch um die darin enthaltenen Ausgleichsbeträge zu bereinigen, wenn und soweit dies in der bisherigen Vereinbarung oder Festsetzung so bestimmt worden ist.

(2) Mehr- oder Mindererlöse infolge der Weitererhebung der bisherigen Entgelte werden durch Zu- und Abschläge auf die im restlichen Vereinbarungszeitraum zu erhebenden neuen Entgelte ausgeglichen; wird der Ausgleichsbetrag durch die Erlöse aus diesen Zu- und Abschlägen im restlichen Vereinbarungszeitraum über- oder unterschritten, wird der abweichende Betrag über die Entgelte des nächsten Vereinbarungszeitraums ausgeglichen; es ist ein einfaches Ausgleichsverfahren zu vereinbaren. Würden die Entgelte durch diesen Ausgleich und einen Betrag nach § 3 Abs. 8 oder § 4 Abs. 11 insgesamt um mehr als 30 vom Hundert erhöht, sind übersteigende Beträge bis jeweils zu dieser Grenze in nachfolgenden Budgets auszugleichen. Ein Ausgleich von Mindererlösen entfällt, soweit die verspätete Genehmigung der Vereinbarung von dem Krankenhaus zu vertreten ist.

Amtl. Begründung

Die Vorschrift entspricht grundsätzlich dem bisherigen § 21 BPflV, wurde jedoch an das neue Fallpauschalensystem angepasst. Die Regelungen sind in der Übergangphase erforderlich, weil weiterhin Erlösbudgets für einzelne Krankenhäuser und entsprechende krankenhausindividuelle Basisfallwerte vereinbart werden. Ist eine Abrechnung der neuen Entgelthöhe zum Jahresbeginn nicht möglich, weil eine Einigung der Vertragsparteien nicht rechtzeitig zu Stande kam, eine Schiedsstellenentscheidung erforderlich wurde oder die Genehmigung nicht rechtzeitig erteilt werden konnte, so sind die Fallpauschalen zunächst in der für das Vorjahr geltenden Höhe abzurechnen. Absatz 2 bestimmt, dass Differenzen zwischen der abgerechneten Höhe und der letztlich für das Kalenderjahr geltenden Höhe auszugleichen sind.

ERLÄUTERUNGEN

Die Vorschriften des § 15 entsprechen weitgehend den Vorgaben des bisherigen § 21 Abs. 1 und 2 BPflV; vgl. auch die amtl. Begründungen dazu. Die Vorschrift des § 15 ergänzt § 8, der die Berechnung der stationären Entgelte regelt, und § 11 Abs. 2 zum **Vereinbarungszeitraum**. Dazu bestimmt § 15, ab wann ein Entgelt erhoben werden darf (Laufzeit) und wie der Ausgleich erfolgt, wenn dies nicht ab Beginn des neuen Vereinbarungszeitraums möglich ist.

Zu Absatz 1

Satz 1 bezieht sich auf Entgelte, deren **Höhe krankenhausindividuell** vereinbart wird. Dies betrifft die DRG-Fallpauschalen (krankenhausindividuell vereinbarter Basisfallwert), die krankenhausindividuell vereinbarten Fallpauschalen, Zusatzentgelte und tagesbezogenen Entgelte nach § 6 Abs. 1, die Entgelte für neue Untersuchungs- und Behandlungsmethoden nach § 6 Abs. 2 und ggf. in Ausnahmefällen krankenhausindividuell zu ermittelnde Zuschläge. Nicht einbezogen werden dürfen die im bundesweit geltenden Katalog nach § 17b Abs. 1 Satz 12 und 13 KHG enthaltenen Zusatzentgelte; ihre Höhe wird im Katalog direkt vorgegeben und kann – bei fristgerechter Vereinbarung – direkt ab Beginn des neuen Vereinbarungszeitraums abgerechnet werden, so dass in diesem Bereich keine entsprechenden Mehr- oder Mindererlöse entstehen dürften.

Satz 1 legt als Beginn der Laufzeit der neuen Entgelte (Pflegesätze) grundsätzlich den Beginn des neuen Vereinbarungszeitraums fest (grundsätzlich das Kalenderjahr, vgl. § 11 Abs. 2). Dies setzt voraus, dass die neuen Entgelte durch Genehmigung (§ 14) wirksam geworden, d.h. dem Antragsteller – i.d.R. das Krankenhaus – der Genehmigungsbescheid bekannt gegeben worden ist. Liegt zu Beginn des neuen Vereinbarungszeitraums eine (wirksame) Genehmigung des Krankenhausbudgets und der Entgelte bzw. des krankenhausindividuellen Basisfallwerts nicht vor, ist eine rückwirkende Erhebung der neuen Pflegesätze (auch wenn sich die Genehmigung des Budgets durch Abstellen auf den Vereinbarungszeitaum Rückwirkung beimisst) ausgeschlossen.

Nach **Satz 2** können die neuen Entgelte erst ab dem ersten Tag des auf die Genehmigung folgenden Monats erhoben werden.

Nach **Satz 3** werden die bisher geltenden Entgelte so lange weiter erhoben, bis das neue Budget und die neuen Entgelte genehmigt sind. Ausdrücklich weist der zweite Halbsatz darauf hin, dass dies auch für die erstmalige Einführung des DRG-Vergütungssystems in einem Krankenhaus gilt. Mit der Vorgabe des Satzes 3 wird kraft Gesetzes der bisherige Vereinbarungszeitraum verlängert. Anderenfalls könnte das Krankenhaus in der Zeit zwischen dem Auslaufen der alten und dem Inkrafttreten der neuen Entgelte gegenüber den Krankenhausbenutzern keine Rechnungen ausstellen. Es müsste die neuen Entgelte nachträglich berechnen, was ein erhöhtes Risiko von Forderungsverlusten bedeuten würde. Die Vorschrift dient somit dem Schutze des Krankenhauses. Sie schützt jedoch auch selbstzahlende Patienten insoweit, als sie – wie bereits § 21 Abs. 1 Satz 5 BPflV – eine rückwirkende Inrechnungstellung der höheren Entgelte, also eine Nachberechnung mit Korrektur bereits bezahlter Rechnungen, nicht zulässt.

Klarstellend fügt **Satz 4** hinzu, dass die bisherigen Entgelte um etwaige Ausgleichsbeträge zu bereinigen sind, wenn und soweit dies in der Budget-/Pflegesatzvereinbarung oder -festsetzung bestimmt worden ist. Im Ergebnis stellt sich die Weitergeltung der bisherigen Entgelte als Abschlagszahlung auf die neuen Entgelte dar, zumal nach Absatz 2 Satz 1 Mehr- oder Mindererlöse infolge der Weitererhebung durch Zu- und Abschläge auf die neuen Entgelte ausgeglichen werden (vgl. VG Neustadt, U. v. 22.6.1988 – 1 K 44/88 – KRS 88.018).

Zu Absatz 2 Satz 1

Satz 1 **erster HS** sieht den **Ausgleich der Mehr- oder Mindererlöse** – wie bisher – mit Hilfe von Zu- und Abschläge auf die im restlichen Vereinbarungszeitraum zu erhebenden neuen Entgelte vor. Die Verrechnung erfolgt **außerhalb** des Budgets, führt also nicht zu einem Budgetausgleich. Die Vorgehensweise bei der Ermittlung des Zu- oder Abschlags wird nicht vorgegeben. Im Hinblick auf Satz 1 dritter HS („es ist ein einfaches Ausgleichsverfahren zu vereinbaren") empfiehlt es sich, einen einheitlichen **Zuschlags-/Abschlags-Prozentsatz** zu ermitteln. Damit wird auch eine gleichmäßige Belastung der Entgelte mit diesen Folgen verspäteter Verhandlungen erreicht. Eine solche Vorgehensweise empfiehlt sich auch, weil die verspäteten Verhandlungen als allgemeines Unternehmensrisiko des ganzen Krankenhauses anzusehen und nicht ein Problem bestimmter Entgeltbereiche sind. Durch einen solchen durchschnittlichen Zu-/Abschlags-Prozentsatz werden größere und kleinere sowie positive und negative Abweichungen gemittelt und eine möglichst geringe Preisverzerrung im Vergleich zu anderen Krankenhäusern erreicht.

Beispiel: Ermittlung eines einheitlichen Zuschlags-Prozentsatzes für den restlichen Vereinbarungszeitraum

Annahme: Abrechnung der neuen Entgelte ab dem 1. April d.J.,
d. h. Ausgleichsberechnung für 3 Monate

– Vereinbarter Gesamtbetrag für den neuen Vereinbarungszeitraum	30 000 000 €
– abzügl. enthaltene Summe der Zusatzentgelte nach § 17b Abs. 1 KHG	4 000 000 €
Restsumme krankenhausindividuell vereinbarter Entgelte	26 000 000 €
– Auf die ersten 3 Monate entfallender Umsatzanteil der neuen Entgelte (26,0 Mio. : 4 = 6,5 Mio)	6 500 000 €
– abzügl. geschätzter tatsächlicher Umsatzanteil mit bisherigen Entgelten	6 310 000 €
Auszugleichender Mindererlös	190 000 €
– Auf die Laufzeit der neuen Entgelte ab 1.4. (9 Monate) entfallender Umsatzanteil (26,0 Mio. : 4 × 3 = 19,5 Mio.)	19 500 000 €
– durch Zuschläge auszugleichender Mindererlös	190 000 €
– Zuschlags-Prozentsatz für alle Entgelte	0,97436 %

Die im restlichen Vereinbarungszeitraum abgerechneten Zu-/Abschläge dienen dem Ausgleich des Mehr- oder Mindererlöses, der durch die verspätete Budget-/Pflegesatzvereinbarung entstanden ist. Auf Grund von Belegungsschwankungen und Schätzfehlern bei der Vereinbarung des Zuschlags wird der auszugleichende Betrag in der Regel über- oder unterschritten werden. Nach **Satz 1 zweiter HS** wird diese Über- oder Unterdeckungen des Ausgleichsbetrags nochmals ausgeglichen. Dies geschieht allerdings nicht über neue Zu- oder Abschläge, sondern durch eine Berücksichtigung des auszugleichenden Mehr- oder Mindererlöses direkt bei der Vereinbarung der krankenhausindividuellen Höhe der Entgelte. Diese Vorgabe entspricht grundsätzlich der bisherigen Vorgabe des § 21 Abs. 2 BPflV, die eine Einbeziehung in das Budget vorschrieb. Entsprechend der Vorgabe des **dritten HS** (einfaches Ausgleichsverfahren) sieht § 15 Abs. 2 Satz 1 keinen darüber hinausgehenden gesonderten Ausgleich evtl. noch entstehender Abweichungen mehr vor. Die in die Entgelthöhe einbezogenen Ausgleichsbeträge unterliegen automatisch dem Mehr- oder Mindererlösausgleich nach § 3 Abs. 6 oder § 4 Abs. 9 und sind in diesem Rahmen ohne gesonderten Berechnungs- und Verrechnungaufwand abgesichert.

Die Ausgleichsregelung soll erreichen, dass das vereinbarte oder festgesetzte Budget am Ende des (neuen) Vereinbarungszeitraumes auch dann durch die Erlöse des Krankenhauses erreicht wird, wenn infolge der Weitergeltung der bisherigen Entgelte ein Mehr- bzw. Mindererlös entstanden ist. Dieser bis zu dem Zeitpunkt der erstmaligen Erhebung der neuen Entgelte erzielte Mehr-/Mindererlös soll auf die neuen Entgelte für den restlichen Vereinbarungszeitraum verrechnet werden. Erforderlich ist dabei zunächst, dass der Zeitpunkt der erstmaligen Erhebung der neuen Entgelte (Abs. 1 Satz 2) feststeht (so VG Stuttgart U. v. 22.10.1993 – 4 K 1973/91 – zu § 19 Abs. 2 Satz 3 BPflV 1985). Darüber hinaus verlangt die Rechtsprechung, dass ein Ausgleich der durch die Weitergeltung der alten Entgelte entstandenen Mindererlöse nur dann zugelassen ist, wenn für den Vorjahreszeitraum ein Budget vereinbart oder festgesetzt worden ist. Maßstab für die Mindererlöse ist nur ein vereinbartes Budget, nicht ein davon unabhängiges Maß tatsächlicher Kostensteigerungen (OVG Rheinland-Pfalz, U. v. 31.8.1993 – 7 A 11100/92 OVG – in KRS 93.008). Fehlt dem Krankenhaus – rechtlich – ein Vorjahresbudget, etwa auf Grund eines noch nicht rechtskräftig gewordenen Rechtsmittelverfahrens gegen die Genehmigung des durch die Schiedsstelle festgesetzten Budgets, wird für die Berechnung des Ausgleichs nach Satz 1 das letztmalig vereinbarte bzw. festgesetzte und genehmigte, nach Abs. 1 Satz 3 weiter geltende Entgelt herangezogen.

Die Zulassung insbesondere von **Zuschlägen** zur Verrechnung von Ausgleichstatbeständen könnte als Verstoß gegen das Gebot des § 17 Abs. 1 Satz 1 KHG i.V. mit § 8 Abs. 1 Satz 1 KHEntgG angesehen werden, die Entgelte für alle Benutzer des Krankenhauses nach einheitlichen Grundsätzen zu berechnen. Die Entgelte sollen für die Benutzer nicht voneinander abweichen und „gleich" sein. Entsprechendes gilt hinsichtlich der Höhe der Pflegesätze bzw. der Entgelte (BVerwG, U. v. 22.2.1963 in Vollmer/Graeve, Entscheidungen zum Krankenhausrecht, 200 KHE 63.02.22). Die Pflegesätze sollen nicht für einzelne Krankenversicherungen oder Selbstzahler unterschiedlich sein, wie dies z.B. in den USA der Fall ist. Insoweit handelt es sich um eine grundlegende Vorschrift des KHG mit gesundheitspolitischer Relevanz. Die Zielsetzung der Vorschrift ist erreicht, wenn innerhalb des Vereinbarungszeitraums zu bestimmten Zeitpunkten für alle Benutzer die gleichen Entgelte berechnet werden. Die Entscheidung des VG Stuttgart (U. v. 22.10.1993 – 4 K 1973/91 –) geht über diese Zielsetzung hinaus, wenn sie im Falle eines Selbstzahlers die Einheitlichkeit der Pflegesätze für den vollen Jahreszeitraum fordert und diese deshalb bei einer Verrechnung von Mehr- oder Mindererlösen über Zu- und Abschläge nach Satz 1 als nicht mehr Gewähr leistet sieht. Eine solche Auslegung des § 17 Abs. 1 Satz 1 KHG bzw. des § 8 Abs. 1 Satz 1 KHEntgG würde grundsätzlich alle Verrechnungen im Entgeltsystem der BPflV unmöglich machen und damit das System, das ohne solche Verrechnungen nicht gehandhabt werden kann, insgesamt in Frage stellen.

Zu Absatz 2 Satz 2

Satz 2 versucht, rechtlichen Bedenken dadurch Rechnung zu tragen, dass die Höhe der Zuschläge für den restlichen Vereinbarungszeitraum auf höchstens 30

v. H. der Höhe der neuen Entgelte begrenzt wird. Übersteigende Beträge sind in den folgenden Vereinbarungszeiträumen auszugleichen. Die in ihrer Höhe limitierten Zuschläge vermeiden damit zugleich, dass zu große Sprünge in der Entgelthöhe entstehen. Die Vertragsparteien sind gehalten, die Budget-/Pflegesatzvereinbarung so rasch wie möglich „unter Dach und Fach" zu bringen (vgl. VGH-Baden-Württ. U. v. 6.6.1990, DVBl. 1990, 991). Durch die **30-Prozent-Grenze** werden nur die Erhöhungen begrenzt, die durch die verspätete Abrechnung der neuen Pflegesätze (§ 21 Abs. 2 Satz 1) oder durch einen Verrechnungsbetrag auf Grund einer Neuvereinbarung des Budgets (§ 12 Abs. 7 Satz 4) entstehen. Haben die Vertragsparteien nach § 3 Abs. 8 oder § 4 Abs. 11 den Gesamtbetrag bzw. das Erlösbudget neu vereinbart, so wird der zu verrechnende „Unterschiedsbetrag" noch „über das neu vereinbarte Budget", d.h. noch innerhalb des laufenden Vereinbarungszeitraums verrechnet. Dies ist jedoch nur insoweit zulässig, als die 30-Prozent-Grenze nicht überschritten wird. Höhere „Unterschiedsbeträge" werden also zum Teil abgekappt und der übersteigende Betrag erst im nächsten Vereinbarungszeitraum verrechnet (ausgeglichen). Dabei gilt die 30-Prozent-Grenze nicht für jeden der in Satz 4 genannten Tatbestände einzeln, sondern für beide zusammen („insgesamt"). Andere Gründe für eine Erhöhung der Entgelte fallen nicht unter diese Grenze. Erhöhungen auf Grund von Leistungsveränderungen und Kostenveränderungen sowie auf Grund von Verweildauerverkürzungen (verbleibende Fixkosten und Divisoreffekt) werden somit nicht begrenzt.

Ausgleichsbeträge, die durch die 30-Prozent-Grenze gekappt werden und in dem Vereinbarungszeitraum somit nicht realisiert werden können („übersteigende Beträge"), sind in **nachfolgende Budgets** einzurechnen und auf diesem Wege auszugleichen. Sie führen direkt zu einer Erhöhung der krankenhausindividuellen Entgelte in Folgejahren, somit nicht zu weiteren Zuschläge. Auch wenn der Gesetzgeber von „nachfolgenden Budgets" spricht, so sind die Ausgleiche jeweils so schnell umzusetzen, wie dies im Rahmen der 30-Prozent-Grenze möglich ist. Eine Verschiebung der Ausgleiche auf spätere Zeiträume ist nicht zulässig.

Zu Absatz 2 Satz 3

Auf diesem Hintergrund des pflegesatzrechtlichen **Beschleunigungsgrundsatzes** und der Vermeidung einer zeitverschobenen Verrechnung von Mehr- oder Mindererlösen ist **Satz 3** zu verstehen. Er versagt dem Krankenhaus den Ausgleich von Mindererlösen, wenn und soweit es die **verspätete Genehmigung** des Budgets „zu vertreten" hat. Ein solcher Fall liegt nach der amtlichen Begründung zur entsprechenden Regelung der BPflV vor, wenn das Krankenhaus den Antrag auf Aufnahme der Pflegesatzverhandlung so spät stellt, dass das Budget nicht rechtzeitig in Kraft treten kann oder eine Schiedsstellenentscheidung nicht unverzüglich herbeigeführt wird, sobald die Nichteinigung feststeht. Damit ist ein **Vertreten-Müssen** im Sinne des Satz 4 allgemein dann anzunehmen, wenn das Krankenhaus in schuldhafter Weise (§ 276 BGB) dem Gebot größtmöglicher Beschleunigung, unter den der Gesetzgeber das Pflegesatzverfahren gestellt hat, nicht entsprochen hat. Rechtlich wird der Nachweis eines schuldhaften Verhaltens des Krankenhauses nur sehr schwer zu führen sein: das Gesetz sieht weder einen Zeitpunkt vor, zu dem die Pflegesatzverhandlungen aufzunehmen sind, noch setzt es dem Krankenhausträger Fristen, innerhalb derer er die Schiedsstelle anzurufen oder die Genehmigung zu beantragen hat. Das Beschleunigungsgebot richtet sich in seiner gesetzlichen Konkretisierung an die Schiedsstelle und die Genehmigungsbehörde, welche „unverzüglich" (§ 18 Abs. 4 und Abs. 5 KHG), die Schiedsstelle darüber hinaus innerhalb von sechs Wochen nach Antragstellung zu entscheiden haben (§ 19 Abs. 2). In beiden Fällen handelt es sich jedoch lediglich um Ordnungsvorschriften, deren Verletzung keine rechtliche Sanktion nach sich zieht. Für Verfahrensverzögerungen infolge der (Un-)Tätigkeit der Schiedsstelle bzw. der Genehmigungsbehörde kann das Krankenhaus nicht haftbar gemacht werden. Der Anwendungsbereich des Satz 4 wird deshalb auf seltene Ausnahmefälle beschränkt sein, etwa wenn ein Krankenhaus nach Ablauf der Sechs-Wochen-Frist des § 18 Abs. 4 KHG den möglichen Schiedsstellenantrag über mehrere Wochen ohne zureichenden Grund nicht stellt oder in vergleichbaren Zeiträumen es unterlässt, den Antrag nach § 20 Abs. 1 bei der Genehmigungsbehörde einzureichen. Darüber hinaus muss der dem Krankenhaus anzulastende Verstoß gegen den Beschleunigungsgrundsatz ursächlich für die „verspätete" Genehmigung des neuen Budgets gemäß Abs. 1 Satz 2 sein.

FÜNFTER ABSCHNITT: Gesondert berechenbare ärztliche und andere Leistungen

§ 16 Gesondert berechenbare ärztliche und andere Leistungen

Bis zum 31. Dezember 2004 richten sich die Vereinbarung und Berechnung von Wahlleistungen und belegärztlichen Leistungen sowie die Kostenerstattung der Ärzte nach den §§ 22 bis 24 der Bundespflegesatzverordnung in der am 31. Dezember 2003 geltenden Fassung.

Amtl. Begründung zu § 16 KHEntG

Bis zum 31. Dezember 2004 verweist das Krankenhausentgeltgesetz auf die Regelungen der Bundespflegesatzverordnung. Ab dem 1. Januar 2005 werden die Regelungen in das Krankenhausentgeltgesetz übernommen.

ERLÄUTERUNGEN

§ 16 verweist zu einzelnen Regelungsgegenständen für eine Übergangszeit auf Vorschriften der BPflV. Es handelt sich hier um die Vereinbarung und Berechnung von Wahlleistungen und belegärztlichen Leistungen sowie die Kostenerstattung der Ärzte. Insoweit sollen die §§ 22 – 24 BPflV in der am 31.12.2003 geltenden Fassung bis zum 31.12.2004 Anwendung finden. Dem trägt Art. 7 Abs. 1 des Fallpauschalengesetzes vom 23.4.2002 (BGBl. I., 1432) Rechnung, indem er die §§ 17 – 19 erst zum 1.1.2005 in Kraft setzt.

§ 17 Wahlleistungen

(1) Neben den Entgelten für die voll- und teilstationäre Behandlung dürfen andere als die allgemeinen Krankenhausleistungen als Wahlleistungen gesondert berechnet werden, wenn die allgemeinen Krankenhausleistungen durch die Wahlleistungen nicht beeinträchtigt werden und die gesonderte Berechnung mit dem Krankenhaus vereinbart ist. Diagnostische und therapeutische Leistungen dürfen als Wahlleistungen nur gesondert berechnet werden, wenn die Voraussetzungen des Satzes 1 vorliegen und die Leistungen von einem Arzt erbracht werden. Die Entgelte für Wahlleistungen dürfen in keinem unangemessenen Verhältnis zu den Leistungen stehen. Die Deutsche Krankenhausgesellschaft und der Verband der privaten Krankenversicherung können Empfehlungen zur Bemessung der Entgelte für nichtärztliche Wahlleistungen abgeben. Verlangt ein Krankenhaus ein unangemessen hohes Entgelt für nichtärztliche Wahlleistungen, kann der Verband der privaten Krankenversicherung die Herabsetzung auf eine angemessene Höhe verlangen; gegen die Ablehnung einer Herabsetzung ist der Zivilrechtsweg gegeben.

(2) Wahlleistungen sind vor der Erbringung schriftlich zu vereinbaren; der Patient ist vor Abschluss der Vereinbarung schriftlich über die Entgelte der Wahlleistungen und deren Inhalt im Einzelnen zu unterrichten. Die Art der Wahlleistungen ist der zuständigen Landesbehörde zusammen mit dem Genehmigungsantrag nach § 14 mitzuteilen.

(3) Eine Vereinbarung über wahlärztliche Leistungen erstreckt sich auf alle an der Behandlung des Patienten beteiligten angestellten oder beamteten Ärzte des Krankenhauses, soweit diese zur gesonderten Berechnung ihrer Leistungen im Rahmen der vollstationären und teilstationären sowie einer vor- und nachstationären Behandlung (§ 115a des Fünften Buches Sozialgesetzbuch) berechtigt sind, einschließlich der von diesen Ärzten veranlassten Leistungen von Ärzten und ärztlich geleiteten Einrichtungen außerhalb des Krankenhauses; darauf ist in der Vereinbarung hinzuweisen. Ein zur gesonderten Berechnung wahlärztlicher Leistungen berechtigter Arzt des Krankenhauses kann eine Abrechnungsstelle mit der Abrechnung der Vergütung für die wahlärztlichen Leistungen beauftragen oder die Abrechnung dem Krankenhausträger überlassen. Der Arzt oder eine von ihm beauftragte Abrechnungsstelle ist verpflichtet, dem Krankenhaus umgehend die zur Ermittlung der nach § 19 Abs. 2 zu erstattenden Kosten jeweils erforderlichen Unterlagen einschließlich einer Auflistung aller erbrachten Leistungen vollständig zur Verfügung zu stellen. Der Arzt ist verpflichtet, dem Krankenhaus die Möglichkeit einzuräumen, die Rechnungslegung zu überprüfen. Wird die Abrechnung vom Krankenhaus durchgeführt, leitet dieses die Vergütung nach Abzug der anteiligen Verwaltungskosten und der nach § 19 Abs. 2 zu erstattenden Kosten an den berechtigten Arzt weiter. Personenbezogene Daten dürfen an eine beauftragte Abrechnungsstelle außerhalb des Krankenhauses nur mit Einwilligung des Betroffenen, die jederzeit widerrufen werden kann, übermittelt werden. Für die Berechnung wahlärztlicher Leistungen finden die Vorschriften der Gebührenordnung für Ärzte oder der Gebührenordnung für Zahnärzte entsprechende Anwendung, soweit sich die Anwendung nicht bereits aus diesen Gebührenordnungen ergibt.

(4) Eine Vereinbarung über gesondert berechenbare Unterkunft darf nicht von einer Vereinbarung über sonstige Wahlleistungen abhängig gemacht werden.

(5) Bei Krankenhäusern, für die die Bundespflegesatzverordnung gilt, müssen die Wahlleistungsentgelte mindestens die dafür nach § 7 Abs. 2 Satz 2 Nr. 4, 5 und 7 der Bundespflegesatzverordnung abzuziehenden Kosten decken.

Amtl. Begründung zu § 17 KHEntgG

Die entsprechenden Vorschriften der Bundespflegesatzverordnung werden im Wesentlichen übernommen.

ERLÄUTERUNGEN

Die Vorschrift erlaubt die Abrechnung von Entgelten für Leistungen des Krankenhauses, die nicht den allgemeinen Krankenhausleistungen zugehörig sind. Es ist zwischen nichtärztlichen Wahlleistungen (insbesondere Wahlleistung Unterkunft) und den wahlärztlichen Leistungen zu unterscheiden. Der Anspruch auf Leistungserbringung einerseits und Vergütung andererseits entsteht nur, wenn eine formgerechte Wahlleistungsvereinbarung zwischen dem Patienten und dem Krankenhausträger abgeschlossen wurde. Mit den Wahlleistungen steht den Krankenhäusern ein **privatautonom zu gestaltender Bereich** im Rahmen der gesetzlichen Vorgaben zu. Ein allgemeiner Kontrahierungszwang, Wahlleistungen anzubieten und auf Anfrage des Patienten Wahlleistungsverträge abzuschließen, besteht nicht (BGH, Urteil vom 9.11.1989, NJW 1990, 761, 762).

Zu Absatz 1

Zu Absatz 1 Satz 1

Nach Satz 1 dürfen andere als allgemeine Krankenhausleistungen als Wahlleistungen gesondert berechnet werden, wenn die allgemeinen Krankenhausleistungen nicht beeinträchtigt werden und die gesonderte Berechnung mit dem Krankenhaus vereinbart ist. Demnach sind Wahlleistungen begrifflich **„andere als die allgemeinen Krankenhausleistungen"**. Allgemeine Krankenhausleistungen sind nach § 2 Abs. 2 die Krankenhausleistungen, die unter Berücksichtigung der Leistungsfähigkeit des Krankenhauses im Einzelfall nach Art und Schwere der Krankheit für die medizinisch zweckmäßige und ausreichende Versorgung des Patienten notwendig sind. Die hierunter fallenden Leistungen sind mit den Entgelten nach § 7 abgegolten. Angesprochen ist mit dem Begriff der allgemeinen Krankenhausleistungen nicht der „Normalbedarf eines durchschnittlichen Krankenhausbenutzers" (so aber BGH, Urteil vom 9.11.1989, NJW 1990, 761, 763), sondern der notwendige Bedarf im Einzelfall unter Berücksichtigung der patienten- und krankenhausindividuellen Verhältnisse (vgl. Trefz, das Krankenhaus 2003, 628). Das Erfordernis des Abstellens auf den Einzelfall ergibt sich aus § 2 Abs. 2, denn hiernach sind bei der Bestimmung der allgemeinen Krankenhausleistungen die Leistungsfähigkeit des Krankenhauses zu berücksichtigen sowie die im Einzelfall nach Art und Schwere der Krankheit notwendige Versorgung maßgebend (vgl. Erl. zu § 2 Abs. 2). Demnach kann das **Zweibettzimmer** in dem einen Krankenhaus als Wahlleistung angeboten werden, dagegen in dem anderen der Regelleistung zugehörig sein. Letzteres dürfte aber nur dann anzunehmen sein, wenn ausschließlich oder weit überwiegend nur Zweibettzimmer in der entsprechenden Fachabteilung des Krankenhauses angeboten werden, mithin regelmäßig (nahezu) alle Regelleistungspatienten im Zweibettzimmer untergebracht werden.

Erfordert die Art und Schwere der Erkrankung die Versorgung durch den leitenden Arzt, so handelt es sich hierbei grundsätzlich um allgemeine Krankenhausleistungen. Auch hat das Krankenhaus die zur Behandlung des Patienten notwendige Unterbringung im Einbettzimmer regelmäßig im Rahmen der allgemeinen Krankenhausleistungen anzubieten. Anders dagegen, wenn der Patient von vornherein das Einbettzimmer oder die ärztlichen Leistungen der leitenden Krankenhausärzte als Wahlleistung vereinbart hat. In diesem Fall will der Wahlleistungspatient diese Leistungen unabhängig davon in Anspruch nehmen, ob sie im Einzelfall erforderlich sind oder noch werden (Dietz/Bofinger, § 22 BPflV, Erl. II. 3.; a.A. Uleer/Miebach/Patt, S. 240 f.). Die Unterbringung im Einbettzimmer oder die bevorzugte Behandlung durch besonders qualifizierte Ärzte wurde hier von vornherein vertraglich abgesichert. Die gesondert berechenbare Wahlleistung bleibt eine solche auch dann, wenn im Einzelfall ohnehin eine Unterbringung im Einbettzimmer gewährt oder die Behandlungsmaßnahme ohnehin vom Chefarzt übernommen worden wäre (vgl. OLG Stuttgart, Urteil vom 13.1.1994, MedR 1995, 320, 322).

Das Verbot, allgemeine Krankenhausleistungen als Wahlleistungen zu erbringen, macht entgegenstehende Vereinbarungen nach § 134 BGB nichtig (LG Bremen, Urteil vom 26.3.1992, NJW 1993, 3000; Tuschen/Quaas, Erl. zu § 22 Abs. 1; Dietz/Bofinger, § 22 BPflV, Erl. I. 1.; Uleer/Miebach/Patt, S. 244).

Die Erbringung der allgemeinen Krankenhausleistungen darf durch die Wahlleistungen **nicht beeinträchtigt** werden. Hintergrund der Regelung ist der Gedanke, dass es vorrangige Aufgabe der Krankenhäuser ist, allgemeine Krankenhausleistungen zu erbringen und die bedarfsgerechte Versorgung der Bevölkerung auf dieser Basis zu gewährleisten. Nur solche Kapazitäten dürfen zur Erbringung von Wahlleistungen genutzt werden, deren Einsatz nicht zu einer Beeinträchtigung der medizinisch notwendigen allgemeinen Krankenhausleistungen führt (Uleer/Miebach/Patt, S. 239). Wird die Unterbringung eines Patienten, der keine Wahlleistungen vereinbart hat, aus medizinischen Gründen im Einbettzimmer erforderlich und sind diese vollständig von Wahlleistungspatienten belegt, so geht die notwendige Leistung vor (Dietz/Bofinger, § 22 BPflV, Erl. II. 4.). Der Vorrang der allgemeinen Krankenhausleistungen gegenüber den Wahlleistungen sollte auch vertragsrechtlich umgesetzt werden. Das Vertragsmuster einer Wahlleistungsvereinbarung der DKG enthält innerhalb des Vertragstextes insoweit einen Hinweis. Allerdings dürfte dem Krankenhausträger auch ohne ausdrückliche Regelung ein fristloses Kündigungsrecht über Wahlleistungen aus wichtigem Grund zustehen, wenn die zur Wahlleistungserbringung genutzten Kapazitäten für die Erbringung allgemeiner Krankenhausleistungen benötigt werden (Dietz/Bofinger, § 22 BPflV, Erl. II. 4.).

Zu Absatz 1 Satz 2

Satz 2 verlangt für die Abrechnung von diagnostischen und therapeutischen Leistungen über die Voraussetzungen des Satzes 1 hinaus die Leistungserbringung durch einen Arzt. Hierdurch soll die Wahlarztkette des Absatzes 3 Satz 1 beschränkt werden. Andere als ärztliche Leistungen im Bereich der Diagnostik und Therapie sind stets als allgemeine Krankenhausleistungen zu erbringen. Insbesondere sind Leistungen der klinischen Chemiker und Biologen sowie der nichtärztlichen Psychotherapeuten nicht als Wahlleistungen gesondert berechenbar.

Zu Absatz 1 Satz 3

Nach **Satz 3** dürfen die Entgelte für Wahlleistungen **in keinem unangemessenen Verhältnis** zu den Leistungen stehen. Hauptanwendungsfall der Vorschrift ist die Wahlleistung Unterkunft. Für die Berechnung wahlärztlicher Leistungen finden nach Absatz 3 Satz 6 die Vorschriften der GOÄ und GOZ Anwendung. Insoweit kann nur ausnahmsweise – insbesondere bei abweichenden Honorarvereinbarungen nach § 2 GOÄ – im Bereich der wahlärztlichen Leistungen der Anwendungsbereich des Satzes 3 eröffnet sein. Der **BGH** hat in seiner Entscheidung vom 4.8.2000 (NJW 2001, 892) grundlegende Feststellungen zur Angemessenheit der Entgelte für die Wahlleistung **Unterkunft** getroffen. Den Ausführungen des Gerichts in diesem Urteil dürfte jedenfalls teilweise auch Aussagekraft bei Beurteilung der Entgelte für die Wahlleistung Unterkunft im neuen Recht zukommen. Nach der Rechtsprechung des BGH begründet bereits ein „einfaches" Missverhältnis zwischen der Höhe der geforderten Vergütung und dem Wert der zu erbringenden Leistung einen im Rahmen der Vorschrift relevanten Normverstoß. Der Vorschrift (des § 22 Abs. 1 Satz 3 BPflV) könne nicht entnommen werden, dass der Gesetz- und Verordnungsgeber mit der Regelung nur solchen Preisvereinbarungen entgegentreten wollte, die nach § 138 Abs. 1 oder Abs. 2 BGB ohnehin der Nichtigkeitssanktion unterliegen (anders noch LG Kiel, Urteil vom 4.5.1994). Die Frage der Angemessenheit des Entgelts lasse sich nur beantworten, wenn die Höhe der Vergütung in Beziehung zum **objektiven Wert der Gegenleistung** gesetzt werde. Dabei führe nicht jede Überschreitung dieses objektiven Werts zur Unangemessenheit des verlangten Preises. Vielmehr verbleibe dem Krankenhaus bei der Festlegung der Vergütung ein gewisser Spielraum. Verstoße das im Rahmen der Wahlleistungsvereinbarung zwischen Krankenhaus und Patienten vereinbarte Entgelte wegen anzunehmender Unangemessenheit gegen Satz 3, so führe dies nicht zur Nichtigkeit des gesamten Vertrags, sondern in Anwendung der in § 134, 2. HS BGB normierten Ausnahmeregelung nur zur **Teilnichtigkeit der Preisabrede**. Daraus folgt dann, dass der – gerade noch – zulässige Preis an die Stelle des preisrechtlich unzulässigen tritt und damit Vertragspreis ist. Nach der Rechtsprechung des BGH ist weder Sache des Verbandes der privaten Krankenversicherung noch Sache des Gerichts, an Stelle des unzulässig hohen den seiner Auffassung nach „richtigen" Preis zu ermitteln und dem Krankenhaus aufzuerlegen (BGH, a.a.O.).

Nach Auffassung des BGH ist bei der Bewertung der vom Krankenhaus als Wahlleistung Unterkunft angebotenen Leistung vor allem auf die Ausstattung, die Größe und die Lage der Zimmer abzustellen; und zwar unter Berücksichtigung der Kosten. Die zum Zeitpunkt der gerichtlichen Entscheidung des BGH vom 4.8.2000 noch nicht vorliegende Empfehlung zwischen der DKG und des PKV zur Bemessung der Entgelte für nichtärztliche Wahlleistungen nach § 22 Abs. 1 Satz 4 BPflV/§ 17 Abs. 1 Satz 4 KHEntgG stellt nach Auffassung des Gerichts eine wesentliche Entscheidungshilfe bei der Beurteilung der Angemessenheit der Entgelte dar (bestätigt durch BGH, Beschluss vom 31.10.2002, Az.: III

ZR 60/02). Im Hinblick auf die Regelung des § 22 Abs. 1 Satz 3, 2. HS BPflV, nach welcher die Entgelte für die Wahlleistung mindestens die hierfür nach § 7 Abs. 2 Satz 2 Nr. 4, 5 und 7 abzuziehenden Kosten decken müssen, ging der BGH von einer notwendigen Ankoppelung des Wahlleistungsentgelts an den Basispflegesatz aus. Im Ergebnis bedeutete dies, dass ein Krankenhaus für das Einbettzimmer ein Mindestwahlleistungsentgelt von 65 % oder, falls die Zweibettzimmer die Regelleistung darstellen, von 35 % und für das Zweibettzimmer ein solches von 25 % des Basispflegesatzes zu erheben hat. Unter dem Begriff des Basispflegesatzes hat der BGH die Bezugsgröße Unterkunft nach K 6 lfd. Nr. 18 Spalte 4 der LKA verstanden (vgl. § 7 Abs. 2 Nr. 7 BPflV). Unter Zubilligung eines dem Krankenhaus zukommenden Gestaltungsspielraums, welcher vom BGH mit ca. 20 % veranschlagt wurde, ist nach Auffassung des Gerichts davon auszugehen, dass ohne Rücksicht auf irgendwelche Komfortvorteile im Allgemeinen ein Wahlleistungsentgelt in Höhe von 80 % (bei Wahlleistung Zweibettzimmer) bzw. 45 % (bei Regelleistung Zweibettzimmer) für die Einbettzimmer und von 30 % für die Zweibettzimmer des Basispflegesatzes (genauer: vereinbarte Bezugsgröße Unterkunft) als noch angemessen angesehen werden könne. Soweit die angebotenen Ein- und Zweibettzimmer gegenüber den Mehrbettzimmern des Krankenhauses ein höheres Unterkunftsniveau aufwiesen, seien entsprechende Preisaufschläge gerechtfertigt. Der BGH spricht in diesem Zusammenhang von einer maßvollen Überschreitung der regelmäßigen unteren Angemessenheitsgrenze und vertritt die Auffassung, dass die Höhe des Basispflegesatzes auch bei der Angemessenheitsprüfung dieser „Komfortzimmer" bedeutsam bleibe.

Zu kritisieren ist schon der Ansatz des BGH, bei der Beurteilung der Angemessenheit der Entgelte auf die (Selbst-) Kosten des Krankenhauses abzustellen, weil bei der Auslegung vergleichbarer Rechtsvorschriften über das Gebot der Angemessenheit der Entgelte, etwa im Bereich des Heimgesetzes, die Unerheblichkeit der Kosten weitgehend anerkannt ist (Trefz, PKR 2002, 57). Bei seiner pauschalen und undifferenzierten Festlegung der unteren Angemessenheitsgrenze hat der BGH auch übersehen, dass der Kostenabzug nach § 7 Abs. 2 Nr. 7 BPflV keine Investitionskosten umfasst, und zwar weder beim geförderten noch beim nicht geförderten Krankenhaus. Investitionsaufwendungen (Abschreibungen, Eigen- und Fremdkapitalzinsen) sind jedoch bei jeder Preisgestaltung und bei jeder Ermittlung des objektiven Werts einer Leistung mit zu berücksichtigen (Quaas, NJW 2001, 870, 871; Quaas/Dietz, f&w, 2000, 440, 446). Zweifelhaft ist auch die Annahme des BGH, die in der LKA enthaltene Bezugsgröße Unterkunft lasse Rückschlüsse auf die tatsächlichen „Basiskosten" des Krankenhauses bei Wahlleistung Unterkunft zu. Hiergegen spricht bereits die jahrelange Budgetierung der Erlöse für stationäre Krankenhausleistungen sowie die Tatsache, dass der Basispflegesatz als Verrechnungseinheit abhängig ist von der vorauskalkulierten Belegung des Krankenhauses und allein nur dem Zweck dient, einen angestrebten Erlösbetrag (Budget) zu erreichen.

Zu Absatz 1 Satz 4

Nach Satz 4 können die Deutsche Krankenhausgesellschaft (DKG) und der Verband der privaten Krankenversicherung (PKV) Empfehlungen zur Bemessung der Entgelte für nichtärztliche Wahlleistungen abgeben.

Auf dieser Rechtsgrundlage beruht die „**Gemeinsame Empfehlung** gem. § 22 Abs. 1 BPflV/§ 17 Abs. 1 KHEntgG zur Bemessung der Entgelte für eine Wahlleistung Unterkunft" der Bundesverbände vom Juli 2002. Die Empfehlung, die zum 1.8.2002 in Kraft getreten ist, ist rechtlich unverbindlich und richtet sich an die Unternehmen der privaten Krankenversicherung, sonstige Kostenträger, Wahlleistungspatienten und Krankenhäuser. Die Vertragsparteien der Empfehlung haben sich eng an die Vorgaben der Rechtsprechung des BGH vom 4.8.2000 angelehnt. Die gemeinsame Empfehlung beinhaltet drei Anlagen:

Die **Anlage 1** enthält allgemeine Regelungen zur Vorgehensweise bei der Ermittlung eines angemessenen Entgelts im Einzelfall. Es soll in Anlehnung an die Rechtsprechung des BGH der abrechenbare Gesamtpreis durch eine Addition von **Basispreis** (sog. „regelmäßige untere Angemessenheitsgrenze") und dem Entgelt für **Komfortzuschläge** ermittelt werden. Der Basispreis beträgt beim Einbettzimmer 80 % und beim Zweibettzimmer 30 % der „Bezugsgröße Unterkunft". Hiervon abweichend beträgt der Basispreis 45 % der Bezugsgröße Unterkunft für das Einbettzimmer, soweit das Zweibettzimmer den Regelleistungsstandard des Krankenhauses darstellt. Die **Anlage 2** enthält eine Preisempfehlung über die Beurteilung der Komfortelemente. Sie differenziert nach 5 Leistungsabschnitten und insgesamt 30 Komfortelementen. Es wird jeweils eine Preisspanne für die Bewertung der Komfortelemente im Einbettzimmer und Zweibettzimmer angegeben. Die Summe der so ermittelten „Teilentgelte" für Komfortelemente zuzüglich des Basispreises soll das angemessene Entgelt für die Wahlleistung Unterkunft pro Berechnungstag ergeben. Definition und Bewertung der Leistungsabschnitte nach der Anlage 2 zeigt die **Übersicht 13**.

Die **Anlage 3** zur Empfehlung enthält Fragebögen zur Beurteilung des Komforts des Ein- und Zweibettzimmers für jede bettenführende Fachabteilung bzw. Zimmerkategorie innerhalb der Fachabteilung durch den Krankenhausträger.

Die Ermittlung eines angemessenen Entgelts für Wahlleistung Unterkunft auf der Grundlage der höchstrichterlichen Rechtsprechung des BGH vom 4.8.2000 ist mit Einführung des neuen Entgeltsystems fraglich geworden, denn das von dem Gericht zur Begründung seines zweistufigen „Preisbildungsmodells" herangezogene Mindestwahlleistungsentgelt (§ 22 Abs. 1 Satz 3, 2. HS BPflV) ist im neuen Recht nicht vorgesehen. Zwar gelten nach § 16 bis zum 31.12.2004 für die Vereinbarung und Berechnung der Wahlleistungen die §§ 22 bis 24 BPflV, mithin auch § 22 Abs. 1 Satz 3, 2. HS BPflV, doch fehlt es spätestens ab dem 1.1.2004 an der Vereinbarung der Bezugsgröße Unterkunft nach LKA K 6 lfd. Nr. 18 Spalte 4. Ob die Parteien der gemeinsamen Empfehlung auf diese **veränderte rechtliche Ausgangssituation** durch Anpassung des von ihnen empfohlenen Regelungswerkes reagieren, muss abgewartet werden. Wenn nicht, bliebe jedenfalls unklar, in welcher Höhe künftig im Rahmen des zweistufigen Preismodells der „Basispreis" (untere Angemessenheitsgrenze) angenommen werden könnte.

Zu Absatz 1 Satz 5

Nach Satz 5 kann der PKV die Herabsetzung eines vom Krankenhaus verlangten unangemessen hohen Entgelts auf angemessene Höhe verlangen. Wird die

Übersicht 13: Komfortzuschläge bei Wahlleistung „Ein- oder Zweibettzimmer"

Abschnitt	Komfortelement	Preisspanne von 0 € bis	
		Einbettzimmer	Zweibettzimmer
1	Sanitärzone (Separates WC, separate Dusche, besondere Größe der Sanitärzone, sonstige Sanitärausstattung, Zusatzartikel Sanitär)	12,00 €	9,00 €
2	Sonstige Ausstattung (Komfortbetten, Rollos, Besucherecke, Schreibtisch, Schränke, Safe, Kühlschrank, Dekoration, Farbfernseher, Videogerät, Telefon, Telefax- und Internetanschluss, Audioanlage)	7,00 €	6,00 €
3	Größe und Lage (Besondere Zimmergröße, Balkon/Terrasse, bevorzugte Lage, organisatorische Einheit)	13,00 €	8,00 €
4	Verpflegung (Wahlverpflegung, Zusatzverpflegung)	13,00 €	13,00 €
5	Service (Täglicher Hand- und Badetuchwechsel, Häufiger Bettwäschewechsel, Tageszeitung/Programmzeitschrift, Erledigung der Aufnahmeformalitäten auf dem Zimmer, Persönlicher Service, Service für die persönliche Wäsche)	11,00 €	11,00 €

Herabsetzung abgelehnt, kann **Verbandsklage** erhoben werden. Hierfür ist der Zivilrechtsweg gegeben. Die Vorschrift gibt dem PKV einen materiell-rechtlichen Anspruch auf Entgeltherabsetzung. Die Rechtslage stellt sich insoweit nicht anders dar als im Anwendungsbereich des § 13 AGBGB (BGH, a.a.O.). Das Klagebegehren des PKV bezieht sich im Verbandsprozess nicht auf die einzelne Abrechnung des Krankenhauses, sondern ist auf die Herabsetzung des Preistarifs gerichtet. Frühestmöglicher Zeitpunkt, zu dem im Wege des Verbandsklageprozesses eine Preiskorrektur verlangt werden kann, ist der Zugang eines eindeutigen Herabsetzungsverlangens beim Krankenhaus. Eine darüber hinausgehende Rückwirkung des Herabsetzungsverlangens ist ausgeschlossen (BGH, Beschluss vom 31.10.2002, Az.: III ZR 60/02).

Umstritten ist die mögliche Reichweite des Herabsetzungsbegehrens für die Zukunft. Nach einem Urteil des OLG München (Urteil vom 25.6.2002, MedR 2003, 48) soll ein unbezifferter Feststellungsantrag für künftige Pflegesatzzeiträume auf Herabsetzung der Entgelte zulässig sein. Allerdings dürfte ein Leistungsantrag auf Herabsetzung der Entgelte für künftige Pflegesatzzeiträume wegen Verstoßes gegen §§ 257ff. ZPO unzulässig sein (LG Fulda, Urteil vom 11.7.2002, Az.: 2 O 497/01, nicht rechtskräftig).

Zu Absatz 2

Nach Satz 1 sind die Wahlleistungen vor der Erbringung schriftlich zu vereinbaren und der Patient ist vor Abschluss der Vereinbarung schriftlich über die Entgelte der Wahlleistungen und deren Inhalt im Einzelnen zu unterrichten. Vertragspartner der Wahlleistungsvereinbarung sind, wie sich bereits aus Absatz 1, Satz 1 ergibt, das Krankenhaus und der Patient. Darüber hinaus besteht regelmäßig zwischen dem Wahlleistungspatienten und dem behandelnden leitenden Arzt der Abteilung ein Vertragsverhältnis. Insoweit wird herkömmlicherweise von einem sog. totalen Krankenhausvertrag mit Arztzusatzvertrag gesprochen (BGH, Urteil vom 19.2.1998, NJW 1998, 1778, 1779).

Das **Schriftformerfordernis** für die Wahlleistungsvereinbarung ist gem. § 126 Abs. 2 Satz 1 BGB grundsätzlich nur dann gewahrt, wenn alle die Wahlleistungen betreffenden Erklärungen in derselben Urkunde niedergelegt und von beiden Parteien unterzeichnet sind. Trägt das Wahlleistungsformular nur die Unterschrift des Patienten und nicht (auch) die Unterschrift eines Vertreters des Krankenhauses, so ist die Wahlleistungsvereinbarung gem. § 125 Satz 1 BGB nichtig. Fehlt es an einer wirksamen Wahlleistungsvereinbarung, so steht dem behandelnden liquidationsberechtigten Krankenhausarzt wegen § 139 BGB auch dann kein (besonderer) Vergütungsanspruch aus § 612 Abs. 2 BGB i.V.m. der Gebührenordnung für Ärzte zu, wenn zwischen ihm und dem Patienten mündlich ein Arztzusatzvertrag geschlossen wurde. Auch ein Anspruch aus ungerechtfertigter Bereicherung besteht nicht. Die bereits erbrachten wahlärztlichen Leistungen sind in diesem Fall nicht gesondert berechenbar (vgl. BGH, Urteil vom 17.10.2002, NJW 2002, 3772; BGH, Urteil vom 19.2.1998, NJW 1998, 1778).

Der Patient ist vor Abschluss der Vereinbarung schriftlich über die Entgelte der Wahlleistungen und deren Inhalt im Einzelnen zu **unterrichten.** Die Vorschrift verlangt ausdrücklich, dass der Patient vor Vertragsschluss über die Entgelte für die Wahlleistungen, nicht nur über ihre „Entgeltlichkeit" unterrichtet wird (BGH, Urteil vom 19.12.1995, NJW 1996, 781, 782). Entgegen des § 22 Abs. 2 Satz 1 BPflV in der Fassung bis zum 31.1.2003 gilt im neuen Recht das Schriftformerfordernis nicht nur für die Vereinbarung, sondern auch für die Unterrichtung durch das Krankenhaus. Eine ausschließlich mündliche Unterrichtung der Wahlleistungspatienten genügt nicht (mehr) den Anforderungen über den wirksamen Abschluss einer Wahlleistungsvereinbarung. Den Krankenhäusern ist zu empfehlen, die Patienten vor Abschluss der Wahlleistungsvereinbarung durch separate schriftliche Hinweise außerhalb der Vertragsurkunde über die Art der Wahlleistungen und die Höhe der Entgelte zu informieren.

Heftig umstritten ist – nach wie vor – der Umfang der notwendigen Unterrichtung über die Kosten wahlärztlicher Leistungen. Da bei Aufnahme des Patienten die später abzurechnenden Gebührenpositionen der GOÄ/GOZ noch nicht feststehen können, dürfte es ausreichend sein, wenn das Krankenhaus die Wahlleistungspatienten im Rahmen eines Informationsblattes vor Unterzeichnung der Wahlleistungsvereinbarung über die Grundzüge der Abrechnung wahlärztlicher Leistungen informiert und weiter darauf hinweist, dass sich nicht abstrakt vorhersagen lässt, welche Gebührenpositionen und Steigerungssätze zur Abrechnung gelangen. „Kostenanschlagsmäßige" Angaben über die voraussichtlichen Entgelte nach GOÄ sind nicht zu fordern (LG Kiel, Urteil vom 15.2.2001, KRS 01.041). Dagegen hat das OLG Jena die Auffassung vertreten, der Patient müsse in etwa über den Umfang der voraussichtlich anfallenden Wahlleistungen und die hierdurch voraussichtlich anfallenden Kosten in Kenntnis gesetzt werden. Allerdings könne dies schrittweise, parallel zur Aufklärung über die vorzunehmenden Therapieschritte, geschehen (OLG Jena, Urteil vom 16.10.2002, GesR 2003, 81 – nicht rechtskräftig).

Zu Absatz 3

Vereinbart der Patient mit dem Krankenhaus **wahlärztliche Leistungen,** so sichert er sich für die Krankenhausbehandlung eine ärztliche Peson seines Vertrauens, weil er sich von ihr besondere Fähigkeiten und Erfahrungen erhofft (Tuschen/Quaas, Erl. § 22 Abs. 3). Er will sich die persönliche Zuwendung und besondere Qualifikation sowie Erfahrung des von ihm gewählten liquidationsberechtigten Arztes – und zwar ohne Rücksicht darauf, ob er nach Art und Schwere der Erkrankung auf die Behandlung durch einen besonders qualifizierten Arzt angewiesen ist – „hinzukaufen", ohne dass er deswegen den Krankenhausträger aus der Verpflichtung entlassen will, ihm die ärztlichen Leistungen gleichfalls zu schulden (BGH, Urteil vom 19.2.1998, NJW 1998, 1778, 1779). Damit liegt der wesentliche Unterschied zur ärztlichen Behandlung im Rahmen der allgemeinen Krankenhausleistungen nicht in der Art der ärztlichen Leistung, sondern in der Person des behandelnden Arztes (Dietz/Bofinger, § 22 BPflV, Erl. IV. 6.). Die persönliche wahlärztliche Leistungserbringung durch den Chefarzt und deren gesonderte Vergütung bilden somit das eigentliche „Austauschverhältnis" von Leistung und Gegenleistung (Biermann/Ulsenheimer/Weißauer, MedR 2000, 107, 110).

Nach **Satz 1** erstreckt sich die Vereinbarung über wahlärztliche Leistungen auf alle an der Behandlung des Patienten beteiligten angestellten oder beamteten Ärzte des Krankenhauses, soweit diese zur gesonderten Berechnung ihrer Leistungen berechtigt sind, einschließlich der von diesen Ärzten veranlassten Leistungen von Ärzten und ärztlich geleiteten Einrichtungen außerhalb des Krankenhauses. Demnach umfasst die Wahlleistung „Chefarztbehandlung" die Leistungen aller Chefärzte des Krankenhauses, in deren Fachgebiet eine Behandlungs- oder Diagnosemaßnahme für den Patienten anfällt (OLG Stuttgart, Urteil vom 13.1.1994, MedR 1995, 320, 322). Auf diese sog. „Liquidationskette" ist in der Wahlleistungsvereinbarung hinzuweisen.

Das **Liquidationsrecht** des leitenden Krankenhausarztes kann sich aus dem Vertragsverhältnis (Dienstvertrag) zwischen dem Krankenhaus und dem Arzt oder für beamtete Ärzte aus dem Beamtenrecht ergeben. Konkret kann das Liquidationsrecht als die auf Dienstvertrag oder Nebentätigkeitsgenehmigung beruhende Befugnis definiert werden, unter Inanspruchnahme von Personal und Sachmitteln des Krankenhausträgers wahlärztliche Leistungen zu erbringen und dafür vom Wahlleistungspatienten eine Vergütung zu fordern (Biermann/Ulsenheimer/Weißauer, MedR 2000, 107). Insoweit differenziert Satz 1 zutreffend zwischen den angestellten und den beamteten Ärzten des Krankenhauses.

Rechtsgrundlage des Honoraranspruchs des liquidationsberechtigten Krankenhausarztes gegenüber den Wahlleistungspatienten ist der von der Rechtsprechung angenommene **Arztzusatzvertrag**. In diesem Zusammenhang führt der BGH mit Urteil vom 19.2.1998 (NJW 1998, 1778, 1779) wie folgt aus:

„Beim Krankenhausvertrag werden herkömmlicherweise drei typische Gestaltungsformen unterschieden. Beim totalen Krankenhausvertrag verpflichtet sich der Krankenhausträger, alle für die stationäre Behandlung erforderlichen Leistungen einschließlich der ärztlichen Versorgung zu erbringen. Beim gespaltenen Arzt-Krankenhaus-Vertrag beschränkt sich der Vertrag mit dem Krankenhausträger auf die Unterbringung, Verpflegung und pflegerische Versorgung, während die ärztlichen Leistungen auf Grund eines besonderen Vertrags mit dem Arzt erbracht werden. Beim totalen Krankenhausvertrag mit Arztzusatzvertrag verpflichtet sich das Krankenhaus ebenfalls zur umfassenden Leistungserbringung einschließlich der ärztlichen. Daneben schließt der Patient einen weiteren Vertrag über die ärztlichen Leistungen mit dem behandelnden Arzt.

...

Der Abschluss eines Arztzusatzvertrages hat insoweit lediglich die ‚konstruktive', die finanziellen Interessen des Patienten nicht berührende Folge, dass der liquidationsberechtigte Arzt die – im Allgemeinen auf der Gebührenordnung für Ärzte unter Berücksichtigung eines Abschlags (vgl. § 6a GOA) fußende – gesonderte Berechnung der ärztlichen Wahlleistung (auch) aus originär eigenem Recht und nicht nur aus § 328 BGB als begünstigter Dritter des Krankenhausvertrags oder als Abtretungsempfänger des Krankenhauses vornimmt."

Der Arztzusatzvertrag kann unmittelbar bereits Gegenstand der zwischen dem Krankenhaus und dem Patienten abgeschlossenen Wahlleistungsvereinbarung sein, in dem der Krankenhausträger ihn ausdrücklich oder stillschweigend zugleich als Stellvertreter für den oder die liquidationsberechtigten Ärzte abschließt. Er kann aber auch in Gestalt einer separaten, zweiten Vereinbarung vom liquidationsberechtigten Arzt selbst mit dem Patienten geschlossen werden (Biermann/Ulsenheimer/Weißauer, MedR 2000, 107, 109). Einer besonderen Form, insbesondere dem Schriftformerfordernis, bedarf der Artzusatzvertrag nicht (BGH, Urteil vom 19.2.1998, NJW 1998, 1778, 1779). Allerdings ist ein mündlich oder konkludent abgeschlossener Arztzusatzvertrag nach § 139 BGB dann unwirksam, wenn die Wahlleistungsvereinbarung, die er ergänzen soll, ihrerseits unwirksam ist (BGH, a.a.O., 1780).

==Auch die Liquidation wahlärztlicher Leistungen durch den Krankenhausträger selbst ist zulässig== (LG Hannover, Urteil vom 1.6.1977, NJW 1978, 1695; Dietz/Bofinger, § 22 BPflV, Erl. III. 5.; Biermann/Ulsenheimer/Weißauer, MedR 2000, 107). In diesem Fall erbringt der Krankenhausträger die wahlärztlichen Leistungen als Institutsleistungen und verzichtet auf die Einräumung eines Liquidationsrechts zu Gunsten seiner leitenden Krankenhausärzte. Das Vertragsmuster der DKG zur Wahlleistungsvereinbarung (Muster Allgemeiner Vertragsbedingungen, AVB, für Krankenhäuser, 6. Auflage 2003) enthält insoweit einen Hinweis auf die Möglichkeit, dass wahlärztliche Leistungen vom Krankenhaus berechnet werden können.

Nach neuster höchstrichterlicher Rechtsprechung hat ein **niedergelassener Arzt**, der auf Veranlassung eines Krankenhausarztes ärztliche Leistungen für einen im Krankenhaus behandelten Patienten erbringt, welcher wahlärztliche Leistungen mit dem Krankenhaus vereinbart hat, lediglich ein nach **§ 6a GOÄ** reduzierten Honoraranspruch (BGH, Urteil vom 13.6.2002, NJW 2002, 2948).

§ 6a Abs. 1 Satz 1 GOÄ sieht eine Gebührenminderung um 25 % bei stationären, teilstationären sowie vor- und nachstationären privatärztlichen Leistungen vor. Abweichend hiervon beträgt die Minderung für Leistungen der Belegärzte und anderer niedergelassener Ärzte 15 %. Nach Ansicht des BGH hat die Leistung des externen Arztes einen stationären Charakter. Die Vorschrift diene dem Ausgleich finanzieller Benachteiligung von Patienten mit privatärztlicher Behandlung. Denn die Vergütung privatärztlicher Leistungen umfasse neben dem Entgelt für ärztliche Tätigkeit auch eine Abgeltung von weiteren Sach- und Personalkosten der ärztlichen Praxis. Zugleich würden mit dem Pflegesatz des Krankenhauses Kosten ähnlicher Art abgegolten, die bei privatärztlich liquidierter Tätigkeit ohne eine Honorarminderung doppelt bezahlt würden. Unter Berücksichtigung der Erwartungshaltung des Patienten, dem Verständnis von § 6a GOÄ als Schutzvorschrift zu seinen Gunsten sowie dem Gebot der Einheitlichkeit der stationären Behandlung nimmt der BGH an, die externe Leistung sei als stationär zu werten, mithin finde die gebührenrechtliche Vorschrift über die Honorarminderung Anwendung.

Umstritten ist die Wahlleistungsqualität von ärztlichen Leistungen, welche der Wahlleistungspatient mutmaßlich auch ohne vorherigen Abschluss einer Wahlleistungsvereinbarung vom Chefarzt selbst erhalten hätte, insbesondere deshalb, weil aus **medizinischen Gründen** die Versorgung durch ihn geboten war. Die Auffassung, dass diese Leistungen stets als allgemeine Krankenhausleistungen zu qualifizieren sind (Uleer/Miebach/Patt, § 22 BPflV, S. 241; im Ergebnis auch: VG Oldenburg, Urteil vom 28.8.2002, Az.: 6 A 3054/00) kann nicht überzeugen. Die auf der Grundlage einer Wahlleistungsvereinbarung erbrachten persönlichen ärztlichen Leistungen des Chefarztes bleiben auch dann Wahlleistungen, wenn sie im Einzelfall aus medizinischen Gründen ohnehin vom Chefarzt hätten erbracht werden müssen. Denn die wahlärztlichen Leistungen zeichnen sich dadurch aus, dass sich der Patient vertraglich die persönliche Behandlung durch den besonders qualifizierten Arzt sichert, und zwar von vornherein und unabhängig davon, ob er nach Art und Schwere der Erkrankung dessen bedarf (Dietz/Bofinger, § 22 BPflV, Erl. IV. 6.). Demnach bleibt die besondere und gesondert berechenbare Wahlleistung eine solche auch dann, wenn im Einzelfall mehr oder weniger zufällig die betreffende Behandlungsmaßnahme ohnehin vom Chefarzt übernommen worden wäre (OLG Stuttgart, Urteil vom 13.1.1994, MedR 1995, 320, 322).

Da für die Erbringung wahlärztlicher Leistungen das zivilrechtliche Dienstvertragsrecht Anwendung findet, hat der zur Dienstleistung verpflichtete, also der auf Grund des Arztzusatzvertrages verpflichtete Arzt, nach § 613 BGB „die Dienste im Zweifel in Person zu erbringen". Das Prinzip der **persönlichen Leistungspflicht** schließt jedoch die Mitwirkung Dritter im Wege der Delegation – einseitige Übertragung von Aufgaben – sowie die Vertretung des Chefarztes – auf Grund einer Vereinbarung mit dem Patienten – im Rahmen der dabei zu beachtenden Voraussetzungen und Grenzen nicht aus (Biermann/Ulsenheimer/Weißauer, MedR 2000, 107, 110). Auch wenn die maßgebliche Bedeutung einer Wahlleistungsvereinbarung in dem persönlichen Tätigwerden des Chefarztes liegt, so folgt daraus nicht, dass der leitende Arzt stets eigenmächtig tätig werden müsste. Es gilt der Grundsatz, dass der Chefarzt nicht jede Leistung höchstpersönlich erbringen und nicht durchgehend persönlich anwesend sein muss. Unter Berücksichtigung von Treu und Glauben und der Verkehrssitte dürfen Chefärzte solche Aufgaben an Mitarbeiter delegieren, die diese auf Grund ihrer Qualifikation ebenso gut ausführen können wie der leitende Arzt. Allerdings muss der Chefarzt die grundlegenden Entscheidungen über die Therapie treffen und die Hauptleistung selbst erbringen (LG Bonn, Urteil vom 20.6.1996, MedR 1997, 81). Auch § 4 Abs. 2 GOÄ eröffnet die Möglichkeit der Delegation von Leistungen auf nachgeordnetes Personal. Allerdings kann die Delegation einzelner bestimmter Leistungen (z. B. Visiten) nur an den vor Abschluss der Wahlleistungsvereinbarung benannten ständigen ärztlichen Vertreter, welcher Facharzt desselben Gebietes sein muss, erfolgen. Werden diese Leistungen weder vom Wahlarzt selbst erbracht noch von seinem ständigen ärztlichen Vertreter, so scheidet eine gesonderte Abrechenbarkeit aus. Von der Delegation einzelner Leistungen auf nachgeordnete Mitarbeiter ist die Vertretung des Wahlarztes zu unterscheiden. Die Zulässigkeit der Vertretung muss ausdrücklich vereinbart werden. Bei wirksamer Vereinbarung tritt der Vertreter für die Zeit der Vertretung an die Stelle des leitenden Arztes; er hat stellvertretend dessen Funktion und Aufgaben und ist den anderen Ärzten übergeordnet (vgl. Dietz/Bofinger, § 22 BPflV, Er. IV. 7., S. 386 c; Biermann/Ulsenheimer/Weißauer, MedR 2000, 107, 111; Kuhla, NJW 2000, 841, 843). Einzelne Fragen über die Zulässigkeit der vereinbarten Stellvertretung, insbesondere im Rahmen von vorformulierten Verträgen, welche zur Anwendbarkeit der §§ 305 ff. BGB (ehemals AGBG) führen, sind in Literatur und Rechtsprechung umstritten. Jedenfalls sollte der Patient vor Unterzeichnung einer formularmäßigen Wahlleistungsvereinbarung, die sich auf die Behandlung durch den Chefarzt bezieht, auch dann auf dessen vorhersehbare Abwesenheit (z. B. Urlaub) hingewiesen werden, wenn sich der Patient durch seine Unterschrift damit einverstanden erklärt hat, dass der Chefarzt die Behandlung im Verhinderungsfall einem Vertreter überlässt (OLG Düsseldorf, Urteil vom 16.2.1995, NJW 1995, 2421).

Die **Sätze 2 bis 6** regeln das Abrechnungsverfahren. Nach wie vor ist die Wahl des Abrechnungsverfahrens dem liquidationsberechtigten Arzt überlassen. Die Abrechnung kann durch den Krankenhausträger, eine beauftragte private Abrechnungsstelle oder durch den liquidationsberechtigten Arzt selbst erfolgen. Nach Satz 5 dürfen personenbezogene Daten nur mit Einwilligung des Betroffenen an eine beauftragte Abrechnungsstelle außerhalb des Krankenhauses übermittelt werden. Nach Satz 6 gilt für die Abrechnung wahlärztlicher Leistungen die GOÄ bzw. GOZ. Diese Gebührenordnungen sind entsprechend anzuwenden, soweit die Leistungen im Rahmen der Krankenhausliquidation abgerechnet werden (OLG Stuttgart, Urteil vom 13.1.1994, MedR 1995, 320, 323).

Zu Absatz 4

Die Vorschrift verbietet es, eine Vereinbarung über die besondere Unterkunft von einer Vereinbarung über sonstige Wahlleistungen abhängig zu machen. Die damit beabsichtigte einfache Entkoppelung betrifft vorwiegend die wahlärztliche Leistung (Tuschen/Quaas, Erl. § 22 Abs. 4 BPflV). Die bisherige Ausnahmeregelung des § 22 Abs. 4 Satz 2 BPflV über die „Altverträge" ist im neuen Recht entfallen.

Zu Absatz 5

Nach dieser Vorschrift müssen die Wahlleistungsentgelte für Krankenhäuser, die dem Anwendungsbereich der BPflV unterliegen, mindestens die dafür nach § 7 Abs. 2 Satz 2 Nr. 4, 5 und 7 BPflV abzuziehenden Kosten decken. Für diese Krankenhäuser wird die Regelung über das Mindestwahlleistungsentgelt, welches in § 22 Abs. 1 Satz 3, zweiter HS. BPflV a.F. vorgesehen war, fortgeführt. Hintergrund dieser Regelung ist, dass § 22 Abs. 1 Satz 2 BPflV in seiner Fassung ab dem 1.1.2004 für den Zeitraum ab dem 1.1.2005 auf die Regelungen der §§ 17, 19 KHEntgG verweist.

§ 18 Belegärzte

(1) Belegärzte im Sinne dieses Gesetzes sind nicht am Krankenhaus angestellte Vertragsärzte, die berechtigt sind, ihre Patienten (Belegpatienten) im Krankenhaus unter Inanspruchnahme der hierfür bereitgestellten Dienste, Einrichtungen und Mittel stationär oder teilstationär zu behandeln, ohne hierfür vom Krankenhaus eine Vergütung zu erhalten. Leistungen des Belegarztes sind

1. seine persönlichen Leistungen,

2. der ärztliche Bereitschaftsdienst für Belegpatienten,

3. die von ihm veranlassten Leistungen nachgeordneter Ärzte des Krankenhauses, die bei der Behandlung seiner Belegpatienten in demselben Fachgebiet wie der Belegarzt tätig werden,

4. die von ihm veranlassten Leistungen von Ärzten und ärztlich geleiteten Einrichtungen außerhalb des Krankenhauses.

(2) Für Belegpatienten werden gesonderte Fallpauschalen und Zusatzentgelte nach § 17 b des Krankenhausfinanzierungsgesetzes vereinbart. Bei Krankenhäusern, für die die Bundespflegesatzverordnung gilt und die tagesgleiche Pflegesätze berechnen, werden gesonderte Belegpflegesätze vereinbart.

Amtl. Begründung zu § 18 KHEntgG

Die entsprechenden Vorschriften der Bundespflegesatzverordnung werden im Wesentlichen übernommen.

ERLÄUTERUNGEN

Die Vorschrift regelt im Absatz 1 den Begriff des Belegarztes sowie den Inhalt belegärztlicher Leistungen. Absatz 2 enthält Regelungen über Entgelte für allgemeine Krankenhausleistungen bei Behandlung von Belegpatienten. § 18 steht im engen Zusammenhang mit § 121 SGB V.

Zu Absatz 1

Satz 1 enthält eine Definition des Belegarztes. Sie entspricht § 121 Abs. 2 SGB V. Demnach sind Belegärzte nicht am Krankenhaus angestellte Vertragsärzte, die berechtigt sind, ihre Patienten (Belegpatienten) im Krankenhaus unter Inanspruchnahme der hierfür bereitgestellten Dienste, Einrichtungen und Mittel stationär oder teilstationär zu behandeln, ohne hierfür vom Krankenhaus eine Vergütung zu erhalten. Wesentlich ist, dass der Belegarzt nicht Angestellter des Krankenhauses ist und für seine belegärztliche Tätigkeit auch keine Vergütung vom Krankenhaus erhält. Nach § 121 Abs. 3 SGB V werden die belegärztlichen Leistungen aus der vertragsärztlichen Gesamtvergütung unter Berücksichtigung der Besonderheiten der belegärztlichen Tätigkeit vergütet. Dies ist sachgerecht, weil die belegärztliche Tätigkeit im Allgemeinen die Fortsetzung der ambulanten ärztlichen Tätigkeit darstellt (BSGE 79, 239, 248, Urteil vom 13.11.1986).

Um einen Belegarzt handelt es sich auch bei dem Arzt, der als niedergelassener Vertragsarzt eine eigene Klinik betreibt (Tuschen/Quaas, Erl. § 23 Abs. 1). Er ist einerseits niedergelassener Arzt, andererseits ist er auch nicht am Krankenhaus angestellt. Als Inhaber des Krankenhauses und leitender Arzt des Krankenhauses ist er kraft eigenen Rechts berechtigt, seine Patienten im Krankenhaus unter Inanspruchnahme der hierfür bereitgestellten Dienste, Einrichtungen und Mittel stationär oder teilstationär zu behandeln, ohne hierfür vom Krankenhaus eine Vergütung zu erhalten (VG Schleswig, Urteil vom 25.11.1988, KRS 88.051, S. 4).

Satz 2 legt in seinen Ziffern 1 bis 4 den Inhalt der belegärztlichen Leistungen fest. Hierdurch werden sie von den Krankenhausleistungen abgegrenzt (§ 2 Abs. 1 Satz 2). Persönliche ärztliche Leistungen des Belegarztes für „seine" Belegpatienten sind nach Satz 2 **Nummer 1** belegärztliche Leistungen. Hiergegen sind Leistungen des Belegarztes, welche dieser für Patienten der Hauptabteilungen des Krankenhauses erbringt Krankenhausleistungen. Insoweit wird der Belegarzt als Konsiliararzt nach § 2 Abs. 2 Satz 2 Nr. 2 tätig.

Nach Satz 2 **Nummer 2** zählt zu den belegärztlichen Leistungen auch der ärztliche Bereitschaftsdienst für Belegpatienten. Die Vorschrift geht davon aus, dass der Belegarzt für eine umfassende und durchgehende ärztliche Versorgung seiner Belegpatienten verantwortlich ist (Dietz/Bofinger, § 23 BPflV, Erl. 5. 2.). Soweit der Belegarzt den Bereitschaftsdienst selbst erbringt, ergibt sich die Zugehörigkeit der Leistung zu den belegärztlichen bereits aus Nummer 1.

Nach Satz 2 **Nummer 3** sind die vom Belegarzt veranlassten Leistungen nachgeordneter Ärzte des Krankenhauses, die bei der Behandlung seiner Belegpatienten in demselben Fachgebiet wie der Belegarzt tätig werden, belegärztliche Leistungen. Durch die Vorschrift werden ärztliche Assistenzleistungen erfasst, die unter Aufsicht und Weisung des Belegarztes erbracht werden (Dietz/Bofinger, § 23 BPflV, Erl. 5. 3.). Ein solcher (nachgeordneter) Krankenhausarzt tritt als Erfüllungsgehilfe (§ 278 BGB) des Belegarztes auf, z.B. der Assistenzarzt aus der chirurgischen Abteilung bei einer Operation, die ein gynäkologischer Belegarzt bei einer Belegpatientin durchführt (Tuschen/Quaas, Erl. § 23 Abs. 1). Dagegen gehören Leistungen nachgeordneter Ärzte aus anderen Fachgebieten sowie die Leistungen leitender Ärzte zu den Krankenhausleistungen.

Auch die vom Belegarzt veranlassten Leistungen von Ärzten und ärztlich geleiteten Einrichtungen außerhalb des Krankenhauses zählen nach **Nummer 4** zu den belegärztlichen Leistungen. Der außerhalb des Krankenhauses stehende Drittleister des Belegarztes erbringt eine belegärztliche Leistung, ähnlich wie der externe Drittleister des Krankenhauses eine Krankenhausleistung nach § 2 Abs. 2 Nr. 3 erbringt. Die vom Belegarzt veranlasste Leistung eines anderen Belegarztes desselben Krankenhauses ist ebenfalls eine belegärztliche Leistung (Dietz/Bofinger, § 23 BPflV, Erl. 5. 4.; Tuschen/Quaas, Erl. § 23 Abs. 1). Leistungen von niedergelassenen Ärzten, welche vom Belegarzt veranlasst werden, sind auch dann belegärztliche, wenn die entsprechende Fachabteilung des Krankenhauses entgegen krankenhausrechtlichen Vorgaben nicht besetzt war (BSG, Urteil vom 31.1.2001, SozR 3–2500, § 121 Nr. 3).

Zu Absatz 2

Auch unter Geltung des neuen Entgeltrechts werden für Belegpatienten gesonderte Entgelte vereinbart. Schon im bisherigen Recht waren für Belegabteilungen separate Abteilungspflegesätze und im Bereich der pauschalierten Entgelte separate Fallpauschalen und Sonderentgelte vorgesehen. Betroffen von dem Erfordernis gesonderter Entgelte sind im neuen Recht die Fallpauschalen und Zusatzentgelte. Für Krankenhäuser, für welche die Bundespflegesatzverordnung gilt und die tagesgleiche Pflegesätze abrechnen, sind nach Satz 2 gesonderte Belegpflegesätze zu regeln. Dies geschieht dadurch, dass für Belegpatienten nach § 13 Abs. 2 Satz 2 BPflV gesonderte Abteilungspflegesätze vereinbart werden.

§ 19 Kostenerstattung der Ärzte

(1) Soweit Belegärzte zur Erbringung ihrer Leistungen nach § 18 Ärzte des Krankenhauses in Anspruch nehmen, sind sie verpflichtet, dem Krankenhaus die entstehenden Kosten zu erstatten. Die Kostenerstattung kann pauschaliert werden. Soweit vertragliche Regelungen der Vorschrift des Satzes 1 entgegenstehen, sind sie anzupassen.

(2) Soweit ein Arzt des Krankenhauses wahlärztliche Leistungen nach § 17 Abs. 3 gesondert berechnen kann, ist er, soweit in Satz 2 nichts Abweichendes bestimmt ist, verpflichtet, dem Krankenhaus in den Jahren 2005 und 2006 die auf diese Wahlleistungen entfallenden, nach § 7 Abs. 2 Satz 2 Nr. 4 der Bundespflegesatzverordnung nicht pflegesatzfähigen Kosten zu erstatten. Beruht die Berechtigung des Arztes, wahlärztliche Leistungen nach § 17 Abs. 3 gesondert zu berechnen, auf einem mit dem Krankenhausträger vor dem 1. Januar 1993 geschlossenen Vertrag oder einer vor dem 1. Januar 1993 auf Grund beamtenrechtlicher Vorschriften genehmigten Nebentätigkeit, ist der Arzt abweichend von Satz 1 verpflichtet, dem Krankenhaus in den Jahren 2005 und 2006 die auf diese Wahlleistungen entfallenden, nach § 7 Abs. 2 Satz 2 Nr. 5 der Bundespflegesatzverordnung nicht pflegesatzfähigen Kosten zu erstatten.

(3) Soweit Ärzte zur Erbringung sonstiger vollstationärer oder teilstationärer ärztlicher Leistungen, die sie selbst berechnen können, Personen, Einrichtungen oder Mittel des Krankenhauses in Anspruch nehmen, sind sie verpflichtet, dem Krankenhaus die auf diese Leistungen entfallenden Kosten zu erstatten. Absatz 1 Satz 2 und 3 gilt entsprechend.

(4) Soweit ein Krankenhaus weder nach dem Krankenhausfinanzierungsgesetz noch nach dem Hochschulbauförderungsgesetz gefördert wird, umfasst die Kostenerstattung nach den Absätzen 1 bis 3 auch die auf diese Leistungen entfallenden Investitionskosten.

(5) Beamtenrechtliche oder vertragliche Regelungen über die Entrichtung eines Entgelts bei der Inanspruchnahme von Einrichtungen, Personal und Material des Krankenhauses, soweit sie ein über die Kostenerstattung hinausgehendes Nutzungsentgelt festlegen, und sonstige Abgaben der Ärzte werden durch die Vorschriften der Absätze 1 bis 4 nicht berührt.

Amtl. Begründung zu § 19 KHEntgG

Die entsprechenden Vorschriften der Bundespflegesatzverordnung werden im Wesentlichen übernommen.

Zur Kostenerstattung für wahlärztliche Leistungen bestimmt Absatz 2 die Weitergeltung der bisherigen Kostenerstattung auch für die Jahre 2005 und 2006. Auch für diese Jahre richtet sich die Vergütung der Krankenhausleistungen nach dem Erlösbudget nach § 4 des Krankenhausentgeltgesetzes, das aus dem um die Abzüge nach § 7 Abs. 2 Satz 2 Nr. 4 und 5 BPflV abgesenkten Budget des Jahres 2004 abgeleitet wird. Die Systematik des alten Rechts wirkt somit bis Ende 2006 noch fort.

ERLÄUTERUNG

Die Vorschrift befasst sich mit der Kostenerstattungspflicht der liquidationsberechtigten Ärzte gegenüber dem Krankenhaus. Begrifflich ist zwischen Nutzungsentgelt, Kostenerstattung und Vorteilsausgleich zu differenzieren. Das **Nutzungsentgelt** setzt sich aus Kostenerstattung und Vorteilsausgleich zusammen. Unter **Kostenerstattung** versteht man die Entrichtung von Abgaben zur Deckung der nicht-pflegesatzfähigen Kosten der abgerechneten Wahlleistungen. Diese Kosten der gesondert abgerechneten Leistungen werden nicht im Krankenhausbudget oder in den Pflegesätzen (z.B. Fallpauschalen) berücksichtigt bzw. werden von dem Krankenhausbudget abgezogen. Eine Kostenerstattung ist somit notwendig, um nicht gedeckte Kostenabzüge und damit Verluste des Krankenhauses zu vermeiden. Der **Vorteilsausgleich** „als weiter gehendes Nutzungsentgelt" ist demgegenüber ein Entgelt für die Vorteile, die der Arzt durch die Bereitstellung der für die Ausübung der ärztlichen Tätigkeit erforderlichen Infrastruktur (Personal, Räume, Einrichtungsgegenstände, Material) hat. Regelungsgegenstand des § 19 ist nur die Kostenerstattung (vgl. Tuschen/Quaas, Erl. § 23).

Die Vorgängerregelung über die Kostenerstattung in § 23 BPflV sollte sicherstellen, dass das Krankenhaus die Beträge, um welche das Budget auf Grund der Vorschriften über den Kostenabzug für belegärztliche und wahlärztliche Leistungserbringung reduziert wurde, von den liquidationsberechtigten Ärzten erstattet erhält. Dadurch wollte der Verordnungsgeber Gewähr leisten, dass das Krankenhaus durch die Kostenabzüge keine Erlösausfälle erleidet. § 19 führt die Regelungen über die Kostenerstattung für belegärztliche Leistungen ohne zeitliche Begrenzung und für wahlärztliche Leistungen bis zum 31.12.2006 fort, obwohl das neue Recht keine Regelungen mehr zur Ausgliederung von nicht-pflegesatzfähigen Kosten enthält. Allerdings senken die Kostenabzugsbeträge nach altem Recht auch die Krankenhausbudgets für die Jahre 2004 bis 2006, weil sich diese Budgets jeweils aus der Fortschreibung der nach altem Recht abgesenkten Gesamtbeträge der Vorjahre ergeben (§ 3 Abs. 2, Abs. 3 sowie § 4 Abs. 2 und Abs. 3). Eine Kostenerstattung ist somit derzeit auch weiterhin erforderlich. Der Gesetzgeber wird mit einem gesonderten Gesetz die ordnungspolitischen Rahmenvorgaben für den Zeitraum ab dem 1. Januar 2007 festlegen. Er wird dabei zu entscheiden haben, ob es weiterhin Krankenhausbudgets geben soll oder ob ein freies Preissystem eingeführt wird. Dabei wird auch die Frage beantwortet werden müssen, ob an den derzeit vorgegebenen, landesweit geltenden Einheitspreisen festgehalten oder ob auf krankenhausindividuelle Preisverhandlungen (Höchstpreise, Regelpreise) umgestellt werden soll; vgl. Kapitel 6.11 der Einführung. In Abhängigkeit von diesen grundlegenden Entscheidungen über den künftigen ordnungspolitischen Rahmen wird dann auch zu entscheiden sein, ob und in welcher Höhe ab dem Jahr 2007 noch Kostenerstattungen der Ärzte erforderlich sind.

Soweit vertragliche Regelungen zwischen Krankenhaus und Belegarzt oder Krankenhaus und Wahlarzt keine oder eine geringere Kostenerstattung vorsehen, sind sie anzupassen. Da § 19 aber die Höhe der Kostenerstattung gegenüber dem bisherigen Recht nicht ändert, dürfte insoweit kaum Anpassungsbedarf bestehen. Liegt die vertragliche Kostenerstattung über der vorgesehenen Erstattung, so bietet weder § 23 BPflV noch § 19 eine Handhabe für eine Herabsetzung (vgl. Dietz/Bofinger, § 24 BPflV, Erl. I. 3.). Soweit Anpassungsbedarf bei den geltenden Kostenerstattungsregelungen bestehen sollte, führt die gesetzliche Bestimmung nicht bereits kraft Gesetzes zu einer Anpassung des Arztvertrages. Die Verpflichtung der Ärzte ergibt sich auch nicht schon unmittelbar aus § 19. Vielmehr überlässt es das Gesetz den Parteien des Arztvertrages, eine Anpassung vorzunehmen (BAG, Urteil vom 22.1.1997, KRS 97.001, S. 4; BAG, Urteil vom 22.1.1997, KRS 97.002, S. 4).

Zu Absatz 1

Belegärzte werden nach **Satz 1** verpflichtet, dem Krankenhaus Kosten zu erstatten, soweit diese dadurch entstehen, dass bei Erbringung belegärztlicher Leistungen Ärzte des Krankenhauses in Anspruch genommen werden. Die Erstattungspflicht entsteht nur bei belegärztlicher Leistungserbringung. Nimmt der Belegarzt im Rahmen von Krankenhausleistungen Ärzte in Anspruch, kommt eine Kostenerstattung nicht in Betracht. Der Belegarzt hat insbesondere die Kosten des Krankenhauses für **ärztlichen Bereitschaftsdienst** sowie **von ihm veranlasste Leistungen nachgeordneter Ärzte des Krankenhauses, die bei der Behandlung seiner Belegpatienten in demselben Fachgebiet** wie der Belegarzt tätig werden, zu erstatten. Nimmt der Belegarzt dagegen leitende Ärzte des Krankenhauses oder nachgeordnete Ärzte, die in einem anderen Fachgebiet tätig werden, in Anspruch, so handelt es sich um Krankenhausleistungen. Der Belegarzt braucht diese Kosten nicht zu erstatten; sie sind mit den Entgelten für allgemeine Krankenhausleistungen vergütet. Eine Regelung über die Kostenerstattung bei Erbringung belegärztlicher Leistungen enthält § 13 Abs. 3 des Vertragsmusters der DKG zum Belegarztvertrag (Stand: September 1996).

Nach **Satz 2** kann die **Kostenerstattung pauschaliert werden**. Das bedeutet, dass im Voraus auf Grund wirklichkeitsnaher Schätzungen eine pauschalierende Regelung getroffen werden kann (vgl. Dietz/Bofinger, § 23 BPflV, Erl I. 5.). Nach **Satz 3** sind vertragliche Regelungen im Belegarztvertrag anzupassen, soweit sie der Regelung des Satzes 1 entgegenstehen (hierzu bereits oben).

Zu Absatz 2

Satz 1 regelt die Pflicht liquidationsberechtigter Ärzte zur Kostenerstattung bei Erbringung wahlärztlicher Leistungen, soweit das Liquidationsrecht auf einem sog. **„Neuvertrag"** beruht. „Neuverträge" sind Vereinbarungen zwischen Krankenhaus und leitendem Arzt, die eine Liquidationsberechtigung mit Wirkung vom 1.1.1993 oder später vorsehen (Tuschen/Quaas, Erl. § 23 Abs. 2). Die

Pflicht zur Kostenerstattung nach dieser Vorschrift betrifft die Jahre 2005 und 2006. Eine Verpflichtung des liquidationsberechtigten Arztes für die Jahre 2003 und 2004 ergibt sich bereits aus § 16 i.V.m. § 24 Abs. 1 und 2 BPflV. Die Höhe der Kostenerstattung richtet sich nach der Regelung des § 7 Abs. 2 Nr. 4 BPflV. Demnach beläuft sich die Kostenerstattung auf 40% der Gebühren der Abschnitte A (Gebühren in besonderen Fällen), E (physikalisch-medizinische Leistungen), M (Laboratoriumsuntersuchungen) und O (Strahlendiagnostik u.a.) des Gebührenverzeichnisses und 20% der Gebühren der in den übrigen Abschnitten der GOÄ genannten Leistungen. Der Kostenerstattung sind nach § 7 Abs. 2 Nr. 4 BPflV die Kosten vor Abzug der Gebührenminderung nach § 6a Abs. 1 Satz 1 GOÄ zu Grunde zu legen.

Die Auswirkungen der gesetzlichen Regelung auf den verbleibenden Arzt- und Krankenhausanteil lassen sich an folgendem Berechnungsbeispiel (nach Tuschen/Quaas, Erl. § 23 Abs. 2) verdeutlichen, bei dem angenommen wird, der Abgabensatz betrage durchschnittlich 25 v. H. und der Vorteilsausgleich sei mit 15 v. H. der Bruttoliquidationserlöse vereinbart:

	100,– €	(GOÄ-Gebühr)
./.	25,– €	(25 v. H. Minderung nach § 6a GOÄ)
	75,– €	Bruttoliquidationserlöse
./.	25,– €	(25 v. H. als Erstattung nicht pflegesatzfähiger Kosten nach § 7 Abs. 2 Nr. 4)
./.	11,25 €	(15 v. H. Vorteilsausgleich, der dem Krankenhaus verbleibt)
	38,75 €	(verbleibender Arztanteil)

Satz 2 regelt die Kostenerstattung für „**Altvertragler**", also für Krankenhausärzte, deren Liquidationsrecht auf eine Berechtigung aus einem vor dem 1.1.1993 geschlossenen Vertrag oder einer vor diesem Stichtag auf Grund beamtenrechtlicher Vorschriften genehmigten Nebentätigkeit beruht. Auch für diese Ärzte wird die Kostenerstattung nach der entsprechenden Regelung der Bundespflegesatzverordnung über den Kostenabzug für die Jahre 2005 und 2006 fortgeführt, unbeschadet dessen, dass das neue Recht eine Ausgliederung von Kosten zur Ermittlung der Entgelte nicht mehr kennt. Die Höhe der Kostenerstattung richtet sich nach § 7 Abs. 2 Satz 2 Nr. 5 BPflV, demnach nach dem zwischen Krankenhaus und Arzt vereinbarten Nutzungsentgelt. Die spätere Anpassung eines vor dem 1.1.1993 abgeschlossenen Vertrages macht einen „Altvertrag" nicht zu einem „Neuvertrag" (Tuschen/Quaas, Erl. § 23).

Zu Absatz 3

Absatz 3 regelt die Kostenerstattung für sonstige vollstationäre oder teilstationäre Leistungen, die der Arzt berechnen kann, die aber keine wahlärztlichen Leistungen sind, z.B. für ärztliche Gutachterleistungen bei Patienten, die zur Begutachtung in das Krankenhaus voll- oder teilstationär aufgenommen werden.

Zu Absatz 4

Bei nicht geförderten Krankenhäusern hat die Kostenerstattung auch Investitionskosten zu berücksichtigen.

Zu Absatz 5

Die Vorschrift stellt klar, dass beamtenrechtliche oder vertragsrechtliche Regelungen ein höheres Nutzungsentgelt festlegen können. Demnach können Arztverträge oder das Nebentätigkeitsrecht für beamtete leitende Krankenhausärzte neben der in § 19 geregelten Kostenerstattung einen Vorteilsausgleich, mithin ein höheres Nutzungsentgelt vorsehen.

SECHSTER ABSCHNITT: Sonstige Vorschriften

§ 20 Zuständigkeit der Krankenkassen auf Landesebene

Die in diesem Gesetz den Landesverbänden der Krankenkassen zugewiesenen Aufgaben nehmen für die Ersatzkassen die nach § 212 Abs. 5 des Fünften Buches Sozialgesetzbuch gebildeten Verbände, für die knappschaftliche Krankenversicherung die Bundesknappschaft und für die Krankenversicherung der Landwirte die örtlich zuständigen landwirtschaftlichen Krankenkassen wahr.

Amtl. Begründung zu § 20 KHEntgG

Die Vorschrift entspricht dem bisherigen § 27 BPflV.

ERLÄUTERUNGEN

Die Ersatzkassen, die knappschaftliche Krankenversicherung und die landwirtschaftlichen Krankenkassen gehören nicht kraft Gesetzes einem Landesverband der Krankenkassen an. Deshalb regelt § 20, wer für diese Kassen die in diesem Gesetz den Landesverbänden der Krankenkassen zugewiesenen Aufgaben wahrnimmt. Die Vorschrift entspricht inhaltlich § 27 KHG.

§ 21 Übermittlung und Nutzung von DRG-Daten

(1) Das Krankenhaus übermittelt auf einem maschinenlesbaren Datenträger jeweils zum 31. März für das jeweils vorangegangene Kalenderjahr die Daten nach Absatz 2 an eine von den Vertragsparteien nach § 17b Abs. 2 Satz 1 des Krankenhausfinanzierungsgesetzes zu benennende Stelle auf Bundesebene (DRG-Datenstelle). Erstmals sind zum 1. August 2002 Daten nach Absatz 2 Satz 1 Nr. 1 Buchstabe a bis c sowie Nr. 2 Buchstabe a bis f für alle entlassenen vollstationären und teilstationären Krankenhausfälle des ersten Halbjahres 2002 zu übermitteln.

(2) Zu übermitteln sind folgende Daten:

1. je Übermittlung einen Datensatz mit folgenden Strukturdaten

   a) Institutionskennzeichen des Krankenhauses, Art des Krankenhauses und der Trägerschaft sowie Anzahl der aufgestellten Betten,

   b) Merkmale für die Vereinbarung von Zu- und Abschlägen nach § 17b Abs. 1 Satz 4 und 9 des Krankenhausfinanzierungsgesetzes, einschließlich der Angabe, ob eine Teilnahme an der stationären Notfallversorgung erfolgt,

c) Anzahl der Ausbildungsplätze, Höhe der Personal- und Gesamtkosten sowie Anzahl der Ausbildenden und Auszubildenden, jeweils gegliedert nach Berufsbezeichnung nach § 2 Nr. 1a des Krankenhausfinanzierungsgesetzes; die Anzahl der Auszubildenden nach Berufsbezeichnungen zusätzlich gegliedert nach jeweiligem Ausbildungsjahr,

d) Summe der vereinbarten und abgerechneten DRG-Fälle, der vereinbarten und abgerechneten Summe der Bewertungsrelationen sowie der Ausgleichsbeträge nach § 3 Abs. 6 oder § 4 Abs. 9, jeweils für das vorangegangene Kalenderjahr;

2. je Krankenhausfall einen Datensatz mit folgenden Leistungsdaten

a) krankenhausinternes Kennzeichen des Behandlungsfalles,

b) Institutionskennzeichen des Krankenhauses,

c) Institutionskennzeichen der Krankenkasse,

d) Geburtsjahr und Geschlecht des Patienten sowie die um die letzten zwei Ziffern verkürzte Postleitzahl des Wohnorts des Patienten, bei Kindern bis zur Vollendung des ersten Lebensjahres außerdem der Geburtsmonat,

e) Aufnahmedatum, Aufnahmegrund und -anlass, aufnehmende Fachabteilung, bei Verlegung die der weiter behandelnden Fachabteilungen, Entlassungs- oder Verlegungsdatum, Entlassungs- oder Verlegungsgrund, bei Kindern bis zur Vollendung des ersten Lebensjahres außerdem das Aufnahmegewicht in Gramm,

f) Haupt- und Nebendiagnosen sowie Operationen und Prozeduren nach den jeweils gültigen Fassungen der Schlüssel nach § 301 Abs. 2 Satz 1 und 2 des Fünften Buches Sozialgesetzbuch, einschließlich der Angabe der jeweiligen Versionen, bei Beatmungsfällen die Beatmungszeit in Stunden entsprechend der Kodierregeln nach § 17b Abs. 5 Nr. 1 des Krankenhausfinanzierungsgesetzes und Angabe, ob durch Belegoperateur, -anästhesist oder Beleghebamme erbracht,

g) Art der im einzelnen Behandlungsfall insgesamt abgerechneten Entgelte, der DRG-Fallpauschale, der Zusatzentgelte, der Zu- und Abschläge, der sonstigen Entgelte nach § 6,

h) Höhe der im einzelnen Behandlungsfall insgesamt abgerechneten Entgelte, der DRG-Fallpauschale, der Zusatzentgelte, der Zu- und Abschläge, der sonstigen Entgelte nach § 6.

(3) Die DRG-Datenstelle prüft die Daten auf Plausibilität und übermittelt jeweils bis zum 1. Juli die

1. Daten nach Absatz 2 Nr. 1 und Nr. 2 Buchstabe b bis h zur Weiterentwicklung des DRG-Vergütungssystems an die Vertragsparteien nach § 17b Abs. 2 Satz 1 des Krankenhausfinanzierungsgesetzes,

2. landesbezogenen Daten nach Absatz 2 Nr. 1 Buchstabe c und d und Nr. 2 Buchstabe g und h zur Vereinbarung des Basisfallwerts nach § 10 Abs. 1 an die Vertragsparteien auf der Landesebene,

3. landesbezogenen Daten nach Absatz 2 Nr. 1 Buchstabe a bis c und Nr. 2 Buchstabe b und d bis g für Zwecke der Krankenhausplanung an die zuständigen Landesbehörden.

Nach Abschluss der Plausibilitätsprüfung darf die Herstellung eines Personenbezugs nicht mehr möglich sein. Die DRG-Datenstelle veröffentlicht zusammengefasste Daten jeweils bis zum 1. Juli, gegliedert nach bundes- und landesweiten Ergebnissen. Bei der erstmaligen Datenübermittlung nach Absatz 1 Satz 2 werden abweichend von den Sätzen 1 und 3 die Daten zum 1. Oktober 2002 übermittelt und veröffentlicht; die Übermittlung nach Satz 1 Nr. 2 erfolgt erstmals zum 1. Juli 2004. Dem Bundesministerium für Gesundheit sind auf Anforderung unverzüglich Auswertungen zur Verfügung zu stellen; diese Auswertungen übermittelt das Bundesministerium auch den für die Krankenhausplanung zuständigen Landesbehörden. Die Länder können dem Bundesministerium zusätzliche Auswertungen empfehlen. Die DRG-Datenstelle übermittelt oder veröffentlicht Daten nach diesem Absatz nur, wenn ein Bezug zu einzelnen Patienten nicht hergestellt werden kann. Andere als die in diesem Absatz genannten Verarbeitungen und Nutzungen der Daten sind unzulässig.

(4) Die Vertragsparteien nach § 17b Abs. 2 Satz 1 des Krankenhausfinanzierungsgesetzes vereinbaren im Benehmen mit dem Bundesbeauftragten für den Datenschutz und dem Bundesamt für die Sicherheit in der Informationstechnik die weiteren Einzelheiten der Datenübermittlung.

(5) Die Vertragsparteien nach § 17b Abs. 2 Satz 1 vereinbaren einen Abschlag von den Fallpauschalen für die Krankenhäuser, die ihre Verpflichtung zur Übermittlung der Daten nach Absatz 1 nicht, nicht vollständig oder nicht rechtzeitig erfüllen. Die DRG-Datenstelle unterrichtet jeweils die Vertragsparteien nach § 11 über Verstöße. Die Vertragsparteien nach § 11 berücksichtigen den Abschlag in den Jahren 2003 bis 2006 bei der Vereinbarung des krankenhausindividuellen Basisfallwerts.

(6) Kommt eine Vereinbarung nach den Absätzen 4 und 5 ganz oder teilweise nicht zu Stande, entscheidet auf Antrag einer Vertragspartei die Schiedsstelle nach § 18a Abs. 6 des Krankenhausfinanzierungsgesetzes. Das Benehmen nach Absatz 4 ist entsprechend herzustellen.

Amtl. Begründung

Die Vorschrift regelt die näheren Einzelheiten der für Zwecke der DRG-Weiterentwicklung und Steuerung zu übermittelnden Daten sowie deren Nutzung.

Zu Absatz 1

Das Krankenhaus ist verpflichtet, jährlich bis zum 31. März einen Strukturdatensatz und für jeden voll- und teilstationären Krankenhausfall einen Leistungsdatensatz an eine von den Selbstverwaltungspartnern auf der Bundesebene benannte DRG-Datenstelle, voraussichtlich das DRG-Institut der Selbstverwaltungspartner, zu übermitteln. Erstmals zum *1. August 2002 [BT-Drucks. 14/7824]* haben alle Krankenhäuser Daten zu übermitteln. Eine Unterscheidung zwischen Krankenhäusern, die bereits zum 1. Januar 2003 das DRG-Vergütungssystem einführen, und den Krankenhäusern, für die ab 2004 das DRG-Vergütungssystem verpflichtend eingeführt wird, erfolgt nicht. In die Datenübermittlung sind mit Ausnahme der Psychiatrie alle voll- und teilstationären Krankenhausfälle des Vorjahres einzubeziehen. Abweichend hiervon ist zum *1. August 2002 [BT-Drucks. 14/7824]* für die Krankenhausfälle des *ersten Halbjahres 2002 [BT-Drucks. 14/7824]* ein um die DRG-Angaben reduzierter Datensatz zu übermitteln, da zu diesem Zeitpunkt das von den Selbstverwaltungspartnern nach § 17b Abs. 2 KHG zu entwickelnde DRG-System noch nicht verfügbar ist. Die Datenübermittlung vom einzelnen Krankenhaus an die DRG-Datenstelle hat auf ei-

II · KHEntgG Erl. § 21

nem Datenträger zu erfolgen. Dabei ist auch eine Übermittlung mittels Datenfernübertragung möglich.

Zu Absatz 2

Das Krankenhaus hat an die DRG-Datenstelle einen Strukturdatensatz und einen Leistungsdatensatz je Krankenhausfall zu übermitteln.

Satz 1 Nr. 1 (Strukturdaten des Krankenhauses)

Die nach Nr. 1 zu übermittelten Daten sind Strukturangaben zum Krankenhaustyp und aggregierte Angaben zu den vom Krankenhaus erbrachten Leistungen und deren Bewertung. Der Strukturdatensatz ermöglicht Rückschlüsse auf Veränderungen, die bei einzelnen Krankenhausarten und Trägergruppen im Zusammenhang mit der DRG-Einführung eintreten. Für die Berechnung von Zu- und Abschlägen nach § 17 b Abs. 1 Satz 4 KHG werden Merkmale erhoben, die von den Selbstverwaltungspartnern auf der Bundesebene teilweise noch zu konkretisieren sind (z.B. für Vorhaltungszuschläge). Für die bereits festgelegten zu- und abschlagsrelevanten Merkmale der Teilnahme an der stationären Notfallversorgung und der Ausbildungsfinanzierung erfolgt eine konkrete Vorgabe der Erhebungsmerkmale. Zur Vereinbarung des Basisfallwerts auf der Landesebene (§ 10 KHEntgG) ist zudem die Übermittlung der Summe der DRG-Fälle, der Summe der Bewertungsrelationen und der Mehr- und Mindererlösausgleiche von großer Bedeutung.

Die Selbstverwaltungspartner auf der Bundesebene benötigen die Angaben für die Weiterentwicklung des Entgeltsystems (§ 17 b Abs. 2 KHG). Die Vertragsparteien auf der Landesebene und die Landesbehörden benötigen entsprechend ihrer Aufgaben Teile dieser Daten. Dies wird im Folgenden im Einzelnen erläutert.

Zu Buchstabe a (Institutionskennzeichen, Art des Krankenhauses, Trägerschaft, Anzahl der aufgestellten Betten)

Diese Daten dienen der Erfassung der einzelnen Krankenhaustypen. Die Vertragsparteien auf Bundesebene (§ 17 b KHG) benötigen die Angaben zur Art des Krankenhauses und zur Trägerschaft, um bei der Ausgestaltung des Entgeltsystems auch ggf. den Besonderheiten der Krankenhausarten und jeweiligen Gruppen von Krankenhausträgern Rechnung tragen zu können. Außerdem können die Vertragsparteien auf Bundesebene damit die Auswirkungen des neuen Entgeltsystems auf die Krankenhausstruktur beobachten und entsprechend bei der Weiterentwicklung des Entgeltsystems berücksichtigen. Diesem Ziel dienen auch die Angaben zur Entwicklung der Zahl der Krankenhausbetten.

Die Übermittlung des Institutionskennzeichen benötigen die Vertragsparteien auf Bundesebene zur Weiterentwicklung des Entgeltsystems. Die internationalen Erfahrungen zeigen, dass bei der Weiterentwicklung der Fallgruppen regelmäßig und in größerem Umfang direkte Abstimmungen zwischen den für die Weiterentwicklung des DRG-Systems verantwortlichen Stellen und den Krankenhäusern von Nutzen sind. Insbesondere in den ersten Jahren der Einführung in Deutschland ist eine enge Abstimmung mit den Krankenhäusern unverzichtbar, um auszuschließen, dass auf Grund systematischer Fehler bei der Datenerfassung eine Fehlanpassung des DRG-Systems für Deutschland erfolgt. Außerdem ist diese Angabe notwendig, um Auswirkungen des Entgeltsystems z.B. auf hochspezialisierte Krankenhäuser feststellen und ggf. entsprechend bei der Weiterentwicklung berücksichtigen zu können.

Die Länder benötigen die Daten nach Buchstabe a für ihre Krankenhausplanung. Sie können damit mögliche Auswirkungen des neuen Entgeltsystems in ihrer Krankenhausplanung, die sich stets auch auf einzelne Standorte bezieht, berücksichtigen.

Die Vertragsparteien auf der Landesebene erhalten entsprechende Daten nicht, da diese zur Erfüllung ihrer Aufgaben nicht erforderlich sind.

Zu Buchstabe b (Merkmale für die Vereinbarung von Zu- und Abschläge, Angaben zur Teilnahme an der Notfallversorgung)

Diese Daten sind die Grundlage für die Vereinbarung der Regelungen für Zu- und Abschläge durch die Vertragsparteien auf der Bundesebene. Nach § 17b Abs. 1 Satz 4 KHG sind bundeseinheitliche Regelungen für Zu- und Abschläge, insbesondere für die Notfallversorgung, eine zur Sicherstellung der Versorgung notwendige Vorhaltung von Leistungen sowie für die Finanzierung der Ausbildungsstätten und -vergütungen zu vereinbaren.

Die Zu- und Abschläge sind für besondere Versorgungsleistungen des Krankenhauses bestimmt, die durch die Krankenhausplanung vorgegeben bzw. in engem Zusammenhang zur Landesplanung stehen. Daher sind diese Daten auch für die Länder erforderlich.

Die Vertragsparteien auf der Landesebene erhalten entsprechende Daten nicht, da diese zur Erfüllung ihrer Aufgaben nicht erforderlich sind.

Zu Buchstabe c (Angaben zu Art, Umfang und Kosten der Ausbildung)

Die Vertragsparteien auf der Bundesebene benötigen diese Daten als Grundlage für die Vereinbarung der Durchschnittskosten je Ausbildungsplatz und der Mehrkosten der Ausbildungsvergütungen nach § 17a Abs. 3 KHG.

Die Länder benötigen die Daten für planerische Zwecke, z.B. für die Planung der Einrichtung von Ausbildungsstätten.

Den Vertragsparteien auf der Landesebene werden die Daten als Grundlage zur Vereinbarung der Höhe der Zuschläge nach § 17a Abs. 4 KHG übermittelt.

Zu Buchstabe d (Summe der DRG-Fälle, der Bewertungsrelationen und der Ausgleichsbeträge)

Diese Angaben beziehen sich auf statistische Aggregate zur Gesamtmenge der DRG-Leistungen, der Leistungsbewertungen und der Mehr- und Mindererlösausgleiche. Die Vertragsparteien auf Bundesebene benötigen diese Angaben zur Weiterentwicklung des Entgeltsystems nach § 17b Abs. 2 KHG. Dabei sind die Vertragsparteien auch gefordert, Leistungsschwerpunkte der einzelnen Krankenhausarten angemessen zu berücksichtigen. Insbesondere kann damit vermieden werden, dass die Fallgruppierung zu einer systematischen Benachteiligung von Krankenhäusern bestimmter Versorgungsstufen führt. Die Übermittlung der Summe der DRG-Fälle, die nicht nach Art und Anzahl zu differenzieren ist, kann zudem im Rahmen der Plausibilitätsprüfung genutzt werden.

Die Vertragsparteien auf der Landesebene erhalten für die Vereinbarung des landesweiten Basisfallwerts nach § 10 KHEntgG die entsprechenden Daten für das jeweilige Land.

Die Landesbehörden erhalten entsprechende Daten nicht, da diese zur Erfüllung ihrer Aufgaben nicht erforderlich sind.

Zu Satz 1 Nr. 2 (Leistungsdaten je Krankenhausfall)

Durch die fallbezogenen Leistungsdatensätze kann zusammen mit den von den Selbstverwaltungspartnern in einer Stichprobe von Krankenhäusern erhobenen Daten eine Weiterentwicklung des DRG-Systems auf der Bundesebene erfolgen (z. B. Festlegung der Bewertungsrelationen je DRG-Fallpauschale). Zur Kalkulation der Bewertungsrelationen für die DRG-Fallpauschalen und die sonstigen Entgelte beabsichtigen die Selbstverwaltungspartner nach § 17b Abs. 2 KHG in einer Stichprobe von Krankenhäusern Strukturdaten sowie fallbezogene Daten über Leistungen und Kosten zu erheben. Eine Verpflichtung der Krankenhäuser zur Teilnahme an der Kalkulation besteht dabei nicht. Auf Grund der freiwilligen Teilnahme der Krankenhäuser erfolgt keine gesetzliche Regelung der Stichprobe.

Die für die Eingruppierung von Krankenhausfällen in DRG-Systemen maßgeblichen Kriterien wie Diagnosen, Prozeduren, Alter, Geschlecht, Aufnahmegewicht, Aufnahme- und Entlassungsgrund sind für die Weiterentwicklung des DRG-Systems auf der Bundesebene fallbezogen zu erheben. Zusätzlich sind Art und Höhe der im Einzelfall abgerechneten Entgelte an die DRG-Datenstelle zu übermitteln. Da das System außerdem gesonderte Zusatzentgelte für Überschreitungen der Verweildauer vorsieht, sind zusätzliche Angaben über die Verweildauer erforderlich.

Die Vertragsparteien auf Bundesebene benötigen diese Angaben wie dargelegt für die Weiterentwicklung des Entgeltsystems (§ 17b Abs. 2 KHG). Die Vertragsparteien auf der Landesebene und die Landesbehörden benötigen entsprechend ihrer Aufgaben nur Teile dieser Daten. Dies wird im Folgenden im Einzelnen erläutert.

Zu Buchstabe a (Krankenhausinternes Kennzeichen des Behandlungsfalles)

Die Angabe des krankenhausinternen Kennzeichens des Behandlungsfalles ist notwendig zur Prüfung der Plausibilität der Datensätze, so dass das Krankenhaus bei Unklarheiten auf Rückfragen Auskunft geben kann. Diese Angabe wird nicht an die Vertragsparteien auf Landes- und Bundesebene sowie an die Landesbehörden weitergeleitet, so dass nach Abschluss der Plausibilitätsprüfung die Herstellung eines Personenbezugs nicht mehr möglich ist.

Zu Buchstabe b (Institutionskennzeichen des Krankenhauses)

Die Vertragsparteien auf der Bundesebene benötigen das Institutionskennzeichen des Krankenhauses für direkte Rückfragen und Abstimmungen mit einzelnen Krankenhäusern. Auch wird die erforderliche länderbezogene Zusammenstellung der Daten ermöglicht. Auf die Ausführungen zur Nr. 1 Buchstabe a wird verwiesen.

Die Vertragsparteien auf der Landesebene und die Landesbehörden erhalten diese Angaben nicht, da diese zur Erfüllung ihrer Aufgaben nicht erforderlich sind.

Zu Buchstabe c (Institutionskennzeichen der Krankenkasse)

Die Vertragsparteien auf der Bundesebene benötigen das Institutionskennzeichen der Krankenkasse, um entstehende veränderte Ausgabenbelastungen zwischen den Kostenträgern analysieren und bewerten zu können.

Die Vertragsparteien auf der Landesebene und die Landesbehörden erhalten diese Angaben nicht, da diese zur Erfüllung ihrer Aufgaben nicht erforderlich sind.

Zu Buchstabe d (Geburtsjahr, -monat, Geschlecht des Patienten, dreistellige Postleitzahl)

Die Angabe des Geburtsjahres dient zur Feststellung des Patientenalters. Auf die Übermittlung des Geburtsdatums muss aus datenschutzrechtlichen Gründen verzichtet werden. Die Kenntnis der Altersstruktur der Patienten in den jeweiligen Fallgruppen ist unverzichtbar, da sich daraus Folgerungen für den Behandlungsaufwand der Patienten ergeben können. Der Behandlungsaufwand ist maßgeblich für die Fallgruppierung.

Die Angabe des Geburtsmonats ist erforderlich für die Einstufung von Kindern bis zu einem Jahr im DRG-System. Die Übermittlung der Angaben wird auf diese Fälle begrenzt.

Die Angabe des Geschlechts des Patienten ist ein notwendiges Kriterium für die korrekte Fallzuordnung im Entgeltsystem, weil bestimmte Fallgruppen geschlechtsspezifisch definiert sind. Auch bei der Weiterentwicklung der Fallgruppen kann sich aus der geschlechtsbezogen Differenzierung neuer Anpassungsbedarf ergeben.

Die Vertragsparteien auf der Bundesebene benötigen diese Angaben für die Weiterentwicklung des Entgeltsystems nach § 17b KHG. Die Landesbehörden benötigen die Angaben für Planungszwecke, z. B. für Kapazitätsplanungen in der Geriatrie oder der Geburtshilfe.

Die Einführung des neuen Entgeltsystems soll zu einer stärker am Bedarf orientierten Entwicklung der Leistungsstrukturen und Leistungskapazitäten führen. Die Vertragsparteien auf Bundesebene sind daher gefordert, Veränderungen in der Patientenwanderung bei der Weiterentwicklung des Entgeltssystems zu berücksichtigen, da dies Auswirkungen auf die Spezialisierung der Krankenhausversorgung in bestimmten Leistungsbereichen bzw. Fallgruppen haben kann. Diese Angaben sind ggf. für die Anpassung der Fallgruppen und Bewertungsrelationen sowie für die Festlegung von bundesweiten Regelungen für Zu- und Abschläge (§ 17b Abs. 1 Satz 4 KHG) von erheblicher Bedeutung. Daher ist die Übermittlung der dreistelligen Postleitzahl an die Vertragsparteien auf der Bundesebene erforderlich.

Für die Landesbehörden ist die Angabe der dreistelligen Postleitzahl der behandelten Patienten von zentraler Bedeutung für ihre Planungsentscheidungen über regionale Standorte und regionale Verteilung von Leistungsangeboten. Hierdurch kann die Krankenhausplanung ggf. notwendige Strukturanpassungen in Zusammenhang mit dem neuen Entgeltsystem durchführen.

Die Vertragsparteien auf der Landesebene erhalten die Angaben nach Buchstabe d nicht, da diese zur Erfüllung ihrer Aufgaben nicht erforderlich sind.

Zu Buchstabe e (Daten zu Aufnahme, Entlassung, Verlegung)

Angaben zu Aufnahme, Entlassung und Verlegung sind für die Bestimmung der Verweildauer der Patienten erforderlich. Die Angabe der Verweildauer ist grundlegende Voraussetzung für die Bestimmung der Fallgruppen.

Die Vertragsparteien auf der Bundesebene benötigen die Angaben zu Aufnahmegrund und -anlass, zur aufnehmenden Abteilung und zur Hauptbehandlungsabteilung, um eine valide Gruppierung der Behandlungsfälle in Fallgruppen vorzunehmen. Insbesondere für die Weiterentwicklung des DRG-Systems ist die Kenntnis über die Zusammenarbeit zwischen den Fachabteilungen einzelner Krankenhäuser von Interesse. ... Hauptbehandlungsabteilung, also der Abteilung mit der längsten Verweildauer des Patienten bzw. der operierenden Fachabteilung ....

Die Vertragsparteien auf der Bundesebene benötigen die Angabe des Aufnahmegewichts in Gramm bei Kleinkindern bis zu einem Jahr für die Einstufung der Behandlungsfälle.

Die Landesbehörden benötigen die Angaben nach Buchstabe e zur Vorbereitung von Maßnahmen im Rahmen der Krankenhausplanung.

II · KHEntgG Erl. § 21

Die Vertragsparteien auf der Landesebene benötigen die Angaben nach Buchstabe e nicht, da diese zur Erfüllung ihrer Aufgaben nicht erforderlich sind.

Durch ... Buchstabe e ... werden statt der zunächst vorgesehenen, begrenzten Übermittlung der Angaben zur aufnehmenden und entlassenden Abteilung sowie der Hauptbehandlungsabteilung die Angaben zu sämtlichen Fachabteilungen übermittelt, die Patienten während eines Krankenhausaufenthaltes durchlaufen haben. Die Übermittlung aller behandelnden Abteilungen einschließlich der jeweiligen Aufnahme- sowie Entlassungs- und Verlegungsdaten stellt den Selbstverwaltungspartnern nach § 17b KHG für die Weiterentwicklung des DRG-Systems differenziertere Daten zur Verfügung. In Fällen erheblicher Kostenvarianzen kann der Gesamtüberblick über einen Behandlungsfall Hinweise für eine verbesserte Erkennung der Ursachen ermöglichen und damit zu einer Optimierung der Kostenhomogenität bei der Weiterentwicklung des Entgeltsystems dienen. *[Amtl. Begründung zum Änderungsantrag; BT-Drucks. 14/7862, Pkt. 2.24]*

Zu Buchstabe f (Haupt- und Nebendiagnosen, Operationen und Prozeduren)

Auch diese Angaben sind Grundlage für die Einstufung der Fälle in die Fallgruppen des Entgeltsystems. Sie werden daher von den Vertragsparteien auf der Bundesebene zur Weiterentwicklung des DRG-Systems benötigt. Die Verpflichtung der Krankenhäuser zur Angabe dieser Daten nach den amtlichen Schlüsseln ergibt sich aus § 301 SGB V.

Die Landesbehörden benötigen diese Daten für Zwecke der Krankenhausplanung. Die Fallgruppen des Entgeltsystems sind zwar eine ebenfalls notwendige Datengrundlage. Für eine differenzierte Planung sind jedoch ergänzende Angaben über Diagnosen und durchgeführte Operationen und Prozeduren erforderlich.

Die Vertragsparteien auf der Landesebene benötigen die Angaben nach Buchstabe f nicht, da diese zur Erfüllung ihrer Aufgaben nicht erforderlich sind.

Um eine differenzierte Weiterentwicklung des DRG-Systems zu Gewähr leisten, sind nach ... Buchstabe f ... die Beamtungszeiten als Indikator für hohen Ressourcenaufwand zu übermitteln. Als sachgerechte Definitionsgrundlage werden die Deutschen Kodierrichtlinien der Selbstverwaltungspartner nach § 17b KHG zu Grunde gelegt. Um zu differenzierten Bewertungsansätzen bei belegärztlichen Leistungen gelangen zu können, ist zudem die Angabe zu übermitteln, ob Leistungen durch Belegoperateur, Beleganästhesist und/oder Beleghebamme erbracht wurden. *[Amtl. Begründung zum Änderungsantrag; BT-Drucks. 14/7862, Pkt. 2.24]*

Zu Buchstabe g (Art der abgerechneten Entgelte)

Die Angabe der Art der abgerechneten Entgelte ist unerlässliche Voraussetzung für die Weiterentwicklung des Entgeltsystems, da die Gruppenbildung aufwandshomogen erfolgen soll. Beispielsweise sind Angaben zu Entgelten für Überschreitungen der Grenzverweildauer oder über Zuschläge wichtige Informationen zur Anpassung der Gruppenbildung. Daher werden diese Angaben von den Vertragsparteien auf der Bundesebene benötigt.

Die Vertragsparteien auf der Landesebene benötigen die Angaben als Grundlage für die Vereinbarung des landesweiten Basisfallwerts nach § 10 KHEntgG.

Die Landesbehörden benötigen die Angaben für Zwecke der Krankenhausplanung und zur Wahrnehmung ihrer Aufgaben zur Entscheidung über die Notwendigkeit von Sicherstellungszuschlägen nach § 5 Abs. 2 Satz 1 KHEntgG (vgl. hierzu auch die Begründung zu Buchstabe f).

Zu Buchstabe h (Höhe der abgerechneten Entgelte)

Die Angabe der Höhe der abgerechneten Entgelte ist ebenfalls unerlässliche Voraussetzung für die Weiterentwicklung des Entgeltsystems, da die Gruppenbildung aufwandshomogen erfolgen soll (vgl. hierzu auch die Begründung zu Buchstabe g).

Die Vertragsparteien auf der Landesebene benötigen die Angaben als Grundlage für die Vereinbarung des landesweiten Basisfallwerts nach § 10 KHEntgG.

Die Landesbehörden erhalten die Daten nicht, da diese zur Erfüllung ihrer Aufgaben nicht erforderlich sind.

Zu Absatz 3

Die Datenannahme der von den Krankenhäusern zu übermittelnden Datensätze erfolgt durch die DRG-Datenstelle auf der Bundesebene. Sie prüft die Daten zunächst auf Plausibilität. Unstimmige Daten sind in Zusammenarbeit mit dem einzelnen Krankenhaus aufzuklären. Nach Abschluss der Plausibilitätsprüfung leitet die DRG-Datenstelle bis zum 1. Juli die Daten an die Datenempfänger weiter. Dies sind zum einen die Selbstverwaltungspartner auf der Bundesebene, die die Daten zur Weiterentwicklung des DRG-Fallpauschalensystems erhalten; ferner die Vertragsparteien auf der Landesebene, die die Daten zur Vereinbarung des Basisfallwertes auf der Landesebene benötigen; schließlich die Länder, die die Daten für Zwecke der Krankenhausplanung erhalten. Welcher der genannten Empfänger welche Daten erhält, ist ausführlich in der Begründung zu Absatz 2 dargelegt. Zeitgleich zur Datenübermittlung an die genannten Empfänger hat eine Veröffentlichung der zusammengefassten Ergebnisse zu erfolgen. Dabei ist nach bundes- und landesweiten Ergebnissen zu differenzieren. Bei der erstmaligen Datenübermittlung im Jahr 2002 ist der in diesem Jahr reduzierte Datensatz zum 1. Oktober 2002 an die in Satz 1 genannten Empfänger zu übermitteln und nach Satz 3 zu veröffentlichen. Da ein Basisfallwert auf der Landesebene erstmals für das Jahr 2005 vereinbart wird, hat die erstmalige Übermittlung der Daten an die Vertragsparteien auf der Landesebene zum 1. Juli 2004 zu erfolgen. Das Bundesministerium für Gesundheit kann für seine Belange Auswertungen von der DRG-Datenstelle anfordern.

Nach Satz 6 hat die DRG-Datenstelle zu Gewähr leisten, dass für die in Satz 1 genannten Zwecke keine Daten übermittelt oder nach Satz 3 veröffentlicht werden, bei denen von Dritten ein Patientenbezug hergestellt werden kann. Zudem darf nach Satz 7 eine Verarbeitung und Nutzung der Daten zu anderen als den genannten Zwecken nicht erfolgen.

Zu Absatz 4

Soweit § 21 KHEntgG keine Vorgaben enthält, haben die Selbstverwaltungspartner auf der Bundesebene Einzelheiten der Datenübermittlung zu vereinbaren. Neben der technischen Festlegung des Datensatzes ist von den Selbstverwaltungspartnern dabei insbesondere ein praktikables Datenübermittlungsverfahren zu wählen, das eine flächendeckende maschinenlesbare Datenübermittlung zum genannten Zeitpunkt sicherstellt. Durch die Beteiligung des Bundesbeauftragten für den Datenschutz (BfD) und das Bundesamt für die Sicherheit in der Informationstechnik (BSI) wird eine den Stand der Technik berücksichtigende angemessene Ausgestaltung des Verfahrens der Datenübermittlung Gewähr leistet. Die Regelung stellt zudem die Zuständigkeit von BfD und BSI klar. Dies erscheint im Blick auf die unberührt bleibende, teilweise abweichende Zuständigkeit für die Datenschutzkontrolle bei den beteiligten Stellen geboten.

Amtl. Begründung zum Änderungsantrag BT-Drucks. 14/7862 zum FPG, Pkt. 2.24

Zu Absatz 5

Für die Weiterentwicklung des DRG-Vergütungssystems werden flächendeckende Daten der Krankenhäuser insbesondere über Art und Anzahl der Entgelte benötigt. Nach ... Absatz 5 ... haben die Selbstverwaltungspartner für den Fall einer nicht oder nicht vollständig sowie einer nicht rechtzeitig erfolgenden Datenübermittlung Abschläge von den Fallpauschalen zu vereinbaren. Während der Ein- und Überführungsphase ist der Abschlag auf den krankenhausindividuellen Basisfallwert zu beziehen.

Amtl. Begründung zum FPÄndG

Zu Absatz 6

Für die von den Selbstverwaltungspartnern auf Bundesebene zu treffenden Vereinbarungen zur Lieferung von DRG-Leistungsdaten und Daten zu den Ausbildungsstätten wird eine Konfliktlösung eingeführt. Im Falle der Nichteinigung entscheidet auf Antrag einer Vertragspartei die Schiedsstelle auf Bundesebene. Auch im Falle einer Schiedsstellenentscheidung ist das Benehmen mit dem Bundesbeauftragten für den Datenschutz und dem Bundesamt für Sicherheit in der Informationstechnik herzustellen.

ERLÄUTERUNGEN

– keine –

TEIL III: Anhang

1. Gesetz zur wirtschaftlichen Sicherung der Krankenhäuser und zur Regelung der Krankenhauspflegesätze (Krankenhausfinanzierungsgesetz – KHG)

in der Fassung der Bekanntmachung vom 10. April 1991 (BGBl. I S. 885), zuletzt geändert durch Artikel 13 des GKV-Modernisierungsgesetzes vom 14. November 2003 (BGBl. I S. 2190).

Inhaltsübersicht

1. ABSCHNITT: Allgemeine Vorschriften
- § 1 Grundsatz
- § 2 Begriffsbestimmungen
- § 3 Anwendungsbereich
- § 4 Wirtschaftliche Sicherung der Krankenhäuser
- § 5 Nicht förderungsfähige Einrichtungen
- § 6 Krankenhausplanung und Investitionsprogramme
- § 6a *(aufgehoben)*
- § 7 Mitwirkung der Beteiligten

2. ABSCHNITT: Grundsätze der Investitionsförderung
- § 8 Voraussetzungen der Förderung
- § 9 Fördertatbestände
- § 10 *(aufgehoben)*
- § 11 Landesrechtliche Vorschriften über die Förderung
- §§ 12 bis 15 *(aufgehoben)*

3. ABSCHNITT: Vorschriften über Krankenhauspflegesätze
- § 16 Verordnung zur Regelung der Pflegesätze
- § 17 Grundsätze für die Pflegesatzregelung
- § 17a Finanzierung von Ausbildungsstätten
- § 17b Einführung eines pauschalierenden Entgeltsystems
- § 17c Prüfung der Abrechnung von Pflegesätzen
- § 18 Pflegesatzverfahren
- § 18a Schiedsstelle
- § 18b *(aufgehoben)*
- § 19 *(aufgehoben)*
- § 20 Nichtanwendung von Pflegesatzvorschriften

4. ABSCHNITT: *(aufgehoben)*

5. ABSCHNITT: Sonstige Vorschriften
- § 27 Zuständigkeitsregelung
- § 28 Auskunftspflicht und Statistik
- § 29 *(aufgehoben)*
- § 30 Darlehen aus Bundesmitteln
- § 31 Berlin-Klausel *[gegenstandslos]*
- § 32 (Inkrafttreten)

1. ABSCHNITT: Allgemeine Vorschriften

§ 1 Grundsatz

(1) Zweck dieses Gesetzes ist die wirtschaftliche Sicherung der Krankenhäuser, um eine bedarfsgerechte Versorgung der Bevölkerung mit leistungsfähigen, eigenverantwortlich wirtschaftenden Krankenhäusern zu Gewähr leisten und zu sozial tragbaren Pflegesätzen beizutragen.

(2) Bei der Durchführung des Gesetzes ist die Vielfalt der Krankenhausträger zu beachten. Dabei ist nach Maßgabe des Landesrechts insbesondere die wirtschaftliche

Sicherung freigemeinnütziger und privater Krankenhäuser zu Gewähr leisten. Die Gewährung von Fördermitteln nach diesem Gesetz darf nicht mit Auflagen verbunden werden, durch die die Selbstständigkeit und Unabhängigkeit von Krankenhäusern über die Erfordernisse der Krankenhausplanung und der wirtschaftlichen Betriebsführung hinaus beeinträchtigt werden.

§ 2 Begriffsbestimmungen

Im Sinne dieses Gesetzes sind

1. Krankenhäuser

    Einrichtungen, in denen durch ärztliche und pflegerische Hilfeleistung Krankheiten, Leiden oder Körperschäden festgestellt, geheilt oder gelindert werden sollen oder Geburtshilfe geleistet wird und in denen die zu versorgenden Personen untergebracht und verpflegt werden können,

1 a. mit den Krankenhäusern notwendigerweise verbundene Ausbildungsstätten

    staatlich anerkannte Einrichtungen an Krankenhäusern zur Ausbildung für die Berufe

    a) Ergotherapeut, Ergotherapeutin,

    b) Diätassistent, Diätassistentin,

    c) Hebamme, Entbindungspfleger, Wochenpflegerin,

    d) Krankengymnast, Krankengymnastin, Physiotherapeut, Physiotherapeutin,

    e) Gesundheits- und Krankenpflegerin, Gesundheits- und Krankenpfleger,

    f) Gesundheits- und Kinderkrankenpflegerin, Gesundheits- und Kinderkrankenpfleger,

    g) Krankenpflegehelferin, Krankenpflegehelfer,

    h) medizinisch-technischer Laboratoriumsassistent, medizinisch-technische Laboratoriumsassistentin,

    i) medizinisch-technischer Radiologieassistent, medizinisch-technische Radiologieassistentin,

    j) Logopäde, Logopädin,

    k) Orthoptist, Orthoptistin,

    l) medizinisch-technischer Assistent für Funktionsdiagnostik, medizinisch-technische Assistentin für Funktionsdiagnostik,

    wenn die Krankenhäuser Träger oder Mitträger der Ausbildungsstätte sind,

2. Investitionskosten

    a) die Kosten der Errichtung (Neubau, Umbau, Erweiterungsbau) von Krankenhäusern und der Anschaffung der zum Krankenhaus gehörenden Wirtschaftsgüter, ausgenommen der zum Verbrauch bestimmten Güter (Verbrauchsgüter),

    b) die Kosten der Wiederbeschaffung der Güter des zum Krankenhaus gehörenden Anlagevermögens (Anlagegüter);

    zu den Investitionskosten gehören nicht die Kosten des Grundstücks, des Grundstückserwerbs, der Grundstückserschließung sowie ihrer Finanzierung,

3. für die Zwecke dieses Gesetzes den Investitionskosten gleichstehende Kosten

   a) die Entgelte für die Nutzung der in Nummer 2 bezeichneten Anlagegüter,

   b) die Zinsen, die Tilgung und die Verwaltungskosten von Darlehen, soweit sie zur Finanzierung der in Nummer 2 sowie in Buchstabe a bezeichneten Kosten aufgewandt worden sind,

   c) die in Nummer 2 sowie in den Buchstaben a und b bezeichneten Kosten, soweit sie gemeinschaftliche Einrichtungen der Krankenhäuser betreffen,

   d) Kapitalkosten (Abschreibungen und Zinsen) für die in Nummer 2 genannten Wirtschaftsgüter,

   e) Kosten der in Nummer 2 sowie in den Buchstaben a bis d bezeichneten Art, soweit sie die mit den Krankenhäusern notwendigerweise verbundenen Ausbildungsstätten betreffen und nicht nach anderen Vorschriften aufzubringen sind,

4. Pflegesätze

   die Entgelte der Benutzer oder ihrer Kostenträger für stationäre und teilstationäre Leistungen des Krankenhauses,

5. pflegesatzfähige Kosten

   die Kosten des Krankenhauses, deren Berücksichtigung im Pflegesatz nicht nach diesem Gesetz ausgeschlossen ist.

§ 3 Anwendungsbereich

Dieses Gesetz findet keine Anwendung auf

1. *(aufgehoben)*

2. Krankenhäuser im Straf- oder Maßregelvollzug,

3. Polizeikrankenhäuser,

4. Krankenhäuser der Träger der gesetzlichen Rentenversicherung der Arbeiter oder der Angestellten und, soweit die gesetzliche Unfallversicherung die Kosten trägt, Krankenhäuser der Träger der gesetzlichen Unfallversicherung und ihrer Vereinigungen; das gilt nicht für Fachkliniken zur Behandlung von Erkrankungen der Atmungsorgane, soweit sie der allgemeinen Versorgung der Bevölkerung mit Krankenhäusern dienen.

§ 28 bleibt unberührt.

§ 4 Wirtschaftliche Sicherung der Krankenhäuser

Die Krankenhäuser werden dadurch wirtschaftlich gesichert, dass

1. ihre Investitionskosten im Wege öffentlicher Förderung übernommen werden und sie

2. leistungsgerechte Erlöse aus den Pflegesätzen, die nach Maßgabe dieses Gesetzes auch Investitionskosten enthalten können, sowie Vergütungen für vor- und nachstationäre Behandlung und für ambulantes Operieren erhalten.

§ 5 Nicht förderungsfähige Einrichtungen

(1) Nach diesem Gesetz werden nicht gefördert

1. Krankenhäuser, die nach dem Hochschulbauförderungsgesetz vom 1. September 1969 (BGBl. I S. 1556), zuletzt geändert durch das Gesetz vom 26. Januar 1976 (BGBl. I S. 185), gefördert werden; dies gilt für Krankenhäuser, die Aufgaben der Ausbildung von Ärzten nach der Approbationsordnung für Ärzte in der Fassung der Bekanntmachung vom 3. April 1979 (BGBl. I S. 425, 609), zuletzt geändert durch die Verordnung vom 19. Dezember 1983 (BGBl. I S. 1482), erfüllen, nur hinsichtlich der nach dem Hochschulbauförderungsgesetz förderungsfähigen Maßnahmen,

2. Krankenhäuser, die nicht die in § 67 der Abgabenordnung bezeichneten Voraussetzungen erfüllen,

3. Einrichtungen in Krankenhäusern,

   a) soweit die Voraussetzungen nach § 2 Nr. 1 nicht vorliegen, insbesondere Einrichtungen für Personen, die als Pflegefälle gelten,

   b) für Personen, die im Maßregelvollzug auf Grund strafrechtlicher Bestimmungen untergebracht sind,

4. Tuberkulosekrankenhäuser mit Ausnahme der Fachkliniken zur Behandlung von Erkrankungen der Atmungsorgane, soweit sie nach der Krankenhausplanung des Landes der allgemeinen Versorgung der Bevölkerung mit Krankenhäusern dienen,

5. Krankenhäuser, deren Träger ein nicht bereits in § 3 Satz 1 Nr. 4 genannter Sozialleistungsträger ist, soweit sie nicht nach der Krankenhausplanung des Landes der allgemeinen Versorgung der Bevölkerung mit Krankenhäusern dienen,

6. Versorgungskrankenhäuser,

7. Vorsorge- oder Rehabilitationseinrichtungen nach § 107 Abs. 2 des Fünften Buches Sozialgesetzbuch, soweit die Anwendung dieses Gesetzes nicht bereits nach § 3 Satz 1 Nr. 4 ausgeschlossen ist,

8. die mit den Krankenhäusern verbundenen Einrichtungen, die nicht unmittelbar der stationären Krankenversorgung dienen, insbesondere die nicht für den Betrieb des Krankenhauses unerlässlichen Unterkunfts- und Aufenthaltsräume,

9. Einrichtungen, die auf Grund bundesrechtlicher Rechtsvorschriften vorgehalten oder unterhalten werden; dies gilt nicht für Einrichtungen, soweit sie auf Grund des § 30 des Infektionsschutzgesetzes vom 20. Juli 2000 (BGBl. I S. 1045) vorgehalten werden,

10. Einrichtungen, soweit sie durch die besonderen Bedürfnisse des Zivilschutzes bedingt sind,

11. Krankenhäuser der Träger der gesetzlichen Unfallversicherung und ihrer Vereinigungen.

(2) Durch Landesrecht kann bestimmt werden, dass die Förderung nach diesem Gesetz auch den in Absatz 1 Nr. 2 bis 8 bezeichneten Krankenhäusern und Einrichtungen gewährt wird.

§ 6 Krankenhausplanung und Investitionsprogramme

(1) Die Länder stellen zur Verwirklichung der in § 1 genannten Ziele Krankenhauspläne und Investitionsprogramme auf; Folgekosten, insbesondere die Auswirkungen auf die Pflegesätze, sind zu berücksichtigen.

(2) Hat ein Krankenhaus auch für die Versorgung der Bevölkerung anderer Länder wesentliche Bedeutung, so ist die Krankenhausplanung insoweit zwischen den beteiligten Ländern abzustimmen.

(3) Die Länder stimmen ihre Krankenhausplanung auf die pflegerischen Leistungserfordernisse nach dem Elften Buch Sozialgesetzbuch ab, insbesondere mit dem Ziel, Krankenhäuser von Pflegefällen zu entlasten und dadurch entbehrlich werdende Teile eines Krankenhauses nahtlos in wirtschaftlich selbstständige ambulante oder stationäre Pflegeeinrichtungen umzuwidmen.

(4) Das Nähere wird durch Landesrecht bestimmt.

§ 6a *(aufgehoben)*

§ 7 Mitwirkung der Beteiligten

(1) Bei der Durchführung dieses Gesetzes arbeiten die Landesbehörden mit den an der Krankenhausversorgung im Lande Beteiligten eng zusammen; das betroffene Krankenhaus ist anzuhören. Bei der Krankenhausplanung und der Aufstellung der Investitionsprogramme sind einvernehmliche Regelungen mit den unmittelbar Beteiligten anzustreben.

(2) Das Nähere wird durch Landesrecht bestimmt.

2. ABSCHNITT: Grundsätze der Investitionsförderung

§ 8 Voraussetzungen der Förderung

(1) Die Krankenhäuser haben nach Maßgabe dieses Gesetzes Anspruch auf Förderung, soweit und solange sie in den Krankenhausplan eines Landes und bei Investitionen nach § 9 Abs. 1 Nr. 1 in das Investitionsprogramm aufgenommen sind. Die zuständige Landesbehörde und der Krankenhausträger können für ein Investitionsvorhaben nach § 9 Abs. 1 eine nur teilweise Förderung mit Restfinanzierung durch den Krankenhausträger vereinbaren; Einvernehmen mit den Landesverbänden der Krankenkassen, den Verbänden der Ersatzkassen und den Vertragsparteien nach § 18 Abs. 2 ist anzustreben. Die Aufnahme oder Nichtaufnahme in den Krankenhausplan wird durch Bescheid festgestellt. Gegen den Bescheid ist der Verwaltungsrechtsweg gegeben.

(2) Ein Anspruch auf Feststellung der Aufnahme in den Krankenhausplan und in das Investitionsprogramm besteht nicht. Bei notwendiger Auswahl zwischen mehreren Krankenhäusern entscheidet die zuständige Landesbehörde unter Berücksichtigung der öffentlichen Interessen und der Vielfalt der Krankenhausträger nach pflichtgemäßem Ermessen, welches Krankenhaus den Zielen der Krankenhausplanung des Landes am besten gerecht wird.

(3) Für die in § 2 Nr. 1 a genannten Ausbildungsstätten gelten die Vorschriften dieses Abschnitts entsprechend.

§ 9 Fördertatbestände

(1) Die Länder fördern auf Antrag des Krankenhausträgers Investitionskosten, die entstehen insbesondere

1. für die Errichtung von Krankenhäusern einschließlich der Erstausstattung mit den für den Krankenhausbetrieb notwendigen Anlagegütern,

2. für die Wiederbeschaffung von Anlagegütern mit einer durchschnittlichen Nutzungsdauer von mehr als drei Jahren.

(2) Die Länder bewilligen auf Antrag des Krankenhausträgers ferner Fördermittel

1. für die Nutzung von Anlagegütern, soweit sie mit Zustimmung der zuständigen Landesbehörde erfolgt,

2. für Anlaufkosten, für Umstellungskosten bei innerbetrieblichen Änderungen sowie für Erwerb, Erschließung, Miete und Pacht von Grundstücken, soweit ohne die Förderung die Aufnahme oder Fortführung des Krankenhausbetriebs gefährdet wäre,

3. für Lasten aus Darlehen, die vor der Aufnahme des Krankenhauses in den Krankenhausplan für förderungsfähige Investitionskosten aufgenommen worden sind,

4. als Ausgleich für die Abnutzung von Anlagegütern, soweit sie mit Eigenmitteln des Krankenhausträgers beschafft worden sind und bei Beginn der Förderung nach diesem Gesetz vorhanden waren,

5. zur Erleichterung der Schließung von Krankenhäusern,

6. zur Umstellung von Krankenhäusern oder Krankenhausabteilungen auf andere Aufgaben, insbesondere zu ihrer Umwidmung in Pflegeeinrichtungen oder selbstständige, organisatorisch und wirtschaftlich vom Krankenhaus getrennte Pflegeabteilungen.

(3) Die Länder fördern die Wiederbeschaffung kurzfristiger Anlagegüter sowie kleine bauliche Maßnahmen durch feste jährliche Pauschalbeträge, mit denen das Krankenhaus im Rahmen der Zweckbindung der Fördermittel frei wirtschaften kann; § 10 bleibt unberührt. Die Pauschalbeträge sollen nicht ausschließlich nach der Zahl der in den Krankenhausplan aufgenommenen Betten bemessen werden. Sie sind in regelmäßigen Abständen an die Kostenentwicklung anzupassen.

(3a) Der vom Land bewilligte Gesamtbetrag der laufenden und der beiden folgenden Jahrespauschalen nach Absatz 3 steht dem Krankenhaus unabhängig von einer Verringerung der tatsächlichen Bettenzahl zu, soweit die Verringerung auf einer Vereinbarung des Krankenhausträgers mit den Landesverbänden der Krankenkassen und den Verbänden der Ersatzkassen nach § 109 Abs. 1 Satz 4 oder 5 des Fünften Buches Sozialgesetzbuch beruht und ein Fünftel der Planbetten nicht übersteigt. § 6 Abs. 3 bleibt unberührt.

(4) Wiederbeschaffung im Sinne dieses Gesetzes ist auch die Ergänzung von Anlagegütern, soweit diese nicht über die übliche Anpassung der vorhandenen Anlagegüter an die medizinische und technische Entwicklung wesentlich hinausgeht.

(5) Die Fördermittel sind nach Maßgabe dieses Gesetzes und des Landesrechts so zu bemessen, dass sie die förderungsfähigen und unter Beachtung betriebswirtschaftlicher Grundsätze notwendigen Investitionskosten decken.

§ 10   *(aufgehoben)*

§ 11   Landesrechtliche Vorschriften über die Förderung

Das Nähere zur Förderung wird durch Landesrecht bestimmt. Dabei kann auch geregelt werden, dass Krankenhäuser bei der Ausbildung von Ärzten und sonstigen Fachkräften des Gesundheitswesens besondere Aufgaben zu übernehmen haben; soweit hierdurch zusätzliche Sach- und Personalkosten entstehen, ist ihre Finanzierung zu Gewähr leisten.

§§ 12 bis 15   *(aufgehoben)*

3. ABSCHNITT: Vorschriften über Krankenhauspflegesätze

§ 16   Verordnung zur Regelung der Pflegesätze

Die Bundesregierung wird ermächtigt, durch Rechtsverordnung mit Zustimmung des Bundesrates Vorschriften zu erlassen über

1. die Pflegesätze der Krankenhäuser,

2. die Abgrenzung der allgemeinen stationären und teilstationären Leistungen des Krankenhauses von den Leistungen bei vor- und nachstationärer Behandlung (§ 115a des Fünften Buches Sozialgesetzbuch), den ambulanten Leistungen einschließlich der Leistungen nach § 115b des Fünften Buches Sozialgesetzbuch, den Wahlleistungen und den belegärztlichen Leistungen,

3. die Nutzungsentgelte (Kostenerstattung und Vorteilsausgleich sowie diesen vergleichbare Abgaben) der zur gesonderten Berechnung ihrer Leistungen berechtigten Ärzte an das Krankenhaus, soweit diese Entgelte pflegesatzmindernd zu berücksichtigen sind,

4. die Berücksichtigung der Erlöse aus der Vergütung für vor- und nachstationäre Behandlung (§ 115a des Fünften Buches Sozialgesetzbuch), für ambulante Leistungen einschließlich der Leistungen nach § 115b des Fünften Buches Sozialgesetzbuch und für Wahlleistungen des Krankenhauses sowie die Berücksichtigung sonstiger Entgelte bei der Bemessung der Pflegesätze,

5. die nähere Abgrenzung der in § 17 Abs. 4 bezeichneten Kosten von den pflegesatzfähigen Kosten,

6. das Verfahren nach § 18,

7. die Rechnungs- und Buchführungspflichten der Krankenhäuser,

8. ein Klagerecht des Verbandes der privaten Krankenversicherung gegenüber unangemessen hohen Entgelten für nichtärztliche Wahlleistungen.

Die Ermächtigung kann durch Rechtsverordnung auf die Landesregierungen übertragen werden; dabei kann bestimmt werden, dass die Landesregierungen die Ermächtigung durch Rechtsverordnung auf oberste Landesbehörden weiter übertragen können.

§ 17 Grundsätze für die Pflegesatzregelung

(1) Die Pflegesätze und die Vergütung für vor- und nachstationäre Behandlung nach § 115a des Fünften Buches Sozialgesetzbuch sind für alle Benutzer des Krankenhauses einheitlich zu berechnen. Die Pflegesätze sind im Voraus zu bemessen. Bei der Ermittlung der Pflegesätze ist der Grundsatz der Beitragssatzstabilität (§ 71 Abs. 1 des Fünften Buches Sozialgesetzbuch) nach Maßgabe dieses Gesetzes und des Krankenhausentgeltgesetzes zu beachten. Überschüsse verbleiben dem Krankenhaus; Verluste sind vom Krankenhaus zu tragen.

(2) Soweit tagesgleiche Pflegesätze vereinbart werden, müssen diese medizinisch leistungsgerecht sein und einem Krankenhaus bei wirtschaftlicher Betriebsführung ermöglichen, den Versorgungsauftrag zu erfüllen. Bei der Beachtung des Grundsatzes der Beitragssatzstabilität sind die zur Erfüllung des Versorgungsauftrags ausreichenden und zweckmäßigen Leistungen sowie die Pflegesätze, Fallkosten und Leistungen vergleichbarer Krankenhäuser oder Abteilungen angemessen zu berücksichtigen. Das vom Krankenhaus kalkulierte Budget ist für die Pflegesatzverhandlungen abteilungsbezogen zu gliedern. Es sind Abteilungspflegesätze als Entgelt für ärztliche und pflegerische Leistungen und ein für das Krankenhaus einheitlicher Basispflegesatz als Entgelt für nicht durch ärztliche oder pflegerische Tätigkeit veranlasste Leistungen vorzusehen.

(2a) Für die Vergütung von allgemeinen Krankenhausleistungen sind schrittweise Fallpauschalen und Sonderentgelte mit Vorgabe bundeseinheitlicher Bewertungsrelationen einzuführen, die der Abrechnung von Krankenhausleistungen spätestens vom 1. Januar 1996 an zu Grunde zu legen sind. Die Entgelte werden bis zum 31. Dezember 1997 in der Rechtsverordnung nach § 16 Satz 1 Nr. 1 bestimmt. Erstmals für den Pflegesatzzeitraum 1998 und bis zur Einführung des Vergütungssystems nach § 17b vereinbaren die Spitzenverbände der Krankenkassen und der Verband der privaten Krankenversicherung gemeinsam mit der Deutschen Krankenhausgesellschaft die Entgeltkataloge und deren Weiterentwicklung; § 213 Abs. 2 des Fünften Buches Sozialgesetzbuch gilt entsprechend mit der Maßgabe, dass das Beschlussgremium um einen Vertreter des Verbandes der privaten Krankenversicherung erweitert wird und die Beschlüsse der Mehrheit von mindestens sieben Stimmen bedürfen. Der Bundesärztekammer ist Gelegenheit zur Stellungnahme zu geben, soweit medizinische Fragen der Entgelte und der zu Grunde liegenden Leistungsabgrenzungen betroffen sind. Kommt eine Einigung nicht zu Stande, entscheidet auf Antrag einer der Vertragsparteien die Schiedsstelle nach § 18a Abs. 6. Die Entgeltkataloge sind für die Träger von Krankenhäusern unmittelbar verbindlich, die Mitglied einer Landeskrankenhausgesellschaft sind; ist der Träger nicht Mitglied einer Landeskrankenhausgesellschaft, sind die Entgeltkataloge der Pflegesatzvereinbarung zu Grunde zu legen. Die in der Rechtsverordnung nach § 16 Satz 1 Nr. 1 bestimmten Fallpauschalen und Sonderentgelte gelten ab dem 1. Januar 1998 als vertraglich vereinbart. Erstmals vereinbarte Fallpauschalen und Sonderentgelte sind ab Beginn eines folgenden Kalenderjahres aus dem Budget des Krankenhauses auszugliedern. Die Vereinbarung weiterer Fallpauschalen und pauschalierter Sonderentgelte durch die Landesverbände der Krankenkassen und den Verband der privaten Krankenversicherung gemeinsam mit der Landeskrankenhausgesellschaft ist möglich, die Vertragsparteien nach § 18 Abs. 2 können darüber hinaus zeitlich begrenzte Modellvorhaben zur Entwicklung neuer pauschalierter Entgelte vereinbaren. Mit den Fallpauschalen werden die gesamten Leistungen des Krankenhauses für einen bestimmten Behandlungsfall vergütet.

(3) Im Pflegesatz sind nicht zu berücksichtigen

1. Kosten für Leistungen, die nicht der stationären oder teilstationären Krankenhausversorgung dienen,

2. Kosten für wissenschaftliche Forschung und Lehre, die über den normalen Krankenhausbetrieb hinausgehen.

(4) Bei Krankenhäusern, die nach diesem Gesetz voll gefördert werden, und bei den in § 5 Abs. 1 Nr. 1 erster Halbsatz bezeichneten Krankenhäusern sind außer den in Absatz 3 genannten Kosten im Pflegesatz nicht zu berücksichtigen

1. Investitionskosten, ausgenommen die Kosten der Wiederbeschaffung von Wirtschaftsgütern mit einer durchschnittlichen Nutzungsdauer bis zu drei Jahren,

2. Kosten der Grundstücke, des Grundstückserwerbs, der Grundstückserschließung sowie ihrer Finanzierung,

3. Anlauf- und Umstellungskosten,

4. Kosten der in § 5 Abs. 1 Nr. 8 bis 10 bezeichneten Einrichtungen; Absatz 4a bleibt unberührt,

5. Kosten, für die eine sonstige öffentliche Förderung gewährt wird;

dies gilt im Falle der vollen Förderung von Teilen eines Krankenhauses nur hinsichtlich des geförderten Teils.

(4a) *(aufgehoben)*

(4b) Instandhaltungskosten sind im Pflegesatz zu berücksichtigen. Dazu gehören auch Instandhaltungskosten für Anlagegüter, wenn in baulichen Einheiten Gebäudeteile, betriebstechnische Anlagen und Einbauten oder wenn Außenanlagen vollständig oder überwiegend ersetzt werden. Die in Satz 2 genannten Kosten werden pauschal in Höhe eines Betrages von 1,1 vom Hundert der für die allgemeinen Krankenhausleistungen vereinbarten Vergütung finanziert. Die Pflegesatzfähigkeit für die in Satz 2 genannten Kosten entfällt für alle Krankenhäuser in einem Bundesland, wenn das Land diese Kosten für die in den Krankenhausplan aufgenommenen Krankenhäuser im Wege der Einzelförderung oder der Pauschalförderung trägt.

(5) Bei Krankenhäusern, die nach diesem Gesetz nicht oder nur teilweise öffentlich gefördert werden, dürfen von Sozialleistungsträgern und sonstigen öffentlich-rechtlichen Kostenträgern keine höheren Pflegesätze gefordert werden, als sie von solchen für Leistungen vergleichbarer nach diesem Gesetz voll geförderter Krankenhäuser zu entrichten sind. Krankenhäuser, die nur deshalb nach diesem Gesetz nicht gefördert werden, weil sie keinen Antrag auf Förderung stellen, dürfen auch von einem Krankenhausbenutzer keine höheren als die sich aus Satz 1 ergebenden Pflegesätze fordern. Soweit bei teilweiser Förderung Investitionen nicht öffentlich gefördert werden und ein vergleichbares Krankenhaus nicht vorhanden ist, dürfen die Investitionskosten in den Pflegesatz einbezogen werden, soweit die Landesverbände der Krankenkassen und die Verbände der Ersatzkassen der Investition zugestimmt haben. Die Vertragsparteien nach § 18 Abs. 2 vereinbaren die nach den Sätzen 1 und 2 maßgebenden Pflegesätze. Werden die Krankenhausleistungen mit Fallpauschalen oder Zusatzentgelten nach § 17b vergütet, gelten diese als Leistungen vergleichbarer Krankenhäuser im Sinne des Satzes 1.

§ 17a Finanzierung von Ausbildungsstätten und Ausbildungsvergütungen

(1) Die Kosten der in § 2 Nr. 1a genannten Ausbildungsstätten und der Ausbildungsvergütung sind im Pflegesatz zu berücksichtigen, soweit diese Kosten nicht nach anderen Vorschriften aufzubringen sind. Bei der Ermittlung der berücksichtigungsfähigen Ausbildungsvergütung sind Personen, die in der Krankenpflege oder Kinderkrankenpflege ausgebildet werden, im Verhältnis 7 zu 1 auf die Stelle einer in diesen

III · KHG § 17a

Berufen voll ausgebildeten Person anzurechnen; ab dem 1. Januar 2005 gilt das Verhältnis von 9,5 zu 1. Personen, die in der Krankenpflegehilfe ausgebildet werden, sind im Verhältnis 6 zu 1 auf die Stelle einer voll ausgebildeten Person nach Satz 2 anzurechnen.

(2) Die Kosten nach Absatz 1 werden ab dem 1. Januar 2005 pauschaliert über einen Zuschlag je Fall nach § 17b Abs. 1 Satz 4, den alle Krankenhäuser im Land einheitlich erheben, finanziert. Die Kosten der Ausbildungsvergütung sind nur insoweit zu berücksichtigen, als sie die Kosten der nach Absatz 1 Satz 2 und 3 anzurechnenden Stellen übersteigen.

(3) Die Vertragsparteien nach § 17b Abs. 2 Satz 1 ermitteln und vereinbaren jährlich für die einzelnen Berufe die durchschnittlichen Kosten je Ausbildungsplatz in den Ausbildungsstätten und die Mehrkosten der Ausbildungsvergütungen nach Absatz 2 Satz 2; die Beträge können nach Regionen differenziert festgelegt werden. Dabei darf die Veränderungsrate nach § 71 Abs. 3 Satz 1 in Verbindung mit Abs. 2 Satz 3 des Fünften Buches Sozialgesetzbuch nicht überschritten werden, es sei denn, die notwendige Ausbildung ist ansonsten nicht zu Gewähr leisten; eine Überschreitung auf Grund der Umsetzung der Vorgaben des Gesetzes über die Berufe in der Krankenpflege und zur Änderung anderer Gesetze ist zulässig.

(4) Die in § 18 Abs. 1 Satz 2 genannten Beteiligten vereinbaren

1. das Verfahren zur Ermittlung des Finanzierungsbedarfs für die Ausbildungsplätze und die Ausbildungsvergütungen im Land,

2. die Höhe des einheitlich von allen Krankenhäusern zu erhebenden Ausbildungszuschlags; dabei sind die nach Absatz 3 vereinbarten pauschalierten Kosten anzuwenden, und

3. das Verfahren nach Absatz 5.

Der von dem jeweiligen Land finanzierte Teil ist in Abzug zu bringen. Kommt eine Vereinbarung nicht innerhalb von sechs Wochen zu Stande, nachdem eine Vertragspartei schriftlich zur Aufnahme der Verhandlungen nach Satz 1 aufgefordert hat, setzt die Schiedsstelle nach § 18a Abs. 1 auf Antrag einer Vertragspartei die Höhe des Ausbildungszuschlags fest.

(5) Der Zuschlag nach Absatz 4 Satz 1 Nr. 2 wird von allen Krankenhäusern erhoben und an die Landeskrankenhausgesellschaft des jeweiligen Landes als Ausgleichsstelle abgeführt. Die Landeskrankenhausgesellschaft errichtet einen Ausgleichsfonds, der von ihr treuhänderisch verwaltet wird. Die Summe aller Zuschläge nach Satz 1 bildet die Höhe des Ausgleichsfonds. Die Landeskrankenhausgesellschaften zahlen an die Krankenhäuser die diesen nach Absatz 3 Satz 1 zustehenden Beträge zur pauschalierten Finanzierung der Ausbildungskosten.

(6) Der Krankenhausträger hat eine vom Jahresabschlussprüfer bestätigte Aufstellung über die Einnahmen aus dem Ausbildungszuschlag nach Absatz 5 Satz 1 und deren Abführung an den Ausbildungsfonds der Landeskrankenhausgesellschaft vorzulegen. Die von der Landeskrankenhausgesellschaft gezahlten Finanzierungsmittel nach Absatz 5 Satz 4 sind vom Krankenhausträger zweckgebunden zu verwenden.

(7) Kosten der Unterbringung von Auszubildenden sind nicht pflegesatzfähig, soweit die Vertragsparteien nach § 18 Abs. 2 nichts anderes vereinbaren. Wird eine Vereinbarung getroffen, ist der Zuschlag nach Absatz 4 Satz 1 Nr. 2 entsprechend zu erhöhen. Der Erhöhungsbetrag verbleibt dem Krankenhaus.

(8) Die Kosten der Beschäftigung von Ärzten im Praktikum nach § 3 Abs. 1 Satz 1 Nr. 5 der Bundesärzteordnung sind pflegesatzfähig, soweit Stellen nachgeordneter Ärzte auf Ärzte im Praktikum aufgeteilt werden.

(9) Für ausbildende Krankenhäuser, die der Bundespflegesatzverordnung unterliegen, gilt § 21 des Krankenhausentgeltgesetzes mit der Maßgabe, dass die Daten nach Absatz 2 Nr. 1 Buchstabe a und c zu übermitteln sind.

§ 17b Einführung eines pauschalierenden Entgeltsystems

(1) Für die Vergütung der allgemeinen Krankenhausleistungen ist ein durchgängiges, leistungsorientiertes und pauschalierendes Vergütungssystem einzuführen; dies gilt nicht für die Leistungen der in § 1 Abs. 2 der Psychiatrie-Personalverordnung genannten Einrichtungen und der Einrichtungen für Psychosomatik und Psychotherapeutische Medizin, soweit in der Verordnung nach § 16 Satz 1 Nr. 1 nichts Abweichendes bestimmt wird. Das Vergütungssystem hat Komplexitäten und Comorbiditäten abzubilden; sein Differenzierungsgrad soll praktikabel sein. Mit den Entgelten nach Satz 1 werden die allgemeinen vollstationären und teilstationären Krankenhausleistungen für einen Behandlungsfall vergütet. Soweit allgemeine Krankenhausleistungen nicht in die Entgelte nach Satz 1 einbezogen werden können, weil der Finanzierungstatbestand nicht in allen Krankenhäusern vorliegt, sind bundeseinheitlich Regelungen für Zu- oder Abschläge zu vereinbaren, insbesondere für die Notfallversorgung, für die nach Maßgabe dieses Gesetzes zu finanzierenden Ausbildungsstätten und Ausbildungsvergütungen und für die Aufnahme von Begleitpersonen nach § 2 Abs. 2 Satz 2 Nr. 3 des Krankenhausentgeltgesetzes und § 2 Abs. 2 Satz 2 Nr. 3 der Bundespflegesatzverordnung. Für die Beteiligung der Krankenhäuser an Maßnahmen zur Qualitätssicherung auf der Grundlage des § 137 des Fünften Buches Sozialgesetzbuch sind Zuschläge zu vereinbaren; diese können auch in die Fallpauschalen eingerechnet werden. Zur Sicherstellung einer für die Versorgung der Bevölkerung notwendigen Vorhaltung von Leistungen, die auf Grund des geringen Versorgungsbedarfs mit den Entgelten nach Satz 1 nicht kostendeckend finanzierbar ist, sind bundeseinheitliche Empfehlungen für Maßstäbe zu vereinbaren, unter welchen Voraussetzungen der Tatbestand einer notwendigen Vorhaltung vorliegt sowie in welchem Umfang grundsätzlich zusätzliche Zahlungen zu leisten sind. Die für die Krankenhausplanung zuständige Landesbehörde kann ergänzende oder abweichende Vorgaben zu den Voraussetzungen nach Satz 6 erlassen, insbesondere um die Vorhaltung der für die Versorgung notwendigen Leistungseinheiten zu gewährleisten; dabei sind die Interessen anderer Krankenhäuser zu berücksichtigen. Soweit das Land keine Vorgaben erlässt, sind die Empfehlungen nach Satz 6 verbindlich anzuwenden. Die Vertragsparteien nach § 18 Abs. 2 prüfen, ob die Voraussetzungen für einen Sicherstellungszuschlag im Einzelfall vorliegen und vereinbaren die Höhe der abzurechnenden Zuschläge. Die Fallgruppen und ihre Bewertungsrelationen sind bundeseinheitlich festzulegen. Die Bewertungsrelationen sind als Relativgewichte auf eine Bezugsleistung zu definieren; sie können für Leistungen, bei denen in erhöhtem Maße wirtschaftlich begründete Fallzahlsteigerungen eingetreten oder zu erwarten sind, gezielt abgesenkt oder in Abhängigkeit von der Fallzahl bei diesen Leistungen gestaffelt vorgegeben werden. Soweit dies zur Ergänzung der Fallpauschalen in eng begrenzten Ausnahmefällen erforderlich ist, können die Vertragsparteien nach Absatz 2 Satz 1 Zusatzentgelte für Leistungen, Leistungskomplexe oder Arzneimittel vereinbaren, insbesondere für die Behandlung von Blutern mit Blutgerinnungsfaktoren oder für eine Dialyse, wenn die Behandlung des Nierenversagens nicht die Hauptleistung ist. Sie vereinbaren auch die Höhe der Entgelte; diese kann nach Regionen differenziert festgelegt werden. Nach Maßgabe des Krankenhausentgeltgesetzes können Entgelte für Leistungen, die nicht durch die Entgeltkataloge erfasst sind, durch die Vertragsparteien nach § 18 Abs. 2 vereinbart werden. Besondere Einrichtungen, deren Leistungen insbesondere aus medizinischen Gründen, wegen einer Häufung von schwer kranken Patienten oder aus Gründen der Versorgungsstruk-

tur mit den Entgeltkatalogen noch nicht sachgerecht vergütet werden, können zeitlich befristet aus dem Vergütungssystem ausgenommen werden.

(2) Die Spitzenverbände der Krankenkassen und der Verband der privaten Krankenversicherung gemeinsam vereinbaren entsprechend den Vorgaben der Absätze 1 und 3 mit der Deutschen Krankenhausgesellschaft ein Vergütungssystem, das sich an einem international bereits eingesetzten Vergütungssystem auf der Grundlage der Diagnosis Related Groups (DRG) orientiert, seine jährliche Weiterentwicklung und Anpassung, insbesondere an medizinische Entwicklungen, Kostenentwicklungen, Verweildauerverkürzungen und Leistungsverlagerungen zu und von anderen Versorgungsbereichen, und die Abrechnungsbestimmungen, soweit diese nicht im Krankenhausentgeltgesetz vorgegeben werden. Sie orientieren sich dabei unter Wahrung der Qualität der Leistungserbringung an wirtschaftlichen Versorgungsstrukturen und Verfahrensweisen. Die Prüfungsergebnisse nach § 137c des Fünften Buches Sozialgesetzbuch sind zu beachten. Der Bundesärztekammer ist Gelegenheit zur beratenden Teilnahme an den Sitzungen der Vertragsparteien nach Absatz 2 Satz 1 zu geben, soweit medizinische Fragen der Entgelte und der zu Grunde liegenden Leistungsabgrenzung betroffen sind; dies gilt entsprechend für einen Vertreter der Berufsorganisationen der Krankenpflegeberufe. Die betroffenen medizinischen Fachgesellschaften und, soweit deren Belange berührt sind, die Spitzenorganisationen der pharmazeutischen Industrie und der Industrie für Medizinprodukte erhalten Gelegenheit zur Stellungnahme. Für die gemeinsamen Beschlüsse der Vertreter der Krankenversicherungen gilt § 213 Abs. 2 des Fünften Buches Sozialgesetzbuch entsprechend mit der Maßgabe, dass das Beschlussgremium um einen Vertreter des Verbandes der privaten Krankenversicherung erweitert wird und die Beschlüsse der Mehrheit von mindestens sieben Stimmen bedürfen. Das Bundesministerium für Gesundheit kann an den Sitzungen der Vertragsparteien teilnehmen und erhält deren fachliche Unterlagen. Die Vertragsparteien veröffentlichen in geeigneter Weise die Ergebnisse der Kostenerhebungen und Kalkulationen.

(3) Die Vertragsparteien nach Absatz 2 Satz 1 vereinbaren bis zum 30. Juni 2000 die Grundstrukturen des Vergütungssystems und des Verfahrens zur Ermittlung der Bewertungsrelationen auf Bundesebene (Bewertungsverfahren), insbesondere der zu Grunde zu legenden Fallgruppen, sowie die Grundzüge ihres Verfahrens zur laufenden Pflege des Systems auf Bundesebene. Die Vertragsparteien vereinbaren bis zum 31. Dezember 2001 Bewertungsrelationen und die Bewertung der Zu- und Abschläge nach Absatz 1 Satz 4. Die Bewertungsrelationen können auf der Grundlage der Fallkosten einer Stichprobe von Krankenhäusern kalkuliert, aus international bereits eingesetzten Bewertungsrelationen übernommen oder auf deren Grundlage weiterentwickelt werden. Nach Maßgabe der Absätze 4 und 6 ersetzt das neue Vergütungssystem die bisher abgerechneten Entgelte nach § 17 Abs. 2a. Erstmals für das Jahr 2005 wird nach § 18 Abs. 3 Satz 3 ein Basisfallwert vereinbart.

(4) Das Vergütungssystem wird für das Jahr 2003 budgetneutral umgesetzt. Die Vertragsparteien nach Absatz 2 vereinbaren für die Anwendung im Jahr 2003 einen vorläufigen Fallpauschalenkatalog auf der Grundlage des von ihnen ausgewählten australischen Katalogs. Kann eine Fallgruppe wegen zu geringer Fallzahlen bei den an der Kalkulation beteiligten deutschen Krankenhäusern voraussichtlich nicht mit einem Relativgewicht bewertet werden, ist dieses näherungsweise auf der Grundlage australischer Relativgewichte zu ermitteln und zu vereinbaren; Absatz 1 Satz 14 bleibt unberührt. Auf Verlangen des Krankenhauses wird das Vergütungssystem zum 1. Januar 2003 mit diesem vorläufigen Fallpauschalenkatalog eingeführt. Voraussetzung dafür ist, dass das Krankenhaus voraussichtlich mindestens 90 vom Hundert des Gesamtbetrags nach dem Krankenhausentgeltgesetz, der um Zusatzentgelte, Kosten der Ausbildungsstätten und die Mehrkosten der Ausbildungsvergü-

tungen vermindert ist, mit Fallpauschalen abrechnen kann. Wird dieser Vomhundertsatz nicht erreicht, wird das Vergütungssystem auf Verlangen des Krankenhauses eingeführt, wenn die anderen Vertragsparteien nach § 18 Abs. 2 zustimmen; die Schiedsstelle entscheidet nicht. Das Krankenhaus hat sein Verlangen bis zum 31. Oktober 2002 den anderen Vertragsparteien nach § 11 des Krankenhausentgeltgesetzes schriftlich mitzuteilen. Hat ein Krankenhaus sein Verlangen, das DRG-Vergütungssystem im Jahr 2003 anzuwenden, den anderen Vertragsparteien nach § 11 des Krankenhausentgeltgesetzes vom 1. November bis zum 31. Dezember 2002 schriftlich mitgeteilt, wird das Vergütungssystem im Jahr 2003 ebenfalls eingeführt; die Sätze 5 und 6 gelten entsprechend; auch für diese Krankenhäuser gelten die Vorgaben des Artikels 5 Satz 2 des Gesetzes zur Sicherung der Beitragssätze in der gesetzlichen Krankenversicherung und in der gesetzlichen Rentenversicherung und des § 3 Abs. 6 des Krankenhausentgeltgesetzes jeweils für das ganze Jahr 2003. Es hat eine Aufstellung über Art und Anzahl der DRG-Leistungen im ersten Halbjahr 2002 vorzulegen; bei ausreichender Kodierqualität können ergänzend Daten des zweiten Halbjahres 2001 vorgelegt werden.

(5) Zur Finanzierung der ihnen übertragenen Aufgaben nach den Absätzen 1 und 3 vereinbaren die Vertragsparteien nach Absatz 2 Satz 1

1. einen Zuschlag für jeden abzurechnenden Krankenhausfall, mit dem die Entwicklung, Einführung und laufende Pflege des zum 1 Januar 2003 einzuführenden Vergütungssystems finanziert werden (DRG-Systemzuschlag). Der Zuschlag dient der Finanzierung insbesondere der Entwicklung der DRG-Klassifikation und der Kodierregeln, der Ermittlung der Bewertungsrelationen, der Bewertung der Zu- und Abschläge und der Vergabe von Aufträgen, auch soweit die Vertragsparteien die Aufgaben durch ein eigenes DRG-Institut wahrnehmen lassen oder das Bundesministerium für Gesundheit und Soziale Sicherung nach Absatz 7 an Stelle der Vertragsparteien entscheidet,

2. Maßnahmen, die sicherstellen, dass die durch den Systemzuschlag erhobenen Finanzierungsbeträge ausschließlich zur Umsetzung der in den Absätzen 1 und 3 genannten Aufgaben verwendet werden,

3. das Nähere zur Weiterleitung der entsprechenden Einnahmen der Krankenhäuser an die Vertragsparteien,

4. kommt eine Vereinbarung nicht zu Stande, entscheidet auf Antrag einer Vertragspartei die Schiedsstelle nach § 18a Abs. 6.

Für die Vereinbarungen gilt Absatz 2 Satz 5 entsprechend. Ein Einsatz der Finanzmittel zur Deckung allgemeiner Haushalte der Vertragsparteien oder zur Finanzierung herkömmlicher Verbandsaufgaben im Zusammenhang mit dem Vergütungssystem ist unzulässig. Die vom Bundesministerium für Gesundheit und Soziale Sicherung zur Vorbereitung einer Rechtsverordnung nach Absatz 7 veranlassten Kosten für die Entwicklung, Einführung und laufende Pflege des Vergütungssystems sind von den Selbstverwaltungspartnern unverzüglich aus den Finanzmitteln nach Satz 1 zu begleichen; die Entscheidungen verantwortet das Bundesministerium. Der DRG-Systemzuschlag ist von den Krankenhäusern im voll- und teilstationärem Krankenhausfall dem selbstzahlenden Patienten oder dem jeweiligen Kostenträger zusätzlich zu den tagesgleichen Pflegesätzen oder einer Fallpauschale in Rechnung zu stellen; er ist an die Vertragsparteien oder eine von ihnen benannte Stelle abzuführen. Der Zuschlag unterliegt nicht der Begrenzung der Pflegesätze durch den Grundsatz der Beitragssatzstabilität nach § 6 der Bundespflegesatzverordnung oder § 10 Abs. 4 des Krankenhausentgeltgesetzes; er geht nicht in den Gesamtbetrag nach § 6 und das Budget nach § 12 und nicht in die Erlösausgleiche nach § 11 Abs. 8 und § 12 Abs. 4 der Bundespflegesatzverordnung sowie nicht in die Gesamtbeträge oder die Erlösausgleiche nach den §§ 3 und 4 des Krankenhausentgeltgesetzes ein.

(6) Das Vergütungssystem wird für alle Krankenhäuser mit einer ersten Fassung eines deutschen Fallpauschalenkatalogs verbindlich zum 1. Januar 2004 eingeführt. Absatz 4 Satz 3 gilt entsprechend; die auf Grundlage australischer Bewertungen vereinbarten Relativgewichte sind in den folgenden Jahren durch Relativgewichte auf der Grundlage deutscher Kostenerhebungen zu ersetzen. Das Vergütungssystem wird für das Jahr 2004 budgetneutral umgesetzt. Jeweils zum 1. Januar der Jahre 2005, 2006 und 2007 wird das Erlösbudget des Krankenhauses schrittweise an den nach Absatz 3 Satz 5 krankenhausübergreifend festgelegten Basisfallwert und das sich daraus ergebende Erlösvolumen angeglichen.

(7) Das Bundesministerium für Gesundheit und Soziale Sicherung wird ermächtigt, durch Rechtsverordnung ohne Zustimmung des Bundesrates

1. Vorschriften über das Vergütungssystem zu erlassen, soweit eine Einigung der Vertragsparteien nach Absatz 2 ganz oder teilweise nicht zu Stande gekommen ist und eine der Vertragsparteien insoweit das Scheitern der Verhandlungen erklärt hat; die Vertragsparteien haben zu den strittigen Punkten ihre Auffassungen und die Auffassungen sonstiger Betroffener darzulegen und Lösungsvorschläge zu unterbreiten,

2. abweichend von Nummer 1 auch ohne Erklärung des Scheiterns durch eine Vertragspartei Fristen für Arbeitsschritte vorzugeben sowie nach Ablauf der jeweiligen Frist zu entscheiden, soweit dies erforderlich ist, um die Einführung des Vergütungssystems und seine jährliche Weiterentwicklung fristgerecht sicherzustellen,

3. Leistungen oder besondere Einrichtungen nach Absatz 1 Satz 14 und 15 zu bestimmen, die mit dem DRG-Vergütungssystem noch nicht sachgerecht vergütet werden können; für diese Bereiche können die anzuwendende Art der Vergütung festgelegt sowie Vorschriften zur Ermittlung der Entgelthöhe und zu den vorzulegenden Verhandlungsunterlagen erlassen werden.

Von Vereinbarungen der Vertragsparteien nach Absatz 2 kann abgewichen werden, soweit dies für Regelungen nach Satz 1 erforderlich ist. Das DRG-Institut der Selbstverwaltungspartner ist verpflichtet, dem Bundesministerium zur Vorbereitung von Regelungen nach Satz 1 unmittelbar und unverzüglich nach dessen Weisungen zuzuarbeiten. Das Bundesministerium kann sich von unabhängigen Sachverständigen beraten lassen.

(8) Die Vertragsparteien nach Absatz 2 führen eine Begleitforschung zu den Auswirkungen des neuen Vergütungssystems, insbesondere zur Veränderung der Versorgungsstrukturen und zur Qualität der Versorgung, durch; dabei sind auch die Auswirkungen auf die anderen Versorgungsbereiche sowie die Art und der Umfang von Leistungsverlagerungen zu untersuchen. Sie schreiben dazu Forschungsaufträge aus und beauftragen das DRG-Institut, insbesondere die Daten nach § 21 des Krankenhausentgeltgesetzes auszuwerten. Die Kosten dieser Begleitforschung werden mit dem DRG-Systemzuschlag nach Absatz 5 finanziert. Die Begleitforschung ist mit dem Bundesministerium für Gesundheit abzustimmen. Erste Ergebnisse sind im Jahr 2005 zu veröffentlichen.

§ 17 c Prüfung der Abrechnung von Pflegesätzen

(1) Der Krankenhausträger wirkt durch geeignete Maßnahmen darauf hin, dass

1. keine Patienten in das Krankenhaus aufgenommen werden, die nicht der stationären Krankenhausbehandlung bedürfen, und bei Abrechnung von tagesbezoge-

§ 17 c KHG · III

nen Pflegesätzen keine Patienten im Krankenhaus verbleiben, die nicht mehr der stationären Krankenhausbehandlung bedürfen (Fehlbelegung),

2. eine vorzeitige Verlegung oder Entlassung aus wirtschaftlichen Gründen unterbleibt,

3. die Abrechnung der nach § 17 b vergüteten Krankenhausfälle ordnungsgemäß erfolgt.

(2) Die Krankenkassen gemeinsam können durch Einschaltung des Medizinischen Dienstes (§ 275 Abs. 1 des Fünften Buches Sozialgesetzbuch) die Einhaltung der in Absatz 1 genannten Verpflichtungen durch Stichproben prüfen. Der Medizinische Dienst ist befugt, Stichproben von akuten und abgeschlossenen Fällen zu erheben und zu verarbeiten. Die Stichproben können sich auch auf bestimmte Organisationseinheiten sowie bestimmte Diagnosen, Prozeduren und Entgelte beziehen. Das Krankenhaus hat dem Medizinischen Dienst die dafür erforderlichen Unterlagen einschließlich der Krankenunterlagen zur Verfügung zu stellen und die erforderlichen Auskünfte zu erteilen. Die Ärzte des Medizinischen Dienstes sind zu diesem Zweck befugt, nach rechtzeitiger Anmeldung die Räume der Krankenhäuser an Werktagen von 8.00 bis 18.00 Uhr zu betreten. Der Medizinische Dienst hat der Krankenkasse, deren Versicherter geprüft worden ist, und dem Krankenhaus versichertenbezogen mitzuteilen und zu begründen, inwieweit gegen die Verpflichtungen des Absatzes 1 verstoßen wurde. Die gespeicherten Sozialdaten sind zu löschen, sobald ihre Kenntnis für die Erfüllung des Zweckes der Speicherung nicht mehr erforderlich ist. Krankenhäuser, die den Qualitätsbericht nach § 137 Abs. 1 Satz 3 Nr. 6 des Fünften Buches Sozialgesetzbuch nicht fristgerecht veröffentlichen, werden jährlich geprüft.

(3) Stellen Krankenkassen auf der Grundlage von Stichproben nach Absatz 2 fest, dass bereits bezahlte Krankenhausleistungen fehlerhaft abgerechnet wurden, sind Ursachen und Umfang der Fehlabrechnungen festzustellen. Dabei ist in den Jahren 2003 bis 2004 ebenfalls zu prüfen, inwieweit neben überhöhten Abrechnungen auch zu niedrige Abrechnungen aufgetreten sind. Die Vertragsparteien nach § 18 Abs. 2 sollen ein pauschaliertes Ausgleichsverfahren vereinbaren, um eine Erstattung oder Nachzahlung in jedem Einzelfall zu vermeiden; dabei kann auch die Verrechnung über das Erlösbudget oder die Fallpauschalen des folgenden Jahres vereinbart werden. Soweit nachgewiesen wird, dass Fallpauschalen grob fahrlässig zu hoch abgerechnet wurden, ist der Differenzbetrag und zusätzlich ein Betrag in derselben Höhe zurückzuzahlen; für die Rückzahlung gilt das Verfahren nach Satz 3.

(4) Soweit sich die Vertragsparteien nach § 18 Abs. 2 über die Prüfergebnisse nach den Absätzen 2 und 3 und die sich daraus ergebenden Folgen nicht einigen, können der Krankenhausträger und jede betroffene Krankenkasse den Schlichtungsausschuss anrufen. Aufgabe des Schlichtungsausschusses ist die Schlichtung zwischen den Vertragsparteien. Der Schlichtungsausschuss besteht aus einem unparteiischen Vorsitzenden sowie Vertretern der Krankenkassen und der zugelassenen Krankenhäuser in gleicher Zahl. Die Vertreter der Krankenkassen werden von den Landesverbänden der Krankenkassen und den Verbänden der Ersatzkassen und die Vertreter der zugelassenen Krankenhäuser von der Landeskrankenhausgesellschaft bestellt; bei der Auswahl der Vertreter sollen sowohl medizinischer Sachverstand als auch besondere Kenntnisse in Fragen der Abrechnung der DRG-Fallpauschalen berücksichtigt werden. Die Landesverbände der Krankenkassen und die Verbände der Ersatzkassen und die Landeskrankenhausgesellschaft sollen sich auf den unparteiischen Vorsitzenden einigen. Bei Stimmengleichheit gibt die Stimme des Vorsitzenden den Ausschlag. Der Schlichtungsausschuss prüft und entscheidet auf der Grundlage fallbezogener, nicht versichertenbezogener Daten. Im Übrigen vereinbart der Ausschuss mit der Mehrheit der Stimmen bis zum 31. März 2003 das Nähere

zum Prüfverfahren des Medizinischen Dienstes, insbesondere zu der fachlichen Qualifikation der Prüfer, Größe der Stichprobe, Möglichkeit einer Begleitung der Prüfer durch Krankenhausärzte und Besprechung der Prüfergebnisse mit den betroffenen Krankenhausärzten vor Weiterleitung an die Krankenkassen. Die Spitzenverbände der Krankenkassen und die Deutsche Krankenhausgesellschaft geben gemeinsam Empfehlungen zum Prüfverfahren ab. Diese gelten bis zum Inkrafttreten einer Vereinbarung durch den Ausschuss. Kommen Empfehlungen bis zum 31. Januar 2003 nicht zu Stande, bestimmt die Schiedsstelle nach § 18a Abs. 6 auf Antrag der Spitzenverbände der Krankenkassen gemeinsam oder der Deutschen Krankenhausgesellschaft das Nähere zum Prüfverfahren.

(5) Das Krankenhaus hat selbstzahlenden Patienten, die für die Abrechnung der Fallpauschalen und Zusatzentgelte erforderlichen Diagnosen, Prozeduren und sonstigen Angaben mit der Rechnung zu übersenden. Sofern Versicherte der privaten Krankenversicherung von der Möglichkeit einer direkten Abrechnung zwischen dem Krankenhaus und dem privaten Krankenversicherungsunternehmen Gebrauch machen, sind die Daten entsprechend § 301 des Fünften Buches Sozialgesetzbuch maschinenlesbar an das private Krankenversicherungsunternehmen zu übermitteln, wenn der Versicherte hierzu schriftlich seine Einwilligung, die jederzeit widerrufen werden kann, erklärt hat.

§ 18 Pflegesatzverfahren

(1) Die nach Maßgabe dieses Gesetzes für das einzelne Krankenhaus zu verhandelnden Pflegesätze werden zwischen dem Krankenhausträger und den Sozialleistungsträgern nach Absatz 2 vereinbart. Die Landeskrankenhausgesellschaft, die Landesverbände der Krankenkassen, die Verbände der Ersatzkassen und der Landesausschuss des Verbandes der privaten Krankenversicherung können sich am Pflegesatzverfahren beteiligen. Die Pflegesatzvereinbarung bedarf der Zustimmung der Landesverbände der Krankenkassen und des Landesausschusses des Verbandes der privaten Krankenversicherung. Die Zustimmung gilt als erteilt, wenn die Mehrheit der Beteiligten nach Satz 3 der Vereinbarung nicht innerhalb von zwei Wochen nach Vertragsschluss widerspricht.

(2) Parteien der Pflegesatzvereinbarung (Vertragsparteien) sind der Krankenhausträger und

1. Sozialleistungsträger, soweit auf sie allein, oder

2. Arbeitsgemeinschaften von Sozialleistungsträgern, soweit auf ihre Mitglieder insgesamt

im Jahre vor Beginn der Pflegesatzverhandlungen mehr als fünf vom Hundert der Belegungs- und Berechnungstage des Krankenhauses entfallen.

(3) Die Vereinbarung soll nur für zukünftige Zeiträume getroffen werden. Der Krankenhausträger hat nach Maßgabe des Krankenhausentgeltgesetzes und der Rechtsverordnung nach § 16 Satz 1 Nr. 6 die für die Vereinbarung der Budgets und Pflegesätze erforderlichen Unterlagen über Leistungen sowie die Kosten der nicht durch DRG-Fallpauschalen erfassten Leistungen vorzulegen. Die in Absatz 1 Satz 2 genannten Beteiligten vereinbaren die Höhe der Fallpauschalen mit Wirkung für die Vertragsparteien nach Absatz 2.

(4) Kommt eine Vereinbarung über die Pflegesätze oder die Höhe der Entgelte nach Absatz 3 Satz 3 innerhalb von sechs Wochen nicht zu Stande, nachdem eine Vertragspartei schriftlich zur Aufnahme der Pflegesatzverhandlungen aufgefordert hat, so setzt die Schiedsstelle nach § 18a Abs. 1 auf Antrag einer Vertragspartei die Pfle-

gesätze unverzüglich fest. Die Schiedsstelle kann zur Ermittlung der vergleichbaren Krankenhäuser gemäß § 17 Abs. 5 auch gesondert angerufen werden.

(5) Die vereinbarten oder festgesetzten Pflegesätze werden von der zuständigen Landesbehörde genehmigt, wenn sie den Vorschriften dieses Gesetzes und sonstigem Recht entsprechen; die Genehmigung ist unverzüglich zu erteilen. Gegen die Genehmigung ist der Verwaltungsrechtsweg gegeben. Ein Vorverfahren findet nicht statt; die Klage hat keine aufschiebende Wirkung.

§ 18a Schiedsstelle

(1) Die Landeskrankenhausgesellschaften und die Landesverbände der Krankenkassen bilden für jedes Land oder jeweils für Teile des Landes eine Schiedsstelle. Ist für ein Land mehr als eine Schiedsstelle gebildet worden, bestimmen die Beteiligten nach Satz 1 die zuständige Schiedsstelle für mit landesweiter Geltung zu treffende Entscheidungen.

(2) Die Schiedsstellen bestehen aus einem neutralen Vorsitzenden sowie aus Vertretern der Krankenhäuser und Krankenkassen in gleicher Zahl. Der Schiedsstelle gehört auch ein von dem Landesausschuss des Verbandes der privaten Krankenversicherung bestellter Vertreter an, der auf die Zahl der Vertreter der Krankenkassen angerechnet wird. Die Vertreter der Krankenhäuser und deren Stellvertreter werden von der Landeskrankenhausgesellschaft, die Vertreter der Krankenkassen und deren Stellvertreter von den Landesverbänden der Krankenkassen bestellt. Der Vorsitzende und sein Stellvertreter werden von den beteiligten Organisationen gemeinsam bestellt; kommt eine Einigung nicht zu Stande, werden sie von der zuständigen Landesbehörde bestellt.

(3) Die Mitglieder der Schiedsstellen führen ihr Amt als Ehrenamt. Sie sind in Ausübung ihres Amtes an Weisungen nicht gebunden. Jedes Mitglied hat eine Stimme. Die Entscheidungen werden mit der Mehrheit der Mitglieder getroffen; ergibt sich keine Mehrheit, gibt die Stimme des Vorsitzenden den Ausschlag.

(4) Die Landesregierungen werden ermächtigt, durch Rechtsverordnung das Nähere über

1. die Zahl, die Bestellung, die Amtsdauer und die Amtsführung der Mitglieder der Schiedsstelle sowie die ihnen zu gewährende Erstattung der Barauslagen und Entschädigung für Zeitverlust,
2. die Führung der Geschäfte der Schiedsstelle,
3. die Verteilung der Kosten der Schiedsstelle,
4. das Verfahren und die Verfahrensgebühren

zu bestimmen; sie können diese Ermächtigung durch Rechtsverordnung auf oberste Landesbehörden übertragen.

(5) Die Rechtsaufsicht über die Schiedsstelle führt die zuständige Landesbehörde.

(6) Die Spitzenverbände der Krankenkassen und die Deutsche Krankenhausgesellschaft bilden eine Schiedsstelle; diese entscheidet in den ihr nach diesem Gesetz oder der Bundespflegesatzverordnung zugewiesenen Aufgaben. Die Schiedsstelle besteht aus Vertretern der Spitzenverbände der Krankenkassen und der Deutschen Krankenhausgesellschaft in gleicher Zahl sowie einem unparteiischen Vorsitzenden und zwei weiteren unparteiischen Mitgliedern. Der Schiedsstelle gehört ein vom Verband der privaten Krankenversicherung bestellter Vertreter an, der auf die Zahl der Vertreter der Krankenkassen angerechnet wird. Die unparteiischen Mitglieder werden von den beteiligten Organisationen gemeinsam bestellt. Die unparteiischen Mit-

glieder werden durch den Präsidenten des Bundessozialgerichts berufen, soweit eine Einigung nicht zu Stande kommt. Durch die Beteiligten zuvor abgelehnte Personen können nicht berufen werden. Absatz 3 gilt entsprechend. Die Spitzenverbände der Krankenkassen und die Deutsche Krankenhausgesellschaft vereinbaren das Nähere über die Zahl, die Bestellung, die Amtsdauer, die Amtsführung, die Erstattung der baren Auslagen und die Entschädigung für den Zeitaufwand der Mitglieder der Schiedsstelle sowie die Geschäftsführung, das Verfahren, die Höhe und die Erhebung der Gebühren und die Verteilung der Kosten. Kommt eine Vereinbarung nach Satz 8 bis zum 31. August 1997 nicht zu Stande, bestimmt das Bundesministerium für Gesundheit ihren Inhalt durch Rechtsverordnung. Die Rechtsaufsicht über die Schiedsstelle führt das Bundesministerium für Gesundheit. Gegen die Entscheidung der Schiedsstelle ist der Verwaltungsrechtsweg gegeben. Ein Vorverfahren findet nicht statt; die Klage hat keine aufschiebende Wirkung.

§ 18b und § 19   *(aufgehoben)*

§ 20   Nichtanwendung von Pflegesatzvorschriften

Die Vorschriften des Dritten Abschnitts mit Ausnahme des § 17 Abs. 5 finden keine Anwendung auf Krankenhäuser, die nach § 5 Abs. 1 Nr. 2, 4 oder 7 nicht gefördert werden. § 17 Abs. 5 ist bei den nach § 5 Abs. 1 Nr. 4 oder 7 nicht geförderten Krankenhäusern mit der Maßgabe anzuwenden, dass an die Stelle der Pflegesätze vergleichbarer nach diesem Gesetz voll geförderter Krankenhäuser die Pflegesätze vergleichbarer öffentlicher Krankenhäuser treten.

4. ABSCHNITT: Überleitungsvorschriften aus Anlass der Herstellung der Einheit Deutschlands

(aufgehoben)

5. ABSCHNITT: Sonstige Vorschriften

§ 27   Zuständigkeitsregelung

Die in diesem Gesetz den Landesverbänden der Krankenkassen zugewiesenen Aufgaben nehmen für die Ersatzkassen die nach § 212 Abs. 5 des Fünften Buches Sozialgesetzbuch gebildeten Verbände, für die knappschaftliche Krankenversicherung die Bundesknappschaft und für die Krankenversicherung der Landwirte die örtlich zuständigen landwirtschaftlichen Krankenkassen wahr.

§ 28   Auskunftspflicht und Statistik

(1) Die Träger der nach § 108 des Fünften Buches Sozialgesetzbuch zur Krankenhausbehandlung zugelassenen Krankenhäuser und die Sozialleistungsträger sind verpflichtet, dem Bundesminister für Gesundheit sowie den zuständigen Behörden der Länder auf Verlangen Auskünfte über die Umstände zu erteilen, die für die Beurteilung der Bemessung und Entwicklung der Pflegesätze nach diesem Gesetz benötigt werden. Unter die Auskunftspflicht fallen insbesondere die personelle und sachli-

che Ausstattung sowie die Kosten der Krankenhäuser, die im Krankenhaus in Anspruch genommenen stationären und ambulanten Leistungen sowie allgemeine Angaben über die Patienten und ihre Erkrankungen. Die zuständigen Landesbehörden können darüber hinaus von den Krankenhausträgern Auskünfte über Umstände verlangen, die sie für die Wahrnehmung ihrer Aufgaben bei der Krankenhausplanung und Krankenhausfinanzierung nach diesem Gesetz benötigen.

(2) Die Bundesregierung wird ermächtigt, für Zwecke dieses Gesetzes durch Rechtsverordnung mit Zustimmung des Bundesrates jährliche Erhebungen über Krankenhäuser einschließlich der in den §§ 3 und 5 genannten Krankenhäuser und Einrichtungen als Bundesstatistik anzuordnen. Die Bundesstatistik kann folgende Sachverhalte umfassen:

1. Art des Krankenhauses und der Trägerschaft,

2. im Krankenhaus tätige Personen nach Geschlecht, Beschäftigungsverhältnis, Tätigkeitsbereich, Dienststellung, Aus- und Weiterbildung,

3. sachliche Ausstattung und organisatorische Einheiten des Krankenhauses,

4. Kosten nach Kostenarten,

5. in Anspruch genommene stationäre und ambulante Leistungen,

6. Patienten nach Alter, Geschlecht, Wohnort, Erkrankungen nach Hauptdiagnosen,

7. Ausbildungsstätten am Krankenhaus.

Auskunftspflichtig sind die Krankenhausträger gegenüber den statistischen Ämtern der Länder; die Rechtsverordnung kann Ausnahmen von der Auskunftspflicht vorsehen. Die Träger der nach § 108 des Fünften Buches Sozialgesetzbuch zur Krankenhausbehandlung zugelassenen Krankenhäuser teilen die von der Statistik umfassten Sachverhalte gleichzeitig den für die Krankenhausplanung und -finanzierung zuständigen Landesbehörden mit. Dasselbe gilt für die Träger der nach § 111 des Fünften Buches Sozialgesetzbuch zur Vorsorge- oder Rehabilitationsbehandlung zugelassenen Einrichtungen.

(3) Die Befugnis der Länder, zusätzliche, von Absatz 2 nicht erfasste Erhebungen über Sachverhalte des Gesundheitswesens als Landesstatistik anzuordnen, bleibt unberührt.

§ 29 *(aufgehoben)*

§ 30 Darlehen aus Bundesmitteln

Lasten aus Darlehen, die vor der Aufnahme des Krankenhauses in den Krankenhausplan für förderungsfähige Investitionskosten aus Bundesmitteln gewährt worden sind, werden auf Antrag des Krankenhausträgers erlassen, soweit der Krankenhausträger vor dem 1. Januar 1985 von diesen Lasten nicht anderweitig freigestellt worden ist und solange das Krankenhaus in den Krankenhausplan aufgenommen ist. Für die in § 2 Nr. 1a genannten Ausbildungsstätten gilt Satz 1 entsprechend.

§ 31 Berlin-Klausel: *(gegenstandslos)*

§ 32 (Inkrafttreten)

2. Verordnung zur Regelung der Krankenhauspflegesätze (Bundespflegesatzverordnung – BPflV)

Bundespflegesatzverordnung, zuletzt geändert durch das GKV-Modernisierungsgesetz vom November 2003

– Auszug –

§ 6 Grundsatz der Beitragssatzstabilität

(1) Ab dem Jahr 2000 ist nach den Vorgaben des § 3 ein Gesamtbetrag für die Erlöse eines Krankenhauses aus Fallpauschalen, Sonderentgelten und dem Budget nach § 12 sowie auf Grund von Modellvorhaben nach § 26 zu vereinbaren. Bei der Vereinbarung sind insbesondere zu berücksichtigen:

1. Verkürzungen der Verweildauern,
2. die Ergebnisse von Fehlbelegungsprüfungen,
3. Leistungsverlagerungen, zum Beispiel in die ambulante Versorgung,
4. Leistungen, die im Rahmen von Modellvorhaben nach § 63 des Fünften Buches Sozialgesetzbuch vergütet werden, und ab dem Jahr 2007 auch Leistungen im Rahmen von Integrationsverträgen nach § 140a des Fünften Buches Sozialgesetzbuch, und
5. die Ergebnisse von Krankenhausvergleichen nach § 5.

Der Grundsatz der Beitragssatzstabilität ist zu beachten; Maßstab für die Beachtung ist die Veränderungsrate der beitragspflichtigen Einnahmen aller Mitglieder der Krankenkassen je Mitglied nach § 71 Abs. 3 Satz 1 und 4 in Verbindung mit Absatz 2 des Fünften Buches Sozialgesetzbuch. Der Gesamtbetrag darf den um die maßgebliche Rate veränderten Gesamtbetrag des Vorjahres nur überschreiten, soweit die folgenden Tatbestände dies erforderlich machen:

1. in der Pflegesatzvereinbarung zwischen den Vertragsparteien vereinbarte Veränderungen der medizinischen Leistungsstruktur oder der Fallzahlen,
2. zusätzliche Kapazitäten für medizinische Leistungen auf Grund der Krankenhausplanung oder des Investitionsprogramms des Landes,
3. die Finanzierung von Rationalisierungsinvestitionen nach § 18b des Krankenhausfinanzierungsgesetzes in der bis zum 31. Dezember 2003 geltenden Fassung,
4. die Vorgaben der Psychiatrie-Personalverordnung zur Zahl der Personalstellen, wobei sicherzustellen ist, dass das Personal nicht anderweitig eingesetzt wird,
5. in den in Artikel 1 Abs. 1 des Einigungsvertrags genannten Ländern die Auswirkungen einer Angleichung der Höhe der Vergütung nach dem Bundes-Angestelltentarifvertrag an die im übrigen Bundesgebiet geltende Höhe,
6. zusätzliche Leistungen auf Grund des Abschlusses eines Vertrages zur Durchführung eines strukturierten Behandlungsprogramms nach § 137g Abs. 1 Satz 1 des Fünften Buches Sozialgesetzbuch oder des Beitritts zu einem solchen Vertrag, soweit diese Leistungen erforderlich sind, um die Anforderungen des Sechsten Abschnitts der Risikostruktur-Ausgleichsverordnung zu erfüllen,
7. zusätzliche Kosten auf Grund der Umsetzung des Gesetzes über die Berufe in der Krankenpflege und zur Änderung anderer Gesetze oder

III · BPflV § 6

8. zusätzliche Kosten im Falle der Abschaffung des Arztes im Praktikum;

vorgeschriebene Ausgleiche und Berichtigungen für Vorjahre sind unabhängig von der Veränderungsrate gesondert durchzuführen. Satz 4 Nr. 2 gilt entsprechend für Hochschulkliniken, wenn die nach Landesrecht zuständigen Stellen zusätzliche Kapazitäten für medizinische Leistungen beschlossen oder genehmigt haben, und für Krankenhäuser mit Versorgungsvertrag nach § 109 in Verbindung mit § 108 Nr. 3 des Fünften Buches Sozialgesetzbuch, wenn die zusätzlichen Kapazitäten für medizinische Leistungen den Festlegungen des Versorgungsvertrages entsprechen. Der Gesamtbetrag ist zusätzlich pauschal um 1,1 vom Hundert für Instandhaltungskosten gemäß § 17 Abs. 4b Satz 2 des Krankenhausfinanzierungsgesetzes für den Pflegesatzzeitraum zu erhöhen, in dem die bisher vom Land gewährte Förderung der Instandhaltungskosten nach § 17 Abs. 4b Satz 4 des Krankenhausfinanzierungsgesetzes wegfällt. Auch die Tatbestände nach Absatz 1 Satz 4, Absatz 3 und 5 sind Gegenstand der Pflegesatzverhandlungen.

(2) Übersteigen die durchschnittlichen Auswirkungen der von den Tarifvertragsparteien vereinbarten linearen Erhöhung des Vergütungstarifvertrags nach dem Bundes-Angestelltentarifvertrag und einer vereinbarten Einmalzahlung die Veränderungsrate nach § 71 Abs. 3 Satz 1 und 4 in Verbindung mit Absatz 2 des Fünften Buches Sozialgesetzbuch, wird das Budget nach § 12 um ein Drittel des Unterschieds zwischen beiden Raten berichtigt, soweit dies erforderlich ist, um den Versorgungsvertrag zu erfüllen; von den Vertragsparteien nach § 15 Abs. 1 wird eine entsprechende Berichtigungsrate vereinbart. Für den Berichtigungsbetrag gilt § 12 Abs. 2 Satz 5 bis 6 entsprechend.

(3) *(wurde Abs. 2)*

(4) *(aufgehoben)*

(5) Zur Verbesserung der Arbeitszeitbedingungen vereinbaren die Vertragsparteien für die Jahre 2003 bis 2009 jährlich einen zusätzlichen Betrag bis zur Höhe von 0,2 vom Hundert des Gesamtbetrags. Wurde für ein Kalenderjahr ein Betrag nicht vereinbart, kann für das Folgejahr ein zusätzlicher Betrag bis zur Höhe von 0,4 vom Hundert vereinbart werden. Voraussetzung für die Vereinbarung ist, dass das Krankenhaus nachweist, dass auf Grund einer schriftlichen Vereinbarung mit der Arbeitnehmervertretung, die eine Verbesserung der Arbeitszeitbedingungen zum Gegenstand hat, zusätzliche Personalkosten zur Einhaltung der Regelungen des Arbeitszeitrechts zu finanzieren sind. Der für das jeweilige Jahr vereinbarte Betrag wird zu dem nach den Vorgaben des Absatzes 1 verhandelten Gesamtbetrag hinzugerechnet; dabei darf abweichend von Absatz 1 Satz 4 die Veränderungsrate überschritten werden. Die für die einzelnen Jahre vereinbarten Beträge verbleiben kumulativ im Gesamtbetrag. Kommt eine Vereinbarung nicht zu Stande, entscheidet die Schiedsstelle nach § 19 auf Antrag einer Vertragspartei. Soweit die in der Betriebsvereinbarung festgelegten und mit dem zusätzlichen Betrag finanzierten Maßnahmen nicht umgesetzt werden, ist der Betrag ganz oder teilweise zurückzuzahlen.

3. Fallpauschalenverordnung 2004 – KFPV 2004 (Abrechnungsbestimmungen 2004)

Nachdem bereits die Abrechnungsbestimmungen für das Jahr 2003 im Rahmen einer ministeriellen Ersatzvornahme nach § 17b Abs. 7 KHG vorgegeben werden mussten, wurden auch die Abrechnungsbestimmungen für das Jahr 2004 durch das Bundesministerium für Gesundheit und Soziale Sicherung mit der Fallpauschalenverordnung vom 13. Oktober 2004 (BGBl. I S. 1995) bestimmt.

ABSCHNITT 1: Abrechnungsbestimmungen für DRG-Fallpauschalen

§ 1 Abrechnung von Fallpauschalen

(1) Die Fallpauschalen werden jeweils von dem die Leistung erbringenden Krankenhaus nach dem am Tag der Aufnahme geltenden Fallpauschalen-Katalog und den dazu gehörenden Abrechnungsregeln abgerechnet. Im Falle der Verlegung in ein anderes Krankenhaus rechnet jedes beteiligte Krankenhaus eine Fallpauschale ab. Diese wird nach Maßgabe des § 3 gemindert; dies gilt nicht für Fallpauschalen, die im Fallpauschalen-Katalog als Verlegungs-Fallpauschalen gekennzeichnet sind. Eine Verlegung im Sinne des Satzes 2 liegt vor, wenn zwischen der Entlassung aus einem Krankenhaus und der Aufnahme in einem anderen Krankenhaus nicht mehr als 24 Stunden vergangen sind.

(2) Ist die Verweildauer eines Patienten oder einer Patientin länger als die **obere Grenzverweildauer**, wird für den dafür im Fallpauschalen-Katalog ausgewiesenen Tag und jeden weiteren Belegungstag des Krankenhausaufenthalts zusätzlich zur Fallpauschale ein tagesbezogenes Entgelt abgerechnet. Dieses wird ermittelt, indem die für diesen Fall im Fallpauschalen-Katalog ausgewiesene Bewertungsrelation mit dem Basisfallwert multipliziert wird. Die Zahl der zusätzlich abrechenbaren Belegungstage ist wie folgt zu ermitteln:

Belegungstage insgesamt (tatsächliche Verweildauer nach Absatz 7) + 1
– erster Tag mit zusätzlichem Entgelt bei oberer Grenzverweildauer
= zusätzlich abrechenbare Belegungstage.

(3) Ist die Verweildauer von nicht verlegten Patientinnen oder Patienten kürzer als die **untere Grenzverweildauer**, ist für den dafür im Fallpauschalen-Katalog ausgewiesenen Tag und jeden weiteren, nicht erbrachten Belegungstag ein Abschlag von der Fallpauschale vorzunehmen. Im Fallpauschalen-Katalog ist der erste Tag mit Abschlag ausgewiesen. Die Höhe des Abschlags je Tag wird ermittelt, indem die für diesen Fall im Fallpauschalen-Katalog ausgewiesene Bewertungsrelation mit dem Basisfallwert multipliziert wird. Die Zahl der Abschlagstage ist wie folgt zu ermitteln:

Erster Tag mit Abschlag bei unterer Grenzverweildauer + 1
– Belegungstage insgesamt (tatsächliche Verweildauer nach Absatz 7)
= Zahl der Abschlagstage.

(4) Erfolgt die Behandlung sowohl in Hauptabteilungen als auch in belegärztlichen Abteilungen desselben Krankenhauses, ist die Höhe der Fallpauschale nach folgender Rangfolge festzulegen:

1. nach der Abteilungsart mit der höheren Zahl der Belegungstage,
2. bei gleicher Zahl der Belegungstage in Haupt- und Belegabteilungen nach der Hauptabteilung.

Ist im Ausnahmefall eine Fallpauschale für belegärztliche Versorgung nicht vorgegeben, ist die Fallpauschale für Hauptabteilungen abzurechnen. Ist bei einer belegärztlichen Versorgung im Rahmen der Geburtshilfe (MDC 14) für eine Fallpauschale eine Bewertungsrelation für die Beleghebamme in den Spalten 6 oder 7 nicht vorgegeben, so sind die Bewertungsrelationen der Spalte 5 maßgeblich.

(5) Für jedes Neugeborene, das nach der Versorgung im Kreißsaal weiter im Krankenhaus versorgt wird, ist ein eigener Fall zu bilden und eine eigene Fallpauschale abzurechnen. In diesem Falle ist für die Mutter und das Neugeborene jeweils eine Rechnung zu erstellen; werden Mutter und Kind gemeinsam entlassen, ist auf der Rechnung für das Neugeborene die Versichertennummer der Mutter anzugeben. Ist im Fallpauschalen-Katalog für das Krankenhaus, in dem die Geburt stattfand, eine Mindestverweildauer für die Fallpauschale vorgegeben und wird diese nicht erreicht, ist die Versorgung des Neugeborenen mit dem Entgelt für die Mutter abgegolten. Im Falle einer Verlegung gilt Absatz 1 Satz 2 bis 4.

(6) Zur Einstufung in die jeweils abzurechnende Fallpauschale sind Programme (Grouper) einzusetzen, die vom DRG-Institut der Selbstverwaltungspartner nach § 17b Abs. 2 des Krankenhausfinanzierungsgesetzes zertifiziert sind. Für Art und Höhe der abzurechnenden Fallpauschale oder des Zusatzentgelts ist der Tag der Aufnahme in das Krankenhaus maßgeblich. Ist bei der Zuordnung von Behandlungsfällen zu einer Fallpauschale auch das Alter der behandelten Person zu berücksichtigen, ist das Alter am Tag der Aufnahme in das Krankenhaus maßgeblich.

(7) Maßgeblich für die Ermittlung der **Verweildauer** ist die Zahl der Belegungstage. Belegungstage sind der Aufnahmetag sowie jeder weitere Tag des Krankenhausaufenthalts ohne den Verlegungs- oder **Entlassungstag** aus dem Krankenhaus; wird ein Patient oder eine Patientin am gleichen Tag aufgenommen und verlegt oder entlassen, gilt dieser Tag als Aufnahmetag. Für den Fall von Wiederaufnahmen gilt § 2 Abs. 4 Satz 3.

(8) In der Rechnung des Krankenhauses sind der sich nach dem Fallpauschalen-Katalog ergebende Betrag für die Fallpauschale sowie Abschläge, weitere Entgelte und Zuschläge gesondert und in einer für die Patientin oder den Patienten verständlichen Form auszuweisen; das Verfahren nach § 301 des Fünften Buches Sozialgesetzbuch bleibt unberührt.

§ 2 Wiederaufnahmen in dasselbe Krankenhaus

(1) Das Krankenhaus hat eine Zusammenfassung der Falldaten zu einem Fall und eine Neueinstufung in eine Fallpauschale vorzunehmen, wenn

1. ein Patient oder eine Patientin innerhalb der oberen Grenzverweildauer, bemessen nach der Zahl der Kalendertage ab dem Aufnahmedatum des ersten unter diese Vorschrift zur Zusammenfassung fallenden Krankenhausaufenthalts, wieder aufgenommen wird und
2. für die Wiederaufnahme eine Einstufung in dieselbe Basis-DRG vorgenommen wird.

Eine Zusammenfassung und Neueinstufung nach Satz 1 wird nicht vorgenommen, wenn die Fallpauschalen dieser Basis-DRG bei Versorgung in einer Hauptabteilung in Spalte 13 oder bei belegärztlicher Versorgung in Spalte 15 des Fallpauschalen-Katalogs gekennzeichnet sind.

(2) Eine Zusammenfassung der Falldaten zu einem Fall und eine Neueinstufung in eine Fallpauschale ist auch dann vorzunehmen, wenn

1. ein Patient oder eine Patientin innerhalb von 30 Kalendertagen ab dem Aufnahmedatum des ersten unter diese Vorschrift zur Zusammenfassung fallenden Krankenhausaufenthalts wieder aufgenommen wird und

2. innerhalb der gleichen Hauptdiagnosegruppe (MDC) die zuvor abrechenbare Fallpauschale in die „medizinische Partition" oder die „andere Partition" und die anschließende Fallpauschale in die „operative Partition" einzugruppieren ist.

Eine Zusammenfassung und Neueinstufung nach Satz 1 wird nicht vorgenommen, wenn einer der Krankenhausaufenthalte mit einer Fallpauschale abgerechnet werden kann, die bei Versorgung in einer Hauptabteilung in Spalte 13 oder bei belegärztlicher Versorgung in Spalte 15 des Fallpauschalen-Katalogs gekennzeichnet ist.

(3) Werden Patienten oder Patientinnen, für die eine Fallpauschale abrechenbar ist, wegen einer Komplikation im Zusammenhang mit der durchgeführten Leistung innerhalb der oberen Grenzverweildauer, bemessen nach der Zahl der Kalendertage ab dem Aufnahmedatum des ersten unter diese Vorschrift zur Zusammenfassung fallenden Aufenthalts, wieder aufgenommen, hat das Krankenhaus eine Zusammenfassung der Falldaten zu einem Fall und eine Neueinstufung in eine Fallpauschale vorzunehmen. Die Absätze 1 und 2 gehen der Vorgabe nach Satz 1 vor. Satz 1 ersetzt die Vorgaben des § 8 Abs. 5 Satz 1 und 2 des Krankenhausentgeltgesetzes; diese sind während der Geltungsdauer dieser Verordnung (§ 10) nicht anzuwenden.

(4) Bei der Anwendung der Absätze 1 bis 3 ist für jeden Krankenhausaufenthalt eine DRG-Eingruppierung vorzunehmen. Auf dieser Grundlage hat das Krankenhaus eine Neueinstufung in eine Fallpauschale mit den Falldaten aller zusammen zu führenden Krankenhausaufenthalte durchzuführen. Dabei sind zur Ermittlung der Verweildauer die Belegungstage der Aufenthalte in diesem Krankenhaus zusammenzurechnen. Die obere Grenzverweildauer, die nach Absatz 1 Satz 1 Nr. 1 für die Fallzusammenführung maßgeblich ist, ergibt sich aus dem Aufnahmedatum und der DRG-Eingruppierung des ersten unter diese Vorschrift zur Zusammenfassung fallenden Aufenthalts in diesem Krankenhaus. Hat das Krankenhaus einen der zusammen zu führenden Aufenthalte bereits abgerechnet, ist die Abrechnung zu stornieren. Maßgeblich für die zusätzliche Abrechnung von tagesbezogenen Entgelten ist die Grenzverweildauer, die sich nach der Fallzusammenführung ergibt; für die Ermittlung der Verweildauer gilt Satz 3 entsprechend. Die Sätze 1 bis 6 gelten nicht, soweit tagesbezogene Entgelte nach § 6 Abs. 1 des Krankenhausentgeltgesetzes abzurechnen sind.

§ 3 Abschläge bei Verlegung

(1) Im Falle einer Verlegung in ein anderes Krankenhaus ist von dem verlegenden Krankenhaus ein Abschlag vorzunehmen, wenn die im Fallpauschalen-Katalog ausgewiesene mittlere Verweildauer unterschritten wird. Die Höhe des Abschlags je Tag wird ermittelt, indem die bei Versorgung in einer Hauptabteilung in Spalte 11 oder bei belegärztlicher Versorgung in Spalte 13 des Fallpauschalen-Katalogs ausgewiesene Bewertungsrelation mit dem Basisfallwert multipliziert wird. Die Zahl der Tage, für die ein Abschlag vorzunehmen ist, wird wie folgt ermittelt:

Mittlere Verweildauer nach dem Fallpauschalen-Katalog,
kaufmännisch auf die nächste ganze Zahl gerundet
- Belegungstage insgesamt (tatsächliche Verweildauer nach § 1 Abs. 7)
= Zahl der Abschlagstage.

(2) Im Falle einer Verlegung aus einem anderen Krankenhaus ist von dem aufnehmenden Krankenhaus ein Abschlag entsprechend den Vorgaben des Absatzes 1 vorzunehmen, wenn die im Fallpauschalen-Katalog ausgewiesene mittlere Verweildauer im aufnehmenden Krankenhaus unterschritten wird. Dauerte die Behandlung im verlegenden Krankenhaus nicht länger als 24 Stunden, so ist im aufnehmenden Krankenhaus kein Verlegungsabschlag nach Satz 1 vorzunehmen; bei einer frühzeitigen Entlassung durch das aufnehmende Krankenhaus ist die Regelung zur unteren Grenzverweildauer nach § 1 Abs. 3, bei einer Weiterverlegung die Abschlagsregelung nach Absatz 1 anzuwenden.

(3) Wird ein Patient oder eine Patientin aus einem Krankenhaus in ein anderes Krankenhaus verlegt und von diesem innerhalb von 30 Kalendertagen ab dem Entlassungsdatum eines ersten Krankenhausaufenthalts in dasselbe Krankenhaus zurückverlegt (Rückverlegung), hat das wieder aufnehmende Krankenhaus die Falldaten des ersten Krankenhausaufenthalts und aller weiteren, innerhalb dieser Frist in diesem Krankenhaus aufgenommenen Fälle zusammenzufassen und eine Neueinstufung nach den Vorgaben des § 2 Abs. 4 Satz 1 bis 6 in eine Fallpauschale durchzuführen sowie Absatz 2 Satz 1 anzuwenden. Satz 1 findet keine Anwendung für Fälle der Hauptdiagnosegruppe für Neugeborene (MDC 15). Die Sätze 1 und 2 gelten nicht für Krankenhausaufenthalte, für die an Stelle einer Fallpauschale tagesbezogene Entgelte nach § 6 Abs. 1 des Krankenhausentgeltgesetzes abzurechnen sind.

(4) Ist in einem Krankenhaus neben dem Entgeltbereich der DRG-Fallpauschalen einerseits noch ein Entgeltbereich nach der Bundespflegesatzverordnung oder für besondere Einrichtungen nach § 17b Abs. 1 Satz 15 des Krankenhausfinanzierungsgesetzes andererseits vorhanden, sind diese unterschiedlichen Entgeltbereiche im Falle von internen Verlegungen wie selbstständige Krankenhäuser zu behandeln. Für den Entgeltbereich der DRG-Fallpauschalen sind die Absätze 1 bis 3 entsprechend anzuwenden.

§ 4 Fallpauschalen bei bestimmten Transplantationen

(1) Mit Fallpauschalen bei Transplantationen von Organen nach § 9 Satz 1 des Transplantationsgesetzes, bei Transplantationen der Augenhornhaut sowie bei Transplantationen von Knochenmark oder hämatopoetischen Stammzellen werden die allgemeinen Krankenhausleistungen nach § 2 des Krankenhausentgeltgesetzes für die stationäre Versorgung eines Transplantatempfängers, einer Transplantatempfängerin oder bei der Lebendspende vergütet. Nicht mit den Fallpauschalen vergütet und folglich gesondert abrechenbar sind insbesondere folgende Leistungen:

1. die Leistungen des Krankenhauses für eine Organentnahme bei möglichen postmortalen Organspendern oder Organspenderinnen,

2. die Leistungen der Koordinierungsstelle nach § 11 des Transplantationsgesetzes für die Bereitstellung eines postmortal gespendeten Organs zur Transplantation einschließlich eines dafür erforderlichen Transports des Organs,

3. die Leistungen der Vermittlungsstelle nach § 12 des Transplantationsgesetzes für die Vermittlung eines postmortal gespendeten Organs,

4. die Gutachtenerstellung durch die Kommission nach § 8 Abs. 3 Satz 2 des Transplantationsgesetzes vor einer möglichen Lebendspende,

5. die Voruntersuchungen gemäß § 8 Abs. 1 Satz 1 Nr. 1 Buchstabe c des Transplantationsgesetzes bei möglichen Lebendspendern oder Lebendspenderinnen, nicht jedoch die entsprechenden Untersuchungen bei tatsächlichen Lebendspendern oder Lebendspenderinnen,

6. der Transport von Knochenmark oder hämatopoetischen Stammzellen,

7. die Kontrolluntersuchungen nach § 115a Abs. 2 Satz 4 des Fünften Buches Sozialgesetzbuch bei einem Transplantatempfänger oder einer Transplantatempfängerin; § 8 Abs. 2 Satz 3 Nr. 4 des Krankenhausentgeltgesetzes bleibt unberührt,

8. die Kontrolluntersuchungen nach § 115a Abs. 2 Satz 7 in Verbindung mit Satz 4 des Fünften Buches Sozialgesetzbuch bei einem Lebendspender oder einer Lebendspenderin; § 8 Abs. 2 Satz 3 Nr. 4 des Krankenhausentgeltgesetzes bleibt unberührt.

(2) Für Transplantationen nach Absatz 1 Satz 1 ist jeweils eine Fallpauschale gegenüber den Transplantatempfängern, den Transplantatempfängerinnen oder deren Sozialleistungsträgern abzurechnen.

(3) Für stationär aufgenommene Lebendspender oder Lebendspenderinnen, bei denen

1. eine Organentnahme vorgenommen wird oder

2. sich erst während der Entnahmeoperation herausstellt, dass das Organ nicht entnommen werden kann, oder

3. sich erst nach der Organentnahme herausstellt, dass das Organ nicht transplantiert werden kann,

ist eine Fallpauschale abzurechnen. Bei erfolgter Transplantation der entnommenen Organe ist die jeweilige Fallpauschale gegenüber den Transplantatempfängern, den Transplantatempfängerinnen oder deren Sozialleistungsträgern abzurechnen. Kommt es nicht zur Transplantation, ist die jeweilige Fallpauschale gegenüber der Person, die zum Transplantatempfang vorgesehen war, oder gegenüber deren Sozialleistungsträger abzurechnen. Auf der Rechnung ist die Versichertennummer der Person, die das Transplantat empfangen hat oder für die Transplantation vorgesehen war, anzugeben. Werden hämatopoetische Stammzellen bei Familienspendern aus dem Ausland oder bei nicht-verwandten Spendern über in- oder ausländische Spenderdateien bezogen, wird an Stelle der Fallpauschale ein entsprechendes Zusatzentgelt abgerechnet.

(4) Die Leistungen des Krankenhauses nach Absatz 1 Satz 2 Nr. 1 sind gegenüber der Koordinierungsstelle nach § 11 des Transplantationsgesetzes abzurechnen. Die Leistungen des Krankenhauses nach Absatz 1 Satz 2 Nr. 5 sind gegenüber den Personen, die zum Transplantatempfang vorgesehen waren oder gegenüber deren Sozialleistungsträgern abzurechnen.

ABSCHNITT 2: Abrechnungsbestimmungen für andere Entgeltarten

§ 5 Abrechnung von Zusatzentgelten

(1) Zusätzlich zu einer Fallpauschale oder zu den Entgelten nach § 6 Abs. 1 des Krankenhausentgeltgesetzes dürfen bundeseinheitliche Zusatzentgelte nach dem Zusatzentgelte-Katalog nach Anlage 2 abgerechnet werden. § 15 Abs. 1 Satz 3 des Krankenhausentgeltgesetzes bleibt unberührt.

(2) Für die in Anlage 4 benannten, mit dem bundeseinheitlichen Zusatzentgelte-Katalog nicht vergüteten Leistungen vereinbaren die Vertragsparteien nach § 11 des Krankenhausentgeltgesetzes krankenhausindividuelle Zusatzentgelte nach § 6 Abs. 1 des Krankenhausentgeltgesetzes. Diese können zusätzlich zu den DRG-Fallpauschalen oder den nach § 6 Abs. 1 des Krankenhausentgeltgesetzes vereinbarten Entgelten abgerechnet werden.

(3) Zusatzentgelte für Dialysen können zusätzlich zu einer DRG-Fallpauschale oder zu einem Entgelt nach § 6 Abs. 1 des Krankenhausentgeltgesetzes abgerechnet werden; dies gilt nicht für die Fallpauschalen der Basis-DRG L60 und L71 und für das nach Anlage 3 krankenhausindividuell zu vereinbarende Entgelt L61, bei denen die Behandlung des Nierenversagens die Hauptleistung ist.

§ 6 Abrechnung von teilstationären Leistungen

(1) Teilstationäre Leistungen sind mit Entgelten abzurechnen, die nach § 6 Abs. 1 Satz 1 Nr. 1 des Krankenhausentgeltgesetzes krankenhausindividuell vereinbart worden sind.

(2) Werden Patientinnen oder Patienten, für die eine DRG-Fallpauschale abrechenbar ist, innerhalb der oberen Grenzverweildauer, bemessen nach der Zahl der Kalendertage ab dem Aufnahmedatum der Fallpauschale, zur teilstationären Behandlung in dasselbe Krankenhaus wieder aufgenommen oder wechseln sie in demselben Krankenhaus von der vollstationären Versorgung in die teilstationäre Versorgung, kann für die Tage innerhalb der oberen Grenzverweildauer einer zuvor abrechenbaren Fallpauschale ein tagesbezogenes teilstationäres Entgelt nach § 6 Abs. 1 des Krankenhausentgeltgesetzes nicht zusätzlich berechnet werden. Satz 1 gilt nicht für tagesbezogene teilstationäre Entgelte für Leistungen der Onkologie, der Schmerztherapie, die HIV-Behandlung sowie für Dialysen.

§ 7 Abrechnung von sonstigen Entgelten

(1) Sonstige Entgelte nach § 6 Abs. 1 des Krankenhausentgeltgesetzes können krankenhausindividuell vereinbart werden für

1. Leistungen, die nach Anlage 3 noch nicht mit DRG-Fallpauschalen vergütet werden,

2. teilstationäre Leistungen nach § 6 Abs. 1 Satz 1 und

3. besondere Einrichtungen nach § 17b Abs. 1 Satz 15 des Krankenhausfinanzierungsgesetzes.

Werden fallbezogene Entgelte vereinbart, müssen auch Vereinbarungen zu den übrigen Bestandteilen des Fallpauschalen-Katalogs nach Anlage 1 getroffen werden, damit die Entgelte von den Abrechnungsprogrammen verarbeitet werden können, die für die DRG-Fallpauschalen vorgesehen sind. Für den Fall der Verlegung eines Patienten oder einer Patientin in ein anderes Krankenhaus sind Abschlagsregelungen zu vereinbaren; dies gilt nicht, soweit Verlegungs-Fallpauschalen im Sinne des § 1 Abs. 1 Satz 3 vereinbart werden. Für den Fall der Wiederaufnahme eines Patienten oder einer Patientin in dasselbe Krankenhaus sollen für fallbezogene Entgelte Vereinbarungen getroffen werden, die den Vorgaben nach § 2 Abs. 1, 2 und 4 entsprechen.

(2) Für die Abrechnung von fallbezogenen Entgelten gelten die Abrechnungsbestimmungen nach § 8 Abs. 2 und 4 des Krankenhausentgeltgesetzes und nach § 2 Abs. 3 entsprechend.

(3) Tagesbezogene Entgelte werden für den Aufnahmetag und jeden weiteren Tag des Krankenhausaufenthalts abgerechnet (Berechnungstage); der Entlassungs- oder Verlegungstag, der nicht zugleich Aufnahmetag ist, wird nur bei tagesbezogenen Entgelten für teilstationäre Behandlung nach § 6 Abs. 1 Satz 1 abgerechnet.

ABSCHNITT 3: Sonstige Vorschriften

§ 8 Fallzählung

(1) Jede abgerechnete Fallpauschale nach Anlage 1 zählt im Jahr der Entlassung als ein Fall. Dies gilt auch für Neugeborene sowie für stationäre Fallpauschalen, die mit nur einem Belegungstag ausgewiesen sind. Bei einer Wiederaufnahme nach § 2 und einer Rückverlegung nach § 3 Abs. 3 ist jeweils nur die Fallpauschale zu zählen, die nach der Neueinstufung für die zusammengefassten Krankenhausaufenthalte abgerechnet wird.

(2) Leistungen, für die Entgelte nach § 6 Abs. 1 des Krankenhausentgeltgesetzes abgerechnet werden, sind wie folgt zu zählen:

1. Jedes fallbezogene Entgelt für eine voll- oder teilstationäre Leistung zählt als ein Fall.
2. Für tagesbezogene Entgelte gelten die Vorgaben der Fußnoten 11 und 11a in Anhang 2 zu Anlage 1 der Bundespflegesatzverordnung entsprechend.

§ 9 Laufzeit der Entgelte

(1) Bei Krankenhäusern, die das DRG-Vergütungssystem bereits im Jahr 2003 eingeführt haben, sind die Fallpauschalen nach Anlage 1 abzurechnen für Patientinnen oder Patienten, die ab dem 1. Januar 2004 in das Krankenhaus aufgenommen werden. Können die Fallpauschalen noch nicht mit der für das Jahr 2004 vereinbarten oder festgesetzten Höhe des krankenhausindividuellen Basisfallwerts gewichtet werden, sind sie nach Maßgabe des § 15 Abs. 1 Satz 3 des Krankenhausentgeltgesetzes mit der bisher geltenden Höhe des Basisfallwerts zu gewichten und in der sich ergebenden Entgelthöhe abzurechnen. Können für die Leistungen nach Anlage 3 noch keine krankenhausindividuell vereinbarten Entgelte abgerechnet werden, sind für jeden Belegungstag 600 Euro abzurechnen. Bei Krankenhäusern, die das DRG-Vergütungssystem erstmals im Jahr 2004 einführen, sind die Fallpauschalen ab dem in § 15 Abs. 1 Satz 1 und 2 des Krankenhausentgeltgesetzes genannten Zeitpunkt abzurechnen.

(2) Krankenhäuser, die im Jahr 2003 für teilstationäre Leistungen die DRG-Fallpauschalen abgerechnet haben, rechnen ab dem 1. Januar 2004 bis zum Beginn der Laufzeit der nach § 6 Abs. 1 Satz 1 zu vereinbarenden Entgelte die für das Jahr 2002 vereinbarten teilstationären Entgelte ab. Wurden für das Jahr 2002 solche Entgelte nicht vereinbart, rechnet das Krankenhaus die im Jahr 2003 abgerechneten DRG weiter ab.

ABSCHNITT 4: Geltungsdauer, Inkrafttreten

§ 10 Geltungsdauer

Die Vorschriften der Abschnitte 1 bis 3 gelten vom 1. Januar bis zum 31. Dezember 2004. Kann der Fallpauschalen-Katalog 2005 erst nach dem 1. Januar 2005 angewendet werden, sind nach Maßgabe des § 15 Abs. 1 Satz 3 des Krankenhausentgeltgesetzes die Leistungen weiterhin nach dem Fallpauschalen-Katalog 2004, gewichtet mit dem krankenhausindividuellen Basisfallwert für das Jahr 2004, abzurechnen. Solange noch keine neuen Abrechnungsregeln vereinbart oder in Kraft getreten sind, gelten die Abrechungsbestimmungen nach dieser Verordnung weiter.

§ 11 Inkrafttreten

Diese Verordnung tritt am Tag nach der Verkündung in Kraft.

Anlage 1
(zu § 1 Abs. 1 Satz 1 i.V. m. § 9 Abs. 1 Satz 1)

Fallpauschalen-Katalog

Die Bewertungsrelationen gelten für die Abrechnung von stationären Leistungen. Dies gilt nicht, soweit nach § 6 Abs. 1 des Krankenhausentgeltgesetzes sonstige Entgelte für bestimmte Leistungen nach Anlage 3, teilstationäre Leistungen nach § 6 Abs. 1 Satz 1 oder besondere Einrichtungen nach § 17b Abs. 1 Satz 15 des Krankenhausfinanzierungsgesetzes vereinbart worden sind.

Abkürzungen:

CC	Komplikationen oder Komorbiditäten
MDC	Hauptdiagnosegruppe (Major Diagnostic Category)
OR	operativ (Operating Room)
Partition „O"	operative Fallpauschalen
Partition „A"	andere Fallpauschalen, z. B. Langzeitmonitoring, Koloskopie
Partition „M"	medizinische Fallpauschalen

Fußnoten:

1) Belegungstage, die der Kalkulation der Fallpauschale zu Grunde gelegt wurden.
2) Erster Belegungstag, an dem nach § 1 Abs. 3 ein Abschlag von der Fallpauschale vorzunehmen ist.
3) Erster Belegungstag, an dem nach § 1 Abs. 2 ein tagesbezogenes Entgelt zusätzlich zur Fallpauschale gezahlt wird.
4) Eine Zusammenfassung von Fällen bei Wiederaufnahme in dasselbe Krankenhaus nach § 2 Abs. 1 und 2 erfolgt nicht.
5) Die Definition der DRG-Fallpauschalen schließt eine untere oder obere Grenzverweildauer aus.

Hinweis zum Fallpauschalen-Katalog:

Der DRG-Fallpauschalenkatalog 2004 sowie die Definitionshandbücher, ein Kalkulationsbericht (Vorgehensweise sowie je DRG eine Seite mit Leistungsprofilen und Kostendaten), Informationen über zertifizierte Grouper u. a. können auf der Homepage des DRG-Instituts (InEK) eingesehen und heruntergeladen werden: www.g-drg.de; Ersatzvornahme 2004.

Anlage 2
(zu § 5 Abs. 1)

Zusatzentgelte-Katalog

Zusatzentgelt	Bezeichnung	OPS-301 Version 2004		Betrag
		OPS-Kode	OPS-Text	
1	2	3	4	5
ZE01[1)]	Hämodialyse	8–854.0	Hämodialyse, intermittierend	225,05 Euro

Fußnoten:

[1)] Eine zusätzliche Abrechnung ist im Zusammenhang mit einer Fallpauschale der Basis-DRG L60 oder L71 sowie für das nach Anlage 3 krankenhausindividuell zu vereinbarende Entgelt L61 nicht möglich.

Anlage 3
(zu § 7 Abs. 1 Satz 1 Nr. 1)

Nicht mit dem Fallpauschalen-Katalog vergütete Leistungen

Für die nachfolgend aufgeführten Leistungen sind krankenhausindividuelle Entgelte nach § 6 Abs. 1 Satz 1 Nr. 1 des Krankenhausentgeltgesetzes zu vereinbaren, soweit diese als Krankenhausleistungen erbracht werden dürfen.

DRG	Partition	Bezeichnung
1	2	3
Prä-MDC		
A16B	O	Transplantation von Darm oder Pankreas(gewebe), Pankreasinseltransplantation
A43Z	A	Frührehabilitation bei Wachkoma und Locked-in-Syndrom
A61Z	M	Versagen und Abstoßung eines Transplantates hämatopoetischer Zellen
MDC 01	**Krankheiten und Störungen des Nervensystems**	
B61A	M	Akute Erkrankungen und Verletzungen des Rückenmarks mit äußerst schweren CC
B61B	M	Akute Erkrankungen und Verletzungen des Rückenmarks ohne äußerst schwere CC
MDC 04	**Krankheiten und Störungen der Atmungsorgane**	
E76A	M	Tuberkulose mit äußerst schweren CC
E76B	M	Tuberkulose ohne äußerst schwere CC
MDC 10	**Endokrine, Ernährungs- und Stoffwechselkrankheiten**	
K01A	O	Verschiedene Eingriffe bei Diabetes mellitus mit Komplikationen mit Frührehabilitation und Geriatrischer Komplexbehandlung
MDC 11	**Krankheiten und Störungen der Harnorgane**	
L61Z[1)]	M	Stationäre Aufnahme zur Dialyse
MDC 19	**Psychische Krankheiten**	
U01Z	O	Geschlechtsumwandelnde Operation
MDC 21A Polytrauma		
W01A	O	Polytrauma mit maschineller Beatmung oder Kraniotomie mit Frührehabilitation
W05Z	O	Polytrauma mit signifikantem Eingriff ohne maschinelle Beatmung oder Kraniotomie mit Frührehabilitation
W40Z	A	Frührehabilitation bei Polytrauma
MDC 22 Verbrennungen		
Y01Z	O	Operative Eingriffe oder Langzeitbeatmung bei schweren Verbrennungen
Y61Z	M	Schwere Verbrennungen
MDC 23	**Faktoren, die den Gesundheitszustand beeinflussen, und andere Inanspruchnahme des Gesundheitswesens**	
Z41Z	A	Knochenmarkentnahme bei Eigenspender
Z42Z	A	Stammzellentnahme bei Fremdspender
Z43Z	A	Knochenmarkentnahme bei Fremdspender

[1)] auch teilstationär abrechenbar

Anlage 4
(zu § 5 Abs. 2)

Zusatzentgelte nach § 6 Abs. 1 des Krankenhausentgeltgesetzes

Für die nachfolgend aufgeführten Leistungen sind krankenhausindividuelle Zusatzentgelte nach § 6 Abs. 1 Satz 1 Nr. 1 des Krankenhausentgeltgesetzes zu vereinbaren, soweit diese als Krankenhausleistungen erbracht werden dürfen.

Zusatz-entgelt[1]	Bezeichnung	OPS-301 Version 2004	
		OPS-Kode	OPS-Text
1	2	3	4
ZE20	Tumoren-doprothesen	5-829.c	Implantation oder Wechsel einer Tumorendoprothese
ZE21	Becken-implantate	5-785.2d	Implantation von alloplastischem Knochenersatz, Keramischer Knochenersatz, Becken
		5-785.3d	Implantation von alloplastischem Knochenersatz, Keramischer Knochenersatz, resorbierbar, Becken
		5-785.4d	Implantation von alloplastischem Knochenersatz, Metallischer Knochenersatz, Becken
ZE22	Links- und Rechtsventriku-läre Herzassis-tenzsysteme („Kunstherz")	5-376.20	Implantation eines herzunterstützenden Systems, offen chirurgisch, Extrakorporale Pumpe (z.B. Kreiselpumpe oder Zentrifugalpumpe), univentrikulär
		5-376.30	Implantation eines herzunterstützenden Systems, offen chirurgisch, Extrakorporale Pumpe (z.B. Kreiselpumpe oder Zentrifugalpumpe), biventrikulär
		5-376.40	Implantation eines herzunterstützenden Systems, offen chirurgisch, Intrakorporale Pumpe, univentrikulär
		5-376.50	Implantation eines herzunterstützenden Systems, offen chirurgisch, Intrakorporale Pumpe, biventrikulär
		5-376.60	Implantation eines herzunterstützenden Systems, offen chirurgisch, Kunstherz (totaler Herzersatz)

Anlage 4 KFPV · III

Zusatz-entgelt[1)]	Bezeichnung	OPS-301 Version 2004	
		OPS-Kode	OPS-Text
1	2	3	4
		5-376.70	Implantation eines herzunterstützenden Systems, offen chirurgisch, Parakorporale Pumpe, univentrikulär
		5-376.80	Implantation eines herzunterstützenden Systems, offen chirurgisch, Parakorporale Pumpe, biventrikulär
ZE23	Stentgraft-Prothesen zur Behandlung von Aortenaneurysmen	5-38a.0	Endovaskuläre Implantation von Stent-Prothesen, Aorta n.n.bez.
		5-38a.10	Endovaskuläre Implantation von Stent-Prothesen, Aorta abdominalis, Stent-Prothese, aortoiliakal
		5-38a.11	Endovaskuläre Implantation von Stent-Prothesen, Aorta abdominalis, Stent-Prothese, Bifurkationsprothese aortobiiliakal
		5-38a.1x	Endovaskuläre Implantation von Stent-Prothesen, Aorta abdominalis, Sonstige
		5-38a.7	Endovaskuläre Implantation von Stent-Prothesen, Aorta thoracica
		5-38a.8	Endovaskuläre Implantation von Stent-Prothesen, Aorta thoracoabdominalis
ZE24	ECMO	8-852.0	Extrakorporale Membranoxygenation (ECMO)
ZE25	Individuell nach CAD gefertigte Rekonstruktionsimplantate im Gesichts- und Schädelbereich	5-020.62	Kombinierte Rekonstruktion von Hirn- und Gesichtsschädel, mit computerassistiert vorgefertigtem Implantat (CAD-Implantat), einfacher Defekt
		5-020.63	Kombinierte Rekonstruktion von Hirn- und Gesichtsschädel, mit computerassistiert vorgefertigtem Implantat (CAD-Implantat), großer oder komplexer Defekt
		5-020.64	Kombinierte Rekonstruktion von Hirn- und Gesichtsschädel, mit computerassistiert vorgefertigtem Implantat (CAD-Implantat), sehr komplexer Defekt

III · KFPV Anlage 4

Zusatz-entgelt[1)]	Bezeichnung	OPS-301 Version 2004	
		OPS-Kode	OPS-Text
1	2	3	4
		5-020.71	Kranioplastik, Schädeldach, mit alloplastischem Material, mit computerassistiert vorgefertigtem Implantat (CAD-Implantat), einfacher Defekt
		5-020.72	Kranioplastik, Schädeldach, mit alloplastischem Material, mit computerassistiert vorgefertigtem Implantat (CAD-Implantat), großer oder komplexer Defekt
		5-774.71	Plastische Rekonstuktion der Maxilla, durch alloplastische Implantate, mit computerassistiert vorgefertigtem Implantat (CAD-Implantat), einfacher Defekt
		5-774.72	Plastische Rekonstuktion der Maxilla, durch alloplastische Implantate, mit computerassistiert vorgefertigtem Implantat (CAD-Implantat), großer oder komplexer Defekt
		5-775.71	Plastische Rekonstuktion der Mandibula durch alloplastische Implantate, mit computerassistiert vorgefertigtem Implantat (CAD-Implantat), einfacher Defekt
		5-775.72	Plastische Rekonstuktion der Mandibula durch alloplastische Implantate, mit computerassistiert vorgefertigtem Implantat (CAD-Implantat), großer oder komplexer Defekt
ZE26	Ramus-Distraktoren	5-776.6	Verlagerung des Unterkiefers durch Distraktion mit Kontinuitätsdurchtrennung im aufsteigenden Mandibulaast
		5-776.7	Verlagerung der Mandibula durch Distraktion nach Osteotomie im horizontalen Mandibulaast
		5-776.8	Verlagerung des Oberkiefers durch Distraktion nach Osteotomie in Le Fort-I Ebene
		5-776.9	Verlagerung des Alveolarfortsatzes durch Distraktion nach Osteotomie

Anlage 4 KFPV · III

Zusatz-entgelt[1]	Bezeichnung	OPS-301 Version 2004	
		OPS-Kode	OPS-Text
1	2	3	4
		5-777.*1	Osteotomie zur Verlagerung des Mittelgesichtes, mit Distraktion
ZE27	ZNS-Stimulatorimplantate („Nervenschrittmacher")	5-028.0*	Implantation oder Wechsel eines Neurostimulators zur Hirnstimulation
		5-029.4	Implantation einer Neuroprothese
		5-039.2*	Implantation oder Wechsel eines Neurostimulators zur epiduralen Rückenmarkstimulation
		5-039.7	Implantation oder Wechsel des Neurostimulators zur Vorderwurzelstimulation
		5-059.0*	Implantation oder Wechsel eines Neurostimulators zur Stimulation des peripheren Nervensystems
		5-059.5	Implantation einer peripheren Neuroprothese
ZE28	Implantierbare Medikamentenpumpen	5-028.1*	Implantation oder Wechsel einer Medikamentenpumpe zur intraventrikulären Infusion
		5-038.4*	Implantation oder Wechsel einer Medikamentenpumpe zur intrathekalen und epiduralen Infusion
ZE29	Künstlicher Blasenschließmuskel	5-597.0*	Eingriffe bei artefiziellem Harnblasensphinkter, Implantation
		5-597.3*	Eingriffe bei artefiziellem Harnblasensphinkter, Wechsel
ZE30[2]	Dialyse	8-854.1*	Hämodialyse, Kontinuierlich, venovenös, pumpengetrieben (CVVHD)
		8-854.x	Hämodialyse, Sonstige
		8-854.y	Hämodialyse, N.n.bez.
		8-853.**	Hämofiltration
		8-855.**	Hämodiafiltration
		8-857.*	Peritonealdialyse
ZE31	Hämoperfusion	8-856	Hämoperfusion

III · KFPV Anlage 4

Zusatz-entgelt[1)]	Bezeichnung	OPS-301 Version 2004	
		OPS-Kode	OPS-Text
1	2	3	4
ZE32	Leberersatztherapie	8-858	Extrakorporale Leberersatztherapie [Leberdialyse]
ZE33	Extrakorporale Photopherese	8-824	Photopherese
ZE34	Plasmapherese	8-820	Therapeutische Plasmapherese
ZE35	Immunadsorption	8-821	Immunadsorption
ZE36	LDL-Apherese	8-822	LDL-Apherese
ZE37	Zellapherese	8-823	Zellapherese
ZE38	Isolierte Extremitätenperfusion	8-859	Isolierte Extremitätenperfusion
ZE39	Behandlung von Blutern mit Blutgerinnungsfaktoren		
ZE40	Versorgung von Schwerstbehinderten	Zusatzentgelt für Krankenhäuser, bei denen insbesondere wegen einer räumlichen Nähe zu entsprechenden Einrichtungen oder einer Spezialisierung eine Häufung von schwerstbehinderten Patienten auftritt. Vergütung des mit den DRG-Fallpauschalen nicht abgedeckten, wesentlichen zusätzlichen Aufwands, insbesondere im Pflegedienst.	
ZE41	Retransplantation von Organen während desselben stationären Aufenthaltes		
ZE42	Fremdbezug von hämatopoetischen Stammzellen	Fremdbezug von hämatopoetischen Stammzellen über Spenderdateien bei nicht-verwandten Spendern oder Bezug von hämatopoetischen Stammzellen von außerhalb Deutschlands bei Familienspendern	
ZE43	Zwerchfellschrittmacher	5-347.6	Implantation eines Zwerchfellschrittmachers
ZE44	Medikamentefreisetzende Koronarstents	8-837.m*	Perkutan-transluminale Gefäßintervention an Herz und Koronargefäßen, Einlegen eines medikamentenfreisetzenden Stents

Fußnoten:

*) Gilt für alle entsprechenden 5-Steller oder 6-Steller des angegebenen OPS-Kodes.

1) Weitere Untergliederungen der Entgelte sind in der fünften Stelle durch Angabe eines Buchstabens zu kennzeichnen.

2) Eine zusätzliche Abrechnung ist im Zusammenhang mit einer Fallpauschale der Basis-DRG L60 oder L71 sowie für das nach Anlage 3 krankenhausindividuell zu vereinbarende Entgelt L61 nicht möglich.

4. Verordnung über die Abgrenzung der im Pflegesatz nicht zu berücksichtigenden Investitionskosten von den pflegesatzfähigen Kosten der Krankenhäuser (Abgrenzungsverordnung – AbgrV)

Vom 12. Dezember 1985 (BGBl. I S. 2255), zuletzt geändert durch Artikel 3 der Fünften Verordnung zur Änderung der Bundespflegesatzverordnung vom 9. Dezember 1997 (BGBl. I S. 2874).

§ 1 Anwendungsbereich

(1) Die nähere Abgrenzung der nach § 17 Abs. 4 Nr. 1 des Krankenhausfinanzierungsgesetzes im Pflegesatz nicht zu berücksichtigenden Investitionskosten von den pflegesatzfähigen Kosten richtet sich nach dieser Verordnung.

(2) Die Verordnung gilt nicht für

1. die Krankenhäuser, auf die das Krankenhausfinanzierungsgesetz nach seinem § 3 Satz 1 Nr. 1 bis 4 keine Anwendung findet,

2. die Krankenhäuser, die nach § 5 Abs. 1 Nr. 2, 4 oder 7 des Krankenhausfinanzierungsgesetzes nicht gefördert werden, es sei denn, dass diese Krankenhäuser auf Grund Landesrecht nach § 5 Abs. 2 des Krankenhausfinanzierungsgesetzes gefördert werden.

§ 2 Begriffsbestimmungen

Im Sinne dieser Verordnung sind

1. Anlagegüter
die Wirtschaftsgüter des zum Krankenhaus gehörenden Anlagevermögens,

2. Gebrauchsgüter
die Anlagegüter mit einer durchschnittlichen Nutzungsdauer bis zu drei Jahren (Verzeichnis I der Anlage),

3. Verbrauchsgüter
die Wirtschaftsgüter, die durch ihre bestimmungsgemäße Verwendung aufgezehrt oder unverwendbar werden oder die ausschließlich von einem Patienten genutzt werden und üblicherweise bei ihm verbleiben. Als Verbrauchsgüter gelten auch die wiederbeschafften, abnutzbaren beweglichen Anlagegüter, die einer selbstständigen Nutzung fähig sind und deren Anschaffungs- oder Herstellungkosten für das einzelne Anlagegut ohne Umsatzsteuer 51 Euro nicht übersteigen.

§ 3 Zuordnungsgrundsätze

(1) Pflegesatzfähig sind

1. die Kosten der Wiederbeschaffung

    a) von beweglichen, selbstständig nutzungsfähigen Gebrauchsgütern, deren Anschaffungs- oder Herstellungskosten für das einzelne Gebrauchsgut ohne Umsatzsteuer 410 Euro nicht übersteigen, in voller Höhe in dem Pflegesatzzeitraum, in dem sie angeschafft oder hergestellt werden,

    b) von sonstigen Gebrauchsgütern anteilig entsprechend ihrer Abschreibung,

2. sonstige Investitionskosten und ihnen gleichstehende Kosten nach Maßgabe der §§ 17 und 18b des Krankenhausfinanzierungsgesetzes und des § 8 der Bundespflegesatzverordnung,

3. die Kosten der Anschaffung oder Herstellung von Verbrauchsgütern,

4. die Kosten der Instandhaltung von Anlagegütern nach Maßgabe des § 4.

(2) Nicht pflegesatzfähig sind

1. die Kosten

   a) der Errichtung und Erstausstattung von Krankenhäusern mit Ausnahme der Kosten nach Absatz 1 Nr. 3,

   b) der Ergänzung von Anlagegütern, soweit diese über die übliche Anpassung der vorhandenen Anlagegüter an die medizinische und technische Entwicklung wesentlich hinausgeht,

2. die Kosten der Wiederbeschaffung von Anlagegütern mit einer durchschnittlichen Nutzungsdauer von mehr als drei Jahren (Verzeichnis II der Anlage) mit Ausnahme der Anlagegüter, die nicht nach § 2 Nr. 3 Satz 2 als Verbrauchsgüter gelten.

Absatz 1 Nr. 2 bleibt unberührt.

(3) Die durchschnittliche Nutzungsdauer eines Anlageguts ist auf der Grundlage der Nutzungsdauer bei einschichtigem Betrieb zu ermitteln.

(4) Einem Wirtschaftsgut sind die Lieferungen und Leistungen zuzurechnen, die üblicherweise notwendig sind, um das Wirtschaftsgut anzuschaffen oder herzustellen und in Benutzung zu nehmen.

§ 4 Instandhaltungskosten

(1) Instandhaltungskosten sind die Kosten der Erhaltung oder Wiederherstellung von Anlagegütern des Krankenhauses, wenn dadurch das Anlagegut in seiner Substanz nicht wesentlich vermehrt, in seinem Wesen nicht erheblich verändert, seine Nutzungsdauer nicht wesentlich verlängert oder über seinen bisherigen Zustand hinaus nicht deutlich verbessert wird.

(2) Zu den Kosten nach Absatz 1 gehören auch die Instandhaltungskosten für Anlagegüter, wenn

1. in baulichen Einheiten Gebäudeteile, betriebstechnische Anlagen und Einbauten oder

2. Außenanlagen

vollständig oder überwiegend ersetzt werden (Verzeichnis III der Anlage). Für die Beurteilung des überwiegenden Ersetzens sind Maßnahmen, die im Rahmen eines einheitlichen Vorhabens in einem Zeitraum bis zu drei Jahren durchgeführt werden, zusammenzurechnen. Die nach Satz 1 abgegrenzten Kosten werden nach § 7 Abs. 1 Satz 2 Nr. 4 zweiter Satzteil der Bundespflegesatzverordnung pauschal finanziert.

§ 5 Berlin-Klausel *(gegenstandslos)*

§ 6 Inkrafttreten und Übergangsvorschrift

(1) Diese Verordnung tritt am 1. Januar 1986 in Kraft

§ 6, Anlage AbgrV · III

(2) Für die Zuordnung der Wirtschaftsgüter zu den kurz-, mittel- und langfristigen Anlagegütern im Sinne der Regelungen des Krankenhausfinanzierungsgesetzes in seiner bis zum 31. Dezember 1984 geltenden Fassung verbleibt es in den einzelnen Bundesländern bis zum Inkrafttreten von Landesrecht nach § 6 Abs. 3, § 7 Abs. 2 und § 11 des Krankenhausfinanzierungsgesetzes bei den Regelungen der Abgrenzungsverordnung vom 5. Dezember 1977 (BGBl. I S. 2355) mit Ausnahme ihres § 3 Abs. 4 und 5.

(3) Für die Pflegesatzfähigkeit der Kosten von Wirtschaftsgütern, die vor dem 1. Januar 1986 angeschafft oder im Krankenhaus hergestellt worden sind, verbleibt es bei der für diese Wirtschaftsgüter vorgenommenen Abgrenzung und Zuordnung sowie angenommenen Nutzungsdauer.

Anlage

Verzeichnis I

Gebrauchsgüter im Sinne von § 2 Nr. 2 sind zum Beispiel

1. Dienst- und Schutzkleidung, Wäsche, Textilien,

2. Glas- und Porzellanartikel,

3. Geschirr,

4. sonstige Gebrauchsgüter des medizinischen Bedarfs wie

   Atembeutel,

   Heizdecken und -kissen

   Hörkissen und -muscheln,

   Magenpumpen

   Nadelhalter

   Narkosemasken

   Operationstisch-Auflagen, -Polster und -Decken

   Schienen

   Spezialkatheter und -kanülen

   Venendruckmesser

   Wassermatratzen,

5. sonstige Gebrauchsgüter des Wirtschafts- und Verwaltungsbedarfs wie

   Bild-, Ton- und Datenträger

   elektrische Küchenmesser, Dosenöffner und Quirle

   Warmhaltekannen.

Das gilt nicht, soweit diese Güter nach § 2 Nr. 3 Satz 2 als Verbrauchsgüter gelten.

Verzeichnis II

Anlagegüter im Sinne von § 3 Abs. 2 Satz 1 Nr. 2 sind zum Beispiel

1. Einrichtungs- und Ausstattungsgegenstände wie

   Fahrzeuge

   Geräte, Apparate, Maschinen

   Instrumente

   Lampen

   Mobiliar

   Werkzeug,

2. sonstige Einrichtungs- und Ausstattungsgegenstände des medizinischen Bedarfs wie

   Extensionsbügel

   Gehgestelle

   Lehrmodelle

   Röntgenfilm-Kassetten,

3. sonstige Einrichtungs- und Ausstattungsgegenstände des Wirtschafts- und Verwaltungsbedarfs wie

   Bildtafeln

   Bücher

   Datenverarbeitungsanlagen

   Fernsehantennen

   Fernsprechapparate

   Kochtöpfe

   Küchenbleche

   Lautsprecher

   Projektionswände.

Das gilt nicht, soweit diese Güter nach § 2 Nr. 3 Satz 2 als Verbrauchsgüter gelten.

III · AbgrV § 6, Anlage

Verzeichnis III

Im Sinne der Vorschrift des § 4 Nr. 2 über die Abgrenzung der Instandhaltungskosten sind

1. bauliche Einheiten zum Beispiel
   Dach
   Fassade
   Geschoss
   Treppenhaus,

2. Gebäudeteile zum Beispiel
   Anstrich
   Blitzschutzanlage
   Beton- und Steinverkleidungen
   Bodenbeläge
   Einbaumöbel
   Estrich
   Fenster
   Fliesen
   Güter des Rohbaus wie Maurer- und Zimmerarbeiten
   Rollläden
   Tapeten
   Türen,

3. betriebstechnische Anlagen und Einbauten zum Beispiel
   Belüftungs-, Entlüftungs- und Klimaanlagen
   Druckluft-, Vakuum- und Sauerstoffanlagen
   Fernsprechvermittlungsstellen
   Behälterförderanlagen
   Gasversorgungsanlagen
   Heizungsanlagen
   Sanitäre Installation
   Schwachstromanlagen
   Starkstromanlagen
   Warmwasserversorgungsanlagen,

4. Außenanlagen zum Beispiel
   Einfriedungen
   Grünanlagen
   Straßen-, Wege- und Platzbefestigungen
   Versorgungs- und Entsorgungsanlagen.

5. Verordnung über die Bundesstatistik für Krankenhäuser (Krankenhausstatistik-Verordnung – KHStatV)

vom 10. April 1990 (BGBl. I S. 730), zuletzt geändert durch die erste Verordnung zur Änderung der Krankenhausstatistik-Verordnung vom 13. August 2001 (BGBl. I S. 2135).

§ 1 Umfang der Erhebungen, Begriffsbestimmungen

(1) Erhebungen als Bundesstatistik werden durchgeführt über

1. die Krankenhäuser und Vorsorge- oder Rehabilitationseinrichtungen, ihre organisatorischen Einheiten, ihre personelle Besetzung und sachliche Ausstattung sowie ihre Leistungen,

2. die Kosten der Krankenhäuser sowie die Krankenhauspatienten und die Art ihrer Erkrankungen,

3. die Ausbildungsstätten an Krankenhäusern.

(2) Die Erhebungen erstrecken sich nicht auf die in § 3 Nr. 2 und 3 des Krankenhausfinanzierungsgesetzes genannten Krankenhäuser.

(3) Im Sinne dieser Verordnung sind

1. Krankenhäuser

die Krankenhäuser nach § 2 Nr. 1 des Krankenhausfinanzierungsgesetzes einschließlich der in den §§ 3 und 5 des Krankenhausfinanzierungsgesetzes genannten Krankenhäuser, soweit sie zu den Krankenhäusern nach § 107 Abs. 1 des Fünften Buches Sozialgesetzbuch gehören,

2. Vorsorge- oder Rehabilitationseinrichtungen

die Krankenhäuser nach § 2 Nr. 1 des Krankenhausfinanzierungsgesetzes einschließlich der in den §§ 3 und 5 des Krankenhausfinanzierungsgesetzes genannten Krankenhäuser und Einrichtungen, soweit sie zu den Vorsorge- oder Rehabilitationseinrichtungen nach § 107 Abs. 2 des Fünften Buches Sozialgesetzbuch gehören.

§ 2 Erhebungseinheiten

Erhebungseinheiten sind:

1. Krankenhäuser einschließlich Ausbildungsstätten,

2. Vorsorge- oder Rehabilitationseinrichtungen.

§ 3 Erhebungsmerkmale

Erhebungsmerkmale sind:

1. Art des Krankenhauses oder der Vorsorge- oder Rehabilitationseinrichtung sowie Art der Trägerschaft, einschließlich bei öffentlicher Trägerschaft die Rechtsform,

2. Zulassung nach § 108 des Fünften Buches Sozialgesetzbuch und Vertrag nach § 111 des Fünften Buches Sozialgesetzbuch,

3. Betten, gegliedert nach Art der Förderung und Fachabteilung sowie nach Art der Nutzung und Vertragsbestimmung,

4. Einrichtungen der Intensivmedizin, der Geriatrie und besondere Einrichtungen nach § 13 Abs. 2 Satz 3 der Bundespflegesatzverordnung mit Ausnahme von Einrichtungen für Dialysepatienten, gegliedert nach Art und Zahl der Betten, nach Berechnungs- und Belegungstagen nach der Bundespflegesatzverordnung sowie der Zahl der behandelten Fälle,

5. Art und Zahl der medizinisch-technischen Großgeräte,

6. Art und Zahl der Dialyseplätze,

7. Zahl der Plätze für teilstationäre Behandlung während des Tages und der Nacht, gegliedert nach Fachabteilungen, Einrichtungen der Geriatrie und besondere Einrichtungen nach § 13 Abs. 2 Satz 3 der Bundespflegesatzverordnung,

8. Art der nicht-bettenführenden Fachabteilungen,

9. Art der Arzneimittelversorgung,

10. Art und Zahl der Plätze in Ausbildungsstätten für die in § 2 Nr. 1a des Krankenhausfinanzierungsgesetzes genannten Berufe,

11. ärztliches und zahnärztliches Personal, gegliedert nach Geschlecht und Beschäftigungsverhältnis, bei hauptamtlichen Ärzten zusätzlich nach Dienststellung, Gebiets- und Teilgebietsbezeichnung; ferner Belegärzte nach Gebiets- und Teilgebietsbezeichnung und von diesen angestellte Ärzte nach der Gebiets- und Teilgebietsbezeichnung des anstellenden Belegarztes,

12. nichtärztliches Personal, gegliedert nach Geschlecht, Beschäftigungsverhältnis, Funktionsbereich und Berufsbezeichnung, im Pflegedienst auch nach Einsatz in der Psychiatrie, für in Pflegeberufen Ausgebildete nur nach Geschlecht, Beschäftigungsverhältnis und Art der abgeschlossenen Weiterbildung; ferner Personal der Ausbildungsstätten nach Geschlecht und Beschäftigungsverhältnis sowie Personen in Ausbildung nach Geschlecht, zusätzlich für Pflegeberufe nach der Art des Pflegeberufes,

13. hauptamtliches ärztliches Personal und nichtärztliches Personal umgerechnet auf Vollkräfte, bei nichtärztlichem Personal gegliedert nach Funktionsbereich, im Pflegedienst auch nach Einsatz in der Psychiatrie,

14. aus dem Krankenhaus oder der Vorsorge- oder Rehabilitationseinrichtung mit mehr als 100 Betten entlassene vollstationär behandelte Patienten und Sterbefälle, gegliedert nach Geschlecht, Geburtsmonat und -jahr, Wohngemeinde, in den Stadtstaaten Stadtteile, Zu- und Abgangsdatum, ferner nach im Zeitpunkt der Entlassung bekannter Hauptdiagnose und nach Fachabteilung mit der längsten Verweildauer, bei Krankenhäusern zusätzlich der Angabe, ob im Zusammenhang mit der Hauptdiagnose operiert worden ist,

15. vorstationär, nachstationär und teilstationär behandelte Patienten und teilstationäre Berechnungstage, gegliedert nach Fachabteilung, Einrichtungen der Geriatrie und besonderen Einrichtungen nach § 13 Abs. 2 Satz 3 der Bundespflegesatzverordnung; Zahl ambulanter Operationen und der Angabe, ob ambulante Operationen im Rahmen einer Ermächtigung zur Teilnahme an der vertragsärztlichen Versorgung erbracht wurden,

16. Entbindungen und Geburten nach Art und Zahl sowie Zahl der wegen Fehlgeburt und Komplikationen im Zusammenhang mit der Entbindung behandelten Frauen,

17. Berechnungs- und Belegungstage nach der Bundespflegesatzverordnung, Patientenzugang und -abgang einschließlich der Einrichtung, in die entlassen wird, jeweils gegliedert nach Art und Zahl sowie nach Fachabteilung,

18. auf der Grundlage der Krankenhaus-Buchführungsverordnung die Aufwendungen des Krankenhauses nach den Kontenuntergruppen 600 bis 720, 730 bis 742, 781 und 782 sowie die Höhe der Aufwendungen, die in diesen Kontenuntergruppen auf Leistungen entfallen, die nicht zu den allgemeinen voll- und teilstationären Krankenhausleistungen gehören (Abzüge), gegliedert nach einzelnen Personal- und Sachkostenarten; soweit die Ermittlung der Abzüge mit unverhältnismäßig hohem Aufwand verbunden ist, sind sie wirklichkeitsnah zu schätzen.

In Vorsorge- oder Rehabilitationseinrichtungen werden an Stelle der Berechnungs- und Belegungstage nach der Bundespflegesatzverordnung die Pflegetage erhoben.

§ 4 Hilfsmerkmale

Hilfsmerkmale sind:

1. Name des Krankenhausträgers oder des Trägers der Vorsorge- oder Rehabilitationseinrichtung,

2. Name und Anschrift des Krankenhauses oder der Vorsorge oder Rehabilitationseinrichtung,

3. Name und Telekommunikationsnummer der für Rückfragen zur Verfügung stehenden Person.

§ 5 Periodizität und Berichtszeitraum

Die Erhebungen werden jährlich durchgeführt. Die Angaben nach § 3 Nr. 1, 2 und 5 bis 12 werden jeweils nach dem Stand vom 31. Dezember, die Angaben nach § 3 Nr. 3, 4 und 13 bis 17 jeweils für das abgelaufene Kalenderjahr, die Angaben nach § 3 Nr. 18 jeweils für das abgelaufene Geschäftsjahr erhoben. Die Angaben nach § 3 Nr. 1 bis 17 sind bis zum 1. April und die Angaben nach § 3 Nr. 18 bis zum 30. Juni des Folgejahres dem zuständigen Statistischen Landesamt zu melden.

§ 6 Auskunftspflicht

(1) Für die Erhebung besteht Auskunftspflicht. Die Angaben zu § 4 Nr. 3 sind freiwillig.

(2) Auskunftspflichtig sind die Träger der Krankenhäuser und Vorsorge- oder Rehabilitationseinrichtungen. Die Träger der Krankenhäuser haben Angaben zu den Erhebungsmerkmalen nach § 3 Nr. 1 bis 18, die Träger der Vorsorge- oder Rehabilitationseinrichtungen Angaben nach § 3 Nr. 1 bis 3, 5, 11 bis 13, 14 und 17 zu machen. Der Träger von Krankenhäusern nach § 3 Nr. 1 Krankenhausfinanzierungsgesetz hat Angaben zu den Erhebungsmerkmalen nach § 3 Nr. 1 bis 8, 14 und 17 zu machen, soweit Leistungen für Zivilpatienten erbracht werden.

§ 7 Übermittlung

(1) Die Übermittlung von Tabellen mit statistischen Ergebnissen, auch soweit Tabellenfelder nur einen einzigen Fall ausweisen, an die fachlich zuständigen obersten Bundes- und Landesbehörden nach § 16 Abs. 4 des Bundesstatistikgesetzes vom 22. Januar 1987 (BGBl. I S. 462, 565) ist zulässig. Satz 1 gilt nicht für diagnosebezogene Daten nach § 3 Nr. 14, soweit diese differenzierter als auf Kreisebene ausgewiesen werden.

III · KHStatV § 7

(2) Die Statistischen Landesämter sind berechtigt, mit Zustimmung der Betroffenen jährlich im Rahmen eines Verzeichnisses Name, Anschrift, Träger, Art des Krankenhauses, Fachabteilungen und Bettenzahl von Krankenhäusern sowie von Vorsorge- und Rehabilitationseinrichtungen zu veröffentlichen.

(3) Den obersten Landesbehörden können mit Zustimmung der Krankenhäuser für Zwecke der Krankenhausplanung Tabellen nach Absatz 1 Satz 1 mit diagnosebezogenen Daten nach § 3 Nr. 14 für einzelne Krankenhäuser übermittelt werden, wenn nicht mehr als folgende Daten verbunden werden:

1. bei Diagnosestatistiken die Hauptdiagnose, gegliedert nach Altersgruppen, in Verbindung mit Patientenzahl, Verweildauer und der Angabe, ob operiert worden ist,

2. bei Einzugsgebietsstatistiken die Wohngemeinde, in Stadtstaaten Stadtteile, in Verbindung mit Fachabteilung, Hauptdiagnose und Patientenzahl.

6. Bundesweiter DRG-Fallpauschalenkatalog

6.1 Erläuterungen

Der Katalog der DRG-Fallpauschalen wird auf der Bundesebene von den Selbstverwaltungspartnern nach § 17b KHG vereinbart. Er wird jährlich überarbeitet. Dabei werden sowohl die Definitionen der Fallpauschalen verändert als auch deren Höhe neu kalkuliert. Es handelt sich somit um ein lernendes System, dass sich grundsätzlich im Zeitablauf verändert. Eine Kurzdarstellung des DRG-Vergütungssystems sowie der **Abrechnungsregeln** für die Fallpauschalen wird in **Kapitel 7 der Einführung** gegeben.

Hinweise zu den Spalten des DRG-Katalogs:

- **Spalte 1: DRG-Nummer:**

Die Systematik der DRG-Nummern wird in Übersicht 9 dargestellt.

- **Spalte 2: Partitionen**

Gruppierung der DRG nach chirurgischen (O), medizinischen (M) und sonstigen (A) Leistungen. Die Zuordnung einer Basis-DRG zu den Partitionen hängt hauptsächlich vom Vorhandensein oder Fehlen von Prozeduren ab. Vgl. Kapitel 7.2 der Einführung und Übersicht 9.

- **Spalte 3: Bezeichnung**

Definition der DRG-Fallpauschale durch textliche Beschreibung. Die genaue Abgrenzung der Fallpauschale für die Zwecke der Abrechnung wird mit Hilfe von Diagnose- und Prozedurenkodes vorgenommen, die in Tabellenform dem Fallpauschalenkatalog zugeordnet sind. Die für den einzelnen Behandlungsfall dokumentierten Diagnosen und Prozeduren werden durch ein Softwareprogramm (sog. Grouper) ausgewertet, das dann die abzurechnende Fallpauschale angibt.

- **Spalte 4: Bewertungsrelationen**

Die Bewertungsrelation gibt die Wertigkeit der Fallpauschale im Verhältnis zum Durchschnitt aller Fallpauschalen an, der mit dem Wert „1,0" versehen ist. Eine Fallpauschale mit einer Bewertungsrelation von 0,9 ist somit niedriger, eine Fallpauschale mit einer Bewertungsrelation von 1,1 ist höher als der Durchschnitt. Die abzurechnende **Höhe der Fallpauschale** ergibt sich, wenn der Basisfallwert eines Krankenhauses mit der Bewertungsrelation multipliziert wird. Beispiel:

Basisfallwert 2590 Euro × Bewertungsrelation 1,15 = 2978,50 Euro

Im Fallpauschalenkatalog wird unterschieden nach Bewertungsrelationen für Hauptabteilungen, die auch die Kosten für den ärztlichen Dienst enthalten, sowie niedrigeren Bewertungsrelationen für Belegabteilungen, bei denen die Belegärzte gesondert nach den Regeln der vertragsärztlichen Versorgung abrechnen.

- **Spalte 5:**

Bewertungsrelation für eine Hauptabteilung (hauptamtlich tätige Ärzte), bei denen in der Geburtshilfe Beleghebammen tätig sind, die nach einer gesonderten Gebührenordnung abrechnen.

III · DRG-Fallpauschalenkatalog

- **Spalte 6: Mittlere Verweildauer**

  Angegeben wird die Zahl der Belegungstage, die der Kalkulation der Fallpauschale zu Grunde gelegt wurden. Nach § 1 Abs. 6 Satz 2 KFPV sind Belegungstage „der Aufnahmetag sowie jeder weitere Tag des Krankenhausaufenthalts ohne den Verlegungs- oder Entlassungstag aus dem Krankenhaus".

- **Spalten 7 und 8: Untere Grenzverweildauer**

  Die Fallpauschale gilt für den Zeitraum innerhalb der unteren und der oberen Grenzverweildauer (GVD). Wird die untere Grenzverweildauer unterschritten, gilt die Fallpauschalenleistung als nicht in vollem Umfang erbracht. Für jeden fehlenden Tag (kürzere Verweildauer) ist deshalb ein Abschlag von der Fallpauschale vorzunehmen; vgl. hierzu Kapitel 7.4 der Einführung. Im Fallpauschalenkatalog wird in Spalte 7 nicht die untere Grenzverweildauer selbst ausgewiesen, sondern der vorhergehende Tag. Dies ist der erste Tag, für den ein Abschlag vorzunehmen ist. Spalte 8 weist die Höhe des Abschlags je Tag in Form einer Bewertungsrelation aus. Die Höhe des Abschlags in Euro wird ermittelt, indem diese Bewertungsrelation mit dem Basisfallwert des Krankenhauses multipliziert wird. Eine Formel für die Ermittlung der Anzahl der Tage, für die ein Abschlag vorzunehmen ist, weist Übersicht 10 aus.

Beispiel: DRG C08Z: Großer Eingriff an der Linse

1. Annahmen

Basisfallwert des Krankenhauses	2 590 Euro
Bewertungsrelation der DRG	0,548
Mittlere Verweildauer	2,7
Erster Tag mit Abschlag lt. Spalte 7	1
Bewertungsrelation für den Abschlag/Tag	0,134
tatsächliche Verweildauer des Patienten in Belegungstagen	1

2. Ermittlung des Abschlags

Zahl der Abschlagstage lt. Formel aus Übersicht 10 Nr. 1: $(1-1)+1 = $ 1 Tag
Ermittlung der Höhe des Abschlags: $1 \text{ Tag} \times 0{,}134 = $ 0,134

3. Höhe der abrechenbaren DRG-Fallpauschale

DRG-Fallpauschale lt. Katalog Spalte 4:	$0{,}548 \times 2590{,}00 = $	1 419,32 €
Abschlag wegen unterer GVD	$0{,}134 \times 2590{,}00 = $	− 347,06 €
		1 072,26 €

- **Spalten 9 und 10: Obere Grenzverweildauer**

  Die Fallpauschale gilt für den Zeitraum innerhalb der unteren und der oberen Grenzverweildauer (GVD). Wird die obere Grenzverweildauer überschritten, hat das Krankenhaus Anspruch auf eine zusätzliche Vergütung für jeden weiteren Verweildauertag; vgl. hierzu Kapitel 7.4 der Einführung. Im Fallpauschalenkatalog wird in Spalte 9 nicht die obere Grenzverweildauer selbst ausgewiesen, sondern der darauf folgende Tag. Dies ist der erste Tag, für den ein zusätzliches Entgelt abgerechnet werden kann. Spalte 10 weist die Höhe des zusätzlichen Entgelts je Tag in Form einer Bewertungsrelation aus. Die Höhe des Entgelts in Euro wird ermittelt, indem diese Bewertungsrelation mit dem Basisfallwert des Krankenhauses multipliziert wird. Eine Formel für die Ermittlung der Anzahl der Tage, für die ein zusätzliches Entgelt abgerechnet werden kann, weist Übersicht 10 aus.

Beispiel: DRG G09Z: Eingriffe bei Leisten- und Schenkelhernien, Alter > 0 Jahre

1. Annahmen

Basisfallwert des Krankenhauses	2590 Euro
Bewertungsrelation der DRG	0,811
Mittlere Verweildauer	4,7
Erster Tag mit zusätzlichem Entgelt lt. Spalte 9	16
Bewertungsrelation für das zusätzl. Entgelt je Tag	0,053
tatsächliche Verweildauer des Patienten in Belegungstagen	19

2. Ermittlung des Abschlags

Zahl der Tage lt. Formel aus Übersicht 10 Nr. 2:   (19 − 16) + 1   =   4 Tage
Ermittlung der Höhe des Abschlags: 4 Tage × 0,053   =   0,212

3. Höhe der abrechenbaren DRG-Fallpauschale

DRG-Fallpauschale lt. Katalog Spalte 4:   0,811 × 2590,00   =   2100,49 €
Zusätzliches Entgelt wegen oberer GVD   0,212 × 2590,00   =   + 549,08 €

2649,57 €

- **Spalte 11: Externe Verlegung**

Wird ein Patient vor Erreichen der mittleren Verweildauer (Spalte 6) in ein anderes Krankenhaus verlegt, d.h. dort weiterbehandelt, werden die Fallpauschalen bei beiden Krankenhäusern gekürzt; vgl. Kapitel 7.4 der Einführung. Der Kürzungsbetrag je Tag wird in Spalte 11 in Form einer Bewertungsrelation angegeben.

Beispiel: DRG I04B: Ersatz des Kniegelenkes und Replantation am Kniegelenk ohne äußerst schwere CC

1. Annahmen

Abrechnung für das verlegende Krankenhaus

Basisfallwert des Krankenhauses	2590 Euro
Bewertungsrelation der DRG	3,299
Mittlere Verweildauer	18,3
Bewertungsrelation für den Verlegungsabschlag je Tag lt. Spalte 11	0,092
tatsächliche Verweildauer des Patienten in Belegungstagen	10

2. Ermittlung des Abschlags

Zahl der Tage lt. Formel aus Übersicht 10 Nr. 3:   (18,3 − 10) + 1   =   8,3 Tage
Ermittlung der Höhe des Verlegungsabschlags: 8,3 Tage × 0,092   =   0,7636

3. Höhe der abrechenbaren DRG-Fallpauschale

DRG-Fallpauschale lt. Katalog Spalte 4:   3,299 × 2590,00   =   8544,41 €
Abschlag wegen externer Verlegung   0,7636 × 2590,00   =   − 1977,72 €

6566,69 €

- **Spalte 12: Verlegungsfallpauschale**

Im Falle der Verlegung eines Patienten in ein anderes Krankenhaus rechnen beide Krankenhäuser eine eigenständige DRG-Fallpauschale ab. Von dieser müssen sie allerdings in bestimmten Fällen Verlegungsabschläge abziehen; vgl. oben zu Spalte 11. Nach § 1 Abs. 1 Satz 3 zweiter Hs der KFPV werden jedoch dann keine Verlegungsabschläge abgezogen, wenn die Fallpauschale von vornherein ausschließlich für Verlegungsfälle kalkuliert wurde. Diese Verlegungs-Fallpauschalen werden in Spalte 12 mit einem „x" gesondert gekennzeichnet; vgl. DRG P01Z „Neugeborenes ...".

III · DRG-Fallpauschalenkatalog

– **Spalte 13: Ausnahme von Wiederaufnahme**

DRG-Fallpauschalen, die in dieser Spalte ein Kreuz ausweisen, sind von der Fallzusammenfassung bei Wiederaufnahmen nach § 2 Abs. 1 und 2 KFPV 2004 ausgenommen. Vgl. Pkt. 7.4 der Einführung und Abbildung 19 sowie die KFPV 2004 in Anhang 3.

6.2 Auszug aus dem Entgeltkatalog

Eine Musterseite des Fallpauschalenkatalogs wird auf der folgenden Seite abgedruckt.

DRG-Fallpauschalenkatalog · III

Anlage 1
Fallpauschalen-Katalog 2004
Teil a) Bewertungsrelationen bei Versorgung durch Hauptabteilungen

DRG	Partition	Bezeichnung	Bewertungsrelation bei Hauptabteilung	Mittlere Verweildauer	Untere Grenzverweildauer		Obere Grenzverweildauer			Externe Verlegung Abschlag/Tag (Bewertungsrelation)	Verlegungsfallpauschale	Ausnahme von Wiederaufnahme [4]
					Erster Tag [2] mit Abschlag	Bewertungsrelation/Tag	Erster Tag [3] zus. Entgelt	Bewertungsrelation/Tag				
1	2	3	4	5	6	7	8	9	10	11	12	13
Prä-MDC												
A04A	O	Knochenmarktransplantation / Stammzelltransfusion, allogen, HLA-verschieden	31.273	50,7	16	1.662	69	0,390	0,546		x
A04B	O	Knochenmarktransplantation / Stammzelltransfusion, allogen, HLA-identisch, Alter < 19 Jahre oder äußerst schwere CC	28.552	46,1	14	1.719	64	0,392	0,548		x
A04C	O	Knochenmarktransplantation / Stammzelltransfusion, allogen, HLA-identisch, Alter > 18 Jahre ohne äußerst schwere CC	22.223	39,8	12	1.569	58	0,358	0,499		
A05A	O	Herztransplantation mit Langzeitbeatmung	26.171	50,8	16	1.112	69	0,260	0,365		x
A05B	O	Herztransplantation ohne Langzeitbeatmung, Alter < 19 Jahre	15.876	50,4	16	0,761	68	0,180	0,252		x
A05C	O	Herztransplantation ohne Langzeitbeatmung, Alter > 18 Jahre	13.337	29,2	9	0,900	47	0,216	0,298		x
A06Z	O	Langzeitbeatmung > 1799 Stunden	48.272	110,6	8)		129	0,286	0,405		x
A07Z	O	Langzeitbeatmung > 1199 und < 1800 Stunden	32.562	73,5	8)		91	0,289	0,407		x
A08Z	O	Langzeitbeatmung > 959 und < 1200 Stunden	23.673	57,0	8)		75	0,262	0,368		x
A09Z	O	Langzeitbeatmung > 719 und < 960 Stunden	19.690	46,6	8)		65	0,266	0,372		x
A10Z	O	Langzeitbeatmung > 479 und < 720 Stunden	14.930	35,2	8)		53	0,261	0,363		x
A11A	O	Langzeitbeatmung > 263 und < 480 Stunden, Alter < 4 Jahre oder äußerst schwere CC	9.920	26,3	8)		44	0,232	0,319		
A11B	O	Langzeitbeatmung > 263 und < 480 Stunden, Alter > 3 Jahre ohne äußerst schwere CC	8.695	24,2	8)		42	0,217	0,298		x
A12Z	O	Langzeitbeatmung > 143 und < 264 Stunden	6.967	21,3	6	0,845	39	0,194	0,265		x
A13Z	O	Langzeitbeatmung > 95 und < 144 Stunden	6.162	19,7	6	0,725	38	0,181	0,245		x
A14Z	O	Beatmung, Alter < 16 Jahre	4.527	17,8	5	0,593	34	0,140	0,189		x
A15A	O	Knochenmarktransplantation / Stammzelltransfusion, autogen, mit in vitro Aufbereitung, Alter < 19 Jahre	19.922	34,6	11	1.601	52	0,389	0,540		
A15B	O	Knochenmarktransplantation / Stammzelltransfusion, autogen, mit in vitro Aufbereitung, Alter > 18 Jahre	9.369	25,2	7	1.045	39	0,233	0,320		x
A15C	O	Knochenmarktransplantation / Stammzelltransfusion, autogen, ohne in-vitro Aufbereitung	7.423	22,8	7	0,900	35	0,221	0,303		
A16A	O	Transplantation von Darm oder Pankreas(gewebe), Transplantation von Darm oder Pankreas (gesamtes Organ oder Segment)	10.378	25,1	7	0,954	40	0,213	0,292		x
A17A	O	Nierentransplantation, Alter < 16 Jahre	7.822	28,1	8	0,744	43	0,167	0,230		x
A17B	O	Nierentransplantation, Alter > 15 Jahre	5.950	21,6	6	0,700	38	0,159	0,217		x
A42Z	A	Stammzellentnahme bei Eigenspender	4.420	16,1	4	0,881	31	0,191	0,257		x
A60A	M	Versagen und Abstoßung eines Organtransplantates mit äußerst schweren CC	2.699	16,0	4	0,494	32	0,108	0,145		x
A60B	M	Versagen und Abstoßung eines Organtransplantates ohne äußerst schwere CC	1.424	9,4	2	0,435	22	0,097	0,125		x
A60C	M	Versagen und Abstoßung eines Organtransplantates, ein Belegungstag	0,321	1,0							x
MDC 01 Krankheiten und Störungen des Nervensystems												
B01Z	O	Revision eines Ventrikelshuntes ohne weitere OR-Prozeduren	1.597	8,5	2	0,365	18	0,090	0,116		
B02A	O	Kraniotomie mit äußerst schweren CC oder Epilepsiechirurgie, mit Frührehabilitation und Geriatrischer Komplexbehandlung	5.998	37,3	11	0,417	55	0,134	0,131		
B02B	O	Kraniotomie mit äußerst schweren CC oder Epilepsiechirurgie, ohne Frührehabilitation und Geriatrische Komplexbehandlung	4.346	18,8	5	0,540	36	0,121	0,164		

LITERATURVERZEICHNIS

Arnold/Litsch/Schellschmidt (Hrsg.)
Krankenhaus-Report 2000, Schwerpunkt: Vergütungsreform mit DRGs, Stuttgart 2001

Arnold/Klauber/Schellschmidt (Hrsg.)
Krankenhaus-Report 2002, Schwerpunkt: Krankenhaus im Wettbewerb, Stuttgart 2003

Baum/Tuschen
Überlegungen zu den ordnungspolitischen Rahmenbedingungen des neuen DRG-Entgeltsystems, f&w 2000, S. 449 ff.

Braun/Günster/Rau
Abrechnungsregeln im G-DRG-System, In: Der Krankenhausmanager, Springer, im Erscheinen

Bruckenberger, E.
Investitionsoffensive für Krankenhäuser? Hannover 2002

Bundesministerium für Gesundheit (Hrsg.)
IFH Institut für Funktionsanalyse im Gesundheitswesen: Finanzierung der Investitionen und der Instandhaltung von Krankenhäusern durch Nutzungsentgelte, Januar 2000

Bundesministerium für Gesundheit
„Einführung eines DRG-Fallpauschalensystems im Krankenhaus" und „Auswirkungen zur Finanzierung der Wahlleistungen" – Auszüge aus einem Positionspapier, f&w 2001, 112 ff., 118 ff.

Dietz/Bofinger
Krankenhausfinanzierungsgesetz, Bundespflegesatzverordnung und Folgerecht, Kommentare, Loseblatt, Stand Dezember 2001

Dietz, O.
Problemaufriss der heutigen Investitionsförderung als Grundlage für eine Diskussion über Alternativen einer schrittweisen Einführung der monistischen Krankenhausfinanzierung, Studie im Auftrag des Bundesministeriums für Gesundheit, August 1995

Fachvereinigung der Verwaltungsleiter (Hrsg.)
Betriebswirtschaftliche Aspekte in der Krankenhausfinanzierung, Hrsg.: Geschäftsstelle der Fachvereinigung, 1988

Grünenwald/Kehr/Tuschen
Kommentar Kosten- u. Leistungsnachweis der Krankenhäuser, Bad Homburg 1987

Harsdorf/Friedrich
Krankenhausfinanzierungsgesetz, 3. erweiterte Auflage 1975, Köln, Stuttgart, Berlin, Mainz

Heinze/Wagner (Hrsg.)
Die Schiedsstelle des Krankenhausfinanzierungsgesetzes, Köln 1989

InEK – Institut für das Entgeltsystem im Krankenhaus (Hrsg.)
G-DRG, Definitions-Handbuch, www.g-drg.de

InEK – Institut für das Entgeltsystem im Krankenhaus
German Diagnosis Related Groups Version 1.0, Definitions-Handbücher 1–5, Berlin 2002

Literaturverzeichnis

Jung, K.
Krankenhausfinanzierungsgesetz, 2. Auflage 1985, Köln, Stuttgart, Berlin, Mainz

Jung, K.
Bundespflegesatzverordnung, BPflV '86, Köln, Stuttgart, Berlin, Mainz 1985

Kunze/Kaltenbach (Hrsg.)
Psychiatrie-Personalverordnung, 4. Auflage, Kohlhammer Stuttgart 2003

Lauterbach/Lüngen
DRG-Fallpauschalen: Eine Einführung, Stuttgart, New York, 2000

Luithlen/Schattat-Fischer/Tuschen
Meilenstein für die Psychiatrie – Die Verordnung über Maßstäbe und Grundsätze für den Personalbedarf in der stationären Psychiatrie –, das Krankenhaus 12/1990, S. 525 ff.

Mansky, Th.
Grundlagen der fallorientierten Leistungsbewertung im Krankenhausvergleich und im Entgeltsystem: Bewertungsmodule des DRG-Systems am Beispiel der Medicare-Versicherung, In Sieben/Litsch (Hrsg.): Der Krankenhausbetriebsvergleich, Springer, 2000, S. 149–192

Mansky/Repschläger
Gemeinsamer Vorschlag für deutsche Abrechnungsregeln, f&w 2002, S. 226 ff.

3M Medica Health Information Services Institut
Kalkulation der ersten deutschen Bewertungsrelationen für das G-DRG-System, Band I und II, Neuss 2002, www.g-drg.de

Quaas, M.
Leistungsbudgetierung und Leistungsverweigerung: zur Behandlungspflicht des Krankenhauses, das Krankenhaus, 1993, S. 59 ff.

Quaas, M.
Staatliche Krankenhausplanung und -finanzierung im Spiegel der Rechtsprechung, NZS 1993, 102 ff.

Quaas, M.
Der Versorgungsauftrag des Krankenhauses – Inhalt und Grenzen der gesetzlichen und vertraglichen Leistungsverpflichtung, MedR 1995, S. 54 ff.

Quaas, M.
Chefarztverträge und die neue Bundespflegesatzverordnung, das Krankenhaus 1995, S. 528 ff.

Quaas, M.
Ambulantes Operieren – Leistungspflichten und Rechte des Krankenhauses zur Leistungsselektion und -verweigerung, ZfS 1996, S. 72 ff.

Quaas, M.
Der Versorgungsvertrag nach dem SGB V mit Krankenhäusern und Rehabilitationseinrichtungen, Deutsche Krankenhausverlagsgesellschaft 2000

Quaas, M.
Zur Zukunft kommunaler Krankenhäuser – Rechtliche Risiken und Verfahrensschritte bei der Privatisierung, das Krankenhaus 2001, S. 40

Quaas, M.
Konkurrentenschutz von Ärzten und Krankenhäusern in einem enger werdenden Gesundheitsmarkt? f&w 2002, S. 182

Quaas/Dietz
Das unangemessen hohe Wahlleistungsentgelt – Anmerkungen zum Urteil des Bundesgerichtshofs (BGH) vom 04.08.2000 und dessen Folgen für die Krankenhäuser, f&w 2000, S. 440

Quaas/Dietz
Die budgetneutrale Umsetzung des neuen Vergütungssystems, f&w 2000, S. 398

Quaas/Trefz
Pflegesatzrecht: Sondertatbestände im Belieben der Kostenträger – Krankenhäuser können sich wehren – Verfassungswidriger Ausschluss der Schiedsstellenfähigkeit des Sondertatbestandes nach § 6 Abs. 1 Satz 4 Nr. 1 BPflV?, das Krankenhaus 2000, S. 611

Rau, F.
Bundestag beschließt einstimmig Fallpauschalenänderungsgesetz, das Krankenhaus, 6/2003, S. 439 ff.

Rau, F.
– Gesetzliche Grundlagen des Vergütungssystems nach § 17b KHG,
– Geltungsbereich und Komponenten des Vergütungssystems nach § 17b KHG,
in: Roeder N./Rochell B. (Hrsg.): Case-Mix in der Praxis. Handbuch für die DRG-Umsetzung, Deutscher Ärzte-Verlag 2003

Rau, F.
Ersatzvornahme für das DRG-Fallpauschalensystem 2004, das Krankenhaus 10/2003, S. 766 ff.

Rau, F.
Fallpauschalenverordnung für das Jahr 2004 verkündet, das Krankenhaus 11/2003, S. 846 ff.

Rochell/Roeder
Australian Refined-Diagnosis Related Groups (AR-DRGs) – Ein Überblick, das Krankenhaus 8/2000

Roeder/Rochell/Irps/Schlottmann/Hennke/Schmidt
Abbildung ökonomischer Schweregrade im australischen DRG-System – Basis für die deutsche Adaption, das Krankenhaus 12/2000, S. 987 ff.

Roeder/Rochell (Hrsg.)
Case-Mix in der Praxis, Handbuch für die DRG-Umsetzung, Deutscher Ärzte-Verlag 2003

Schöning/Luithlen/Scheinert
Pflege-Personalregelung, Kommentar, Köln 1993

Statistisches Bundesamt (Hrsg.)
Gesundheitswesen, Fachserie 12:
– Reihe 6.1 Grunddaten der Krankenhäuser und Vorsorge- oder Rehabilitationseinrichtungen,
– Reihe 6.2 Diagnosedaten der Krankenhauspatienten,
– Reihe 6.3 Kostennachweis der Krankenhäuser

Trefz, U.
Der Rechtsschutz gegen die Entscheidungen der Schiedsstellen nach § 18a KHG, Forum Arbeits- und Sozialrecht, 2002, Centaurus-Verlag

Trefz, U.
Beurteilung der Entgelthöhe für nichtärztliche Wahlleistungen unter Berücksichtigung des Begriffs der „Angemessenheit", PKR 2002, S. 57

Literaturverzeichnis

Trefz, U.
Rechtliche Möglichkeiten und Grenzen der gesonderten Berechnung von medizinischen Wahlleistungen, das Krankenhaus, 8/2003, S. 628

Tuschen, K. H.
Budgetierung der Benutzerkosten, Krankenhaus-Umschau 5/1984, S. 373 ff.

Tuschen, K. H.
Das zustimmungsfreie GKV-Gesundheitsreformgesetz 2000 – Verpflichtendes Qualitätsmanagement, integrierte Versorgung und DRG-orientierte Vergütung. f&w 2000, S. 6 ff.

Tuschen, K. H.
BMG setzt Anreize für Einstieg 2003 – Referentenentwurf eines DRG-Einführungsgesetzes, f&w 4/2001, S. 334 ff.

Tuschen, K. H.
BMG arbeitet mit aller Kraft an der Ersatzvornahme – Optionsmodell 2003, f&w 2002, S. 328 ff.

Tuschen, K. H.
Das FPÄndG beschleunigt die Einführung des Preissystems und erweitert Öffnungsklauseln, f&w 2003, S. 106 ff.

Tuschen, K. H.
Erster deutscher DRG-Fallpauschalen-Katalog gravierend verbessert, f&w 2003, S. 426 ff.

Tuschen/Braun
Erlösausgleiche nach dem KHEntgG – aus der Sicht des Gesetzgebers, das Krankenhaus 10/2003, S. 774 ff.

Tuschen/Dietz
Entwicklung der Entgeltkataloge für Fallpauschalen und Sonderentgelte, das Krankenhaus, 2/1998, S. 60 ff.

Tuschen/Philippi
Leistungs- und Kalkulationsaufstellung im Entgeltsystem der Krankenhäuser, Kommentar, 2. Auflage, Kohlhammer Stuttgart 2000

Tuschen/Quaas
Bundespflegesatzverordnung, Kommentar, 5. Auflage, Kohlhammer Stuttgart 2001

Tuschen/Rau/Braun
Jetzt haben die Krankenhäuser die Wahl – Das BMG sichert fristgerecht den Einstieg ins DRG-Fallpauschalensystem, f&w 2002, S. 436 ff.

Uleer/Miebach/Patt
Abrechnung von Arzt- und Krankenhausleistungen, 2. Auflage, 2000

INTERNET-ADRESSEN

Australien

Australisches Gesundheitsministerium	http://www.health.gov.au
DRG-Informationen	http://www.health.gov.au/casemix/
Australisches Klassifikationszentrum	http://casino.cchs.usyd.edu.au/ncch//
Staat New South Wales (Melbourne)	http://www.health.nsw.gov.au/
Staat Victoria (Sydney)	http://www.health.vic.gov.au/ oder http://www.dhs.vic.gov.au/

Bundesrepublik Deutschland

Deutscher Bundestag — http://www.bundestag.de

Deutscher Bundesrat — http://www.bundesrat.de

Deutsches Institut für Dokumentation und Information (DIMDI) — http://www.dimdi.de
(insb. ICD-10-Diagnosen und OPS-301-Prozeduren-Klassifikationen)

German DRG: — http://www.g-drg.de
Offizielle Seite der für das DRG-System zuständigen Selbstverwaltungspartner nach § 17b KHG
(insbes. G-DRG-Klassifikation, Definitionshandbücher, Kodierrichtlinien, Kalkulationshandbuch, Projektberichte über die Kalkulation, Grouper, Systemgrundlagen)

Deutsche Krankenhausgesellschaft — http://www.dkgev.de

Deutsche Krankenhaus TrustCenter und Informationsverarbeitung GmbH – DKTIG — http://www.dktig.de
(TrustCenter für die Krankenhäuser bei EDV-Verfahren)

DRG Research Group Universitätsklinikum Münster (PD Dr. N. Roeder) — http://drg.uni-muenster.de/

DRG-Diskussions- und Infoportal Uniklinikum Göttingen — http://drgonline.de

DRG-Diskussions- und Infoportal „MyDRG" — http://www.mydrg.de

DRG-Infos von medinfoweb (Portal für Informatik, Ökonomie und Qualitätsmanagement im Gesundheitswesen) — http://www.medinfoweb.de/drg.htm

Ärztlichen Zentralstelle Qualitätssicherung (ÄZQ) — http://www.leitlinien.de
(insbes. Leitlinien)

Bruckenberger, Dr., Lehrbeauftragter der Medizin. Hochschule Hannover — http://www.bruckenberger.de
(insbes. Informationen zur Investitionsfinanzierung, Krankenhaus- und Großgeräteplanung)

Internet-Adressen

Literatur-Dokumentation HECLINET http://www.heclinet.tu-berlin.de
(InfoService, Dokumentation Krankenhauswesen
des Instituts für Gesundheitswissenschaften an
der TU Berlin)

Statistik

Statistisches Bundesamt	www.destatis.de
Gesundheitsberichterstattung Bundesrepublik Deutschland	www.gbe-bund.de

Verbände

Bundesärztekammer	http://www.bundesaerztekammer.de
Deutscher Pflegerat (DPR)	http://www.deutscher-pflegerat.de/
Verband der Krankenhausdirektoren (VKD)	http://www.vkd-online.de
Verband der Leitenden Krankenhausärzte Deutschlands (VLK)	http://www.vlk-online.de

Zeitschriften

Führen und Wirtschaften (f&w)	http://www.bibliomed.de
Das Krankenhaus (Zeitschrift der DKG)	http://www.daskrankenhaus.de
Krankenhausumschau (Zeitschrift des VKD)	http://www.klinikmarkt.de/

Frankreich

Französisches Gesundheitsministerium	http://www.sante.gouv.fr/index.htm
Groupes homogènes de malades (Homogene Krankheitsgruppenklassifikation)	http://www.le-pmsi.fr/
Institut für Bioinformatik und medizinische Dokumentation	http://www.hbroussais.fr/Broussais/InforMed/

Niederlande

Diagnose Behandeling Combinatie (DBC)	http://www.dbc2003.nl/

Nord-DRG

Dänemark	http://www.info.sum.dk/drg
Norwegen	http://www.odin.dep.no/
Finnland	http://norddrg.kuntaliitto.fi/
Schweden	http://www.sos.se/
Island	http://brunnur.stjr.is/interpro/htr/htr.nsf/pages/forsid-ensk
Nordic Centre for the Classification of Diseases	http://www.nordclass.uu.se/

Internet-Adressen

Österreich

LKF/LDF-System
(Leistungsorientierte Krankenanstalten-finanzierung)
http://www.bmgf.gv.at

Schweiz

Zentrum für Informatik und wirtschaftliche Medizin
www.fischer-zim.ch

AP DRG Schweiz
http://www.hospvd.ch/public/ise/de/apdrg/

USA

Centers for Medicare & Medicaid Services (früher HCFA)
http://cms.hhs.gov/

US Department of Health and Human Services
http://www.hhs.gov

US-Gesetze (CFR): Public Health inkl. DRG
http://www.access.gpo.gov/nara/cfr/waisidx_98/42cfr412_98.html

Internationale Organisationen

Ständiger Ausschuss der Krankenhäuser der Europäischen Union (HOPE)
www.hope.be

OECD
www.oecd.org

WHO Statistisches Informationssystem
www.who.int/whosis

Weltgesundheitsorganisation (WHO) ICD 10
http://www.who.int/whosis/icd10/

Weitere

Casemix Quaterly (The Scientific Journal of Patient Classification System)
http://www.casemix.org

STICHWORTVERZEICHNIS

A

Abgrenzung der Wirtschaftsgüter 7, 48, 50, 391
Abgrenzungsverordnung 47 ff., 391 ff.
Abrechnung von Entgelten 268 ff.
– einheitlich für alle Benutzer 270
– für bestimmte ausländische Patienten 201, 219 ff.
– zeitnahe Zahlung 295, 299
Abrechnungsbestimmungen 135 ff., 373 ff.
– Prüfrechte der Krankenkassen 364 ff.
Abschläge 271 f., 361
Abschlagszahlungen 76, 116
Abschreibungen 57
AEB Verhandlungsunterlage 165 ff.
ambulantes Operieren 35, 45, 176
Anlagegüter 7, 391
Arbeitszeitbedingungen 249
Ärzte
– Arzt im Praktikum 249 f.
– Belegarzt, s. dort
– Kostenerstattung 337 ff.
– Nutzungsentgelt 338
– Vorteilsausgleich 338
Ausbildungsstätten und -vergütungen 122 f., 359 ff.
Ausnahmen von der DRG-Anwendung 134 f.
Australien 105

B

Basis-DRG 127
Basisfallwert
– krankenhausindividueller 113 f., 116, 205 f., 235 ff.
– landesweiter 119, 248, 281 ff.
Basiskorrektur 204
BAT – Bundesangestelltentarifvertrag
– Berichtigungsrate 279
– Budgetberichtigung 96, 204 f., 372
– Ost/West-Angleichung 282, 293 f.
Begleitperson 183, 361
Begriffe
– bereinigt 203, 232
– Berichtigung 204
– voll-, teilstationär 172 f.

Begriffsbestimmungen KHG 352
Behandlungsarten, z. B. ambulant, teilstationär, stationär 4 f.
Behandlungstage 268
Beitragssatzstabilität
– krankenhausindividuelle 11 ff., 30, 41, 46, 196, 371 ff.
– landesweite 116, 118, 285, 292 f.
Belegarzt 179, 335 ff.
– veranlasste Leistungen, Drittleistungen 336
– gesonderte Entgelte 335, 337
Beleghebammen 179
Belegungstage 268
Bemessungsgrundlagen, s. Entgeltbemessung
Berechnungstage 379
Berichtigung, s. Begriffe
Beschleunigungsgebot 300, 308 f.
– Sechs-Wochen-Frist 300, 307, 322
Besondere Einrichtungen 90, 101, 256, 258, 260, 361
Betriebskosten 6
Beurlaubung 177
Bewertungsrelation 280, 403
Bluter, Entgelte 218, 246 f., 388
Bruttoprinzip 98
Buchführung
– gemeinsame 56
– Pflichten 55 ff.
Budget, krankenhausindividuelles
– Angleichung, stufenweise 228 ff.
– Anpassung 77, 109
– Ausnahmeregelungen 37, 198
– Begrenzung 30 ff., 198, 283
– festes 33
– flexibles 75 ff., 87 ff., 109
– Fortschreibung 31
– Gesamtbudget, s. Gesamtbetrag
– neutrales, s. DRG-Einführung
– Neuvereinbarung 221 f.
– Obergrenze 37, 46
– Verrechnungsbeträge 202
– vorläufiges 302 ff.
budgetneutrale DRG-Einführung 110, 112 ff., 145, 189 ff.
Budgetierung, siehe Budget
Budgetverhandlungen, s. Verhandlungen
Bundesländer, neue 32 f., 294
– Investitionszuschlag 29, 272

413

Stichwortverzeichnis

Bundespflegesatzverordnung
- 1986 74 ff.
- 1995, 2000 81 ff.
- 2004 99 ff.

Bundeswehrkrankenhäuser 174

C

CCL, s. Schweregrade
CMI, Case-Mix-Index 211, 214 ff., 242 ff.
Chefarztbehandlung, s. auch Wahlleistung, ärztliche

D

Datenträger, maschinenlesbar 98, 279, 301, 341 ff.
Diagnose-Klassifikation (ICD) 107
Diagnosestatistik 81
Dialysebehandlung 185
DIMDI 107
Divisionskalkulation 75, 95 113, 186, 206, 224, 237
DRG – Diagnosis Related Groups
- Abschlagszahlungen auf das Budget 116
- ausgenommene Bereiche 134 f., 256 ff., 361
- australische DRG-Klassifikation 127 ff.
- Basisfallwert, s. dort
- budgetneutrale Einführung, s. dort
- Datenlieferung nach § 21 341 ff.
- deutsche DRG-Klassifikation 131 ff.
- Einführung 45, 106 ff.
- ergänzende Entgelte 117 ff.
- Erlösvolumen 234 ff.
- Institut 106, 363
- Katalog 106 f., 399 ff.
- Klassifikation 127 ff., 131 ff.
- lernendes System 105
- Leistungsstatistik 191
- Relativgewicht, effektives 116
- Systeme, Entwicklung und Einsatz 125 ff.
- Systematik 127 ff.
- Zuständigkeiten 106 ff.
- Vergütungssystem 45, 361 ff.

duale Finanzierung, s. Finanzierung

E

Einbettzimmer (s. Wahlleistung)
Einheitspreissystem 104, 282 ff.
Empfehlungen 279
Entgelte
- Arten 4 f., 266 ff.
- Bemessung 93 ff.
- fallbezogen 256 ff. 260
- sonstige Entgelte 256 ff.
- tagesbezogen 256 ff., 260, 264

Entgeltkataloge 106 ff., 381 ff.
Entlassungstag 374
Erlös-
- abzug 83
- ausgleiche; s. Mehr- oder Mindererlösausgleiche
- summe, gesonderte 263 ff.

Ersatzvornahmen des BMGS 107, 280 f., 364, 373 ff.
Ersetzen, überwiegendes 54, 392
Erstausstattung 7, 356

F

Fahrtkosten; s. Krankentransport
Fallpauschalen 84 ff.
Fallpauschalen-Katalog 106 f., 399 ff.
Fallzählung 379
Fallzusammenführung 138 f., 374 f.
Fehler-DRG 127
Finanzierung
- duale 6 ff., 18
- monistische 10, 16 ff., 21, 25

Fixkosten 76
flächendeckenden Versorgung 251, 253
Förderungmittel, s. Investitionsfinanzierung
Forschung und Lehre, Kosten für 359
Früherkennungsmaßnahmen 180 f.
Frührehabilitation 177, 184

G

Gebrauchsgüter 7, 391
Genehmigung der Entgelte 309 ff.
- verspätete 321

Gesamtbetrag
- krankenhausindividueller 185 ff., 194 ff.
- landesweiter 38, 44, 118 f., 283 ff.

Gewinn- oder Verlustausgleich 20

Grenz-Verweildauer
- obere 136f., 373
- untere 136ff., 271
Großgeräteplanung 41
Grouper 127
Grundlohnentwicklung, -rate; s. Veränderungsrate
Grundsatz der
- Beitragssatzstabilität, s. Beitragssatzstabilität
- prospektiven Budgetvereinbarung 188

H

Hauptleistung bei FP 137
Heil- und Hilfsmittel 177
Hochschulkliniken, s. Universitätskliniken

I

Innerbetriebliche Leistungsverrechnung 91
Instandhaltungskosten 49f., 52ff., 54, 392
Instandhaltungspauschale 53ff.
integrierte Versorgung 2, 45
interkurrente Erkrankungen 178, 180
Investitionsfinanzierung
- nicht geförderte Krankenhäuser 21, 206ff., 238, 354
- öffentlich geförderte Krankenhäuser 6ff., 18, 48, 355ff.
Investitionsprogramme 272, 355
Investitionsstau 22
Investitionsvertrag § 18b 200

J

Jahresabschlussprüfer 247

K

Kalenderjahr 295
Kalkulationsverfahren 81, 91
Kalkulationsvorgaben 16
Kappungsgrenze, s. Obergrenze
Kellertreppeneffekt 33
Kodierung, veränderte 110, 208, 213ff., 241ff., 291f.

Komplikationen 130f., 273, 375
Konvergenzphase 111, 114f., 226ff., 236f.
Kosten
- Dämpfung 23
- Erhöhungen 196
- fixe 76
- pflegesatzfähige 358f.
- variable 77
Kostenausgliederung 80, 83
Kostenerstattung, s. Wahlarzt
Kostenstellenrechnung 59ff.
Kosten- und Leistungsnachweis (KLN) 80f.
Kosten- und Leistungsrechnung 59ff.
Krankenhäuser
- Begriff 1ff.
- der Bundeswehr 174
- nicht/teilweise geförderte, s. Investitionsfinanzierung
- der Unfallversicherung 174
Krankenhaus-
- Buchführungsverordnung 55ff.
- Enquete 1969 17
- finanzierung, s. Finanzierung
- finanzierungsrecht 14ff.
- Statistik-Verordnung 62ff., 395ff.
Krankenhausentgeltgesetz (KHEntgG)
- Anwendungsbereich 172ff.
- Text 144ff.
Krankenhausleistungen 176f., 178
- allgemeine 179f.
Krankenhausplanung 1, 106, 121, 254, 355
Krankenhausvergleich 94ff., 191, 196, 228
Krankenkassen, Prüfrechte 119f., 364f.
Krankentransport
- Verbringung 182
- Verlegung 182f.

L

landesweiter Gesamtbetrag, s. Gesamtbetrag
Laufzeit der Entgelte 317ff., 379
Leistungen
- Dritter 181
- medizinisch nicht notwendige 181
- Mengen 371
- Struktur 371
Leistungsnachweise 81

Stichwortverzeichnis

leistungsorientierte Vergütung 41
Leistungsstruktuktur
- frühzeitige Vorklärung 75, 371
Leistungs- und Kalkulationsaufstellung 98
Leistungsverrechnung, innerbetriebliche 91

M

MDC 128f.
Mehr- oder Mindererlösausgleiche 42, 83f., 88f., 109ff., 208ff., 238ff.
- abweichende Prozentsätze 214
Mindestmengen 121, 251
Mischfinanzierung 19, 49
Mischsystem 82
Mitaufnahme 115, 144, 177, 183, 271
Modellvorhaben
- nach § 63 SGB V 201
monistische Finanzierung, s. Finanzierung
Multimorbidität 81

N

nachstationäre Behandlung, s. vorstationäre Behandlung
Nebendiagnosen 129
Nebentätigkeitsrecht
Nettoprinzip 98
Neugeborene, Abrechnung 374
Nicht-DRG-Krankenhäuser 99ff.
Nutzungsdauer 51f.
Nutzungsentgelte, s. Wahlleistungen

O

Obergrenze 96, 196, 292
onkologische Schwerpunkte 178, 184
Optionsmodell 2003 112f., 192ff.
ordnungspolitische Rahmenbedingungen 103, 123f.
Organbereitstellung 376f.

P

Partition 129, 375
Patienten
- ausländische 201, 219ff.

- Unterrichtung über Entgelte 269, 276f., 374
PCCL, s. Schweregrade
periodenfremde Verrechnungen 202f., 204, 232, 237b
Personalverordnungen 65ff., 69ff.
Pflege-Personalregelung 41, 69ff.
Pflegesatzfähigkeit, s. Kosten
Pflegesatzverhandlungen 97ff.
Plankrankenhaus 355
Praxisklinik 39
Preisniveau DRG-Fallpauschalen 283
Preisstoppverordnungen 16f.
Privatpatienten, s. Selbstzahler
Psychiatrie 199f.
Psychiatrie-Personalverordnung 65ff.

Q

Qualitätssicherung 45, 120ff.
- Sanktionsvorschriften 271 f

R

Rationalisierungsgewinne 75
Rechnungswesen 20, 56, 61f., 79, 91, 261f.
Rehabilitation 1, 44f., 124, 184
Rehabilitationseinrichtung, s. Vorsorge und ...
Relativgewicht, s. DRG
Rightcoding, s. Kodierung
Rücklagen 207

S

Schiedsstelle 305ff., 367
Schiedsspruch 306, 314f.
Schweregrade 129ff.
Sechs- Wochen- Frist 300, 307, 322
Selbstkostenblatt 81
Selbstkostendeckungsprinzip 18, 26, 28, 30, 74,
- Aufhebung 82
Selbstverwaltungspartner DRG 106, 362
Selbstzahler 269, 276f.
Sicherstellung der Versorgung der Bevölkerung, Zuschläge 250ff., 253ff.
Sonderentgelte 84ff.
stationäre Behandlung 4f.

Stichwortverzeichnis

Statistik-Verordnung 62 ff.
statistische Daten 2 ff.

T

Teilkostenrechnung 60
teilstationäre Leistungen 4 f., 140 f., 172 f., 378
Transplantationen 376 f.
Tumorzentren 177 f. 184

U

Umlagenverrechnung 91
Universitätskliniken
– Forschung und Lehre 268, 359
Untersuchungs- und Behandlungsmethoden, neue 229 f., 261 f.
Upcoding, s. Kodierung
USA 105

V

Veränderungsrate 41, 43, 96
Verbrauchsgüter 7, 391
Verbringung, s. Krankentransport
Vereinbarungen
– vorläufige 302 ff.
– Zeitraum 295, 299 f.
Vergütung der Krankenhausbehandlung 4 ff.
Verhandlungen
– auf Bundesebene 278 ff.
– auf Landesebene 281 ff.
– auf Ebene des einzelnen Krankenhauses 295 ff., 366 f.
– Beschleunigungsgebot, s. dort
– prospektiv 188, 203
– Systematik 196 f., 226 ff.
Verhandlungsunterlagen 301
– AEB nach dem KHEntgG 165 ff.
Verlegungen
– Abschläge 136 ff., 375 f.

Verrechnungen, s. periodenfremde V.
Versorgungs-
– auftrag 94, 270 f.
– vertrag 2
Verweildauer 374 vollstationäre
Behandlung 4 ff., 172 f.
Vorauszahlungen 269, 276
Vorhaben, einheitliches 54
Vorsorge- und Rehabilitationseinrichtungen 1, 174
vor- und nachstationäre Behandlung 4 ff., 35, 201 f., 272
– Behandlungstage 268
Vorteilsausgleich, s. Wahlarzt

W

Wahlarzt 322 f., 331
– kette 322 f., 331
Wahlleistung(en) 179, 266, 322 ff.
– Abzüge
– Angemessenheit des Entgelts 326 f.
– ärztliche 322 ff.
– Empfehlung von DKG und PKV 328
– persönliche Leistungspflicht 333 f.
– privatrechtlicher Vertrag 324, 332 ff.
– Unterkunft (Ein-/Zweibettzimmer) 323 f., 326 f., 328, 334
– Unterrichtung der Patienten 330
Wegfall der Geschäftsgrundlage 79, 221 f.
Wiederaufnahmen 138 f., 374
Wiederbeschaffung 7
Wirtschaftsgüter, s. Abgrenzung der ...

Z

Zahlungen, zeitnah 299
Zusatzentgelte 135, 260, 382 ff., 271, 377 f.
Zuschläge 227 f., 229, 250 ff., 271
Zweibettzimmer, s. Wahlleistung

Fachliteratur Krankenhaus

Karl Heinz Tuschen/Michael Quaas
Bundespflegesatzverordnung
Kommentar mit einer umfassenden Einführung in das Recht der Krankenhausfinanzierung

5., aktualisierte Auflage 2001
528 Seiten. Kart.
€ 50,–
ISBN 3-17-016841-X

Auch nach Einführung des Fallpauschalengesetzes behält die Bundespflegesatzverordnung für einige Bereiche ihre Gültigkeit (so sind Psychiatrie und psychosomatische Medizin von den Fallpauschalen ausgenommen).
Der Kommentar enthält in seiner 5. aktualisierten Auflage den Text der Bundespflegesatzverordnung in der zum 1.1.2000 geltenden Fassung, die amtlichen Begründungen sowie umfangreiche Erläuterungen. Eine instruktive Einführung gibt einen Überblick über das gesamte Recht der Krankenhausfinanzierung und die jeweiligen Regelungsinhalte.

Im ausführlichen Anhang finden sich u.a. die wesentlichen Gesetzes- und Verordnungstexte des Krankenhausfinanzierungsrechtes.

Die Autoren: Ministerialrat Karl Heinz Tuschen, Referatsleiter im Bundesministerium für Gesundheit und Soziale Sicherung; **Rechtsanwalt Dr. Michael Quaas,** Fachanwalt für Verwaltungsrecht

W. Kohlhammer GmbH · Verlag für Krankenhaus und Pflege
70549 Stuttgart · Tel. 0711/7863 - 7280 · Fax 0711/7863 - 8430

Fachliteratur Krankenhaus

Heinrich Kunze/Ludwig Kaltenbach (Hrsg.)
Psychiatrie-Personalverordnung
Textausgabe mit Materialien und Erläuterungen für die Praxis

4., überarb. und aktual. Auflage 2003
308 Seiten. Kart.
€ 38,-

ISBN 3-17-017494-0

Die Psychiatrie-Personalverordnung regelt seit dem Jahr 1991 die Personalbedarfsermittlung in psychiatrischen Krankenhäusern und psychiatrischen Fachabteilungen an Allgemeinkrankenhäusern.
In der 4., überarbeiteten und aktualisierten Auflage finden die inzwischen erfolgten Gesetzesänderungen im Krankenhausbereich – insbesondere durch die GKV-Gesundheitsreform 2000 und das Fallpauschalengesetz 2002 – sowie Fragen der Qualitätssicherung Berücksichtigung. Der bewährte Aufbau des Werkes – als Textausgabe mit Materialien und Erläuterungen für die Praxis – wurde auch in dieser Auflage beibehalten.

"Eine solche Bündelung von psychiatrischer Kompetenz, Erfahrung mit der Arbeit im Krankenhaus und rechtlichem Wissen lässt sich so leicht nicht wiederholen."
Die BKK 7/2003

Die Herausgeber: Prof. Dr. Heinrich Kunze, Ärztlicher Direktor eines psychiatrischen Krankenhauses. **Ludwig Kaltenbach,** ehemaliger Betriebsdirektor eines Krankenhauses für Psychiatrie und Neurologie. Beide Herausgeber gehörten der Expertengruppe für den Personalbedarf in der stationären Psychiatrie an, welche damals das zuständige Bundesministerium für Arbeit und Sozialordnung (BMA) beriet.

www.kohlhammer.de

W. Kohlhammer GmbH · Verlag für Krankenhaus und Pflege
70549 Stuttgart · Tel. 0711/7863 - 7280 · Fax 0711/7863 - 8430

Fachliteratur Krankenhaus

Karl Heinz Tuschen/Michael Philippi
Leistungs- und Kalkulationsaufstellung im Entgeltsystem der Krankenhäuser
Grundlagen, Berechnungsbeispiele und Know-how
2., überarb. und erw. Auflage 2000
428 Seiten. Kart.
€ 50,–
ISBN 3-17-015522-9

Dieses Buch ergänzt den Band von Tuschen/Quaas, Bundespflegesatzverordnung, 5. Auflage. Die Autoren erläutern hier die Leistungs- und Kalkulationsaufstellung als Verhandlungsgrundlage für Pflegesatzverhandlungen. Sie vermitteln die Kenntnisse, die zur Erstellung erforderlich sind, geben Rechenbeispiele und gehen auf die Voraussetzungen im Rechnungswesen der Krankenhäuser ein.
Für die von den Fallpauschalen ausgenommenen Bereiche Psychiatrie und psychosomatische Medizin behält dieses Werk auch nach Einführung des Fallpauschalengesetzes Gültigkeit.

„*Das Buch zeigt alle Möglichkeiten auf und ist für Verwaltungsangestellte von Krankenhäusern unentbehrlich. Da auch die Ärzteschaft, insbesondere die Chefärzte durch das neue Entgeltsystem gefordert sind, kann das Buch auch für Mediziner als Nachschlagewerk empfohlen werden.*"
NBP 1/1997

Die Autoren: Ministerialrat Karl Heinz Tuschen, Referatsleiter im Bundesministerium für Gesundheit und Soziale Sicherung; **Dr. Michael Philippi,** Regionaldirektor Nordrhein-Westfalen, Sana Kliniken-Gesellschaft.

www.kohlhammer.de

W. Kohlhammer GmbH · Verlag für Krankenhaus und Pflege
70549 Stuttgart · Tel. 0711/7863 - 7280 · Fax 0711/7863 - 8430